Acta Universitatis Stockholmiensis

STOCKHOLM STUDIES IN ENGLISH

C

King Henry's Bible
MS BODLEY 277
The Revised Version of the Wyclif Bible

Volume IV: The New Testament

EDITED BY

Conrad Lindberg

ALMQVIST & WIKSELL INTERNATIONAL
STOCKHOLM/SWEDEN

Abstract

Author: Lindberg, Conrad
Title: King Henry's Bible, MS Bodley 277
    The Revised Version of the Wyclif Bible
    Volume IV: The New Testament
Stockholm 2004, 361 pages, monograph, ISBN 91-22-02063-2
                  ISSN 0346-6272

This fourth and final volume of the edition of MS Bodley 277 gives the text of the New Testament. It is similar to the previous volumes, presenting numerous cases of revised readings (additions and/or omissions, transpositions, and substitutions) though, like volume III, to a lesser extent than in the first two volumes. Again we may think of the role of the reviser and the nature of the text he was copying. By closely comparing the two versions (virtually integrating them) it is possible to see how the reviser worked: though in the main basing his text on the later version, he frequently adopts readings from the earlier version, thus creating a whole text combining old and new material with some finishing touches.

(EKBLADS) AB C O Ekblad & Co Tryckeri, Västervik, 2004

Contents

Introductory additions

Manuscripts

Many more manuscripts survive of the New Testament than of the Old Testament, about four times as many. Those containing the New Testament or parts of it are, according to sites:[1]

London – British Library Royal I. A. IV, I. A. X, I. A. XII, I. B. VI, I. B. IX, I. C. VIII, 17 A XXVI, Cotton Claudius E. II, Harley 272, Harley 327, Harley 940, Harley 984, Harley 1212, Harley 2309, Harley 4027, Harley 4890, Harley 5017, Harley 5767, Harley 5768, Harley 6333, Lansdowne 407, Lansdowne 455, Arundel 104, Arundel 254, Burney 30, Egerton 618, Egerton 1165, Egerton 1171, Additional 11.858, Additional 15.517, Additional 15.580, Additional 31.044; Westminster Abbey Libr. 8; Lambeth Palace Libr. 25, Lambeth 369, Lambeth 532, Lambeth 547, Lambeth 1150, 1151, Lambeth 1366, (from Sion College) ARC L 40.2/E.2; Brit. & Foreign Bible Soc. Eng. 1–3; Dr. Williams's Libr. Anc. 7.

Oxford – Bodleian Library Laud 24, Laud 25, Laud 33, Laud 36, Laud misc. 182, 388, Laud 207, Laud 361, Bodley 183, Bodley 277 (our text manuscript), Bodley 531, Bodley 665, Bodley 771, Bodley 978, Bodley 979, Selden supra 49, Selden supra 51, e. Mus. 110, Fairfax 2, Fairfax 11, Fairfax 21, Hatton 111, Junius 29, Dugdale 46, Rawlinson C. 237, 238, Rawlinson C. 257, Rawlinson C. 258, Rawlinson C. 259, Rawlinson C. 752, Rawlinson C. 883, Gough Eccl. Top 5, Douce 240, Douce 258, 265, Douce 369, Ashmole 1517, Lyell 26, 27; Brasenose Coll. 10; Christ Church Coll. 145, Christ Church Coll. 146, Christ Church Coll. 147; Corpus Christi Coll. 4; Lincoln Coll. Latin 119; New Coll. 67; Oriel Coll. 80; Queen's Coll 388, Queen's Coll. 369; St. John's Coll. 79; University Coll. 96.

Cambridge – University Library Dd. 1.27, Gg. 6.8, Gg. 6.23, Kk. 1.8, Ll. 1.13, Mm. 2.15, Additional 6680, 6682, 6683, 6684; Caius College 179, Caius Coll. 343; Christ's College Dd. 1.10; Corpus Christi College 147, Corpus Christi Coll. 440; Emmanuel College 21, Emmanuel Coll. 34, Emmanuel Coll. 108; Jesus College 30, 47; Magdalene College (Pepys) 15, 16, (Pepys Libr.) 2073, Magdalene Coll. 6; Sidney Sussex College 99; St. John's College 116, St. John's Coll. 121, St. John's Coll. 242; Trinity College B. 10.7, B. 10.20, O. 7.26.

Durham – University Library Cosin V. v. I.

Hereford – Cathedral Library O. VII. 1.

---

[1] The present abode of some manuscripts is at present unknown to the editor.

Lichfield – Lichfield Cathedral 10.

Lincoln – Cathedral Library 245.

Winchester – St. Mary's College 2 (42).

Worcester – Cathedral Library Q. 84, F. 172

York – Minster Library XVI. N. 7, XVI. O. 1.

Manchester – Chetham's Library 6723; John Rylands Univ. Libr. Engl. MS 3, 75–81, 84, 91.

Edinburgh – National Library of Scotland Adv. MS 18.6.7, 6127.

Glasgow – Univ. Libr. Hunterian Museum 176, 189, 191, 337, Gen. 223.

Taunton – (Somerset Record Office) Heneage MS 3182 (deposit).

Dublin – Trinity College 67, 73–75 (D. 5.12).

Dunedin – Dunedin Public Library 8.

Wolfenbüttel – Herzog August Bibliothek Aug. A. 2.

New York – Columbia Univ. Libr. Plimpton 269, 308; N.Y. Public Libr. 64, 65, 66, 67; Pierpont Morgan Library 362, 400, American Bible Society B. 3.66.

Philadelphia – Pennsylvania University Library Eng. 5.

Princeton – W. H. Scheide 12, 13.

New Haven (Connecticut) – Yale University Library 125.

Cambridge (Massachusetts) – Harvard University Library Richardson 3.

San Marino (California) – Huntington Museum Library HM 134, DD/WHb 3182.

Eton – Eton College 24.

Windsor – Library of Dean & Canons of Windsor (NT in LV).

Longleat House (Warminster) – Marquess of Bath 1 (Longleat 3), Marquess of Bath 2 (Longleat 5).[2]

Revised readings

As in the previous volume, the revised material will be presented in a running order as the various instances occur in the text.

Matthew 2.10 Videntes autem stellam gavisi sunt: and þei seynge[1] þe sterre ioieden[2] – [1] siȝen, [2] and ioyeden; EV Forsothe thei seeynge the sterre ioyeden. Not given in FM's notes. The text follows EV with a minor change.

Mt. 5.29 erue eum: pulle it[4] out, = EV, – [4] hym. The reference is Lat. oculus, which accounts for the pronoun form in LV.

---

[2] Other additional MSS are: Harry A. Walton Jr., White Oak Dairy, Covington, Virginia; Takamiya (Tokyo) 28 (earlier Bristol Baptist College Z.f. 38), 31 (earlier Leconfield and Penrose); Alnwick Castle 788 (ex-Cooke Davies); Univ. of North Carolina (earlier Goyder, ex-Harmsworth); Bancroft Libr. Berkeley Calif. (via Dallas, Texas, earlier Tollemache of Helmingham); Steve Sohmer, Calif.; Van Kampen Collection (earlier Michigan, now Florida (?)) 637 (earlier Goyder, ex-Harmsworth, *olim* Cardwell), 638 (earlier Kerslake of Bristol), 639, 640, 642. — I owe much of this information to Prof. Anne Hudson.

Mt. 5.44 qui oderunt vos: þat hat[*id*]en ʒou, EV that haten ʒou. MS I (and S) = EV, the Latin perfect tense having a present meaning.

Mt. 6.9 Sic ergo vos orabitis: but[2] þus ʒe schul preie, – [2] And, EV Forsothe. The connecting words, like Latin ergo, often occur in varying translations; I (alone) marks the contrast.

Mt. 6.10 Adveniat regnum tuum: þi kyngdom come to *þee*; MS N in EV and MS K in LV agree with I in adding the pronoun.

Mt. 6.18 in abscondito: in hidlis[3] – [3] priuey; EV and LV disagree here, I and K also abstain from the variation.

Mt. 6.32 Haec enim omnia gentes inquirunt: for*soþe* heþene men seken alle þese þingis; MSS OUV in EV agree with LV, I alone agrees with EV.

Mt. 7.1 ut non judicemini: &[1] ʒe *shul* not " be demed – [1] that, combining two variants, perhaps due to Latin ut/et variation.

Mt. 7.10 numquid serpentem porriget ei: wheþer he wole ʒiue[2] him an eddre? – [2] take, EV dresse (MS X ʒiue). A case of semantic and/or stylistic variation.

Mt. 7.14 et arcta via: & `þe wey " narowe, EV = LV. No note in FM as to the changed order of the words in I.

Mt. 7.25 for it was foundid[3] on a ston: fundata enim erat super petram – [3] foundun. FM's text MS (A) is exceptional.

Mt. 8.12 Filii autem regni: but þe sones of þis[1] rewme – [1] the; EV forsothe the the sonys of the rewme: I alone introduces the demonstrative pronoun.

Mt. 8.13 Et dixit Jesus centurioni: & ihc̄ seide to [*the*] centurien; EV And Jhesus saide to centurio. I combines the two.

Mt 8.13 fiat tibi: *so* be it do to þee; EV = LV. I alone (no note in FM) introduces the corresponding adverb.

Mt. 8.31 Si ejicis nos: if þou castist us " out; EV = LV. I has the natural English word order.

Mt. 9. 11 Et videntes pharisaei, dicebant: And þe farisees seynge[1], seiden[2] – [1] sien, [2] and seiden; EV And Pharisees seeynge, saiden. Here I imitates EV.

Mt. 9.14 Quare nos, et pharisaei, jejunamus frequenter: whi fasten " we & þe farisees´ ofte; EV = LV. I has the natural word order in questions.

Mt. 9.31 diffamaverunt eum: [*dif*]famyden him; EV defameden hym. Three variants with positive and negative connotations.

Mt. 10.2 Simon, qui dicitur Petrus: symond þat is seid[1] petir – [1] clepid; EV = LV, LV variant named. I (and others) original.

Mt. 10.21 Tradet autem frater fratrem in mortem: `þe broþer forsoþe[2] schal take þe broþer in to deþ – [2] And the brother; EV Sothely (Forsothe) the (a) brother etc. I is even more original than EV.

Mt. 10.30 Vestri autem capilli capitis omnes numerati sunt: `alle þe heris forsoþe[3] of ʒoure heed ben noumbrid – [3] And alle the heeris; EV Forsothe alle the heeris etc. A case like 21.

Mt. 11.13 usque ad Joannem: vnto[1] Jon – [1] til to; EV til Joon/Baptist/. LV variant to, I alone showing (dialectal?) variation.

Mt. 11.30. Jugum enim meum suave est, et onus meum leve: `my ʒok " for*soþe* is softe, and my charge *is* liʒt; EV For my ʒoc is swete or softe, and my charge liʒt or eisy. A mixture of old and new.

Mt. 12.10 ut accusarent eum: þat þei wolden[1] accuse him – [1] schulden; EV = LV. I is freer in using auxiliaries.

Mt. 12.11 Quis erit ex vobis homo: what man of ȝou schal *þer* be; EV Who shal be a man of ȝou. The use of 'existential' *there* is clearly an addition here.

Mt. 12.27 filii vestri in quod ejiciunt?: in `whos myȝt[3] `casten out " ȝoure sones´? – [3] whom; EV in whom, or whos miȝt, ȝoure sonys casten out? I and MS *a* show influence from EV.

Mt. 12.34 ex abundantia enim cordis os loquitur: for*soþe* þe mouþ spekiþ of plente of [*the*] herte; EV Sothely etc. Again I seems to be more conservative in using the conjunction.

Mt. 12.43 ambulat: it[4] goþ – [4] he; EV = LV. The reference is Lat. spiritus; no note in FM.

Mt. 13.4 et comederunt ea: & eeten þo[1] – [1] hem; EV = LV. I is unique here in using the demonstrative form of the pronoun.

Mt. 13.11 Quia vobis datum est: `To ȝou " for*soþe* it is ȝoue; EV = LV. I may reflect an earlier (Latin) variant.

Mt. 13.54 Unde huic sapientia haec et virtutes?: fro whennes þis wisdom & vertues comen[2] to (him) þis? – [2] camen; EV Wherof to hym this wisdam and vertues? I alone has the double pronoun, later simplified (not noticed by FM); also in 56.

Mt. 14.26 Et videntes eum super mare ambulantem: & þei seynge him walke[1] on þe see – [1] walking; EV walkynge. I and others prefer the infinitive form of the verb.

Mt. 15.9 Sine causa autem colunt me: [*and*] `wiþoute cause for*soþe* " þei worschip(id)en me´; EV trewly etc. The Lat. 'autem' occurs here in different translations and in different places.

Mt. 15.14 caeci sunt: þei ben blynde *men*: EV = LV. I has added a prop word, probably anticipating the instances following.

Mt. 15.16 Adhuc et vos sine intellectu estis?: ȝit `also " ben " ȝe[2] withoute vndirstonding – [2] 3 + 2 + 1; EV ȝit and ȝe ben, etc. The question and the adverb cause the transposition.

Mt. 15.30 et projecerunt eos: & þei castiden hem " doun; EV = I. No note in FM for the natural transposition.

Mt. 17.5 Et ecce vox de nube, dicens: & lo a voice *came* out of þe cloude &[1] seide – [1] that; EV and loo! a vois of the cloude, seyinge. I and others add the verb, I alone coordinates.

Mt. 18.7 Necesse est enim: for*soþe* it is need; EV treuly it is neede. The conjunction is also adverbial.

Mt. 18.17 Quod si non audierit eos: and[4] if he heeriþ not þe chirche; EV That ȝif he shal nat heere hem, – [4] But. I varies the conjunction.

Mt. 19.12 propter regnum caelorum: for þe rewme[2] of heuenes – [2] kyngdom; EV = LV, MSS *O* and *U* = I, and others. A delicate choice of synonyms.

Mt. 19.28 Jesus autem dixit illis: & ihc̄ seide to hem; EV Jhesus forsothe seide to hem. Three stages in the treatment of 'autem'.

Mt. 20.16 multi enim sunt vocati, pauci vero electi: many " for*soþe* ben clepid, &[2] fewe ben chose – [2] but; EV for many ben clepid, bot few chosun. Changes in both directions.

Mt. 20.19 et tertia die resurget: and þe þrid dai he schal rijse aȝen (fro deþ) to lijf; EV and /in/ the thridde day he schal ryse aȝein (om. var.). Additions and omissions.

Mt. 20.22 Potestis bibere calicem, quem ego bibiturus sum?: moun ȝe drynke of þe cuppe þat[3] I schal drynke (off)?; EV Mowen ȝe drynke the cuppe that I am to drynke? – [3] which. I is freer.

Mt. 21.8 Plurima autem turba straverunt vestimenta sua in via: & ful myche peple spredden[1] here cloþis in þe wei – [1] strewiden; EV strewiden (spredden). Also 'spread' EV Pr. 7.16, 'strew' Tob. 13.22 LV, ELV Is. 14.11.

Mt. 21.20 et videntes discipuli, mirati sunt, dicentes: and þe disciplis seynge[2] wondriden[3] & seiden[4] – [2] sawen, [3] and wondriden, [4] seiynge; EV And disciplis seeynge, wondreden, seyinge. The versions differ in the treatment of participles.

Mt. 21.29 Nolo: I`wil not[5] – [5] nyle; EV = LV. I alone has the modern form here.

Mt. 22.16 verax: `sad trewe[2] – [2] sothefast; EV = LV. The same expression occurs in the corresponding passage of the Sermons.

Mt. 22.25 Erant autem apud nos septem fratres: and þer weren " seuene briþeren´ to[4] us – [4] at; EV Forsothe seuen bretheren weren at (anentes) us. Besides changing the construction by introducing þer, I also uses another preposition.

Mt. 22.29 nescientes: `not knowynge[5] – [5] and ȝe knowen not; EV nether (not) knowynge. I keeps one of the EV variants.

Mt. 22.44 donec: `as longe as[6] – [6] til; EV til /that/. Also LV II Par. 14.7.

Mt. 23.2 sederunt scribae et Pharisaei: `han sete " scribis & farisees; EV scribis and Pharisees seeten. I has the tense of LV, but the word order of the Latin.

Mt. 24.12 Et quoniam abundabit iniquitas: and for wickidnesse schal wax[1] – [1] be plenteuouse; EV = LV (MS U[2] = I). I[1] = ELV, cf. 'increase' Mt. 25.29 LV, 'wax plenteous' LV II Cor. 9.12.

Mt. 24.13 perseveraverit: schal dwelle stille[2] – [2] stable; EV = LV (var. stedfast). Also 'dwell still' EV Eccles. 3.14, LV Ecclus. 7.24, ELV Mt. 10.22.

Mt. 25.20 ecce alia quinque superlucratus sum: lo I have gete ouer[2] fyue oþere – [2] aboue; EV loo! I haue geten ouer (/ouer/geten) other fyue. This is the only instance indexed.

Mt. 26.15 triginta argenteos: þritty platis[1] of siluer – [1] pans; I = EV. Also Gen. 20.16 (vice versa).

Mt. 26.22 Numquid ego sum: wher it am " I?; EV wher I am (it am /I/ O). I am he? K, I? S. Various additions and omissions. Also 25.

Mt. 26.42 nisi bibam illum: but I drinke it[3] – [3] hym; EV = I. The reference is Lat. calix. LV seems to have retained the original pronoun.

Mt. 26.48 Quemcumque osculatus fuero: whom euer I [schal] kisse; EV = LV. I and others simplify the tense.

Mt. 26.64 amodo: heraftir[4] – [4] fro hennus forth; EV an other tyme, or fro this tyme forth (MSS *OUV* = I). Also ELV Mt. 23.39, 'from this time' ELV Mt. 26.29.

Mt. 27.15 unum vinctum: oon `in boundis[1] – [1] boundun; EV = LV. Other variants Gen. 39.22 'guived /man/' EV, 'prisoner' LV, 'man prisoned' LV Ps. 106.10.

Mt. 27.29 et plectentes coronam de spinis, posuerunt super caput ejus: and þei foldynge[2] a crowne of þornes (&) putten on his heed – [2] foldiden; EV = I[2]. Some vacillation in the coordination of the verb forms.

Mt. 27.34 cum felle mistum: medlid[3] wiþ galle – [3] meynd; EV meyngid (meynd, medled *OUV*). A frequent variation of synonyms, occurring in both versions.

Mt. 27.42 Alios salvos fecit: he haþ maad oþere men saaf; EV He made other men saaf (= LV). A frequent addition in I.

Mt. 28.20 usque ad consummationem saeculi: in to þe endyng[1]of þe world – [1] ende; EV til (til /in/to) the endyng of /the/ world. Another frequent variation of synonyms.

Mark 1.5 confitentes peccata sua: knowlechinge[1] her synnes – [1] and knoulechiden her synnes; EV = I. This is one of several instances where I imitates EV in keeping a participial form instead of resolving it as regularly happens in LV.

Mk. 1.7 solvere: vnlouse[2] – [2] vnlace; EV vndo, /or/ vnbynde. I's reading looks like a mixture, cf. Gen. 27.40 'loose/n/' EV, 'unbind' LV, also 'unlace' LV Jos. 5.16, 'undo' LV Jos. 9.13.

Mk. 1.40 genu flexo: knelynge[3] – [3] and knelide; EV the knee folden (bowid). I is intermediate.

Mk. 3.6 quomodo eum perderent: hou þei schulden fordo[1] him – [1] lese; EV = LV. Other variants for 'perdo' are: 'spill' EV Gen. 41.31 ('leese' LV), 'destroy' EV IV K. 9.8, LV Mt. 2.13, 'lose' LV IV K. 19.18, ELV Ps. 72.27, EV Ecclus. 29.19.

Mk. 3.34 Et circumspiciens eos, qui in circuitu ejus sedebant: And he bihelde hem[2] þat saten aboute him – [2] thilke; EV And /he/ biholdynge hem aboute, that saten in the cumpas of hym. A minor point, combining the natural pronoun with better phrasing.

Mk. 4.19 aerumnae saeculi: mysesis[3] of þe world – [3] disese; EV myseiste (myseeses *U*, mysseyseis *V*). Also 'misease' EV Gen. 3.16.

Mk. 4.25 etiam quod habet: ȝhe[4] þat þat he haþ; EV = LV – [4] also. Also 'and' EV G. 28.20 ('also' LV), 'yea' LV Ex. 7.23 (EV 'also').

Mk. 5.22 nomine Jairus: Jayrus " bi name´; EV = LV. No note in FM as to the change in word order.

Mk. 5.29 et sensit corpore: and sche felide in *hir* bodi; EV = LV (the body *UV*). The addition is idiomatic, a step further than the addition in *UV*.

Mk. 6.2 Unde huic haec omnia?: Of whennis *comiþ* to þis alle þese þingis?; EV = LV (*UV* add *ben*). A revision similar to the preceding instance.

Mk. 6.11 et quicumque non receperint vos, nec audierint vos: and who euer resseyue[*th*] ȝou not ne heere[1] ȝou – [1] herith; EV And who euere `schu len not resseyue (resseyuen not) ne heere 30u. LV has both variants, a case of tense (mood) modification.

Mk. 6.23 licet dimidium regni mei: þou3 it be *þe* half *of* my rewme[2] – [2] kyngdom; EV thou3 the half of my kingdom (rewme *UV*). LV has the additions, both versions the substitution.

Mk. 6.37 Date illis vos manducare: 3iue 3e to hem *for*to ete; EV = I (*SX* = LV). A frequent variation.

Mk. 6.48 venit ad eos ambulans supra mare: he wandrynge[3] on þe see cam[4] to hem – [3] wandride, [4] and cam; EV = I (goynge *UV*). I and a few other LV MSS agree here.

Mk. 7.4 et alia multa sunt: and many oþere þingis *þer* ben; EV = LV (*O* = I). An addition in these late MSS of both versions.

Mk. 7.37 et surdos fecit audire, et mutos loqui: boþe[3] he *haþ* maad deef men to here, & doumbe men to speke – [3] and; EV and deef men he made to heere, and doumbe /men/ /for/ to speke. Both variations in I seem natural, even preferable, in the context.

Mk. 8.8 quod superaverat: þat *was* left; EV that lefte = LV (IS that was lefte). Jn. 6.12 'be left' ELV.

Mk. 8.22 et rogabant eum, ut illum tangeret: & þei preiden (to) him, þat he wolde[1] touche him – [1] schulde; EV and /thei *UV*/ preieden hym, that he schulde (wolde *UV*) touche him. The similarity between the revised MSS *UV* and I is apparent.

Mk. 9.17 spumat: he vomiþ[1] – [1] fometh; EV he frothith (vometh *UV*), `or vometh (om. *AUVX*, or fometh *ONWY*). LV fometh (vometh IKQR, ether frotheth K marg.). The variation may be phonetic or semantic.

Mk. 9.30 Quoniam Filius hominis tradetur: for(soþe) mannes sone schal be bitraied; EV = LV. 'Forsooth' also LV III E. 3.9.

Mk. 9.41 mola asinaria: a mylne stoon [*of assis*]; EV = LV (an asse *MPY*[1]). I and other LV MSS omit the extra attribute.

Mk. 10.5 Quibus respondens Jesus ait: to whom[1] ihc̄ answeride & seide *to hem* – [1] whiche; EV To whom (whiche *UV*) Jhesus answeringe seith (seide *UV*). LV var. 'to hem' after both verbs.

Mk. 10.12 Et si uxor dimiserit virum suum, et alii nupserit: and if þe wijf leuiþ[2] hir housbonde & be weddid to an ooþer man – [2] leeue; EV ... `schal leeue (forsake *UV*) ... and be ... Most LV MSS use the indicative.

Mk. 10.23 Quam difficile: ful[3] hard – [3] Hou; EV how hard /thing/. Also 'full' LV III E. 3.18, ELV D.A. 17.15, 'how' ELV Gen. 28.17, EV Tob. 7.2.

Mk. 11.13 non enim erat tempus ficorum: for it was no[*t*] tyme of figis; EV no/t/. The negation freely used, perhaps under influence of the following *t*.

Mk. 11.14 Jam non amplius in aeternum ex te fructum quisquam manducet: now neuer `ony man " ete fruyt of þee more; EV Now no more with outen ende ony man ete fruyt of thee. No note in FM as to the change in word order. The versions differ as to the future.

Mk. 11.31 Quare ergo non credidistis ei?: whi þanne bileui*de*n 3e not to hym; EV Whi therfore bileuen (bileueden *UV*) 3e not to him. I and *UV* agree with the Latin tense.

Mk. 12.6 Quia reverebuntur filium meum: perauenture þei woln[1] drede my sone – [1] schulen; EV For by hap thei schulen schame (or drede) my sone. LV variants are: wolden, wolen, wil.

Mk. 12.8 et ejecerunt: and castiden *him* out; EV = LV. IKR[1] add the object pronoun.

Mk. 12.14 faciem hominum: þe face of *ony* man; EV = LV. EIPR add the pronoun reflecting the Latin plural.

Mk. 12.20 Septem ergo fratres erant: þanne `þer weren " seuene briþeren´; EV Therfore seuene britheren weren. MS k omits *ther* in LV; no note for I in FM.

Mk. 12.32 unus est Deus: oo god *þer* is; EV = LV. The added *þer* is not mentioned in FM.

Mt. 12.44 haec vero: but *she* þis; EV = LV. I alone adds the personal pronoun to the demonstrative one to show gender.

Mk. 13.20 non fuisset salva omnis caro: ech[2] fleshe hadde not be saaf – [2] al; EV al (ech *UV*) fleisch /or mankynde/ etc. MSS Ik in LV agree with *UV* in EV.

Mk. 13.36 cum venerit repente: whanne he `shal come[3] sodeynly – [3] cometh; EV = I. LV var. come.

Mk. 14.1 summi sacerdotes: þe hiȝe[*st*] prestis; EV = LV. I alone uses the positive form, perhaps because of the plural form following. Also 10.

Mk. 14.5 Et fremebant in eam: and þei grucchiden[1] aȝens hir – [1] groyneden; EV = LV. Other LV MSS = I. Ps. 2.1 EV 'grudge', LV 'gnash /with teeth/'.

Mk. 14.9 quod fecit haec: þat þat `sche þis[2] haþ do – [2] this womman; EV this /womman/. I alone adds 'she', X alone omits 'woman'. The following 'ejus' is ambiguous.

Mk. 14.12 Et primo die azymorum: And *in* þe firste dai of þerff looues; EV = LV (*UV* add *in* like I).

Mk. 14.58 Quoniam nos audivimus eum dicentem: for we herden[5] him seiynge – [5] han herd; EV = LV (*UV* = I). A frequent variation of the past tense.

Mk. 14.69 Quia hic ex illis est: þat *he* þis is of hem; EV = LV (*O* = I). Again the personal pronoun has been added to mark the gender.

Mk. 15.7 Erat autem qui dicebatur Barabbas: And `þer was " oon þat was `seid´ barabas; EV Forsoth `there was he[a] ([a] oon was *UV*) that etc. FM note: ther was oon k.

Mk. 15.24 quis quid tolleret: what " who schulde take´; EV who what[r] ([r] om. *UV*) schulde take[s] ([s] take what *UV*). The variant in I not mentioned in FM.

Mk. 15.38 Et velum templi scissum est in duo: and þe veil of þe temple was *to*-rent atwo; EV And the veil of the temple is (was *UV*) kitt in to tweyne (two). The (frequent) variant in I not in FM.

Luke 1.15 erit enim magnus coram Domino: for*soþe* he schal be greet bifore þe lord; EV Sothli etc. The conjuction varies considerably in the versions.

Lk. 1.28 Dominus tecum: þe lord is[3] with þee – [3] be; EV the Lord /be/ with thee. I alone inserts the present indicative.

Lk. 1.30 Ne timeas Maria: Marie " [ne] drede þou not´; EV Ne drede thou, Marie. The reviser often puts the vocative first.

Lk. 1 32 Hic erit magnus: he þis schal be greet; EV This (He UV) schal be greet. Differing ways of treating the pronoun.

Lk. 2.37 Et haec vidua: and sche þis was a widewe; EV = LV. Again the personal pronoun has been added in I to mark gender. Also 38, where MP agree with I.

Lk. 3.17 Cujus ventilabrum in manu ejus: whos vanne[1] in his hond – [1] wy-newyng tool; EV = LV. Also 'van' ('fan') EV Jer. 15.7 (LV 'winnowing in-strument), 'winnowing cloth' ELV Mt. 3.12.

Lk. 4.26 ad mulierem viduam: to a womman widewe; EV = I (U a wom-man a widowe). LV also = U.

Lk. 5.36 Quia nemo commissuram a novo vestimento immittit in vestimen-tum vetus: forsoþe no man takiþ a pece fro a newe cloþ & puttiþ it in to an old cloþing; EV For no man sendith (taketh) a medling (pece) of (fro) /a/ newe cloth /and putteth it/ in to an old cloth. Besides showing the free use of connecting words, the example testifies to the variation in and between the versions.

Lk. 6.23 secundum haec enim: forsoþe aftir þese þingis; EV forsothe vp (aftir) thes thingis. MS k in LV omits the conjunction, another way out to solve the translation problems.

Lk. 6.39 nonne ambo in foveam cadunt?: ne fallen not " þei boþe in [to] þe diche?; EV whethir thei falle not bothe in to þe diche? I reverses the word order and has, in common with MS k, the simple preposition in.

Lk. 7.20 an alium exspectamus?: or abijden " we an ooþir?; EV has both orders of the words. No note for I in FM.

Lk. 7.27 qui praeparabit viam tuam ante te: whiche schal make redy " þi wey´ bifore þee; EV = LV. Only MSS Rk in LV are recorded in FM for the (probably) original variant.

Lk. 7.44 haec autem lacrymis rigavit pedes meos: but sche þis haþ mois-tid my feet wiþ teris; EV forsoth this /womman/ etc. Again different ways of marking the gender. Also 46 in I.

Lk. 8.35 a quo daemonia exierant: fro whom þe fendis[4] wenten out – [4] de-uelis; EV = I. Here FM's text MS is in the minority. Deut. 32.17 'devil' EV, 'fiend' LV. Cf. Mt. 8.16 'devil' ELV, 33 'fiend' ELV.

Lk. 8.42 fere annorum duodecim: `of twelue ȝeer elde " almoost; EV = LV. FM: of t. ȝ. e. almest IKSg.

Lk. 8.42 a turbis comprimebatur: he was þrist[5] of þe puple – [5] thrungun; EV throngun /or pressed (thrust U[2])/. Also 'thrust' LV Mk. 3.9, 'press' EV Mk. 5.31, 'throng' EV Lk. 8.45.

Lk. 9.19 alii autem Eliam: oþere men seyn helie; EV forsothe othere sey-en Elye. LV othere men IKg.

Lk. 9.41 usquequo ero apud vos: hou longe schal I be anentis[3] ȝou – [3] at; EV = LV, but many MSS = I. Also 'at' LV Gen. 6.21 ('with' EV), ELV 24.25, 'anent' ELV 12.15, EV 23.8.

Lk. 9.53 quia facies ejus erat euntis in Jerusalem: for þe face ˋof him " was goynge in to ierusalem; EV = LV. Differing word order: of hym was A[1]IKS.

Lk. 10.15 usque ad caelum exaltata: enhaunsid vnto[1] heuen – [1] til to; EV = LV. Also in to *Y*, til into Rgk; vnto Ii is here a minority reading.

Lk. 10.15 usque ad infernum demergeris: þou schalt be drenchid vnto[2] helle – [2] til in to; EV = LV. Also EV into, til to (*U*), LV til to (hi).

Lk. 10.20 in hoc nolite gaudere: nyle ʒe ioie of[3] þis þing – [3] on; EV nyle ʒe ˋhaue ioye (enioye) in this thing. LV var. in; FM: of I *sec.m.*, which may be correct.

Lk. 10.39 Et huic erat soror: and to þes[4] *per* was a sistir – [4] this; EV this /Martha/. I alone adds 'there', not mentioned in FM.

Lk. 11.42 haec autem oportuit facere, et illa non omittere: for*soþe* it bihofte *to* do þese þingis & not *to* leue þilke[1] – [1] tho; EV Forsoth it bihofte /for/ to do thes thingis, and not (tho not *X*) /for/ to leeue hem (om. *X*). I and *X* vary from the rest.

Lk. 12.3 praedicabitur in tectis: schal be prechid on[1] roofis – [1] in; EV = LV. I alone changes the preposition (no note in M).

Lk. 12.39 vigilaret utique: soþly he wolde[3] wake – [3] schulde; EV = LV. FM: wolde k. Also I has the modern conditional.

Lk. 12.45 et inebriari: & be [*ful*]fillid ouer mesure; EV = I, fulfillyd *TX*, fillid LV *plures* (FM). A frequent variation.

Lk. 13.1 miscuit: medlide[1] – [1] myngide; EV = LV. Also Ex. 9.24 'mingle' EV, 'meddle' LV.

Lk. 13.9 sin autem: if not[4] – [4] nay; EV ellis (if noon /or ellis/). Apoc. 2.5 'if not' EV, 'or else' LV.

Lk. 13.33 hodie et cras et sequenti die: to-dai & to morowe & þe ˋþridde´ dai þat sueþ; EV the day suynge (s.d.). FM: thridde dai A *pr.m.*, I *sec.m.*

Lk. 14.21 pauperes ac debiles ac caecos et claudos: pore men & feble, blynde *men* & crokid; EV and blynde. FM: blynde *men* IKSg.

Lk. 14.32 legationem mittens rogat: he sendiþ[2] a messanger ˋ&´ preieþ – [2] sendynge; EV = LV. FM: sendith ... and preieth Ichi.

Lk. 15.2 Quia hic peccatores recepit: for *he* þis resseiuiþ synful men; EV For this *man* etc. (*man* om. in most MSS). Again various additions.

Lk. 15.28 Pater ergo illius egressus: þerfor his fadir ʒede[2] out – [2] wente; EV Therfore his fadir gon out. Both preterite forms are frequent.

Lk. 16.2 jam enim non poteris villicare: for þou maist[1] not now be baily – [1] miʒte; EV for now thou schalt not mowe holde thi ferme. Different attempts to translate the Latin verb form (I's variant not mentioned in FM).

Lk. 16.23 Elevans autem oculos suos: and he reiside *up* his iʒhen; EV Forsothe (Sothely) he reysinge (castynge vp) his yʒen. FM: reiside vp IS *pr.m.* Also 'raise up' Ps. 36.35 LV.

Lk. 17.3 Attendite vobis: Take ʒe heede *to* ʒou silf; EV = I. I and a few others have the correct reading.

Lk. 18.14 descendit hic: *he* þis ʒede doun; EV this cam doun. I alone enlarges the pronoun.

Lk. 19.11 adjiciens dixit parabolam: he addide *to* & seide a parable; EV he puttinge to (addynge *UV*) seide a parable. Also 'add to' Gen. 24.19 EV, II K. 12.8 ELV.

Lk. 19.19 Et tu esto super quinque civitates: and þou " be on fyue citees. EV = LV. I alone keeps the Latin word order. No note in FM.

Lk. 19.21 homo austerus: a*n au*sterne man; EV = I. Also 22 (EV an hausterne man, var. a man austerne).

Lk. 19.35 Et jactantes vestimenta sua supra pullum, imposuerunt Jesum: and þei castiden[3] her cloþis on þe colt, & setten ihū on hym; – [3] castynge; EV = LV (putte/dy/n).

Lk. 19.36 substernebant vestimenta sua in via: þei spredden[4] her cloþis in þe wei – [4] strowiden; EV thei vndir strewiden etc. Also II K. 21.10 'spread abroad' EV, 'array' LV.

Lk. 19.41 videns civitatem flevit super illam: seynge[5] þe citee he[6] wepte on it – [5] he seiჳ, [6] and; EV he seynge the citee wepte on it. I is close to EV here.

Lk. 19.47 illum perdere; to fordo[7] him – [7] lese; EV /for/ to leese (slee *O*). FM: fordo I, sle k.

Lk. 20.36 filii resurrectionis: sones of aჳen " risyng fro deeþ; EV sones of rysinge aჳen. Both variants occur in either version with or without additions. Mt. 27.53 'resurrection' ELV.

Lk. 21.34 et curis hujus vitae: & bisynesse[1] of þis lijf – [1] bisynessis; EV = LV (var. = I). FM: bisynesse Ibhi.

Lk. 22.36 tollat similiter et peram: take also [*and*] a scrippe; EV = LV. I and others omit the (superfluous) *and*.

Lk. 22.56 Et hic cum illo erat: and *he* þis was with him; EV = LV, MS *O* = I. The same addition as seen before. In I also 59.

Lk. 22.60 nescio: I `ne wot[2] – [2] noot; EV I wot not (also varr. = LV). FM: ne wot I, woot not Kb.

Lk. 22.67 non credetis mihi: ჳe will[3] not bileeue to me – [3] schulen; EV = LV. I alone has the modern future (conditional) form. Also 68 (2×).

Lk. 23.22 Quid enim mali fecit iste? for what yuel haþ *he* `þis´ don?; EV Sothli what of yuel /thing/ hath he (this) don? FM: he I *pr.m.* Rgβ, he this I *sec.m.*, this S *sup. ras.*

Lk. 23.35 Alios salvos fecit: oþere men he *haþ* maad saaf; EV = LV. FM: hath mad Ihi. Both tenses suit the context.

Lk. 23.41 digna factis recepimus: we haue resceyued worþi þingis to *oure* werkis; EV ... to dedis: I alone adds the possessive pronoun.

Lk. 24.13 nomine Emmaus: emaus " bi name´; EV = LV. I alone changes the order (no note in FM).

Lk. 24.20 summi sacerdotes: þe hiჳe[1] prestis – [1] heiჳest; EV = LV (MS *X* = I). Relative or absolute superlative?

Lk. 24.23 dicentes se etiam visionem angelorum vidisse: & seiden, þat þei sauჳen also [*a siჳt of*] aungels; EV seyinge etc. = LV. The omission in I (FM: of) may be deliberate.

John 1.32 et mansit super eum: & dwellinge[3] on him – [3] dwellide; EV = I.

FM: dwellinge Igk. The participial form probably caused by the preceding present participle (Latin variant?).

Jn. 1.48 Respondit Jesus, et dixit ei: ihc answeringe[5] seide[6] to him – [5] answerde, [6] and seide; EV Jhesu answeride, and seith (seide) to him. I prefers subordination to co-ordination.

Jn. 2.5 Quodcumque dixerit vobis, facite: what euer þing he seiþ[1] to ȝou, do ȝe – [1] seie (seith IOR); EV ... schal seie. Differing treatment of the Latin verb form.

Jn. 3.21 quia in Deo sunt facta: þat þei be[n] don in god; EV for thei ben don in God. If a change of moods was intended, it might have been due to the preceding subjunctive.

Jn. 4.5 Venit ergo in civitatem Samariae, quae dicitur Sichar: þerfor ihc cam in to a citee of samarie, þat is clepid[1] sichar – [1] seid (clepid IKSgβ). Also 'clepid' LV Mt. 26.14.

Jn. 4.9 Quomodo tu Judaeus cum sis: hou þou siþ[2] þou art a iew – [2] whanne; EV = LV. FM: sith thou IKSg, that O.

Jn. 4.46 Et erat quidam regulus: And *per* was " a litil kyng´; EV sum (a) litil king was. By inserting 'there' the I version can keep the Latin word order, whereas ELV tranpose the elements.

Jn. 5.24 sed transit a morte in vitam: but passiþ fro deed[1] in to lijf – [1] deeth; EV = LV. The variant form in I may be the noun 'death' or, possibly, 'the dead'; cf. Lat. mortui = 'death' Mt. 17.9 LV, 27.64 ELV.

Jn. 5.30 Non possum ego a meipso facere quidquam: y mai do " no þing´ of my silf; EV I may not of mysilf do ony thing. Three variant word orders, the one in I not mentioned in FM.

Jn. 6.19 Cum remigassent ergo quasi stadia viginti quinque aut triginta, vident Jesum ambulantem supra mare: þerfor whanne þei hadden rowid as fyue & twenty forlongis or þritty, þei sauȝen[1] ihu walkynge on þe see; – [1] seen; EV = LV. Past forms in KReki.

Jn. 6.25 Rabbi, quando (quomodo?) huc venisti?: Rabi hou camist[2] þou hidere?; EV ... hast thou com ... – [2] come. The verbal form in I (and KS) seems preferable.

Jn. 6.42 Quomodo ergo dicit hic: hou þanne seiþ *he* þis; EV /he/ this. The same addition as seen before (also in MS a[2]).

Jn. 6.45 Et erunt omnes docibiles Dei: & alle men `of god " schul be able forto be tauȝt´; EV = LV. The genitive has been fronted in I.

Jn. 6.46 nisi is qui est a Deo, hic vidit Patrem: but *he* þis þat is of god haþ sey þe fadir; EV this that is of God this. FM: he this Ia *sec.m.*

Jn. 6.53 Quomodo potest hic nobis carnem suam dare ad manducandum?: hou mai *he* þis ȝiue to us his fleish to ete? EV /he/ this. I alone has the addition in LV. Also 72 (Ia[2]).

Jn. 7.18 et iniustitia in illo non est: and vnriȝtfulnesse[1] is not in hym – [1] vnriȝtwisnesse; EV has both variants. Vice versa Deut. 25.16.

Jn. 7.35 Quo hic iturus est: whidir shal *he* þis go; EV Whidur is this to goynge (/he/ this to go). No note in FM for I.

Jn. 7.44 Quidam autem ex ipsis volebant apprehendere eum: but[3] summe of hem wolden haue take him – [3] For; EV Forsothe summe of hem wolden take him. FM: But Ig. And K. Conjunctions vary.

Jn. 8.29 quia ego quae placita sunt ei facio semper: for I do euermore þo þingis þat ben plesaunt[3] to him – [3] plesynge; EV = I (and: KSabg). A very minor variation.

Jn. 9.2 quis peccavit, hic aut parentes ejus: who[1] synnide, þis man or his eldris – [1] what; EV = I (var. = LV). FM: in wiche K *sup. ras.*, who I. The alternatives may have caused the neuter.

Jn. 9.8 quia mendicus erat: þat[2] he was a beggere – [2] for; EV = LV. Both conjunctions are possible in the context. Elsewhere e.g. Gen. 30.27, Ex. 16.7.

Jn. 9.18 quia caecus fuisset et vidisset: þat he was *born* blynd & hadde seen; EV for he was blynd etc. MSS IC add 'born' to mark the transition.

Jn. 9.21 nescimus: we witen not[3] – [3] neuer. I in common with K has the natural negation. This variation in LV is shared by EV. Also 25.

Jn. 9.33 Nisi esset hic a Deo: but þis *man* were of God; EV /no/ but (but if) this were of God. FM: this *man* IQ *sec.m.*

Jn. 9.38 At ille ait: And he seiþ[4] – [4] seide; EV = LV (var. = I). This very frequent variation in and, chiefly, between the versions shows the triple interdependence.

Jn. 10.7 dico vobis, quia ego sum ostium ovium: I sey to ȝou [*that*] I am a[1] dore of þe scheep – [1] the; EV ... for I am /the/ dore of /the/ scheep. The omission in Ik, the substitution in I.

Jn. 10.8 Omnes quotquot venerunt: as many as weren[2] come – [2] han; EV Alle how manye euere camen. Three variant forms of the past tense.

Jn. 10.16 et fiet unum ovile: and þer[3] schal be maad oo foolde – [3] it; EV = LV. Both variants make sense in the context.

Jn. 10.41 Quia Joannes quidem signum fecit nullum: þat[5] Joon dide no myraclis[6] – [5] for, [6] myracle; EV Forsoth (for/sothely) John dide no signe /or miracle/. I alone varies in LV.

Jn. 11.27 Filius Dei vivi: þe sone of [*the*] god " lyuynge; EV the sone of quyk God. CIKac omit the article, I alone has the Latin word order.

Jn. 11.28 Magister adest: þe maistir `is come[1] – [1] cometh; EV = LV. I makes a sensible change of tenses.

Jn. 11.31 quia cito surrexit et exiit: þat sche roos anoon[2] & wente out – [2] swithe; EV for soone she roos etc. Also 'anon' EV Gen. 24.65 ('soon' LV), 'swithe' LV Lk. 14.21 ('soon' EV).

Jn. 11.32 Domine: sire[3] – [3] Lord; EV = LV. FM: Sire I *sup. ras.* Also 'sire' Gen. 43.20 EV ('lord' LV), Mt. 27.63 ELV. Also 34.

Jn. 11.33 infremuit spiritu: he mournide[4] in spirit – [4] made noise; EV = LV. FM: mournide I *sup. ras.* I[1] = ELV. Also Job 16.10 'gnash'.

Jn. 11.37 Non poterat hic ... facere ut hic non moreretur?: wher þis man ... myȝte not make þat *he* þis schulde not dye? Two instances of 'hic', I alone adds *he*.

Jn. 11.38 Jesus ergo rursum fremens in semetipso: þerfor ihc̄ eft makinge doel[5] in hym silf – [5] noise; EV = LV. FM: doel I *sup. ras.* Also 'make noise' Nahum 3.2.

Jn. 11.53 Ab illo ergo die cogitaverunt ut interficerent eum: þerfor fro þat dai þei þou3ten[6] forto sle hym – [6] sou3ten; EV = I and many LV MSS. A plausible misreading in LV.

Jn. 11.56 si quis cognoverit: if ony man knew[7] – [7] knowe; EV = I. Different treatment of the Latin form. No note in FM.

Jn. 12.5 et datum est egenis: & `is´ 3ouen to pore[1] men – [1] nedi; EV = LV. Also 'needy' ELV I K. 2.8, Is. 25.4 LV ('helpless' EV). I is alone here.

Jn. 12.16 tunc recordati sunt quia haec erant scripta de eo: þanne þei hadden mynde þat[2] þese þingis weren writun of him – [2] for. I seems to be the only MS using the natural conjunction here.

Jn. 12.19 ecce mundus totus post eum abiit: lo al þe world `haþ gon[3] aftir him – [3] wente; EV = LV. I alone uses the perfect.

Jn. 12.29 dicebat tonitruum esse factum: seide þat *þer* `was maad " *a* þundir; EV seide thundir to be maad. Three stages discernible in the translation of this Latin acc. + inf.

Jn. 12.35 Dixit ergo eis Jesus: And þerfor[4] ihc̄ seide[5] to hem – [4] thanne, [5] seith; EV Therfore Jhesu seith to hem: I has the EV adverb; but a verb form of its own, not noted in FM.

Jn. 12.35 nescit: wot not[6] – [6] nere (neuere); EV nere. I alone is recorded for the simple negation.

Jn. 13.27 Quod facis, fac citius: þat þing þat þou doist, do þou anoon[2] – [2] swithe; EV What thing thou dost, do thou sunnere. Also Is. 58.8 'soone' EV, 'full soon' LV.

Jn. 13.30 Erat autem nox: forsoþe[3] it was ni3t – [3] and; EV = I. I alone in LV retains the EV variant.

Jn. 13.31 Cum ergo exisset: þerfor[3] whanne he hadde[4] gon out – [3] and, [4] was; EV = I. The versions differ somewhat.

Jn. 14.10 Pater autem in me manens: but þe fadir him silf `þat dwelliþ[3] in me – [3] dwellynge; EV dwellinge. Here I alone resolves the present participle.

Jn. 15.5 hic fert fructum multum: *he* þis beriþ myche fruyt; EV = LV. I alone inserts the personal pronoun.

Jn. 15.10 Si praecepta mea servaveritis: If 3e *schul* kepe my comaundementis; EV = I. I and EV are closer to the Latin. Also 14 (no note in FM).

Jn. 15.15 Jam non dicam vos servos: now I schal not sey[1] 3ou seruauntis – [1] clepe; EV = I. Also 'clepe' Mt. 26.14. – Also 15 Vos autem dixi amicos: forsoþe[2] I haue seid[3] 3ou frendis – [2] but, [3] clepid; EV = I.

Jn. 16.4 Sed haec locutus sum vobis: but þese þingis I `haue spoke[1] to 3ou – [1] spak; EV = LV. I alone uses the perfect tense (no note in FM).

Jn. 16.4 cum venerit hora eorum: whanne þe hour `schal come " of hem´; EV = LV. The insertion in I is like MS O.

Jn. 17.20 qui credituri sunt: þat schul[den] bileeue; EV that ben to bileuynge (beleue). I alone is correct in LV (no note in FM).

Jn. 18.31 Dixit ergo eis Pilatus: þanne pilat seide[1] to hem – [1] seith; EV = LV. I alone is correct (no note in FM).

Jn. 18.34 an alii dixerunt tibi de me?: eþer oþere seyn[2] to þee of me? – [2] han seid; EV seiden. The reverse is true here.

Jn. 18.36 ministri mei utique decertarent: my mynistris wolden[3] stryue – [3] schulden; EV sothly my mynystris schulden stryue. I and MS a *sec.m.* have the modern conditional.

Jn. 19.29 Vas ergo erat positum aceto plenum: And a vessel was sett full of eisel[2] – [2] vynegre; EV Sothli etc. Num. 6.3 'eisel' EV, 'vinegar' LV, 'vinegar' ELV Mk. 15.36. Here MS a[2] aysel.

Jn. 19.29 Illi autem spongiam plenam aceto, hyssopo circumponentes, obtulerunt ori ejus: and þei `token a spounge full of eisel, puttinge it aboute wiþ ysope[3] & profriden[4] it to his mouþ – [3] leiden in isope aboute the spounge ful of vynegre, [4] putten; EV Thei forsothe puttinge aboue (aboute) with ysope the spounge ful of vynegre, offriden to his mouth. The reading in I is freer.

Jn. 19.30 Cum ergo accepisset Jesus acetum: and[5] whanne ihc̄ had tastid[6] þis[7] eisel[2] – [5] Therfor, [6] takun, [7] the, [2] vynegre; EV = LV. Again I is freer.

Jn. 19.30 Et inclinato capite tradidit spiritum: and `he bowide doun þe heed[8] & `sente out þe spirit[9] – [8] whanne his heed was bowid doun, [9] he ʒaf vp the goost; EV And the heed bowid doun, he bitook /or ʒaf/ the spirit. Differing translation.

Jn. 19.32 crura: hippis[10] – [10] thies; EV = LV. Also Lev. 11.21 'thigh' EV, 'hip' LV, ELV 'hip' Sol. 5.15.

Jn. 19.36 ut Scriptura impleretur: þat þe scripture were[11] fulfillid – [11] schulde be. I stands alone.

Jn. 19.41 hortus: a gardyn[12] – [12] ʒerd; EV = LV. Also III K. 21.2 'yard' EV, 'garden' LV, vice versa Eccles. 2.5.

Jn. 20.27 Deinde dicit Thomae: aftirward he seide[2] to thomas – [2] seith; EV = LV. I uses the natural tense here. No note in FM.

Jn. 20.29 credidisti: þou `hast bileeued[3] – [3] bileuedist; EV = LV. Again I alone deviates. No note in FM.

Romans 1.13 et prohibitus sum usque adhuc: and I was[1] lett til[2] þis tyme – [1] am, [2] to; EV and I am forbodyn till (to) ʒit. I makes the natural change of tenses (no note in FM).

Rom. 1.25 et servierunt creaturae: & seruyden *to* a creature; EV = IR *pr.m.* T (to *om. V*). A fairly frequent variation.

Rom. 2.22 qui dicis non moechandum: þou þat techist þat me schal `not do[1] lecherie – [1] do no; EV Thou that seist to not do (do no *O*) leccherie: I and a few others keep the Latin negation.

Rom. 2.26 justitias: riʒtwisnesse[2] – [2] riʒtwisnessis; EV = I (and others), beside pl. *P* and riʒtfulnessis *QWX*. Phonetic and/ or semantic reasons for the variation.

Rom. 3.4 omnis autem homo mendax: but ech man *is* a lier; EV = LV. EIT *sec.m.* k add the copula.

Rom. 3.4 et vincas cum judicaris: and *þat þou* ouercome whanne þou art demed; EV = LV. I alone makes the addition.

Rom. 3.30 Quoniam quidem unus est Deus: for *per* is " oo god´; EV For sothely oon is God. I alone inserts 'there'.

Rom. 4.2 Si enim Abraham ex operibus justificatus est: for if abraham be[1] iustified of werkis of þe lawe – [1] is; EV = I and most LV MSS. A case of syntactic clash.

Rom. 5.13 Usque ad legem enim: for vnto[1] þe lawe; EV Sothli til to the lawe. – [1] til to. FM: vnto IR. A very frequent variation, possibly of dialectal origin. Also 14 (I alone).

Rom. 5.17 multo magis abundantiam ... accipientes: myche more we[2] takynge[3] plentee – [2] men, [3] that takyn; EV ... men taking ... LV variants: we takynge I, takinge KQRT, that taking *alii*.

Rom. 5.21 per Jesum Christum Dominum nostrum: bi ihū " crist oure lord; EV = I and many others. A sporadic variant.

Rom. 6.10 quod autem vivit, vivit Deo: but þat he lyue[*th*] he lyueþ to god; EV sothly he that (that he) lyueth, /he/ lyueth to God. I's subjunctive is unwarranted.

Rom. 6.19 propter infirmitatem carnis vestrae: for þe vnstablenesse[1] of ȝoure fleish – [1] vnstidefastnesse; EV infirmite /or vnstabilnesse/. Also 'infirmity' Deut. 7.15 EV, Mt. 8.17 ELV. From literalism via gloss to the LV variant (most LV MSS = I).

Rom. 6.19 ad iniquitatem: `for to mayntene[2] wickidnesse – [2] in to; EV to. I changes the expression radically.

Rom. 7.1 quanto tempore vivit: as longe tyme as he[1] liuiþ – [1] it; EV hou longe tyme it (he *GN*) lyueth. The reference is either 'law' or 'man'. FM: he I *sup.ras.* KRTg *sec.m.*

Rom. 8.17 heredes quidem Dei: `eiris forsoþe[2] of god – [2] and eiris; EV sothli eyris of God. I seems to have retained a reading even more ancient than EV.

Rom. 8.18 Existimo enim quod: And I gesse[3] þat – [3] deme; EV Trewli I deme, that. Also 'guess' Tob. 9.1 LV (EV 'ween'). I alone varies here.

Rom. 11.25 quia caecitas ex parte contigit in Israel: for blyndnesse haþ fillid[1] a party in israel – [1] feld; EV ... hath felde (fallen *QX*) of /a *T*/ party ... FM: fillid EIRgkβ, fallen K. A mix-up of 'fall' and 'fill' due to the context.

Rom. 12.10 charitate fraternitatis invicem diligentes: louynge togidre (bi) þe charite of briþerheed; EV = LV. I *prima vice* corresponds to the Latin.

Rom. 13.6 Ideo enim: for*whi* þerfore; EV Sothli (For *V*) therfore. Both words signify much the same thing; the addition in I is probably stylistic.

Rom. 13.12 et induamur arma lucis: & be we cloþid with[1] þe armures of liȝt – [1] in; EV ... clothid /with (in *NV*)/ the armeris ... Different constructions.

Rom. 14.14 nihil commune: no þing is comoun[2] – [2] vnclene; EV comune /or vnclene/. Also I M. 1.50 'common' EV, 'unclean' LV. FM: comun, *or vncleene* EX, comoun IQeg *pr.m.*

Rom. 15.22 et prohibitus sum usque adhuc: and I am lettid til[1] þis tyme – [1] to; EV I am forbodyn til into (vnto, to *QV*) ȝit. FM: til I, til to K.

Rom. 16.2 etenim ipsa quoque astitit multis, et mihi ipsi: for sche `haþ holpen[1] many men, & my silf – [1] helpide. EV stood nyȝ or helpide. I alone changes the simple past to the compound past.

I Corinthians 1.11 Significatum est enim mihi de vobis, fratres mei, ab iis qui

sunt Chloes: for my briþeren, it is teld to me of `ȝou of´ hem[1] þat ben at clo-
es – [1] cr. out MS; ELV of hem that. FM: ȝou sec.m. I is a little at a loss (but correct).

I Cor. 1.19 Perdam sapientiam sapientium: I shal fordo[3] þe wisdom of wi-
se men – [3] distruye: EV lese. Cf. Lk. 19.47. No note.

I Cor. 2.8 si enim cognovissent, numquam Dominum gloriae crucifixis-
sent: for if þei hadden knowun, þei wolden[1] neuere haue crucified þe lord of
glorie – [1] schulden. EV = LV. I has the modern conditional. No note in FM.

I Cor. 2.9 quae praeparavit Deus: what þingis god `haþ greiþid[2] – [2] araye-
de; EV made redy. Also 'greithe' Gen. 24.31 EV. I differs both in vocabula-
ry and tense.

I Cor. 2.14 quia spiritualiter examinatur: for he[3] is examined goostly – [3] it;
EV for he (it V) is examyned /or asayed/ goostly. I adopts the pronoun (but
not the gloss) in EV. No note.

I Cor. 4.1 et dispensatores mysteriorum Dei: & dispenders of þe
my[ny]steries of god; EV = LV, mysteries Q and CIβ. A frequent mix of the
two words involved.

I Cor. 5.11 Nunc autem scripsi vobis non commisceri: but now I `haue wri-
te[2] to ȝou þat ȝe be not medlid[3] – [2] wroot, [3] meynd, EV [2] and [3] = LV. FM:
haue write I, write R; medlid I. Cf. Mt. 27.34.

I Cor. 6.8 Sed /et/ vos injuriam facitis: but also[2] ȝe don wrong – [2] and;
EV = LV. Most LV MSS = I, MS a and also. A frequent doublet, e.g. Gen.
4.26 'and' EV, 'also' LV.

I Cor. 7.9 Quod si non se continent: And[1] if þei conteynen not hem silf –
[1] That; EV For (That V). I = many LV MSS, om. K. Also a frequent varia-
tion.

I Cor. 7.9 melius est enim nubere quam uri: for it were [2] betere to be wed-
did þan to be brent – [2] is; EV = LV. Insert 'nubant'. The hypothetic 'were'
occurs in I only.

I Cor. 7.21 sed et si potes fieri liber, magis utere: but if þou maist be *maad*
free, `vse it raþir[3] – [3] the rather vse thou; EV more vse thou. I is independent
in both cases.

I Cor. 7.25 tamquam misericordiam consecutus: as he þat haþ *gete* mercy;
EV as hauynge mercy. FM: *gete* mercy A sec.m. IKα. A modernism.

I Cor. 8.2 Si quis autem: but if ony `man´; EV Forsoth if ony man (om. V).
FM: man[y] – [y] Om. I pr.m.; the expressions pr.m. and pr.v. may be synony-
mous.

I Cor. 9.9 Non alligabis os bovi trituranti: þou schalt not bynde þe mouþ
of þe oxe `þat þreishiþ[1] – [1] threischynge; EV = LV. FM: that threischith EI
…, that threischinge M. Vacillation.

I Cor. 10.1 Nolo: I `wile not[1] – [1] nyle; EV = LV. I alone uses the modern
form here.

I Cor. 10.12 qui se existimat stare: he þat gessiþ him *silf*`to stonde[3] – [3] that
he stondith; EV he that gessith him /for/ to stonde. FM: to stonde I, that he
stonde a. The resolution of the infinitive construction is somewhat faulty in
LV.

I Cor. 11.16 nos talem consuetudinem non habemus: we haue not[1] such custum – [1] noon; EV = I. No note in FM.

I Cor. 14.19 sed in ecclesia volo quinque verba sensu meo loqui: But in þe chirche I wille `to´ speke fyue wordis in my witt; ELV I wole speke. I alone treats 'will' as a main verb here. FM: wille to I *sec.m.*

I Cor. 14.21 Quoniam in aliis linguis et labiis loquar: (for) þat in oþere tungis & oþere lippis I schal speke; EV For etc., LV That etc.; FM: For that A *pr.m.* Cab *sec.m.* Double function.

I Cor. 14.36 An a vobis verbum Dei processit?: wheþer `þe word of god cam forþ " of ȝou´; EV = LV. Natural word order in I.

I Cor. 15.2 qua ratione praedicaverim vobis, si tenetis, nisi frustra credidistis: bi `resoun of whiche saluacioun[1] þouȝ I haue prechid to ȝou, but[2] ȝe holden *it* `ȝe han bileeued in veyn[3] – [1] which resoun, [2] if, [3] if ȝe han not bileuyd ideli. EV = LV. Both I and LV (also EV) diagree with the Latin.

I Cor. 15.29 si omnino: if in no wey[6] – [6] wise; EV if in al manere: I alone has the more modern expression.

I Cor. 15.40 Et corpora caelestia, et corpora terrestria: And *þer* ben " heuenly bodies´, & *þer* ben " eerþely bodies´; EV And heuenly bodyes /ben *VI*, and ertheli bodyes /ben *VI*. I alone introduces 'there' with change of the word order.

I Cor. 16.13 Vigilate: wa(l)ke ȝe; EV Wake (Walke *V*) ȝe. LV Walke ȝe. A phonetic error, corrected in I.

II Cor. 1.23 Ego autem testem Deum invoco: For I clepe[1] god to witnesse – [1] *from* clepide (?) *MS*; EV Forsoth I inclepe God witnesse. LV clepide[u] – [u] clepe I *sec.m.* (and others).

II Cor. 2.9 ut cognoscam experimentum vestrum: þat I knowe ȝoure preef[1] – [1] preuyng; EV asayinge. FM: preuynge[e] – [e] preef EI …, assayng K.

II Cor. 3.7 litteris: bi lettre[2] – [2] lettris; EV = LV. I and a few others use the singular form, perhaps in order to distinguish the meanings 'character' and 'epistle'.

II Cor. 3.11 quod evacuatur: þat was[3] a-voidid – [3] is; EV = LV. FM: was I *sup.ras.* b *pr.m.* Attraction to past forms in the context.

II Cor. 4.3 Quod si etiam opertum est evangelium nostrum: for if also oure gospel is kyuered *or hid*; EV = LV. FM: kyuered *or hid* I, *ether hid* K *marg.* Cf. 'hide' LV Mt. 10.16, 'cover' LV Lk. 23.20.

II Cor. 4.8 sed non destituimur: but `us wantiþ[1] no þing – [1] we lacken; EV but we ben not distroyed (destitute, *either caste awey V*). FM: vs lacketh Ece, vs wantith Igα.

II Cor. 6.10 semper autem gaudentes: & euermore ioiynge; EV forsoth (but *O*) euermore ioyinge. FM: and euer (etc.) A *sec.m.* kα. Lat. 'autem' variously translated (or omitted).

II Cor. 8.7 ut et in hac gratia abundetis: þat also[1] in þis grace ȝe abounde – [1] and; EV and (om. *N*). FM: also CEI …, also and R.

II Cor. 8.17 quoniam exhortationem quidem suscepit: for he resseyuyde exortacioun *or stiring*; EV for sotheli he resceyuede exortacioun or mones-

tynge. FM: exortacioun or (either) monesting EKM ..., exortacioun or stir-
ing I.

II Cor. 9.4 ut non dicamus vos: þat we sauȝen[1] ȝou not – [1] seien; EV seye
(siȝe *MP*, sai *N*, saye *Q*). FM: siȝen ERgoαβ, sauȝen I, syȝe b. A mix-up of
'say' and 'see', both possible in the context.

II Cor. 11.19 Libenter enim suffertis insipientes: For ȝe beren[2] gladly
vnwise men – [2] suffren; EV For etc. = LV. No note in FM.

II Cor. 11.19 ... cum sitis ipsi sapientes: whanne ȝe [*silf*] ben wise *men*;
EV = LV. An example of omission and addition.

II Cor. 11.20 Sustinetis enim: for ȝe suffren[3] – [3] susteynen; EV = LV (suff-
ren *Q*). Also Ex. 18.18 'sustain' EV, 'suffer' LV. Both 19 and 20 show varia-
tion of synonyms.

II Cor. 11.23 supra modum: ouer[4] mesure[5] – [4] aboue, [5] maner; EV aboue
manere or ouer mesure. No note for [5] in FM. I looks like a mixture of the ver-
sions. Also 12.11.

II Cor. 12.3 nescio: I `ne woot[2] – [2] noot; EV = LV (not wot *S*). FM: ne woot
I, wot not K. Four different ways of translating the negative expression.

II. Cor. 12.15 et superimpendar ipse pro animabus vestris: & I my silf
schal be ȝiuen ouer[3] for ȝoure soulis – [3] aboue; EV ouerȝouun (ȝouen ouer
V). No other instance indexed.

II Cor. 13.4 Nam etsi crucifixus est: for þouȝ he were[1] crucified – [1] was;
EV Forwhi etc. = LV. I alone takes the subjunctive in this adversative clause.

Galatians 1.14 coaetaneos meos: myn euene eld*r*is; EV = LV. FM: euene eld-
ris IQeghα. The comparative form of the noun seems illogical.

Gal. 2.19 ut Deo vivam; Christo confixus sum cruci: and I am ficchid to
þe cross `wiþ crist " þat I lyue to god´; EV that I lyue to God; with Crist I am
ficchid to the cross. Word order.

Gal. 3.19 donec veniret semen: til[3] þe seed came[4] – [3] to, [4] come; EV = I;
FM: til to CKM ..., til EIh.; cam Echβ, came IR. FM's text MS seems infe-
rior.

Gal. 4.28 Nos autem, fratres: But[2] briþeren we – [2] For; EV Forsothe. FM:
But EKQ ... The connecting Latin word variously translated.

Gal. 5.16 Spiritu ambulate: wandre[1] ȝe in spirit – [1] walke; EV= I. FM:
wandre Ig. Also 'walk' ELV Dan. 3.24, 'wander' ELV Mk. 6.48.

Gal. 6.2 Alter alterius onera portate: Ech bere ooþeris[1] chargis – [1] othere;
EV Bere ȝe chargis the tothir of the tothir. FM: otheris EIQ ... The genitive
is not clearly brought out in LV.

Ephesians 1.15 Propterea et ego audiens fidem vestram: þerfore [*and*] I hee-
rynge ȝoure feiþ; EV = LV. No note in FM about the omission in I. Also e.g.
Mt. 6.12 LV.

Ephes. 2.15 ut duos condat in semetipso in unum novum hominem: þat he
make tweyne in him silf in to oo[1] newe man – [1] a; EV twey (two) peplis ...
into a (o/o/) newe man. FM: om. o[1], o a[2].

Ephes. 2.20 ipso summo angulari lapide, Christo Jesu: vpon þat hiȝeste cornere stoon (of) crist ihū; EV bi that hiȝeste corner stoon, Crist Jhesu. FM: of Crist EI^{1}Q^{1}g.

Ephes. 3.4 in mysterio Christi: in þe my*ni*sterie of crist; EV = LV. FM: my-nysterie CEK …; also X. A frequent mix-up.

Ephes. 3.16 in interiorem hominem: bi^1 þe ynner man – ^{1} in; EV = LV. FM: bi egkα. Probably a case of attraction.

Ephes. 4.25 deponentes mendacium: putte " ȝe awey lesyng, EV /ȝe/ put-tinge away leesyng. FM: putte ȝe EIK^{2}RK. The resolution of the participle form is stated as a fact or an imperative.

Ephes. 4.28 magis autem laboret: but more *raþer* traueile he; EV more for-soth (but more *V*) traueile he. I alone has the double comparative. Also 'rather' Deut. 5.27 LV ('more' EV), Jud. 6.17 EV ('more' LV). The same ad-dition in I 5.4, 5.11.

Ephes. 4.29 Omnis sermo malus ex ore vestro non procedat: Ech yuel word go not *forþ* of ȝoure mouþ; EV /out/ of. FM: forth of A^{2}I, out of EXgh-koα, fro R.

Ephes. 5.5 Hoc enim scitote: For wite ȝe þis *þing*; EV Forsoth this thing wyte ȝe. FM: this thing a *sec.m.* Also 'this thing' Gen. 3.13 LV etc. A fre-quent addition.

Ephes. 6.16 nequissimi: of *him þat is* 'moost wickid^1 – ^{1} the worste; EV of the worste enmye (om. *O*, deuel *V*). FM: him that is moost wickid, the wor-ste enemy Xke. Also 'most wicked' Wisd. 3.12 EV ('full wayward' LV), 'worst' Ecclus. 13.30 LV, 23.7 ELV.

Ephes. 6.22 et consoletur corda vestra: and þat ȝe^2 counforte ȝoure hertis – ^{2} he; EV = LV. FM: ȝe A *pr.m.* The 'comfort' concerns three possible subjects.

Ephes. 6.24 Amen: Amen [*that is So be it*]; EV = I, *V* Amen So be it. FM: Om. IRhkβ. So be it e. An addition to the Latin, an omission from LV.

Philippians 1.6 qui coepit in vobis opus bonum: he þat `haþ bigunne^1 in ȝou a good werk – ^{1} bigan; EV = LV. I alone uses the perfect tense.

Philipp. 2.5 quod et in Christo Jesu: whiche *was* also in crist ihū; EV /the/ which and (was /as/ and) in Crist Jhesu. FM: was also I; is in R^{2}g^2.

Philipp. 2.9 super omne nomen: aboue ech^2 name – ^{2} al; EV = LV. FM: ech Ia *sec.m.* Also e.g. 'all' EV Gen. 1.21 ('each' LV), 'each' EV Gen. 17.12 ('all' LV).

Philipp. 2.18 Idipsum autem et vos gaudete, et congratulamini mihi; and *for* þe same þing haue ȝe ioie: and þanke ȝe *wiþ* me; EV construes like LV (/togidere/ thank); FM: for the Ia^2, on the R^1, in the h^2.

Philipp. 3.13 extendens meipsum: & strecchinge^1 forþ my silf – ^{1} stretche; EV strecchinge my self forsoth. FM: strecchinge AIb, strecchide k. The ver-sions combined.

Philipp. 4.12 et penuriam pati: & to suffre myseys[*t*]e; EV = LV (mysese *N*). FM: myseise Ig. Also 'misease' Mal. 3.9 EV, 'miseasety' Mk. 12.44 EV.

Philipp. 4.15 Scitis autem et vos, Philippenses: For also^2 ȝe philipensis wi-ten – ^{2} and; EV Forsoth and ȝe etc. FM: also CEQ …, om. KMR …; witen also KMU …

Colossians 3.11 servus et liber: bonde man & free [*man*]; EV seruaunt /or thral/ and fre man (om *OX*), FM: om. IR.

Coloss. 3.16 psalmis, hymnis, et canticis spiritualibus: in psalmes, in[1] ympnes & spirituel songis – [1] and; EV = LV. I alone is correct here. A frequent mix-up.

I Thessalonians 4.9 ipsi enim vos a Deo didicistis: ʒe ʒ*ou* silf han lered of god; EV sothli (forwhi *V*) ʒe /ʒou(r)/ silf etc. FM: ʒou silf IKa. Also 5.2.

I Thess. 5.27 Adjuro vos: I charge[2] ʒou – [2] coniure. EV = LV. FM: charge b *sec.m.* comaunde gkα. Also 'adjure' EV Gen. 24.3 ('conjure' LV), 'charge' Gen. 50.5.

II Thessalonians 1.4 ita ut et nos ipsi in vobis gloriemur: so þat we *us* silf glorien in ʒou; EV var. we oure (vs) silf. FM: vs silf IKak. Cf. I Thess. 4.9 (above).

II Thess. 3.7 Ipsi enim scitis: For ʒe ʒou silf witen; EV Sothli ʒe ʒe silf witen, var. ʒe ʒou/r/ silf. FM: ʒour self Eh, ʒe ʒou silf IKak. Cf. above.

II Thess. 3.8 operantes: worchynge[1] – [1] worchiden; EV = I. FM: worchynge I, wrouʒten R. Both forms are equally acceptable in the context.

II Thess. 3.14 Quod si quis non obedit verbo nostro: þat if ony man obeieþ not to oure word; EV schal not obeie (obeieth not *V*). FM: obeieth k. Three variants.

I Timothy 1.3 ne aliter docerent: þat þei schulden not teche ooþer wise[1] – [1] weie; EV = LV. FM: wijse CEIK ... Also 'otherways' EV Gen. 42.12, 'otherwise' ELV I Tim. 6.3.

I Tim. 2.8 in omni loco: in eche[1] place – [1] al; EV = LV (eche *O*). No note in FM for the variant in I. Cf. Philipp. 2.9 (above).

I Tim. 5.4 Si qua autem vidua filios aut nepotes habet: But if ony widewe haue[1] children of sones – [1] hath; EV Forsoth if ony widew hath sone/s/ or children of sones. I alone uses the subjunctive (no note in FM). Cf. 5.8 (EV haue, *V* hath).

I Tim. 5.23 sed modico vino utere: but vse wyn " a litil´; EV = LV. I alone changes the word order (no note in FM).

I Tim. 6.16 et lucem inhabitat inaccessibilem: and dwelliþ in liʒt to whiche *liʒt* no man may come; EV = LV (to whome *QT*). I alone adds the antecedent.

II Timothy 2.2 qui idonei erunt et alios docere: whiche schul also " be able to teche oþere men; EV be able and (om. *O*, also *V*). FM: also be able IQ, be able also KRcehko, be able b.

II Tim. 2.9 usque ad vincula: vnto[1] bondis – [1] til to; EV = LV (*GMPQT* = I). A frequent variation, perhaps dialectal.

II Tim. 3.12 Et omnes qui pie volunt vivere in Christo Jesu: And alle men þat wolen lyue mekely[2] in crist ihū – [2] feithfuli; EV piteuously (pitously or feithfully *V*). Also Ecclus. 43.37 'piteously' EV, 'faithfully' LV. I's variant not noted in FM.

Titus 1.3 secundum praeceptum salvatoris nostri Dei: bi þe comaundement of `oure sauyour " god; EV vp (after *MPQT*, bi *V*) the comaundement of oure sauyour God. FM: oure sauyour God EIQb[1]gk.

Tit. 1.13 Quam ob causam: For whiche[2] cause – [2] what; EV For what (the whiche *QT*) cause (thing *T*).

Philemon 1.1 vinctus Christi Jesu: þe boundun of ihū " crist; EV the boundun of Crist Jhesu (Jhesu Crist *TV*). No note for I in FM.

Philem. 1.10 quem genui in vinculis: whom I bigaat " in bondis´; EV = LV. The change in I not noted in FM.

Hebrews 1.9 Dilexisti justitiam et odisti iniquitatem: þou hast loued riȝtwisnesse & `hast hatid[1] wickidnesse – [1] hatidist; EV = LV. FM: hast hatid IR.

Hebr. 1.9 propterea unxit te Deus, Deus tuus: þerfor þe god þi god *haþ* anoyntid þee; EV = LV. No note in FM for the addition in I. A continuation of what precedes.

Hebr. 5.4 Nec quisquam sumit sibi honorem: Neþer ony man take[*th*] to him honour; EV = LV. FM: take A. I and A take this to be a case for the subjunctive.

Hebr. 7.24 Hic autem: But *he* þis; EV forsoth (sothely) this *man* (om. *X*). FM: he this I, this *man* k. Again three variants for translating 'hic'.

Hebr. 9.13 Si enim sanguis … inquinatos sanctificat: For if þe blood … halewe[2] vnclene men – [2] halewith; EV halowith. I alone changes the mood (no note in FM).

Hebr. 10.37 qui venturus est: he þat is to com(ynge); EV he that is to comynge (come *SX*). FM: come I *sec.m.* a *sec.m.* Both versions show this change from participle to infinitive form.

Hebr. 11.6 et inquirentibus se remunerator sit: & þat he is a rewardere of[1] men þat seken him – [1] to; EV of (to) men /yn/sekinge him. I alone in LV changes the case.

Hebr. 12.4 usque ad sanguinem: vnto[1] blood – [1] til to; EV = LV (vn to *PT*). I alone in LV uses this variant form of the preposition here (frequent elsewhere).

Hebr. 13.10 qui tabernaculo deserviunt: þei þat seruen to þe tabernacle *of þe bodi*; EV has the same addition (except *V*). FM: tabernacle *of the bodi* A[2]EIQRe[2]gkα.

Deeds of Apostles 1.12 a monte qui vocatur Oliveti: fro þe hill þat is clepid `þe hil´ of olyuete; EV /of/ Olyuete (hil of Olyuete *V*). FM: `the hille[m] – [m] Om. EI *pr.m.* Qgkα.

Deeds 2.18 effundam de Spiritu meo: I schal heelde[1] out of my spirit – [1] schede; EV = LV. I alone uses the synonym here, but variation is frequent elsewhere, e.g. Gen. 9.6, 24.20.

Deeds 3.3 Is cum vidisset Petrum ... rogabat: *he* þis whanne he sauȝ petir ... preiede; EV = LV. I alone amplifies the subject pronoun here.

Deeds 4.13 comperto quod: `and whanne[1] it was foundun þat – [1] for; EV founden that (*V* for it was founden). I changes the conjunction of the resolution and adds another.

Deeds 4.16 omnibus habitantibus Jerusalem: to alle men þat dwell*id*en at ierusalem; EV ... dwellinge (that dwellen *X*) ... The participle could be resolved in either tense.

Deeds 4.17 ulli hominum: to ony man[2] – [2] men; EV to ony of (om. *P*) men. FM: man g. The singular idea predominates.

Deeds 4.25 Quare fremuerunt gentes: whi `gnastiden with teeþ [*togidre*] " heþene men´; EV Whi hethene men wraththiden[x] `*or beten with teeth to gidere*[y] – [x] gnastiden *V*, beeten togidere with teeth *X*, [y] *or gnaysteden with her teeth O*, om. *QX*.

Deeds 4.34 possessores: possessioners[4] – [4] possessouris; EV possescioners (possessouris), `*or weelders* (om. *QX*; weelders *O*). Also 'wielder' Gen. 14.22 EV ('lord' LV), Lev. 25.28 LV ('haver' EV).

Deeds 5.39 non poteritis dissolvere illud: ȝe moun not fordo[1] hem – [1] vndo; EV = LV. This seems to be the only case of this variation, perhaps caused by the preceding 'vndon'.

Deeds 8.20 quoniam donum Dei existimasti pecunia possideri: for þou gessidist `*þat*´ þe ȝifte of god schulde be had for money; EV for thou gessidist the ȝifte of God /for/ to be had /or weeldid/ by money. FM: that the I *sec.m.* The omission may be accidental or caused by the rivalry of two constructions.

Deeds 8.28 sedens super currum suum: sittynge in[2] his chare – [2] on; EV = LV. No note in FM.

Deeds 10.6 Hic hospitatur: *he* þis is herborid; EV = LV (That *O*, He this *T*). FM: He this I. Cf. Mt. 12.24 'he this' ELV. This remarkable extension also occurs in the Sermons (set 4). Also 32.

Deeds 10.33 nunc ergo: þerfore " now; EV = LV. FM: Therfore now Igk. In the context both variants are equally acceptable, but the trend is unmistakeable.

Deeds 10.34 quia non est personarum acceptor Deus: þat god is no*t* acceptour of persones; EV for (that *V*) etc. = I. No note in FM for this very minor variation.

Deeds 10.40 et dedit eum manifestum fieri: and ȝaf *to* him to be maad knowun; EV and ȝaf him /for/ to be maad knowun. FM: to him EIgkα. A slightly different interpretation.

Deeds 12.10 et exeuntes processerunt vicum unum: And þei ȝeden out & camen in to a[1] street – [1] o; EV o streete. No note in FM for this natural use of the indefinite article.

Deeds 12.25 expleto ministerio, assumpto Joanne: `&´ whanne þe mynysterie was fillid, and tooken John; EV the mynisterie fulfillid, John takyn to (*V* = LV). FM: and whanne I *sec.m.*, k *pr.m.* The resolutions have caused confusion.

Deeds 13.1 in quibus Barnabas ... et Saulus: in whiche barnabas ... & saul [weren]; EV = I. FM: weren[e] – [e] Om. Igk pr.m. V in EV also adds the copula.

Deeds 13.34 Quod autem suscitavit eum a mortuis: And he þat aȝenreiside hym fro deeþ; EV Forsoth that he aȝen reyside him fro deede /men/. FM: he that CEIK²QXe²gk¹. Some confusion of pronouns.

Deeds 16.17 Haec subsecuta Paulum et nos, clamabat dicens: sche þis suede poul & us, & criede & seide; EV This suynge (suede V) Poul and vs, criede (and criede V), seyinge. Cf. 10.6.

Deeds 16.40 and þei goynge¹ out of [the] prisoun, entriden² to lidie – ¹ ȝeden, ² and entriden; EV Sothli thei goynge (ȝeden V) out of /the/ prisoun, `entriden into (and entriden to V) Lidie. FM: ȝeden[c] – [c] goinge IQgkα, and[e] – [e] Om. IQgkα. Reversed syntax.

Deeds 17.5 quaerebant eos producere: souȝten hem to brynge hem forþ; EV = LV. FM: souȝten hem[h] to brynge[i] forth – [h] Om. k, [i] brynge hem Ik. The object pronoun has a double function.

Deeds 19.13 exorcistis: exorsistis¹ `or coniurers´ – ¹ exorsisists; EV = I. FM: exorsistis IKk, or coniurers I sec.m. marg. I adopts the gloss from EV.

Deeds 19.24 aedes argenteas: siluerne housis; EV = I. FM: siluerne EKQRcgeα. Also 'silvern' Ex. 20.23 EV ('of silver' LV), Bar. 1.8 LV ('silver' EV).

Deeds 22.5 et omnes majores natu: & alle þe grettiste of¹ birþe – ¹ in; EV the more in birthe. FM: of CEIK ... The ablative expressed by different prepositions.

Deeds 23.10 in castra: in to `a castel¹ – ¹ castels; EV in to castels. FM: a castel I, the castels Rk. As a plurale tantum the noun is plural in English ('castles', 'tents' etc.), but cf. Lat. castrum II Esdr. 1.1 'borough town' EV, 'castle' LV.

Deeds 23.25 postea: aftir[ward]; EV = LV. No note in FM. Also 'after' Judges 19.8 EV ('afterward' LV), Mt. 21.32 LV.

Deeds 24.25 Quod nunc attinet, vade: 'whidere it¹ perteyneþ now, go – ¹ That; EV = LV. FM: Whider it A sec.m. I, Whither a sec.m., k sec.m.α. Probably from Lat. var. quo: 'whither' Gen. 49.29 EV, Deut. 1.28 ELV, III K. 18.10 LV.

Deeds 27.6 et ibi inveniens centurio navem Alexandrinam navigantem in Italiam, transposuit nos in eam: and þere þe centurien foond a schip of alisaundre seilynge in to ytalie, & puttynge¹ (¹puttide) us ouer in to it; EV fyndinge (foond V) ... puttide (and puttide V). Confusion of finite and infinite forms.

Deeds 27.33 exspectantes jejuni permanetis: ȝe abidinge³ dwellen fastynge – ³ abiden and; EV = I (V = LV). Reversal.

James 1.22 Estote autem factores verbi: [But] be ȝe doers of þe word; EV Forsothe be ȝe doers of the word. No note of the omission in FM. Latin 'autem' is diversely translated in the versions, but also omitted, e.g. Mt. 1.2 LV.

James 3.4 et a ventis validis minentur: & ben dryuun of grete¹ wyndis – ¹ stronge; EV = LV. I alone deviates. Also 'great' Deeds 27.18 EV.

James 3.17 deinde pacifica: aftirward *it is* pesible; EV = LV. The addition here occurs in I only, typical of the explanatory character of this revised text.

James 4.2 propter quod non postulatis: for þat ʒe axen not; EV for `which thing ʒe han not axid[a] – [a] ʒe axen not *worthily* V. I alone is true to the Latin.

James 4.16 exsultatio: ioiyng[1] – [1] ioye; EV = I. FM: ioying EI and others. The simple noun is rare in both versions.

James 5.7 temporaneum et serotinum: tidy[1] & rijpe[2] fruyt – [1] tymeful, [2] lateful; EV = LV (*fruyt* V). LV variants: tidi and ripe, tideful and lateful, tymeful tidy and ripe and lateful, tymeful and lateful *ether tidi and ripe*.

James 5.11 audistis: ʒe `han herd[4] – [4] herden, EV = LV. I alone uses the perfect tense, which seems to be secondary.

I Peter 1.11 scrutantes in quod vel quale tempus significaret in eis Spiritus Christi: and souʒten whiche eþer[1] what manere tyme þe spirit of crist signy-fiede in hem – [1] euer[g] – [g] ether IK. EV which or what. FM's text must be wrong here.

I Pet. 1.15 et ipsi in omni conversatione sancti estis: þat also ʒe ʒ*ou* silf be hooli in al þing[2] – [2] lyuyng; EV that and ʒoure silf be holy in al lyuynge. Cf. 'conversation' Ecclus. 18.21 EV ('living' LV), v.v. 50.5, 'life' II M. 4.13 ELV. I is free.

I Pet. 2.18 dyscolis: to tryuauntis[1] – [1] tyrauntis; EV to tirauntes[c] – [c] try-uauntis *GMP*, tryuauntis *either tyrauntis* V. FM: tryuauntis CEIKRUa[2]e. No other instance indexed.

I Pet. 3.3 Quarum non sit extrinsecus capillatura: of whom[1] be " þer not wiþoutforþ curious ournyng of heer – [1] whiche. EV Of /the/ whiche be not etc. I alone varies in LV.

I Pet. 4.16 Si autem ut christianus: but if *he suffre* as a cristene man; EV forsothe if as /he be O[1]/ a cristen men. I repeats 'suffer' from the preceding verse.

II Peter 1.13 quamdiu sum in hoc tabernaculo: as longe as I am in þis taber-nacle *eþer þis lijf*; EV hou longe (as long as V) I am in this tabernacle. I is exceptional here.

II Pet. 1.15 Dabo autem operam et frequenter habere vos post obitum meum, ut horum memoriam faciatis: But I schal ʒiue bisynesse þat[1] ofte af-tir my deþ ʒe haue mynde of þese þingis – [1] and; EV ... and ofte /for/ to haue ʒou (that ʒe haue V); et/ut?

II Pet. 2.1 et eum qui emit eos Dominum negant: and þei 'schul denye[1] þil-ke lord þat bouʒte hem – [1] denyen; EV = LV. I continues the future from what precedes.

II Pet. 2.1 superducentes sibi: & 'brynge yn[2] on hem silf – [2] bringen; EV aboue ledynge to (and bringen on V) hem silf. FM: bryng yn I, *ether aboue leeden* K *marg*. Also 'bring in' II M. 7.38 ELV.

II Pet. 2.11 cum sint majores: whanne þei ben *maad* more; EV = LV. I alone amplifies the comparative.

II Pet. 2.14 cor exercitatum avaritia habentes: and han þe herte hauntid[4] to

coueitise – [4] exercisid; EV hauynge the herte excercisid (haunted *O*) in coue-
itise. FM: hauntid IR. Also Ps. 76.4 '/en/haunt' EV, 'exercise' LV, ptc. II M.
15.12 ELV.

II Pet. 2.15 derelinquentes rectam viam erraverunt: þat forsoken[5] þe riȝt
wey, & erriden – [5] forsaken; EV forsakinge the riȝt weie, erreden. The reso-
lution of the participle has led to two different tenses.

II Pet. 2.17 turbinibus: wiþ whirle[6] wyndis – [6] whirlinge; EV = LV (whir-
le windis *SV*). A minor variation, also Wisd. 5.24.

II Pet. 2.22 ad suum vomitum: to his *vomyt or* castyng; EV to his woom
(var. voom, -it, castyng up *OX*, spuyng *V*). FM: vomyt *or castynge* I, spuw-
ing c.

I John 2.2 et ipse est propitiatio pro peccatis nostris: and he is þe forȝiuenesse
of[1] oure synnes – [1] for; EV = LV. FM: of IUao. Both prepositions fit the con-
text.

I Jn. 2.21 Non scripsi vobis quasi ignorantibus veritatem: I wroot not to
ȝou as to men þat knewen[2] not treuþe – [2] knowen; EV ... men vnknowinge
... (not knowinge *V*). FM: knewen be. Maybe a case of attraction.

I Jn. 4.3 de quo audistis quoniam venit: of whom ȝe `han herd[1] þat he co-
miþ – [1] herden; EV ... herden for (that *V*) ... I alone changes the tense.

Jude 1.9 non est ausus judicium inferre blasphemiae: he was not hardi to
brynge yn doom &[1] blasphemye – [1] of; EV doom of blasfemye (blasfemynge
Q). I's variation is doubtful.

Apocalypse 2.5 nisi poenitentiam egeris: but `þou do[1] penaunce – [1] *from* do
þou *MS*; EV `no but (but if *OX*) thou shalt do penaunce. The conjunction /no/
but /if/ explains the variant.

Apoc. 3.16 quia tepidus es: for þou art lew*k*; EV lew[e] – [e] lew, either bi-
twixe hoot and coold *V*. FM: warm A *sec.m. marg.*, lewk E. No other instan-
ce indexed.

Apoc. 4.10 ante sedentem in throno: bifore hym þat saat in[1] þe trone – [1]
on; EV in /the/ troone: FM: in boβ. Both prepositions occur in the phrase,
'Latin' or idiomatic.

Apoc. 8.11 Et nomen stellae dicitur Absinthium: and þe name of þe sterre
was[1] seid wormod – [1] is; EV = LV. No note in FM. The change to the past
tense is frequent in LV.

Apoc. 11.4 duo candelabra: twey candilstikis (schynynge); EV two (twey)
candelstickes, `ȝeuynge liȝt[s] – [s] om. *V*. No note, except I *pr.m.* The parallel
reading in EV suggests a Latin var.

Apoc. 13.16 characterem: carect[*er*]; EV a caracter /or a token *T*, either
prente *V/*. FM: carect I, /either marke R/. Also 14.9 'token' EV, 'charact/er/'
LV, 11 ELV. + 13.17: EV caracter or lettre (om. *OTX*), carect IR.

Apoc. 13.18 Hic sapientia est: heere he[1] wisdom – [1] is; EV = LV, FM: he
A *pr.m.* EIkαβ, his O. The ambiguous 'heere' (= 'here' or 'hear') caused the
misunderstanding.

Apoc. 14.9 Si quis adoraverit bestiam: if ony man worschipe[1] þe beest – [1] *from* worschipiþ (?) *MS*; EV If ony man `shal worschipe[s] the beest – [s] worschipide *ANOSVX*, worschipe *Q*. FM: worschipith k. Cf. 14.11.

Apoc. 19.3 Et fumus ejus ascendit: and þe smoke of him[1] stieþ up – [1] it; EV = LV. The reference is vague (NEB says 'her' i.e. 'the whore').

Apoc. 19.21 et ceteri occisi sunt in gladio: and þe oþere weren slayn wiþ[2] þe swerd – [2] of; in (with *V*) /the/ swerd. FM: with /the/ EIK etc.

Apoc. 20.5 donec consumentur mille anni: til a þousynde ȝeris weren[1] endid – [1] ben; EV = LV. Normal change in I alone.

Apoc. 20.13 et judicatum est de singulis: & it is[2] demed to[3] ech – [2] was, [3] of; EV And it is (was *V*) of alle (ech *V*). No note in FM.

Evidence from the General Prologue

As in the previous volumes we shall make use of information on the making of this Bible from the General Prologue (Forshall & Madden I:57): 'a symple creature hath translatid the bible out of Latyn into English.

First, this symple creature hadde myche trauaile, with diuerse felawis and helperis, to gedere manie elde biblis, and othere doctouris, and comune glosis, and to make oo Latyn bible sumdel trewe;'

Mt. 12.18 Ecce puer meus, quem elegi: lo my child (in) whom I haue chosen – from the following 'in quo'. This kind of anticipation (or repetition) is frequent in manuscripts;

Mk. 15.7 in seditione: in sedicioun[1] – [1] seducioun. Latin variant siditione (seductione?). Words of similar form or meaning are often mixed up;

Lk. Prol. 3 crimine: cryme[1] – [1] greet synne. EV blame. Here the Latin word has been allowed to stand, at least to begin with.

Lk. 7.13 Quam cum vidisset Dominus. And (þe) whanne þe lord ihū had seen hir. Latin var. et visam eam, /et/ cum vidisset illam (videns /autem/). 'The which' may have preceded 'Whom' (EV).

Jn. 14.11 et Pater in me /est/: and þe fadir `is´ in me. No note in FM, who elsewhere use the expression I *pr.m.* (or *sec.m.*) for I *pr.v.* (or *sec.v.*).

Jn. 18.39 /unum/ dimittam vobis: I delyuere (oon) to ȝou. A case like Mt. 12.18 above;

'and (FM I:58) the comune Latyn biblis han more nede to be correctid as manie as I haue seen in my lif, than hath the English bible late translatid;' In retrospect the author approves the fundament.

(FM I:57) 'and thanne to studie it of the newe, the text with the glose, and othere doctouris, as he miȝte gete, and speciali Lire on the elde testament, that helpide ful myche in this werk;'

Mk. 8.24 Et aspiciens, ait: Video homines velut arbores ambiantes; And he bihelde & seide/ I se men as trees walkynge – (FM marg.) he saw derkli the bodies of hem to be mofede hidere and thidere. *Lire heere.* K.

Rom. 1.14 Barbaris: to barbaryns – (FM marg.) or hethen men of vnknowen langage. *Lyre here* [MS] e. EV b. /or h. men/.

Rom. 1.20 a creatura: of þe creature – (FM marg.) that is, of man. *Lyre here.* e.

Rom. 1.23 gloriam incorruptibilis Dei: þe glorie of god vncorruptible (vncorruptible God R *pr.m.*) – (FM marg.) ether that mai not dye. K.; that is, that mai not dye, ne be peirid. *Lyre here.* e. EV vnc. /that is/ that may not de-ie, ne be peirid.

Rom. 1.29 susurrones: priuy bacbiters – (FM marg.) *backbiteris*, that is, soweris of discord. *Lyre here.* e. EV pr. b. or s. of d.

Rom. 2.7 iis quidem qui secundum patientiam boni operis: soþely to hem þat ben bi *pacience* of gode werk – (FM marg.) *pacience*, that is, to hem that vsiden wel to worche Goddis pacience. *Lyre here.* e.

Rom. 2.8 iis autem qui sunt ex contentione: but to hem þat ben of strijf – (FM marg.) *strijf*, that is, to synneris endurid. *Lyre here.* e.

These are the first few marginal notes encountered in FM's LV text. They are not incorporated in MS I, but it is evident that they affected also EV. To judge from the words of the author above, this was a preliminary step towards the actual translation, to be included or left out.

(FM I:57) 'the thridde tyme to counseile with elde gramariens, and elde dyuynis, of harde wordis, and harde sentencis, hou tho miȝten best be vndurstonden and translatid;'

Lk. 8.30 Legio: A legioun – (FM marg.) A legioun is a thousand, sixte hundrid, sixti and sixe. K.

Lk. 14.26 Si quis venit ad me, et non odit patrem suum, et matrem, et uxorem, et filios, et fratres et sorores: If ony man comiþ to me & hatiþ not his fadir & modir & wijf & sones & briþeren & sistris – (FM marg.) that is, lesse loueth hem than God. e.

Jn. 5.4 in piscinam: in to þe cisterne – (FM marg.) that is, a watir gederid togidere, hauinge no fiȝss. K. Cf. II K. 2.13 'fishpond' EV, 'cistern' LV.

Rom. 1.30 contumeliosos: debatours – (FM marg.) ether wrong despisers. K. EV wrongly (wrongful *NO*) dispyseris /of othere men/. Cf. Ecclus. 8.14 'strifeful' EV, 'full of despising' LV.

Rom. 1.31 incompositos: vn-manerly – (FM marg.) ether vncouenable in beryng withoutforth. K. EV vncouenable in berynge with oute forth.

Rom. 2.4 benignitas Dei: þe benignite of god – (FM marg.) ether goodwille. Ke. EV the benygnyte, `or good wille[1] – [1] Om. X. Cf. Ps. 64.12 'benignity' EV, 'good will' LV.

Rom. 2.22 sacrilegium facis: doist sacrilegie – (FM marg.) *sacrilegie*, that is, thefte of holy thingis. Ke. EV = Ke (gloss om. *X*).

Many more examples could be given; those above are the first few encountered in FM's marginal notes to NT (glosses from Lyra etc. excepted; cf. the previous section).

The explanations are, as a rule, not given in the text of MS I. Like the other glosses, they could be added or omitted. And, again, like those glosses, they influenced EV, as can be seen from instances above.

(FM I:57) 'the iiij. tyme to translate as cleerli as he coude to the sentence, and to haue manie gode felawis and kunnynge at the correcting of the translacioun.'

Mt. 1.25 & he knewe hir not til sche hadde born hir firste bigoten sone & *he* clepide his name ihc̄: ELV ... and clepide ... (sche cleped *OV sec.m.*, and he I). Different corrections.

Mt. 6.10 þi kyngdom come to *þee*: ELV ... come to ... (to the *N*, to *thee* IK) Lat. adveniat + an additional English pronoun.

Mt. 15.24 I am not sent but to þe scheep of þe hous of israel, þat *han* perischid: ELV that perishiden. A correction visible in I alone.

Mt. 15.36 And he took *þe* seuene looues & fyue fischis & dide þankyngis & brake *hem* & ʒaf to hise disciplis: ELV brak, and. The object pronoun supplied from the context in I alone.

Mt. 20.16 So þe laste schul be þe firste, and þe firste *schul be* þe laste: ELV omit the addition, which occurs in I alone.

Mt. 24.21 for þanne schal be greet tribulacioun, what manere `haþ not be[3] fro þe bigynnyng of þe world til[4] now – [3] was not, [4] to: ELV was not (hath not be C *et plures*). Correct idiom.

Mt. 24.26 þerfore if þei sey to ʒou, lo he is in desert: nyle ʒe go out/ lo *he is* in priuey placis: nyle ʒe trowe. Only *P* in EV and I in LV have this addition.

These few examples from Matthew will suffice to show the principle behind the translation: to bring out the meaning of the text, and, if necessary, to introduce corrections to ensure that the meaning was conveyed properly.

The two versions can be examined together with the help of the Latin Vulgate version of the Bible. They are in fact two versions of one translation.

Conclusions

There are two opinions concerning the status of MS Bodley 277 in the history of the Wyclif Bible, one expressed by Forshall and Madden in 1850, the other expressed by Sven L. Fristedt in 1953. I shall briefly quote their statements below and, in conclusion, add my own view.

(FM I:xxxi, section 55) 'Within a few years after the completion of the later version some imperfect attempts appear to have been made to revise it. One of these revised copies is preserved in a Ms. of the Bodleian Library, which formerly belonged to king Henry the Sixth. The revisor seems, as he proceeded, to have grown weary, or to have become dissatisfied with the result of his labours, and he gave up his plan, after having advanced into the Psalter; the alterations made in the subsequent parts being comparatively few and unimportant ... In making these alterations he seems scarcely to have consulted the Latin, from which he sometimes unwarrantably departs, but he has frequently had recourse to the earlier version, and adopts its expressions.'

(Fristedt, WB I:137) 'MS I is evidently the least corrected MS of LV since it adheres more frequently to EV than any of the other MSS collated by FM and III Esdras contained in it alone is nothing but a very slightly modernised reproduction of EV ... The whole of LV in its original form was therefore in all probability nothing but a slightly corrected recast of EV. This conclusion is supported by FM's observations that LV "is every where founded upon the previous translation" and that the part of LV equivalent to EV II "is often little more than a mere revision of the former text", i.e. EV.'

It is hard to reconcile these two views: on the one hand (FM) a text later than LV with many revised readings but also with many readings adopted from EV; on the other hand (Fristedt) an early text of LV preserving much of the material in EV and (slightly) corrected (disregarding modernisms).

What is quite clear is that Bodley 277 is a late manuscript of the Later Version with many revised readings, often of its own, and also containing features of the Earlier Version, sometimes in common with other LV manuscripts.

How is the mixed nature of the text to be explained? FM's imperfect revisor is hardly convincing, the task being too vast to have been attempted individually; Fristedt's contention is hardly more convincing, seeing the immense number of revised readings in I. The solution must be sought in a comprehensive view.

When this MS was copied out (there are next to no 'original'corrections in it) the two versions that developed out of the original translation (corrected) mentioned in step iiij above, had long been in existence. Even if the archetype of this type of revised MSS is considerably earlier, it would still be late enough to have given scope for several stages of revisions. In the case of our MS we can see a conscious attempt to merge original features (at times more ancient than EV) with modernisms (not all the most recent) to form a text true to the double aim of this translation of the Bible: to be true to the Word, and to help the reader.

Matthew

P Heere bigynniþ [*the Newe Testament*] þe[1] prologe *of Jerom* on *þe gospel of* Matheu·

MAtheu þat was of Judee· as he is first " sett in ordre of þe gospellers so he wroot first þe gospel in Judee/ and fro þe office of a tolgaderer: he was clepid to god/ whanne þis Matheu hadde prechid first þe gospel in Judee· & wolde go to heþene men: he wroot first þe gospel in
5 ebreu & lefte it *in* to mynde to cristen men of þe iewis· fro whiche he departide bodily/ For as it was nedeful· þat þe gospel were prechid to þe confermyng of feiþ: so it was nedeful· þat it were write also aȝens heretikis/ (n) þouȝ many men han write þe gospel: foure oonly· þat is Matheu Mark Luyc & Jon· han þe witnessing of autorite/ for þei tellen
10 þe feiþ of þe trinyte: bi foure partis of þe world/ and þei ben as foure whelis in þe foure horsid cart of þe lord: þat beriþ him aboute bi preching of þe gospel/ and mankynde þat was sleyn bi foure deþis: schulde be quykenid bi þe preching of hem/ & þerfor þe gospels of oþere writeris fellen doun & ben not resseyued: for þe lord `wolde not[2]· þat
15 þe forseid noumbre were destried for þe vertu of *þe* sacrament/ Also þe foure gospellers ben vndirstonde bi foure figuris of gostly priuytee/ Matheu is vndirstonde bi man: for he dwelliþ principally aboute þe manhed of crist/ Mark is vndirstonde bi a lioun: for he tretiþ of cristis risyng aȝen/ Luyc is vndirstonde bi a calf: & tretiþ of presthod/ John is
20 vndirstonde bi an egle: & writiþ hiȝliere þe sacramentis· eiþer hooly priuetees of þe godhed/ Forsoþe crist whom þese gospellers discryuen: was a man born of þe uirgyne/ he was a calf: in offryng eiþer diyng on þe cross/ he was a lioun: in risyng aȝen/ and he was an egle: in assencioun/ Eiþer þe manhed of crist is signified in man· presthod is signy-
25 fied in þe calf· rewme is signyfied in þe lyoun: & þe sacrament of godhed is signyfied in þe egle/ þat is· bi þese foure beestis it is declarid: þat Ihū crist is god & man· kyng & prest/
Heere endis þe prologe/

1 Heere bigynniþ þe gospel of Matheu·

THe book of þe generacioun of ihū crist: þe sone of dauid þe sone of
2 Abraham/ Abraham bigat ysaac· Isaac bigat Jacob· Jacob bigat Judas &
3 hise briþeren/ Judas bigat phares & zaram of thamar/ phares bigat es-
4 rom/ esrom bigat aram· aram bigat amynadab· amynadab bigat naason·

Mt. P. [1] a   [2] nolde

5 naason bigat salmon· salmon bigaat booz of raab/ booz bigat obeth of
6 ruth· obeth bigat iesse· Jesse bigat dauid þe kyng/ Dauid þe kyng bigat
7 salomon of hir þat was vries wijf/ salomon bigat roboam· roboam bigat
8 abias· Abias bigat asa· Asa bigat iosaphat/ Josaphat bigat ioram· Joram
9 bigat osias· Osias bigat ioathan/ Joathan bigat achaz/ Achaz bigat eze-
10 chie/ Ezechie bigat manasses/ Manasses bigat amon/ Amon bigat Josi-
11 as· Josias bigat iechonyas & hise breþeren in to þe transmygracioun of
12 babiloyne/ And aftir þe transmygracioun of babiloyne: ieconyas bigat
13 salatiel· Salatiel bigat Zorobabel· Zorobabel bigat abiud· Abiud bigat
14 elyachym/ Eliachim bigat asor· Asor bigat sadoch· Sadoch bigat achym·
15 Achim bigat elyut/ Eliut bigat eleasar/ Eleazar bigat mathan· Mathan
16 bigat iacob· Jacob bigat ioseph þe housbonde of marie: of whom ihc̄
17 was born· þat is clepid crist/ And so alle *þe* generaciouns from abraham
to dauid: ben fourtene generaciouns/ & fro dauid to þe transmigracioun
of babiloyne: ben xiiij generaciouns/ & fro þe transmigracioun of babi-
18 loyn to crist: ben xiiij generaciouns/ but þe generacioun of crist: was
þus/ whan marie þe moder of ihū was spoused to Joseph· bifore þei ca-
men togidre: sche was founde hauynge of þe hooly goost in þe wom-
19 be/ and ioseph hir housbonde for he was riȝtful & wolde not pupplishe
20 hir: he wolde priuely haue left hir/ but while he þouȝte þese þingis: lo
þe aungel of þe lord apperide in slep to him & seide/ Joseph þe sone of
dauid: nyle þou drede to take marie þi wijf/ for þat þing þat is born in
21 hir: is of þe hooly goost/ & sche schal bere a sone: & þou schalt clepe
22 his name ihc̄/ for he schal make his puple saaf· fro her synnes/ for al þis
þing was don: þat it schulde be fulfillid· þat was seid of þe lord bi a
23 prophet seiynge/ Lo a uirgyn schal haue in wombe· & sche schal bere
a sone· and þei schul clepe his name emanuel þat is to sey· god wiþ us/
24 And ioseph roos fro sleep & dide as þe aungel of þe lord comaundide
25 him· and took marie his wijf· & he knewe hir not til sche hadde born
hir firste bigoten sone & *he* clepide his name ihc̄·

2 þerfore whanne ihc̄ was born in bethleem of Juda in þe daies of kyng
2 heroude: lo astromyens camen fro þe eest to ierusalem & seiden/ whe-
re is he þat is born kyng of iewis? for we haue seen his sterre in þe eest:
3 & we comen *for* to worschipe him/ But kyng heroude herde & was
4 troublid: & al ierusalem with him/ and he gaderide togidre alle þe prin-
cis of prestis & scribis of þe puple: and enqueride of hem where crist
5 schulde be born/ And þei seiden to him: in bethleem of Juda/ for so it
6 is write bi a prophete/ and þou bethleem þe lond of Juda· art not þe les-
te among þe princis of Juda/ for of þee a duyk schal go out: þat schal
7 gouerne my puple of israel/ þanne heroude clepide priuely þe astromy-
ens· & lernyde bisily of hem þe tyme of þe sterre þat apperide to hem/
8 and he sente hem in to bethleem: & seide/ go ȝe & axe ȝe bisily of þe
child/ & whanne ȝe haue founde telle ȝe it to me: þat I also come &

---

2. ¹ siȝen   ² and ioyeden   ³ *MS* golilee

9 worschipe him/ And whanne þei hadden herd þe kyng: þei wenten forþ/
and lo þe sterre þat þei saien in þe eest· wente bifore hem: til it came

10 & stode aboue where þe child was/ and þei seynge[1] þe sterre: ioieden[2]

11 wiþ a ful greet ioie/ and þei entriden in to þe hous: & founden þe child

12 with marie his modir/ and þei fellen doun: & worschipiden him/ And
whanne þei hadden opened her tresouris· þei offriden to him ȝiftis: gold

13 ensence & myrre/ And whanne þei hadden take an answere in sleep·
þat þei schulden not turne aȝen to heroude: þei turnyden aȝen bi an
ooþer wei in to her cuntreye/ And whanne þei weren gon: lo þe aung-
el of þe lord apperide to ioseph in sleep & seide/ Rijse up & take þe
child & his modir & fle in to egipt· & be þou þere til þat I sey to þee/

14 for it is to come: þat heroude seke þe child to distrie him/ And ioseph

15 roos & took þe child & his modir bi niȝt· & wente in to egipt & he was
þere to þe deþ of heroude/ þat it schulde be fulfillid þat was seid of þe

16 lord bi þe prophete seiynge/ Fro egipt I haue clepid my sone/ þanne he-
roude seynge· þat he was disseyued of þe astromyens· was ful wrooþ/
and he sente & slouȝ alle þe children þat weren in bethleem & in alle
þe coostis þerof· fro two ȝer age & wiþynne· aftir þe tyme þat he had-

17 de enquerid of þe astromyens/ þanne it was fulfillid þat was seid bi Je-

18 remye þe prophete seiynge/ A voice was herd an hiȝe wepynge & my-
che weilynge· rachel biwepynge her sones & sche wolde not be coun-

19 fortid· for þei ben not/ But whanne heroude was deed: lo þe aungel of

20 þe lord apperide to ioseph in sleep in egipt: & seide/ rijse up & take þe
child & his modir: and go in to þe lond of israel/ for þei þat souȝten þe

21 lijf of þe child ben deed/ Joseph roos & took þe child & his modir: &

22 cam in to þe lond of israel/ And he herde þat archelaus regnyde in Ju-
dee for heroude his fadir & dredde to go þidere/ and he was warned in

23 sleep: & wente in to þe partis of galilee[3]· and cam & dwellide in a ci-
tee þat is clepid nazareth/ þat it schulde be fulfillid þat was seid bi
prophetis· for he schal be clepid a nazarey/

3 IN þo daies Jon baptist cam: & prechide in þe desert of Judee & sei-

2, 3 de/ do ȝe penaunce· for þe kyngdom of heuenes schal neiȝe/ for þis is
he of whom it is seid bi ysaie þe prophete seiynge/ A voice of a crier in
desert· make ȝe redy þe weies of þe lord: make ȝe riȝt þe paþis of him/

4 And þis Jon hadde cloþing of camels heris: & a girdil of skyn aboute

5 his leendis/ and his mete was honysoukis & hony of þe wode/ þanne ie-
rusalem wente out to hym & al iudee & al þe cuntree aboute iordan:

6, 7 and þei weren weishe of him in iordan & knowlechiden her synnes/ But
he siȝ many of þe farisees & of saduceis comynge to his baptym & sei-
de(n) to hem/ Generaciouns of eddris: who schewide to ȝou· to fle fro

8 [*the*] wraþþe þat is to come/ þerfor do ȝe worþi fruytis[1] of penaunce·

9 and nyle ȝe sey wiþynne ȝou· we haue abraham to fadir/ for I sey to ȝou

10 þat god is myȝti to reise up of þese stones þe sones of abraham/ & now

---

3. [1] fruyte

þe axe is put to þe roote of þe tree/ þerfor euery tre þat makiþ not good
11 fruyt: schal be kit doun & schal be cast in to þe fijr/ I waishe ȝou in wa-
tir: in to penaunce/ but he þat schal come aftir me· is strenger þan I:
whos schoon y am not worþi to bere/ he schal baptise ȝou in þe hooly
12 goost & fire/ whos wynewynge cloþ is in his hond· and he schal fully
clanse his corn flore/ & he schal gadre his whete in to his berne: but þe
13 chaff he schal brenne with fire þat may not be quenchid/ þanne ihc ca-
14 me fro galile in to iordan to Jon: to be baptisid of hym/ And Jon forbe-
15 de him & seide/ I owe to be baptisid of þee: & þou comest to me? But
ihū answeride & seide to him/ Suffre now/ for þus it falliþ to us to ful-
16 fille al riȝtfulnesse/ þanne Jon suffride him/ And whanne ihū was bap-
tisid: anoon he wente up fro þe watir/ and lo heuenes weren opened to
him: and he sawȝ þe spirit of god comynge doun as a dowue & co-
17 mynge on hym/ and lo a voice fro heuenes: seiynge/ þis is my loued so-
ne: in whiche I haue plesid to me/

4 THanne ihc was led of a spirit in to desert: to be temptid of þe feend/
2 and whanne he hadde fastid fourti daies & fourty niȝtis: aftirward he
3 hungride/ & þe tempter came niȝ: & seide to him/ If þou art goddis so-
4 ne: sey þat þese stones be maad loues/ þe whiche answeride & seide to
him/ It is write/ not oonly in breed lyueþ a man: but in eche word þat
5 comeþ of goddis mouþ/ þanne þe feend tok him in to þe hooly citee &
6 sette him on þe pynnacle of þe temple & seide to him/ If þou art god-
dis sone: sende þee adoun/ for it is writen/ þat to hise aungels he co-
maundide of þee: & þei schul take þee in hondis· lest perauenture þou
7 hirte þi foot at a stoon/ Eftsoone ihc seide to him/ It is write· þou schalt
8 not tempte þi lord god/ Eftsoone þe fend tok him in to a ful hiȝ hil &
9 schewide to him alle þe rewmes of þe world & þe ioie of hem· and sei-
de to him/ Alle þese I schal ȝiue to þee: if þou falle doun & worschipe
10 me/ þanne ihc seide to him/ go sathanas· for it is write/ þou schalt wor-
11 schipe þi lord god: and to him aloone þou schalt serue/ þanne þe feend
12 lefte him/ & lo aungels camen niȝ: & seruyden to him/ But whanne ihc
13 hadde herd þat Jon was taken: he wente in to galilee/ and he lefte þe ci-
tee of nazareth: & cam & dwelte in þe citee of cafarnaum biside þe see:
14 in þe coostis of zabulon & neptalim/ þat it schulde be fulfillid þat was
15 seid bi ysaie þe prophete seiynge/ þe lond of zabulon & þe lond of nep-
16 talym· þe wei of þe see ouer iordan of galilee of heþene men/ þe peple
þat walkide in derkenessis: siȝ greet liȝt/ and while men saten in þe
17 cuntree of schadewe of deþ: liȝt aroos to hem/ Fro þat tyme ihc bigan
to preche & seie· do ȝe penaunce: for þe kyngdom of heuenes schal co-
18 me niȝ/ And ihc walkide bisidis þe see of galilee: & siȝ twey briþeren·
symount þat is clepid petir· & andrew his broþer: castynge nettis in to
19 þe see· for þei weren fisheris/ And he seide to hem/ come ȝe aftir me:
20 and I schal make ȝou to be maad fisheris of men/ And anoon þei leften
21 þe nettis & sueden hym/ and he ȝede forþ fro þat place: & siȝ tweyne
ooþere briþeren James of Zebede & ion his broþir· in a schip with ze-
22 bede her fadir amendynge her nettis· & he clepide hem/ And anoon þei

23 leften þe nettis & þe fadir: & sueden him/ And ihc̄ ȝede aboute al gali-
lee: techinge in þe synagogis of hem & prechynge þe gospel of þe
kyngdom/ & heelynge euery langour & ech sikenesse among þe peple/
24 and his fame wente in to al syrie/ and þei brouȝten to him alle þat we-
ren at maleese & þat weren take with dyuerse languores & turmentis·
& hem þat hadden fendis & lunatijk men· & men in palasie· and he he-
25 lide hem/ And þer sueden him myche peple of galilee & of decapoly &
of ierusalem & of Judee & of biȝonde iordan/

5 And ihū seynge þe peple wente up in to þe¹ hil/ & whanne he was
2 sett: hise disciplis camen to him/ and he openyde his mouþe & tauȝte
3 hem & seide/ Blessid be pore men in spirit: for þe kyngdom of heuenes
4, 5 is heren/ Blessid be mylde men: for þei schul weelde þe erþe/ Blessid
6 be þei þat mornen: for þei schul be counfortid/ Blessid be þei þat hung-
7 ren & þirsten riȝtwisnesse: for þei schul be fulfillid/ Blessid be merci-
8 ful men: for þei schul gete mercy/ Blessid be þei þat ben of clene her-
9 te: for þei schul se god/ Blessid be pesible men: for þei schul be clepid
10 goddis children/ Blessid be þei þat suffren persecucioun for riȝtwis-
11 nesse²: for þe kyngdom of heuenes is heren/ ȝe schul be blessid whan-
ne men schul curse ȝou & schul pursue ȝou: & schul sey al yuel aȝens
12 ȝou· liynge for me/ joie ȝe & be ȝe glade: for ȝoure meede is plenteuous
in heuenes/ for so þei han pursued also prophetis: þat weren bifore ȝou/
13 ȝe ben salt of þe erþe/ þat if þe salt vanische awey: where ynne schal it
14 be saltid? to no þing it is worþ ouer: [no] but þat it be cast out· & be
14 defoulid of men/ ȝe ben liȝt of þe world/ A citee sett on an hil: may not
15 be hid/ ne me teendiþ not a lanterne & putte³ it vndir a bushel: but on
16 a candilstik· þat it ȝiue liȝt to alle þat ben in þe hous/ so schyne ȝoure
liȝt bifore men: þat þei see ȝoure gode werkis & glorifie ȝoure fadir þat
17 is in heuenes/ Nile ȝe deme þat I came to vndo þe lawe or þe prophe-
18 tis/ I came not to vndo þe lawe: but to fulfille/ Forsoþe I sey to ȝou· til
heuene & erþe passe· oon lettre or oon title schal not passe fro þe lawe:
19 til alle þingis be don/ þerfore he þat brekiþ oon of þese leeste maun-
dementis· & techiþ þus men: schal be clepid þe leeste in þe rewme of
heuenes· but he þat doþ & techiþ: schal be clepid greet in þe kyngdom
20 of heuenes/ And I sey to ȝou þat but ȝoure riȝtwisnesse² be more plen-
teuous þan of scribis & of farisees: ȝe schul not entre in to þe kyngdom
21 of heuenes/ ȝe han herd þat it was seid to olde men: þou shalt not sle/
22 & he þat sleeþ: schal be gilty to doom/ but I sey to ȝou· þat ech man
þat is wroþ to his broþer: schal be gilty to doom/ and he þat seiþ to his
broþer fy: schal be gilty to þe counseil/ but he þat seiþ fool: schal be
23 gilty *in* to þe fire of helle/ þerfore if þou offrist þi ȝifte at þe auter and
24 þere þou biþenkist þat þi broþer haþ sumwhat aȝens þee: leue þere þi
ȝifte bifore þe auter & go first to be recounseilid to þi broþir· & þanne
25 þou schalt come & schalt offre þi ȝifte/ Be þou consenting to þin ad-

---

5. ¹ an   ² riȝtfulnesse   ³ puttith   ⁴ hym

uersarie soone while þou art in þe wey with him/ lest perauenture þin
aduersarie take þee to þe domesman· and þe domesman take þee to þe
26 mynistre: & þou be sent in to prisoun/ treuly I sey to þee· þou schalt not
27 go out fro þennes: til þou ȝelde þe laste ferþing/ ȝe han herd þat it was
28 seid to olde men· þou schalt no*t* " do leccherie/ but I sey to ȝou· þat eue-
ry man þat seeþ a womman [*for*] to coueyte hir: haþ now do leccherie
29 bi hir in his herte/ þat if þi riȝt iȝe sclaundre þee: pulle it[4] out & caste
fro þee/ for it spediþ to þee þat oon of þi membris perische: þan þat al
30 þi bodi go in to helle/ And if þi riȝt hond sclaundre þee kitte him awey
& caste fro þee/ for it spediþ to þee· þat oon of þi membris perische:
31 þan þat al þi bodi go in to helle/ And it haþ be seid who euere leueþ his
32 wijf: ȝiue he to hir a libel of forsakyng/ but I sey to ȝou· þat euery man
þat leueþ his wijf out take cause of fornycacioun: makiþ hir to do lec-
33 cherie/ and he þat weddiþ þe forsaken wijf: doþ a-vowtrie/ Eft soone ȝe
han herd þat it was seid to olde men: þou schalt not forswere· but þou
34 schalt ȝelde þin oþis to þe lord/ but I sey to ȝou· þat ȝe swere not for
35 ony þing/ neiþer bi heuene: for it is þe trone of god· neiþer bi [*the*]
erþe: for it is þe stool of his feet· neiþer bi ierusalem: for it is þe citee
36 of a greet kyng· neiþer þou schalt [*not*] swere bi þin heed: for þou maist
37 not make oon heer whijt ne blak/ but be ȝoure word· ȝhe ȝhe· nay nay/
38 and þat þat is more þan þese: *it* is of yuel/ ȝe han herd þat it haþ be
39 seid· yȝe for iȝe· & toþ for toþ/ but I sey to ȝou· þat ȝe aȝenstonde not
an yuel man/ but if ony smyte þee in þe riȝt cheke: schewe to him also
40 þe ooþer/ And to him þat wole stryue wiþ þee in doom & take awey þi
41 coote: leue þou [*to him*] also þi mantel/ And who euer constreyniþ þee
42 a þousynd pacis: go þou wiþ him oþere tweyne/ ȝiue þou to him þat
axiþ of þee: and turne *þou* not awey fro him þat wole borowe of þee/
43 ȝe han herd þat it was seid· þou schalt loue þi neiȝbore & hate þin ene-
44 my/ but I sey to ȝou· loue ȝe ȝoure enemyes· do ȝe wel to hem þat
45 hat[*id*]en ȝou/ & preie ȝe for hem þat pursuen & sclaundren ȝou· þat ȝe
be þe sones of ȝoure fadir þat is in heuenes þat makiþ his sunne to ri-
46 se upon gode & yuel men: & reyniþ on iust men & vniust/ for if ȝe
louen hem þat louen ȝou: what meede schul ȝe haue? wheþir puppli-
47 cans don not þis? And if ȝe greeten ȝoure breþeren oonly: what schul
48 ȝe do more? ne don not heþene men þis? þerfore be ȝe parfit: as ȝoure
heuenly fadir is parfit
6 Takeþ heede þat ȝe do not ȝoure riȝtwisnesse bifore men: to be seyn
of hem/ ellis ȝe schul haue no meede at ȝoure fadir þat is in heuenes/
2 þerfore whanne þou doist almes: nyle þou trumpe bifore[1] þee as ypo-
critis don in synagogis & stretis· þat þei be worschipid of men/ soþely
3 I sey to ȝou· þei han resseyued her meede/ But whanne þou doist al-
4 mes· knowe not þi left hond: what þi riȝt hond doþ· þat þin almes be in
5 hidels/ and þi fadir þat seeþ in hidlis schal quyte þee/ And whanne ȝe

---

6. [1] tofore   [2] And   [3] priuey   [4] richessis   [5] riȝtfulnesse

preien: ȝe shul not be as ypocritis· þat louen to preie stondynge in sy-
nagogis & corneris of stretis to be seyn of men/ treuly I sey to ȝou· þei
6 han resseyued her meede/ But whanne þou schalt preie: entre in to þi
couche· and whanne þe dore is schitt: preie þi fadir in hidlis· and þi fa-
7 dir þat seeþ in hidlis: schal ȝelde to þee/ But in preiyng nyle ȝe speke
myche: as heþene men don/ for þei gessen þat þei ben herd in her my-
8 che speche/ þerfore nyle ȝe be maad lijk to hem/ for ȝoure fadir woot
9 what is nede to ȝou: bifore þat ȝe axen him/ but[2] þus ȝe schul preie/ Ou-
10 re fadir þat art in heuenes: halewid be þi name/ þi kyngdom come to
11 *þee*/ be þi wil don: in eerþe as in heuene/ ȝiue to us þis day oure breed:
12 ouer ooþer substaunce/ and forȝiue to us oure dettis: as we forȝiuen to
13 oure dettouris/ and lede us not in to temptacioun: but delyuere us from
14 iuel amen/ for if ȝe forȝiuen to men her synnes: ȝoure heuenly fadir
15 schal forȝiue to ȝou ȝoure trespassis/ soþly if ȝe forȝyuen not to men:
16 neiþer ȝoure fadir schal forȝiue [*to*] ȝou ȝoure synnes/ But whanne ȝe
fasten: nyle ȝe be maad as ypocritis seroweful/ for þei defacen hem silf
to seme fastynge to men/ treuly I sey to ȝou· þei han resseyued her mee-
17 de/ but whanne þou fastist anoynte þin heed & waische þi face/ þat þou
18 be not seen fastynge to men: but to þi fadir þat is in hidlis· and þi fadir
19 þat seeþ in hidlis[3] schal ȝelde to þee/ Nile ȝe tresoure to ȝou tresouris
in erþe: where rust & mouȝt destrieþ: & where þefes deluen out & ste-
20 len/ but gadre *ȝe* to ȝou tresouris in heuene: where neiþer rust ne mouȝt
21 distrieþ· & where þefis deluen not out ne stelen/ for where þi tresour is:
22 þere also þin hert is/ þe lanterne of þi bodi: is þin iȝhe/ If þin iȝe be
23 symple: al þi body schal be liȝtful/ but if þin yȝe be weyward: al þi bo-
di schal be derk/ if þanne þe liȝt þat is in þee be derknessis: hou grete
24 schul þilke derknessis be? No man may serue twey lordis/ for eiþer he
schal hate þat oon & loue þe ooþer: eiþer he schal susteyne þat oon &
25 despise þe ooþer/ ȝe moun not serue god & richesse[4]/ þerfore I sey to
ȝou þat ȝe be not besy to ȝoure lijf what ȝe schul ete neiþer to ȝoure
bodi wiþ what ȝe schul be cloþid/ wher lijf is not more þan mete: & þe
26 body more þan *þe* cloþ? biholde ȝe þe foulis of þe eir· for þei sowen
not neiþer repen neiþer gaderen in to bernes: & ȝoure fadir of heuene
27 feediþ hem/ wheþer ȝe ben not more worþi þan þei? but who of ȝou
28 þenkynge: may putte to his stature o cubit? And of cloþing what ben ȝe
bisy/ biholde ȝe þe lilies of þe feeld hou þei wexen/ þei traueilen not
29 neiþer spynnen/ and I sey to ȝou· *þat* salomon in al his glorie was not
30 keuered as oon of þese/ And if god cloþiþ þus þe hey of þe feld· þat to-
day is & to morowe is cast in to an ouene: hou myche more ȝou of litil
31 feiþ? þerfore nyle ȝe be bisy seiynge/ what schul we ete· or what schul
32 we drynke· or with what þing schul we be keuered? for*soþe* heþene
men seken alle þese þingis and ȝoure fadir wot þat ȝe han nede to alle
33 þese þingis/ þerfore seke ȝe first þe kyngdom of god & his riȝtwisnes-
34 se[5]: & alle þese þingis schul be cast to ȝou/ þerfore nyle ȝe be bisy in
to þe morowe/ for þe morowe schal be bisy to him self/ for it suffisiþ
to þe daie: his owne malice/

7, 2   NIle ȝe deme: &[1] ȝe *shul* not " be demed/ for in what doom ȝe de-
men: ȝe schul be demed/ and in what mesure ȝe meten: it schal be me-
3   te aȝen to ȝou/ But what seest þou a litil mote in þe iȝe of þi broþer/ &
4   seest not a beem in þin owne iȝe? Or `hou´ seist þou to þi broþer·
broþer suffre· I schal do out a mote fro þin iȝe· and lo a beem is in þin
5   owne iȝe? ypocrite do [*thou*] out first þe beem of þin iȝe: & þanne þou
6   schalt se to do out þe mote of þe iȝe of þi broþer/ Nile ȝe ȝiue hooly
þing to houndis: neiþer caste ȝe ȝoure margaritis bifore swyn/ lest per-
auenture þei defoule hem with her feet· & þe houndis be turned & al-
7   to-tere ȝou/ Axe ȝe & it schal be ȝoue to ȝou/ seke ȝe: & ȝe schul fyn-
8   de/ knocke ȝe: & it schal be opened to ȝou/ for ech þat axiþ: takiþ/ and
9   he þat sekiþ: fyndiþ/ and it schal be opened to him· þat knockiþ/ what
man of ȝou is· þat if his sone axe him breed: wheþer he wole take him
10, 11   a stoon? or if he axe fische: wheþer he wole ȝiue[2] him an eddre? þer-
fore if ȝe whanne ȝe ben yuel men kunnen ȝiue gode ȝiftis to ȝoure so-
nus: hou myche more ȝoure fadir þat is in heuenes· schal ȝiue gode
12   þingis to men þat axen him? þerfore alle þingis what euere þingis ȝe
wolen þat men do to ȝou: do ȝe to hem/ for þis is þe lawe & þe pro-
13   phetis/ Entre ȝe bi þe streit ȝate/ for þe ȝate· þat lediþ to perdicioun is
14   large & þe wey is brood: & þer ben many þat entren bi it/ hou streit is
þe ȝate· & `þe wey " narowe þat lediþ to lijf: & þer ben fewe þat fyn-
15   den it/ Be ȝe war of false prophetis þat comen to ȝou in cloþingis of
16   scheep: but wiþynne forþ þei ben [*as*] wolues of raueyne/ of her fruy-
tis ȝe schul knowe hem/ wheþer men gadren grapis of þornes: or figis
17   of breris? so euery good tre: makiþ gode fruytis/ but an yuel tree: ma-
18   kiþ yuel fruytis/ A good tree may not make yuel fruytis: neiþer an yuel
19   tree (mai) make gode fruytis/ euery tree þat makiþ not good fruyt: schal
20   be kitt doun & schal be cast in to þe fire/ þerfore of her fruytis ȝe schul
21   knowe hem/ Not ech man þat seiþ to me lord lord: schal entre in to þe
22   kyngdom of heuenes/ but he þat doþ þe wille of my fadir þat is in heue-
nes: he schal entre in to þe kyngdom of heuenes/ Many schul sey to me
in þat dai· lord lord wheþer we haue not prophecied in þi name & *we*
23   haue cast out fendis in þi name & han do mani uertues in þi name? And
þanne I schal knowleche to hem· þat I knewe ȝou neuere/ departeþ
24   awey fro me: ȝe þat worchen wickidnesse/ þerfore ech man þat heeriþ
þese my wordis & doþ hem: schal be maad lijk to a wise man þat haþ
25   bildid his hous on a stoon/ and reyn feld doun & flodis camen & wyn-
dis blewen & rushiden in to þat hous & it fel not doun for it was foun-
26   did[3] on a ston/ And euery man þat heriþ þese my wordis & doþ hem
27   not: is lijk to a fool þat haþ bildid his hous on grauel/ and reyn cam
doun· & flodis camen & wyndis blewen: and þei hurliden aȝen þat
28   hous· & it feld doun and þe fallyng doun þer-of· was greet/ And it was
don whanne ihc̄ hadde endid þese wordis: þe puple wondride on his te-

---

7. [1] that   [2] take   [3] foundun

29 chyng/ for he tauȝte hem as he þat hadde power: & not as þe scribis of
hem & [*the*] farisees

8 But whanne ihc̄ was come doun fro þe hil: myche puple suede him/
2 and lo a leprous man cam: & worschip[id]e him & seide/ lord if þou
3 wilt: þou maist make me clene/ & ihc̄ helde forþ þe hond: & touchide
him & seide/ I wole: be þou maad clene/ and anoon þe lepre of him was
4 clensid/ & ihc̄ seide to him/ se· sey þou to no man: but go schewe þee
to þe prestis & offre þe ȝifte þat moyses comaundide in witnessing to
5 hem/ And whanne he had entrid in to cafarnaum· þe centurien neiȝede
6 to him & preide him & seide/ lord my child lijþ in þe hous· sijk on þe
palsye: & is yuele turmentid/ And ihc̄ seide to him/ I schal come & shal
8 heele him/ And þe centurien answeride: & seide to him/ lord I am not
worþi þat þou entre vndir my roof/ but oonly sey þou bi word: and my
9 child shal be heelid/ for whi I am a man ordeyned vndir power· & haue
kniȝtis vndir me/ and I sey to þis go: and he goþ/ & to an ooþer· come:
10 & he comiþ/ and to my seruaunt do þis: and he doþ it/ And ihc̄ herde
þese þingis: & wondride & seide to men þat sueden him/ Treuly I sey
11 to ȝou: I fonde not so greet feiþ in israel/ And I sey to ȝou· þat many
schul come fro þe eest & *fro* þe west: & schul reste with abraham &
12 ysaac & iacob in þe kyngdom of heuenes/ but þe sones of þis[1] rewme
schul be cast out in to vtmere derknessis/ þere schal be wepyng & gryn-
13 tyng of teeþ/ & ihc̄ seide to [*the*] centurien/ go: & as þou hast bileeu-
14 ed: *so* be it do to þee/ and þe child was heelid fro þat our/ And whan-
ne ihc̄ was come in to þe hous of symound petir: he sawȝe his wyues
15 modir liggynge & schaken wiþ feueres/ and he touchide hir hond: and
16 þe fyuere lefte hir· & sche roos & seruyde hem/ And whanne it was
euyn: þei brouȝten to him many þat hadden deuelis/ and he castide out
17 spiritis bi word & heelide alle þat weren yuele at ese: þat it were ful-
fild: þat was seid bi ysaie þe prophet seiynge/ he took oure infirmytees
18 & bar oure sykenessis/ And ihc̄ siȝ myche puple aboute him: and bad
19 hise disciplis go ouer þe watir/ and a scribe neiȝede: & seide to him/
20 Maistir: I schal sue þee· whidere euer þou schalt go/ And ihc̄ seide to
him/ foxis han dennes· and briddis of heuene han nestis: but mannes so-
21 ne haþ not where he schal reste his hed/ An ooþer of hise disciplis sei-
de to him/ lord suffre me to go first & birie my fadir/ but ihc̄ seide to
22, 23 him/ sue þou me: and lete *þe* dede men birie her dede men/ And whan-
24 ne he was gon up in to a litil schip: hise disciplis sueden him/ and lo a
greet stiryng was maad in þe see· so þat þe schip was hilid with wawis·
25 but he slepte/ and hise disciplis camen to hym: & reisiden him & sei-
26 den/ lord saue us: we perischen/ And ihc̄ seide to hem/ what ben ȝe of
litil feiþ agast/ þanne he roos & comaundide to þe wyndis & þe see:
27 and a greet pesiblenesse was maad/ and men wondriden & seiden· what
28 maner man is he þis: for þe wyndis & þe see obeischen to him? And

---

8. [1] the

whanne ihc̄ was come ouer þe watir in to þe cuntree of men of gera-
sa(nou): two men metten him þat hadden deuelis & camen out of
29 graues ful woode· so þat no man myȝte go bi þat wey/ and lo þei crie-
den & seiden/ what to us & to þee ihū þe sone of god? art þou come hi-
30 dere bifore þe tyme to turmente us? and not fer fro hem was a flok of
31 many swyn lesewynge/ and þe deuelis preieden him & seiden/ if þou
32 castist us " out fro hennes: sende us in to þe droue of swyn/ And he sei-
de to hem/ go ȝe/ and þei ȝeden out & wenten in to þe swyn/ and lo in
a gret bire· al þe droue wente hedlyng in to þe see: & þei weren dede
33 in þe watris/ and þe heerdis fledden awey: & camen in to þe citee & tel-
34 den alle þese þingis & of hem þat hadden þe fendis/ and lo al þe citee
wente out aȝens ihū/ and whanne þei hadden seyen him: þei preieden
þat he wolde passe fro her coostis/

9   And ihc̄ wente up in to a boot: & passide ouer þe watir· & cam in to
2 his citee/ And lo þei brouȝten to him a man sijk in palasie liggynge in
a bed/ and ihc̄ siȝ þe feiþ of hem: & seide to þe man sijk in palesie/ so-
3 ne haue þou trist: þi synnes ben forȝouen to þee/ And lo summe of þe
4 scribis: seiden wiþynne hem silf/ þis blasfemiþ/ And whanne ihc̄ had
seen her þouȝtis: he seide/ wher-to þenken ȝe yuel þingis in ȝoure her-
5 tis? what is *it* liȝtere to sey· þi synnes ben forȝouen to þee: eiþer to sey·
6 rise þou & walke? but þat ȝe wite þat mannes sone haþ power to
forȝiue synnes in erþe/ þanne he seyde to þe sijk man in palesie: rijse
7 up· take þi bed & go in to þin hous/ `and he roos: & wente in to his
8 hous´/ And þe puple seynge dredde: & glorifiede god þat ȝaf sich po-
9 wer to men/ And whanne ihc̄ passide fro þennes: he sawȝe a man Ma-
theu bi name sittynge in a tol-boþe: and he seide to him/ sue þou me/
10 and he roos & folowide him/ and it was don þe while he saat at þe me-
te in þe hous: lo many pupplicans & synful men camen & saten at þe
11 mete with ihū & hise disciplis/ And *þe* farisees seynge[1]: seiden[2] to hise
12 disciplis/ whi etiþ ȝoure maistir with pupplicanes & synful men? And
ihc̄ herde & seide/ A leeche is not nedeful to men þat faren wel: but to
13 men þat ben yuel at eese/ but go ȝe and lerneþ what it is: I wole mercy
14 & not sacrifice/ for I cam not to clepe riȝtful men: but synful men/ þan-
ne þe disciplis of Jon camen to him & seiden/ whi fasten " we & *þe* fa-
15 risees´ ofte: but þi disciplis fasten not? And ihc̄ seide to hem/ wheþer
þe sones of þe spouse moun mourne: as longe as þe spouse is with
hem? but daies schul come: whanne þe spouse schal be take awey fro
16 hem: & þanne þei schul faste/ And no man puttiþ a clout of boistous
cloþ: in to an olde cloþing/ for it doþ awey þe fulnesse of þe cloþ & a
17 worse brekyng is maad/ Neiþer men putten newe wyn in to olde botels/
ellis þe botels ben to-broke & destried & þe wyn sched out/ but men
18 putten newe wyn in to newe botels & boþe ben kept/ while þat ihc̄ spak
þese þingis to hem: lo a prince came & worschipide him & seyde/ lord

---

9. [1] sien   [2] and seiden

my douȝtir is now deed: but come þou & putte þin hond on hir· & sche
19, 20 schal lyue/ And ihc̄ roos & hise disciplis· & sueden him/ and lo a
womman þat hadde þe blodi flixe twelue ȝeer: neiȝede bihynde & tou-
21 chide þe hemme of his cloþ/ for sche seide wiþynne her silf/ If I tou-
22 che oonly þe clooþ of him: I schal be saaf/ ʻand ihc̄ turnide & sauȝe hir
& seide/ douȝtir haue þou trist· þi feiþ haþ maad þee saafʼ/ and þe
23 womman was hool fro þat hour/ And whanne ihc̄ cam in to þe hous of
24 þe prince & sayȝ mynstrels & þe puple makynge noyse: he seide/ go ȝe
awey/ for þe damsel is not deed: but slepiþ/ and þei scornyden him/
25 And whanne þe folc was put out: he wente yn & heelde hir hond & þe
26, 27 damsel roos/ and þis fame wente out in to al þat lond/ And whanne ihc̄
passide fro þennes: two blynde men criynge sueden him & seiden/ þou
28 sone of dauid haue mercy on us/ And whanne he came in to þe hous:
þe blynde men camen to him/ And ihc̄ seide to hem/ what wolen ȝe þat
I do to ȝou/ And þei seiden· lord: þat oure iȝen be opened/ and ihc̄ sei-
de/ bileeuen ȝe: þat I may do þis þing to ȝou? and þei seien to him· ȝhe
29 lord/ þanne he touchide her iȝen: & seide/ Aftir ȝoure feiþ: be it don to
30 ȝou/ and þe iȝen of hem weren opened/ and ihc̄ þretenyde hem: & sei-
31 de/ Se ȝe þat no man wite/ but þei ȝeden out & [dif]famyden him
32 þorouȝ al þat lond/ And whanne þei weren gon out: lo þei brouȝten to
33 him a doumbe man hauynge a deuel/ and whanne þe deuel was cast out:
þe doumbe man spak/ and þe peple wondride & seide/ It haþ not be
34 seen þus in israel/ but þe farisees seiden/ in þe prince of deuelis he cas-
35 tiþ out deuelis/ And ihc̄ wente aboute alle þe citees & castels: techynge
in þe synagogis of hem· & prechynge þe gospel of þe kyngdom & hee-
36 lynge euery languor & euery sijknesse/ and he siȝ þe puple & hadde
reuþe on hem: for þei weren traueilid & liggynge as scheep not
37 hauynge a scheperde/ þanne he seide to hise disciplis/ soþely þer is
38 myche ripe corn: but fewe werk men/ þerfore preie ȝe þe lord of þe ri-
pe corn: þat he sende werk men in to his ripe corn/
10 And whanne hise twelue disciplis weren clepid togidre: he ȝaf to
hem power of vnclene spiritis to caste hem out of men· & to heele eue-
2 ry languor & sijknesse/ And þese ben þe names of þe xij apostlis/ þe
3 first symond þat is seid[1] petir & andreu his broþer/ James of Zebedee·
& Jon his broþir/ Filipp & bartholomew: Thomas & matheu pupplican·
4 & James alphey & taddee· Symound canane & Judas scarioth þat bi-
5 traiede crist/ Jhc̄ sende þese twelue & comaundide hem & seide/ go ȝe
not in to þe wei of heþen men· and entre ȝe not in to þe citees of sam-
6 aritans: but raþir go ȝe to þe scheep of þe hous of israel þat han peri-
7 schid/ and go ȝe & preche ȝe· & sey þat þe kyn[g]dom of heuenes schal
8 neiȝe/ heele ȝe sike men· reise ȝe dede men· clense ȝe mesels· caste ȝe
9 out deuelis/ frely ȝe han take: frely ȝiue ȝe/ Nile ȝe weelde gold· neiþer
10 siluer ne money in ȝoure girdils· not a scrippe in þe wey· neiþer twey

---

10. [1] clepid   [2] And the brother   [3] And alle the heeris

kootis· neiþer schon· neiþer a ȝerde/ for a werk man is worþi his mete/

11 In to what euer citee or castel ȝe schul entre: axe ȝe who þerynne is
12 worþi· and þere dwelle ȝe til ȝe gon out/ And whanne ȝe gon in to an
13 hous: greete ȝe it & sey· pes to þis hous/ and if þilke hous be worþi:
ȝoure pees come on it/ but if þat hous be not worþi: ȝoure pees schal
14 turne aȝen to ȝou/ and who euer resseyueþ not ȝou· ne[thir] heeriþ ȝou-
re wordis: go ȝe fro þat hous or citee· & sprenge off þe dust of ȝoure
15 feet/ Treuly I sey to ȝou· it schal be more suffrable to þe lond of men
16 of sodom & of gomor in þe dai of iugement: þan to þilke citee/ Lo I
sende ȝou as scheep in þe myddil of wolues/ þerfor be ȝe sliȝ as ser-
17 pentis: & symple as dowues/ but be ȝe war of men/ for þei schul take
18 ȝou in counseilis: and þei schul bete ȝou in her synagogis/ and to mei-
ris or presidentis & to kyngis ȝe schul be led for me: in witnessyng to
19 hem & to þe heþen men/ But whanne þei taken ȝou: nyle ȝe þenke hou
20 or what þing ȝe schul speke/ for it schal be ȝoue to ȝou yn þat hour:
what ȝe schul speke/ for it ben not ȝe þat speken: but þe spirit of ȝou-
21 re fadir þat spekiþ in ȝou/ `þe broþer forsoþe² schal take þe broþer in
to deþ: and þe fadir þe sone/ and sones schul rijse aȝens fadir & modir:
22 & *þei* schul turmente hem bi deþ/ and ȝe shul be in hate to alle men for
23 my name/ but he þat schal dwelle stille in to þe ende: schal be saaf/ And
whanne þei pursuen ȝou in þis citee: fle ȝe in to an ooþer/treuly I sey
to ȝou· ȝe schulen not ende þe citees of israel: to-fore þat mannes sone
24 come/ þe disciple is not aboue þe maistir· ne þe seruaunt aboue his lord/
25 It is ynouȝ to þe disciple: þat he be as his maistir/ & to þe seruaunt: as
his lord/ If þei han clepid þe housebonde man· belzebub: hou myche
26 more his houshold meynee? þerfore drede ȝe not hem/ for no þing is
hid: þat schal not be schewid/ and no þing is priuy: þat schal not be
27 wist/ þat þing þat I sey to ȝou in derknessis: sey ȝe in þe liȝt/ and pre-
28 che ȝe on housis þat þing þat ȝe heeren in [*the*] ere/ And nyle ȝe drede
hem þat sleen þe bodi: for þei moun not sle þe soule/ but raþir drede
29 ȝe hym þat may leese boþe soule & bodi in to helle/ wheþir two spa-
rowis ben not sold for an halpeny: and oon of hem schal not falle on þe
30 erþe wiþoute ȝoure fadir? `alle þe heris forsoþe³ of ȝoure heed ben
31 noumbrid/ þerfore nyle ȝe drede: ȝe ben betere þan many sparowis/
32 þerfore euery man þat schal knowleche me bifore men I schal knowle-
33 che him bifore my fadir þat is in heuenes/ but he þat schal denye me bi-
34 fore men: `&´ I schal denye him bifore my fadir þat is in heuenes/ Ni-
le ȝe deme þat I came to sende pees in to erþe/ I cam not to sende pees
35 but swerd/ for I cam to departe a man aȝens his fadir: & þe douȝtir
36 aȝens hir modir· and þe sones wijf aȝens þe housbondis modir/ and þe
37 enemyes of a man: ben þei þat ben homely with hym/ He þat louiþ fa-
38 dir or modir more þan me· is not worþi to me/ & he þat louiþ sone or
douȝter ouer me: is not worþi to me/ and he þat takiþ not his cross &
39 sueþ me: is not worþi to me/ he þat fyndiþ his lijf: schal leese it/ and
40 he þat leesiþ his lijf for me: schal fynde it/ he þat resseyuiþ ȝou: re-
41 sceyuiþ me/ and he þat resceyuiþ me: resceyuiþ him þat sente me/ he

þat resceyuiþ a prophete in þe name of a prophete: *he* schal take þe
meede of a prophete/ and he þat resceyuiþ a iust man in þe name of a
42 iust man: *he* schal take þe meede of a iust man/ and who euer ȝiueþ
drynke to oon of þese leeste a cuppe of cold watir oonly in þe name of
a disciple: treuly I sey to ȝou· he schal not lese his meede/

11 And it was don· whanne ihc had endid: he comaundide to hise twe-
lue disciplis· & passide `fro´ þennes to teche & preche in þe citees of
2 hem/ But whanne Jon in bondis had herd þe werkis of crist: he sente
3 tweyne of hise disciplis & seide to him/ art þou he þat schal come: or
4 we abiden an ooþer? And ihc answeride & seide to hem/ go ȝe & telle
5 `aȝen´ to Jon þo þingis þat ȝe haue herd & seen/ Blynde men seen· cro-
6 kide men goon· mesels ben maad clene/ def men heren: dede men rij-
6 sen aȝen· pore men ben take to prechyng of þe gospel/ and he is bles-
7 sid: þat schal not be sclaundrid in me/ And whanne þei weren gon
awey: ihc bigan to sey of Jon to þe puple/ what þing wenten ȝe out in
8 to desert to se? a reed wawid wiþ þe wynd? or what þing wenten ȝe out
to se/ a man cloþid with softe cloþis? lo þei þat ben cloþid with softe
9 cloþis: ben in [*the*] housis of kyngis/ but what þing wenten ȝe out to
10 see: a prophete? ȝhe I sey to ȝou: & more þan a prophete/ for þis is he
of whom it is write/ lo I sende myn aungel bifore þi face: þat schal ma-
11 ke redy þi wey bifore þee/ treuly I sey to ȝou: þer roos noon more þan
Jon baptist among þe children of wymmen/ but he þat is lesse in þe
12 kyngdom of heuenes: is more þan he/ And fro þe daies of Jon baptist
til now: þe kyngdom of heuenes suffriþ violence· and violent men
13, 14 rauishen it/ for alle prophetis & þe lawe vnto[1] Jon prophecieden/ and if
15 ȝe wolen resceyue: he is helie þat is to come/ He þat haþ eeris of he-
16 ryng: here he/ But to whom schal I gesse þis generacioun lijk? It is lijk
17 to children sittynge in cheping: þat crien to her peeris & seyn/ we haue
sunge to ȝou: and ȝe han not daunsid/ we haue mourned to ȝou: and ȝe
18 han not weilid/ for ion cam neiþer etynge ne drynkynge: and þei seyn
19 he haþ a deuel/ þe sone of man cam etynge & drynkynge: and þei seyn
lo a man a glotoun & a drynker of wyn & a frend of publicanes & of
20 synful men: & wisdom is iustified of her sones/ þanne ihc bigan to sey
repreef to citees in whiche ful many vertues of him weren don: for þei
21 diden not penaunce/ wo to þee corozaym· wo to þee bethsaida/ for if þe
vertues þat ben don in ȝou· hadden be don in tyre & sidon: sum tyme
22 þei hadden do penaunce in heire & aische/ Neþeles I sey to ȝou/ It schal
23 be lesse peyne to tyre & sydon: in þe dai of dom þan to ȝou/ And þou
capharnaum wheþer þou schalt be arerid up in to heuenes? þou schalt
go doun in to helle/ for if þe vertues þat ben don in þee· hadden be don
in sodome: perauenture þei schulden haue dwelllid in to þis dai/
24 neþeles I sey to ȝou þat to þe lond of sodom it schal be lesse peyne in
25 þe dai of doom þan to þee/ In þilke tyme ihc answeride & seide/ I

---

11. [1] til to   [2] *reversed MS from* 1. f.

knowleche to þee `fadir lord[2] of heuene & of erþe· for þou hast hid þese

26 þingis fro wise men & redy: & hast schewid hem to litil children/ so fa-

27 dir: for so it was plesynge tofore þee/ Alle þingis ben ȝouen to me of
my fadir/ and no man knew þe sone: but þe fadir/ neiþer ony man knew

28 þe fadir: but þe sone· & to whom þe sone wolde schewe/ Alle ȝe þat

29 traueilen & ben chargid· comeþ to me: & I schal fulfille ȝou/ take ȝe
my ȝok on ȝou· & lerne ȝe of me· for I am mylde & meke in herte: and

30 ȝe schul fynde reste to ȝoure soules/ `my ȝok " forsoþe is softe: and my
charge is liȝt/

12   IN þat tyme Ihc wente bi cornes in þe sabot dai/ and hise disciplis

2 hungriden & bigunnen to plucke þe eeris of corn & to ete/ And þe fari-
sees seynge seiden to him/ lo þi disciplis don `þat þing´ þat is not lee-

3 ful to hem to do in sabotis/ and he seide to hem/ wheþer ȝe haue not

4 red what dauid dide whanne he hungride & þei þat weren wiþ him? hou
he entride in to þe hous of god: & eet lo`o´ues of proposicioun? þe
whiche looues it was not leeful to him to ete· neiþer to hem þat weren

5 with him: but to prestis aloone/ Or wheþer ȝe haue not red in þe lawe·
þat in sabotis· prestis in þe temple defoulen þe sabotis: & þei ben

6 wiþoute blame? And I sey to ȝou· þat h`e´ere is a grettere þan þe tem-

7 ple/ and if ȝe wisten· what it is I wole mercy & not sacrifice: ȝe schul-

8 den neuer haue condempned innocentis/ for mannus sone is lord ȝhe of

9 þe sabot/ And whanne he passide fro þennes: he cam in to þe synago-

10 ge of hem· and lo a man þat hadde a drie hond/ and þei axiden him &
seiden/ wher it be leeful to heele in þe sabot· þat þei wolden[1] accuse

11 him/ and he seide to hem/ what man of ȝou schal þer be þat haþ a[2]
scheep· & if it falle in to a diche in þe sabotis: wher he schal not holde

12, 13 & lifte it up/ hou myche more is a man bettere þan a scheep? þerfor it
is leeful to do good in þe sabotis/ þanne he seide to þe man/ strecche
forþ þin hond/ and he streiȝte forþ: and it was restorid to helþe as þe

14 ooþer/ And þe farisees wenten out· & maden a counseil aȝens him: hou

15 þei schulden destrie him/ and ihc knewe it: & wente awey fro þennes/

16 and many sueden him: & he helide hem alle/ & he comaundide to hem:

17 þat þei schulden not make him knowen/ þat þat þing were fulfild: þat

18 was seid bi ysaie þe prophete seiynge/ lo my child (in) whom I haue
chosen: my derlyng in whom it haþ wel plesid to my soule/ I schal put-

19 te my spirit on him: and he schal telle doom to heþene men/ he schal

20 not stryue ne crie: neiþer ony man schal here his voice in stretis/ a bri-
sid reed he schal not breke/ and schal not quench smokynge flex· til he

21 caste out doom to victorie: and heþene men schul hope in his name/

22 þanne a man blynd & doumbe þat hadde a feend: was brouȝt to him/

23 and he helide him: so þat he spake & sawȝe/ And al þe puple wondri-

24 de & seyde/ wher þis be þe sone of dauid? but þe farisees herden & sei-

25 den/ he þis castiþ not out feendis: but in belzebub prince of fendis/ And
ihc witynge her þouȝtis: seide to hem/ Ech kyngdom departid aȝens it

---

12. [1] schulden   [2] o   [3] whom   [4] he   [5] to

self: schal be desolatid/ and ech citee or hous departid aȝens it self:
26 schal not stonde/ and if sathanas castiþ out sathanas: he is departid
27 aȝens him self/ þerfore how schal his kyngdom stonde? and if I in bel-
zebub caste out deuelis: in `whos myȝt³ `casten out " ȝoure sones´? þer-
28 fore þei shul be ȝoure domesmen/ but if I in [*the*] spirit of god caste out
29 fendis: þanne þe kyngdom of god is come in to ȝou/ eiþer hou mai ony
man entre in to þe hous of a strong man· & take awei hise vessels: but
30 first " he bynde þe stronge man· & þanne he schal spoile his hous/ he
þat is not wiþ me: is aȝens me/ and he þat gedriþ not to gidre with me:
31 scatriþ abrood/ þerfore I sey to ȝou· al synne & blasfemye schal be
32 forȝoue to men: but þe spirit of blasfemye· schal not be forȝoue/ And
who euer seiþ a word aȝens mannes sone: it schal be forȝouen to him/
but who þat seiþ a word aȝens þe hooly goost: it schal not be forȝoue
33 to him· neiþer in þis world ne in þat ooþer/ eiþer make ȝe þe tre good
& his fruyt good: eiþer make ȝe þe tre yuel· & his fruit yuel/ for a tre
34 is knowen of þe fruyt/ ȝe generacioun of eddris: hou moun ȝe speke go-
de þingis whanne ȝe ben yuele? for*soþe* þe mouþ spekiþ of plente of
35 [*the*] herte/ A good man bryngiþ forþ gode þingis of good tresour/ and
36 an yuel man bryngiþ forþ yuel þingis of yuel tresour/ And I sey to ȝou·
þat of euery ydel word þat men speken: þei schul ȝelde resoun þeroff
37 in þe day of doom/ for of þi wordis þou schalt be iustified: & of þi wor-
38 dis þou schalt be dampned/ þanne summe of þe scribis & farisees: ans-
39 weriden to him & seiden/ Maistir we wolen se a tokene of þee/ *þe* whi-
che answeride & seide to hem/ An yuel kynrede & a spouse breker: se-
kiþ a tokene/ and a tokene schal not be ȝoue to it: but þe tokene of Jo-
40 nas þe prophete/ for as ionas was in þe wombe of a whaal þre daies &
þre niȝtis: so mannus sone schal be in þe herte of þe erþe þre daies &
41 þre niȝtis/ men of nynyue schul rijse in doom with þis generacioun· &
þei schul condempne it: for þei diden penaunce in þe prechyng of io-
42 nas/ and lo here a grettere þan ionas/ þe queen of þe souþ schal rijse in
doom with þis generacioun· and schal condempne it: for sche came fro
þe endis of þe erþe to here þe wisdom of salomon/ & lo here a grette-
43 re þan salomon/ whanne an vnclene spirit goþ out fro a man: it⁴ goþ bi
44 drie placis & sekiþ reste & fyndiþ not/ þanne he seiþ· I schal turne aȝen
in to myn hous: fro whennes I wente out/ and he comiþ & fyndiþ it voi-
45 de: & clensid wiþ besyms & maad fair/ þanne he goþ & takiþ wiþ him
seuene oþere spiritis worse þan him self: and þei entren & dwellen
þere/ and þe laste þingis of þat man: ben maad worse þan þe formere/
46 so it schal be to þis worste generacioun/ ȝit while he spak to þe puple:
lo his modir & hise briþeren stoden wiþoutforþ sekynge to speke wiþ⁵
47 him/ and a man seide to him/ lo þi modir & þi briþeren stonden wiþou-
48 tenforþ: sekynge þee/ he answeride to þe man þat spake to him: & sei-
49 de/ who is my modir: & who ben my briþeren? and he helde forþ his
50 hond in to his disciplis: & seide/ lo my modir & my briþeren/ for who
euer doþ þe wil of my fadir þat is in heuenes: he is my broþer & sistir
& modir/

13, 2   IN þat dai ihc ȝede out of þe hous & saat bisidis þe see/ & myche pe-
ple was gaderid to him: so þat he wente up in to a boot & saat/ and al
3   þe puple stood on þe brynke/ and he spak to hem many þingis in para-
4   blis & seide/ lo he þat sowiþ ȝede out to sowe his seed/ and while he
sowiþ: summe sedis fellen biside þe wey/ and briddis of þe eir camen
5   & eeten þo[1]/ but oþere seedis fellen in to stony placis: where þei had-
den not myche erþe/ and anoon þei sprungen up: for þei hadden not
6   depnesse of erþe/ but whanne þe sunne was rise: þei swaliden/ & for
7   þei hadden not roote: þei drieden up/ and oþere seedis fellen among
8   þornes: and *þe* þornes wexiden up· & strangliden hem/ But oþere see-
dis fellen in to good lond: and ȝauen fruyt· sum an hundridfold· an
9   ooþer sixtyfold· an ooþer þrittyfold/ he· þat haþ eris of heryng· here he/
10   And þe disciplis camen niȝ & seiden to him/ whi spekist þou in para-
11   blis to hem? And he answeride & seide to hem/ `To ȝou " for*soþe* it is
ȝoue to knowe þe priuytees of þe kyngdom of heuenes: but it is not
12   ȝoue to hem/ for it schal be ȝoue to him þat haþ: & he schal haue plen-
tee/ but if a man haþ not: also þat þing þat he haþ· schal be take awey
13   fro him/ þerfore I speke to hem in parablis: for þei seynge seen not· &
14   þei herynge heren not· neiþer vndirstonden/ þat þe prophesie of ysaie
`be fulfillid " [*in hem*] seiynge/ wiþ heryng ȝe schulen heere: & ȝe
15   schul not vndirstonde/ and ȝe seynge schul se· & ȝe schul not se/ for þe
herte of þis puple is gretly fattid: and þei herden heuyly wiþ eeris/ and
þei han closid here iȝen: lest sum tyme þei seen with iȝen· & wiþ eeris
16   heere· & vndirstonde in herte & þei be conuertid & I heele hem/ But
17   ȝoure iȝen þat seen ben blessid: & ȝoure eris þat heeren/ forsoþe I sey
to ȝou þat many prophetis & iuste men coueitiden to se þo þingis þat
ȝe seen: & þei siȝen not/ & to here þo þingis þat ȝe heren: and þei her-
18, 19   den not/ þerfore heere ȝe þe parable of þe sower/ Eche þat heeriþ þe
word of þe rewme· & vndirstondiþ not: þe yuel spirit comiþ & raui-
schiþ þat· þat is sowen in his herte/ þis it is þat is sowen bisidis þe wey/
20   But þis þat is sowen on þe stony lond: þis it is· þat heeriþ þe word of
21   god· & anoon wiþ ioie takiþ it and he haþ not roote in him silf: but is
temperel/ for whanne tribulacioun & persecucioun is maad for þe word:
22   anoon he is sclaundrid/ but he þat is sowen in þornes: is þis þat heriþ
þe word· & þe bisynesse of þis world· & þe fallace of richessis strang-
23   liþ þe word: and it is maad wiþouten fruyt/ but he þat is sowen in to
good lond: is þis þat heeriþ þe word & vndirstondiþ· & bringiþ forþ
fruyt/ and sum makiþ an hundrid fold treuly an ooþer sixti fold· & an
24   ooþer þritti fold/ An ooþer parable ihc putte forþ to hem: & seide/ þe
kyngdom of heuenes is maad lijk to a man þat sew good seed in his
25   feeld/ and whanne men slepten: his enemy came & sew aboue taris in
26   þe myddil of whete & wente awey/ But whanne þe erbe was growid &
27   maa[d] fruit: þanne þe taris apperiden/ and þe seruauntis of þe hous-

---

13. [1] hem   [2] camen

bonde man camen & seiden to him/ lord wher þou " hast not sowen
28 good seed in þi feeld? wher of þanne haþ it taris? And he seide to hem/
an enemy haþ do þis þing/ and þe seruauntis seiden to him/ wolt þou
29 [*that*] we go & gedre hem? And he seide/ nay/ lest perauenture ȝe in ge-
30 deringe taris: drawen up wiþ hem þe whete bi þe roote· suffre ȝe hem
boþe to wexe in to ripyng tyme: and in [*the*] tyme of rijpe corn· I schal
sey to þe repers/ first gedre ȝe togidre þe taris & bynde hem togidre in
31 knycchis to be brent: but gedre ȝe whete `in to´ my berne/ An ooþer pa-
rable ihc̄ putte forþ to hem: & seyde/ þe kyngdom of heuenes is lijk to
32 a corn of seneuey· whiche a man took & sew in his feeld whiche is þe
leeste of alle sedis/ but whanne it haþ woxe: it is þe mooste of alle wor-
tis: & is maad a tree· so þat briddis of þe eir comen & dwellen in þe
33 bowis þeroff/ An ooþer parable ihc̄ spak to hem/ þe kyngdom of heue-
nes is lijk to sourdouȝ· þe whiche a womman took & hidde in þre me-
34 suris of mele: til it were al sourid/ Ihc̄ spak alle þese þingis in parablis
35 to þe puple: and he spake not to hem wiþout parablis þat it schulde be
fulfillid þat is seid bi þe prophet seiynge/ I schal opene my mouþ in pa-
36 rablis: I schal telle out hid þingis fro þe makyng of þe world/ þanne he
lefte þe puple: & cam in to an hous/ and hise disciplis camen to him &
37 seiden/ Expowne to us þe parable of taris of þe feeld/ *þe* whiche ans-
38 weride & seide/ he þat sowiþ good seed: is mannus sone/ þe feeld is þe
world/ but þe good seed: þese ben sones of þe kyngdom/ but taris· þese
39 ben yuel children/ þe enemy þat sowiþ hem: is þe fend/ & þe rijpe
40 corn: is þe endyng of þe world/ þe repers ben aungels/ þerfore as taris
ben gedrid to-gidre & ben brent in fijr: so it schal be in þe endyng of
41 þe world/ Mannes sone schal sende hise aungels· & þei schul gadre fro
42 his rewme alle sclaundris· & hem þat don wickidnesse/ & þei schul
sende hem in to þe chymney of fijr/ þere shal be wepyng & betyng to-
43 gidre of teeþ/ þanne iuste men schul schyne as þe sunne: in þe rewme
44 of her fadir/ he· þat haþ eris of heryng: here he/ þe kyngdom of heue-
nes is lijk to tresour hid in a feeld/ *þe* whiche a man þat fyndiþ: hidiþ/
and for ioye of it: he goþ & silliþ alle þingis þat he haþ· & bieþ þilke
45 feld/ Eftsones þe kyngdom of heuenes is lijk to a marchaunt þat sekiþ
46 gode margaritis/ but whanne he haþ founde oo precious margarite: he
47 wente & solde alle þingis þat he hadde· & bouȝte it/ Efte þe kyngdom
of heuenes is lijk to a nett cast in to þe see & þat gaderiþ togidre of al-
48 le kynde of fischis/ *þe* whiche whanne it was full: þei drowen up & sa-
ten bi þe brynke & cheesen þe gode in to her vessels· but þe yuele þei
49 kesten out/ so it schal be in þe endyng of þe world/ aungels schul go
50 out· & *þei* schul departe yuel men fro þe myddil of iust men: and þei
schul sende hem in to þe chymnei of fuyr· þere schal be wepyng &
51 gryntyng of teeþ/ haue ȝe vndirstonde alle þese þingis? þei seyn to him/
52 ȝhe/ he seiþ to hem/ þerfor euery wise man of lawe in þe kyngdom of
heuenes is lijk to an housbonde man þat bryngiþ forþ of his tresour ne-
53 we þingis & olde/ And it was don whanne ihc̄ had endid þese parablis:
54 he passide fro þennes/ and he came in to his cuntree· & tauȝte hem in

her synagogis· so þat þei wondriden & seiden/ fro whennes þis wisdom
55 & vertues comen² to (him) þis? wheþer þis " is not´ þe sone of a car-
penter? wher his modir be not seid marie· & hise briþeren James & Jo-
56 seph· & symond & Judas/ and hise sistris wher þei alle be not among
57 us? fro whennes þanne comen² " alle þese þingis´ to (him) þis? and so
þei weren sclaundrid in him/ but ihc seide to hem/ A prophete is not
58 wiþoute worschipe: but in his owne cuntree & in his owne hous/ and he
dide not þere many vertues: for þe vnbileeue of hem/

14   IN þat tyme heroude thetrarke prince of þe fourþe part herde þe fa-
2 me of ihū: & seide to his children/ þis is Jon baptist/ he is rise fro deþ:
3 & þerfore vertues worchen in him/ for heroude hadde holden Jon: &
bounde him/ and *he* puttide him in `to´ prisoun· for herodias þe wijf of
4, 5 his broþir/ for Jon seide to him/ It is not leeful to þee: to haue hir/ & he
willynge to sle him· dredde þe puple: for þei hadden him as a prophe-
6 te/ But in þe day of heroudis birþe· þe douȝtir of herodias daunside in
7 þe myddil: & pleside heroude/ wherfore wiþ an ooþ he bihiȝte to ȝiue
8 to hir: what euer þing sche `had´ axid of him/ and sche bifore warnid
of hir modir: seide/ ȝiue þou to me heere þe heed of Jon baptist in a di-
9 sche/ and þe kyng was soroweful/ but for þe ooþ· & for hem þat saten
10 togidre at þe mete: he comaundide to be ȝouen/ and he sente: & bihe-
11 dide ion in þe prisoun/ and his heed was brouȝt in a dische: and it was
12 ȝoue to þe damesel/ and sche bare it to hir modir/ And hise disciplis ca-
13 men & token his bodi & birieden it/ and þei camen & tolden to ihū/ and
whanne ihc had herd þis þing: he wente fro þennes in a boot in to de-
sert place bisidis/ and whanne þe puple had herd: þei folowiden him on
14 her feet fro citees/ and ihc ȝede out & saie a greet puple· & hadde reuþe
15 on hem: & heelide þe sike men of hem/ But whanne þe euen tijd was
come: hise disciplis camen to him & seiden/ þe place is desert & þe ty-
16 me is now passid/ late þe puple go in to townes to bie hem mete/ ihc
17 seide to hem/ þei han not nede to go/ ȝiue ȝe hem sum what to ete/ þei
18 answeriden/ we haue not heere: but fyue looues & two fischis/ and he
19 seide to hem/ brynge ȝe hem hidere to me/ and whanne he hadde co-
maundid þe puple to sitte to mete on þe hey: he took fyue looues &
twey fischis/ and he bihelde in to heuene & blesside & brak & ȝaf to
20 hise disciplis/ and þe disciplis ȝauen to þe puple/ and alle eeten & we-
ren fulfillid/ and þei token þe relifis of brokun gobetis twelue cofyns
21 ful/ and þe noumbre of men þat eeten: was fyue þousynd of men· wym-
22 men " out taken´ & litil children/ And anoon ihc compellide þe disci-
plis to go up in to a boot· & go bifore him ouer þe see: while he lefte
23 þe puple/ and whanne þe puple was left: he steiȝede aloone in to an hil
24 for to preie/ but whanne þe euenyng was come: he was þere aloone/ and
þe boot in þe myddil of þe see: was schoggid wiþ wawis· for þe wynd
25 was contrarie to hem/ but in þe fourþe waking of þe niȝt: he cam to

---

14. ¹ walking

26 hem walkynge aboue þe see/ & þei seynge him walke¹ on þe see: we-
27 ren disturblid & seiden þat it is fantum/ & for drede þei crieden/ &
28 anoon ihc̄ spak to hem: & seide/ haue ʒe trist I am: nyle ʒe drede/ And
petir answeride & seide/ Lord if þou art: comaunde me to come to þee
29 on þe watris/ And he seide/ come þou/ and petir ʒede doun fro þe boot·
30 & walkide on þe watris to come to ihū/ but he siʒe þe wynd strong· &
was aferd/ and whanne he biganne to drenche: he criede & seide/ lord
31 make me saaf/ And anoon ihc̄ helde forþ his hond· & took petir & sei-
32 de to him/ þou of litil feiþ: whi hast þou doutid? and whanne he had
33 steied in to þe boot: þe wynd cesside/ and þei þat weren in þe boot: ca-
34 men & worschipiden him & seiden/ verily þou art goddis sone/ and
whanne þei hadden passid ouer þe see: þei camen in to þe lond of ge-
35 nesar/ and whanne men of þat place hadden knowe him: þei senten in
36 to al þat cuntree· and þei brouʒten to him alle þat hadden sijknesse/ &
þei preieden him þat þei schulden touche þe hemme of his cloþing/ and
who euere touchiden: weren maad saaf/

15   THanne þe scribes & þe farisees camen to him fro ierusalem: & sei-
2 den/ whi breken þi disciplis þe tradiciouns of eldre men? for þei wei-
3 schen not her hondis: whanne þei eten breed/ he answeride & seide to
hem/ whi breken ʒe þe maundement of god: for ʒoure tradicioun? for
4 god seide· honoure þi fadir & þi modir/ and he þat cursiþ fadir or mo-
5 dir: dye bi deþ/ but ʒe seyn/ who euer seiþ to fadir or modir/ what euer
6 ʒifte is of me: it schal profite to þee/ & he haþ not worschipid his fadir
or his modir/ And ʒe haue maad þe maundement of god voyde: for ʒou-
7 re tradicioun· ipocritis/ ysaye þe prophet profeciede wel of ʒou & sei-
8, 9 de/ þis puple honouriþ me wiþ lippis: but her herte is fer fro me/ [and]
`wiþoute cause *forsoþe* " þei worschip(id)en me´: techynge þe doctry-
10 nes & maundementis of men/ And whanne þe peple weren clipid togi-
11 dre to him: he seide to hem/ heere ʒe & vndirstondeþ¹/ þat þing þat en-
triþ in to þe mouþ: defouleþ not a man: but þat þing þat comiþ out of
12 þe mouþ: defouliþ a man/ þanne hise disciplis camen & seiden to him/
13 þou knowist þat if þis word be herd· þe pharisees ben sclaundrid? And
he answeride & seide/ euery plauntyng þat my fadir of heuene haþ not
14 plauntid: schal be drawe up bi þe roote/ suffre ʒe hem: þei ben blynde
men· & leders of blynde men/ and if a blynde man lede a blynde man:
15 boþe *þei* fallen doun in to þe diche/ Petir answeride: & seide to him/
16 expowne to us þis parable/ and he seide/ ʒit `also " ben " ʒe² withoute
17 vndirstonding/ vndirstonden ʒe not þat al þing þat entriþ in to þe mouþ:
18 goþ in to þe wombe· & is sent out in to þe goyng awey? but þo þingis
þat comen forþ fro þe mouþe gon out of þe herte· & þo þingis defou-
19 len þe³ man/ for*soþe* of þe herte gon out yuele þouʒtis· mansleyngis·
20 avoutries· fornycaciouns· þeftis· false witnessyngis· blasfemyes/ þese

---

15. ¹ vndurstonde ʒe   ² 3+2+1   ³ a   ⁴ lepis

þingis it ben: þat defoulen a man/ but to ete with hondis not waischen:
21 defouliþ not a man/ And ihc̄ ȝede out fro þennes: & wente in to þe coos-
22 tis of tyre & *of* sydon/ and lo a womman of chananee ȝede out of þo
coostis: & criede & seide to him/ lord þe sone of dauid: haue mercy on
23 me· my douȝtir is yuele traueilid of a feend/ and he answeride not to hir
a word/ And hise disciplis camen: & preieden him & seyden/ leue þou
24 hir: for sche crieþ aftir us/ he answeride: & seide/ I am not sent but to
25 þe scheep of þe hous of israel: þat *han* perischid/ And sche came &
26 worschipide him & seide/ lord helpe me/ *þe* whiche answeride: & sei-
27 de/ It is not good to take þe breed of children: & caste to houndis/ And
sche seide/ ȝhis lord/ for whelpis eten of þe crummes: þat fallen doun
28 fro þe boord of her lordis/ þanne ihc̄ answeride: & seide to hir/ aa wom-
man: þi feiþ is greet/ be it don to þee: as þou wilt/ and hir douȝtir was
29 heelid fro þat hour/ And whanne ihc̄ had passid fro þennes: he cam bi-
30 sidis þe see of galilee/ and he ȝede up in to an hil: & saat þere/ and my-
che peple cam to him: and hadden with hem doumbe men & crokide &
feble & blynde & many oþere: & þei castiden hem " doun at his feet/
31 and he helide hem/ so þat þe peple wondride: se(i)ynge dombe men
spekynge· & crokide goynge· blynde men seynge: and þei magnyfieden
32 god of israel/ and ihū whanne hise disciplis weren clepid togidre seide
to hem/ I haue reuþe of þe peple· for þei han abide now þre daies with
me & *þei* han no þing to ete/ and I wole not leue hem fastynge: lest þei
33 faile in þe wey/ & þe disciplis seyn to him/ wheroff þanne so many
34 looues among us in desert to fulfille so gret a puple? And ihc̄ seide to
hem/ hou many looues haue ȝe? And þei seiden/ seuene: & a fewe sma-
35 le fischis/ And he comaundide to þe peple to sitte to mete on þe erþe/
36 And he took *þe* seuene looues & fyue fischis & dide þankyngis & bra-
37 ke *hem* & ȝaf to hise disciplis/ and þe disciplis ȝauen to þe peple/ and
alle eeten & weren fulfillid/ And þei tooken þat þat was left of relifis:
38 seuene leep[4] full/ and þei þat eeten weren foure þousynd of men:
39 wiþoute litle children & wymmen/ and whanne he had left þe peple: he
wente up in to a boot: & cam in to þe coostis of magedan/

16   And þe farisees & [*the*] saduceis camen to him temptynge/ and *þei*
2 preiden him to schewe hem a tokene fro heuene/ And he answeride &
seide to hem/ whanne þe euentijd is come· ȝe seyn it schal be cleer: for
3 heuene is rody/ and þe morowe tijd· today tempest: for heuene schyniþ
4 heuyly/ þanne ȝe kunnen deme þe face of heuene: but ȝe moun not wi-
te þe tokenes of tymes/ An yuel generacioun & auowtresse sekiþ a to-
kene· & a token schal not be ȝoue to it· but þe token of ionas þe pro-
5 phete/ And whanne he had left hem: he wente forþ/ And whanne hise
6 disciplis camen ouer þe see: þei forȝaten to take looues/ and he seide
to hem/ Biholde ȝe & beþ war of [*the*] sourdouȝ of pharisees & *of* sa-
7 duceis/ And þei þouȝten among hem: & seiden/ for we haue not take

---

16. [1] *MS* vnbynde   [2] ech

8 looues/ but ihc̄ witynge: seide to hem/ what þenken ȝe `amonge ȝou´ of
9 litil feiþ: for ȝe haue not looues? ȝit vndirstonden not ȝe neiþer han
mynde of fyue looues in to fyue þousynde of men: and hou many cof-
10 fyns ȝe token? neiþer of seuene looues in to foure þousynd of men: and
11 hou many leepis ȝe token? whi vndirstonden ȝe not· for I seide not to
12 ȝou of breed: be ȝe war of þe sourdouȝ of farisees & of saducees/ þan-
ne þei vndirstoden· þat he seide not to be war of sourdouȝ of looues:
13 but of þe techyng of pharisees & saducees/ And ihc̄ came in to þe par-
ties of cesarie of philip: & axide hise disciplis & seide/ whom seyn men
14 to be mannes sone? And þei seiden/ summe ion baptist· oþere helie: &
15 oþere Jeremye· or oon of þe prophetis/ Ihc̄ seide to hem/ But whom
16 seyn ȝe me to be? Symond petir answeride & seide/ þou art crist þe so-
17 ne of god lyuynge/ ihc̄ answeride & seide to him/ blessid art þou sy-
mound bariona: for flesh & blod schewide not to þee· but my fadir þat
18 is in heuenes/ and I sey to þee: þat þou art petir· and on þis stoon I schal
bilde my chirche/ and þe ȝatis of helle schulen not haue myȝt aȝens it/
19 and to þee I schal ȝiue þe keies of þe kyngdom of heuenes/ and what
euer þou schalt bynde on erþe: schal be bounde also in heuenes/ and
what euer þou schalt vnbynde on erþe: schal be vnbounden[1] also in
20 heuenes/ þanne he comaundide to hise disciplis· þat þei schulden sey
21 to no man· þat he was crist/ Fro þat tyme ihc̄ bigan to schewe to hise
disciplis: þat it behouyde him *to* go to ierusalem/ & suffre many þing-
is: of þe eldre men & of scribis & *of* princis of prestis & be slayn· & þe
22 þridde dai to rijse aȝen/ And petir took him: & bigan to blame him &
23 seide/ fer be it fro þee lord: þis þing schal not be to þee/ And he turny-
de & seide to petir/ Sathanas go *þou* aftir me· þou art [*a*] sclaundre to
me/ for þou sauerist not þo þingis þat ben of god: but þo þingis þat ben
24 of men/ þanne ihc̄ seide to his disciplis/ If ony man wole come aftir me:
25 denye he him silf· & take his cross & sue me/ for he þat wole make his
lijf saaf· schal leese it/ and he þat schal leese his lijf for me: schal fyn-
26 de it/ for what profitiþ it to a man· if he wynne al þe world: & suffre
peyryng of his soule? or what chaungyng schal a man ȝiue for his sou-
27 le? for mannes sone schal come in glorie of his fadir with hise aungels:
28 and þanne he schal ȝelde to euery[2] man aftir hise werkis/ Treuly I sey
to ȝou· þer ben summe of hem þat stonden heere: whiche schul not tas-
te deeþ· til þei se mannes sone comynge in his kyngdom/

17 And aftir sixe daies ihc̄ took petir & James & ion his broþer· & led-
de hem asidis in to an hiȝ hil· & *he* was turned in to an ooþer liknesse
2 bifore hem/ and his face schoon as þe sunne: and hise cloþis weren
3 maad white as snow/ and lo moyses & helie appeeriden to hem: & spa-
4 ken with him/ And petir answeride & seide to ihū/ Lord it is good· us
to be here/ if þou wolt: make we heere þre tabernaclis· to þee oon· to
5 moyses oon· & oon to helie/ ȝit [*the*] while he spak: lo a briȝt cloude

---

17. [1] that   [2] vnpossible

ouer-schadowide hem/ & lo a voice *came* out of þe cloude &[1] seide/ þis
is my dereworþe sone· in whom I haue wel plesid to me: heere ȝe
6 hym/ And þe disciplis herden & fellen doun on her facis· & dredden
7 gretly/ and ihc̄ cam & touchide hem: & seide to hem/ Rijse up & nyle
8, 9 ȝe drede/ and þei liften up her iȝhen· & saien no man· but ihū al-oone/
and as þei camen doun of þe hil: ihc̄ comaundide to hem & seide/ sey
10 ȝe to no man þe visioun: til mannes sone rijse aȝen fro deþ/ and hise
disciplis axiden him: & seiden/ what þanne seyn þe scribis· þat it bi-
11 houiþ þat helie come first/ he answeride: & seide to hem/ helye schal
12 come: & he schal restore alle þingis/ and I sey to ȝou· þat helie is now
come· and þei knewen him not: but þei diden in him what euer þingis
13 þei wolden/ and so mannus sone schal suffre of hem/ þanne þe disci-
14 plis vndirstoden· þat he seide to hem of Jon baptist/ And whanne he
cam to þe peple: a man came to him & fel doun on [*hise*] knees bifore
him & seide/ Lord haue mercy on my sone· for he is lunatijk & suffriþ
15 yuele/ for ofte tymes he falliþ in to þe fijr: & ofte tymes in to watir/ and
16 I brouȝte him to þi disciplis: and þei miȝten not heele him/ Ihc̄ answe-
ride & seide/ A þou generacioun vnbileeful & weiward: hou longe
17 schal I be with ȝou: hou longe schal I suffre ȝou? brynge ȝe him hidre
to me/ And ihc̄ blamyde him: and þe deuel wente out fro him/ and þe
18 child was heelid fro þat hour/ þanne þe disciplis camen to ihū priuely:
19 & seiden to him/ whi myȝten not we caste him out? Ihc̄ seiþ to hem/ for
ȝoure vnbileeue/ treuly I sey to ȝou· if ȝe haue feiþ as a corn of se-
neuey: ȝe schul sey to þis hil· passe þou hennes· & it schal passe: and
20 no þing schal be inpossible[2] to ȝou/ but þis kynde is not cast out: but bi
21 preiyng & fastyng/ And while þei weren abidynge togidre in galilee:
ihc̄ seide to hem/ Mannes sone schal be bitraied in to þe hondis of men·
22 and þei schul sle him: and þe þridde dai he schal rijse aȝen to lijf/ and
23 þei weren ful sory/ And whanne þei camen to cafarnaum: þei þat token
tribute camen to petir & seiden to him/ ȝoure maistir paieþ not tribute/
24, 25 and he seide/ ȝhis/ And whanne he was come in to þe hous: Ihc̄ came
bifore him & seide/ Symound: what semiþ to þee? kyngis of erþe of
whom taken þei tribute: of her sones eiþer of aliens? and he seide/ Of
26 aliens/ Ihc̄ seide to him/ þanne sones ben fre/ but þat we sclaundre hem
not: go to þe see· & caste an hook· and take þilke fish þat first comiþ
up/ and whanne his mouþ is opened: þou schalt fynde a stater· *take it*
& ȝiue for þee & for me/

18   IN þat hour þe disciplis camen to ihū· & seiden/ who gessist þou is
2 grettere in þe kyngdom of heuenes? and ihc̄ clepide a litil child: & put-
3 te him in þe myddil of hem & seide/ I sey treuþe to ȝou· but ȝe be tur-
ned & maad as litil children: ȝe schul not entre in to þe kyngdom of
4 heuenes/ þerfore who euer mekiþ hym as þis litil child: he is grettere
5 in þe kyngdom of heuenes/ and he þat resceyuiþ oon sich litil child in

---

18. [1] sum   [2] theron   [3] 3+2+1   [4] But

6 my name: resceyuiþ me/ but who so sclaundriþ oon of þese smale þat
bileuen in me: it spediþ to him þat a mylle stoon of assis be hangid in
his necke· & he be drenchid in þe depnesse of þe see/ wo to þe world
7 for sclaundris/ forsoþe it is need: þat sclaundris come/ neþeles wo to þe
8 ilke man: bi whom [a] sclaundre comiþ/ And if þin hond or þi foot
sclaundriþ þee: kitte it off & caste awey fro þee/ it is bettir to þee to en-
tre to lijf feble eiþer crokid: þan hauynge tweyne hondis or twey feet to
9 be sent in to euer lastynge fijr/ and if þin iȝe sclaundre þee: pulle it out·
& caste awey fro þee/ it is betere to þee wiþ oon iȝe to entre in to lijf:
10 þan hauynge two iȝen to be sent in to þe fijr of helle/ Se ȝe þat ȝe dis-
pise not oon of þese litle/ for I sey to ȝou þat þe aungels of hem in
11 heuenes: seen euermore þe face of my fadir þat is in heuenes/ for man-
12 nus sone cam to saue þat þing þat perischide/ what semeþ to ȝou· if þer
weren to a¹ man an hundrid scheep & oon of hem haþ errid: wher he
schal not leue nynty & nyne in desert· & schal go to seche þat þat erri-
13 de: & if it falle þat he fynde it: treuly I sey to ȝou· þat he schal haue
14 ioie þerof² more: þan on nynty & nyne þat erriden not/ so it is not þe
wille bifore ȝoure fadir þat is in heuenes: þat oon of þese litle perische/
15 But if þi broþir synneþ aȝens þee: go þou & reproue him bitwixe `him
16 " & " þee³ aloone/ if he heeriþ þee: þou hast wonne þi broþer/ and if he
heeriþ þee not: take wiþ þee oon or two· þat euery word stonde in þe
17 mouþ of tweyne or þre witnessis/ and if he heeriþ not hem: sey þou to
þe chirche/ and⁴ if he heeriþ not þe chirche: be he as an heþen & [a]
18 pupplican to þee/ I sey to ȝou treuly· what euer þing`is´ ȝe bynden on
erþe: þo schul be bounde also in heuene/ and what euere þingis ȝe
19 vnbynden on erþe: þo schul be vnbounde also in heuene/ Eftsoone I sey
to ȝou: þat if tweyne of ȝou consente on þe eerþe: of euery þing what
20 euer þei axen it schal be do to hem of my fadir þat is in heuenes/ for
where two or þre ben gaderid in my name: þere I am in þe myddil of
21 hem/ þanne petir cam to him & seide/ Lord hou ofte schal my broþer
22 synne aȝens me: & I schal forȝiue him? wheþer til seuene tymes? Ihc
seiþ to him/ I sey not to þee til seuene siþis: but til seuenty siþis seuen
23 siþis/ þerfore þe kyngdom of heuenes is likned to a king þat wolde ri-
24 kene with hise seruauntis/ & whanne he bigan to rikene: oon þat ouȝte
25 ten þousynd talentis· was brouȝt to him/ & whanne he had not wherof
to ȝelde: his lord comaundide him to be sold· & his wijf & children· &
26 alle þingis þat he hadde· & to be paied/ but þe ilke seruaunt felle doun:
& preide him & seide/ haue pacience in me: and I schal ȝelde to þee al-
27 le þingis/ And þe lord hadde mercy on þat seruaunt: & suffride him [to]
28 go & forȝaf to him þe dette/ But þilke seruaunt ȝede out: & fonde oon
of hise euen seruauntis þat ouȝte(n) him an hondrid pens/ & he heelde
29 him & stranglide him and seide/ ȝelde þat þat þou owist/ and his euen
seruaunt fel doun: & preide him & seide/ haue pacience in me: and I
30 schal quyte alle þingis to þee/ but he wolde not: but wente out & putte
31 him in to prisoun til he paiede al þe dette/ And hise euene seruauntis
seynge þe þingis þat weren don: sorowiden gretly/ And þei camen &

32 tolden to her lord: alle þe þingis þat weren don/ þanne his lord clepide
him: and seide to him/ wickide seruaunt I forȝaf to þee al þe dette: for
33 þou preiedist me/ þerfor wher it bihouyde not also þee to haue mercy
34 on þin euen seruaunt· as I hadde mercy on þee? and his lord was wroþ·
35 & took him to tourmentouris: til he paiede al þe dette/ so my fadir of
heuene schal do to ȝou: if ȝe forȝiuen not euery man to his broþir of
ȝoure hertis/

19 And it was don whanne ihc̄ hadde endid þese wordis: he passide fro
2 galilee & came in to þe coostis of Jude ouer iordan/ and myche puple
3 suede him: and he heelide hem þere/ and *þe* farisees camen to him:
temptynge `him´ & seiden/ wher it be leeful to a man to leue his wijf
4 for ony cause? *þe* whiche answeride & seide to hem/ haue not " ȝe red·
for he þat made men at þe bigynnyng· made hem male & female? and
5 he seide/ for þis þing a man shal leue fadir & modir· and he schal dra-
6 we to his wijf: and þei schul be tweyne in oo flesch: & so þei ben not
now tweyne: but oo flesh/ þerfor [a] man departe not þat þing· þat god
7 haþ ioyned/ þei seyn to him/ what þanne comaundide moyses· to ȝyue
8 a libel of forsakyng: & to leue of? And he seide to hem/ for*soþe* moy-
ses for þe hardnesse of ȝoure herte: suffride ȝou leue ȝoure wyues/ but
9 fro þe bigy[n]nyng it was not so/ & I sey to ȝou· þat who euer leuiþ his
wijf but for fornicacioun & weddiþ an ooþer: doþ leccherie/ and he þat
10 weddiþ þe forsaken wijf: doþ leccherie/ hise disciplis seyn to him/ If
11 þe cause of a man with his[1] wijf is so: it spediþ not to be weddid/ and
he seide to hem/ not alle men taken þis word: but to whiche it is ȝiuen/
12 for þer ben geldyngis: whiche ben þus born of þe modris wombe/ and
þer ben geldyngis: þat ben maad of men/ and þer ben geldyngis: þat
13 han geldid hem self for þe rewme[2] of heuenes/ he þat may take: tak
[*he*]/ þanne litil children weren brouȝt to hym: þat he schulde putte
14 hondis to hem & preie/ and þe disciplis blamyden hem/ but ihc̄ seide to
hem/ suffre ȝe þat litil children come to me: & nyle ȝe forbede hem· for
15 of siche is þe kyngdom of heuenes/ And whanne he had put to hem
16 hondis: he wente fro þennes/ and lo oon cam & seide to him/ gode
17 maistir what good schal I do: þat I haue euerlastynge lijf? *þe* whiche
seiþ to him/ what axist þou me of good þing? þer is oo gode god· but
18 if þou wolt entre to lijf: kepe þe comaundementis/ he seiþ to him/ whi-
che? and ihc̄ seide/ þou schalt not do mansleyng· þou schalt not do a-
vowtrie· þou schalt not do þefte· þou schalt not sey fals witnessyng/
19 worschipe þi fadir & þi modir: and þou schalt loue þi neiȝbore as þi
20 self/ þe ȝounge man seiþ to him/ I haue kept alle þese þingis fro my
21 ȝongþe· what ȝit failiþ to me? Ihc̄ seiþ to him/ If þou wolt be parfit: go
& sille alle þingis þat þou hast· and ȝiue to pore men· & þou schalt
22 haue tresour in heuene: & come & sue me/ And whanne þe ȝounge man
had herd þese wordis: he wente awey sorowful· for he hadde many pos-

---

19. [1] a   [2] kyngdom   [3] *MS* an edlis

23 sessiouns/ And ihc̄ seide to hise disciplis/ I sey to ȝou treuþe· for a ri-
24 che man of hard: schal entre in to þe kyngdom of heuenes/ and eftsoo-
ne I sey to ȝou/ it is liȝtere a camel to passe þorouȝ `a nedlis³ iȝe: þan
25 a riche man to entre in to þe kyngdom of heuenes/ whanne þese þing-
is weren herd: þe disciplis wondriden gretly· & seiden/ who þanne may
26 be saaf? ihc̄ bihelde & seide to hem/ anentis men þis þing is impossi-
27 ble: but anentis god alle þingis ben possible/ þanne petir answeride: &
seide to him/ lo we haue forsake alle þingis: & we haue sued þee· what
28 þanne schal be to us? & ihc̄ seide to hem/ treuly I sei to ȝou· þat ȝe þat
han forsake alle þingis & han sued me: in [*the*] regeneracioun wha[n]ne
mannes sone schal sitte in þe seete of his magestee· ȝe schul sitte on
29 twelue seetis demynge þe twelue kynredis of israel/ and euery man þat
forsakiþ hous· briþeren or sistren· fadir or modir· wijf eiþer children or
feeldis· for my name: he schal take an hundridfold· & *he* schal weelde
30 euerlastynge lijf/ but many shul be þe firste þe laste: & þe laste þe firste/
20 The kyngdom of heuenes is lijk to an housbonde man: þat wente out
2 first bi þe morowe· to hijre werk men in to his vyne ȝerd/ and whanne
þe couenaunt was maad with werk men of a peny for þe day: he sente
3 hem in to his vyne ȝerd/ And he ȝede out aboute þe þridde hour: &
4 sawȝ oþere stondynge ydel in þe chepyng· & he seide to hem/ Go ȝe al-
so in to my vyne ȝerd/ and þat· þat schal be riȝtful: I schal ȝiue to ȝou/
5 and þei wenten forþ/ eftsones he wente out aboute þe sixte hour & þe
6 nynþe: & dide on¹ lijk manere/ But aboute þe elleuenþe hour he wen-
te out & fonde oþere stondinge & he seide to hem/ what stonde ȝe idel
7 heere al dai? þei seyn to him/ for no man haþ hijrid us/ he seiþ to hem/
8 go ȝe also in to my vyne ȝerd/ And whanne euenyng was come: þe lord
of þe vyne ȝerd seiþ to his procuratour/ clepe þe werk men: & ȝelde to
9 hem her hijre· and bigynne þou at þe laste til to þe firste/ And so whan-
ne þei weren come þat camen aboute þe elleuenþe hour: also þei token
10 euerych of hem a peny/ but þe firste camen & demyden· þat þei schul-
11 den take more/ but þei token echoon bi hem silf a peny/ & in þe taking·
12 *þei* grucchiden aȝens þe housbonde man: & seiden/ þese laste wrouȝten
oon our: & þou hast maad hem euene to us· þat han born þe charge of
13 þe dai & heete? And he answeride to oon of hem & seide/ frend I do
14 þee no wrong/ wher þou hast not acordid with me for a peny? take þou
15 þat þat is þin: & go/ for I wole ȝiue to þis laste man: as to þee/ wher it
is not leeful to me: to do þat þat I wile? wher þin iȝe is wickid: for I am
16 good? So þe laste schul be þe firste: and þe firste *schul be* þe laste/ ma-
17 ny " for*soþe* ben clepid: &² fewe ben chose/ And ihc̄ wente up to ieru-
18 salem: & toke hise twelue disciplis in priuytee· & seide to hem/ lo we
gon up to ierusalem: and mannus sone schal be bitaken to princis of
19 prestis & *to* scribes: & þei schul condempne him to deeþ/ and þei schul
bitake him to heþene men: for to be scorned & scourgid & crucified/

---

20. ¹ in   ² but   ³ which/e

20 and þe þrid dai he schal rijse aʒen (fro deþ) to lijf/ þanne þe modir of
    þe sones of zebedee: cam to him with hir sones· honourynge & axynge
21 sum þing of him/ And he seide to hir/ what wilt þou? sche seiþ to him/
    sey þat þese two my sones sitte: oon at þi riʒt half: & oon at þi lift half
22 in þi kyngdom/ Ihc̄ answeride & seide/ ʒe witen not what ʒe axen·
    moun ʒe drynke *of* þe cuppe þat³ I schal drynke (off)? þei seyn to him·
23 we moun/ he seiþ to hem/ ʒe schul drynke my cuppe: but to sitte at my
    riʒt half or lift half: it is not myn to ʒiue to ʒou· but to whom³ it is maad
24 redy of my fadir/ and þe ten herynge: hadden indignacioun of þe two
25 briþeren/ but ihc̄ clepide hem to hym & seide/ ʒe witen þat princis of
    heþene men: ben lordis of hem/ and þei þat ben grettere: vsen power
26 on hem/ it schal not be so among ʒou/ but who euer wole be maad gret-
27 tere among ʒou: be he ʒoure mynistre/ and who euer among ʒou wole
28 be þe firste: he schal be ʒoure seruaunt/ as mannes sone cam not to be
29 serued: but to serue/ & to ʒiue his lijf: redempcioun for manye/ And
30 whanne þei ʒeden out of iericho: myche puple suede him/ and lo two
    blynde men saten bisidis þe wey· & herden þat ihc̄ passide: and þei cri-
31 eden· & seiden/ Lord þe sone of dauid: haue mercy on us/ and þe pe-
    ple blamyde hem: þat þei schulden be stille/ and þei crieden [*the*] mo-
32 re: & seiden/ lord þe sone of dauid: haue mercy on us/ And ihc̄ stood &
33 clepide hem & seide/ what wolen ʒe þat I do to ʒou? þei seyn to him/
34 lord þat oure iʒen be opened/ and ihc̄ had mercy on hem: & touchide
    her iʒen/ and anoon þei saien: & sueden him/

21   And whanne ihc̄ cam niʒ to ierusalem· & cam to bethfage at þe
2 mount of olyuete: þanne he " sente his two disciplis· & seide to hem/
    go ʒe in to þe castel þat is aʒens ʒou: and anoon ʒe schul fynde an as-
3 se tied· & a colt wiþ hire/ vntie ʒe: & bryngeþ to me/ and if ony man
    sey to ʒou ony þing: sey ʒe þat þe lord haþ nede to hem· and anoon he
4 schal leue hem/ al þis was don: þat þat þing schulde be fulfillid· þat
5 was seid bi þe prophet seiynge/ Sey ʒe to þe douʒtir of syon/ lo þi kyng
    comiþ to þee meke sittynge on an asse & a foole of an asse vndir ʒok/
6, 7 And þe disciplis ʒeden & diden as ihc̄ comaundide hem/ and þei brouʒ-
    ten an asse & þe foole· & *þei* leiden her cloþis on hem: and maden him
8 sitte aboue/ & ful myche peple spredden¹ here cloþis in þe wei/ oþere
9 kittiden braunchis of trees & strewiden in þe wei/ & þe peple þat wen-
    te bifore & þat sueden: crieden & seiden osanna to þe sone of dauid/
10 blessid is he þat comiþ in þe name of þe lord: osanna in hiʒ þingis/ And
    whanne he was entrid in to ierusalem: al þe citee was stirid & seide/
11 who is þis? but þe puple seide/ þis is ihc̄ þe prophete of nazareth of ga-
12 lilee/ And ihc̄ entride in to þe temple of god: and castide out of þe tem-
    ple alle þat bouʒten & solden/ and he turnyde upsodoun þe boordis of
    chaungers· & þe chaieris of men þat solden culueris/ and he seiþ to
13 hem/ It is write/ myn hous schal be clepid an hous of preiere: but ʒe han

---

21. ¹ strewiden   ² sawen   ³ and wondriden   ⁴ seiynge   ⁵ nyle   ⁶ on   ⁷ lijk

14 maad it a denne of þeues/ And blynde & crokid camen to him in þe
15 temple: & he helide hem/ But þe princis of prestis & scribis· seynge þe
   merueylouse þingis þat he dide & children criynge in þe temple· &
   seiynge osanna to þe sone of dauid: *þei* hadden indignacioun & seiden
16 to him/ herist þou what þese seyn? and ihc̄ seide to hem/ ȝhe/ wher ȝe
   haue neuer red· þat of þe mouþ of ȝounge children & of soukynge chil-
17 dren· þou hast maad perfijt her[i]yng/ And whanne he had left hem: he
   wente forþ out of þe citee in to bethanye/ and þere he dwelte: & tauȝte
18 hem of þe kyngdom of god/ But on þe morowe he turnynge aȝen in to
19 þe citee: hungride/ and he sauȝ a fige tre bisidis þe wey: & cam to it/
   & fonde no þing þerynne: but leeues oonly/ And he seide to it/ neuere
   fruyt come forþ of þee: in to wiþouten ende/ and anoon þe fige tre was
20 dried up/ and *þe* disciplis seynge[2]: wondriden[3] `& seiden[4]/ hou anoon
21 it driede/ And ihc̄ answeride & seide to hem/ treuly I sey to ȝou· if ȝe
   haue feiþ· & douten not: not oonly ȝe schul do of þe fige tre: but also
22 if ȝe seyn to þis hill· take & caste þee in to þe see: it schal be do so/ and
   alle þingis what euere ȝe bileeuynge schul axe in preier: ȝe schul take/
23 and whanne he cam in to þe temple: þe princis of prestis & eldre men
   of þe puple camen to him þat tauȝte & seiden/ In what power dost þou
24 þese þingis: & who ȝaf þee þis power? Ihc̄ answeride & seide to hem/
   and I schal axe ȝou oo word· þe whiche if ȝe tellen me: I schal sey to
25 ȝou in what power I do þese þingis/ Of whennes was þe baptym of Jon:
   of heuene or of men? And þei þouȝten wiþynne hem silf seiynge/ If we
26 seyn of heuene: he schal sey to us/ whi þanne bileuen ȝe not to him? If
   we seyn of men: we dreden þe puple/ for alle hadden ion as a prophe-
27 te/ and þei answeriden to ihū & seiden/ we witen not/ And he seide to
28 hem/ neiþer I sey to ȝou: in what power I do þese þingis/ But what se-
   miþ [*to*] ȝou? A man hadde two sones: & he cam to þe firste & seide/
29 sone go worche þis dai in my vyneȝerd/ And he answeride & seyde/ I
30 `wil not[5]/ but aftirward he forþouȝte & wente forþ/ but he cam to þat
   ooþer: & seide in[6] `þe same[7] manere/ and he answeride: & seide/ lord
31 I go/ and he wente not/ who of þe tweyne dide þe fadris wille? þei seyn
   to him/ þe firste/ ihc̄ seiþ to hem/ treuly (treuly) I sey to ȝou· for pupp-
32 licans & hooris: schul go bifore ȝou in [*to*] þe kyngdom of god/ for*soþe*
   ion cam to ȝou in `*to*´ þe wey of riȝtwisnesse: and ȝe bileeuyden not to
   him/ but pupplicans & hooris: bileeuyden to him/ but ȝe siȝen & had-
33 den no forþinkyng aftir· þat ȝe bileeueden to hym/ Heere ȝe an ooþer
   parable/ þer was an housbonde man þat plauntide a vyneȝerd· & heg-
   gide it aboute· & dalfe a pressour þerynne· & bildide a tour/ and *he* hi-
34 ride it to erþe tiliers: & wente fer in pilgrimage/ but whanne þe tyme of
   fruytis neiȝede: he sente hise seruauntis to þe erþe tilieris· to take fruy-
35 tis of it/ And þe eerþe tylieris token hise seruauntis: & *þei* beeten [*the*
36 t*]oon· þei slowen an ooþer· & [*thei*] stonyden an ooþer/ Eftsoone he
   sente oþere seruauntis· mo þan þe firste: and in lijk manere þei diden
37 to hem/ and at þe laste he sente his sone to hem: & seide/ þei schul dre-
38 de my sone/ but þe erþe tiliers seynge þe sone: seyden wiþynne hem

self/ þis is þe eir· come ȝe sle we him: and we schul haue his heritage/
39, 40 & þei tooken & castiden him out of þe vyne ȝerd: & slowen him/ þer-
fore whanne þe lord of þe vyne ȝerd schal come: what schal he do to
41 þilke erþe tiliers? þei seyn to him/ he schal lese yuele þe yuel men: and
he schal sette to hijre his vyne-ȝerd to oþere erþe-tiliers· whiche schul
42 ȝelde to him fruyt in her tymes/ Ihc̄ seiþ to hem/ redden ȝe neuer in
scripturis· þe stoon whiche *þe* bilderis reproueden: þis is maad in to þe
heed of þe cornere? of þe lord þis þing is don: and it is merueilous bi-
43 fore oure iȝen/ þerfore I sey to ȝou þat þe kyngdom of god schal be ta-
44 ke fro ȝou: & schal be ȝoue to a folk doynge fruytis of it/ & he þat schal
falle on þis stoon: schal be broke/ but on whom it schal falle: it schal
45 alto brise him/ And whanne þe princis of prestis & farisees hadden herd
46 hise parablis: þei knewen þat he seide of hem/ and þei souȝten to hol-
de him: but þei dredden þe puple· for þei hadden him as a prophete/
22, 2 And ihc̄ answeride & spak eft soone in parablis to hem & seide/ þe
kingdom of heuenes is maad lijk to a kyng þat made weddyngis to his
3 sone/ and he sente hise seruauntis forto clepe men þat weren bede to þe
4 weddyngis: and þei wolden not come/ eft-sone he sende oþere seru-
auntis: & seide/ sey ȝe to þe men þat ben beden to þe feeste/ lo I haue
maad redy my mete· my bolis & my volatiles ben sleyn/ and alle þing-
5 is ben redy: come ȝe to þe weddyngis/ but þei dispisiden· & wenten
6 forþ· oon in to his toun· an ooþir to his marchaundise/ But oþere hel-
7 den hise seruauntis & turmentiden hem & slowen/ But þe kyng whan-
ne he had herd: was wroþ/ and he sente hise oostis: & he distriede þe[1]
8 manquellers & brente her citee/ þanne he seide to hise seruauntis/ þe
weddyngis ben redy but þei þat weren clepid to þe feeste: weren not
9 worþi/ þerfore go ȝe *in* to þe endis of weies: and whom euer ȝe fynden·
10 clepe ȝe to þe weddyngis/ And hise seruauntis ȝeden out in to weyes:
& gedriden togidre alle þat þei founden gode & yuele/ and þe brydale
11 was fulfild with men sittynge at þe mete/ `and´ þe kyng entride to se
men sittynge at þe mete and he sauȝ þere a man not cloþid with brijd
12 clooþ/ and he seide to him/ frend hou entredist þou hidere: wiþoute
13 brijd cloþis? and he was doumbe/ þanne þe kyng bad hise mynistris
bynde him boþe hondis & feet: and sende ȝe him in to vtmer derknes-
14 sis/ þere schal be wepyng & gryntyng of teeþ/ for many ben clepid: but
15 fewe ben chose/ þanne farisees ȝeden awei & token a counseil: to take
16 ihū in word/ and þei senden to him her disciplis wiþ herodians & sei-
den/ Maister we witen þat þou art `sad trewe[2]· and þou techist in treuþe
þe wey of god: & þou chargist not of ony man/ for þou biholdist not þe
17 persone of men/ þerfor sey to us: what it semiþ to þee? is it leeful þat
18 tribute be ȝoue to þe emperour eiþer nay? And whanne ihc̄ had knowe
19 þe wickidnesse of hem: he seide/ ypocritis what tempten ȝe me? sche-
we ȝe to me þe prynte of ȝoure[3] money/ and þei brouȝten to him a pe-

---

22. [1] tho   [2] sothefast   [3] the   [4] at   [5] and ȝe knowen no   [6] til

20, 21 ny/ & ihc̄ seide to hem/ whos is þis ymage· & þe writyng aboue? þei
seyn to him· þe emperouris/ þanne he seide to hem/ þerfore ȝelde to þe
emperour: þo þingis þat ben þe emperouris/ and to god: þo þingis þat
22 ben of god/ and þei herden & wondriden/ and þei leften him: & wen-
23 ten awey/ In þat dai saducees þat seyn þer is no risyng aȝen to lijf ca-
24 men to him: & axiden him & seiden/ Maistir moyses seide/ if ony man
is deed· not hauynge a sone· þat his broþir wedde his wijf· & reise sed
25 to his broþer/ and þer weren " seuene briþeren´ to⁴ us· & þe firste wed-
dide a wijf· & is deed/ and he hadde no seed: & lefte his wijf to his
26, 27 broþer/ also þe secounde & þe þridde til to þe seuenþe/ but þe laste of
28 alle: þe womman is deed/ also in þe risynge aȝen to lijf: whos wijf of
29 þe seuene schal sche be? for alle hadden hir/ Ihc̄ answeride & seide to
30 hem/ ȝe erren· `not knowynge⁵ þe scriptures ne þe vertue(s) of god/ for
in þe risynge aȝen to lijf: neiþer þei schul wedde neþer shul be weddid·
31 but þei ben as þe aungelis of god in heuene/ And of þe risynge aȝen of
32 dede men haue ȝe not red· þat is seid of þe lord· þat seiþ to ȝou· I am
god of abraham· & god of ysaac & god of iacob/ he is not god of dede
33 men: but of lyuynge men/ and þe puple heerynge: wondride in his te-
34 chyng/ And þe farisees herden þat he had put silence to saducees & ca-
35 men togidre/ and oon of hem a techer of þe lawe axide ihū & temptide
36, 37 him/ Maistir whiche is a greet maundement in þe lawe? Ihc̄ seide to
him/ þou schalt loue þi lord god of al þin herte· & in al þi soule & in
38, 39 al þi mynde/ þis is þe firste & þe mooste maundement/ and þe secoun-
40 de is lijk to þis/ þou schalt loue þi neiȝbore as þi self/ in þese two
41 maundementis hangiþ al þe lawe & þe prophetis/ And whanne þe fari-
42 sees weren gederid togidre: ihc̄ axide hem & seide/ what semiþ to ȝou
43 of crist· whos sone is he? þei seyn to him/ of dauid/ he seiþ to hem/ hou
44 þanne dauid in spirit clepiþ him lord & seiþ? þe lord seide to my lord:
sitte on my riȝt half `as longe as⁶ I putte þin enemyes a stool of þi feet/
45, 46 þanne if dauid clepiþ him lord: hou is he his sone? and no man miȝte
answere a word to him: neiþer ony man was hardy fro þat dai to axe
him more/

23, 2   þanne ihc̄ spak to þe puple: & to hise disciplis & seide/ On þe chaier
3 of moises: `han sete " scribis & farisees´/ þerfore kepe ȝe & do ȝe alle
þingis what euer þingis þei seyn to ȝou: but nyle ȝe do aftir her werkis/
4 for þei seyn & don not/ and þei bynden greuouse chargis & þat moun
not be born/ & putten on schuldris of men: but with her fyngir þei wo-
5 len not moue hem/ þerfore þei don alle her werkis: þat þei be seie of
men/ for þei drawen abrood her filateries & magnyfien *her* hemmes/
6 and þei louen þe firste sittynge placis in soperis· & þe firste chaieris in
7 synagogis: & salutaciouns in cheping & to be clepid of men maistir/
8 But nyle ȝe be clepid maistir/ for oon is ȝoure maistir: and alle ȝe ben
9 briþeren/ & nile ȝe clepe to ȝou a fadir on eerþe: for oon is ȝoure fadir

---

23. ¹ no thing

10 þat is in heuenes/ neiþer be ʒe clepid maistris: for oon is ʒoure (fa)

11, 12 maistir crist/ He þat is grettist among ʒou: schal be ʒoure mynistre/ for

 he þat hiʒiþ him silf: schal be mekid/ and he þat mekiþ him silf: schal

13 be enhaunsid/ But wo to ʒou scribis & pharisees ypocritis: þat closen

 þe kyngdom of heuenes bifore men/ and ʒe entren not: neiþer suffren

14 men entrynge to entre/ wo to ʒou scribis & farisees ypocritis: þat eten

 þe housis of widowes· & preien bi long preier/ for þis þing ʒe schul ta-

15 ke þe more doom/ wo to ʒou scribis & farisees ypocritis· þat gon abou-

 te þe see & þe lond: to make oo proselite/ and whanne he is maad: ʒe

16 maken him a sone of helle double more þan ʒe ben/ wo to ʒou blynde

 lederis þat seyn· who euer sweriþ bi þe temple of god· it is nouʒt[1]/ but

17 he þat sweriþ in þe gold of þe temple: is dettour/ ʒe foolis & blynde/

18 for what is grettere: þe gold or þe temple þat halewiþ þe gold? and who

 euere sweriþ in þe auter: it is no þing/ but he þat sweriþ in þe ʒifte þat

19 is on þe auter: owiþ/ Blynde men· for what is more: þe ʒifte or þe au-

20 ter þat halewiþ þe ʒifte? þerfore he þat sweriþ in þe auter: sweriþ in it·

21 & in alle þingis þat ben þeron/ & he þat sweriþ in þe temple: sweriþ in

22 it· & in him þat dwelliþ in þe temple/ and he þat sweriþ in heuene: swe-

23 riþ in þe trone of god· & in him þat sittiþ þer-on/ wo to ʒou scribis &

 pharisees ypocritis: þat tiþen mynte anete & comyne· and han left þo

 þingis þat ben of more charge of þe lawe· doom & mercy & feiþ/ and

24 it bihouide to do þese þingis: & not to leue þo/ blynde lederis clen-

25 synge a gnatte· but swolowynge a camel/ wo to ʒou scribis & farisees

 ypocritis þat clensen þe cuppe & [the] plater wiþoutforþ: but withynne

26 ʒe ben full of raueyn & vnclennesse/ þou blynde pharisee clense þe

 cuppe & þe plater wiþynneforþ þat þat `þing´ þat is wiþoutforþ be

27 maad clene/ wo to ʒou scribis & farisees ypocritis: þat ben lijk to se-

 pulcris whitid/ whiche wiþoutforþ semen faire to men: but wiþynne þei

28 ben fulle of boones of dede men & of al filþe/ so ʒe wiþoutforþ semen

29 iust to men: but wiþynne ʒe ben full of ypocrisie & of wickidnesse/ wo

 to ʒou scribis & farisees ypocritis: þat bilden sepulcris of prophetis· &

30 maken faire þe biriels of iust men· & seyn/ if we hadden be in þe daies

 of oure fadris: we schulden not haue be her felowis in þe blood of pro-

31 phetis/ and so ʒe ben in witnessyng to ʒou silf: þat ʒe ben þe sones of

32 hem þat slowen þe prophetis/ & fulfille ʒe þe mesure of ʒoure fadris/

33, 34 ʒe eddris & eddris briddis: hou schul ʒe fle fro þe doom of helle? þer-

 fore lo I sende to ʒou profetis & wise men & scribis· and of hem ʒe

 schul `sle & crucifie: & of hem ʒe schul´ scourge in ʒoure synagogis·

35 & schul pursue fro citee in to citee: þat al þe iust blood come on ʒou·

 þat was shed on þe erþe/ fro þe blood of iust abel to þe blood of za-

 charie· þe sone of barachie: whom ʒe slowen bitwixe þe temple & þe

36 auter/ treuly I sey to ʒou· alle þese þingis shul come on þis genera-

37 cioun/ Jerusalem ierusalem þat sleest prophetis & stonest hem þat ben

 sent to þee: hou ofte wolde I gedre to-gidre þi children as an henne ge-

38 driþ togidre here chykens vndir hir wyngis· & þou woldist not? lo ʒou-

39 re hous schal be left to ʒou desert: and I sey to ʒou· ʒe schul not se me

fro hennes forþ: til ȝe seyen/ blessid is he þat comiþ in þe name of þe lord/

24 And ihc̄ wente out of þe temple/ and hise disciplis camen to him: to
2 schewe him þe bildyngis of þe temple/ but he answeride & seide to hem/ seen ȝe alle þese þingis? treuly I sey to ȝou/ a stoon schal not be
3 left `heere´ on a stoon: þat ne it schal be destried/ and whanne he saat on þe hil of olyuete: hise disciplis camen to him priuely & seiden/ Sey us whanne þese þingis schul be: & what token of þi comyng & of þe
4 endyng of þe world/ And ihc̄ answeride & seide to hem/ loke ȝe þat no
5 man disseyue ȝou/ for manye schul come in my name· & schul sey/ I
6 am crist: and þei schul disceyue manye/ for ȝe shul heere batels: & opynyouns of batels/ se ȝe þat ȝe be not disturblid/ for it bihoueþ þese
7 þingis to be don: but not ȝit is þe ende/ Folk schal rijse togidre aȝen folk· & rewme aȝens rewme· & pestilencis & hungris/ and þe erþe
8 mouyngis schul be bi placis/ and alle þese ben bigynnyngis of serowis/
9 þanne men schul bitake ȝou in to trybulacioun· & þei schul sle ȝou: and
10 ȝe schul be in hate to alle folk for my name/ and þanne many shul be
11 sclaundrid & bitraie ech ooþer/ and þei schul hate ech ooþer/ And ma-
12 ny false prophetis schul rijse: & disceyue manye/ and for wickidnesse
13 schal wax¹ þe charite of many schal wexe cold/ but he þat schal dwel-
14 le stille² in to þe ende: shal be saaf/ and þis gospel of þe kyngdom schal be prechid in al þe world/ in witnessyng to alle folk: and þanne þe en-
15 de schal come/ þerfore whanne ȝe seen þe abhomynacioun of discounfort· þat is seid of danyel þe prophete stondynge in þe hooly place: he
16 þat rediþ: vndirstonde he/ þanne þei þat ben in Judee: fle to þe moun-
17 teyns/ and he þat is in þe hous roof: come not doun to take ony þing·
18 of his hous/ and he þat is in þe feeld: turne not aȝen to take his coote/
19, 20 but wo to hem þat ben wiþ childe & nurischen in þo daies/ preye ȝe þat
21 ȝoure fleyng be not maad in wyntir or in þe sabotis/ for þanne schal be greet tribulacioun: what manere `haþ not be³ fro þe bigynnyng of þe
22 world til⁴ now: neiþer schal be maad/ And but þilke⁵ daies hadden be abreggid: ech flesh schulde not be maad saaf/ but þo daies schul be
23 maad schorte for þe chosen men/ þanne if ony man sey to ȝou· lo hee-
24 re is crist· or þere: nyle ȝe bileeue/ for false cristis & false prophetis schul rijse: and þei schul ȝiue grete tokenes & wondris/ so þat also þe
25 chosen be led in to errour: if it may be don/ lo I haue bifore seid to ȝou/
26 þerfore if þei sey to ȝou· lo he is in desert: nyle ȝe go out/ lo *he is* in
27 priuey placis: nyle ȝe trowe/ for as leit goþ out fro þe eest· & appeeriþ
28 in to þe west: so schal be also þe coming of mannus sone/ where euer
29 þe bodi schal be: also þe eglis schul be gederid þidere/ And anoon aftir þe tribulacioun of þo daies: þe sunne schal be maad derk· and þe mone schal not ȝiue hir liȝt· and þe sterris schul falle fro heuene/ and
30 þe vertues of heuenes schul be moued/ and þanne þe tokene of mannes

---

24. ¹ *on eras. MS*; be plenteuouse *LV* (= I¹)   ² stable   ³ was not   ⁴ to   ⁵ tho   ⁶ o

sone schal appeere in heuene: and þanne alle kynredis of þe eerþe schul
weile/ and þei schul se mannes sone comynge in þe cloudis of heuene:
31 wiþ myche vertu & mageste/ and he schal sende hise aungels wiþ a
trumpe & a greet voice: and þei schul gedre his chosene fro foure wyn-
32 dis/ fro þe hiʒeste þingis of heuenes: to þe endis of hem/ And lerne ʒe
þe parable of a fige tree/ whanne his braunche is now tendre & þe leues
33 ben *now* sprungen: ʒe witen þat somer is niʒ/ so & ʒe whanne ʒe seen
34 alle þese þingis: wite ʒe þat it is niʒ in þe ʒatis/ treuly I sey to ʒou· for
35 þis generacioun schal not passe: til alle þingis be don/ heuene & erþe
36 schul passe: but my wordis schul not passe/ but of þilke dai & hour· no
37 man woot neiþer aungels of heuenes: but þe fadir aloone/ But as it was
38 in þe daies of noe: so schal be þe comyng of mannes sone/ for as in þe
daies bifore þe greet flood þei weren etynge & drinkynge· weddynge &
39 takynge to weddyng· til⁴ þat dai þat noe entride in to þe ship· & þei
knewen not/ til þe greet flod came & took alle men: *riʒt* so schal be þe
40 coming of mannes sone/ þanne tweyne schul be in a⁶ feeld: oon schal
41 be take: and an ooþer left/ two wymmen schul be gryndynge in oo
querne: oon schal be take: & þat ooþer left/ tweyne in a bed: þat oon
42 schal be take· & þe ooþir left/ þerfore wake ʒe· for ʒe witen not in what
43 hour þe lord schal come/ but wite ʒe þis· þat if þe housbonde man wis-
te in what hour þe þeef were to come: certis he wolde wake & suffre
44 not his hous to be vndirmyned/ and þerfore be ʒe redy: for in what hour
45 ʒe gessen not· mannus sone schal come/ who gessist þou is a trewe ser-
uaunt & *a* prudent: whom his lord ordeynede on his meynee to ʒiue
46 hem mete in tyme? blessid is þat seruaunt: whom his lord whanne he
47 schal come· schal fynde so doynge/ treuly I sey to ʒou· for on alle hise
48 goodis: he schal ordeyne him/ But if þilke yuel seruaunt sei in his her-
49 te: my lord tarieþ to come· & bigynniþ to smyte hise euene seruauntis·
50 & ete & drinke wiþ drunken men: þe lord of þat seruaunt shal come in
51 þe dai whiche he hopiþ not & in þe hour þat he knowiþ not· & schal
departe him: & putte his part with ypocritis/ þere schal be weping &
grynting of teeþ/

25 [*Thanne*] the kyngdom of heuenes schal be lijk to ten virgyns: *þe*
whiche token her laumpis: & wenten out aʒen þe housbonde & þe wijf/
2, 3 and fyue of hem weren foles· & fyue prudent/ but þe fyue folis token
4 her lampis: & token not oile wiþ hem/ but þe prudent: token oile in her
5 vessels wiþ þe laumpis/ and while þe housbonde tariede: alle þei nap-
6 ten & slepten/ but at myd niʒt· a cry was maad: lo þe spouse comiþ· go
7 ʒe out to meete with him/ þanne alle þilke¹ virgyns resen up & araie-
8 den her laumpis/ and þe foles seiden to þe wise/ ʒiue ʒe to us of ʒoure
9 oile: for oure laumpis ben quenchid/ þe prudent answeriden & seiden/
lest perauenture it suffise not to us & to ʒou: go ʒe raþir to men þat sil-
10 len· & bie to ʒou/ and while þei wenten for to bie: þe spouse cam/ and

---

25. ¹ tho   ² aboue   ³ on

þilke[1] þat weren redy: entriden wiþ him to þe weddyngis/ and þe ȝate
11 was schit/ And at þe laste þe oþere uirgyns camen & seiden/ lord lord
12 opene to us/ And he answeride & seide/ treuly I sei to ȝou: I knowe ȝou
13, 14 not/ þerfore wake ȝe: for ȝe witen not þe dai· ne þe hour/ For as a man
þat goþ in pilgrymage: clepide hise seruauntis & bitook to hem hise
15 goodis and to oon he ȝaf fyue talentis· [and] to an ooþer tweine: & to
16 an ooþer oon/ to ech aftir his owne uertu: & *he* wente forþ anoon/ And
he þat hadde fyue besauntis wente forþ & wrouȝte in hem: & wanne
17, 18 oþere fyue/ Also & he þat hadde take two: wanne oþere two/ but he þat
hadde take oon· ȝede forþ & dalfe in `to´ þe erþe: and hidde þe money
19 of his lord/ But aftir longe tyme þe lord of þe[1] seruauntis came: & ri-
20 kenede with hem/ And he þat hadde take fyue besauntis came: &
brouȝte oþere fyue & seide/ lord þou bitokist to me fyue besauntis: lo
21 I haue gete ouer[2] fyue oþere/ his lord seyde to him/ wel be· þou gode
seruaunt & feiþful/ for on fewe þingis þou hast be trewe/ I schal or-
22 deyne þee on many þingis/ entre þou in to þe ioie of þi lord/ & he þat
had take two talentis· came & seide/ lord þou bitokist to me two be-
23 sauntis: lo I haue wonne ouer ooþir two/ his lord seide to him/ wel be
þou good seruaunt & trewe: for on fewe þingis þou hast be trewe· I
schal ordeyne þee on many þingis· entre þou in to þe ioie of þi lord/
24 But he þat had take oo besaunt· came & seide/ lord I woot þat þou art
an hard man/ þou repist where þou hast not sowe: and þou gederist to-
25 gidre: where þou hast not sprad abrood/ and I dredinge wente & hidde
26 þi besaunt in þe eerþe/ lo þou hast þat· þat is þin/ his lord answeride &
seide to him/ yuel seruaunt & slow· wistist þou þat I repe where I sewe
27 not: & gedre togidre where I spredde not abrood/ þerfore it bihouyde
þee to bitake my money to chaungers· þat whanne I cam I schulde res-
28 seyue þat þat is myn wiþ vsuris/ þerfore take awey fro him þe besaunt:
29 & ȝiue ȝe to him þat haþ ten besauntis/ for to euery man þat haþ: me
schal ȝiue/ and he schal encresse/ but fro him þat haþ not: also þat þat
30 him semiþ to haue· schal be take awei fro him/ And caste ȝe out þe
vnprofitable seruaunt: in to *þe* vtmere derknessis/ þere schal be weping·
31 & gryntyng of teeþ/ whanne mannes sone schal come in his magestee·
& alle hise angels wiþ him· þanne he schal sitte on þe sege of his ma-
32 gestee/ and alle folkis schul be gederid bifore him: and he schal depar-
33 te hem atwynne· as a sheperde departiþ scheep fro kidis/ and he schal
34 sette þe scheep on his riȝt half: & þe kidis on þe lift half/ þanne þe kyng
schal sey to hem: þat schul be on his riȝthalf/ Come ȝe þe blessid of my
fadir: take ȝe in possessioun þe kyngdom maad redi to ȝou fro þe ma-
35 kyng of þe world/ for I hungride: and ȝe ȝauen me to ete/ I þirstide: &
36 ȝe ȝauen me to drinke/ I was herborles: and ȝe herboriden me/ nakid:
and ȝe hiliden me/ sijk and ȝe visitiden me/ I was in prisoun: & ȝe ca-
37 men to me/ þanne iust men schul answere to him: & sey/ lord whanne
siȝen we þee hungry: & we fedden þee? þirsty: & we ȝauen to þee
38 drynke? and whanne sauȝen we þee herborles: and we herboriden þee?
39 or nakid & we hiliden þee? or whanne saien we þee sijk or in prisoun:

40 & we camen to þee? And þe kyng answerynge schal sey to hem/ Treu-
li I sey to ȝou· as longe as ȝe diden to oon of þese my leste briþeren: ȝe
41 diden to me/ þanne þe kyng schal sei also to hem: þat schul be in[3] his
lift half/ departeþ fro me ȝe cursid· in to euerlastynge fijr: þat is maad
42 redi to þe deuel & hise aungels/ for I hungride: & ȝe ȝauen not me to
43 ete/ I þirstide: and `ȝe´ ȝauen not me to drinke/ I was herborles: and ȝe
herboriden not me/ nakid: & ȝe keueriden not me/ sijk & in prisoun:
44 and ȝe visitiden not me/ þanne & þei schul answere to him: & schul
sey/ lord whanne siȝen we þee hungrynge· or þirstynge· or herborles·
45 or nakid or sijk· or in prisoun: & we serueden not þee? þanne he schal
answere to hem: & sey/ treuly I sey to ȝou· hou longe ȝe diden not to
46 oon of þese leeste: neiþer ȝe diden to me/ and þese schul go in to euer
lastynge turment: but þe iust men schul go in to euer lastinge lijf/

26 And it was don· whanne ihc̄ hadde endid alle þese wordis: he seide
2 to hise disciplis/ ȝe witen þat aftir two daies· paske schal be maad: &
3 mannes sone schal be bitaken to be crucified/ þanne þe princis of pre-
stis & þe eldre men of þe puple weren gederid in to þe halle of þe prin-
4 ce of prestis· þat was seid caifas: and maden a counsel to holde ihū wiþ
5 gile & sle him/ But þei seiden/ not in þe haly day: lest perauenture noi-
6 se were maad in þe puple/ And whanne ihc̄ was in bethanye in þe hous
7 of symound leprous: a womman þat hadde a boxe of alabastre of pre-
cious oynement cam to him & schedde *it* out on þe heed of him re-
8 stynge/ And *þe* disciplis seynge· hadden dedeyn: & seiden/ wher to *is*
9 þis losse? for*soþe* it myȝte be sold for myche· & be ȝoue to pore men/
10 but ihc̄ knew: & seide to hem/ what be ȝe heuy to þis womman? for-
11 *soþe* sche haþ wrouȝt in me a good werk· for ȝe schul euer haue pore
12 men wiþ ȝou: but ȝe schul not algatis haue me/ þis womman sendynge
13 þis oynement in to my bodi: dide to birie me/ *and* treuly I sey to ȝou·
where euer þis gospel schal be prechid in al þe world· it schal be seid·
14 þat sche dide þis in mynde of him/ þanne oon of þe twelue þat was cle-
15 pid iudas scarioth· wente forþ to þe princis of prestis & seide to hem/
what wolen ȝe ȝiue to me· & I schal bitake him to ȝou? and þei ordey-
16 niden to him· þritty platis[1] of siluer/ And fro þat tyme he souȝte opor-
17 tunyte to bitraie him/ And in þe firste day of þerf looues· þe disciplis
camen to ihū & seiden/ where wolt þou we make redi to þee to ete
18 pask? Ihc̄ seide· go ȝe in to þe citee to a[2] man: & sey to him/ þe mais-
19 tir seiþ/ My tyme is niȝ: at þee I make paske wiþ my disciplis/ And þe
disciplis diden· as ihc̄ comaundide to hem: and þei maden redi " þe pas-
20 ke´/ And whanne euen tijd was come: he saat to mete wiþ hise twelue
21 disciplis/ And he seide to hem as þei eeten/ treuly I sey to ȝou: þat oon
22 of ȝou schal bitraie me/ And þei ful sory bigunnen· ech bi him silf to
23 sey/ lord wher *it* am " I? And he answeride: & seide/ he þat puttiþ wiþ
24 me his hoond in þe platere: schal bitraie me/ Forsoþe mannus sone goþ·

---

26. [1] pans   [2] sum   [3] hym   [4] fro hennus forth

as it is writen of him/ but wo to þat man: bi whom mannes sone schal
25 be bitraied/ it were good to him: if þat man hadde not be born/ But iu-
das þat bitraiede him: answeride seiynge/ maistir wher *it* am " I? Ihͨ
26 seide to him: þou hast seid/ And while þei soupiden: ihͨ took breed &
blesside & brake & ʒaf to hise disciplis· & seide/ Take ʒe & eteþ: þis is
27 my bodi/ And he took þe cuppe· & dide þankyngis· & ʒaf to hem & sei-
28 de/ drynke ʒe alle her of/ þis is my blood of þe newe testament: whi-
29 che schal be sched for manye in to remissioun of synnes/ And I sey to
ʒou/ I schal not drynke fro þis tyme· of þis fruit of þe vyne in to þat
dai· whanne I schal drynke it newe wiþ ʒou· in þe kyngdom of my fa-
30 dir/ And whanne þe ympne was seid: þei wenten out in to þe mount of
31 olyuete/ þanne ihͨ seide to hem/ Alle ʒe schul suffre sclaundre in me:
in þis niʒt/ for it is write/ I schal smyte þe scheperde: and þe scheep of
32 þe floc schul be scaterid/ but aftir þat I schal rijse aʒen: I schal go bi-
33 fore ʒou· in to galilee/ Petir answeride & seide to him/ þouʒ alle schul
34 be sclaundrid in þee: I shal neuer be sclaundrid/ Ihͨ seide to hym/ tre-
uly I sey to þee· for in þis niʒt bifore þe cok crowe: þries þou schalt de-
35 nie me/ Petir seide to him/ ʒhe þouʒ it bihoue þat I die wiþ þee: I schal
36 not denye þee/ also alle þe disciplis seiden/ þanne ihͨ cam with hem in
to a toun þat is seid Jessemany· and he seide to hise disciplis/ Sitte ʒe
37 heere: [*the*] while I go þidere & preie/ And whanne he had take petir &
38 two sones of zebedee: he biganne to be heuy & sory/ þanne he seide to
hem/ Mi soule is sorouful· to þe deþ/ abyde ʒe heere: & wake ʒe with
39 me/ And he ʒede forþ a litil: and felle doun on his face· preiynge &
seiynge/ Mi fadir if it is possible: passe þis cuppe fro me/ neþeles not
40 as `I´ wole: but as þou wilt/ And he cam to hise disciplis: & foonde hem
slepinge/ And he seide to petir/ so/ wher ʒe myʒten not oon hour wake
41 wiþ me? wake ʒe & preie ʒe: þat ʒe entre not in to temptacioun/ for-
42 *soþe* þe spirit is redy: but þe flesh is sijk/ Eft þe secunde tyme he wen-
te & preiede seiynge/ Mi fadir if þis cuppe may not passe but I drinke
43 it[3]: þi wille be don/ And eftsoone he cam: & fonde hem slepynge/ for
44 her yʒhen weren heuyed/ and he lefte hem & wente eft soone & preie-
45 de þe þridde tyme & seide þe same word/ þanne he came to hise disci-
plis: & seide to hem/ slepe ʒe now & reste ʒe· lo þe hour haþ neiʒed·
46 and mannes sone schal be take: in to þe hondus of synners/ Rijse ʒe go
47 we/ lo he þat schal take me: is niʒ/ ʒit [*the*] while he spak· lo Judas oon
of þe twelue cam & wiþ him a greet cumpany with swerdis & battis
48 sent fro þe princis of prestis· & fro þe eldre men of þe puple/ And he
þat bitraiede him: ʒaf to hem a token & seide/ whom euer I [*schal*] kis-
49 se: he it is· holde ʒe him/ And anoon he cam to ihū & seide/ Heil mais-
50 tir/ and he kisside him/ And ihͨ seide to him/ frend wher to art þou co-
51 me? þanne þei camen niʒ & leiden hondis on ihū: & heelden him/ & lo
oon of hem þat weren with ihū· streiʒte out his hoond· & drouʒ out his
swerd & he smote þe seruaunt of þe prince of prestis & kitte of his ee-
52 re/ þanne ihͨ seide to him/ Turne þi swerd in to his place/ for alle þat
53 taken swerd: schul perische bi swerd/ wher gessist þou þat I may not

preie my fadir· and he schal ȝiue to me now mo þan twelue legiouns of
54 aungels? hou þanne schul þe scripturis be fulfild? for so it bihouiþ to
55 be don/ In þat our ihc̄ seide to þe puple/ As to a þeef ȝe han gon out:
wiþ swerdis & battis to take me/ dai bi day I set among ȝou· & tauȝte
56 in þe temple and ȝe helden me not/ but al þis þing was don: þat þe
scripturis of prophetis schulden be fulfild/ þanne alle þe disciplis fled-
57 den: & leften hym/ and þei helden ihū: & ledden him to cayphas þe
prince of prestis: where þe scribis & [the] farisees & þe eldre men of
58 þe puple weren come togidre/ But petir suede him afer in to þe halle of
þe prince of prestis: and he wente yn & saat with þe seruauntis to se þe
59 ende/ And þe prince of prestis & al þe counseil souȝten fals witnessyng
60 aȝens ihū: þat þei shulden take him to deþ/ and þei founden not: whan-
ne many false witnessis weren come/ But at þe laste: two false witnes-
61 sis camen & seiden/ þis seide/ I may distrie þe temple of god: & aftir
62 þe þridde day bilde it aȝen/ And þe prince of prestis roos & seide to
him/ Answerist þou no þing to þo þingis þat þese witnessen aȝens þee?
63 but ihc̄ was stille/ and þe prince of prestis seide to him/ I coniure þee bi
64 lyuinge god: þat þou sey to us if þou art crist þe sone of god/ Ihc̄ seide
to him/ þou hast seid/ neþeles I sei to ȝou/ heraftir⁴ ȝe schul se mannus
sone sittynge at þe riȝthalf of þe vertu of god: & comynge in þe clou-
65 dis of heuenes/ þanne þe prince of prestis torente hise cloþis: & seide/
he haþ blasfemed/ what ȝit haue we nede to witnessis? lo now ȝe haue
66 herd blasfemye/ what semiþ to ȝou? And þei answeriden & seiden/ he
67 is gilty of deþ/ þanne þei spetten in [to] his face: & smeten him wiþ
buffetis/ `&´ oþere ȝauen strokis with þe pawme of her hondis in his fa-
68, 69 ce & seiden/ þou crist arede to us· who is he þat smot þee? And petir
saat wiþoute in þe halle/ and a damesel cam to him & seide/ þou were
70 wiþ ihū of galilee/ And he denyede bifore alle `men´: & seide/ I wot not
71 what þou seist/ And whanne he ȝede out at þe ȝate: an ooþir damesel
saiȝ him· & seide to hem þat weren þere/ and þis was wiþ ihū of naza-
72 reth/ and eft soone he denyede with an ooþ· for I knew not þe man/
73 [And] a litil aftir· þei þat stoden camen: & seiden to petir/ treuly þou art
74 of hem/ for þi speche makiþ þee knowun/ þanne he bigan to warie &
75 to swere: þat he knew not þe man/ And anoon þe cok crew/ and petir
biþouȝte on þe word of ihū þat he had seid· bifore þe cok crowe: þries
þou schalt denye me/ & he ȝede out: & wepte bittirly·
27 But whanne þe morowe tijd was come: alle þe princis of prestis &
þe eldre men of þe puple token counseil aȝens ihū· þat þei schulden ta-
2 ke him to deþ/ And þei ledden him bounde: & bitoken to pilate of
3 pounce iustice/ þanne iudas þat bitraiede him· sauȝ þat he was damp-
ned: he repentide & brouȝte aȝen þe þritty pens to þe princis of prestis
4 & to þe eldre men of þe puple & seide/ I haue synned bitraiynge riȝtful

---

27. ¹ boundun   ² foldiden   ³ meynd   ⁴ to

5 blod/ and þei seiden/ what to us/ bisee þee/ And whanne he had cast
forþ þe siluer in þe temple: he passide forþ & 3ede & hangide him silf
6 wiþ a snare/ And þe princis of prestis token þe siluer· & seiden/ it is not
7 leeful to putte it in to þe tresorie: for it is þe prijs of blood/ And whan-
ne þei hadden take counseil: þei bou3ten wiþ it a feeld of a pottere· in
8 to biriyng of pilgrymes/ Herfore þilke feeld is clepid achildemak· þat is
9 a feeld of blood in to þis dai/ þanne þat was fulfillid þat was seid bi þe
prophet Jeremye seiynge/ and þei han take þritti pens· þe prijs of a man
10 preisid whom þei preisiden of þe children of israel· and þei 3auen hem
11 in to a feeld of a potter as þe lord haþ ordeyned to me/ And ihͨ stood
bifore þe domesman/ and þe iustise axide him & seide/ Art þou kyng
12 of iewis? Ihͨ seiþ to him/ þou seist/ And whanne he was accusid of þe
princis of prestis & of þe eldre men of þe puple· he answeride no þing/
13 þanne pilat seiþ to him/ heerist þou not hou many witnessyngis þei
14 seyn a3ens þee? and he answeride [to] him " not to ony word· so þat þe
15 iustice wondride gretly/ But for a solempne dai þe iustice was wont· to
16 delyuere to þe puple oon `in boundis[1]: whom þei wolden/ and he had-
17 de þo a famous man bounden þat was seid barrabas/ þerfore pilat sei-
de to hem whanne þei weren togidre/ whom wolen 3e þat I delyuere to
18 3ou: wher barabas or ihͧ þat is seid crist? for he wiste þat bi enuye þei
19 bitraieden him/ and while he saat for domes man: his wijf sente to him
and seide/ no þing to þee: & to þat iust man/ for I haue suffrid þis dai
20 many þingis for him bi a visioun/ Forsoþe þe prince of prestis & þe el-
dre men counseiliden þe puple þat þei schulden axe barabas· but þei
21 schulden distrie ihͧ/ But þe iustice answeride & seide to hem/ whom of
22 þe two woln 3e þat be delyuered to 3ou? & þei seiden/ barabas/ pilate
23 seiþ to hem/ what þanne schal I do of ihͧ þat is seid crist? Alle *þei*
seien· be he crucified/ þe iustise seiþ to hem/ what yuel haþ he do? and
24 þei crieden more & seiden/ be he crucified/ And pilat seynge þat he
profitide no þing: but þat þe more noyse was maad: toke watir & wai-
schide his hondis bifore þe puple & seide/ I am giltles of þe blood of
25 þis ri3tful man/ bisee 3ou/ And al þe puple answeride & seide/ his
26 blood be on us & on oure children/ þanne he delyuerde to hem barabas
27 but he took to hem ihͧ scourgid to be crucified/ þanne kny3tis of þe ius-
tice token ihͧ in þe moot halle & gaderiden to him al þe cumpany of
28, 29 kny3tis/ and þei vncloþiden him & diden aboute him a reed mantel/ and
þei foldynge[2] a crowne of þornes (&) putten on his heed· & a reed in
his ri3t hond/ & þei kneliden bifore him: and scornyden him & seiden/
30 heil kyng of iewis/ and þei spetten on him· & tooken a reed & smeten
31 his heed/ And aftir þat þey hadden scorned him: þei vncloþiden him of
þe mantel & þei cloþiden him wiþ his cloþis & ledden hym to crucifie
32 [hym]/ and as þei 3eden out: þei founden a man of syrenen comynge fro
33 þe toun· symound bi name/ þei constreyniden him to take his cross/ and
þei camen in to a place þat is clepid golgatha þat is þe place of calua-
34 rie/ And þei 3auen him to drinke wyn medlid[3] wiþ galle/ and whanne
35 he had tastid: he wolde not drynke/ [And] aftir þat þei hadden crucifi-

ed him: þei departiden his cloþis & casten lott/ to fulfille: þat is seid bi
þe prophete seiynge/ þei *de*partiden to hem my cloþis: and on my cloþ·

36, 37 þei casten lott/ and þei seten & kepten him· and *þei* setten aboue his

38 heed his cause writen/ þis is ihū of nazareth: kyng of iewis/ þanne two
þeues weren crucified with him· oon on þe riȝthalf· & oon on þe lift-

39 half/ And men þat passiden forþ blasfemyden him: moeuynge her hee-

40 dis & seiynge/ vath to þee þat distriest þe temple of god: and in þe þrid
day bildist it aȝen/ saue þou þi silf/ if þou art þe sone of god: come

41 doun of þe cross/ also & princis of prestis scornynge wiþ scribis & el-

42 dre men: seiden/ he *haþ* maad oþere men saaf: he mai not make him
silf saaf/ If he is kyng of israel: come he now doun fro þe cross· & we

43 bileeuen to him/ he tristide in god: delyuere he him now if he wole/ for

44 he seide: þat I am goddis sone/ and þe þeues þat weren crucified wiþ

45 him· upbraydiden him of þe same þing/ But fro þe sixte hour derknes-

46 sis weren maad on al þe erþe: til[4] þe nynþe hour/ and aboute þe nynþe
hour: ihc̄ criede wiþ a greet voice & seide/ hely hely lamazabatany· þat

47 is· my god· my god whi hast þou forsake me? And summen þat stoden

48 þere & heerynge: seiden/ þis clepiþ hely/ and anoon oon of hem ren-
nynge: took & fillide a spounge with vynegre/ & puttede on a reed: &

49 ȝaf to him to drynke/ But oþere seiden/ suffre þou· se we wher helye

50 come to delyuere him/ Forsoþe ihc̄ eftsoone criede with a greet voice &

51 ȝaf up þe goost/ and lo þe veil of þe temple was torent in two parties
fro þe hiȝest to þe loweste/ and þe erþe schook & stones weren clouen·

52 and biriels weren opened and many bodies of seyntis þat hadden slept:

53 resen up/ & þei ȝeden out of her biriels· & aftir his resureccioun: þei

54 camen in to þe hooly citee & appeeriden to manye/ and þe centurien &
þei þat weren with him kepynge ihū whanne þei siȝen þe erþe scha-
kynge & þo þingis þat weren don· þei dredden gretly & seiden/ verily

55 þis was goddis sone/ And þer weren þere many wymmen afer: þat su-

56 eden ihū fro galile & mynistriden to him/ among *þe* whiche was marie
maudeleyn & marie þe modir of James & of Joseph & þe modir of ze-

57 bedees sones/ But whanne þe euenyng was come· þer cam a riche man

58 of armathi· Joseph bi name· & he was a disciple of ihū/ he wente to pi-
late: & axide þe bodi of ihū/ þanne pilat comaundide þe bodi to be

59 ȝoue/ & whanne þe bodi was take: Joseph *w*lappide it in a clene sendel

60 & leide it in his newe biriel þat he had hewe in a stoon/ and he wale-

61 wide a greet stoon to þe dore of þe biriel: & wente awey/ but marie
mawdeleyn & an ooþir marie weren þere: sittynge aȝens þe sepulcre/

62 And on þat ooþir dai þat is aftir pask euen: þe princis of prestis & þe

63 farisees camen togidre to pilat & seiden/ Sir we haue mynde þat þilke

64 gilour seide ȝitt lyuynge: aftir þre daies I schal rijse aȝen to lijf/ þerfo-
re comaunde þou þat þe sepulcre be kept in to þe þrid dai/ lest hise dis-
ciplis come & stele him: & sey to þe puple· he haþ rise fro deþ/ and þe

65 laste errour schal be worse: þan þe formere/ Pilat seide to hem/ ȝe han

66 þe kepyng/ go ȝe: kepe [ȝe] as ȝe kunnen/ and þei ȝeden forþ & kepten
þe sepulcre· markynge þe stoon wiþ keperis/

28   But in þe euentijd of þe sabot þat bigynniþ to schyne in þe firste day
of þe woke: marie mawdeleyn cam & an ooþir marie to se þe sepulcre/

2 And lo þer was maad a greet erþe schakyng/ for þe aungel of þe lord
came doun fro heuene: & neiȝede & turnyde awey þe stoon· & saat

3, 4 þeron/ and his lokyng was as leit: & his cloþis as snow/ and for drede

5 of him þe keperis weren afeerd: & þei weren maad as deede `men´/ But
þe aungel answeride & seide to þe wymmen/ nyle ȝe drede/ for I woot

6 þat ȝe seken ihū þat was crucified/ he is not here/ for he is rise: as he

7 seide/ come ȝe & se ȝe þe place: where þe lord was leid/ and go ȝe soo-
ne & sey ȝe to his disciplis: þat he is rise/ and lo he schal go bifore ȝou·

8 in to galilee/ þere ȝe schul se him: lo I haue bifore seid to ȝou/ And þei
wenten out soone fro þe biriels wiþ drede & greet ioye: rennynge to tel-

9 le to hise disciplis/ & lo ihc̄ mette hem: & seide/ heil ȝe/ And þei

10 neiȝeden & heelden his feet & wirschipiden him/ þanne ihc̄ seide to
hem/ Nile ȝe drede/ go ȝe telleþ to my briþeren: þat þei go in to gali-

11 lee/ þere þei schul se me/ And whanne þei weren gon: lo summe of þe
kepers camen in to þe citee· & tolden `to´ þe princis of prestis alle þing-

12 is þat weren don/ And whanne þei weren gaderid togidre with þe eldre
men & hadden take her counseil· þei ȝauen to þe kniȝtis muche money·

13 & seiden/ sey ȝe þat hise disciplis camen bi niȝt: & han stole him whi-

14 le ȝe slepten/ and if þis be herd of þe iustise: we schul counseile him &

15 make ȝou sikir/ And whanne þe money was take: þei diden as þei we-
ren tauȝt/ and þis word is pupplishid among þe iewis: til in to þis dai/

16 And þe elleuen disciplis wenten in to galilee in to an hil where ihc̄ had

17 ordeyned to hem/ and þei sauȝen him: & worschipiden/ but summe of

18 hem doutiden/ And ihc̄ cam niȝ & spak to hem & seide/ Al power in

19 heuene & in erþe· is ȝouen to me/ þerfore go ȝe & techeþ alle folkis:
baptisynge hem in þe name of þe fadir & of þe sone & of þe hooly

20 goost/ techinge hem to kepe alle þingis: what euer þingis I haue co-
maundid to ȝou/ And lo I am wiþ ȝou in alle daies: in to þe endyng[1] of
þe world·

Heere endiþ þe gospel of Matheu: and [*here*] biginniþ þe prologe
[*vp*] on *þe gospel of* Mark/

---

28. [1] ende

Mark

[*Here bygynneth the prologe of Marke*]

Mark þe gospeller was þe chosen seruaunt of god: & þe gostly sone
of petir in baptym· & þe disciple in goddis word/ he mynistride prest-
hod in yrael· þat is among iewis: & was of þe lynage of leuy bi flesh/
& he was conuertid to þe feiþ of crist: & wroot þe gospel in ytalie þat
5 is þe cuntrey of Rome/ and *he* schewide in þe gospel: what he ouȝte to
his kyn & to crist/ Mark bigynniþ at þe sendyng of Jon baptist· & tel-
liþ not þe natyuyte of crist bi fleish/ but fro cristis baptym whanne he
was full man/ he telliþ of his fastyng `bi´ fourty daies· & of his temp-
tyng in desert hou þe deuel temptide him/ & hou wijlde bestis weren
10 gederid þere: & hou hooli aungels camen & seruyden crist aftir his
temptacioun & ouercomyng þerof/ Aftir [*he hadde*] `cristen feiþ " res-
seyued· he kitte off his þoumbe: þat he schulde be had reprouable to
presthod· þat is· *to* be vnable to be prest in þe gospel/ But `þe´ chesing
`þat was´ bifore ordeyned consentynge to þe feiþ: myȝte do so myche·
15 þat he loste not in þe werk of word· þat is in prechyng of goddis word:
þat· þat he disseruyde bifore in kyn/ þat is as he was a prest bi kyn in
þe olde lawe among iewis: so he was a prest in þe gospel among cris-
ten men/ for he was *a* bishop of alisaundre/ and bi alle þingis it was his
werk to kunne prophecies: & to dispose in him self þe seiyngis of þe
20 gospel/ & to knowe in him self þe teching of lawe: & to vndirstonde þe
dyuyn kynde of þe lord in fleish/ whiche þingis it bihouiþ: to be souȝt
first in us/ [*This seith Jerom in his prolog on the gospel of Mark*]
Heere *endiþ þe prologe:* & biginniþ þe gospel of Mark

1, 2 THe bigynnyng of þe gospel of Ihū crist: þe sone of god/ as it is wri-
te in Isaye þe prophete/ lo I sende myn aungel bifore þi face: þat shal
3 make þi wei redi bifore þee/ þe voice of a crier in desert· make ȝe redy
4 þe wey of þe lord: make ȝe his paþis riȝt/ Jon was in desert baptisynge:
5 & prechinge þe baptym of penaunce in to remyssioun of synnes/ and al
þe cuntree of Judee wente out to him: & alle men of ierusalem/ and þei
6 weren baptisid of him in þe flum Jordan: knowlechinge[1] her synnes/ &
Jon was cloþid wiþ heeris of camels: and a girdil of skyn was aboute
his leendis/ and he eet hony soukis & wilde hony· & prechide & seide/
7 a strengere þan I schal come aftir me: and I am not worþi to knele doun
8 & vnlouse[2] his schon/ I haue baptisid ȝou in watir: but he schal baptise
9 ȝou in þe hooly goost/ And it was don in þo daies Ihc cam fro nazareth

---

Mk. 1. [1] and knoulechiden   [2] vnlace   [3] and knelide   [4] pryncys

10 of galilee: & was baptisid of Jon in Jordan/ and anoon he wente up of
þe watir· & siȝe heuenes opened & þe hooly goost comynge doun as a
11 culuer· & dwellynge in him/ and a voice was maad fro heuenes/ þou art
12 my loued sone· in þee I am plesid/ And anoon þe spirit putte him forþ
13 in to desert/ and he was in desert fourty daies & fourty niȝtis: & was
temptid of sathanas & he was wiþ beestis: and aungels mynistriden to
14 him/ But aftir þat Jon was take: ihc̄ cam in to galilee· & prechide þe
15 gospel of þe kyngdom of god & seide/ þat þe tyme is fulfild: and þe
kyngdom of god schal come niȝ/ do ȝe penaunce: & bileeue ȝe to þe
16 gospel/ And as he passide bisidis þe see of galilee: he sauȝ symont &
andreu his broþir castynge her nettis in to þe see/ for þei weren fishe-
17 ris/ And ihc̄ seide to hem/ come ȝe aftir me/ I schal make ȝou to be
18, 19 maad fishers of men/ And anoon þei leften þe nettis: & sueden him/ and
he ȝede forþ fro þennes a lytil: & siȝe James of Zebedee· & Jon his
20 broþir in a boot makynge nettis/ and anoon he clepide hem/ and þei lef-
ten zebedee her fadir in þe boot wiþ hirid seruauntis: and þei sueden
21 him/ and þei entriden in to capharnaum/ and anoon in þe sabatis he
22 ȝede in to a synagoge: & tauȝte hem/ and þei wondriden on his teching/
23 for he tauȝte hem: as he þat hadde power· & not as scribis/ And in þe
24 synagoge of hem was a man in an vnclene spirit: & he criede out & sei-
de/ what to us & to þee þou ihū of nazareth? hast þou come to distrie
25 us? I woot þat þou art þe hooly of god/ And ihc̄ þretenide him & seide/
26 wexe doumbe & go out of þe man/ And þe vnclene spirit debreidynge
27 him & criynge wiþ greet voice· wente out fro him/ and alle men won-
driden· so þat þei souȝten wiþynne hem self & seiden/ what þing is
þis? what newe doctrine is þis? for in power he comaundiþ to vnclene
28 spiritis: and þei obeyen to him/ And þe fame of him wente forþ anoon
29 in to al þe cuntree of galilee/ And anoon þei ȝeden out of þe synagoge·
30 & camen in to þe hous of symound & of andreu wiþ James & Jon/ and
þe modir of symoundis wijf: lay sijk in feueris· and anoon þei seyn to
31 him of hir/ and he cam niȝ & areride hir: and whanne he hadde take hir
32 hond· anoon þe feuere lefte hir & sche seruyde hem/ But whanne þe
euen tijd was come· and þe sunne was go doun: þey brouȝten to him al-
33 le þat weren of male eese· & hem þat hadden fendis/ and al þe citee was
34 gaderid at þe ȝate: & he heelide many þat hadden dyuerse sijknessis: &
he caste out many fendis & he suffride hem not to speke: for þei kne-
35 wen him/ And he roos ful erly & ȝede out· & wente in to a desert pla-
36 ce: & preiede þere/ and symound suede him· & þei þat weren wiþ him/
37 and whanne þei hadden founde him: þei seiden to him· þat alle men se-
38 ken þee/ And he seide to hem/ go we in to þe nexte townes & citees:
39 þat I preche also þere/ for her-to I cam/ And he prechide in þe synago-
40 gis of hem & in al galilee: & castide out fendis/ And a leprous man cam
to him: & bisouȝte knelynge[3] & seide/ If þou wolt: þou maiste clense
41 me/ And ihc̄ had mercy on him: and streiȝte out his hond/ & touchide
42 him: and seide to him/ I wole: be þou maad clene/ And whanne he had
43 seid þis: anoon þe leepre partide awey fro him· and he was clensid/ And

44 ihc̄ þretenyde him: and anoon ihc̄ putte hym out· & seide to him/ se þou
    sey to no man: but go schewe þee to þe prince⁴ of prestis/ & offre for
45 þi clensyng in to witnessyng to hem· þo þingis þat moyses bad/ And he
    ȝede out: & bigan to preche & puplische þe word/ so þat now he myȝte
    not go openly in to þe citee: but be wiþoutforþ in desert placis/ And þei
    camen to him on alle sidis·

2, 2   And eft he entride in to capharnaum: aftir eiȝte daies/ and it was herd
    þat he was in an hous· & many camen togidre: so þat þei myȝten not
3 be in þe hous· ne at þe ȝate/ and he spak to hem þe word/ and þer ca-
    men to him men þat brouȝten a man sijk in palesie: whiche was born
4 of foure/ And whanne þei myȝten not brynge him to ihū· for þe puple:
    þei vnhiliden þe roof where he was/ and *þei* openyde it· & [*thei*] leeten
5 doun þe bed· in whiche þe sijk man in palesie lay/ And whanne ihc̄ had
    seen þe feiþ of hem: he seide to þe sijk man in palesie/ sone þi synnes
6 ben forȝoue to þee/ But þer weren summe of þe scribis sittynge & þen-
7 kynge in her hertis/ what spekiþ he þus? he blasph`e´miþ/ who may
8 forȝiue synnes: but god aloone? & whanne ihc̄ had knowe `þis´ bi þe
    hooly goost· þat þei þouȝten so wiþynne hem silf: he seiþ to hem/ what
9 þenken ȝe þese þingis in ȝoure hertis? what is liȝtere to sey to þe sijk
    man in palesye· synnes ben forȝiue to þee: or to sey/ ryse take þi bed
10 & walke? but þat ȝe wite þat mannus sone haþ power in erþe to forȝiue
11 synnes: he seide to þe sijk man in palesie/ I sey to þee rijse up take þi
12 bed: & go in to þin hous/ And anoon he roos up/ and whanne he had ta-
    ke þe bed: he wente bifore alle men: so þat alle men wondriden & ho-
13 nouriden god & seiden/ for we sauȝen neuere so/ And he wente out eft-
    soone to þe see· and al þe puple cam to him: and he tauȝte (to) hem/
14 and whanne he passide: he sayȝ leuy of alphey sittynge at þe tolboþe·
15 & he seide to him/ Sue me/ and he roos & suede him/ And it was don
    whanne he saat at þe mete in his hous: many publicans & synful men
    saten togidre at þe mete wiþ ihū & hise disciplis/ for þer weren many
16 þat foloweden him/ And scribis & farisees seynge þat he eet wiþ pu-
    blicans & synful men: seiden to his disciplis/ whi etiþ & drynkiþ ȝou-
17 re maistir wiþ publicans & synners? whanne þis was herd: ihc̄ seide to
    hem/ hoole men han no neede to a leche: but þei þat ben yuele at eese/
18 for I cam not to clepe iust men: but synners/ And þe disciplis of Jon &
    þe farisees weren fastynge: and þei camen & seiden to him/ whi fasten
19 þe disciplis of Jon & þe farisees fasten: but þi disciplis fasten not? And
    ihc̄ seide to hem/ wheþer þe sones of sposailis moun faste: as longe as
    þe spouse is with hem? as longe tyme as þei han þe spouse with hem:
20 þei moun not faste/ but daies schul come: whanne þe spouse schal be
21 take awey fro hem: and þanne þei schul faste in þo daies/ No man se-
    wiþ a pacche of newe cloþ to an olde cloþ/ ellis he takiþ awey þe ne-
22 we pacche fro þe olde: & a more brekyng is maad/ and no man puttiþ
    newe wyn: in to olde botels/ ellis þe wyn schal berste þe botels: & þe
    wyn schal be sched out and þe botels schul perische/ but newe wyn
23 schal be put in to newe botels/ And it was don eftsoones whanne þe lord

walkide in þe sabotis bi þe cornes: and hise disciplis bigunnen to pas-
24 se forþ & plucke eeris of þe corn/ And þe farisees seiden to him/ lo
25 what disciplis don in sabotis þat is not leeful/ and he seide to hem/ red-
den ȝe neuere what dauid dide whanne he had nede? and he hungride
26 & þei þat weren with him? hou he wente in to þe hous of god vndir abi-
athar prince of prestis & eet looues of proposicioun/ whiche it was not
leeful to ete: but to prestis aloone/ and he ȝaf to hem þat weren with
27 him/ and he seide to hem/ þe sabot is maad for man: & not a man for
28 þe sabot/ And so mannus sone is lord: also of þe sabot/
3   And he entride eftsoone in to þe synagoge: and þere was a man
2 hauynge a drie hoond/ and þei aspieden him· if he `he´lide in þe sabo-
3 tis: to accuse him/ And he seide to þe man þat hadde a drie hond/ Ry-
4 se in to þe myddil/ And he seiþ to hem/ is it leeful to do wel in þe sa-
botis· eiþer yuele? to make a soule saaf: eiþer to leese? and þei weren
5 stille/ And he byheelde hem aboute wiþ wraþþe· & hadde sorowe on þe
blyndnesse of her herte: & seiþ to þe man/ holde forþ þin hond/ and he
6 helde forþ: and his hond was restorid to him/ Soþly farisees ȝeden out
anoon & maden a counseil wiþ herodians aȝens him: hou þei schulden
7 fordo[1] him/ but ihc̄ wiþ hise disciplis wente to þe see/ and myche pu-
8 ple fro galilee & *fro* Judee suede him: & fro ierusalem & fro ydume &
fro biȝonde iordan/ & þei þat weren aboute tyre & sydon a greet mul-
9 titude herynge þe þingis þat he dide: & cam*en* to him/ And ihc̄ seide to
his disciplis· þat þe boot schulde serue *to* him for þe puple: lest þei
10 þriste him/ for he heelide manye/ so þat þei fellen faste to him: to tou-
11 che him/ and hou many euer hadde sijknessis· & vnclene spiritis: whan-
12 ne þei saien him fellen doun to him· & crieden seiynge/ þou art þe so-
ne of god/ and gretly he manasside hem: þat þei schulden not make him
13 knowen/ And he wente in to an hil & clepide to him whom he wolde/
14 and þei camen to him/ and he made þat þer weren twelue wiþ him: to
15 sende hem to preche/ and he ȝaf to hem power to heele sijknessis & to
16, 17 caste out fendis/ and to symound he ȝaf a name petir/ And he clepide
James of Zebedee· & Jon þe broþer of James: and he ȝaf to hem names
18 boenarges· þat is sones of þundryng/ and he clepide andreu & philip &
bartholomew & matheu & thomas & James alphey & tadde & symound
19, 20 chanane & iudas scarioth þat bitraiede him/ And þei camen to an hous/
and þe puple came togidre eftsoone: so þat þei myȝten not ete breed/
21 And whanne his kynnes men hadden herd: þei wenten out to holde him/
22 for þei seiden· þat he is turned in to woodnesse/ And þe scribis þat ca-
men doun fro ierusalem: seiden/ þat he haþ belzebub: & þat in þe prin-
23 ce of deuelis· he castiþ out fendis/ and he clepide hem togidre: & he
24 seide to hem in parablis/ hou may sathanas caste out sathanas? and if a
25 rewme be departid aȝens it silf: þilke rewme may not stonde/ and if an
26 hous be disparpoiled on it silf: þilke hous mai not stonde/ and if satha-

---

3. [1] lese   [2] thilke

nas haþ rise aȝen him silf: he is departid· & he schal not mowe stonde·

27 but haþ an ende/ no man may go in to a strong mannus hous & take
awey hise vessels: but he bynde first þe strong man· & þanne he shal

28 spoyle his hous/ Treuly I sey to ȝou· þat alle synnes & blasfemyes bi

29 whiche þei han blasfemed: schul be forȝouen to þe sones of men/ but
he þat blasfemiþ aȝens þe hooly goost: haþ not remyssioun in to

30 wiþouten ende/ but he schal be gilty of euer lastinge trespas: for þei sei-

31 den he haþ an vnclene spirit/ And his modir & briþeren camen and þei

32 stoden wiþouteforþ & senten to him and clepiden him/ and þe puple sat
aboute him· and þei seyn to him/ lo þi modir & þi briþeren wiþoutforþ

33 seken þee/ And he answeride to hem and seide/ who is my modir & my

34 briþeren? And he bihelde hem[2] þat saten aboute him· and seide/ Lo my

35 modir & my briþeren/ for who þat doþ þe wille of god: he is my broþir
& my sistir & modir/

4 And eft ihc bigan to teche at þe see: and myche puple was gaderid to
him/ so þat he wente in to a boot· & saat in þe see/ and al þe puple: was

2 aboute þe see on þe lond/ and he tauȝte hem in parablis· many þingis/

3 and he seide to hem in his teching/ Here ȝe/ Lo a man sowynge· goþ

4 out to sowe/ & [the] while he sowiþ: sum seed fel aboute þe wei· and

5 briddis of heuene camen· & eeten it/ ooþer fel doun on stony placis:
where it had not myche erþe/ & anoon it spronge up: for it hadde not

6 depnesse of erþe/ and whanne þe sunne roos up: it welowide for heete·

7 & it driede up· for it hadde no roote/ and ooþer fel doun in to (þe) þor-

8 nes: and þornes sprungen up & strangliden it· & it ȝaf not fruyt/ and
ooþer fel doun in to good lond: & ȝaaf fruit spryngynge up & wexynge/

9 and oon brouȝte þrittyfold· & oon sixtifold· & oon an hundridfold/ And

10 he seide/ he þat haþ eeris of heryng: here `he´/ And whanne he was bi
him silf: þe[1] twelue þat weren with him· axiden him to expowne þe pa-

11 rable/ and he seide to hem/ To ȝou it is ȝiue to knowe þe priuytee of þe
kyngdom of god/ but to hem þat ben wiþoutforþ: alle þingis ben maad

12 in parablis/ þat þei seynge se: & se not/ and þei heringe here: & vndir-
stonde not/ lest sum tyme þei be conuertid: & synnes be forȝouen to

13 hem/ And he seide to hem/ knowen not ȝe þis parable? and hou schul "

14, 15 ȝe knowe alle parablis? He þat sowiþ: sowiþ a word/ but þese it ben·
þat ben aboute þe wey where þe word is sowen/ and whanne þei han
herd: anoon comiþ sathanas & takiþ awei þe word þat is sowen in her

16 hertis/ and in lijk manere ben þese þat ben sowen in[2] stony placis: whi-

17 che whanne þei han herd þe word: anoon þei taken it wiþ ioie· & þei
han not roote in hem silf· but þei ben lastynge a litil tyme/ aftirward
whanne tribulacioun risiþ & persecucioun for þe word: anoon þei ben

18 sclaundrid/ And þer ben oþere þat ben sowen in þornis/ þese it ben þat

19 heren þe word· & mysesis[3] of þe world & disseit of richessis & ooþer
charge of coueitise entriþ & strangliþ þe word· & it is maad wiþout

---

4. [1] tho   [2] on   [3] disese   [4] also

20 fruyt/ & þese it ben þat ben sowen on good lond: whiche heren þe word
& taken & maken fruyt· oon þrittifold· oon sixtifold & oon an hun-
21 dridfold/ and he seide to hem/ wher a lanterne comiþ þat it be put vndir
22 a bushel· or vndir a bed? nay but þat it be put on a candil stik/ þer is no
þing hid: þat schal not be maad open/ neiþer ony þing is priuy: þat
23 schal not come in to open/ If ony man haue eeris of heryng: heere he/
24 And he seide to hem/ Se ȝe what ȝe heren/ In what mesure ȝe meten: it
25 schal be mete to ȝou aȝen & *it schal* be cast to ȝou/ for it schal be ȝiue
to him þat haþ: and it schal be take awey fro him þat haþ not· ȝhe⁴ þat
26 þat he haþ/ And he seide/ so þe kyngdom of god is: as if a man caste
27 seed in to þe erþe· & he slepe· and it rijse up niȝt & dai· & brynge forþ
28 seed· & wexe faste while he woot not/ for þe erþe makiþ fruyt· first þe
29 gras· aftirward þe eer· & aftir full fruyt in þe eer/ And whanne of it silf
it haþ brouȝt forþ fruit: anoon he sendiþ a sikil for repynge tyme is co-
30 me/ And he seide/ To what þing schul we likne þe kingdom of god? or
31 to what parable schul we comparisowne it? As a corn of seneuey whi-
che whanne it is sowen in þe erþe: is lesse þan alle sedis þat ben in þe
32 erþe/ and whanne it is sprungen up· it wexiþ in to a tree: & is maad
grettere þan alle erbis/ and it makiþ grete braunchis: so þat briddis of
33 heuene moun dwelle vndir þe schadowe þerof/ And in many siche pa-
34 rablis he spak to hem þe word: as þei myȝten heere/ and he spak not to
hem wiþoute parable/ but he expownyde to hise disciplis alle þingis bi
35 hem self/ And he seide to hem in þat dai· whanne euenyng was come:
36 passe we aȝenward/ and þei leften þe puple· & token him so þat he was
37 in a boot: & oþere bootis weren wiþ him/ And a greet storm of wynd
38 was maad: & keste wawis in to þe boot: so þat þe boot was full/ and he
was in þe hynder part of þe boot: & slepte on a pilewe/ and þei reisen
him: and seyn to him/ Maistir perteyniþ it not to þee: þat we perishen?
39 and he roos up & manasside þe wynd: & seide to þe see/ be *þou* stille
wexe doumbe/ And þe wynd cesside: & greet pesiblenesse was maad/
40 And he seide to hem/ what dreden ȝe? ȝit " ȝe haue no feiþ´: and þei
dredden wiþ greet drede: & seiden ech to ooþer/ who gessist þou is
þis? for þe wynd & þe see obeishen to him/

5, 2 And þei camen ouer þe see: in to þe cuntree of gerasenes/ And aftir
þat he was gon out of þe boot: anoon a man in an vnclene spirit ran out
3 of *þe* biriels to him· þe whiche man hadde an hous in biriels/ and neiþer
4 with cheynes now myȝte ony man bynde him/ for ofte times he was
bounde in stockis & cheynes· and he hadde broke þe chaynes & hadde
broke þe stockis to smale gobetis: & no man myȝte make him tame/
5 And euermore niȝt & dai in biriels & in hillis: he was criynge & be-
6 tynge him silf with stones/ And he sauȝ ihc̄ afer: and ran & worschipi-
7 de him/ And he criede with greet voice: & seide/ what to me & to þee·
þou ihū þe sone of þe hiȝest god? I coniure þee bi god: þat þou tur-

---

5. ¹ hym

8 mente me not/ And ih͠c seide to him/ þou vnclene spirit go out fro þe
9 man/ And ih͠c axide him/ what is þi name? and he seiþ to him/ A legioun
10 is my name· for we ben manye/ and he preide ihū myche: þat he schul-
11 de not putte hem¹ out of þe cuntree/ And þer was þere aboute þe hil: a
12 greet flok of swyn lesewynge/ And þe spiritis preiden ihū & seiden/
13 Sende us in to þe swyn· þat we entre in to hem: and anoon ihū graunti-
de to hem/ And þe vnclene spiritis ȝeden out: & entriden in to þe swyn/
and wiþ a greet bire þe flok was cast doun in to þe see a two þousynd:
14 and þei weren dreynt in þe see/ And þei þat kepten hem: fledden & tol-
den in to þe citee & in to þe feldis/ And þei wenten out to se: what was
15 don/ And þei camen to ihū: & sauȝen him þat hadde be trauailid of þe
16 fend· sittynge cloþid & of hool mynde· & þei dredden/ And þei þat
sauȝen hou it was don to him þat hadde a feend· & of þe swyn: tolden
17 to hem/ and þei bigunne to preie him: þat he schulde go awei from her
18 coostis/ And whanne he ȝede up in to a boot: he þat was trauailid of þe
19 deuel· biganne to preie him· þat he schulde be wiþ him/ but ih͠c rescey-
uide him not: but seide to him/ go þou in to þin hous to þine: & telle to
hem hou grete þingis þe lord haþ don to þee· & hadde mercy of þee/
20 and he wente forþ & biganne to preche in decapoly· hou grete þingis
21 ih͠c had do to him/ And alle men wondriden/ And whanne ih͠c hadde gon
up in to þe boot eftsoone ouer þe see: myche puple cam togidre to him·
22 & was aboute þe see/ And oon of þe princis of synagogis· Jayrus " bi
23 name´: came & sauȝe him/ and *he* fel doun at his feet: and preide him
myche & seide/ my douȝtir is niȝ deed/ come þou· putte þin hoond on
24 hir: þat sche be saaf & lyue/ And he wente forþ with him: and myche
25 puple sueden him· & þriste him/ And a womman hadde be in þe blodi
26 fluxe twelue ȝer· & hadde resceyued many þingis· of ful many lechis·
& hadde spendid al hir good & was no þing amendid: but was raþir þe
27 worse/ whanne sche hadde herd of ihū: sche came among þe puple bi-
28 hynde· & touchide his cloþ/ for sche seide/ þat if I touche ȝhe his cloþ:
29 I schal be saaf/ And anoon þe welle of hir blood was dried up: and sche
30 felide in *hir* bodi· þat sche was heelid of þe sikenesse/ And anoon ih͠c
knewe in him self: þe vertu þat was gon out of him/ and *he* turnyde to
31 þe puple & seide/ who touchide my cloþis? and hise disciplis seiden to
32 him/ þou seest þe puple þristinge þee: & seist who touchide me? And
33 ih͠c lokide aboute to se hir þat hadde do þis þing/ and þe womman dred-
de & quakide· witynge þat it was don in hir: & cam & fel doun bifore
34 him· & seide to him al þe treuþe/ And ih͠c seide to hir/ douȝtir þi feiþ
35 haþ maad þee saaf: go in pees· & be þou hool of þi sikenesse/ ȝitt whi-
le he spak· messangeris camen to þe prince of þe synagoge & seyen/ þi
36 douȝtir is deed/ what trauaylist þou þe maistir ferþere/ But whanne þe
word was herd þat was seid: ih͠c seide to þe prince of þe synagoge/ ny-
37 le þou drede: oonly bileue þou/ and he took no man to sue him: but pe-
38 tir & James & Jon þe broþer of James/ and þei camen in to þe hous of
þe prince of þe synagoge/ and he sauȝe noise: & men wepinge & wei-
39 lynge myche/ and he ȝede yn: & seide to hem/ what ben ȝe troublid &

40 wepen? þe damesel is not deed: but slepiþ/ And þei scorniden him/ But
whanne alle weren put out: he takiþ þe fadir & þe modir of þe dame-
sel & hem þat weren with him/ and þei entren: where þe damysel lay/
41 and he helde þe hond of þe damysel: and seide to hir· tabita cumi/ þat
42 is to sey· damysel I sey to þee arise/ And anoon þe damysel roos & wal-
kide/ and sche was of twelue ȝeer/ And þei weren abaischid wiþ a gret
43 stoneyng/ and he comaundide to hem gretly: þat no man schulde wite
it/ and he comaundide to ȝiue hir mete/

6 And he ȝede out fro þennis· & wente in to his owne cuntrey: and hi-
2 se disciplis foloweden hym/ and whanne þe sabat was come: ihū bigan
to teche in a synagoge/ and many herden & wondriden in his techyng:
& seiden/ Of whennis *comiþ* to þis alle þese þingis? and what is þe
wisdom þat is ȝouen to him: & siche vertues whiche ben maad bi his
3 hondis? wher þis is not a carpenter: þe sone of marie· þe broþer of Ja-
mes & of ioseph & of Judas & of symound? wheþer his sistris ben not
4 here with us? And þei weren sclaundrid in him/ And ihē seide to hem/
þat a prophete is not wiþout honour· but in his owne cuntrey· & among
5 his kyn· & in his hous/ And he myȝte not do þere ony vertu: saue [*that*]
6 he heelide a fewe sike men leiynge on hem his hondis/ and he wondri-
de for þe vnbileue of hem/ And he wente aboute castels on ech side: &
7 tauȝte/ and he clepide togidre twelue· & biganne to sende hem bi two
8 togidre: and ȝaf to hem power of vnclene spiritis/ and *he* comaundide
hem· þat þei schulden not take ony þing in þe wey: but a ȝerde oonly/
9 not a scrippe· ne breed· neiþer money in þe girdil: but schood wiþ sand-
10 alis/ & þat þei schulden not be cloþid wiþ two kotis/ And he seide to
hem/ whider euer ȝe entren in to an hous: dwelle ȝe þere til ȝe gon out
11 fro þennis/ and who euer resseyue[*th*] ȝou not ne heere¹ ȝou: go ȝe out
fro þennis· & schake awei þe powdir fro ȝoure feet: in to witnessyng to
12 hem/ And þei ȝeden forþ & prechiden: þat men schulden do penaunce/
13 and þei castiden out many fendis: & anoyntiden wiþ oile many sike
14 men· and þei weren heelid/ And king heroude herde: for his name was
maad open/ and *he* seide þat Jon baptist haþ risen aȝen fro deeþ: & þer-
15 fore vertues worchen in him/ oþere seiden: þat it is helye/ but oþere sei-
16 den þat it is a prophete as oon of *þe* prophetis/ And whanne þis þing
was herd: heroude seide/ þis Jon whom I haue bihedid: is risen aȝen fro
17 deþ/ for þilke heroude sente & helde Jon: & bonde him in to prisoun
18 for herodias þe wif of philip his broþir· for he had weddid hir/ for Jon
seide to heroude/ It is not leeful to þee: to haue þe wijf of þi broþir/
19, 20 And herodias leide aspies to him: and wolde sle him & myȝte not/ And
heroude dredde Jon: & knewe him a iust man & hooly & kepte him/
And heroude herde him: and he dide many þingis· & gladly herde him/
21 And whanne a couenable dai was fallen: heroude in his birþe dai made
22 a souper to þe princis & tribunes & to þe grettiste of galilee/ And whan-

---

6. ¹ herith   ² kyngdom   ³ wandride   ⁴ and cam   ⁵ *LV* weren

ne þe douȝtir of þilke herodias was come ynne· & daunside & pleside
to heroude & also to men þat saten at þe mete: þe kyng seide to þe da-
23 mysel/ Axe þou of me what þou wilt: & I schal ȝiue to þee/ and he swor
to hir· þat what euer þou axe I schal ȝiue to þee: þouȝ it be *þe* half *of*
24 my rewme²/ And whanne sche had gon out: sche seide to hir modir/
25 what schal I axe? & sche seide/ þe heed of Jon baptist/ And whanne
sche was come yn anoon wiþ haste to þe kyng· sche axide & seide/ I
26 wile þat anoon þou ȝiue to me in a dische þe heed of Jon baptist/ and
þe kyng was sory for þe ooþ/ & for men þat saten togidre at þe mete:
27 he wolde not make hir sory/ but *he* sente a manquellere & comaundide
þat Jones heed were brouȝt in a dische/ And he bihedide him in [*the*]
28 prisoun: and brouȝte his hed in a dische & ȝaf it to þe damesel· and þe
29 damysel ȝaf *it* to hir modir/ And whanne þis þing was herd· hise disci-
30 plis camen & token his bodi· & leiden it in a biriel/ And þe apostlis ca-
men togidre to ihū: & telden to him (in) alle þingis þat þei hadden don
31 & tauȝt/ And he seide to hem/ Come ȝe bi ȝou silf· in to a desert place:
& reste ȝe a litil/ for þer weren many þat camen & wenten aȝen/ and
32 þei hadden not space to ete/ and þei ȝeden in to a boot· & wenten in to
33 a desert place· bi hem silf/ and þei saien hem go awey: and many kne-
wen/ and þei wenten afoote fro alle citees & runnen þidere & camen
34 bifore hem/ And ihc̄ ȝede out & siȝe myche puple & hadde reuþe on
hem/ for þei weren as scheep: not hauynge a scheperde/ And he bigan
35 to teche hem: many þingis/ and whanne it was forþ daies: hise disciplis
36 camen & seiden/ þis is a desert place & þe tyme is now passid/ lete hem
37 go in to þe nexte townes & vilagis· to bie hem mete to ete/ And he ans-
weride & seide to hem/ ȝiue ȝe to hem *for*to ete/ And þei seiden to him/
go we & bie we looues wiþ two hundrid pens: and we shul ȝiue to hem
38 to ete/ And he seiþ to hem/ hou many looues han ȝe? go ȝe & se/ And
39 whanne þei hadden knowe: þei seyn· fyue & two fischis/ and he co-
maundide to hem þat þei schulden make alle men sitte to mete bi cum-
40 panyes on grene hey/ and þei saten doun bi parties· bi hundridis & [*bi*]
41 fifties/ And whanne he hadde take þe fyue looues & two fishis: he bi-
helde in to heuene· & blesside & brake *þe* looues/ & ȝaf to hise disci-
plis: þat þei schulden sette bifore hem/ And he departide two fishis to
42, 43 alle/ and alle eeten & weren fulfillid/ And þei token þe relifs of brokun
44 metis twelue cofyns full· & of þe fischis/ and þei þat eeten: weren fy-
45 ue þousynd of men/ And anoon he made his disciplis to go up in to a
boot: to passe bifore hym· ouer þe see to bethsaida· [*the*] while he lef-
46 te þe peple/ and whanne he had left hem: he wente in to an hil to pre-
47 ie/ and whanne it was euen: þe boot was in þe myddil of þe see· and he
48 aloone in þe lond/ and he sauȝe hem traueilynge in rowynge: for þe
wynd was contrarie to hem/ And aboute þe fourþe wakyng of þe niȝt·
49 he wandrynge³ on þe see cam⁴ to hem: & wolde passe hem/ And as þei
sauȝen him wandrynge on þe see· þei gessiden þat it were⁵ a fantum· &
50 *þei* crieden out/ for alle *þei* sauȝen him: & þei weren afraied/ and ano-
51 on he spak wiþ hem: & seide to hem/ Triste ȝe I am/ nyle ȝe drede/ and

he cam up to hem in to þe boot: and þe wynd ceesside/ and þei won-
52 driden more wiþynne hem self· for þei vndirstoden not of þe looues:
53 for her herte was blyndid/ And whanne þei weren passid ouer þe see:
54 þei camen in to þe lond of genazareth & settiden to londe/ and whanne
55 þei weren gon out of þe boot: anoon þei knewen him/ and þei runnen
þorouʒ al þat cuntrey· & bigunnen to brynge sike men in beddis on ech
56 side where þei herden þat he was/ And whidere euer he entride in to vi-
lagis ouþer in to townes or in to citees: þei setten sike men in stretis/
and *þei* preieden him þat þei schulden touche namely þe hemme of his
clooþ/ and hou many þat touchiden him: weren maad saaf/

7 And þe farisees & summe of þe scribis camen fro ierusalem: togidre
2 to him/ and whanne þei hadden seen summe of his disciplis ete bred
3 wiþ vnwaishen hondis· þei blamyden/ þe farisees & alle þe iewis eten
not: but þei waishe ofte her hondis· holdynge þe tradiciouns of eldre
4 men/ And whanne þei turnen aʒen fro chepyng· þei eten not: but þei be
waische/ and many oþere þingis *þer* ben· þat ben take to hem to kepe/
waishyngis of cuppis[1]· & of watir vessels· & of vessels of bras & of
5 beddis/ And farisees & scribis: axiden him & seiden/ whi gon not þi
disciplis aftir þe tradicioun of eldir men: but wiþ vnwaishen hondis þei
6 eten bred? And he answeride & seide to hem/ Isaie profeciede wel of
ʒou ypocritis: as it is write/ þis puple worschipiþ me wiþ lippis: but her
7 herte is fer fro me/ and in veyn þei worschipen me: techinge þe doctri-
8 nes & þe hestis of men/ for ʒe leuen þe maundement*is* of god· & hol-
den þe tradiciouns of men· waischinge[2] of watir vessels & of cuppis· &
9 many oþere þingis like to þese ʒe don/ And he seide to hem/ wel ʒe han
10 maad þe maundement of god voide: to kepe ʒoure tradicioun/ for moy-
ses seide/ worschipe þi fadir & þi modir/ and he þat cursiþ fadir or mo-
11 dir: die [*he*] bi deþ/ But ʒe seyn/ If a man sey to fadir or modir corban·
12 þat is what euer ʒifte is of me: it schal profite to þee/ and ouer· ʒe suff-
13 ren not him do ony þing to fadir or modir/ and ʒe breken þe word of
god bi ʒoure tradicioun þat ʒe haue ʒouen: and ʒe don many siche þing-
14 is/ And he eftsoone clepide þe puple· & seide to hem/ ʒe alle here me
15 & vndirstonde/ no þing þat is wiþouten a man þat entriþ in to him: may
defoule him/ but þo þingis þat comen forþ of a man: þo it ben þat de-
16, 17 foulen a man/ If ony man haue eeris of heryng: here he/ And whanne he
was entrid in to an hous fro þe puple: hise disciplis axiden him þe pa-
18 rable/ and he seide to hem/ ʒe ben vnwise also/ vndirstonde ʒe not· þat
19 al þing wiþoutforþ· þat entriþ in to ꞌaꞌ man: may not defoule him? for
it haþ not entrid in to his herte: but in to þe wombe/ & byneþe it goþ
20 out: purgynge alle metis/ but he seide/ þe þingis þat gon out of a man:
21 þo defoulen a man/ for fro wiþynne of þe herte of men comen forþ yuel
22 þouʒtis· avowtries· fornycaciouns· mansleyngis· þeftis auaricis· wick-
23 idnessis· gyle· vnchastite· yuel iʒe· blasfemyes· pride· folie/ Alle þese

---

7. [1] *MS* cūpis   [2] waschyngis   [3] and

24 yuelis comen forþ fro wiþynne: & defoulen a man/ And ihc̄ roos up fro
þennis & wente in to þe coostis of tyre & of sydon/ and he ȝede in to
25 an hous: & wolde þat no man wiste· and he myȝte not be hid/ for a
womman anoon as sche herde of him· whos douȝtir hadde an vnclene
26 spirit: entride & fel doun at his feet/ And þe womman was heþen of þe
generacioun of syrofenyce/ and sche preiede him: þat he wolde caste
27 out a deuel fro hir douȝtir/ And he seide to hir/ Suffre þou þat þe chil-
dren be fulfillid first/ for it is not good to take þe breed of children: &
28 ȝiue to houndis/ And sche answeride & seide to him/ ȝhis lord/ for litil
29 whelpis eten vndir þe boord: of þe crummes of children/ And ihc̄ seide
30 to hir/ go þou: for þis word þe feend wente out of þi douȝtir/ And
whanne sche was gon in to hir hous hom· sche fonde þe damysel lig-
31 gynge on þe bed· & þe deuel gon out fro hir/ And eftsoones ihc̄ ȝede
out fro þe coostis of tyre: and cam þorouȝ sidon to þe see of galilee·
32 bitwixe þe myddil of þe coostis of decapoleos/ and þei bryngen to him
33 a man deef & doumbe: & preieden him to ley his hond on him/ and he
34 took him asidis fro þe puple: and putte his fyngris in to his eeris/ And
he spette & touchide his tunge/ and he biheelde in to heuene· & soro-
35 wide wiþynne & seide/ effeta: þat is be þou opened/ and anoon his
eeris weren opened/ and þe boond of his tunge was vnbounde: and he
36 spac riȝtly/ and he comaundide to hem: þat þei schulden sey to no man/
but hou myche he comaundide to hem: so myche more þei prechiden·
37 & bi so myche *þe* more þei wondriden & seiden/ he dide wel alle þing-
is/ boþe[3] he *haþ* maad deef men to here: & doumbe men to speke·

8   In þo daies eft whanne myche puple was wiþ ihū· & hadden not what
þei schulden ete: whanne hise disciplis weren clepid togidre· he seide
2 to hem/ I haue reuþe on þe puple· for lo now þe þridde dai: þei abiden
3 me· & han not what to ete/ and if I leue hem fastynge in to her hous:
4 þei schul faile in þe wey/ for summe of hem camen fro ferr/ And hise
disciplis answeriden to him/ wher of schal a man mowe fille hem wiþ
5 looues here in wildirnesse? And he axide hem/ hou many looues han
6 ȝe? *þe* whiche seiden/ seuene/ and he comaundide þe puple to sitte
doun on þe erþe/ And he took þe seuene looues & dide þankyngis· &
brake & ȝaf to his disciplis· þat þei schulden sette forþ/ and þei setti-
7 den forþ to þe puple/ and þei hadden a fewe smale fishis· & he blessi-
8 de hem: & comaundide þat þei weren sett forþ/ and þei eeten & weren
9 fulfillid/ and þei token up þat· þat *was* left of relifs: seuene lepis/ and
10 þei þat eeten: weren as foure þousand of men/ & he lefte hem/ And
anoon he wente up in to a boot wiþ hise disciplis: & cam in to þe coos-
11 tis of dalmamytha/ and þe farisees wenten out· & bigunnen to dispute
wiþ him: and *þei* axiden a tokene of him fro heuene· & temptiden him/
12 And he sorewynge wiþynne in spirit seide/ what sekiþ þis generacioun
a tokene/ treuly I sey to ȝou/ a tokene schal not be ȝouen to þis gene-

---

8. [1] schulde

13 racioun/ And he lefte hem & wente up eftsoo`ne´ in to a boot· & *he*
14 wente ouer þe see/ and þei forȝaten to take breed: and þei hadden not
15 wiþ hem· but oo loof in þe boot/ And he comaundide hem· & seide/ Se
     ȝe & beþ war of þe sourdouȝ of farisees & of þe sourdouȝ of heroude/
16 And þei þouȝten & seiden oon to an ooþer/ for we haue not looues/
17 And whanne þis þing was knowen: ihc̄ seide to hem/ what þenken ȝe
     for ȝe haue not looues? ȝit ȝe knowen not ne vndirstonden/ ȝit ȝe han
18 ȝoure herte blyndid/ ȝe hauynge iȝen: seen not/ and ȝe hauynge eeris:
19 heeren not/ neiþer ȝe han mynde: whanne I brake fyue looues among
     fyue þousynd/ and hou many cofyns ful of broken mete token " ȝe up?
20 þei seyn to him/ twelue/ whanne also seuene looues among foure þou-
     synd of men: hou many lepis of broken mete token ȝe up? And þei seyn
21, 22 to him/ seuene/ And he seide to hem/ hou vndirstonden ȝe not ȝit? And
     þei camen to bethsayda: and þei bryngen to him a blynd man/ & þei
23 preiden (to) him: þat he wolde¹ touche him/ And whanne he had take
     þe blynd mannes hond: he ledde him out of þe strete/ & *he* spette in to
     his iȝen· & sette his hondis on him: and he axide him if he saiȝ ony
24, 25 þing/ And he bihelde & seide/ I se men as trees walkynge/ Aftirward
     eftsoones he sette his hondis on his iȝen: and he biganne to se/ and he
26 was restorid: so þat he sauȝe clerly alle þingis/ and he sente him in to
     his hous & seide/ go in to þin hous/ and if þou gost in to þe strete: sey
27 to no man/ And ihc̄ entride & hise disciplis: in to þe castels of cesarie
     of philip/ and in þe wei he axide hise disciplis: & seide to hem/ whom
28 seyn men þat I am/ *þe* whiche answeriden to him & seiden/ sum men
29 seyn· Jon baptist· oþere seyn helie· & oþere seyn as oon of þe prophe-
     tis/ þanne he seiþ to hem/ but whom seyn ȝe þat I am/ Petir answeride
30 & seide to him/ þou art crist/ And he chargide hem· þat þei schulden not
31 sey of him to ony man/ And he biganne to teche hem· þat it bihouiþ
     mannus sone to suffre many þingis: & to be reproued of þe eldre men
     & of þe hiȝeste prestis & *of* þe scribis/ & to be slayn: & aftir þre daies:
32 to rise aȝen/ And he spak playnly þe word/ And petir tok him & bigan-
     ne to blame him & seide/ lord be þou merciful to þee: for þis schal not
33 be/ And he turnyde & sauȝe hise disciplis: & manasside petir & seide/
     go aftir me sathanas/ for þou sauerist not þo þingis þat ben of god: but
34 þo þingis þat ben of men/ And whanne þe puple was clepid to-gidre
     wiþ hise disciplis: he seide to hem/ If ony man wole come aftir me: de-
35 nye he him silf· & take his cros & sue he me/ for he þat wole make saaf
     his lijf: schal leese it/ and he þat leesiþ his lijf for me & for þe gospel:
36 schal make it saaf/ For what profitiþ it to a man: if he wynne al þe
37 world & do peiryng to his soule? or what chaungyng schal a man ȝiue:
38 for his soule? But who þat knowlechiþ me & my wordis in þis genera-
     cioun avowtresse & synful: also mannes sone schal knowleche him·
39 whanne he schal come in þe glorie of his fadir wiþ hise aungels/ And
     he seide to hem/ Treuly I sey to ȝou· þat þer ben sum men stondynge
     heere whiche schul not taste deþ: til þei seen þe rewme of god comynge
     in vertu/

9   And aftir sixe daies: Ihc̄ took petir & James & Jon/ & ledde hem bi
2   hem self aloone in to an hiȝ hil: and he was transfigurid bifore hem/ and
his cloþis weren maad ful schyninge & white as snow: whiche manere
3   white cloþis· a fuller may not make on erþe/ and helie wiþ moyses ap-
4   periden to hem: & þei spaken wiþ ihū/ And petir answeride & seide to
ihū/ Maistir it is good us to be here/ (and) make we here þre taberna-
5   clis· oon to þee· oon to moyses & oon to helie/ for he wiste not what he
6   schulde sey/ for þei weren agast bi drede/ and þer was maad a cloude
ouerschadowynge hem/ And a voice cam of þe cloude & seide/ þis is
7   my moost dereworþe sone: heere ȝe him/ And anoon þei bihelden
8   aboute: & sauȝen no more ony man· but ihū oonly wiþ hem/ And whan-
ne þei camen doun fro þe hil: he comaundide hem· þat þei schulden not
telle to ony man þo þingis þat þei hadden seen: but whanne mannes so-
9   ne haþ rise aȝen fro deeþ/ And þei heelden þe word at hem self· se-
10   kynge what þis schulde be: whanne he had rise aȝen fro deeþ/ And þei
axiden him & seiden/ what þanne seyn farisees & scribis: for it bihouiþ
11   helie to come first? And he answeride & seide to hem/ whanne helie co-
miþ: he schal first restore alle þingis/ and as it is write of mannes sone:
12   þat he suffre many þingis & be dispisid/ And I sey to ȝou· þat helye is
come: and þei diden to him what euer þingis þei wolden· as it is writen
13   of him/ And he comynge to his disciplis sauȝe a greet cumpany aboute
14   hem & scribis disputynge wiþ hem/ And anoon al þe puple seynge ihū:
15   was astonyed & þei dredden/ and þei rennynge gretten him/ And he ax-
16   ide hem· what disputiden ȝe among ȝou/ And oon of þe cumpany ans-
weride & seide/ Maistir I haue brouȝt to þee my sone: þat haþ a doum-
17   be spirit/ and where euer he takiþ him: he hurtliþ him doun/ and he vo-
miþ[1] & betiþ togidre with teeþ: & wexiþ drie/ And I seide to þi disci-
18   plis þat þei schulden caste him out: & þei miȝten not/ & he answeride
to hem· & seide/ a þou generacioun out of bileeue: hou longe shal I be
19   among ȝou· hou longe shal I suffre ȝou? bringe ȝe him to me/ & þei
broȝten him & when he had seen him: anoon þe spirit troublide him· &
20   was þrowen doun to grounde & walewide & fomide/ And he axide his
21   fadir· hou longe it " is siþ þis haþ falle to him? And he seide/ fro child-
hod/ and ofte he haþ put him in to *þe* fire & in to watir to leese him/ but
22   if þou maist ony þing: helpe us & haue mercy on us/ And ihc̄ seide to
him/ If þou maist bileeue: alle þingis ben possible to man þat bileeuiþ/
23   And anoon þe fadir of þe child criede wiþ teeris & seide/ lord I bileeue:
24   lord helpe þou myn vnbileeue/ And whanne ihc̄ hadde seen þe puple
rennynge togidre: he manasside þe vnclene spirit· & seide to him/ þou
deef & doumbe spirit: I comaunde þee go out fro him· & entre no mo-
25   re in to him/ & he criynge & myche to-breidinge hym: wente out fro
26   him/ & he was maad as deed: so þat many seiden· þat he was deed/ And
27   ihc̄ heelde his hoond & lifte him up & he ros/ and whanne he had en-

---

9. [1] fometh

trid in to an hous: his disciplis axiden him priuely/ whi myȝten not we
28 caste him out? And he seide to hem/ þis kynde in no þing mai go out:
29 but in preier & fastyng/ And þei ȝeden fro þennis· & wenten forþ in to
30 galilee: and þei wolden not þat ony man wiste/ and he tauȝte hise dis-
ciplis: & seide to hem/ for(soþe) mannes sone schal be bitraied in to þe
hondis of men: and þei schul sle him/ and he slayn schal rise aȝen: on
31 þe þrid day/ and þei knewen not þe word: & *þei* dredden to axe him/
32 And þei camen to capharnaum/ and whanne þei weren in þe hous: he
33 axide hem/ what tretiden ȝe in þe wey? and þei weren stille/ for þei dis-
34 putiden among hem in þe wey: who of hem schulde be grettist/ And he
saat & clepide þe twelue: & seide to hem/ If ony man wole be þe firste
35 among ȝou: he schal be þe laste of alle & þe mynistre of alle/ And he
took a child: & sette him in þe myddil of hem/ and whanne he hadde
36 biclippid him: he seide to hem/ who euer resseyuiþ oon of siche chil-
dren in my name: he resceyuiþ me/ and who euer resceyuiþ me: he re-
37 sceyuiþ not me aloone· but him þat sente me/ Jon answeride to him &
seide/ Maistir we sauȝen oon castynge out fendis in þi name· whiche
38 sueþ not us: and we haue forbode him/ And ih͡c seide/ nyle ȝe forbede
him/ for þer is no man þat doþ `uertu´ in my name: & may soone speke
39, 40 yuele of me/ He þat is not aȝens us: is for us/ And who euer ȝiuiþ ȝou
a cuppe of cold watir to drynke in my name· for ȝe ben of crist: treuly
41 I sey to ȝou· he schal not leese his meede/ and who euer schal sclaun-
dre oon of þese litle þat bileuen in me: it were betere to him þat a myl-
ne stoon [*of assis*] were don aboute his necke· & he were cast in to þe
42 see/ And if þin hond sclaundre þee: kitte it awey/ it is bettir to þee· to
entre feble in to lijf: þan *to* haue two hondis· & go in to helle· in to fiir
43 þat neuer schal be quenchid/ where þe worm of hem dieþ not: & þe fijr
44 is not quenchid/ and if þi foot sclaundre þee: kit it off/ it is betere to þee
to entre crokid in to euer lastinge lijf: þan *to* haue two feet & be sent in
45 to helle of fiir þat neuer schal be quenchid/ where þe worm of hem dieþ
46 not: & þe fijr is not quenchid/ þat if þin iȝe sclaundre þee: caste it out/
it is bettere to þee to entre gogil iȝed in to þe rewme of god: þan haue
47 tweyne iȝen· & be sent in to helle of fijr/ where þe worm of hem dieþ
48 not: & þe fijr is not quenchid/ And euery man schal be saltid wiþ fijr:
49 & euery slayn sacrifice schal be maad sauery wiþ salt/ salt is good/ if
salt be vnsauery: in what þing schul ȝe make it sauery? haue ȝe salt
among ȝou: & haue ȝe pees among ȝou·
10 And ih͡c ros up fro þennis & came in to þe coostis of iudee ouer ior-
dan/ And eftsoones þe puple cam togidre to him/ and as he was wont:
2 eftsoone he tauȝte hem/ and þe farisees camen & axiden him/ wher it
3 be leeful to a man: to leue his wijf? and þei temptiden him/ And he ans-
4 weride & seide to hem/ what comaundide moyses to ȝou? and þei sei-
5 den/ Moyses suffride to write a libel of forsakyng & to forsake/ to

---

10. ¹ whiche   ² leeue   ³ Hou   ⁴ *MS* an edlis

whom[1] ihc answeride & seide *to hem*/ for þe hardnesse of ȝoure herte:
6 moyses wroot to ȝou þis comaundement/ but fro þe bigynnyng of cre-
7 ature: god made hem male & female/ & seide/ for þis þing a man schal
leue his fadir & modir: & schal drawe to his wijf· and þei schul be two
8, 9 in oo fleshe/ and so now þei ben not tweyne: but oo fleishe/ þerfore þat
10 þing þat god ioynide togidre: no man departe/ And eftsoone in þe hous:
11 hise disciplis axiden him of þe same þing/ and he seyde to hem/ who
12 euer leueþ his wijf & weddiþ an ooþir: he doþ avowtrie on hir/ and if
þe wijf leuiþ[2] hir housbonde & be weddid to an ooþer man· sche doþ
13 leccherie/ and þei brouȝten to him litil children: þat he schulde touche
14 hem/ and þe disciplis þretenyde þe men þat brouȝten hem/ and whan-
ne ihc hadde seen hem: he bar heuy & seide to hem/ Suffre ȝe litil chil-
dren to come to me: & forbede ȝe hem not· for of siche is þe kyngdom
15 of god/ treuly I sey to ȝou· who euer resceyuiþ not þe kingdom of god
16 as a litil child: he schal not entre in to it/ And he biclippide hem & lei-
17 de hise hondis on hem & blesside hem/ And whanne ihc was go out in
`to´ þe wey: a man ran bifore· & knelide bifore him· and preide him and
seide/ good maister what schal I do· þat I resceyue euerlastynge lijf?
18 And ihc seide to him/ what seist þou þat I am good? þer is no man
19 good: but god him self/ þou knowist þe comaundementis/ do þou noon
avowtrie· sle not· stele not· sey not fals witnessing· do no fraude: wor-
20 schipe þi fadir & þi modir/ And he answeride & seide to him/ Maistir
21 I haue kept alle þese þingis: fro my ȝongþe/ And ihc bihelde him: &
louyde him/ & seide to him/ oo þing failiþ to þee/ go þou & selle alle
þingis þat þou hast· & ȝiue to pore men: and þou schalt haue tresour in
22 heuene/ & come· & sue þou me/ and he was ful sory in þe word: &
23 wente awey mournynge/ for he hadde many possessions/ And ihc bi-
helde aboute & seide to his disciplis/ ful[3] hard þei þat han richessis
24 schul entre in to þe kyngdom of god/ And þe disciplis weren astonyed
in his wordis/ And ihc eftsoone answeride: & seide to hem/ ȝe litil chil-
dren· hou hard it is· for men þat tristen in richessis to entre in to þe
25 kyngdom of god/ it is liȝtere a camel to passe þorouȝ `a nedlis[4] iȝe: þan
26 a riche man to entre in to þe kyngdom of god/ and þei wondriden mo-
27 re· & seiden among hem silf/ and who may be saued? and ihc bihelde
hem & seide/ anentis men it is impossible: but not anentis god/ for al-
28 le þingis ben possible anentis god/ And petir biganne to sey to him/ lo
29 we haue left alle þingis: & haue sued þee/ ihc answeride & seide/ treu-
ly I sey to ȝou/ þer is no man þat leuiþ hous or briþeren or sistris or fa-
30 dir or modir or children or feeldis for me & for þe gospel· whiche schal
not take an hundridfold so myche now in þis tyme/ housis & briþeren
& sistris & modris & children & feeldis wiþ persecuciouns: & in þe
31 world to-comynge euer lastynge lijf/ but many shul be· þe firste: þe las-
32 te/ & þe laste: þe firste/ And þei weren in þe wey goynge up to ierusa-
lem· and ihc wente bifore hem: and þei wondriden & folowiden &
dredden/ And eftsoone ihc took þe twelue· & bigan to sey to hem what
33 þingis weren to come to hym/ for lo we stien to ierusalem: and mannes

sone schal be bitraied to þe princis of prestis & to scribis & to þe eldre
men· and þei schul dampne him bi deþ/ and þei schul take him to heþen
34 men: and þei schul scorne him & bispette him· & bete hym/ and þei
35 schul sle him and in þe þridde day he schal rijse aȝen/ And James &
Jon Zebedees sones: camen to him & seiden/ Maistir we wolen þat
36 what euer we axen: þou do to us/ And he seide to hem/ what wolen ȝe
37 þat I do to ȝou? And þei seiden/ graunte `to´ us þat we sitte þe oon at
38 þi riȝt half: [and] þe ooþer at þi left half in þi glorie/ And ihc seide to
hem/ ȝe witen not what ȝe axen/ moun ȝe drinke þe cuppe whiche I
schal drinke: or be waishe wiþ þe baptym· in whiche I `am´ baptisid?
39 And þei seiden to him/ we moun/ And ihc seide to hem/ ȝe schul dryn-
ke þe cuppe þat I drinke: & ȝe schul be waische wiþ þe baptym· in whi-
40 che I am baptisid/ but to sitte at my riȝt half or lift half: is not myn to
41 ȝiue to ȝou· but to whom¹ it is maad redy/ And þe ten herden & bigun-
42 nen to haue indignacioun of iames & of Jon/ But ihc clepide hem· &
seide to hem/ ȝe witen þat þei þat semen to haue princehod of folkis:
43 ben lordis of hem/ and þe princis of hem han power of hem/ but it is
not so among ȝou/ but who euer wole be (a) maad grettere: schal be
44 ȝoure mynistre/ and who euere wole be þe firste among ȝou: schal be
45 seruaunt of alle/ forwhi mannus sone came not: þat it schulde be my-
nistrid to him/ but þat he schulde mynistre: & ȝiue his lijf aȝenbiyng for
46 manye/ And þei camen to Jericho/ and whanne he ȝede forþ fro Jericho
& hise disciplis & a ful myche puple: barthimeus a blynd man þe sone
47 of thymei sat bisidis þe wey & beggide/ and whanne he herde þat it is
ihc of nazareth: he bigan to crie & sey/ Ihu þe sone of dauid: haue mer-
48 cy on me/ And many þretnyden him: þat he schulde be stille/ and he cri-
49 ede myche þe more/ ihu þe sone of dauid: haue mercy on me/ & ihu
stood & comaundide him: to be clepid/ And þei clepen þe blynde man·
50 & þei seyn to him/ be þou of bettere herte/ rijse up: he clepiþ þee/ And
51 he caste awey his cloþ: and skippide & cam to him/ And ihc answeride
& seide to him/ what wolt þou þat I schal do to þee? þe blynde man
52 seide to him/ maistir: þat I se/ ihc seide to him/ go þou: þi feiþ haþ
maad þee saaf/ & anoon he sauȝe: & suede him in þe wey/
11   And whanne ihc cam niȝ to ierusalem & to bethanye to þe mount of
2 olyues: he sendiþ two of his disciplis· & seiþ to hem/ go ȝe in to þe cas-
tel: þat is aȝens ȝou/ and anoon as ȝe entre þere ȝe schul fynde a colt
3 tyed· on whom¹ no man haþ sete ȝitt/ vntie ȝe & brynge him/ And if
ony man sey ony þing to ȝou· what don ȝe: sey ȝe þat he is nedeful to
4 þe lord/ and anoon he schal leue him hidere/ And þei ȝeden forþ &
founden a colt tied bifore þe ȝate wiþoutforþ in þe meetyng of two
5 weies/ and þei vntieden him/ And summe of hem þat stoden þere: sei-
6 den to hem/ what don ȝe vntiynge þe colt? and þei seiden to hem: as
7 ihc comaundide hem/ and þei leften it to hem/ and þei brouȝten þe colt

---

11. ¹ which   ² doute   ³ seyn

8 to ihū/ and þei leiden on him her cloþis: and ihc̄ sate on him/ and ma-
ny strueden her cloþis in þe wey/ oþere men kittiden braunchis fro tre-
9 es: & strewiden in þe wey/ and þei þat wenten bifore & þat sueden: cri-
10 eden & seiden/ osanna: blessid is he þat comiþ in þe name of þe lord/
blessid be þe kyngdom of oure fadir dauid: þat is come/ osanna: in
11 hiʒeste þingis/ and he entride in to ierusalem: in to þe temple/ and
whanne he had seen al þing aboute· whanne it was euen: he wente out
12 in to bethanye wiþ þe twelue/ and an ooþer day whanne he wente out
13 of bethanye: he hungride/ and whanne he had seen a fige tre afer
hauynge leues: he cam if happily he schulde fynde ony þing þeron/ and
whanne he cam to it: he fonde no þing out-take leues/ for it was no[t]
14 tyme of figis/ And ihc̄ answeride & seide to it/ now neuer `ony man "
15 ete fruyt of þee more/ And hise disciplis herden/ And þei camen to ie-
rusalem/ and whanne he was entrid in to þe temple: he biganne to cas-
te out sillers & biggers in þe temple· and he turnyde up-sodoun þe bor-
16 dis of chaungers & þe chaiers of men þat solden culuers/ and he suff-
17 ride not þat ony man schulde bere a vessel þorouʒ þe temple/ and he
tauʒte hem & seide/ wheþer it is not write· þat myn hous schal be cle-
pid þe hous of preiyng to alle folkis? but ʒe han maad it a denne of
18 þeues/ And whanne þis þing was herd: þe princis of prestis & scribis
souʒten hou þei schulden leese him/ for*sope* þei dredden hym: for al þe
19 puple wondride on his te(e)ching/ And whanne *þe* euenyng was come:
20 he wente out of þe citee/ and as þei passiden forþ eerly: þei sauʒen þe
21 fige tree maad drie fro þe rootis/ and petir biþouʒte him: and seide to
22 hym/ Maistir lo þe fige tree whom þou cursidist: is dried up/ And ihc̄
23 answeride & seide to hem/ haue ʒe þe feiþ of god/ treuly I sey to ʒou·
þat who euer seiþ to þis hil· be þou take & cast in to þe see· & doutiþ[2]
not in his herte· but bileeuiþ· þat what euer he sey schal be don: it schal
24 be do to him/ þerfore I sey to ʒou· alle þingis what euer þingis ʒe pre-
iynge schul axe: bileeue ʒe þat ʒe schul take· & þei schul come to ʒou/
25 And whanne ʒe schul stonde to preie· forʒiue ʒe if ʒe haue ony þing
aʒens ony man/ þat ʒoure fadir þat is in heuenes: forʒiue to ʒou ʒoure
26 synnes/ and if ʒe forʒiuen not: neiþer ʒoure fadir þat is in heuenes:
27 schal forʒiue to ʒou ʒoure synnes/ And eftsoone þei camen to ierusa-
lem/ and whanne he walkide in þe temple: þe hiʒeste prestis & scribis
28 & þe eldre men camen to him/ & seiden[3] to him/ In what power dost
þou þese þingis? or who ʒaf to þee þis power· þat þou `do´ þese þing-
29 is? Ihc̄ answeride & seide to hem/ and I schal axe ʒou o word: and ans-
were ʒe to me & I schal sey to ʒou: in what power I do þese þingis/
30 wheþir was þe baptym of Jon of heuene or of men? answere ʒe to me/
31 And þei þouʒten wiþynne hem self· seiynge/ if we seyn of heuene: he
32 schal sey to us/ whi þanne bileu*iden* ʒe not to hym/ if we seyn of men:
we dreden þe puple/ for alle men hadden Jon: þat he was verily a pro-
33 phete/ And þei answeriden & seyn to ihū/ we witen neuere/ And ihū
answeride & seide to hem/ neiþer I sey to ʒou: in what power I do þese
þingis/

12 And ihc̄ biganne to speke to hem in parablis/ A man plauntide a vy-
ne ȝerd: & sette an hegge aboute it· and *he* dalfe a lake· & bildide a tour·

2 & hiride it to tiliers: & wente forþ in pilgrimage/ and he sente to þe
erþe tiliers in tyme a seruaunt to resceyue of þe erþe tiliers· of þe fruit

3, 4 of þe vyneȝerd/ And þei token him & beeten: & leften him voide/ And
eftsoone he sente to hem an ooþir seruaunt: and þei woundiden him in

5 þe heed· & turmentiden him/ And eftsoone he sente an ooþer: and þei

6 slowen him· & oþere mo/ betynge summe: & sleynge oþere/ But ȝit he
hadde a moost dereworþe sone: and he sende him laste to hem and sei-

7 de/ perauenture þei woln[1] drede my sone/ but þe erþe tiliers seiden to-
gidre/ þis is þe eir/ come ȝe sle we him: and þe heritage schal be ou-

8 ren/ And þei token him & killiden: and castiden *him* out wiþoute þe

9 vynȝerd/ þanne what schal þe lord of þe vyne ȝerd do? he schal come

10 & leese þe tiliers: & ȝiue þe vyne ȝerd to oþere/ wher ȝe haue not red
þis scripture/ þe stoon whiche þe bilderis han dispisid: þis is maad in

11 to þe heed of þe cornere/ þis þing is don of þe lord: and *it* is wondirful

12 in oure iȝen/ And þei souȝten to holde him: & þei dredden þe puple/ for
þei knewen: þat to hem he seide þis parable/ and þei leften him: and

13 þei wenten awey/ And þei senden to him summe of þe farisees & he-

14 rodians· to take him in word/ *þe* whiche camen & seyn to him/ Maistir
we witen þat þou art soþfast: & reckist not of ony man/ for neiþer þou
biholdist in to þe face of *ony* man: but þou techist þe wey of god in
treuþe/ Is it leeful þat tribut be ȝiuen to þe emperour: or we schul not

15 ȝiue? þe whiche witynge her priuy falsnesse: seide to hem/ what temp-

16 ten ȝe me? brynge ȝe to me a peny þat I se/ and þei brouȝten to him/
And he seide to hem/ whos is þis ymage· & þe writyng? þei seyn to

17 him/ þe emperouris/ And ihc̄ answeride & seide to hem/ þanne ȝelde ȝe
to þe emperour: þo þingis þat ben of þe emperour[s]/ and to god: þo

18 þingis þat ben of god/ & þei wondriden of him/ And saduceis þat seien·
þat þer is no resureccioun: camen to him· and axiden him & seiden/

19 Maistir moyses wroot to us/ þat if þe broþir of a man were deed· & lef-
te his wijf· & haue no sones: his broþer take his wijf· & reise up seed

20 to his broþir/ þanne `þer weren " seuene briþeren´: and þe firste toke a

21 wijf & diede· & lefte no seed/ and þe secounde toke hir: and he diede

22 & neiþer þis lefte seed/ & þe þridde also/ And in lijk manere þe seue-
ne token hir: and leften not seed/ and þe womman [*the*] last of alle is

23 deed/ þanne in þe resureccioun· whanne þei schul rijse aȝen: whos wijf

24 of þese schal sche be? for seuene hadden hir to wijf/ And ihc̄ answeri-
de & seide to hem/ wher ȝe erren not þerfore: þat ȝe knowen not scrip-

25 turis· neiþer þe vertu of god? for*soþe* whanne þei schul rijse aȝen fro
deeþ: neiþer þei schul wedde· ne[*thir*] schul be weddid/ but þei schul

26 be as aungels of god in heuenes/ And of dede men· þat þei rijsen aȝen·
haue ȝe not red in þe book of moyses on þe bushe· hou god spak to him

---

12. [1] schulen [2] a

27 and seide? I am god of abraham: & god of ysaac & god of iacob/ he is
28 not god of dede men: but of lyuinge men/ þerfore ȝe erren myche/ And
   oon of þe scribis· þat hadde herd hem disputynge togidre: cam niȝ/ &
   sauȝe þat ihc̄ hadde wel answerid hem· & axide him· whiche was þe fir-
29 ste maundement of alle/ And ihc̄ answeride to him/ þat þe firste co-
30 maundement of alle is/ Here þou israel: þi lord god is oo god· & þou
   schalt loue þi lord god of al þin herte· & of al þi soule· & of al þi myn-
31 de & of al þi myȝt/ (and) þis is þe first maundement/ And þe secounde
   is lijk to þis/ þou schalt loue þi neiȝbore: as þi self/ þer is noon ooþir
32 maundement grettere þan þese/ And þe scribe seide to him/ Maistir in
   treuþe þou hast wel seid/ for oo god þer is: and þer is noon ooþer out-
33 take him/ þat he be loued of al þe herte· & of al þe mynde· & of al þe
   vndirstonding· & of al þe soule· & of al þe strengþe/ & to loue þe
   neiȝbore as him silf: is grettere þan alle brent offryngis & sacrifices/
34 And ihc̄ seynge þat he had answerid wisely: seide to him/ þou art not
   ferr fro þe kyngdom of god/ and þanne no man durste axe him no mo-
35 re ony þing/ And ihc̄ answeride & seide techinge in þe temple/ hou seyn
36 scribis· þat crist is þe sone of dauid? for dauid him silf seide in þe hoo-
   ly goost/ þe lord seide to my lord: sitte on my riȝt half/ til I putte þine
37 enemyes: þe stool of þi feet/ þanne dauid him silf clepiþ him lord: hou
38 þanne is he his sone? and miche puple gladly herde him/ And he seide
   to hem in his techyng/ Be ȝe war of scribis: þat wolen wandre in stoo-
39 lis· & be salutid in cheping· & sitte in synagogis in þe firste chaiers· &
40 in þe firste sittinge placis in sopers/ þe whiche deuouren þe housis of
   widowis: vndir colour of long preier/ þei schul take þe lengre doom/
41 And ihc̄ sittinge aȝens þe tresorie: biheeld hou þe puple caste money in
42 to þe tresorie/ and many riche men castiden many þingis/ But whanne
   oo² pore widowe was come: sche caste twey mynutis· þat is a ferþing/
43 And he clepide togidre his disciplis· & seide to hem/ Treuly I sey to
   ȝou· þat þis pore widowe caste more þan alle: þat casten in to þe tre-
44 sorie/ for alle þei casten of þat þing þat þei hadden plentee off/ but she
   þis of hir pouert caste alle þingis þat sche hadde· al hir lijflode

13   And whanne he wente out of þe temple: oon of hise disciplis seide
   to him/ Maistir biholde what manere stones: & what manere bildingis/
2 And ihū answeride & seide to hym/ seest þou alle þese grete bildyng-
   is? þer schal not be left a stoon on a stoon: whiche schal not be distri-
3 ed/ And whanne he saat in þe mount of olyues aȝens þe temple: petir
4 & James & Jon & andreu axiden him bi him silf/ sey þou to us: whan-
   ne þese þingis schul be don/ and what token schal be: whanne alle þese
5 þingis schul biginne to be endid/ And ihc̄ answeride: and biganne to sey
6 to hem/ loke ȝe þat no man disseyue ȝou/ for many schul come in my
7 name· seiynge þat I am: and þei schul disceyue many/ and whanne ȝe
   heeren batels & opyniouns of batels: drede ȝe not/ for it bihouiþ þese

---

13. ¹ a   ² al   ³ comith

8 þingis to be don: but not ȝit anoon is þe ende/ for folk schal rijse on
folk· & rewme on rewme· and eerþe mouyngis & hungre schul be bi
9 placis/ þese þingis schul be biginnyng[is] of sorewis/ but se ȝe ȝou silf/
forsoþe þei schul take ȝou in counseilis: and ȝe schul be bete in syna-
gogis/ and ȝe schul stonde bifore kyngis & domis men for me: in wit-
10 nessyng to hem/ and it bihouiþ þat þe gospel be first prechid among al-
11 le folk/ And whanne þei taken ȝou & leden ȝou forþ: nyle ȝe bifore
þenke what ȝe schul speke/ but speke ȝe þat þing þat schal be ȝouen to
12 ȝou in þat hour/ for ȝe ben not þe spekers: but þe hooly goost/ for þe[1]
broþir schal bitake þe broþir in to deþ & þe fadir þe sone/ and sones
13 shul rijse togidre aȝens fadris & modris & punishe hem bi deþ/ and ȝe
schul be in hate to alle men: for my name/ but he þat lastiþ in to þe en-
14 de: schal be saaf/ But whanne ȝe schul se þe abhomynacioun of dis-
counfort stondynge where it owiþ not: he þat rediþ vndirstonde/ þanne
15 þei þat ben in Judee: fle in to hillis/ and he þat is aboue `in´ þe roof:
16 come not doun in to þe hous/ neiþer entre he: to take ony þing of his
hous/ and he þat schal be in þe feeld: turne not aȝen bihynde· to take
17 his clooþ/ but wo to hem þat ben with childe & norishen in þo daies/
18, 19 þerfor· preie ȝe þat þei be not don in wyntir/ but þilke daies of tribula-
cioun schul be siche whiche manere weren not fro þe bigynning of cre-
20 ature whiche god haþ maad til now· neiþer schul be/ And but þe lord
hadde abreggid þo daies: ech[2] fleshe hadde not be saaf/ but for þe cho-
21 sen whiche he chees: þe lord haþ maad schort þe daies/ And þanne if
22 ony man sey to ȝou· lo heere is crist· lo þere: bileeue ȝe not/ for false
cristis & false prophetis schul rijse: and *þei* schul ȝiue tokens & won-
23 dris: to disceyue if it mai be don· ȝhe hem þat ben chosen/ þerfor take
24 ȝe kepe: lo I haue bifore seid to ȝou alle þingis/ but in þo daies aftir þat
tribulacioun· þe sunne shal be maad derk: and þe moone schal not ȝiue
25 hir liȝt/ and þe sterris of heuene schul falle doun: and þe vertues þat ben
26 in heuenes schul be moued/ and þanne þei schul se mannes sone co-
27 mynge in *þe* cloudis of heuene: wiþ greet vertu & glorie/ And þanne he
schal sende his aungels: & shal gadre his chosen fro þe foure wyndis/
28 fro þe hiȝeste þing(is) of erþe: til to þe hiȝest þing of heuene/ But of
þe fige tree: lerne ȝe þe parable/ whanne now his braunche is tendre·
29 and leues ben sprunge out: ȝe knowen þat somer is niȝ/ so whanne ȝe
30 seen þese þingis be don: wite ȝe þat it is niȝ in þe doris/ treuly I sey to
ȝou· þat þis generacioun schal not passe awey: til alle þese þingis be
31, 32 don/ heuene & erþe shul passe: but my wordis schul not passe/ but of
þat dai or our· no man woot· neiþer aungels in heuene neiþer þe sone:
33 but þe fadir/ Se ȝe wake ȝe· & preie ȝe/ for ȝe witen not: whanne þe ty-
34 me is/ for `as´ a man þat is gon fer in pilgrimage· lefte his hous: & ȝaf
his seruauntis power of euery werk/ & comaundide to þe porter: þat he
35 wake/ þerfore wake ȝe/ for ȝe witen not whanne þe lord of þe hous co-
miþ· in þe euentijd· or at mydniȝt· or at cockis crowyng· or in þe mor-
36, 37 nyng/ lest whanne he `shal come[3] sodeynly: he fynde ȝou slepynge/ for-
soþe þat· þat I sey to ȝou: I sey to alle· wake ȝe/

14   Pask & þe feste of þerff looues: was aftir two daies/ and þe hiȝe[st]
prestis & scribis souȝten: hou þei schulden holde him wiþ gijle & sle/
2   but þei seiden/ not in þe feste dai/ lest perauenture [a] noyse were maad
3   among þe puple/ & whanne he was at bethanye in þe hous of simound
leprous & restide: a womman cam þat hadde a boxe of alabastre of pre-
cious oynement spikenard/ And whanne þe box of alabastre was broke·
4   sche helde it on his heed/ but þer weren summe þat baren it heuyli
5   wiþynne hem silf & seiden/ wher to is þis losse of oynement maad? for
þis oynement myȝte haue be sold more þan for þre hundrid pens· & be
6   ȝouen to pore men/ and þei grucchiden[1] aȝens hir/ But ihc seide/ suffre
ȝe hir/ what ben ȝe heuy to hir/ sche haþ wrouȝt a good werk in me/
7   forsoþe euermore ȝe schul haue pore men wiþ ȝou/ and whanne ȝe wo-
8   len: ȝe moun do wel to hem/ but ȝe schul not euermore haue me/ sche
dide þat· þat sche hadde/ sche cam bifore: to anoynte my bodi in to bi-
9   riyng/ treuly I sey to ȝou· wher euer þis gospel be prechid in al þe
world: and þat· þat `sche þis[2] haþ do: schal be told in to mynde of hir[3]/
10 And Judas scarioth oon of þe twelue: wente to þe hiȝe[st] prestis· to bi-
11 traie him to hem/ And þei herden & ioieden & bihiȝten to ȝiue him mo-
12 ney/ and he souȝte hou he schulde bitraie him couenably/ And in þe fir-
ste dai of þerff looues· whanne þei offriden pask: þe disciplis seyn to
him/ whidere wolt þou þat we go & make redy to þee: þat þou ete þe
13 pask? And he sendiþ two of his disciplis: & seiþ to hem/ go ȝe in to þe
citee: and a man berynge a galoun of watir· schal meete ȝou· sue ȝe
14 him/ and whidere euer he entriþ: sey ȝe to þe lord of þe hous· þat þe
maistir seiþ/ where is myn etynge place: where I schal ete pask wiþ my
15 disciplis/ And he schal schewe to ȝou a greet soupynge place araied: &
16 þere make ȝe redi to us/ & hise disciplis wenten forþ: & camen in to þe
citee· & founden as he had seid to hem· and þei maden redy þe pask/
17, 18 And whanne þe euen tijd was come: he cam wiþ þe twelue/ and whan-
ne þei saten at þe mete & eeten: ihū seide/ Treuly I sey to ȝou: þat oon
19 of ȝou þat etiþ with me· schal bitraie me/ And þei bigunnen to be sory
20 & to sey to him ech bi hem silf/ wheþir I? þe whiche seide to hem/ oon
21 of þe twelue: þat puttiþ his[4] hoond wiþ me in þe platere/ And soþli
mannus sone goþ: as it is write of him/ but wo to þat man: bi whom
mannus sone schal be bitraied/ It were good to him: if þilke man had
22 not be born/ & while þei eeten: ihc took breed· & blesside & brak· &
23 ȝaf to hem & seide/ Take ȝe/ þis is my bodi/ & whanne he hadde take
24 þe cuppe: he dide þankyngis & ȝaf to hem/ and alle drunken þerof/ and
he seide to hem/ þis is my blood of þe newe testament: þe whiche schal
25 be sched for manye/ treuly I sey to ȝou· for now I schal not drynke of
þis fruit of þe vyne: in to þat dai· whanne I schal drinke it newe in þe
26 rewme of god/ And whanne þe ympne was seid: þei wenten out in to
·27 þe hil of olyues/ And ihc seide to hem/ Alle ȝe schul be sclaundrid in

---

14. [1] groyneden   [2] this womman   [3] hym   [4] the   [5] han herd

me in þis niȝt: for it is writen/ I schal smyte þe scheperde: and þe scheep
28 of þe flok schul be disparplid/ but aftir þat I shal rijse aȝen: I schal go
29 bifore ȝou in to galilee/ And petir seide to him/ þouȝ alle schul be
30 sclaundrid: but not I/ And ihc̄ seide to him/ Treuli I sei to þee· þat to dai
bifore þat þe cok in þis niȝt crowe twies: þou schalt þries denye me/
31 but he seyde more/ þouȝ it bihoue[th]· þat I dye togidre with þee· I
32 schal not forsake þee/ & in lijk manere: alle seiden/ And þei camen in
to a place: whos name is gethsemany/ and he seide to his disciplis/ Sit-
33 te ȝe heere: while I preie/ And he took petir & James & Jon wiþ hym:
34 & *he* biganne *for* to drede & to be anoied/ And he seide to hem/ My
35 soule is sorouful to þe deeþ/ Abijde ȝe heere· & wake ȝe wiþ me/ And
36 whanne he was gon forþ a litil: he fel doun on þe erþe & preiede/ þat
if it myȝte be: þat þe hour schulde passe fro hym/ And he seide/ Abba
fadir· alle þingis ben possible to þee: bere ouer fro me þis cuppe/ but
37 not þat I wole: but þat þou wolt be don/ And he cam: & fonde hem sle-
pynge/ And he seide to petir/ Symound slepist þou? myȝtist þou not
38 wake wiþ me oon our? wake ȝe & preieþ: þat ȝe entre not in to temp-
39 tacioun/ for þe spirit is redy: but þe fleish is sijk/ And eftsoone he ȝede
40 & preiede & seide þe same word/ and *he* turnyde aȝen eftsoone· & fon-
de hem slepynge/ for*soþe* her iȝen weren heuied: and þei knewen not
41 what þei schulden answere to him/ And he cam þe þridde tyme: & sei-
de to hem/ Slepe ȝe now & reste ȝe/ it suffisiþ/ þe hour is come: lo
42 mannys sone schal be bitraied in to þe hondis of synful men/ rijse ȝe:
43 go we/ lo he þat schal bitraie me: is niȝ/ And ȝit while he spak: Judas
scarioth oon of þe twelue cam & with him myche puple wiþ swerdis &
staues: sent fro þe hiȝe[st] prestis & [the] scribis & fro þe eldre men/
44 & his traitour hadde ȝouen to hem a tokene· & seide/ whom euer I kis-
45 se: he it is/ holde ȝe him: & lede ȝe waarly/ and whanne he cam: ano-
46 on he cam to him and seide/ Maistir/ and he kisside him/ And þei lei-
47 den hondis on him: & heelden hym/ But oon of þe men þat stoden
aboute: drouȝ out a swerd & smot þe seruaunt of þe hiȝe[st] preest· &
48 kitte off his eere/ And ihc̄ answeride & seide to hem/ As to a þeef ȝe
49 han gon out wiþ swerdis & staues: to take me/ dai bi dai I was among
ȝou & tauȝte in þe temple· and ȝe heelden not me/ but þat þe scripturis
50, 51 be fulfild/ þanne alle his disciplis forsoken him· & fledden/ But a ȝoung
man cloþid wiþ lynnen cloþ on þe bare suede him/ and þei heelden
52, 53 him/ and he lefte þe lynnen cloþing & fleiȝ nakid awey fro hem/ And
þei ledden ihū to þe hiȝeste preest/ And alle þe prestis & scribis & el-
54 dre men: camen togidre/ but petir suede him afer in to þe halle of þe
hiȝest preest· and he saat wiþ þe mynistris & warmyde him at þe fijr/
55 And þe hiȝest preestis & al þe counseil souȝten witnessyng aȝens ihū:
56 to take him to þe deeþ· but þei founden not/ for*soþe* many seiden fals
57 witnessyng aȝens him: and þe witnessyngis weren not couenable/ And
58 summe risen up & baren fals witnessyng aȝens him: & seiden/ for we
herden[5] him seiynge/ I schal vndo þis temple maad wiþ hondis: and af-
59 tir þe þridde dai I schal bilde an ooþir not maad wiþ hondis/ and þe wit-

60 nessyng of hem was not couenable/ And þe hiȝest preest roos up in to
   þe myddil & axide ihū & seide/ answerist þou no þing to þo þingis: þat
61 ben put aȝens þee of þese? but he was stille: & answeride no þing/ Eft-
   soone þe hiȝe[*st*] preest axide him: & seide to him/ art þou crist þe so-
62 ne of þe blessid god? And ihū seide to him/ I am/ and ȝe schul se man-
   nes sone sittinge on þe riȝthalf of þe vertu of god: & comynge in þe
63 cloudis of heuene/ And þe hiȝe[*st*] prest to-rente his cloþis· & seide/
64 what ȝitt desijren we witnessis? ȝe han herd blasfemye/ what semiþ to
65 ȝou? and þei alle condempnyden him to be gilty of deeþ/ and summe
   bigunnen to bispete him & to hile his face· & to smyte him with buffe-
   tis· & sei to him/ arede þou/ & þe mynistris beeten him wiþ strokis/
66 And whanne petir was in þe halle byneþe: oon of þe damysels of þe
67 hiȝe[*st*] prest cam/ And whanne sche hadde seie petir warmynge him:
68 sche biheelde him and seide/ & þou were wiþ ihū of nazareth/ And he
   denyede & seide/ neiþer I woot· neiþer I knowe: what þou seist/ And
69 he wente wiþoutforþ bifore þe halle· and anoon þe cok crewe/ And eft-
   soones whanne an ooþir damysel had seen him: sche biganne to sey to
70 men þat stoden aboute· þat *he* þis is of hem/ and he eftsoone denyede/
   And aftir a litil· eftsoone þei þat stoden niȝ: seiden to petir/ verily þou
71 art of hem for þou art of galilee also/ but he bigan to curse & to swere·
72 for I knowe not þis man whom ȝe seyn/ And anoon eftsoonus þe cok
   crew/ And petir `bi´þouȝte on þe word þat ihc̄ had seid to him· bifore
   þe cok crowe twies: þries þou schalt denye me/ and he bigan to wepe/

15   And anoon in þe morowe tijd þe hiȝe[*ste*] prestis maden a counseil
   wiþ þe eldre men & þe scribis & wiþ al þe counseil· & bounden ihū &
2 ledden & bitoken him to pilat/ And pilat axide him/ art þou kyng of ie-
3 wis? And ihc̄ answeride & seide to him/ þou seist/ And þe hiȝe[*ste*] pre-
4 stis accusiden him in many þingis/ But pilat eftsoone axide him & sei-
   de/ Answerist þou no þing? seest þou in hou many þingis þei accusen
5, 6 þee? but ihū answeride no more: so þat pilat wondride/ But bi þe feest
   dai he was wont· to leue to hem oon of *þe* men bounden: whom euer
7 þei axiden/ And `þer was " oon þat was `seid´ barabas· þat was bounde
   wiþ men of discencioun: þat had[*den*] do manslauȝtir in sedicioun[1]/
8 And whanne þe puple was gon up: he biganne to preie as he euermore
9 dide to hem/ And pilat answeride to hem & seide/ wile ȝe (þat) I leue
10 to ȝou þe kyng of iewis? for he wiste þat þe hiȝe[*ste*] prestis hadden ta-
11 ke him bi enuye/ But þe bishopis stireden þe puple: þat he schulde raþir
12 leue to hem barabas/ And eftsoone pilat answeride & seide to hem/
13 what þanne wole ȝe: þat I shal do to þe kyng of iewis? and þei eftsoo-
14 ne crieden/ crucifie him/ but pilat seide to hem/ what yuel haþ he don?
15 and þei crieden þe more/ crucifie him/ And pilat willynge to make
   aseeþ to þe puple: lefte to hem barabas/ & *he* bitook to hem ihū beten
16 wiþ scourgis to be crucified/ And kniȝtis ledden him wiþ ynne forþ· in
   to þe porche of þe moot halle/ And þei clepiden togidre al þe cumpany

---

15. [1] seducioun   [2] which/e

17 of kniȝtis: and *þei* cloþiden him wiþ purpure· and þei wriþen a co-
18 rowne of þornis & puttiden on him/ and þei bigunnen to greete him: &
19 seiden/ heil þou kyng of iewis/ And þei smyten his heed with a reed: &
20 bispatten him/ and þei kneliden & worschipiden him/ And aftir þat þei
    hadden scorned him: þei vncloþiden him of *þe* purpur & cloþiden him
21 with his cloþis· & ledden him " out: to crucifie him/ And þei compelli-
    den a man þat passide þe wey þat cam fro þe toun· symound of syre-
22 nen þe fadir of alisaundre & of rufee to bere his cross/ And þei ledden
23 him in to a place golgatha· þat is to sey þe place of caluarie/ and þei
24 ȝauen to him to drynke wyn medlid wiþ myrre: & he took not/ and þei
    crucifieden hym/ & departiden hise cloþis & kesten lott on þo what "
25 who schulde take´/ and it was þe þridde hour· & þei crucifieden hym/
26, 27 and þe tijtle of his cause was write kyng of iewis· and þei crucifi*ed*en
28 wiþ him two þeues: oon at þe riȝt half· & oon at his lift half/ and þe
29 scripture was fulfild þat seiþ/ and he is ordeyned wiþ wickid men/ And
    as þei passiden forþ· þei blasfemyden him: mouinge her hedis &
    seiynge/ vath· þou þat distriest þe temple of god: and in þre daies bil-
30, 31 dist it aȝen/ come [a]doun fro þe cross· & make þi silf saaf/ Also þe
    hiȝe[*ste*] prestis scornyden him ech to oþir wiþ þe scribis & seiden/ he
32 *haþ* maad oþere men saaf: he may not saue him silf/ crist kyng of isra-
    el come doun now fro þe cross: þat we se & bileeue/ And þei þat we-
33 ren crucified with hym: dispiseden him/ And whanne þe sixte hour was
34 come: derknessis weren maad on al þe erþe· til in to þe nynþe hour/ and
    in þe nynþe hour ihc̄ criede with a greet vois & seide· heloy· heloy· la-
    mazabatany/ þat is to sey· Mi god· my god· whi hast þou forsake me?
35 And summe of *þe* men þat stoden aboute· herden & seiden/ lo he cle-
36 piþ helie/ and oon *of hem* ran & fillide a spounge with vynegre and put-
    tide aboute to a reed· & ȝaf to him drynke & seide/ Suffre ȝe· se we if
37, 38 hely come to do hym doun/ And ihc̄ ȝaf out a greet cry: & diede/ and
39 þe veil of þe temple was *to*-rent atwo· fro þe hiȝeste to byneþe/ But þe
    centurien þat stood `a´forn aȝens sauȝ· þat he so criynge had died· &
40 seide/ verily þis man was godis sone/ And þere weren also wymmen bi-
    holdynge fro afer: among whom[2] was marie mawdeleyn· & marie þe
41 modir of James þe lesse & of ioseph & of salomee/ And whanne ihc̄
    was in galilee: þei folowiden him· and mynistriden to hym/ & many
42 oþere wymmen: þat camen up togidre with him to ierusalem/ And
    whanne *þe* euentijd was come· for it was þe euen-tijd þat[2] is bifore þe
43 sabat: ioseph of armathe `þe´ noble decurioun cam/ & he· abood þe
    rewme of god/ and boldly he entride to pilat: & axide þe body of ihū/
44 but pilat wondride if [he] were now deed/ And whanne þe centurioun
45 was clepid: he axide him if he were deed/ And whanne he knew of þe
46 centurioun: he grauntide þe bodi of ihū to ioseph/ and ioseph bouȝte
    lynnen cloþ· & took him doun: and wlappide in þe lynnen cloþ & lei-
    de him in a sepulcre þat was hewen of a ston and *he* walewide a stoon
47 to þe dore of þe sepulcre/ and marie mawdeleyn & marie of ioseph bi-
    heelden where he was leid·

16   And whanne þe sabat was passid: Marie mawdeleyn & marie of Ja-
mes & salomee[1] bouȝten swete smellynge oynementis· to come & to
2 anoynte ihū/ And ful erly in oon of þe woke daies: þei camen to þe se-
3 pulcre· whanne þe sunne was rise/ and þei seiden togidre· who schal
4 moue awey to us þe stoon: fro þe dore of þe sepulcre? And þei biheel-
5 den & sauȝen þe ston walewid awey/ for it was ful greet/ And þei ȝeden
in to þe sepulcre· & sauȝen a ȝoun[g]lyng· hilid with a whijt stole· sit-
6 tynge at þe riȝt half: and þei weren afeerd/ *þe* whiche seiþ to hem/ ny-
le ȝe drede/ ȝe seken ihū of nazareth· crucified: he is risen· he is not
7 heere/ lo þe place where þei leiden hym/ but go ȝe· & sey ȝe to his dis-
ciplis & to petir: þat he schal go bifore ȝou in to galilee/ þere ȝe schul
8 se him: as he seide to ȝou/ And þei ȝeden out: & fledden fro þe sepul-
cre/ for drede & quakyng: hadde assailid hem/ and to no man þei sei-
9 den ony þing/ for þei dredden/ And ihc̄ roos eerly þe firste dai of þe wo-
ke· & apperide first to marie maudeleyn· fro whom he had cast out
10 seuene deuelis/ and sche ȝede & tolde to hem þat hadden be wiþ him
11 whiche weren weilynge & wepynge/ And þei herynge þat he lyuyde: &
12 was seen of hir· bileeuiden not/ But aftir þese þingis· whanne two of
hem wandriden: he was schewid in an ooþir liknesse to hem goynge in
13 to a toun/ and þei ȝeden & tolden to [*the*] oþere: and neiþer þei bileeu-
14 iden to hem/ But at þe laste whanne þe elleuene disciplis saten at þe
mete: ihc̄ appeeride to hem/ and *he* reprouyde þe vnbileeue of hem: &
þe hardnesse of herte/ for þei bileeuiden not to hem: þat hadden seen
15 þat he was rise fro deeþ/ And he seide to hem/ go ȝe in to al þe world:
16 & precheþ þe gospel to ech creature/ who þat bileeuiþ & is baptisid:
17 schal be saaf/ but he þat bileeuiþ not: schal be dampned/ and þese to-
kens schul sue hem þat bileeuen/ In my name: þei schul caste out fen-
18 dis· þei schul speke wiþ newe tungis/ þei schul do awei serpentis/ and
if þei drynke ony venym: it schal not noie hem/ þei schul sette her hon-
19 dis on sike men: and þei schul wexe hoole/ And þe lord ihū aftir he had-
de spoke to hem: was take up in to heuene/ & he sittiþ on þe riȝt half
20 of god/ and þei ȝeden forþ & prechiden euery where: for þe lord wroȝte
wiþ hem & confermyde þe word· wiþ signis folowynge/

Heere endiþ þe gospel of Mark· and [*here*] biginniþ þe prologe [*vp*]-
on Luyk/

---

16. [1] *MS* salamee

Luke

P [*Here bygynneth the prologe on Luyke*]

Luyc was a man of sirie bi nacioun & of antiochie: & was a leche in
craft & a disciple of apostlis/ aftirward he suede Poul til to his ending:
& seruyde god· & was wiþoute cryme[1]/ for*soþe* neiþer he hadde a wijf
in ony tyme· neiþer children: & he diede in bithynie at foure & seuen-
5 ty[2] ȝeer/ and *he* was ful of þe hooly goost/ And whanne *þe* gospels we-
ren write bi Matheu in Judee· & bi Mark in ytalie: luyk bi [*the*] stiryng
of þe hooly goost wroot þis gospel in þe cuntreis of acaie/ þe moost ne-
de of his trauel was þis/ þat þe manhed of crist schulde be opyn to
feiþful grekis: bi alle prophetis þat god schulde come in fleshe þat is to
10 schewe bi alle prophetis: þat crist schulde be god & man togidre/ lest
cristen grekis tooken heede to þe fablis of iewis: & weren holde in des-
ijr aloone of moyses lawe/ And luik traueilide lest eiþer þei weren dis-
ceyued bi fablis of heretikis & fonned stelþis: and fellen awey fro
treuþe/ þis luyk bigynniþ at þe concepcioun & natyuitee of Jon baptist:
15 & discriuiþ þe natiuytee & baptym & preching of crist· & his deeþ &
risyng aȝen & ascencioun/

`Heere endiþ þe prologe[3]

1 Heere biginniþ þe gospel of luyk/

5 IN þe daies of heroude kyng of Judee· þer was a preest zacharie bi
name· of þe sort of abia/ and his wijf was of þe douȝtris of Aaron: and
6 hir name was elizabeth/ And boþe *þei* weren iust bifore god: goynge in
7 alle þe maundementis & iustifiyngis of þe lord· wiþoute pleynt/ and þei
hadden no child· for elizabeth was bareyn· & boþe weren of greet age
8 in her daies/ And it bifel þat whanne zacharie schulde do þe office of
9 presthod in þe ordre of his cours tofore god aftir þe custum of þe prest-
10 hod· he wente forþ bi lott & entride in to þe temple to ensence/ and al
þe multitude of þe puple was wiþoutforþ & preiede in þe hour of en-
11 sensyng/ And an aungel of þe lord appeeride to him: and stood on þe
12 riȝt half of þe auter of encense/ And zacharie seynge was afraied· and
13 drede fel upon him/ And þe aungel seide to him/ Zacharie drede þou
not: for þi preier is herd/ & elizabeth þi wyf schal bere to þee a sone:
14 & his name schal be clepid Jon/ and ioye & gladyng[1] shal be to þee:

Lk. P. [1] greet synne   [2] seuentithe   [3] Jerom in his prolog on Luyk seith pleynli this
sentence.
1. [1] *MS* cladyng   [2] and   [3] be   [4] thilke   [5] her   [6] prophete   [7] til to

15 and many schul haue ioie in his natyuitee/ for*sope* he schal be greet bi-
fore þe lord: & he schal not drynke wyn ne² siþir· and he schal be ful-
16 fild wiþ þe hooly goost· ʒit of his modir wombe/ and he schal conuer-
17 te manye of þe children of israel: to her lord god/ and he schal go bi-
fore him in þe spirit & þe vertu of helie: and he schal turne þe hertis of
[*the*] fadris in to þe sones· & men out of bileeue to þe prudence of iust
18 men to make redy a parfit puple to þe lord/ And zacharie seide to þe
aungel/ wher of schal I wite þis? for I am old: and my wyf haþ go fer
19 in [*to*] hir daies/ And þe aungel answeride: & seide to him/ for*sope* I
am gabriel· þat stonde niʒ bifore god: and I am sent to þee to speke &
20 to euangelise to þee þese þingis/ and lo þou schalt be doumbe· & þou
schalt not mowe speke til in to þe dai in whiche þese þingis schul be
don: for þou hast not bileeued to my wordis whiche schul be fulfild in
21 her tyme/ And þe puple was abidynge sacharie: and þei wondriden þat
22 he tariede in þe temple/ and he ʒede out & myʒte not speke to hem: and
þei knewen þat he had seen a visioun in þe temple/ and he bekynede to
23 hem and he dwelte stille doumb/ And it was don whanne þe daies of his
24 office weren fulfild: he wente in to his hous/ And aftir þese daies ely-
25 zabeth his wyf conceyuide: & hidde hir fyue moneþis & seide/ for so
þe lord dide to me: in þe daies in whiche he biheeld to take awey my
26 reproof among men/ But in þe sixte monþe þe aungel gabriel was sent
27 fro god: in to a citee of galilee· whos name was nazareth/ to a maide
weddid to a man: whos name was ioseph of þe hous of dauid/ and þe
28 name of þe maide was marie/ And þe aungel entride to hir/ & seide/
heil full of grace þe lord is³ with þee· blessid be þou among wymmen/
29 And whanne sche had herd sche was troublid in his word & þouʒte
30 what maner salutacioun þis was/ And þe aungel seide to hir/ Marie "
31 [*ne*] drede þou not´/ for þou hast founde grace anentis god/ lo þou
schalt conceyue in wombe· & schalt bere a sone: and þou schalt clepe
32 his name ihc̄/ *he* þis schal be greet: and he schal be clepid þe sone of
þe hiʒest/ And þe lord god schal ʒiue to him þe sete of dauid his fadir:
33 and he schal regne in þe hous of Jacob wiþouten ende/ and of his rew-
34 me schal be noon ende/ And marie seide to þe aungel/ On what mane-
35 re shal þis þing be don: for I knowe not man? And þe aungel answeri-
de: & seide to hir/ þe hooly goost schal come fro aboue in to þee: and
þe vertu of þe hiʒeste schal ouerschadowe þee/ and þerfore þat hooly
36 þing þat schal be born of þee: schal be clepid þe sone of god/ and lo
elizabeth þi cosyn: & sche also haþ conceyued a sone in hir eelde/ and
37 þis moneþe is þe sixte to hir þat is clepid bareyn: for euery word schal
38 not `be´ impossible anentis god/ And marie seide/ lo þe hand maide of
þe lord: be it do to me aftir þi word/ and þe aungel departide fro hir/
39 And marie roos up in þo daies & wente with haste in to þe mountayns
40 in to a citee of Judee/ and sche entride in to þe hous of zacharie: and
41 grette elizabeth/ and it was don as elizabeth herde þe salutacioun of ma-
rie: þe ʒoung child in hir wombe gladide/ and elizabeth was fulfild with
42 þe hooly goost: & criede wiþ a greet voice & seide/ Blessid be þou

43 among wymmen: and blessid be þe fruyt of þi wombe/ & wher-of is þis
44 þing to me: þat þe modir of my lord come to me? for lo as þe voice of
þi salutacioun was maad in myn eeris: þe ȝoung child gladide in ioie in
45 my wombe/ and blessid be þou þat hast bileeuid: for þo⁴ þingis þat ben
46 seid of þe lord to þee· schul be parfitly don/ And marie seide/ Mi sou-
47, 48 le magnyfieþ þe lord/ And my spirit haþ gladid in god myn helþe/ for
he haþ biholden þe mekenesse of his hand mayde/ For lo of þis: alle
49 generaciouns schul sey þat I am blessid/ For he þat is myȝti haþ do to
50 me grete þingis: and his name is hooly/ And his mercy is fro kynrede
51 in to kynredis: to men þat dreden hym/ he made myȝt in his arm: he
52 scateride proude men wiþ þe þouȝt of his herte/ he sette doun myȝti
53 men fro *here* seete: & enhaunside meke men/ He haþ fulfillid hungry
54 men wiþ goodis: & he haþ left riche men voyde/ He hauynge mynde of
55 his mercy: took israel his child/ As he haþ spoke to oure fadris: to abra-
56 ham & to his seed in to worldis/ And marie dwellide with hir as it we-
57 re þre monþis: and turnyde aȝen in to hir hous/ But þe tyme of beryng
58 child was fulfild to elizabeth: and sche bare a sone/ and þe neiȝeboris
& cosyns of hir herden þat þe lord hadde magnyfied his mercy wiþ hir:
59 and þei þankiden him/ And it was don in þe eiȝtþe day þei camen to
circumcide þe child: and þei clepiden him zacharie bi þe name of his
60 fadir/ And his modir answeride & seide/ nay: but he schal be clepid Jon/
61 And þei seiden to hir/ for no man is in þi kynrede þat is clepid þis na-
62 me/ And þei bekyneden to his fadir: what he wolde þat he were clepid/
63 And he axynge a poyntel: wroot seiynge/ Jon is his name/ and alle men
64 wondriden/ And anoon his mouþ was opened· & his tunge: and he spak
65 & blesside god/ and drede was maad on alle hir⁵ neiȝeboris: and alle
66 þese wordis weren puplischid on alle þe mounteyns of Judee/ And alle
men þat herden· puttiden in her herte: & seiden/ what maner child schal
67 þis be? for*soþe* þe hond of þe lord was wiþ him/ and zacharie his fadir
68 was fulfild wiþ þe hooli goost: & *he* propheciede & seide/ Blessid be
þe lord god of israel· for he haþ visitid & maad redempcioun of his pu-
69 ple/ And he haþ rerid to us an horn of helþe: in þe hous of dauid his
70 child/ As he spake bi þe mouþ of his hooly prophetis: þat weren fro þe
71 world/ Heelþe fro oure enemyes: & fro þe hoond of alle men þat hati-
72 den us/ To do mercy wiþ oure fadris: & to haue mynde of his hooly tes-
73 tament/ þe greet ooþ þat he swor to abraham oure fadir: to ȝiue him silf
74 to us/ þat we wiþoute drede delyuered fro þe hond of oure enemyes: se-
75 rue to him/ In hoolynesse & riȝtwisnesse bifore him: in alle oure daies/
76 And þou child schalt be clepid þe profite⁶ of þe hiȝeste: for þou schalt
77 go bifore þe face of þe lord to make redi his weies/ To ȝiue science of
78 helþe to his puple: in to remissioun of her synnes/ Bi þe ynwardnesse
of þe mercy of oure god: in þe whiche he spryngynge up fro an hiȝ haþ
79 visitid us/ to ȝiue liȝt to hem þat sitten in derknessis: & in schadowe of
80 deeþ/ to dresse oure feet: in to þe wey of pees/ And þe child wexide: &
was counfortid in spirit· & *he* was in desert placis· vnto⁷ þe dai of his
schewing to israel/

2 And it was don in þo daies a maundement wente out fro þe empe-
2 rour [*August*]: þat al þe world schulde be discriuid/ þis firste discriuyng
3 was maad of cyryn iustise of sirie/ And alle men wenten to make pro-
4 fessioun: ech in to his owne citee/ And ioseph wente up fro galilee fro
þe citee nazareth· in to Judee in to a citee of dauid þat is clepid beth-
5 leem· for þat he was of þe hous & of þe meynee of dauid: þat he schul-
de knowleche wiþ marie his wyf þat was weddid to him & was greet
6 with childe/ And it was don· while þei weren þere: þe daies weren ful-
7 fild þat sche schulde bere child/ and sche bare hir first born sone/ &
wlappide him in cloþis & leide him in a cracche· for þer was no place
8 to him in [*no*] chaumbre/ And scheperdis weren in þe same cuntree·
9 wakynge[1] & kepinge `þe´ wacchis of þe niȝt on her flok/ and lo þe
aungel of þe lord stood bisidis hem: and þe clernesse of god schynide
10 aboute hem· and þei dredden with greet drede/ And þe aungel seide to
hem/ Nile ȝe drede/ for lo I preche to ȝou a greet ioye· þat schal be to
11 al peple/ for þe[2] sauyour is born to day to ȝou: þat is crist þe lord in þe
12 citee of dauid/ and þis is a token to ȝou/ ȝe schul fynde a ȝong child·
13 wlappid in cloþis: & leid in a cracche/ and sodeynly þer was maad with
þe aungel a multitude of heuenly kniȝthod: heriynge god & seiynge/
14 glorie be in þe hiȝeste þingis to god: and in erþe pees be to men of good
15 wille/ and it was don· as þe aungels passiden awey fro hem in to heue-
ne: þe scheperdis spaken togidre & seiden/ go we ouer to bethleem: &
se we þis word þat is maad· whiche þe lord haþ maad & schewid to us/
16 and þei hiynge camen: & founden marie & ioseph· & þe ȝounge child
17 leid in a cracche/ & þei se(i)ynge knewen of þe word þat was seid to
18 hem of þis child/ And alle men þat herden wondriden: & of þese þing-
19 is þat weren seid to hem of þe scheperdis/ But marie kepte alle þese
20 wordis: berynge togidre in hir herte/ and þe schepherdis turnyden aȝen
glorifiynge & heriynge god in alle þingis þat þei hadden herd & seen:
21 as it was seid to hem/ And aftir þat [*the*] eiȝt daies weren endid· þat þe
child schulde be circumcidid: his name was clepid ihc̄/ whiche was cle-
22 pid of þe aungel: bifore þat he was conceyued in [*the*] wombe/ And af-
tir þat þe daies of þe purgacioun of marie weren fulfild aftir moyses la-
23 we: þei token him in to ierusalem· to offre him to þe lord· as it is wri-
te in þe lawe of þe lord for euery male kynde openynge þe wombe: shal
24 be clepid hooly to þe lord· & þat þei schul ȝiue an offryng· aftir þat it
is seid in þe lawe of þe lord· a peire of turturis· or two culuer briddis/
25 And lo a man was in ierusalem· whos name was symeon/ and þis man
was iust & vertuous· & abood þe counfort of Irael/ and þe hooly goost
26 was in him/ and he had take an answere of þe hooli goost þat he schul-
27 de not se deeþ: but he siȝe first þe crist of þe lord/ and he came in spi-
rit in to þe temple/ and whanne his fadir & modir ledden þe child ihū
28 to do aftir þe custum of [*the*] lawe for him· he took him in to hise ar-

---

2. [1] *MS* wakynke   [2] a   [3] thi   [4] to   [5] which

29 mes· and he blesside god & seide/ lord now þou leuest þi seruaunt: af-
30, 31 tir þi word in pees/ for myn iȝen han seie þin helþe· whiche þou hast
32 maad redy· bifore þe face of alle puplis/ liȝt to þe schewyng of heþene
33 men: & glorie of þe[3] peple irael/ And his fadir & his modir weren won-
34 dringe on þese þingis þat weren seid of him/ And symeon blesside
   hem: & seide to marie his modir/ lo *he* þis is sett in to þe fallyng doun
   & in to þe rysyng aȝen of many men in Irael: & in to [a] token· to
35 whom it shal be aȝenseid/ and [a] swerd schal passe þorouȝ þin owne
36 soule: þat þe þouȝtis be schewid of many hertis/ And anne was a pro-
   phetesse þe douȝtir of fanuel of þe lynage of aser/ and sche had go forþ
   in many daies: & hadde lyued with hir housbonde seuen ȝeer fro hir
37 maidenhod/ and *sche* þis was a widewe: til[4] foure score ȝeer & foure/
   and sche departide not fro þe temple: but seruyde to god niȝt & dai in
38 fastyngis & preieris/ and *sche* þis cam upon hem in þilke hour: &
   knowlechide to þe lord & spak of him to alle þat abiden þe redemp-
39 cioun of Israel/ And as þei hadden full don alle þingis· aftir þe lawe of
40 þe lord: þei turnyden aȝen in to galilee· in to her citee nazareth/ And þe
   child waxe & was counfortid full of wisdom: and þe grace of god was
41 in him/ And his fadir & modir wenten ech ȝeer in to ierusalem: in þe
42 solempne dai of pask/ And whanne ihc̄ was twelue ȝeer oold: þei wen-
43 ten up to ierusalem· aftir þe custum of þe feeste dai/ & whanne þe daies
   weren don· þei turnyden aȝen & þe child abood in ierusalem/ and his
44 fadir & modir knewen it not/ for þei gessynge þat he had ben in þe fel-
   ouschip camen a daies iorney & souȝten him among his cosyns & his
45 knowleche/ and whanne þei founden him not: þei turnyden aȝen in to
46 ierusalem & souȝten him/ and it bifel þat aftir þe þrid dai· þei founden
   him in þe temple: sittynge in þe myddil of þe doctours· herynge hem &
47 axynge hem/ And alle men þat herden him wondriden on þe prudence
48 & þe answeris of him/ and þei sauȝen & wondriden/ & his modir seide
   to him: sone what hast þou do to us þus? lo þi fadir & I sorowynge:
49 haue souȝt þee/ and he seide to hem/ what is it þat ȝe souȝten me? wis-
50 ten ȝe not þat in þo þingis þat ben of my fadir· it bihouiþ me to be? and
51 þei vndirstoden not þe word: þat[5] he spak to hem/ And he cam doun
   with hem· & cam to nazareth: & was suget to hem/ and his modir kep-
52 te togidre alle þese wordis: & bar hem in hir herte/ And ihc̄ profitide in
   wisdom age & grace anentis god & men/
3   IN þe fiftenþe ȝeer of þe empire of tyberie þe emperour· whanne pi-
   lat of pounce gouernyde Judee· and eroude was prince `of galilee· &
   philip his broþer was prince of yturie & of þe cuntree of tracon· and lis-
2 anye was prince´ of abilyn vndir þe princis of prestis annas & cayphas:
3 þe word of þe lord was maad on Jon þe sone of zacharie in desert/ and
   he cam in to al þe cuntree of iordan: & prechide baptym of penaunce
4 in to remyssioun of synnes as it is write in þe book of þe wordis of

_____

3. [1] wynewyng tool

ysaie þe prophete/ þe voice of a crier in desert/ make ȝe redy þe wey of
5 þe lord: make ȝe his paþis riȝt/ ech valey schal be fulfillid: and euery
hil & litil hil schal be maad lowe/ and schrewid þingis schul be in to
6 dressid þingis: and scharpe þingis in to playn weies/ and euery fleish
7 schal se þe helþe of god/ þerfore he seide to þe puple whiche wenten
out to be baptisid of him/ kyndlyngis of eddris: who schewide to ȝou to
8 fle fro þe wraþþe to comyng? þerfore do ȝe worþi fruytis of penaunce:
& biginne ȝe not to sey· we haue a fadir abraham/ for I sey to ȝou: þat
9 god is myȝty to reise of þese stones þe sones of abraham/ and now an
axe is sett to þe roote of þe tree/ and þerfor euery tree þat makiþ no
10 good fruyt schal be kitt doun: & schal be cast in to þe fier/ And þe pu-
11 ple axide him: & seiden/ what þanne schul we do? he answeride & sei-
de to hem/ he þat haþ twey cotis: ȝiue to him þat haþ noon· and he þat
12 haþ metis: do in lijk manere/ And puplicans camen to be baptisid: & þei
13 seiden to him/ Maistir what schul we do? and he seide to hem/ do ȝe no
14 þing more: þan þat· þat is ordeyned to ȝou/ And kniȝtis axiden him &
seiden/ what schul also we do? and he seide to hem/ Smyte ȝe wrong-
fully no man· neiþer make ȝe fals chalenge: & be ȝe apaied with ȝoure
15 soudis/ whanne al þe peple gesside· & alle men þouȝten in her hertis of
16 Jon lest perauenture he were crist: Joon answeride & seide to alle men/
I baptise ȝou in watir· but a strongere þan I schal come aftir me: of
whom I am not worþi to vnbynde þe lace of hise schon/ he schal bap-
17 tise ȝou in þe hooly goost & fier/ whos vanne[1] in his hond: and he schal
purge his flor of corn/ and *he* schal gadre þe whete in to his berne: but
18 þe chaff[*is*] he schal brenne with fier vnquencheable/ and many oþere
19 þingis also he spak & prechide to þe puple/ But heroude thetra[r]k
whanne he was blamyd of ion for erodias þe wijf of his broþir· & for
20 alle þe yuelis þat heroude dide: *he* encresside þis ouer al & schitte Joon
21 in prisoun/ And it was don whanne al þe puple was baptisid & whanne
22 ihū was baptisid & preiede: heuene was opened/ and þe hooly goost
cam doun in bodily licnesse: as a dowue on hym/ and a voice was maad
23 fro heuene/ þou art my dereworþe sone in þee it haþ plesid to me/ And
ihū him silf was bigynnynge as of þritti ȝer· þat he was gessid þe sone
24 of ioseph/ whiche was of helie· whiche was of matath· whiche was of
25 leuy· whiche was of melchi/ þat was of iamne· þat was of ioseph· þat
was of mathathie· þat was of amos· þat was of hely· þat was of nagge·
26 þat was of matath· þat was mathaty· þat was of semey· þat was of io-
27 seph· þat was of iuda· þat was of iohanna· þat was of resa· þat was of
28 sorobabel· þat was of salatiel· þat was of nery· þat was of melchi· þat
29 was of addi· þat was of cosan· þat was of elmadan· þat was of her· þat
was of ihū· þat was of eleasar· þat was of iorum· þat was of mathath·
30 þat was of leuy· þat was of symeon· þat was of iuda· þat was of ioseph·
31 þat was of iona· þat was of eliachim· þat was of melcha· þat was of
32 menna· þat *was* of matatha· þat was of nathan· þat was of dauid· þat
was of iesse· þat was of obeth· þat was of booz· þat was of salmon· þat
33 was of naason· þat was of amynadab· þat was of aram· þat was of es-

34 rom· þat was of fares· þat was of iudas· þat was of iacob· þat was of
35 ysaac· þat was of abraham· þat was of thare· þat was of nachor· þat was
   of seruth· þat was of ragau· þat was of phaleth· þat was of eber· þat was
36 of sale· þat was of chaynan· þat was of arfaxath· þat was of sem· þat
37 was of noe· þat was of lameth· þat was of matussale· þat was of enoch·
38 þat was of iareth· þat was of malaliel· þat was of chaynan· þat was of
   enos· þat was of seth· þat was of adam· þat was of god/

4   And ihc̄ full of þe hooly goost: turnyde aȝen fro iordan/ and *he* was
2 led bi þe spirit in to desert: fourty daies/ and *he* was temptid of þe de-
   uel: & eet no þing in þo daies/ And whanne þo daies weren endid: he
3 hungride/ and þe deuel seide to him/ if þou art goddis [sone]: sey to þis
4 stoon· þat it be maad breed/ And ihc̄ answeride to him/ It is write/ þat
5 a man lyuiþ not in breed aloone: but in euery word of god/ And þe de-
   uel ladde him in to an hiȝ hil· & schewide to him alle þe rewmes of þe
6 world in a moment of tyme/ & seide to him/ I schal ȝiue to þee al þis
   power: & þe glorie of hem/ for to me þei ben ȝouen: and to whom I wo-
7 le I ȝiue hem/ þerfor if þou falle doun & worschipe bifore me: alle
8 þingis schul be þine/ And ihc̄ answeride & seide to him/ It is write· þou
9 schalt worschipe þi lord god: & to him aloone þou schalt serue/ And he
   ledde him in to ierusalem: & sette him on þe pynacle of þe temple· &
10 seide to him/ if þou art goddis sone: sende þi silf fro hennes doun/ for
   it is write/ for he haþ comaundid to hise aungels of þee þat þei kepe
11 þee in alle þi weies/ & þat þei schul take þee in hondis: lest perauen-
12 ture þou hirte þi foot at a stoon/ And ihc̄ answeride: & seide to him/ It
13 is seid/ þou schalt not tempte þi lord god/ And whanne euery tempta-
14 cioun was endid: þe feend wente awey fro him for a tyme/ And ihc̄ tur-
   nyde aȝen in þe vertu of þe spirit in to galilee: and þe fame wente forþ
15 of him þorouȝ al þe cuntree/ and he tauȝte in þe synagogis of hem: &
16 was magnyfied of alle men/ and he came to nazareth: where he was
   norishid/ and *he* entride aftir his custum in þe sabot dai in to a synago-
17 ge: & roos to rede/ and þe book of ysaie þe prophete was take to him/
18 and as he turnyde þe book: he foonde a place where it was write/ þe
   spirit of þe lord on me· for whiche þing he anoyntide me: he sente me
19 to preche to pore men/ to heele contrijt men in herte/ & to preche re-
   myssioun to prisoners: & siȝt to blinde men/ & to delyuere brokun men
   in to remyssioun/ to preche þe ȝer of þe lord plesaunt· & þe day of ȝeld-
20 yng aȝen/ and whanne he hadde closid þe book: he ȝaf aȝen to þe my-
   nistre & saat/ and þe iȝen of alle men in þe synagoge weren biholdynge
21 in to him/ and he biganne to sey to hem/ for in þis dai þe[1] scripture is
22 fulfillid in ȝoure eeris/ and alle men ȝauen witnessing to him and won-
   driden in þe wordis of grace þat camen forþ of his mouþ/ and þei sei-
23 den/ wheþer þis is not þe sone of ioseph? And he seide to hem/ Soþly
   ȝe schul sey to me þis licnesse/ leche heele þi self/ þe farisees seiden

---

4. [1] this   [2] hem   [3] whiche   [4] therfor

to ihū/ hou grete þingis haue we herd don in cafarnaum: do þou also he-

24 re in þi cuntree/ And he seide/ treuly I sey to ȝou· þat no prophete is re-

25 sceyued in his owne cuntree/ In treuþe I sey to ȝou· þat many widewis
weren in þe daies of elie þe prophete in israel: whanne heuene was clo-
sid þre ȝeer & sixe moneþis: whanne greet hungre was maad in al þe

26 erþe/ and to noon of hem was elie sent: but in to sarepta of sydon to a

27 *womman* widewe/ And many mysels weren in israel: vndir helisee þe

28 prophete/ and noon of hem was clensid: but naaman of sirie/ and alle in

29 þe synagoge herynge þese þingis: weren fillid wiþ wraþþe/ And þei ri-
sen up & drouen him out wiþoute þe citee/ and ledden him to þe cop-

30 pe of þe hil on whiche her citee was bildid: to caste him doun/ but ihū

31 passide & wente þorouȝ þe myddil of hem/ And *he* came doun in to ca-

32 farnaum a citee of galilee: and þere he tauȝte hem in sabatis· and þei

33 weren astonyed in his techyng: for his word was in power/ And in her
synagoge was a man hauynge an vnclene feend/ and he criede with

34 greet voice & seide/ Suffre· what to us & to þee ihū of nazareth? art þou

35 come to leese us? I knowe þat þou art þe hooly of god/ And ihc̄ bla-
myde him & seide/ wexe doumbe: & go out fro him/ And whanne þe
feend hadde cast him forþ in to þe myddil: he wente awey fro him· and

36 he noiede him no þing/ and drede was maad in alle men· and þei spa-
ken togidre & seiden/ what is þis word· for in power & vertu he co-

37 maundiþ to vnclene spiritis· and þei gon out? And þe fame was pupli-

38 schid of hym: in to eche place of þe cuntree/ And ihc̄ roos up fro þe sy-
nagoge and entride in to þe hous of symount/ And þe modir of sy-
moundis wijf: was holde with greet feueres/ and þei preieden him for

39 hir/ and ihc̄ stood ouer hir & comaundide to þe feuere & it lefte hir/ and

40 anoon sche roos up & seruyde hem/ And whanne þe sunne wente doun:
alle þat hadden sike men wiþ dyuerse langworis ledden hem to him/

41 and he sette his hondis on ech bi him² self & heelide hem/ and fendis
wenten out fro manye & crieden and seiden· for þou art þe sone of god/
and he blamyde & suffride hem not to speke: for þei wisten him þat he

42 was crist/ and whanne þe dai was come: he ȝede out & wente in to a
desert place: & þe puple souȝten him/ and þei camen to him: & þei hel-

43 den him· þat he schulde not go awey fro hem/ to whom³ he seide/ for
also to oþere citees· it bihouiþ me to preche þe kyngdom of god: for

44 þer-to⁴ I am sent/ & he prechide in þe synagogis of galilee/

5   And it was don whanne þe puple cam*en* faste to ihū: to here þe word

2 of god/ he stood bisidis þe pool of genazareth: & sauȝ two botis ston-
dynge bisidis þe pool/ and þe fisheris weren go doun & weischiden her

3 nettis/ and he wente up in to a boot þat was symoundis· & preiede him
to lede it a litil fro þe lond/ and he saat & tauȝte þe puple out of þe boot/

4 and as he ceesside to speke: he seide to symound/ lede þou in to þe

5 depþe and slake ȝe ȝoure nettis to take fishe/ And symound answeride

---

5. ¹ whiche

& seide to hym/ comaundour we trauaileden al þe niȝt & token no þing:

6 but in þi word I schal leie out þe nett/ and whanne þei hadden do þis
þing: þei closiden togidre a greet multitude of fishis/ and her nett was

7 broke/ & þei beknyden to felawis þat weren in an ooþir boot: þat þei
schulden come & helpe hem/ and þei camen & filliden boþe [*the*] boo-

8 tis/ so þat þei weren almost drenchid/ and whanne symount petir sauȝ
þis þing: he felde doun to þe knees of ihū & seide/ lord go fro me: for

9 I am a synful man/ for he was on ech side astonyed: & alle þat weren

10 with him in þe takyng of fischis whiche þei token/ Soþely in lijk ma-
nere iames & Joon þe sones of Zebedee: þat weren felawis of symound
petir/ And ihē seide to symond/ nyle þou drede: now fro þis tyme þou

11 schalt take men/ And whanne þe bootis weren led up to þe lond: þei lef-

12 ten alle þingis· & þei sueden him/ And it was don whanne he was in
oon of þe citees/ lo a man full of lepre & seynge ihū felle doun on his
face: & preiede him & seide/ lord if þou wolt: þou maist make me cle-

13 ne/ and ihē helde forþ his hond & touchide him and seide/ I wole· be

14 þou maad clene/ and anoon þe lepre passide awey fro him/ and ihē co-
maundide to him: þat he schulde sey to no man/ but go schewe þou þee
to a preest/ and offre for þi clensyng: as moyses bad in to witnessyng

15 to hem/ and þe word walkide aboute þe more of him/ and myche puple

16 camen togidre: to heere & to be heelid of her sijknessis/ and he wente

17 in to desert· & preiede/ And it was don in oon of þe daies: he saat &
tauȝte/ and þer weren farisees sittynge & doctouris of þe lawe þat ca-
men of ech castel of galilee & of iudee & of ierusalem/ and þe vertu of

18 þe lord was: to hele sike men/ and lo men baren in a bed a man þat was
sijk in þe palesie: and þei souȝten to bere hym yn· & sette bifore him/

19 and þei founden not in what partie þei schulden bere him yn for þe pu-
ple: & [*thei*] wenten on þe roof· and bi þe sclattis þei leeten him doun

20 wiþ þe bed· in to þe myddil bifore ihū/ And whanne ihū sauȝ þe feiþ of

21 hem: he seide/ man: þi synnes ben forȝoue to þee/ And þe scribis & fa-
risees bigunnen to þenke seiynge/ who is þis þat spekiþ blasfemyes?

22 who may forȝiue synnes: but god aloone? And as ihū knewe þe þouȝtis
of hem: he answeride & seide to hem/ what þenken ȝe yuele þingis in

23 ȝoure hertis? what is liȝtere to sey· synnes ben forȝoue to þee: or to sey·

24 rijse up & walke/ but þat ȝe wite þat mannus sone haþ power in erþe to
forȝiue synnes: he seide to þe sijk man in palesie/ I sey to þee/ rijse up:

25 take þi bed & go in to þin hous/ and anoon he roos up bifore hem &
took þe bed in whiche he lay· & wente in to his hous: & magnyfiede

26 god/ and greet wondir took alle: and þei magnyfieden god/ and þei we-
ren fulfillid with greet drede: & seiden/ for we haue seie merueilouse

27 þingis todai/ And aftir þese þingis ihē wente out & saiȝ a pupplican

28 leuy bi name· sittynge at þe tolboþe: & he seide to him/ sue þou me/

29 and whanne he had left alle þingis: he roos up & suede him/ and leuy
made to him a greet feste in his hous/ & þer was a greet cumpanye of

30 pupplicans & of oþere þat weren with hem: sittynge at þe mete/ and fa-
risees & þe scribes of hem grucchiden· & seiden to hise disciplis· whi

31 eten ȝe & drynken with pupplicans & synful men? And ihc answeride
& seide to hem/ þei þat ben hoole han no nede to a leche: but þei þat
32 ben sike/ for I cam not to clepe iust men: but synful men to penaunce/
33 And þei seiden to him/ whi [*the*] disciplis of ion fasten ofte & maken
34 preiers also & of *þe* farisees: but þine eten & drynken? to whom[1] he
seide/ wher ȝe moun make þe sones of þe spouse to faste: while þe
35 spouse is wiþ hem? but daies schul come· whanne þe spouse schal be
36 take awey fro hem: and þanne þei shul faste in þo daies/ And he seide
to hem also a liknesse/ for*soþe* no man takiþ a pece fro a newe cloþ· &
puttiþ it in to an old cloþing/ ellis boþe he brekiþ þe newe: and þe pe-
37 ce of þe newe acordiþ not to þe olde/ and no man puttiþ newe wyn in
to olde botels· ellis þe newe wyn schal breke þe botels· and þe wyn
38 schal be sched out: & þe botels schul perische/ but newe wyn owiþ to
39 be put in to newe botels: and boþe ben kept/ and no man drinkynge þe
olde· wole anoon þe newe/ for he seiþ þe olde is þe betere/
6　　　And it was don in þe secunde first sabot whanne he passide bi *þe* cor-
nes: hise disciplis pluckiden eeris of corn/ and þei frotynge wiþ her
2 hondis: eeten/ and summe of þe farisees: seiden to hem/ what don ȝe
3 þat· þat is not leeful in þe sabotis? And ihc answeride & seide to hem/
haue ȝe not red what dauid dide: whanne he hungride: & þei þat weren
4 wiþ him? hou he entride in to þe hous of god & took looues of propo-
sicioun & eet: & ȝaf to hem þat weren with him[1]/ whiche looues it was
5 not leeful to ete: but oonly to prestis/ And he seide to hem/ for mannus
6 sone is lord ȝhe of þe sabot/ and it was don in an ooþer sabot· þat he
entride in to a synagoge & tauȝte/ and a man was þere: and his riȝt hond
7 was drie/ and þe scribis & farisees aspieden him: if he wolde heele him
in þe sabot· þat þei schulden fynde cause wher of þei schulden accuse
8 him/ and he wiste þe þouȝtis of hem/ and he seide to þe man þat had-
de a drie hond/ Rijse up & stonde in to þe myddil/ and he roos & stood/
9 and ihc seide to hem/ I axe ȝou if it is leeful to do wel in þe sabot or
10 yuele? to make a soule saaf or to leese/ And whanne he hadde biholde
alle men aboute: he seide to þe man/ holde forþ þin hoond/ and he hel-
11 de forþ: and his hond was restorid to heelþe/ and þei weren fulfild with
12 vnwisdom: & spaken togidre what þei schulden do of ihu/ And it was
don in þo daies: he wente `out´ in to an hil to preie: and he was al niȝt
13 dwellinge in þe preier of god/ and whanne þe day was come: he clepi-
de his disciplis· & chees twelue of hem· whiche he clepide also apost-
14 lis/ Symount whom he clepide petir: & andreu his broþir/ James &
15 Joon philip & bartholomew· matheu & thomas· James alphei & sy-
16 mount þat is clepid zelotes/ iudas of iames: & iudas scarioth þat was
17 traitour/ And ihc cam doun fro þe hil wiþ hem & stood in a feeldy pla-
ce & þe cumpeny of his disciplis & a greet multitude of puple of al iu-
18 dee & ierusalem & of þe see coostis & of tyre & sydon· þat camen to

---

6. [1] hem

heere him & to be heelid of her sijknessis/ and þei þat weren traueilid
19 of vnclene spiritis: weren heelid/ and al *þe* puple souȝte to touche him·
20 for vertu wente out of hym & heelide alle/ And whanne hise iȝen we-
   ren cast up in to his disciplis· he seide/ Blessid be ȝe pore men: for þe
21 kyngdom of god is ȝoure/ Blessid be ȝe þat now hungren: for ȝe schul
22 be fulfillid/ Blessid be [ȝe þat] now wepen: for ȝe schul leiȝe/ ȝe schul
   be blessid· whanne men schul hate ȝou & departe ȝou awei & putte
   schenschip to ȝou: & caste out ȝoure name as yuel for mannus sone/
23 ioye ȝe in þat day & be ȝe glad: for lo ȝoure mede is myche in heuene/
24 for*soþe* aftir þese þingis: þe fadris of hem diden to prophetis/ Neþeles
25 wo to ȝou riche men þat han ȝoure counfort/ wo to ȝou þat ben fulfil-
   lid: for ȝe schul hungre/ wo to ȝou þat now leiȝen: for ȝe shul mourne
26 & wepe/ wo to ȝou whanne alle men schul blesse ȝou/ aftir þese þing-
27 is þe fadris of hem diden to prophetis/ But I sey to ȝou þat heeren/ loue
28 ȝe ȝoure enemyes: do ȝe wel to hem þat hatiden ȝou/ blesse ȝe men þat
29 cursen ȝou: preie ȝe for men þat defamen ȝou/ and to him þat smytiþ
   þee on oo cheke: schewe also þe ooþir/ and fro him þat takiþ awey fro
30 þee a clooþ: nyle þou forbede þe coote/ and ȝiue to ech þat axiþ þee/
31 and if a man takiþ awey þo þingis þat ben þine: axe þou not aȝen/ And
32 as ȝe wolen þat men do to ȝou: do ȝe also to hem in lijk manere/ and if
   ȝe louen hem þat louen ȝou: what þank is to ȝou? for synful men louen
33 men þat louen hem/ and if ȝe don wel to hem þat don wel to ȝou: what
34 grace is to ȝou? synful men don þis þing/ And if ȝe lenen to hem of
   whiche ȝe hopen to take aȝen: what þank is to ȝou? for synful men le-
35 nen to synful men: to take aȝen as myche/ neþeles loue ȝe ȝoure ene-
   myes & do ȝe wel/ and lene ȝe hopynge no þing þerof: & ȝoure meede
   schal be myche/ and ȝe schul be þe sones of þe hiȝeste: for he is be-
36 nyngne on vnkynde men & yuel men/ þerfor be ȝe merciful as ȝoure fa-
37 dir is merciful/ nyle ȝe deme: and ȝe schul not be demed/ nyle ȝe con-
   dempne: and ȝe schul not be condempned/ forȝiue ȝe: and it schal be
38 forȝoue to ȝou/ `ȝiue ȝe: & it schal be ȝouun to ȝou´/ þei schul ȝiue in
   to ȝoure bosum a good mesure & wel fillid & schakun togidre & ouer-
   flowynge/ for bi þe same mesure bi whiche ȝe meten: it schal be mete
39 aȝen to ȝou/ And he seide to hem a liknesse/ wheþer þe blynde may le-
40 de þe blynde: ne fallen not " þei boþe in [*to*] þe diche? a disciple is not
41 aboue þe maistir/ but ech schal be parfit: if he be as his maistir/ And
   what seest þou in þi broþeris iȝe a moot: but þou biholdist not a beem
42 þat is in þin owne iȝe? or hou maist þou sey to þi broþer· broþer suff-
   re I schal caste out þe moot of þin iȝe· and þou biholdist not a beem in
   þin owne iȝe? ypocrite first take out þe beem of þin iȝe: and þanne þou
43 schalt se to take þe moot of þi broþeris iȝe/ It is not a good tree: þat
44 makiþ yuele fruytis/ neþer an yuel tree þat makiþ gode fruitis/ for eue-
   ry tree: is knowen of his fruyt/ and men gaderen not figus of þornes:
45 neþer men gaderen a grape of a busche of breris/ A good man of þe
   good tresour of his herte bryngiþ forþ gode þingis/ and an yuel man: of
   þe yuel tresour bryngiþ forþ yuele þingis/ for of þe plentee of þe her-

46 te: þe mouþ spekiþ/ And what clepen ȝe me lord lord: & don not þo
47 þingis þat I sey/ ech þat comiþ to me & heriþ my wordis & doþ hem:
48 I schal schewe to ȝou· to whom he is lijk/ he is lijk to a man þat bildiþ
an hous þat diggide depe & sette þe foundement on a ston/ and whan-
ne greet flood was maad: þe flood was hur[t]lid to þat hous/ and it
49 myȝte not moue it· for it was foundid on a sad stoon/ But he þat heeriþ
& doþ not: is lijk to a man bildynge his hous on erþe wiþoute founde-
ment/ in to whiche þe flood was hurtlid: and anoon it felle doun/ and
þe fallyng doun of þat hous: was maad greet·

7 And whanne he hadde fulfillid alle hise wordis in to þe eeris of þe
2 puple: he entride in to cafarnaum/ but a seruaunt of a centurien þat was
3 precious to him· was sijk and drawynge to þe deþ/ and whanne he had
herd of ihū: he sente to him þe eldre men of iewis & preiede him þat he
4 wolde come & hele his seruaunt/ and whanne þei camen to ihū· þei pre-
ieden him bisily & seiden to him/ for he is worþi þat þou graunte to him
5, 6 þis þing/ for he louiþ oure folk: & he bildide to us a synagoge/ And ihē
wente wiþ hem/ and whanne he was not fer fro þe hous: þe centurien
sente to him frendis & seide/ lord nyle þou be traueilid/ for I am not
7 worþi: þat þou entre vndir my roof/ for *þe* whiche þing· & I demyde
not my silf worþi þat I come to þee/ but sey þou bi word: and my child
8 schal be heelid/ for I am a man ordeyned vndir power· & haue kniȝtis
vndir me/ and I sey to þis· go & he goþ/ and to an ooþer come & he co-
9 myþ/ and to my seruaunt· do þis þing: & he doþ/ And whanne þis þing
was herd: ihē wondride· & seide to þe puple suynge him/ treuly I sey to
10 ȝou: neiþer in israel I fonde so greet feiþ/ And þei þat weren sent· tur-
11 nyden aȝen hoom: & founden þe seruaunt hool þat[1] was sijk/ And it
was don aftirward ihē wente in to a citee þat is clepid naym: & hise dis-
12 ciplis & ful greet puple wente wiþ him/ and whanne he cam nyȝ to þe
ȝate of þe citee: lo þe sone of a womman þat hadde no mo children·
was born out deed/ & þis was a widewe & myche puple of þe citee with
13 hir/ And (þe) whanne þe lord ihū had seen hir· he hadde reuþe on hir &
14 seide to hir/ nyle þou wepe/ and he cam niȝ & touchide þe bere/ and
þei þat baren: stoden/ and he seide/ ȝounge man: I sey to þee· rijse up/
15 & he þat was deed saat up aȝen: & biganne to speke/ and he ȝaf him to
16 his modir/ and drede took alle men: & þei magnyfieden god & seiden/
for a greet prophete is rise among us: `&´ for god haþ visitid his puple/
17 And þis word wente out of him in to al iudee: & in [*to*] al þe cuntree
18, 19 aboute/ And iones disciplis tolden him: of alle þese þingis/ and ion cle-
pide two of hise disciplis & sente hem to ihū & seide/ art þou he þat is
20 to come: or abijden we an ooþir? And whanne þe men camen to him:
þei seiden/ Joon baptist sente us to þee: & seide/ Art þou he þat is to
21 come or abijden " we an ooþir? and in þat our he heelide many men of
her sijknessis & woundis & yuel spiritis: and he ȝaf siȝt to many blyn-

---

7. which ² o

22 de men/ and ihc̄ answeride & seide to hem/ go ʒe aʒen & telle ʒe to
Joon: þo þingis þat ʒe han herd & seyn/ blynde men seen· crokide men
gon· mysels ben maad clene· deef men heren· dede men rysen aʒen· po-
23 re men ben take to preching of þe gospel/ and he þat schal not be
24 sclaundrid in me: is blessid/ And whanne þe messangers of ioon weren
go forþ: he biganne to sey of Jon to þe puple/ what wenten ʒe out in to
25 desert to se? a reed waggid with [the] wynd? but what wenten ʒe out to
se? a man cloþid wiþ softe cloþis? lo þei þat ben in precious cloþ & in
26 delicis: ben in kyngis housis/ but what wenten ʒe out to se· a profete:
27 ʒhe I sey to ʒou: & more þan a prophete/ þis is he of whom it is write/
lo I sende myn aungel bifore þi face: whiche schal make redy " þi wey´
28 bifore þee/ certis I sey to ʒou· þer is no man a more prophete among
children of wymmen· þan is ion/ but he þat is lesse in þe kyngdom of
29 heuenes: is more þan he/ And al þe puple herynge & pupplicans þat
30 hadden be baptisid wiþ þe baptym of ioon: iustifieden god/ but þe fari-
sees & þe wise men of [the] lawe· þat weren not baptisid of him: dis-
31 pisiden þe counseil of god aʒens hem self/ And þe lord seide/ þerfor to
whom schal I sey men of þis generacioun lijk? and to whom ben þei
32 lijk? þei ben lijk to children sittynge in chepyng & spekynge to-gidre
& seiynge/ we haue sunge to ʒou with pipis: and ʒe han not daunsid/
33 we haue maad mournyng: and ʒe haue not wept/ for ioon baptist cam
34 neþer etynge breed ne drynkynge wyn: & ʒe seyn/ he haþ a feend/ man-
nus sone came etynge & drynkynge: and ʒe seyn/ lo a man a deuourer
35 & drynkynge wyn & a frend of pupplicans & of synful [men]/ and wis-
36 dom is iustified of her sonus/ But oon of þe farisees preiede ihū þat he
schulde ete wiþ him/ and he entride in to þe hous of þe farisee· & saat
37 at þe mete/ and lo a synful womman þat was in þe citee· as sche kne-
we þat ihū satt at þe mete in þe hous of þe farisee· sche brouʒte an ala-
38 bastre boxe of oynement/ and sche stood bihynde bisidis his feet· & bi-
ganne to moiste his feet with teris & wipide with þe heris of hir heed·
39 & kiste his feet & anoyntide with oynement/ And þe farisee seynge þat
hadde clepid him: seide withynne him self seiynge/ if þis were a pro-
phete: he schulde wite who & what maner womman it were þat touchiþ
40 him for she is a synful womman/ And ihū answeride & seide to him/
Symount I haue sum þing to sei to þee/ and he seide· maistir sey þou/
41 and he answeride/ Twey dettouris weren to a² lenere/ and oon ouʒte fy-
42 ue hundrid pens· and þe ooþir fifty/ but whanne þei hadden not wher-
of þei schulden ʒelde: he forʒaf to boþe/ who þanne louiþ him more?
43 Symound answeride & seide/ I gesse þat he: to whom he forʒaf more/
44 And he answeride to him/ þou hast demed riʒtly/ And he turnide to þe
womman & seide to symound/ seest þou þis womman? I entride in to
þin hous: þou ʒaf no watir to my feet/ but sche þis haþ moistid my feet
45 wiþ teris & wipid with hir heris/ þou hast not ʒoue to me a coss: but þis
46 siþ sche entride ceesside not to kisse my feet/ þou anoyntidist not myn
47 heed with oile: but sche þis anoyntide my feet with oynement/ for [the]
whiche þing I sey to þee· many synnes ben forʒoue to hir: for sche haþ

48 loued myche/ and to whom is lesse forȝouen: he loueþ lesse/ And ihc̄

49 seide to hir/ þi synnes ben forȝouen to þee/ and þei þat saten togidre at
þe mete: bigunnen to sey wiþynne hem silf/ who is þis þat forȝiuiþ syn-

50 nes? but he seide to þe womman/ þi feiþ haþ maad þee saaf/ go þou in
pees/

8   And it was don aftirward· & ihū made iourney bi citees & castels pre-

2 chinge & euangelisynge þe rewme of god/ & twelue with him· & sum-
me wymmen þat weren heelid of wickide spiritis & sijknessis/ marie

3 þat is clepid mawdeleyn· of whom seuene deuelis wenten out· & ione
þe wijf of chuse þe procuratour of heroude: & susanne & many oþere

4 þat mynistriden to him of her richessis[1]/ And whanne myche puple was
come togidre· & men hiȝeden to him fro þe citees: he seide bi a symy-

5 litude/ he þat sowiþ ȝede out to sowe his seed/ & while he sowiþ: sum
fel bisidis þe wey· & was defoulid· & briddis of þe eir eeten it/ and

6 ooþer fel on þe[2] stoon· and it spronge up & driede: for it hadde not

7 moisture/ and ooþer felde amonge þornes: and þe þornes sprungen up

8 togidre· & strangliden it/ and ooþer fel in to good erþe: & it sprungun
up· made an hundridfold fruit/ he seide þese þingis & criede/ he þat haþ

9 eeris of heering: here he/ But hise disciplis axiden him: what þis para-

10 ble was/ and he seide to hem/ to ȝou it is grauntid to knowe þe priuy-
tee of þe kyngdom of god/ but to ooþere men in parablis/ þat þei seynge

11 se not: & þei heringe vndirstonde not/ And þis is þe parable/ þe seed is

12 goddis word/ and þei þat ben bisidis þe wey: ben þese þat heeren/ and
aftirward þe feend comiþ & takiþ awey þe word fro her herte: lest þei

13 bileeuinge be maad saaf/ but þei þat fellen on a stoon: ben þese þat
whanne þei han herd· resceyuen þe word with ioie/ & þese han not roo-
tis/ for at a tyme þei bileeuen: and in tyme of temptacioun þei gon

14 awey/ but þat· þat fel among þornes: ben þese þat herden/ and of bisy-
nessis & richessis & lustis of lijf þei gon forþ & ben stranglid: &

15 bryngen forþ no fruyt/ but þat· þat fel in to good erþe: ben þese þat in
a good herte & best· heeren þe word & holden· & bringen forþ fruit in

16 pacience/ No man liȝtneþ a lanterne & hiliþ it with a vessel· or puttiþ

17 it vndir a bed/ but on a candilstik: þat men þat entren se liȝt/ for þer is
no priuey þing: whiche schal not be opened/ neþer hid þing: whiche

18 schal not be knowen & come in to opyn/ þerfor se ȝe hou ȝe heeren/ for
it schal be ȝouen to him þat haþ/ and who euer haþ not: also þat· þat he

19 weneþ þat he haue· schal be take awey fro him/ And his modir &
briþeren camen to him: and þei myȝten not come to him for þe puple/

20 & it was teld to him/ þi modir & þi briþeren stonden wiþoutforþ wil-

21 lynge to se þee/ And he answeride & seide to hem/ Mi modir & my

22 briþeren ben þese: þat heeren þe word of god & don it/ And it was don
in oon of *þe* daies: he wente up in to a boot & hise disciplis/ and he sei-

23 de to hem/ passe we ouer þe see/ and þei wenten up/ and while þei ro-

---

8. [1] ritchesse   [2] a   [3] so   [4] deuelis   [5] thrungun

widen: he slepte/ and a tempest of wynd came doun in to þe watir: and
24 þei weren dryue hidere & þidere wiþ wawis & weren in perel/ and þei
camen niȝ & reisiden him & seiden/ comaundour we perishen/ And he
roos *up* & blamyde þe wynd & þe tempest of þe watir: & it ceesside/
25 & pesibletee was maad/ And he seide to hem/ where is ȝoure feiþ? þe
whiche dredinge wondriden & seiden togidre/ who gessist þou is þis·
26 for he comaundiþ to wyndis & to þe see: and þei obeien to him/ And
27 þei rowiden to þe cuntree of gerasenes· þat is aȝens galilee/ And whan-
ne he wente out to þe lond: a man ran to him þat hadde a deuel longe
tyme/ and he was not cloþid with cloþ: neþir dwellide in hous· but in
28 sepulcris/ þis whanne he sauȝe ihū: fel doun bifore him/ and he criynge
with a greet voice: seide/ what to me & to þee: ihū þe sone of þe hiȝes-
29 te god? I bisethe þee þat þou turmente not me/ for he comaundide þe
vnclene spirit: þat he schulde go out fro þe man/ for he took him ofte
tymes/ and he was bounde with cheynes & kept in stockis/ and whan-
30 ne þe bondis weren broken: he was led of deuelis in to desert/ And ihc̄
axide him & seide/ what name is to þee? And he seide/ A legioun/ for
31 many deuelis weren entrid in to him/ And þei preieden him· þat he
32 schulde not comaunde hem þat þei schulden go in to helle/ and þere
was a flok of many swyn: lesewynge in an hil/ and þei preieden him:
33 þat he schulde suffre hem to entre in to hem/ and he suffride hem/ And
loȝ þe deuelis wenten out fro þe man: & entriden in to þe swyn/ and
34 wiþ a bire þe flok wente hedlyng in to þe pool: & was drenchid/ And
whanne þe herdis sauȝen þis þing don: þei flowen & telden in to þe ci-
35 tee & in to þe tounnes/ and þei ȝeden out to se þat þing: þat was don/
and þei camen to ihū/ and þei founden þe man sittynge cloþid· fro
whom þe fendis[4] wenten out· & in hool mynde at his feet: and þei dred-
36 den/ and þei þat sauȝen telden to hem: hou he was maad hool of þe le-
37 gioun/ And al þe multitude of þe cuntree of gerasenus preiede him þat
he schulde go fro hem: for þei weren holden wiþ greet drede/ he wen-
38 te up in to a boot & turnyde aȝen/ And þe man of whom þe deuelis we-
ren go out: preiede him þat he schulde be with him/ Ihū lefte hem &
39 seide/ go aȝen in to þin hous: & telle hou grete þingis god haþ do to
þee/ & he wente þorouȝ al þe citee & prechide hou grete þingis ihū had
40 do to him/ And it was don whanne ihc̄ was gon aȝen: þe puple ressey-
41 uide him/ for alle weren abidinge him/ And lo a man to whom þe name
was iayrus: & he was prince of a synagoge/ and he fel doun at þe feet
42 of ihū: & preiede him þat he schulde entre in to his hous/ for he hadde
but oo douȝtir `of twelue ȝeer elde " almoost· and sche was deed/ And
43 it bifel þe while he wente· he was þrist[5] of þe puple/ And a womman
þat hadde þe[2] fluxe of blood twelue ȝeer: & hadde spendid al hir catel
44 in lechis· & [sche] myȝte not be curid of ony/ and sche came nyȝ bi-
hynde: & touchide þe hemme of his cloþ/ and anoon þe fluxe of hir
45 blood ceesside/ And ihū seide/ who is *it* þat touchide me/ And whanne
alle men denyeden: petir seide & þei þat weren wiþ him/ comaundour·
46 þe puple þristen & disesen þee: and þou seist/ who touchide me? And

ihc̄ seide/ sum man haþ touchid me· for [*that*] uertu ȝede out of me/
47 And þe womman seynge þat it was not hid fro him: cam tremblynge &
felle doun at his feet· and for what cause sche had touchid him: sche
48 schewide bifore al þe puple· & hou anoon sche was helid/ And he sei-
49 de to hir/ douȝter þi feiþ haþ maad þee saaf/ go þou in pees/ And ȝit
while he spak· a man cam fro þe prince of þe synagoge· & seide to him/
50 þi douȝtir is deed: nyle þou traueile þe maistir/ And whanne þis word
was herd: ihc̄ answeride to þe fadir of þe damesel/ Nile þou drede: but
51 bileeue þou oonly & sche shal be saaf/ And whanne he cam to þe hous:
he suffride no man to entre with him but petir & ioon & iames & þe fa-
52 dir & þe modir of þe damesel/ and alle wepten & biweiliden hir/ And
53 he seide/ Nile ȝe wepe/ for þe damesel is not deed: but slepiþ/ and þei
54 scornyden him: and wisten þat sche was deed/ but he heelde her hond
55 & criede & seide/ Damesel rijse up/ and hir spirit turnyde aȝen: & sche
56 roos anoon/ And he comaundide to ȝiue to hir: to ete/ and hir fadir &
modir wondriden gretly/ and he comaundide hem þat þei schulden not
sey to ony þat þing þat was don/

9   And whanne þe twelue apostlis weren clepid togidre: ihc̄ ȝaf to hem
uertu & power on alle deuelis: & `þat´ þei schulden heele sijknessis/
2 and he sente hem [*for*] to preche þe kingdom of god: & to heele sijk
3 men/ And he seide to hem/ no þing take ȝe in þe wei· neiþer *a* ȝerde ne
4 scrippe· neþer breed ne money· `&´ neþir haue ȝe two cootis/ and in to
5 what hous þat ȝe entren: dwelle ȝe þere & go ȝe not out fro þennes/ and
who euere resseyue[*n*] not ȝou: go ȝe out of þat citee· & schake ȝe off
6 þe poudir of ȝoure feet in to witnessing on[1] hem/ And þei ȝeden forþ &
7 wenten aboute bi castellis prechinge & heelynge euery where/ And he-
roude tetra*r*k: herde alle þingis þat weren don of him/ and he doutide
8 for [*that*] it was seid of summe men: þat ioon was rise fro deþ/ & of
sum men: þat helie hadde appeerid/ but of oþere þat oon of þe elde
9 prophetis was risen/ and heroude seide/ I haue biheedid ioon/ and who
10 is þis: of whom I heere siche þingis? and he souȝte to se him/ And þe
[*a*]postlis turnyde aȝen: & telden to him alle þingis þat þei hadden don/
And he took hem: & wente bisidis in to a desert place þat is bethsaida/
11 and whanne þe puple knewen þis: þei folewiden him/ and he resceyu-
ede hem: & spak to hem of þe kingdom of god/ and he heelide hem: þat
12 hadden nede of cure/ and þe dai biganne to bowe doun/ And þe twelue
camen & seiden to him· leeue þe puple: þat þei go & turne in to *þe* cas-
tels & tounnes þat ben aboute þat þei fynde mete: for we ben `heere´
13 in [*a*] desert place/ and he seide to hem/ ȝiue ȝe [*to*] hem to ete/ And
þei seiden/ þer ben not `to´ us: moo þan fyue looues & two fishis/ but
14 perauenture þat we go & bie metis to al þe[2] puple/ and þe men weren
almest fyue þousynd/ and he seide to his disciplis/ Make ȝe hem sitte

---

9. [1] *prec. by* in *exp. & cr. out MS*   [2] this   [3] *at*   [4] *from is MS*   [5] *prec. by* us *exp. &*
cr. out MS

15 to mete· bi cumpenyes a fifty togidre/ and þei diden so/ And þei maden
16 alle men sitte to mete/ And whanne he had take þe fyue looues & twey
   fishis: he bihelde in to heuene & blesside hem & brake & delide to his
17 disciplis: þat þei schulden sette forþ bifore þe cumpenyes/ and alle men
   eeten & weren fulfillid/ and þat þat lefte to hem of brokun metis was
18 takun up: twelue cofyns/ And it was don whanne he was aloone· prei-
   ynge: hise disciplis weren with him/ and he axide hem & seide/ whom
19 seyn þe puple þat I am? And þei answeriden & seiden/ ioon baptist/
   oþere *men* seyn· helie/ and oþere seyn: o prophete of þe formere is ri-
20 se/ And he seide to hem/ But who seyn ӡe þat I am? Symound petir
21 answeride & seide/ þe crist of god/ And he blamynge hem: comaundi-
22 de þat þei schulden sey to no man· & seide þese þingis/ for it bihouiþ
   mannus sone: to suffre many þingis/ & to be reproued of þe eldir men:
   & of þe princis of prestis & of scribis/ & to be slayn: & þe þridde day
23 to rijse aӡen/ and he seide to alle/ If ony wole come aftir me: denye he
24 him silf & take he his cross euery day & sue he me/ for he þat wole ma-
   ke his lijf saaf: schal leese it/ and he þat leesiþ his lijf for me: schal ma-
25 ke it saaf/ And what profitiþ it to a man if he wynne al þe world & lee-
26 se him silf? & do peiryng of him silf/ for who so schamiþ me & my
   wordis: mannes sone schal schame him whanne he comiþ in his ma-
27 gestee & of þe fadris & of þe hooly aungels/ And I sey to ӡou verily·
   þer ben summe stondinge heere· whiche schul not taste deþ: til þei seen
28 þe rewme of god/ And it was don aftir þese wordis· almest eiӡte daies:
   and he took petir & iames & ioon/ and he stiede in to an hil: to preie/
29 and while he preiede: þe liknesse of his chere was chaungid· & his clo-
30 þing was whijt schynynge/ & lo two men spaken with him/ and moy-
31 ses & helie weren seen in magestee· and þei saien his going out· whi-
32 che he schulde fulfille in ierusalem/ and petir & þei þat weren wiþ him:
   weren heuy of sleep/ and þei wakynge sauӡen his maiestee· & þe twey
33 men þat stoden with him/ And it was don whanne þei departiden fro
   him: petir seide to ihū/ comaundour it is good þat we be heere/ and ma-
   ke we heere þre tabernaclis/ oon to þee & oon to moyses: & oon to he-
34 lie/ and he wiste not what he schulde sey/ but while he spak þese þing-
   is: a cloude was maad & ouerschadewide hem/ and þei dredden: whan-
35 ne þei entriden in to þe cloude/ And a voice was maad out of þe clou-
36 de· & seide þis is my dereworþe sone: heere ӡe him/ And while þe voi-
   ce was maad: ihū was founde aloone/ & þei weren stille: & to no man
37 seiden in þo daies ouӡt of þo þingis þat þei hadden seen/ But it was don
   in þe day suynge whanne þei camen doun of þe hil: myche puple met-
38 te hem/ and lo a man of þe cumpeny: criede & seide/ Maistir I biseche
39 þee biholde my sone: for I haue no mo and lo a spirit takiþ him· and so-
   deynly he crieþ & hurtliþ doun· & to-drawiþ him wiþ foom/ and vneþe
40 he goþ awey alto-drawynge him/ and I preiede þi disciplis: þat þei
   schulden caste him out & þei myӡten not/ And ihc̄ answeride & seide
41 to hem/ A vnfeiþful generacioun & weiward: hou longe schal I be anen-
42 tis[3] ӡou & suffre ӡou? bringe hidir þi sone/ and whanne he cam niӡ: þe

43 deuel hurtlide him doun· and to-braide him/ And ihc̄ blamyde þe vncle-
44 ne spirit: & helide þe child & ȝeldide him to his fadir/ And alle men
   wondriden gretly in [*the*] gretnesse of god/ and whanne alle men won-
   driden in alle þingis þat he dide: he seide to his disciplis/ putte ȝe þese
   wordis in ȝoure hertis/ for it is to come· þat mannus sone be bitraied in
45 to þe hondis of men/ and þei knewen not þis word· and it was⁴ hid bi-
   fore hem: þat þei feelide it not/ and þei dredden to axe him of þis word/
46, 47 But a þouȝt entride in to hem: who of hem schulde be grettist/ And ihū
   seynge þe þouȝtis of þe herte of hem: took a child and settide him bi-
48 sidis him· and seide to hem/ who euere resceyuiþ þis child in my na-
   me: resceyuiþ me/ and who euer resceyuiþ me: resceyuiþ him þat sen-
49 te me/ for he þat is leest among ȝou alle: is þe grettist/ And ioon ans-
   weride & seide/ Comaundour we sauȝen a man castinge out feendis in
50 þi name/ and we haue forbeden him: for he sueþ not þee⁵ wiþ us/ And
   ihc̄ seide to him/ nyle ȝe forbede for he þat is not aȝens us: is for us/
51 And it was don whanne þe daies of his takyng up weren fulfillid: he set-
52 tide faste his face to go to ierusalem· and sente messangers bifore his
   siȝt/ and þei ȝeden & entriden in to a citee of samaritans: to make redy
53 to him/ and þei resceyueden not him· for þe face `of him " was goynge
54 in to ierusalem/ And whanne iames & ioon his disciplis sauȝen: þei sei-
   den/ lord wolt þou þat we sey þat fijr come doun fro heuene· & waste
55 hem/ And he turnyde: & blamyde hem & seide/ ȝe witen not whos spi-
56 ritis ȝe ben/ for mannus sone cam not to leese mennus soulis: but to
57 saue/ and þei wenten in to an ooþer castel/ And it was don whanne þei
   walkiden [*in*] þe wey: a man seide to him/ y schal sue þee: whidere
58 euer þou go/ And ihc̄ seide to him/ foxis han dennes & briddis of þe eir
59 han nestis/ but mannus sone haþ not where he reste his heed/ And he
   seide to an ooþer/ sue þou me/ and he seide/ lord suffre me first to go
60 & birie my fadir/ And ihc̄ seide to him/ suffre þat deed men: birie her
61 deed men: but go þou & telle þe kyngdom of god/ And an ooþer seide/
   lord I shal sue þee but first suffre me to leue alle þingis þat ben at
62 hoom/ And ihc̄ seide to him/ no man þat puttiþ his hond to þe plouȝ &
   biholdinge bacward: is able to þe rewme of god/

10   And aftir þese þingis: þe lord ihū ordeynide also oþere seuenty &
   two/ and *he* sente hem bi tweyne & tweyne bifore his face: in to euery
2 citee & place whidere he was to come/ And he seide to hem/ þer is my-
   che rijpe corn & fewe werk men/ þerfore preie ȝe þe lord of þe rijpe
3 corn: þat he sende werkmen in to his rijpe corn/ go ȝe lo I sende ȝou:
4 as lambren among wolues/ þerfor nyle ȝe bere a sachel neþer scrip·
5 neþer schoon· and grete ȝe no man bi þe wey/ in to what hous þat ȝe
6 entren· first sey ȝe· pes to þis hous/ and if a sone of pees be þere: ȝou-
7 re pees schal reste on him/ but if noon: it schal turne aȝen to ȝou/ And
   dwelle ȝe in þe same hous: etynge & drinkynge þo þingis þat ben at

---

10. ¹ til to   ² til in to   ³ on   ⁴ this

hem/ for a werk man is worþi his hijre/ nyle ȝe passe from hous in to

8 hous/ And in to what euer citee ȝe entren· & þei resceyuen ȝou: ete ȝe

9 þo þingis þat ben sett to ȝou/ and heele ȝe þe sijk men þat ben in þat

10 citee: and sey ȝe to hem/ þe kingdom of god schal neiȝe in to ȝou/ In

to what citee ȝe entren· & þei resseiuen ȝou not· go ȝe out in to þe stre-

11 tis of it· & sey ȝe/ we wipen off aȝens ȝou þe poudere þat cleuyde to us

of ȝoure citee/ neþeles wite ȝe þis þing: þat þe rewme of god schal co-

12 me niȝ/ I sey to ȝou· þat to sodom it schal be esier: þan to þat citee in

13 þat day/ wo to þee corozaym wo to þee bethsaida/ for if in tyre & sy-

don þe uertues hadden be don whiche han be don in ȝou: sumtyme þei

14 wolden haue sete in heire & aischis· & haue don penaunce/ neþeles to

15 tyre & sidon it schal be esier in þe doom: þan to ȝou/ And þou caphar-

16 naum art enhaunsid vnto[1] heuen: þou schalt be drenchid vnto[2] helle/ He

þat heriþ ȝou: heriþ me/ and he þat dispisiþ ȝou dispisiþ [me: and he

17 þat dispisiþ] me: dispisiþ hym þat sente me/ And þe two & seuenty dis-

ciplis turnyden aȝen wiþ ioie & seiden/ lord also deuelis ben sugett to

18 us in þi name/ And he seide to hem/ I sauȝ sathanas fallynge doun fro

19 heuene as leit/ and lo I haue ȝoue to ȝou power to trede on serpentis &

[on] scorpiouns· & on al þe vertu of þe enemy: and no þing schal ano-

ie ȝou/ neþeles nyle ȝe ioie of[3] þis þing· þat spiritis ben sugett to ȝou/

20, 21 but ioie ȝe þat ȝoure names ben writen in heuenes/ In þilke hour he gla-

dide in þe hooly goost: & seide/ I knowleche to þee fadir: lord of heue-

ne & of erþe/ for þou hast hid þese þingis fro wise men & prudent: &

hast schewid hem to smale children/ ȝhe fadir: for so it pleside bifore

22 þee/ Alle þingis ben ȝouen to me of my fadir/ and no man woot who is

þe sone: but þe fadir/ & who is þe fadir: but þe sone· & to whom þe so-

23 ne wole schewe/ And he turnyde to his disciplis & seide/ Blessid ben

24 þe iȝen: þat seen þo þingis þat ȝe seen/ for I sey to ȝou· þat many pro-

phetis & kyngis wolden haue seye þo þingis þat ȝe seen: & þei siȝen

25 not/ & heere þo þingis þat ȝe heren: & þei herden not/ And lo a wise

man of þe lawe roos up: temptynge him & seiynge/ Maister what

26 [thing] schal I do to haue euerlastinge lijf/ and he seide to him/ what is

27 write in þe lawe? hou redist þou? he answeride & seide/ þou schalt loue

þi lord god of al þin herte: & of al þi soule· & of alle þi strengþis· & of

28 al þi mynde/ and þi neiȝbore as þi self/ And ihc̄ seide to him/ þou hast

29 answerid riȝtly/ do þis þing: and þou schalt lyue/ But he willynge to

30 iustifie him silf: seide to ihū/ and who is my neiȝbore? And ihc̄ bihel-

de & seide/ A man cam doun fro ierusalem in to iericho· & fel among

þeefes· and þei robbiden him & woundiden him & wenten awey· & lef-

31 ten þe man half alyue/ And it bifel þat a prest cam doun þe same wey:

32 & passide forþ whanne he had seie him/ Also a dekene whanne he was

33 bisidis þe place & sauȝ him: passide forþ/ But a samaritan goynge þe

34 wey: cam bisidis him/ and he siȝe him· and hadde reuþe on him· and

cam to him/ & bonde togidre his woundis: & helde yn oile & wyn· &

leide him on his beest/ and ledde *him* in to an ostrie & dide þe cure of

35 him/ and an ooþer dai he brouȝte forþ two pens & ȝaf to þe ostiler &

seide/ haue *þou* [*the*] cure of him/ and what euer þou schalt ʒiue ouer:

36 I schal ʒelde `to´ þee whanne I come aʒen/ who of þese þre semiþ to

37 þee: was neiʒbore to him þat fel among þeefes? And he seide/ he þat
dide mercy in to him/ And ihc̄ seide to him/ go þou & do þou on lijk

38 manere/ And it was don while þei wenten he entride in to a castel/ and

39 a womman Martha bi name: resceyuide him in to hir hous/ and to þes[4]
þer was a sistir Marie bi name/ whiche also saat bisidis þe feet of þe

40 lord: & herde his word/ But martha bisiede aboute þe ofte seruyce/ and
sche stood & seide/ lord takist `þou´ no kepe þat my sistir haþ left me

41 aloone to serue? þerfor sey þou to hir: þat sche helpe me/ And þe lord
answeride & seide to hir/ Martha martha þou art bisy: & art troublid

42 aboute ful many þingis/ but o þing is necessarie/ marie haþ chose þe
beste part: whiche schal not be take awei fro hir/

11   And it was don whanne he was preiynge in a place· as he ceesside:
oon of his disciplis seide to him/ lord teche us to preie: as ioon tauʒte

2 his disciplis/ And he seide to hem/ whanne ʒe preien: seie ʒe/ Fadir ha-

3 lewid be þi name/ þi kyngdom come to/ ʒiue to us todai oure ech daies

4 breed/ and forʒiue to us oure synnes: as we forʒiuen to ech man þat

5 owiþ to us/ and lede us not in to temptacioun/ And he seide to hem/
who of ʒou schal haue a frend & schal go to him at myd niʒt· & schal

6 sey to him/ freend leene to me þre looues/ for my frend comiþ to me

7 fro þe wei: and I haue not what I schal sette bifore him/ and he wiþyn-
neforþ answere & sey/ Nile þou be heuy to me/ þe dore is now schitt/

8 and my children ben wiþ me in bed: I may not rijse & ʒiue to þee/ And
if he schal dwelle stille knockynge· I sey to ʒou: þouʒ he schal not rij-
se & ʒiue to him for þat· þat he is his frend/ neþeles for his contynuel

9 axyng· he schal rijse & ʒiue to him: as many as he haþ nede to/ And I
sey to ʒou/ axe ʒe: and it schal be ʒoue to ʒou/ seke ʒe: & ʒe schul fyn-

10 de/ knocke ʒe: and it schal be opened to ʒou/ for ech þat axiþ: takiþ/
and he þat sekiþ: fyndiþ/ and to a man þat knockiþ: it schal be opened/

11 þerfor who of ʒou axiþ his fadir breed: wheþer he schal ʒiue him a
stoon? or if he axiþ fishe: wheþer he schal ʒiue him a serpent for þe

12, 13 fisch? or if he axe an eye: where he schal areche him a scorpioun? þer-
for if ʒe whanne ʒe ben yuele kunnen ʒiue gode ʒiftis to ʒoure children:
hou myche more ʒoure fadir of heuene schal ʒiue a good spirit to men

14 þat axen him/ And ihū was castinge out a feend: and he was doumbe/
and whanne he had cast out þe feend: þe doumbe man spake· and þe

15 puple wondride*n*/ And summe of hem seiden/ In belzebub prince of de-

16 uelis: he castiþ out deuelis/ and oþere temptynge: axiden of him a to-

17 ken fro heuene/ and as he siʒ þe þouʒtis of hem: he seide to hem/ eue-

18 ry rewme departid aʒens it silf: schal be desolat/ and an hous schal fal-
le on an hous/ and if sathanas be departid aʒens him silf· hou schal his

19 rewme stonde/ for ʒe seyn þat I caste out fendis in belzebub/ and if I in

---

11. [1] tho

belzebub caste out fendis: in whom casten [*out*] ȝoure sones? þerfor þei
20 schul be ȝoure domesmen/ But if I caste out fendis in þe fyngir of god:
21 þanne þe rewme of god is come among ȝou/ whanne a strong armed
22 man kepiþ his hous: alle þingis þat he weldiþ ben in pees/ but if a
strengere þan he come upon him & ouercome him: he schal take awey
23 al his armure in whiche he tristide & schal dele abrood his robries/ He
þat is not wiþ me: is aȝens me/ and he þat gederiþ not togidere wiþ me:
24 scateriþ abrood/ whanne an vnclene spirit goþ out of a man: he wan-
driþ bi drie placis· & sekiþ reste/ and he fyndynge not: seiþ/ I schal tur-
25 ne aȝen in to myn hous: fro whens I came out/ and whanne he comiþ:
26 he fyndiþ it clensid with besmes & faire araied/ þanne he goþ & takiþ
with him seuene oþere spiritis worse þan him silf: & þei entren &
dwellen þere/ and þe laste þingis of þat man: ben maad worse þan þe
27 formere/ And it was don whanne he had seid þese þingis: a womman
of þe cumpenye reride hir voice & seide to him/ blessid be þe wombe
28 þat bare þee· & blessid be þe tetis þat þou hast soken/ And he seide/ but
29 ȝhe/ blessid be þei þat heren þe word of god & kepen it/ And whanne
þe peple runnen togidre: he biganne to sey/ þis generacioun is a wei-
ward generacioun/ it sekiþ a token/ and a tokene schal not be ȝouun to
30 it: but þe token of ionas þe prophet/ for as ionas was a token to men of
31 nynyue: so mannus sone schal be to þis generacioun/ þe queen of þe
souþe schal rijse in doom with men of þis generacioun: & schal con-
dempne hem/ for sche came fro þe endis of þe erþe for to here þe wis-
32 dom of salomon/ and lo here is a grettere þan salomon/ Men of nyny-
ue schul rijse in doom with þis generacioun: & schul condempne it/ for
þei diden penaunce in þe preching of ionas/ and [*lo*] here is a grettere
33 þan ionas/ No man teendiþ a lanterne: & puttiþ in hidlis· neþer vndir a
34 bushel· but on a candilstik: þat þei þat gon yn· se liȝt/ þe lanterne of þi
bodi: is þin iȝe/ if þin iȝe be symple: al þi bodi schal be liȝty/ but if it
35 be weiward: al þi bodi schal be derkful/ þerfor se þou lest þe liȝt þat is
36 in þee be derknessis/ þerfore if al þi bodi be briȝt & haue no part of
derknessis: it schal be al briȝt/ and as a lanterne of briȝtnesse· it schal
37 ȝiue liȝt to þee/ And whanne he spak: a farisee preiede him þat he
38 schulde ete wiþ him/ And he entride & saat to þe mete/ and þe farisee
biganne to sey gessynge wiþynne him silf: whi he was not waische bi-
39 fore mete/ And þe lord seide to him/ now ȝe farisees clensen þat þat is
wiþoutforþ of þe cuppe & þe platere: but þat þing þat is wiþynne of
40 ȝou is full of raueyne & wickidnesse/ foolis where he þat made þat þat
41 is wiþoutforþ: made not also þat· þat is wiþynne? neþeles þat þat is ou-
42 erpluis ȝiue ȝe almes: and lo alle þingis ben clene to ȝou/ But wo to ȝou
farisees þat tiþen mynte & rue & ech eerbe: & leuen doom & þe cha-
rite of god/ for*soþe* it bihofte to do þese þingis: & not *to* leue þilke[1]/
43 woo to ȝou farisees þat louen þe firste chaieris in synagogis: & saluta-
44 ciouns in cheping/ woo to ȝou þat ben as sepulcris þat ben not seen: and
45 men walkynge aboue witen not/ But oon of þe wise men of [*the*] lawe
answeride & seide to him/ Maistir þou seiynge þese þingis: also to us

46 doist dispite/ And he seide/ Also woo to ȝou wise men of lawe/ for ȝe
   chargen men with birþens whiche þei moun not bere: and ȝe ȝou silf
47 wiþ ȝoure o fyngir touchen not þe heuynessis/ woo to ȝou þat bilden
48 tumbis of prophetis/ and ȝoure fadris slowen hem/ treuly ȝe witnessen
   þat ȝe consenten to þe werkis of ȝoure fadris/ for þei slouen hem: but
49 ȝe bilden her sepulcris/ þerfore þe wisdom of god seide/ I schal sende
50 to hem prophetis & apostlis: & of hem þei schul sle & pursue/ þat þe
   blood of alle prophetis þat was sched fro þe makyng of þe world: be
51 souȝt of þis generacioun/ fro þe blood of [the] iust abel to þe blood of
   Zacharie: þat was slayn bitwixe þe auter & þe hous/ so I sey to ȝou: it
52 schal be souȝt of þis generacioun/ woo to ȝou wise men of þe lawe: for
   ȝe han take awei þe keie of kunnyng/ and ȝe ȝou silf entriden not: and
53 ȝe han forbede hem þat entriden/ And whanne he seide þese þingis to
   hem: þe farisees & wise men of lawe bigunnen greuously to aȝenston-
54 de & stoppe his mouþ of many þingis· aspiynge him/ & sekynge to ta-
   ke sum þing of his mouþe to accuse him/

12   And whanne myche puple stood aboute· so þat þei trediden ech on
   ooþer: he biganne to sey to his disciplis/ Be ȝe war of þe sourdouȝ of
2 [the] pharisees þat is ypocrisie/ for no þing is hilid þat schal not be
3 schewid/ neþer hid: þat schal not be wist/ forwhi þo þingis þat ȝe han
   seid in derknessis: schul be seid in liȝt/ and þat· þat ȝe han spoke in ee-
4 re in [the] couchis: schal be prechid on[1] roofis/ And I sey to ȝou my
   frendis/ be ȝe not aferd of hem þat sleen þe bodi· & aftir þese þingis
5 han no more what þei schul do/ but I schal schewe to ȝou: whom ȝe
   schul drede/ drede ȝe him· þat aftir he haþ slayn: he haþ power to sen-
6 de in to helle/ and so I sey to ȝou: drede ȝe hym/ where fyue sparowis
   ben not sold for two halpens: and oon of hem is not in forȝetyng bifo-
7 re god? but also alle [the] heeris of ȝoure heed: ben noumbrid/ þerfor
8 nyle ȝe drede: ȝe ben of more prijs þan many sparowis/ treuly I sey to
   ȝou· ech man þat knowlechiþ me bifore men: mannus sone schal
9 knowleche him bifore þe aungels of god/ but he þat denieþ me bifore
10 men: schal be denyed bifore þe aungelis of god/ And ech þat seiþ a
   word aȝens mannus sone: it schal be forȝouen to him/ but it schal not
11 be forȝouun to him: þat blasfemiþ aȝens þe hooly goost/ And whanne
   þei leden ȝou in to synagogis & to magistratus & potestatis: nile ȝe be
12 bisy hou or what ȝe schul answere· or what ȝe schul sey/ for þe hooly
13 goost schal teche ȝou in þat hour· what it bihouiþ ȝou to sey/ And oon
   of þe peple seide to him/ Maistir sey to my broþer: þat he departe with
14 me þe heritage/ And he seide to him: man who ordeynede me a do-
15 mesman or a departere on ȝou? And he seide to hem/ se ȝe & be [ȝe]
   war of al coueitise/ for þe lijf of a man· is not in þe abundaunce of þo
16 þingis whiche he weldiþ/ And he tolde to hem[2] a licnesse & seide/ þe
17 feeld of a riche man brouȝte forþ plenteuous fruytis: and he þouȝte

---

12. [1] in   [2] from him MS   [3] schulde

wiþynne him silf· & seide/ what schal I do for I haue not whidre I schal

18 gadre my fruytis? And he seiþ þis þing I schal do/ I schal þrowe doun
my bernes: & I shal make grettere/ and þidere I schal gadre alle þingis

19 þat growen to me & my goodis/ And I schal sey to my soule· soule þou
hast many goodis kept in to ful many ʒeris/ reste þou· ete· drinke & ma-

20 ke feeste/ And god seide to him/ fool in þis niʒt þei schul take þi lijf fro

21 þee/ and whos schuln þo þingis be þat þou hast araied? so is he þat tre-

22 souriþ to him silf: & is not riche in god/ and he seide to his disciplis/
þerfore I sey to ʒou· nyle ʒe be besy to ʒoure lijf· what ʒe schul ete/

23 neþer to ʒoure body wiþ what ʒe schul be cloþid/ þe lijf is more þan

24 mete: & þe bodi more þan cloþing/ Biholde ʒe crowis: for þei sowen
not neþer repen/ to whiche is no celer ne berne: & god fediþ hem/ hou

25 myche more ʒe ben of more prijs þan þei/ And who of ʒou biþenkynge:

26 mai putte to oo cubit to his stature? þerfor if ʒe moun not þat· þat is

27 leest: what ben ʒe bisy of oþere þingis? Biholde ʒe þe lilies of þe feld
hou þei wexen/ þei traueilen not neþer spynnen/ and I sey to ʒou: þat

28 neþer salomon in al his glorie was cloþid as oon of þese/ and if god
cloþiþ þus þe hey þat to-dai is in þe feeld· & to morowe is cast in to an

29 ouen: hou myche more ʒou of litil feiþ? And nyle ʒe seke what ʒe shul

30 ete or what ʒe schul drinke: and nyle ʒe be reysid an hiʒ: for folkis of
þe world: seken alle þese þingis/ and ʒoure fadir woot· þat ʒe neden al-

31 le þese þingis/ neþeles seke ʒe first þe kingdom of god: and alle þese

32 þingis schul be cast to ʒou/ Nile ʒe litil floc drede/ for it pleside to ʒou-

33 re fadir to ʒiue ʒou a kyngdom/ sille ʒe þo þingis þat ʒe han in posses-
sioun: & ʒiue ʒe almes/ and make ʒe to ʒou sachels þat wexen not ol-
de: tresour þat failiþ not in heuenes· whidere a þeef neiʒeþ not neþer

34, 35 mouʒte distrieþ/ for where is þi tresour: þere þin herte schal be/ Be

36 ʒoure leendis gird aboue: and lanternes brennynge in ʒoure hondis/ and
be ʒe lijk to men þat abijden her lord: whanne he schal `turne aʒen fro
þe weddingis/ þat whanne he schal´ come & knocke: anoon þei opene

37 to him/ blessid be þo seruauntis: þat whanne þe lord schal come· he
schal fynde wakynge/ treuly I sey to ʒou· þat he schal girde hym silf:

38 & make hem sitte to mete/ and he schal go & serue hem/ and if he co-
me in þe secunde wakyng· & if he come in þe þridde wakyng & fynde

39 so: þo seruauntis ben blessid/ And wite ʒe þis þing/ for if an housbon-
de man wiste in what hour þe þeef wolde come: soþly he wolde[3] wake

40 & not suffre his hous to be myned/ and be ʒe redy: for in what hour ʒe

41 gessen not: mannus sone schal come/ And petir seide to him/ lord seist

42 þou þis parable to us: or to alle? And þe lord seide/ who gessist þou is
a trewe dispendere & a prudent: whom þe lord haþ ordeyned on his

43 meynee to ʒiue hem in tyme mesure of whete? blessid is þat seruaunt

44 þat þe lord whanne he comiþ shal fynde so doynge/ verrily I sey to ʒou·

45 þat on alle þingis þat he weeldiþ: he schal ordeyne him/ þat if þat ser-
uaunt sey in his herte: my lord tarieþ to come/ & bigynne to smyte
children & hand maidens: & ete & drynke & be [ful]fillid ouer mesure/

46 þe lord of þat seruaunt schal come in þe day þat he hopiþ not: & in þe

hour þat he woot not/ and schal departe him: and putte his part wiþ
47 vnfeiþful men/ But þilke seruaunt þat knewe þe wille of his lord & ma-
de not him redy· & dide not aftir his wille: schal be bete with many be-
48 tyngis/ but he þat knewe not & dide worþi þingis of strokis: schal be
bete wiþ fewe/ for to eche man to whom myche is ȝouun: myche schal
be axid of him/ and þei schul axe more of him: to whom þei bitoken
49 myche/ I cam to sende fijr in to þe erþe/ and what wole I but þat it be
50 kyndlid? And I haue to be baptisid wiþ a bapty[s]m/ & hou am I con-
51 streyned: til þat it be parfitly don/ wene ȝe þat I cam to ȝiue pees in to
52 erþe? nay I sei to ȝou: but departyng/ for fro þis tyme· þer schul be fy-
ue departid in oon hous/ þre schul be departid aȝens tweyne: and twey-
53 ne schul be departid aȝens þree/ þe fadir aȝens þe sone: and þe sone
aȝens þe fadir/ þe modir aȝens þe douȝtir: and þe douȝtir aȝens þe mo-
dir/ þe housbondis modir aȝens þe sones wijf: and þe sones wijf aȝens
54 hir housbondis modir/ And he seide also to þe peple/ whanne ȝe seen a
cloude risynge fro þe sunne goynge doun: anoon ȝe seyn· reyn comiþ·
55 & so it is don/ and whanne ȝe seen þe souþ blowynge· ȝe seyn þat hee-
56 te schal be· and it is don/ ypocritis ȝe kunnen preue þe face of heuene
57 & of erþe: but hou preuen ȝe not þis tyme? but what & of ȝou silf ȝe
58 demen not þat· þat is iust/ But whanne þou goost wiþ þin aduersarie in
[the] wey to þe prince: do þi bisynesse to be delyuered fro him/ lest per-
auenture he take þee to þe domesman· and þe domesman bitake þee to
59 þe maistirful axer· and þe maistirful axer sende þee in to prisoun/ I sey
to þee· þou schalt not go fro þenns: til þou ȝeelde þe laste ferþing/

13   And sum men weren present in þat tyme· þat tolden to him of þe ga-
2 lileis: whos blood pilat medlide[1] wiþ þe sacrificis of hem/ And he ans-
weride & seide to hem/ wenen ȝe þat þese men of galilee weren syn-
3 ners· more þan alle galileis· for þei suffriden siche þingis? I sey to ȝou
4 nay/ alle ȝe schul perische in lijk manere: but ȝe haue penaunce/ and as
þo eiȝtene on whiche þe tour of[2] syloa fel doun & slouȝ hem: gessen
ȝe for þei weren dettouris more þan alle men þat dwellen in ierusalem?
5 I sei to ȝou· nay/ but also ȝe alle schul perische: if ȝe don not penaun-
6 ce/ And he seide þis liknesse/ A man hadde a fige tree plauntid in his
7 vyneȝerd: and he cam sekynge fruyt in it· & foonde noon/ And he sei-
de to þe tilier of þe vynȝerd/ lo þree ȝeeris ben siþ I cam[3] sekynge fru-
it in þis fige tree: & I fynde noon/ þerfore kitte it doun· wherto ocupieþ
8 it þe erþe? & he answeringe: seide to him/ lord suffre it also þis ȝeer·
9 þe while I delue aboute it· and I schal dunge it/ if it schal make fruit/ if
10 not[4]: in tyme comynge þou schalt kitte it doun/ And he was techinge in
11 her synagoge in þe sabatis/ And lo a womman þat hadde a spirit of sijk-
nesse eiȝtene ȝeris: and was crokid· & neþer ony maner myȝte loke up-
12 ward/ whom whanne ihc̄ had seen: he clepide to him & seide to hir/
13 womman þou art delyuered of þi sijknesse/ and he sette on hir his hon-

---

13. [1] myngide   [2] in   [3] come   [4] nay

14 dis: and anoon sche stood upriȝt· & glorifiede god/ And þe prince of þe
synagoge answeride hauynge dedeyn for ihc̄ had heelid in þe sabot: and
he seide to þe puple/ þer ben sixe daies· in whiche it bihoueþ to wor-
15 che/ þerfor come ȝe in þese· & beþ heelid: & not in þe dai of sabot/ but
þe lord answeride to him & seide/ ypocrite wher ech of ȝou vntieþ not
16 in þe sabot his oxe or asse fro þe cracche: & lediþ to watir? bihouide
[it] not þis douȝtir of abraham· whom sathanas haþ boundun lo eiȝtene
17 ȝeeris· to be vnbounde of þis boond in þe day of þe sabot? And whan-
ne he seide þese þingis· [alle] his aduersaries weren aschamed/ and al
18 þe puple ioiede in alle þingis: þat weren gloriously don of him/ þerfor
he seide· to what þing is þe kyngdom of god lijk? and to what þing
19 schal I gesse it to be lijk? It is lijk to a corn of seneuey: whiche a man
took & caste in to his ȝerd/ and it waxe: & was maad in to a greet tree/
20 and foulis of þe eir restiden in þe braunchis þerof/ And eftsoone he sei-
21 de/ to what þing schal I gesse þe kingdom of god lijk? it is lijk to sour-
douȝ· þat a womman took & hidde it in to þre mesuris of mele til al we-
22 re sourid/ And he wente bi citees & castels: techinge & makynge a iour-
23 ney in to ierusalem/ & a man seide to him/ lord if þer ben fewe: þat
24 be[n] saued? And he seide to hem/ Stryue ȝe to entre bi þe streit ȝate/
25 for I sey to ȝou· many seken to entre: and þei schul not mowe/ for
whanne þe hosebonde man is entrid & þe dore is closid: ȝe schul bi-
gynne to stonde wiþoutforþ & knocke at þe dore & sey/ lord opene to
us/ And he schal answere & sey to ȝou/ I knowe ȝou not: of whennes
26 ȝe ben/ þanne ȝe schul bigynne to sey/ we haue ete bifore þee & drun-
27 ke: and in oure stretis þou hast tauȝt/ And he schal sey to ȝou· I knowe
ȝou not: of whennes ȝe ben/ go awey fro me: alle ȝe worchers of wick-
28 idnesse/ þere schal be wepyng & gryntyng of teeþ· whanne ȝe schul se
abraham & ysaac & iacob & alle þe prophetis in þe kyngdom of god:
29 & ȝou to be put out/ And þei schul come fro þe eest & west & fro þe
30 norþ & souþe: & schul sitte at þe mete in þe rewme of god/ And lo þei
þat weren þe firste: ben þe laste/ and þei þat weren þe laste: ben þe fir-
31 ste/ In þat dai summe of þe farisees camen niȝ & seiden to him/ go out
32 & go fro hennes: for heroude wole sle þee/ And he seide to hem/ go ȝe·
& sey ȝe to þat foxe/ lo y caste out fendis· and I make perfitly helþis to
33 dai & to morowe: and þe þridde day I am endid/ neþeles it bihouiþ me
todai & to morowe & þe `þridde´ dai þat sueþ to walke· for it falliþ not
34 a prophete to perische out of ierusalem/ Jerusalem ierusalem þat sleest
prophetis· & stoneste hem þat ben sent to þee/ hou ofte wolde `I´ gadre
togidre þi sones as a brid gaderiþ his neste vndir feþeris: and þou wol-
35 dist not? lo ȝoure hous schal be left to ȝou: desert/ And I sei to ȝou þat
ȝe schul not se me: til it come whanne ȝe schul sey· blessid is he þat co-
miþ in þe name of þe lord/

14   And it was don· whanne he had entrid in to þe hous of a prince of

---

14. [1] is   [2] sendynge

2 pharisees in þe sabot to ete breed: þei aspieden him/ and lo a man sijk
3 in þe dropesie was bifore him/ And ihc̄ answeringe spak to þe wise men
of lawe & to þe farisees & seide/ where it be[1] leueful to heele in þe sa-
4 bot? and þei helden pees/ and ihc̄ took & heelide him and lete him go/
5 and he answeride to hem & seide/ whos asse or oxe of ȝou schal falle
in to a pitt· and schal " he not anoon drawe him out in þe dai of þe sa-
6, 7 bot? and þei myȝten not answere to him to þese þingis/ He seide also
a parable to men bedun to a feeste· & *he* bihelde hou þei chosen þe fir-
8 ste sittinge placis: & seide to hem/ whanne þou art bede to bridalis: sit-
te not at þe mete in þe firste place/ lest perauenture a worþier þan þou
9 be bede of him and lest he come þat clepide þee & him & sey to þee/
ȝiue place to þis/ and þanne þou schalt bigynne with schame to holde
10 þe loweste place/ but whanne þou art bede to a feeste· go & sitte doun
in þe laste place/ þat whanne he comiþ þat bad þee to þe feeste: he sey
to þee· frend come hiȝere/ þanne worschipe schal be to þee bifore men
11 þat sitten at þe mete/ for ech þat enhaunsiþ hym: schal be lowid/ and
12 he þat mekiþ him: schal be hiȝed/ And he seide to him: þat hadde be-
de him to þe feeste/ whanne þou makist a mete or a sopere: nyle þou
clepe þi frendis· neþer þi briþeren· neþer cosyns· neþer neiȝboris· ne
riche men/ lest perauenture þei bidde þee aȝen to þe feeste: & it be ȝol-
13 de aȝen to þee/ But whanne þou makist a feeste: clepe pore men· feble
14 crokid & blynde/ and þou schalt be blessid: for þei han not wher of to
ȝelde þee/ for it schal be ȝolde to þee: in þe risyng aȝen of iust men/
15 And whanne oon of hem þat saten togidre at þe mete hadde herd þese
þingis he seyde to him/ Blessid is he þat schal ete breed in þe rewme
16 of god/ and he seide to him/ A man made a greet soper: & clepide ma-
17 ny/ and he sente his seruaunt in þe hour of soper to sey to men þat we-
ren bede to þe feeste: þat þei schulden come/ for now alle þingis ben
18 redy/ & alle bigunnen togidre to excuse hem/ þe firste seide/ I haue
bouȝt a toun: and I haue nede to go out & se it/ I preie þee: haue me ex-
19 cusid/ And þe ooþer seide/ I haue bouȝt fyue ȝockis of oxen· & I go to
20 preue hem/ I preie þee: haue me excusid/ And an ooþer seide/ I haue
21 weddid a wijf: and þerfor I may not come/ And þe seruaunt turnyde
aȝen· & tolde þese þingis to his lord/ þanne þe hosebonde man was
wrooþ· & seide to his seruaunt/ go out swyþe in to þe grete stretis & *þe*
smale stretis of þe citee· and brynge yn hidere pore men & feble· blyn-
22 de *men* & crokid/ And þe seruaunt seide/ lord it is don as þou hast co-
23 maundid: & ȝit þer is a voide place/ And þe lord seide to þe seruaunt/
go out in to weies & heggis· and constreyne `men´ to entre: þat myn
24 hous bi fulfild/ for I sey to ȝou· þat noon of þo men þat ben clepid schal
25 taste my soper/ and myche puple wenten wiþ him/ And he turnyde &
26 seide to hem/ If ony man comiþ to me & hatiþ not his fadir & modir &
wijf & sones· & briþeren & sistris· & ȝit his owne lijf: he may not be
27 my disciple/ and he þat beriþ not his crosse & comiþ aftir me: may not
28 be my disciple/ For who of ȝou willynge to buylde a tour: wher he fir-
ste sitte not· & countiþ þe spencis þat ben nedeful· if he haue to par-

29 fourme? lest aftir þat he haþ seet þe foundement· `&´ mowe not par-
30 fourme· alle þat seen bigynne to scorne him & sey/ for þis man bigan-
31 ne to bilde: and myȝte not make an ende/ Or what kyng þat wole go to
   do a bataile aȝens anooþir kyng: wher he sittiþ not first & biþenkiþ· if
   he may wiþ ten þousynd go aȝens him· þat comiþ aȝen him with twen-
32 ty þousynd/ ellis ȝit while he is aferr: he sendiþ² a messanger `&´ pre-
33 ieþ þo þingis þat ben of pees/ So þerfore ech of ȝou þat forsakiþ not
34 alle `þingis´ þat he haþ: mai not be my disciple/ Salt is good· but if salt
35 vanische: in what þing schal it be sauered? neþer in erþe ne[thir] in
   doung hil it is profitable: but it schal be cast out/ he þat haþ eeris of he-
   ring: here he·

15   And pupplicans & synful men weren neiȝynge to him: to heere him/
2 And þe farisees & scribis grucchiden: seiynge/ for *he* þis resseiuiþ syn-
3 ful men: & etiþ with hem/ And he spak to hem þis parable & seide/
4 what man of ȝou þat haþ an hundrid scheep· and if he haþ lost oon of
   hem: where he leueþ not nynty & nyne in desert· & goþ to it þat peri-
5 schide til he fynde it? and whanne he haþ founde it· he ioieþ· & leiþ it
6 on his schuldris/ and he comiþ hom & clepiþ togidre his frendis &
   neiȝboris & seiþ to hem/ Be ȝe glade with me: for I haue founde my
7 scheep þat hadde perishid/ And I sey to ȝou· so ioie schal be in heuene
   on o synful man doynge penaunce: more þan on nynty & nyne iuste þat
8 han no nede to penaunce/ or what womman hauynge ten besauntis· and
   if sche haþ lost oo besaunte: wher sche tendiþ not a lanterne· & turniþ
9 up so doun þe hous· and sekiþ diligently til þat sche fynde it/ and whan-
   ne sche haþ foundun: sche clepiþ to-gidre frendis & neiȝboris· & seiþ/
10 Be ȝe glade wiþ me: for I haue founde þe besaunt þat I had lost/ so I
   sey to ȝou· ioie schal be bifore aungels of god on o synful man doynge
11, 12 penaunce/ And he seide/ a man hadde two sones: [*and*] þe ȝoungre of
   hem seide to þe fadir/ fadir ȝiue me þe porcioun of catel þat falliþ to
13 me/ and he departide to hem þe catel/ And not aftir many daies· whan-
   ne alle þingis weren gederid to-gidere: þe ȝoungere sone wente forþ in
   pilgrymage `in´ to a ferr cuntree/ and þere he wastide hise godis: in li-
14 uynge leccherously/ and aftir þat he had endid alle þingis: a strong
15 hungir was maad in þat cuntree· & he biganne to haue nede/ and he
   wente & drouȝ him to oon of þe citeseyns of þat cuntree/ and he sente
16 him in to his toun: to fede swyn/ And he coueitide to fille his wombe
17 of þe coddis þat [*the*] hoggis eeten/ and no man ȝaf him/ And he tur-
   nyde aȝen *in* to him silf: & seide/ hou many hirid men in my fadris¹
18 hous han plentee of looues: and I perische here þorouȝ hungir! I schal
   rijse up & go to my fadir: and I shal sey to him/ Fadir I haue synned in
19 to heuene & bifore þee· and now I am not worþi to be clepid þi sone/
20 make me as oon of þin hirid men/ and he roos up & cam to his fadir/
   and whanne he was ȝit aferr: his fadir sauȝ him & was stirid bi mercy/

---

15. ¹ fadir   ² wente

21   and he ranne & fel on his necke· & kisside him: and þe sone seide to
     him/ fadir I haue synned in to heuene & bifore þee: & now I am not
22   worþi to be clepid þi sone/ And þe fadir seide to his seruauntis/ swyþe
     brynge ʒe forþ þe firste stole: & cloþe ʒe him/ and ʒiue ʒe a ring in his
23   hond: & schoon on his feet· & brynge ʒe a fatt calf & sle ʒe & ete we
24   & make we feeste/ for þis my sone was deed: & haþ lyued aʒen/ he pe-
25   rishide: & *he* is founde/ and alle men bigunnen to ete/ But his eldere so-
     ne was in þe feeld/ and whanne he cam & neiʒede to þe hous: he her-
26   de a symphonye & a croude/ and he clepide oon of þe seruauntis: & ax-
27   ide what þese þingis weren/ and he seide to him/ þi broþir is come· and
28   þi fadir slouʒ a fatt calf: for he resseyuede him saaf/ and he was wroþ:
     and wolde not come yn/ þerfor his fadir ʒede[2] out: & biganne to preie
29   him/ And he answeride to his fadir & seide/ lo so many ʒeeris I serue
     þee: & I neuer brak þi comaundement/ and þou ʒaf " neuer to me a ki-
30   de: þat I wiþ frendis schulde haue ete/ but aftir þat þis þi sone þat haþ
     deuourid his substaunce wiþ hooris cam: þou hast slayn to him a fatt
31   calf/ And he seide to him/ sone þou art euermore with me: & alle my
32   þingis ben þine/ but it bihouyde [*for*] to make feeste & to haue ioie: for
     þis þi broþir was deed & lyuyde aʒen/ he perischide: & is founde·

16   He seide also to hise disciplis/ þer was a riche man þat hadde a bai-
 2   ly: and þis was defamed to him· as he had wastid hise goodis/ and he
     clepide him & seide to him/ what here I þis þing of þee? ʒelde rikenyng
 3   of þi bailie: for þou maist[1] not now be baily/ And þe baily seide wiþyn-
     ne him silf/ what schal I do· for my lord takiþ awey fro me þe baily?
 4   delue mai I not: I schame to begge/ I woot what I schal do· þat whan-
 5   ne I am remoued fro þe bailie: þei resseyue me in to her hous/ þerfor
     whanne alle þe dettouris of his lord weren clepid togidre: he seide to þe
 6   firste/ hou myche owist þou to my lord? and he seide/ an hundrid ba-
     rels of oile/ And he seide to him/ take þi caucioun: & sitte soone &
 7   wrijte fifty/ Aftirward he seide to an ooþer/ and hou myche owist þou?
     whiche answeride/ an hundrid coorus of whete/ And he seide to him/
 8   take þi lettris: & wryte foure score/ And þe lord preiside þe bayli of
     wickidnesse· for he had doon prudently/ for þe sones of þis world ben
 9   more prudent in her generacioun: þan þe sones of liʒt/ And I sey to ʒou·
     make ʒe to ʒou frendis of þe richesse of wickidnesse þat whanne ʒe
10   schul faile: þei resseyue ʒou in to euerlastinge tabernaclis/ he þat is tre-
     we in þe leeste þing: is trewe also in þe more/ and he þat is wickid in
11   a litil þing: is wickid also in þe more/ þerfor if ʒe weren not trewe in
     þe wickid þing of richesse: who schal bitake to ʒou þat· þat is verry?
12   and if ʒe weren not trewe in oþere mennus þing: who schal ʒiue to ʒou
13   þat· þat is ʒoure/ No seruaunt mai serue to twey lordis/ for eþer he schal
     hate þat oon & loue þe ooþer: eiþer he schal drawe to þat oon: & shal
14   dispise þe ooþer/ ʒe moun not serue `to´ god & to richesse/ But þe pha-

_____

16. [1] miʒte

risees þat weren coueitous· herden alle þese þingis: and þei scornyden
15 him/ And he seide to hem/ ʒe it ben þat iustifien ʒou bifore men/ but
god haþ knowe ʒoure hertis/ for þat· þat is hiʒ to men: is abhomina-
16 cioun bifore god/ þe lawe & prophetis: til to ioon/ fro þat tyme þe rew-
17 me of god is euangelisid· and ech man doþ violence in to it/ Forsoþe it
18 is liʒtere heuene & erþe to passe: þan þat oo titil falle fro þe lawe/ Eue-
ry man þat forsakiþ his wijf & weddiþ an ooþir: doþ leccherie/ and he
19 þat weddiþ þe wijf forsakun of þe hosebonde: doþ auowtrie/ þer was a
riche man & was cloþid in purpur & whijt silk: & eete euery dai schy-
20 ningly/ and þer was a beggere lazarus bi name: þat lay at his ʒate full
21 of bilis/ & coueitide to be [ful]fillid of þe crummes þat fellen doun fro
þe riche mannus bord: and no man ʒaf to him/ but houndis camen: &
22 lickiden hise bilis/ And it was doon þat þe beggere diede: & was born
of aungels in to abrahams bosum/ and þe riche man was deed also: &
23 was biried in helle/ and he reiside up his iʒhen whanne he was in (hel-
24 le) turmentis: & say abraham a-fer & lazarus in his bosum/ And he cri-
ede & seide/ fadir abraham haue mercy on me & sende lazarus þat he
dippe þe ende of his fyngir in watir/ to keele my tunge: for I am tur-
25 mentid in þis flawme/ And abraham seide to him/ sone haue mynde· for
þou hast resceyued gode þingis in þi lijf: [and] lazarus also yuel þing-
26 is/ but he is now counfortid: and þou art turmentid/ and in alle þese
þingis: a greet derk place is stablischid bitwixe us & ʒou þat þei þat
wolen fro hennes passe to ʒou moun not· neþer fro þennes passe ouer
27 hidere/ & he seide/ þanne I preie þee fadir þat þou sende him in to þe
28 hous of my fadir/ for I haue fyue briþeren: þat he witnesse to hem lest
29 also þei come in to þis place of turmentis/ And abraham seide to him/
30 þei han moyses & þe prophetis· here þei hem/ And he seide/ nay fadir
abraham· but if ony of deede men go to hem: þei schul do penaunce/
31 And he seide to him/ if þei heeren not moyses & prophetis: neiþer if
ony of deed men rijse aʒen· þei schul bileue to him/

17   And ihū seide to his disciplis/ It is inpossible þat sclaundris come
2 not/ but wo to þat man: bi whom þei comen/ it is more profitable to
him· if a mylne stoon be put aboute his necke & he be cast in to þe see:
3 þan þat he sclaundre oon of þese litle/ Take ʒe heede to ʒou silf/ if þi
broþir haþ synned aʒens þee· blame him/ and if he do penaunce: forʒiue
4 him/ and if seuene siþis in þe dai he do synne aʒens þee· and seuene
siþis in þe dai he be conuertid to þee· & sey· it forþinkiþ me: forʒiue
5, 6 þou him/ And þe [a]postlis seiden to þe lord/ encreese to us feiþ/ and
þe lord seide/ If ʒe han feiþ as þe corn of seneuey: ʒe schul sei to þis
moor tree· be þou drawe up bi þe roote· & be ouerplauntid in to þe see·
7 and it schal obeie to ʒou/ But who of ʒou haþ a seruaunt erynge or le-
sewynge oxis· whiche seiþ to him whanne he turniþ aʒen fro þe feeld:
8 anoon go & sitte to mete? and seiþ not to him: make redi þat I soupe/

---

17. [1] myddis

and girde þee & serue me while I ete & drynke: and after þis þou schalt

9 ete & drynke? wheþer he haþ grace to þat seruaunt: for he dide þat· þat
10 he comaundide him? nay I gesse/ so ȝe whanne ȝe han do alle þingis
þat ben comaundid to ȝou: sey ȝe· we ben vnprofitable seruauntis: we
11 haue do þat· þat we ouȝten to do/ And it was do [*the*] while ihc̄ wente
12 in to ierusalem: he passide þorouȝ þe myddil[1] of samarie & galilee/ and
whanne he entride in to a castel: ten leprouse men camen aȝens him/ *þe*
13 whiche stoden afer & reisiden her vois & seiden/ Ihū comaundour: haue
14 mercy on us/ And as he say hem: he seide/ go ȝe scheweþ ȝou to þe pre-
15 stis/ And it was don [*the*] while þei wenten: þei weren clensid/ And oon
of hem as he sauȝ þat he was clensid: wente aȝen magnyfiynge god wiþ
16 *a* greet voice/ and he fel doun on þe face bifore his feet: & dide þanck-
17 ingis/ and þis was a samaritan/ And ihc̄ answeride & seide/ wheþer ten
18 ben not clensid: & where ben þe nyne? þer is noon foundun þat turny-
19 de aȝen & ȝaf glorie to god: but þis alien/ And he seide to him/ Rijse
20 up go þou: for þi feiþ maad þee saaf/ And he was axid of pharisees·
whanne þe rewme of god comiþ/ And he answeride to hem & seide/ þe
21 rewme of god comiþ not wiþ aspiyng: neiþer þei schul sey/ lo heere: or
22 lo þere· for lo þe rewme of god is wiþynne ȝou/ And he seide to hise
disciplis/ daies schul come· whanne ȝe schul desijre to se oo dai of
23 mannus sone & ȝe schul not se/ And þei schul sey to ȝou/ lo heere & lo
24 þere/ nyle ȝe go· neþer sue [*ȝe*]/ for as leit schyninge from vndir heue-
ne· schiniþ in to þo þingis þat ben vndir heuene: so schal mannus sone
25 be in his dai/ but first it bihoueþ him to suffre many þingis: & to be re-
26 preued of þis generacioun/ And as it was don in þe daies of noe: so it
27 schal be in þe daies of mannes sone/ þei eeten & drunken: weddiden
wyues & weren ȝouun to weddingis· til in to þe dai in [*the*] whiche noe
28 entride in to þe schip: and þe greet flood cam & loste alle/ Also as it
was doon in þe daies of loth: þei eeten & drunken· bouȝten & solden·
29 plauntiden & bildiden/ but þe dai þat loth wente out of sodom: þe lord
30 reynede fijr & brimston fro heuene· & loste alle/ lyik þis þing it schal
31 be: in what dai mannus sone schal be schewid/ in þat hour· he þat is in
þe roof· & hise vessels in þe hous: come he not doun to take hem awey/
32 and he þat schal be in þe feeld: also turne not aȝen bihynde/ be ȝe myn-
33 deful of þe wijf of loth/ who euer sekiþ to make his lijf saaf: schal le-
34 se it/ and who euer lesiþ it: schal quykene it/ but I sey to ȝou/ in þat
niȝt· tweyne schul be in oo bed/ oon schal be take: & þe ooþer forsake/
35 two wymmen schul be gryndynge togidre/ þe oon shal be take: & þe
ooþer forsake/ two in a feeld· þat oon schal be take· & þe ooþer left/
36, 37 þei answeren & seyn to him/ where lord/ whiche seide to hem/ where
euere þe bodi schal be: þidere schul be gederid togidre also þe eglis/

18   And he seide to hem also a parable· þat it bihouiþ to preie euermore
2 & not faile & seide/ þer was a iuge in a citee þat dredde not god· neiþer
3 schamede of men/ and a widewe was in þat citee: & sche cam to him
4 & seide/ venge me of myn aduersarie/ and he wolde not longe tyme/ but
aftir þese þingis he seide wiþynne him self/ þouȝ I drede not god &

5 schame not of man: neþeles for þis widewe is heuy to me· I schal venge
6 hir/ lest at þe laste sche comynge condempne me/ And þe lord seide/
7 here ȝe what þe domes man of wickidnesse seiþ/ and where god schal
  not do vengeaunce of his chosun criynge to him dai & niȝt: & schal
8 haue pacience in hem? soþely I sei to ȝou· for soone he schal do venge-
  aunce of hem/ Neþeles gessist þou þat mannes sone comynge schal
9 fynde feiþ in erþe? And he seide also to summen þat tristiden in hem
10 self· as þei weren riȝtful· & dispisiden oþere· þis parable seiynge/ twey
  men wenten up in to þe temple: to preie/ þat oon a farisee· & þe ooþir
11 a pupplican/ And þe farisee stood & preiede bi him silf þese þingis &
  seide/ god· I do þanckyngis to þee· for I am not as oþere men rauey-
12 nouris· vniust· auowt[r]eris· as also þis pupplican/ y faste twyes in þe
13 woke· I ȝiue tiþes of alle þingis þat I haue in possessioun/ And þe
  pupplican stood aferr· & wolde neþer reise hise iȝen to heuene/ but
14 smoot his brest: & seide/ god be merciful to me synnere/ treuly I sei to
  ȝou· he þis ȝede doun in to his hous· & was iustified fro þe ooþir/ for
  ech þat enhaunsiþ him shal be maad lowe/ and he þat mekiþ him: schal
15 be enhaunsid/ And þei brouȝten to him ȝounge children: þat he schul-
  de touche hem/ and whanne þe disciplis sauȝen þis þing: þei blamyden
16 hem/ but ihc clepide togidre hem & seide/ Suffre ȝe children to come
  to me: & nyle ȝe forbede hem/ for of siche is þe kyngdom of heuenes/
17 treuly I sey to ȝou· who euere schal not take þe kyngdom of god as a
18 child: he schal not entre in to it/ And a prince axide him & seide/ good
19 maistir in what þing doynge schal I welde euer lastinge lijf? and ihc sei-
20 de to hym/ what seist þou me good/ no man is good but god aloone/ þou
  knowist þe comaundementis/ þou schalt not sle/ þou schalt not do lec-
  cherie/ þou schalt not do þefte/ þou schalt not sey fals witnessyng/ wor-
21 schipe þi fadir & þi modir/ whiche seide/ I haue kept alle þese þingis
22 fro my ȝongþe/ And whanne þis þing was herd: ihc seide to him/ ȝit o
  þing failiþ to þee/ selle þou alle þingis þat þou hast & ȝiue to pore men:
23 & þou schalt haue tresour in heuene· and come & sue þou me/ whanne
24 þese þingis weren herd: he was serouful for he was ful riche/ and ihc
  seynge him maad sory: seide/ hou hard þei þat han money: schul entre
25 in to þe kingdom of god/ for it is liȝtere a camel to passe þorouȝ a ned-
26 lis iȝe: þan a riche man to entre in to þe kingdom of god/ and þei þat
27 herden þese þingis: seiden/ who mai be maad saaf/ And he seide to
  hem/ þo þingis þat ben impossible anentis men: ben possible anentis
28, 29 god/ But petir seide/ lo we haue left alle þingis: & haue sued þee/ And
  he seide to him/ treuly I sey to ȝou· þer is no man þat schal forsake hous
  or fadir & modir or briþeren or wijf or children or feeldis for þe rew-
30 me of god: & schal not resseyue many mo þingis in þis tyme & in þe
31 world to comynge euer lastinge lijf/ And ihc took hise twelue disciplis
  & seide to hem/ lo we gon up to ierusalem: and alle þingis schul be en-
32 did þat ben write bi þe prophetis of mannus sone for he schal be bi-
33 traied to heþen men: and he schal be scorned & scourgid & bispat/ and
  aftir þat þei han scourgid: þei schul sle him· and þe þrid dai he schal

34 ryse aʒen/ and þei vndirstoden no þing of þese/ and þis word was hid
35 fro hem· and þei vndirstoden not þo þingis þat weren seid/ But it was
   don whanne ihc̄ cam nyʒ to iericho: a blynde man saat bisidis þe wey
36 & beggide/ and whanne he herde þe peple passynge: he axide what þis
37, 38 was/ and þei seiden to him: þat ihc̄ of nazareth passide/ & he criede &
39 seide/ ihū þe sone of dauid: haue mercy on me/ And þei þat wenten bi-
   fore blamyden him þat he schulde be stille/ but he criede myche þe mo-
40 re/ þou sone of dauid: haue mercy on me/ And ihc̄ stood & comaundi-
   de him to be brouʒt forþ to him/ and whanne he cam nyʒ: he axide him
41 & seide/ what wolt þou þat I schal do to þee? and he seide· lord þat
42, 43 I se/ And ihc̄ seide to him/ biholde: þi feiþ haþ maad þee saaf/ and
   anoon he sauʒ: & suede him· & magnifiede god/ and al þe puple as it
   sauʒ: ʒaf heriyng to god/
19, 2   And ihc̄ goynge yn: walkide þorouʒ iericho/ and lo a man sachee bi
3 name· and þis was a prince of pupplicans· & he was riche/ and he
   souʒte to se ihū who he was: and he myʒte not for þe puple· for he was
4 litil in stature/ and he ran bifore & stiede in to a sicomo`u´re tre: to se
5 him· for he was to passe fro þennes/ And ihc̄ bihelde up whanne he cam
   to þe place· & sauʒ hym & seide to him/ sachee haste þee & come
6 doun: for todai I moot dwelle in þin hous/ And he hiʒynge cam doun:
7 & ioiynge resseyuede him/ and whanne alle men sauʒen: þei grucchi-
8 den seiynge· for he had turned to a synful man/ but Zachee stood & sei-
   de to þe lord/ lo lord I ʒiue [the] half of my good to pore men/ and if I
9 haue ony þing defraudid ony man: I ʒelde foure so myche/ Ihc̄ seiþ to
   him/ for today helþe is maad to þis hous: for þat he is abrahams sone/
10 for mannus sone cam to seke & make saaf þat þing þat perischide/
11 whanne þei herden þese þingis· he addide to & seide a parable· for þat
   he was niʒ ierusalem· and for þei gessiden þat anoon þe kyngdom of
12 god schulde be schewid/ þerfor he seide/ A worþi man wente in to a ferr
13 cuntree to take to him a kyngdom & to turne aʒen/ and whanne hise ten
   seruauntis weren clepid: he ʒaf to hem ten besauntis· & seide to hem/
14 chaffare ʒe: til I come/ but hise citeseyns hatiden him: & senten a mes-
15 sanger aftir him· and seiden/ we wolen not þat he regne on us/ And it
   was don þat he turnyde aʒen: whanne he had take þe kyngdom· and he
   comaundide hise seruauntis to be clepid· to whiche he had ʒoue money
16 to wite hou myche ech hadde wonne bi chafferyng/ And þe firste cam
17 & seide/ lord þi besaunt haþ wonne ten besauntis/ he seide to him/ wel
   be þou good seruaunt/ for in litil þing þou hast be trewe: þou schalt be
18 hauynge power on ten citees/ And þe ooþer cam & seide/ lord þi be-
19 saunt haþ maad fyue besauntis/ And to þis he seide/ and þou " be on fy-
20 ue citees/ And þe þridde cam & seide/ lord lo þi besaunt þat I hadde
21 put up in a sudarie/ forsoþe I dredde þee: for þou art an austerne man/
   þou takist awey þat· þat þou settidist not: and þou repist þat· þat þou

---

19. ¹ tho   ² which   ³ castynge   ⁴ strowiden   ⁵ he seiʒ   ⁶ and   ⁷ lese

22 hast not sowun/ He seiþ to him/ wickid seruaunt of þi mouþ I deme
þee/ wistist þou þat I am *an austerne* man· takynge awey þat þing þat
23 I settide not· & repynge þat þing þat I sewe not? and whi hast þou not
ȝouun my money to þe boord· and I cominge schulde haue axid it with
24 vsuris? And he seide to men stondinge nyȝ/ take ȝe awey fro him þe be-
25 saunt: and ȝiue ȝe to him þat haþ ten besauntis· & þei seiden to him/
26 lord he haþ ten besauntis/ and I sey to ȝou· to ech man þat haþ it schal
be ȝouun: & he schal encreesse/ but fro him þat haþ not· also þat þing
27 þat he haþ schal be takun of him/ neþeles brynge ȝe hidere þilke[1] myn
28 enmyes þat wolden not þat I regnyde on hem· and sle ȝe bifore me/ And
whanne þese þingis weren seid: he wente bifore & ȝide up to ierusa-
29 lem/ And it was don whanne ihc cam nyȝ to bethfage & bethanye at þe
30 mount þat is clepid of olyuete: he sente hise two disciplis & seide/ go
ȝe in to þe castel þat is aȝens ȝou: in to whiche as ȝe entren: ȝe schul
fynde a colt of an asse tied: on whom[2] neuer man saat/ vntie ȝe hym: &
31 brynge ȝe to me/ and if ony man axe ȝou whi ȝe vntien: þus ȝe schul
32 sey to him/ for þe lord desiriþ his werk/ and þei þat weren sent· wen-
33 ten forþ: & founden as he seide to hem a colt stondinge/ and whanne
þei vntieden þe colt· þe lordis of him seiden to hem/ what vntien ȝe þe
34, 35 colt? and þei seiden/ for þe lord haþ need to him/ and þei ledden him
36 to ihu/ and þei castiden[3] her cloþis on þe colt: & setten ihu on hym/ and
37 whanne he wente: þei spredden[4] her cloþis in þe wei/ and whanne he
cam nyȝ to þe comyng doun of þe mount of olyuete: al þe puple þat
cam doun bigunnen to ioie & to herie god with gret voice on alle þe
38 vertues þat þei hadden seen· & seiden/ Blessid be þe kyng þat comiþ
39 in þe name of þe lord: pes in heuene· & glorie in hiȝe þingis/ And sum-
me of þe farisees of þe puple: seiden to him/ Maistir· blame þi disci-
40 plis/ and he seide to hem/ I sey to ȝou· for if þese ben stille: stones schul
41 crie/ and whanne he neiȝide: seynge[5] þe citee· he[6] wepte on it & seide/
42 for if þou haddist knowun: þou schuldist wepe also/ for in þis dai þe
43 þingis ben in pees to þee/ but now þei ben hid fro þin iȝen/ but daies
schul come in þee· and þin enmyes schul enuyroun þee with a pale: &
44 þei schul go aboute þee· & make þee streit on alle sidis/ and caste þee
doun to þe erþe: & þi sonus þat ben in þee/ and þei schul not leue in
þee a ston *up* [*on*] a stoon· for þou hast not knowun þe tyme of þi visi-
45 tacioun/ And he entride in to þe temple: & bigan to caste out men sel-
46 lynge þerynne & biynge & seide to hem/ it is write: þat myn hous is an
47 hous of preier/ but ȝe han maad it a den of þeues/ and he was techinge
euery dai in þe temple/ and þe princis of prestis & þe scribes & þe prin-
cis of þe puple souȝten to fordo[7] him/ and þei founden not what þei
48 schulden do to him/ for al þe puple was ocupied & herde him/
20   And it was doon in oon of þe daies whanne he tauȝte þe puple in þe
temple & prechide þe gospel: þe princis of prestis & scribis camen to-
2 gidre with þe eldre men/ and þei seyden to him/ Sey to us in what po-
3 wer þou dost þese þingis: or who is he þat ȝaf to þee þis power? And
ihc answeride & seide to hem/ and I schal axe ȝou o word: answere ȝe

4, 5 to me/ was þe baptym of Joon of heuene or of men? and þei þou3ten
wiþynne hem self: seiynge/ for if we seyn· of heuene· he schal sey/ whi

6 þanne bile`e´uen 3e not to him? and if we seyn· of men: al þe puple

7 schal stone us/ for þei ben certeyn: þat ioon is a prophete/ And þei ans-

8 weriden þat þei knewen not· of whens it was/ And ihc seide to hem/

9 neþer I sey to 3ou in what power I do þese þingis/ And he bigan to sey
to þe puple: þis parable/ A man plauntide a vyn3erd: & hiride it to tili-

10 ers· and he was in pilgrimage longe tyme/ And in þe tyme of gadering
of grapis· he sente a seruaunt to þe tiliers: þat þei schulden 3iue to him
of þe fruyt of þe vyne3erd/ whiche beeten him & leeten him go voide/

11 And he þou3te 3it to sende an ooþer seruaunt/ and þei beeten þis & tur-

12 mentiden him soore & leten him go/ And he þou3te 3it to sende þe þrid-

13 de/ and him also þei woundiden & castiden out/ And þe lord of þe vy-
ne3erd seide/ what schal I do? I schal sende my dereworþe sone/ per-

14 auenture whanne þei seen him: þei schul drede/ And whanne þe(se) ti-
lieres sau3en him: þei þou3ten wiþynne hem silf & seiden/ þis is þe eir/

15 sle we him: þat þe eritage be oure/ And þei castiden him out of þe
vyn3erd: & killiden him/ what schal þanne þe lord of þe vyn3erd do to

16 hem/ he schal come & destrie þese tiliers: & 3iue þe vyn3erd to oþere/

17 And whanne þis þing was herd: þei seiden to him/ god forbede/ but he
bihelde hem & seide/ what þanne is þis þat is writun/ þe stoon whiche

18 men bildynge repreueden: þis is maad in to þe heed of þe cornere/ ech
þat schal falle on þat stoon: schal be tobrisid/ but on whom it schal fal-

19 le: it schal alto-breke him/ And þe princis of prestis & scribis sou3ten
to leye on him hondis in þat our: and þei dredden þe puple· for þei kne-

20 wen: þat to hem he seide þis licnesse/ And þei aspieden & senten aspi-
ers þat feyneden hem iust· þat þei schulden take him in word & bitake

21 him to þe power of þe prince & to þe power of þe iustice/ And þei ax-
iden him and seiden/ Maister we witen: þat ri3tly þou seist & techist/
and þou takist not þe persone of man: but þou techist in treuþe þe wey

22, 23 of god/ is it leueful to us to 3iue tribute to þe emperour eiþer nai? And
he bihelde þe disseit of hem & seide to hem/ what tempten 3e me?

24 schewe 3e to me a peny/ whos ymage & superscripcioun haþ it? þei

25 answeriden & seiden to him· þe emperouris/ And he seide to hem/ 3el-
de 3e þerfore to þe emperoure: þo þingis þat ben þe emperouris & þo

26 þingis þat ben of god to god/ and þei my3ten not repreue his word bi-

27 fore þe puple/ and þei wondriden in his answere: & helden pees/ Sum-
me of þe saduceis þat denyeden þe a3enrising fro deþ to lijf: camen &

28 axiden him & seiden/ Maister moyses wroot to us· if þe broþir of ony
man haue a wijf & *he* be deed· & he was wiþoute eiris: þat his broþir

29 take his wijf· & reise seed to his broþir/ and so þer weren seuene

30 briþeren/ þe firste took a wijf: & is deed wiþouten eiris/ and þe broþir

31 suynge tok hir: and he is deed withouten sone/ And þe þridde took hir/

32 also & alle seuene· and *þei* leften not seed but ben deede/ and þe laste

33 of alle þe womman is deed/ þerfor in þe risyng a3en: whos wijf of hem

34 schal sche be/ for seuene hadden hir to wijf/ And ihc seide to hem/ so-

35 nes of þis world wedden: & ben ȝouun to weddingis/ but þei þat schul
be had worþi of þat world & of [*the*] risyng aȝen fro deeþ: neþer ben
36 wedded neþer wedden wyues· neþer *þei* schul mowe die more· for þei
ben euene with aungels· & ben þe sones of god: siþ þei ben [*the*] sones
37 of aȝen " risyng fro deeþ/ And þat deede men rijsen aȝen: also moises
schewide bisidis þe bushe as he seiþ þe lord god of abraham & god of
38 ysaac & god of iacob/ and god is not of deede men: but of lyuynge men/
39 for alle men lyuen to him/ And summe of scribis answerynge: seiden/
40 Maistir þou hast wel seid/ and þei dursten no more axe him ony þing/
41, 42 but he seide to hem/ hou seyn men crist to be þe sone of dauid: and
dauiþ him silf seiþ in þe book of salmes: þe lord seide to my lord· sit-
43 te þou on my riȝthalf: til [*that*] I putte þin enemyes a stool of þi feet?
44, 45 þerfor dauid clepiþ him lord & hou is he his sone? And in heryng of al
46 þe puple: he seide to hise disciplis/ Be ȝe war of scribis þat wolen wan-
dre in stolis: & louen salutaciouns in chepyng & þe firste `chaiers in sy-
47 nagogis & þe firste´ sittynge placis in feestis/ þat deuouren þe housis
of widewis: & feynen longe preiyng/ þese schul take þe more dampna-
cioun/

21   And he bihelde & sauȝ þo riche men þat casten her ȝiftis in to þe tre-
2, 3 sorie/ but he say also a litil pore widewe castinge two ferþingis: & he
seide/ treuly I sey to ȝou· þat þis pore widewe keste more þan alle men/
4 forwhi alle þese of þing þat was plenteuous to hem: kesten in to þe ȝif-
tis of god/ but þis widewe of þat þing þat failide to hir: caste al hir lijf-
5 lode þat sche hadde/ And whanne summe men seiden of þe temple þat
6 it was apparellid with good stones & ȝiftis: he seide/ þese þingis þat ȝe
seen· daies schul come· in whiche a stoon schal not be left on a stoon:
7 whiche schal not be destried/ And þei axiden him & seiden/ Comaun-
dour whanne schul þese þingis be: and what token schal be whanne þei
8 schul bigynne to be doon/ and he seide/ se ȝe þat ȝe be not disceyued
for many shul come in my name: seiynge for I am· and þe tyme schal
9 neiȝe/ þerfor nyle ȝe go aftir hem/ And whanne ȝe schul heere batels &
stryues wiþynne: nyle ȝe be aferd/ it bihoueþ first þese þingis to be doon
10 but not `ȝit´ anoon is an ende/ þanne he seide to hem/ folk schal rijse
11 aȝens folk: & rewme aȝens rewme/ greet mouyngis of erþe schul be bi
placis: & pestilencis & hungris & dredis fro heuene: and grete tokenes
12 schul be/ but bifore alle þese þingis þei schul sette her hondis on ȝou:
& schul pursue/ bitakynge in to synagogis & kepyngis: drawynge to
13 kyngis & to iusticis for my name/ but it schal falle to ȝou in to witnes-
14 syng/ þerfor putte ȝe in ȝoure hertis: not to þenke bifore· hou ȝe schul
15 answere/ for I schal ȝiue to ȝou mouþ & wisdom: to whiche alle ȝoure
16 aduersaries schul not mowe aȝenstonde & aȝensey/ and ȝe schul be ta-
ke of fadir & modir· & *of* briþeren & cosyns & *of* frendis/ and bi deeþ
17 þei shul turmente of ȝou and ȝe schul be in hate to alle men: for my na-

---

21. [1] bisynessis

18, 19 me/ And an heer of ȝoure heed: schal not perische/ in ȝoure pacience·
20 ȝe schul welde ȝoure soulis/ But whanne ȝe schul se ierusalem be enuy-
rounned wiþ an oost: þanne wite ȝe· þat þe desolacioun of it schal
21 neiȝe/ þanne þei þat ben in iudee: fle to [the] mounteyns/ and þei þat
ben in þe myddil of it: gon awey/ and þei þat ben in þe cuntreis: entre
22 not in to it/ for þese ben daies of veniaunce/ þat alle þingis þat ben wri-
23 ten: be fulfillid/ And wo to hem þat ben wiþ childe & norischen in þo
daies/ for a greet disese schal be on þe erþe: & wraþþe to al þis puple/
24 and þei schul falle bi þe scharpnesse of swerd: and þei schul be led pri-
soners in to alle folkis/ and ierusalem schal be defoulid of heþene men:
25 til þe tymes of naciouns be fulfillid/ And tokens schul be in þe sunne &
þe moone· & in þe sterris/ and in þe erþe ouerleiyng of folkis for con-
26 fusioun of soun of þe see & of flodis/ for men schul wexe drie for dre-
de & abidyng þat schul come to al þe world/ for vertues of heuenes
27 schul be moued/ and þanne þei schul se mannus sone comynge in a
28 cloude: with greet power & maiestee/ And whanne þese þingis bigyn-
nen to be maad: biholde ȝe & reise ȝe ȝoure hedis· for ȝoure redemp-
29 cioun neiȝiþ/ And he seide to hem a lickenesse/ se ȝe þe fige tree & al-
30 le trees/ whanne þei bringen forþ now of hem silf fruyt· ȝe witen þat
31 somer is niȝ/ so ȝe whanne ȝe seen þese þingis to be don: wite ȝe þat
32 þe kyngdom of god is niȝ/ treuly I sey to ȝou· þat þis generacioun schal
33 not passe: til alle þingis be don/ heuene & erþe schul passe: but my
34 wordis schul not passe/ But take ȝe heede to ȝou silf: lest perauenture
ȝoure hertis be greued with glotonye & drunkenesse & bisynesse[1] of
35 þis lijf· & þilke dai come sodeyn on ȝou/ for as a snare it schal come
36 on alle men þat sitten on þe face of al þe erþe/ þerfore wake ȝe pre-
iynge in ech tyme: þat ȝe be had worþi to fle alle þese þingis þat ben
37 to come· & to stonde bifore mannus sone/ And in daies he was techinge
in þe temple/ but in niȝtis he ȝede out & dwellide in þe mount þat is
38 clepid of olyuete/ And al þe puple roos eerly to come to him in þe tem-
ple· & forto heere hym/

22, 2   And þe haly-dai of þe þerf looues þat is seid pask neiȝede/ and þe
princis of prestis & þe scribis souȝten hou þei schulden sle ihū/ but þei
3 dredden þe puple/ and sathanas entride in to iudas þat was clepid sca-
4 rioth· oon of þe twelue/ and he wente & spake with þe princis of pre-
5 stis & with þe magistratis: hou he schulde bitraie him to hem/ and þei
6 ioieden & maden couenaunt: to ȝiue him money/ and he bihiȝte & he
7 souȝte oportunitee to bitraie him wiþouten þe puple/ but þe daies of
þerf looues camen in whiche it was nede þat þe sacrifice of pask we-
8 re slayn/ and he sente petir & Joon & seide/ go ȝe & make ȝe redy to
9 us þe pask: þat we ete/ and þei seiden/ where wolt þou þat we make re-
10 di? And he seide to hem/ lo whanne ȝe schul entre in to þe citee: a man
berynge a vessel of watir schal meete ȝou/ sue ȝe him in to þe hous· in

---

22. [1] so   [2] noot   [3] schulen

11 to whiche he entriþ/ and ȝe schul sey to þe housbonde man of þe hous/
þe maistir seiþ to þee/ where is a chambre: where I schal ete þe pask
12 with my disciplis? & he schal schewe to ȝou a greet soupinge place
13 strewid: and þere make ȝe redi/ And þei ȝeden & founden as he seide
14 to hem: and þei maden redi þe pask/ And whanne þe hour was come:
15 he satt to þe mete· & þe twelue apostlis with him/ and he seide to hem/
16 with desijr I haue desirid to ete with ȝou þis pask bifore þat I suffre/ for
I sei to ȝou· þat fro þis tyme I schal not ete it: til it be fulfillid in þe rew-
17 me of god/ And whanne he had take þe cuppe: he dide gracis & seide/
18 take ȝe & departe ȝe among ȝou/ for I sei to ȝou· þat I schal not dryn-
19 ke of þe kynde of þis vyne: til þe rewme of god come/ And whanne he
had take breed: he dide þankyngis & brak & ȝaf to hem & seide/ þis is
my body: þat schal be ȝouen for ȝou/ do ȝe þis þing in mynde of me/
20 he took also þe cuppe aftir þat he had soupid & seide/ þis cuppe is þe
21 newe testament in my blood: þat schal be sched for ȝou/ neþeles lo þe
22 hond of him þat bitraieþ me: is with me at þe table/ and mannus sone
goþ: aftir þat it is determyned/ neþeles wo to þat man: bi whom he
23 schal be bitraied/ And þei bigunnen to seke among hem· who it was of
24 hem: þat was to do þis þing/ And strijf was maad among hem: whiche
25 of hem schulde be seen to be grettist/ but he seyde to hem/ kyngis of
heþen men: ben lordis of hem/ and þei þat han power on hem: ben cle-
26 pid good doers/ but ȝe not so/ but he þat is grettest among ȝou: be maad
27 as ȝoungere/ and he þat is bifore goer: as a seruaunt/ for who is grette-
re: he þat sittiþ at þe mete or he þat mynistriþ? wheþer not he þat sit-
28 tiþ at þe mete? and I am in þe myddil of ȝou: as he þat mynistriþ/ and
29 ȝe ben þat han dwellid wiþ me in my temptaciouns· and I dispose to
30 ȝou: as my fadir haþ disposid to me a rewme `þat ȝe ete & drynke on
my boord in my rewme:´ & sitte on trones & deme þe twelue kynredis
31 of israel/ And þe lord seide to symound/ Symound lo sathanas haþ ax-
32 id ȝou: þat he schulde riddle as whete/ but I haue preied for þee: þat þi
33 feiþ faile not/ and þou sumtyme conuertid: conferme þi briþeren/ þe
whiche seide to him/ lord I am redy to go in to prisoun & in to deeþ
34 with þee/ And he seide: I sey to þee petir· þe cok schal not crowe to dai:
35 til þou þries forsake þat þou knowist me/ And he seide to hem/ whan-
ne I sente ȝou wiþoute sachel & scrippe & schoon· wheþer ony þing
36 failide to ȝou? and þei seiden· no þing/ þerfore he seide to hem/ but
now he þat haþ a sachel: take also [and] a scrippe/ and he þat haþ noon:
37 sille his coote· & bigge a swerd/ for I sey to ȝou: þat ȝit it bihouiþ þat
þing þat is writen to be fulfillid in me/ and he is arettid with wickid
38 men/ for þo þingis þat ben of me: han ende/ And þei seiden/ lord lo two
39 swerdis heere/ And he seide to hem/ It is ynouȝ/ And he ȝede out: &
wente aftir þe custom in to þe hil of olyues: and þe disciplis sueden
40 him/ And whanne he cam `in´ to þe place: he seide to hem/ preie ȝe lest
41 ȝe entre in to temp[ta]cioun/ And he was take awey fro hem as[1] myche
42 as is a stones cast: and he knelide & preiede & seide/ fadir if þou wolt:
43 do awei þis cuppe fro me/ neþeles not my wil be don: but þin/ And an

aungel appeeride to him fro heuene: & counfortide him/ and he was
44 maad in agonye & preiede þe lengre/ And his swoot was maad as dro-
45 pis of blood rennynge doun in to þe erþe/ and whanne he was rise fro
preier & was come to his disciplis: he fonde hem slepynge for heuy-
46 nesse/ And he seide to hem/ what slepen ȝe? Rijse ȝe & preie ȝe: þat ȝe
47 entre not in to temptacioun/ ȝit while he spak: lo a cumpenye/ and he
þat was clepid iudas oon of þe twelue: wente bifore hem/ and he cam
48 to ihū: to kisse him/ And ihc̄ seide to him/ Judas with a coss þou bi-
49 traiest mannus sone? And þei þat weren aboute him and sauȝen þat· þat
50 was to come: seiden to him/ lord wheþer we smyten wiþ swerd? And
oon of hem smoot þe seruaunt of þe prince of prestis: and kittide off his
51 riȝt eere/ But ihc̄ answeride & seide/ suffre ȝe til hidere/ And whanne
52 he hadde touchid his eere: he heelide him/ And ihc̄ seide to hem þat ca-
men to him· þe princis of prestis & magistratis of þe temple & eldre
53 men/ As to a þeef ȝe han gon out with swerdis & staues· whanne I was
eche dai with ȝou in þe temple: ȝe streiȝten not out hondis in to me/ but
54 þis is ȝoure hour & þe power of derknessis/ And þei token him & led-
55 den to þe hous of þe prince of prestis/ and petir suede him afer/ and
whanne a fijr was kyndlid in þe myddil of þe greet hous· and þei saten
56 aboute: petir was in þe myddil of hem/ whom whanne a damesel had-
de seen sittynge at þe liȝt: & hadde biholde him: sche seide/ and *he* þis
57 was with him/ And he denyede him and seide/ womman I knowe him
58 not/ And aftir a lijtil an ooþer man sauȝ him & seide/ and þou art of
59 hem/ But petir seide/ A· man I am not/ And whanne a space was maad
as of an hour: an ooþer affermyde & seide/ treuly *he* þis was with him/
60 for also he is of galilee/ And petir seide/ Man I `ne wot² what þou seist/
61 And anoon ȝit while he spak: þe cok crewe/ And þe lord turnyde aȝen:
& bihelde petir/ And petir had mynde on þe word of ihū as he had seid/
62 for bifore þat þe cok crowe: þries þou schalt denye me/ and petir ȝede
63 out· & wepte bittirly/ And þe men þat helden him: scornyden him &
64 smyten him/ and þei blyndfelden him: and smyten his face/ & axiden
65 him: & seiden/ A-rede þou crist to us: who is he þat smoot þee? Also
66 þei blasfemynge seiden aȝens him many oþere þingis/ and as þe dai
was come: þe eldre men of þe puple & þe princis of prestis & þe scri-
bis camen togidre & ledden him in to her counseil & seiden/ if þou art
67 crist: sey to us/ and he seide to hem/ if I sey to ȝou: ȝe wil³ not bileeue
68 to me/ and if I axe· ȝe wil³ not answere to me· neþer ȝe woln³ delyue-
69 re me/ but aftir þis tyme: mannus sone schal be sittynge on þe riȝthalf
70 of þe vertu of god/ þerfore alle seiden/ þanne art þou þe sone of god?
71 and he seide/ ȝe seyn þat I am/ And þei seiden/ what ȝit desiren we wit-
nessyng: for we us self haue herd of his mouþ/
23, 2   And al þe multitude of hem arisen & ledden him to pilat/ and þei bi-
gunnen to accuse him and seiden/ we haue founde þis turnynge upso-

23. ¹ which   ² *marked for rev.* (= LV) MS   ³ for   ⁴ MS blesfemyde   ⁵ of

doun oure folk & forbedinge tributis to be ȝouen to þe emperour &
3 seiynge þat him silf is crist & king/ And pilat axide him and seide/ art
4 þou kyng of iewis? and he answeride & seide/ þou seist/ And pilat sei-
de to þe princis of prestis & to þe puple/ I fynde no þing of cause in þis
5 man/ And þei woxen strengere & seiden/ he mouiþ þe puple: techinge
6 þorouȝ al iudee bigynnynge fro galilee til hidere/ And pilat herynge ga-
7 lilee: axide if he were a man of galilee/ And whanne he knew þat he
was of þe power of heroude: he sente him to heroude· þat¹ was at ieru-
8 salem in þo daies/ And whanne heroude sauȝ ihū: he ioiede ful myche/
for longe tyme he coueitide to se hym/ for he herde many þingis of him:
9 and hopide to se sum tokene to be don of hym/ And he axide him in ma-
10 ny wordis: and he answeride no þing to hym/ And þe princis of prestis
11 & þe scribis stoden stidefastly accusynge him/ But heroude with his
oost dispiside him and scornyde him & cloþide *him* wiþ a whijt cloiþ·
12 & sente him aȝen to pilat/ and ʻpilat & heroude² weren maad frendis fro
13 þat day/ for bifore þei weren enemyes togidre/ And pilat clepide togi-
dre þe princis of prestis & þe magistratis of þe puple: & seide to hem/
14 ȝe han brouȝt to me þis man: as turnynge awey þe puple/ and lo I ax-
ynge bifore ȝou: fynde no cause in þis man of þese þingis in whiche ȝe
15 accusen him· neþir heroude/ and³ he haþ sent him aȝen to us: and lo no
16 þing worþi of deþ is don to him/ and þerfore I schal amende him & de-
17 lyuere him/ but he moste nede delyuere to hem oon bi þe feeste dai/
18 And al þe puple criede to-gidre: & seide/ do him " awei: & delyuere to
19 us barabas/ *þe* whiche was sent in to prisoun: for disturblyng maad in
20 þe citee & for mansleyng/ And eftsoone pilat spake to hem: and wolde
21, 22 delyuere ihū/ and þei vndircrieden & seiden/ crucifie crucifie him/ And
þe þridde tyme he seide to hem/ for what yuel haþ *he* ʻþisʼ don? I fyn-
de no cause of deþ in him/ þerfor I schal chastise him & I schal dely-
23 uere/ and þei contynueden with greet voicis: axynge þat he schulde be
24 crucified/ And þe voicis of hem woxen stronge/ And pilat demyde her
25 axyng to be don/ and he delyuerde to hem him þat for mansleyng & se-
dicioun was sent in to prisoun: whom þei axiden/ but he bitook ihū to
26 her wille/ And whanne þei ledden hym: þei token a man symount of sy-
renen comynge fro þe toun/ and þei leiden on him þe cross: to bere af-
27 tir ihū/ and þer suede him myche puple· & wymmen þat weiliden & by-
28 mournyden him/ And ihē turnyde to hem: and seide/ douȝtris of ierusa-
lem· nyle ȝe wepe on me: but wepe ȝe on ȝoure silf & on ȝoure sones/
29 for lo daies schul come: in whiche it schal be seid/ blessid be bareyn
wymmen· & wombis þat han not born children: & þe tetis þat han not
30 ȝouen souke/ þanne þei schul biginne to sey to mounteyns: falle ȝe
31 doun on us/ and to smale hillis: kyuere ȝe us/ for if in a grene tree þei
32 don þese þingis: what schal be don in a drie? Also oþere ʻtwoʼ wicki-
33 de men weren led wiþ him: to be sleyn/ and aftir þat þei camen in to a
place þat is clepid of caluarie: þere þei crucifieden him & þe þeues/
34 oon on þe riȝt half: and þe ooþer on þe left half/ But ihē seide/ fadir
forȝiue hem: for þei witen not what þei don/ And þei departiden his

35 cloþis: and kesten lottis/ and þe puple stood abidynge/ And þe princis
scorneden hym with hem: and seiden/ oþere men he *haþ* maad saaf:
36 make he him silf saaf· if þis be crist þe chosun of god/ And þe kni3tis
37 nei3eden and scornyden him: & proferden vynegre to him and seiden/
38 If þou art kyng of iewis: make þee saaf/ And þe superscripcioun was
write ouer him: wiþ greke lettris & of latyn & of ebreu· þis is þe kyng
39 of iewis/ And oon of þese þeues þat hangiden: blasfemyde[4] him & sei-
40 de/ If þou art crist: make þi silf saaf & us/ But þe ooþer answerynge
blamide him & seide/ neþer þou dredist god: þat art in þe same damp-
41 nacioun/ and treuly we iustli· for we haue resceyued worþi þingis to *ou-*
42 *re* werkis: but *he* þis dide no þing of yuel/ And he seide to ihū/ lord haue
43 mynde on[5] me: whanne þou comest in to þi kyngdom/ And ihū seide to
44 him/ treuly I sey to þee: þis dai þou schalt be with me in paradis/ And
it was almost þe sixte hour: and derknessis weren maad in al þe erþe in
45 `to´ þe nynþe hour/ and þe sunne was maad derk: and þe veil of þe tem-
46 ple was to-rent a two/ And ihē criynge wiþ a greet voice: seide/ fadir in
to þin hondis: I bitake my spirit/ and he seiynge þese þingis: 3af up þe
47 goost/ And þe centurien seynge þat þing þat was don: glorifiede god &
48 seide/ verily þis man was iust/ And al þe puple of hem þat weren þere
togidre at þis spectacle· & sau3en þo þingis þat weren don: smeten her
49 brestis & turnyden a3en/ but alle hise knowun stoden afer· & wymmen
50 þat sueden him fro galilee seynge þese þingis/ And lo a man ioseph bi
name of aramathie a citee of iudee: þat was a decurien· a good man &
51 a iust/ þis man consentide not to þe counseil & to þe dedis of hem: and
52 he abood þe kyngdom of god/ þis ioseph cam to pilat: and axide þe bo-
53 di of ihū/ and took it doun· & wlappide it in a clene lynnen cloþ: and
54 leide him in a graue hewen in whiche not 3it ony man had be leid/ And
55 þe dai was þe euen of þe halidai: & þe sabot biganne to schyne/ And
þe wymmen suynge þat camen with him fro galilee· sau3en þe graue:
56 & hou his bodi was leid/ And þei turnyden a3en & maden redi swete
smellynge spicis & oynementis/ but in þe sabot þei restiden aftir þe co-
maundement

24   But in oo dai of þe woke ful eerly þei camen to þe graue and
2 brou3ten swete smellynge spices: þat þei hadden araied/ and þei foun-
3 den þe ston turned awey fro þe graue: and þei 3eden yn· & founden not
4 þe bodi of þe lord ihū/ And it was don· þe while þei weren astonyed in
þou3t of þis þing: lo two men stoden bisidis hem in schynynge cloþ/
5 and whanne þei dredden· & bowiden her semblaunt in to þe erþe: þei
6 seiden to hem/ what seken 3e him þat lyuiþ with deed men? he is not
here: but is risun/ haue 3e mynde hou he spak to 3ou: whanne he was
7 3itt in galilee & seide/ for it bihouiþ mannus sone to be bitakun in to þe
hondis of synful men· & to be crucified: & þe þridde dai to rijse a3en/
8, 9 And þei byþou3ten on hise wordis/ and þei 3eden a3en fro þe graue:

---

24. [1] hei3est   [2] whiche

10 and tolden alle þese þingis to þe enleuene & to alle oþere/ And þer was
marie maudeleyn & ioone & marie of iames & oþere wymmen þat we-
11 ren with hem: þat seiden to *þe* apostlis þese þingis/ And þese wordis
weren seen bifore hem as madnesse: and þei bileeueden not to hem/
12 But petir roos up & ran to þe graue/ and he bowide doun & sauȝ þe lyn-
nen cloþis liynge aloone/ and he wente bi hym silf: wondringe on þat·
13 þat was don/ And lo tweyne of hem wenten in þat dai in to a castel: þat
14 was fro ierusalem þe space of sixti furlongis emaus " bi name´/ and þei
15 spaken togidre of alle þese þingis þat hadden bifalle/ And it was doon
[*the*] while þei talkiden and souȝten bi hem silf: ihc̄ *bi* him silf neiȝede
16 & wente wiþ hem/ but her iȝen weren holde· þat þei knewen him not:
17 and he seide to hem/ what ben þese wordis þat ȝe speken togidre wan-
18 dringe and ȝe ben soreuful? And oon whos name was cleophas: answe-
ride & seide/ þou þi silf art a pilgrym in ierusalem: and hast þou not
19 knowe what þingis ben doon in it in þese daies? To whom he seide/
what þingis? and þei seiden to him of ihū of nazareth: þat was a man
20 profete myȝti in werk & word: bifore god & al þe puple/ and hou þe
hiȝe[1] prestis of oure princis bitoken him in to dampnacioun of deþ: &
21 crucifieden him/ but we hopiden þat he schulde haue aȝen-bouȝt isra-
el/ And now on alle þese þingis: þe þridde dai is todai· þat þese þingis
22 weren doon/ but also summe wymmen of ouris maden us aferd: whiche
23 bifore dai weren at þe graue/ and whanne his bodi was not founde: þei
camen & seiden/ þat þei sauȝen also [*a siȝt of*] aungels: þat[2] seyn þat
24 he lyuiþ/ And summe of oure wenten to þe graue/ and þei `founden´ so
25 as þe wymmen seiden/ but þei founden not him/ And he seide to hem/
A foolis & slowe of herte: to bileue in alle þingis þat þe prophetis han
26 spoke/ wher it bihouyde not crist to suffre þese þingis: & so to entre in
27 to his glorie? and he bigan at moyses & at alle [*the*] prophetis· and (he)
28 declaride to hem in alle scripturis þat weren of him/ and þei camen nyȝ
þe castel· whidir þei wenten: and he made countenaunce þat he wolde
29 go ferþere/ and þei constreyneden him and seiden/ dwelle wiþ us for it
drawiþ to niȝt: and þe dai is now bowid doun/ and he entride with hem/
30 And it was doon while he saat at þe mete with hem: he took breed &
31 blesside & brak & took to hem/ and þe iȝen of hem weren opened: &
32 þei knewen him/ and he vanischide fro her iȝen/ and þei seiden togidre/
wheþer oure herte was not brennynge in us: while he spak in þe wey &
33 openyde to us scripturis? And þei risen up in þe same hour: and wen-
ten `aȝen´ in to ierusalem/ and founden þe enleuene gaderid togidre· &
34 hem þat weren with hem· seiynge/ þat þe lord is risen verrily: & ap-
35 peeride to symount/ and þei telden what þingis weren doon in þe wey:
36 & hou þei knewen him in brekyng of breed/ And þe while þei spaken
þese þingis: ihc̄ stood in þe myddil of hem & seide to hem/ pees to ȝou/
37 I am: nyle ȝe drede/ but þei weren afraied & agast: and gessiden hem
38 to se a spirit/ And he seide to hem/ what ben ȝe troublid· & þouȝtis co-
39 men up in to ȝoure hertis? se ȝe myn hondis & my feet: for I my silf
am: feele ȝe & se ȝe· for a spirit haþ not fleish & boones: as ȝe seen þat

40 I haue/ And whanne he had seid þis þing: he schewide hondis & feet to
41 hem/ and ʒit while þei bileeueden not· & wondriden for ioie: he seide/
42 han ʒe heere ony þing þat schal be eten? and þei proferden him a part
43 of a fishe rostid & an hony combe/ And whanne he hadde ete bifore
44 hem· he took þat þat lefte & ʒaf to hem· & seide to hem/ þese ben þe
wordis þat I spak to ʒou: whanne I was ʒit wiþ ʒou/ for it is nede þat
alle þingis ben fulfillid þat ben write in þe lawe of moyses & in pro-
45 phetis & in psalmes of me/ þanne he openyde to hem witt: þat þei
46 schulden vndirstonde scripturis/ And he seide to hem/ for þus it is wri-
te & þus it bihouyde crist to suffre: & rijse aʒen fro deþ in þe þridde
47 dai/ and penaunce & remyssioun of synnes to be prechid in his name
48 `in´ to alle folkis: bigynnynge at ierusalem/ and ʒe ben witnessis of
49 þese þingis: and I schal sende þe biheest of my fadir in to ʒou/ but sit-
50 te ʒe in þe citee: til þat ʒe be cloþid with uertu fro anhiʒ/ And he ledde
hem forþ in to bethanye: & whanne hise hondis weren lift up· he bles-
51 side hem/ And it was doon· þe while he blesside hem: he departide fro
52 hem: and was born in to heuene/ And þei worschipiden and wenten
53 aʒen in to ierusalem with greet ioie: and weren euermore in þe temple
heriynge & blessynge god/

    Heere endiþ *þe gospel of* Luyk: *and biginniþ þe prologe of Jerom:
on þe gospel of Joon/*

John

P This is ioon euangelist oon of þe disciplis of þe lord· þe whiche is a
virgyn chosun of god/ whom god clepide fro þe sposailis: whanne he
wolde be weddid/ And double witnesse of uirginitee is ȝouun to him in
þe gospel: in þis þat he is seid loued of god bifore oþere disciplis/ and
5 god hangynge in þe cross: bitook his modir in kepyng to him: þat a vir-
gyne schulde kepe a virgyne/ þis ioon in þe gospel bigynniþ aloone þe
werk of vncorruptible word: and witnessiþ þat þe kyndeli sone of god
is maad man/ and þat þe liȝt was not take of derknessis/ and he sche-
wiþ þe first myracle whiche god dide at þe weddingis/ to schewe whe-
10 re þe lord is preied to þe feeste: þe wyn of [*the*] weddingis owiþ to fai-
le/ þat whanne olde þingis ben chaungid: alle newe þingis þat ben or-
deyned of crist appere/ Joon wroot þis gospel in asie: aftir þat he had
write þe apocalips in þe yle of pathmos/ neþeles he wroot þe gospel:
aftir alle þe gospellers/ þat also an vncorruptible ende shulde be ȝoldun
15 bi a uirgyn in þe apocalips to him: to whom an vncorruptible biginning
`is ȝouun´ in genesis in þe bigynnyng of hooly scripture/ for crist seiþ
in þe apocalips· I am þe bigynnyng & þe ende/ And þis ioon is he þat
knew þat þe dai of his departyng was come· and he clepide togidre hi-
se disciplis in effesie: & schewide crist bi many preuyngis of myraclis/
20 and *he* ȝede doun in to a doluen place of his biriyng/ And whanne he
had maad preier: he was put to his fadris/ and was `as¹´ myche withou-
te serowe of deeþ: hou myche he is founden clene fro corrupcioun of
flesch/ *Heere endiþ þe prologe:* [*Jerom in his prolog on Joon seith al
this*] *and* heere biginniþ þe gospel of Joon/

1 IN þe bigynnyng was þe word· and þe word was at god and god was
2, 3 þe word/ þis was in þe bigynnyng at god/ alle þingis weren maad bi
4 him: and wiþouten him was maad no þing/ þat þing þat was maad in
5 him· was lijf and þe lijf was þe liȝt of men· & þe liȝt schyniþ in derk-
6 nessis and derknessis comprehend[*id*]en not it/ A man was sent fro god:
7 to whom þe name was ioon/ þis man cam in to witnessyng·þat he schul-
8 de bere witnessyng of þe liȝt· þat alle men schulden bileeue bi him/ he
9 was not þe liȝt· but þat he schulde bere witnessing of þe liȝt/ þer was a
10 uerry liȝt: whiche liȝtneþ ech man þat comiþ in to þis world/ he was in
þe world· and þe world was maad bi him: and þe world knew him not/
11, 12 he cam in to hise owne þingis: and hise resseyeden him not/ but hou

---

Jn. P. ¹ so
1. ¹ tofor   ² thwong   ³ dwellide   ⁴ *rep. below reversed*   ⁵ answerde   ⁶ and
seide

many euer resseyueden him: he ȝaf to hem power to be maad þe sones

13 of god· to hem þat bileeueden in his name/ þe whiche not of blodis·
neþer of þe wille of flesch· neþer of þe wille of man: but ben born of

14 god/ and þe word was maad man: & dwellide among us/ and we haue
seen þe glorie of him: as þe glorie of [*the*] oon bigotun sone of þe fa-

15 dir/ ful of grace & of treuþe· Joon beriþ witnessyng of hym: & crieþ &
seiþ/ þis it is whom I seide/ he þat schal come aftir me· is maad bifore

16 me: for he was bifore[1] me/ and of þe plentee of him· we alle han take

17 & grace for grace/ for þe lawe was ȝoue bi moises: but grace & treuþe

18 is maad bi ihū crist/ no man sauȝe euer god: [*no*] but þe oon bigotun so-

19 ne þat is in þe bosum of þe fadir· he haþ teld out/ And þis is þe wit-
nessing of ioon· whanne iewis senten fro ierusalem prestis & dekens to

20 him: þat þei schulden axe him/ who art þou/ he knowlechide & denye-

21 de not/ and he knowlechide: for I am not crist/ And þei axiden hym/
what þanne? art þou helie? And he seide/ y am not/ art þou a prophet·

22 & he answeride/ nay/ þerfor þei seiden to him/ who art þou: þat we ȝiue

23 an answere to þese þat senten us/ what seist þou of þi self? he seide/ I
am a voice of a crier in desert: dresse ȝe þe wey of þe lord· as ysaie þe

24, 25 prophete seide/ and þei þat weren sent: weren of þe farisees/ and þei
axiden him· and seiden to him/ what þanne baptisist þou: if þou art not

26 crist· neþer helie· neþer a prophete? Joon answeride to hem· & seide/ I
baptise in watir: but in þe myddil of ȝou haþ stonde oon· þat ȝe kno-

27 wen not/ He it is þat schal come aftir me· þat was maad bifore me· of

28 whom I am not worþi to louse þe þounke[2] of his scho/ þese þingis we-

29 ren doon in bethanye biȝonde iordan: where ioon was baptisynge/ An
ooþer dai· ioon say ihū comynge to him· and he seide/ lo þe lombe of

30 god: lo he þat doþ awey þe synnes of þe world/ þis is he þat I seide off·
aftir me is comen a man· whiche was maad bifore me· for he was raþir

31 þan I/ and I knewe him not/ but þat he be schewid in israel· þerfor I cam

32 baptisynge in watir/ And ioon bar witnessyng & seide/ þat I sauȝ þe

33 spirit comynge doun as a culuer fro heuene· & dwellinge[3] on him/ and
I knewe him not/ but he þat sente me to baptise in watir: seide to me/
on whom þou seest þe spirit comynge doun & dwellynge on him: þis

34 is he þat baptisiþ in þe hooly goost/ and I sauȝ & bar witnessyng þat

35 þis is þe sone of god/ An ooþir dai ioon stood & two of his disciplis/

36, 37 and he bihelde ihū walkynge & seiþ/ lo þe lombe of god/ and two dis-

38 ciplis herden him spekynge: & foleweden ihū/ And ihū turnyde & sauȝ
hem suynge hym: and seiþ to hem/ what seken ȝe? And þei seiden to

39 him/ rabi· þat is to sey maistir/ where dwellist þou? and he seiþ to hem/
come ȝe & se/ and þei camen & sauȝen where he dwellide: & dwelten

40 with him þat dai/ & it was as þe tenþe hour/ And andreu þe broþir of
symount petir· was oon of þe tweyne þat herden of ioon: & hadden su-

41 ed him/ þis foonde first his broþir symount and he seide to him/ we

42 haue founde messias: þat is to sey crist/ and he ledde him to ihū/ and
ihc̄ bihelde him: & seide/ þou art symount þe sone of iohanna: þou

43 schalt be clepid cephas þat is to sey petir/ And on þe morowe he wol-

de go out in to galilee: & he foonde philip/ and he seiþ to him/ sue þou
44, 45 me/ philip was of bethsaida þe citee of andreu & of petir/ philip foon-
de nathanael: & seide to hym/ we haue founde ihū þe sone of ioseph of
46 nazareth: whom `moyses wroot⁴ in þe lawe & þe prophetis/ And natha-
nael seide to him/ of nazareth may sum good þing be/ philip seide to
47 him/ come & se/ ihc̄ siȝe nathanael comynge to him: and seide to him/
lo verrily a man of israel: in whom is no gyle/ Nathanael seide to him/
48 wher off hast þou knowe me? ihc̄ answeringe⁵: seide⁶ to him/ bifore þat
49 philip clepide þee whanne þou were vndir þe fige tree I siȝe þee/ Na-
thanael answeride to him: & seide/ raby· þou art þe sone of god: þou
50 art kyng of israel/ ihc̄ answeride: & seide to him/ for I seide to þee· I
sauȝ þee vndir þe fige tree· þou bileeuist: þou schalt se more þan þese
51 þingis/ And he seide to hem/ treuly treuli I sey to ȝou· ȝe schul se heue-
ne opened: & þe aungels of god stiynge up & comynge doun on man-
nus sone/

2   And þe þridde dai weddingis weren maad in þe cane of galilee: and
2   þe modir of ihū was þere/ and ihc̄ was clepid & hise disciplis to þe wed-
3   dingis/ And whanne wyn failide· þe modir of ihū seide to him/ þei han
4   not wyn/ and ihc̄ seiþ to hir/ what to me & to þee womman? myn hour
5   cam not ȝitt/ his modir seiþ to þe mynistris/ what euer þing he seiþ¹ to
6   ȝou: do ȝe/ And þere weren sett sixe stonen cannes aftir þe clensyng of
7   þe iewis: holdinge eche two eiþer þre metretis/ And ihc̄ seiþ to hem/ fil-
8   le ȝe þe pottis with watir/ And þei filliden hem up to þe mouþ/ And ihc̄
seide to hem/ drawe ȝe now & bere ȝe to þe architriclyn/ and þei baren/
9   And whanne þe archi(thi)triclyn hadde tastid þe watir maad wyn· &
wiste not wherof it was· but þe mynistris wisten þat drowen þe watir/
10   þe architriclyn clepiþ þe spouse & seiþ to him/ ech man settiþ first
good wyn· and whanne men ben [*ful*]fillid· þanne þat· þat is worse/ but
11   þou hast kept [*the*] good wyn in to þis tyme/ And ihc̄ dide þis þe bi-
gynnyng of signes in þe cane of galilee· & schewide his glorie/ and his
12   disciplis bileueden in *to* him/ Aftir þese þingis he cam doun to caphar-
naum/ & his modir & hise briþeren & hise disciplis: and þei dwelliden
13   not " þere many daies/ and þe pask of iewis was nyȝ: & ihc̄ wente up to
14   ierusalem/ and he foonde in þe temple men sillynge oxen & scheep &
15   culueres & chaungers sittinge/ and whanne he had maad as it were a
scourge of smale cordis: he droof out alle of þe temple & oxun &
scheep· and he schedde þe money of chaungers· and turnede upsodoun
16   þe boordis/ And he seide to hem þat solden culuers/ take awey fro hen-
nes þese þingis: and nyle ȝe make þe hous of my fadir an hous of mar-
17   chaundise/ and hise disciplis hadden mynde for it was write· þe feruent
18   loue of þin hous haþ etun me/ þerfor þe iewis answeriden and seiden to
19   hym· what token schewist þou to us· þat þou doist þese þingis? ihc̄ ans-
weride & seide to hem/ vndo ȝe þis temple: and in þree daies I schal

---

2. ¹ seie

20 reise it/ þerfor þe iewis seiden to him/ in fourty & sixe ȝeer þis temple
21 was bildid: and schalt þou in þree daies reise it? but he seide of þe tem-
22 ple of his bodi/ þerfor whanne he was risun fro deþ· hise disciplis had-
den mynde þat he seide þese þingis of his bodi/ and þei bileueden to þe
23 scripture: & to þe word þat ihc̄ seide/ And whanne ihc̄ was at ierusalem
in pask in þe feeste dai: many bileueden in his name· seynge hise sig-
24 nes þat he dide/ but ihc̄ trowide not him silf to hem/ for he knewe alle
25 men & for it was not nede to him· þat ony man schulde bere witnessyng
   of man· for he wiste what was in man/

3   And þer was a man of þe farisees· nychodeme bi name a prince of
2 [*the*] iewis/ and he cam to ihū bi niȝt & seide to him/ Rabi· we witen
   þat þou art comen fro god maistir/ for no man may do þese signes þat
3 þou doist: but god be with him/ ihc̄ answeride & seide to him/ Treuly
   treuli I sey to þee· but a man be born aȝen: he mai not se þe kyngdom
4 of god/ Nichodeme seide to him/ hou mai a man be born: whanne he is
   old? wheþir he mai entre aȝen in to his modir[1] wombe· & be born aȝen?
5 ihc̄ answeride/ treuly treuli I sey to þee· but a man be born aȝen of watir
6 & of þe hooli goost· he mai not entre in to þe kyngdom of god/ þat þat
   is born of [*the*] flesch: is flesh/ and þat þat is born of *þe* spirit: is spirit/
7, 8 wondre þou not· for I seide to þee· it bihoueþ ȝou to be born aȝen/ þe
   spirit breþiþ where he wole· & þou herist his vois/ but þou wost not fro
   whennes he comiþ· ne whidir he goiþ/ so is eche man þat is born of þe
9 spirit/ Nichodeme answeride & seide to him/ hou moun þese þingis be
10 don? ihc̄ answeride & seide to him/ þou art a maistir in israel: and kno-
11 wist not þese þingis? treuly treuli I sey to þee· for we speken þat þat
   we witen/ and we witnessen þat þat we han seen· and ȝe taken not ou-
12 re witnessyng/ If I haue seid to ȝou erþely þingis· and ȝe bileuen not:
13 hou if I sey to ȝou heuenly þingis schulen ȝe bileue? and no man stieþ
   in to heuene: but he þat cam doun fro heuene· mannus sone þat is in
14 heuene/ And as moyses areride a serpent in desert: so it bihoueþ man-
15 nus sone to be reysid/ þat ech man þat bileueþ in him perische not: but
16 haue euerlastinge lijf/ For god louyde so þe world: þat he ȝaf his oon
   bigotun sone/ þat ech man þat bileuiþ in hym perische not: but haue
17 euerlastinge lijf/ for god sente not his sone in to þe world þat he iuge
18 þe world· but þat þe world be saued bi him/ he þat bileueþ in hym is
   not demed `but he þat bileeuiþ not: is now deemyd/´ for he bileueþ not
19 in þe name of þe oon bigetun sone of god/ & þis is þe doom/ for liȝt
   cam in to þe world: and men loueden more derknessis þan liȝt/ for her
20 werkis weren yuele/ for eche man þat doþ yuele: hatiþ þe liȝt/ and he
21 comeþ not to þe liȝt: þat hise werkis be not repreued/ but he þat doþ
   treuþe: comeþ to þe liȝt þat hise werkis be schewid· þat þei be[*n*] don
22 in god/ Aftir þese þingis ihc̄ cam & hise disciplis in to þe lond of iudee·
23 & þere he dwellide with hem & baptiside/ and ioon was baptisynge in

---

3. [1] modris

ennon bisidis salym: for many watris weren þere· and þei camen & we-
24, 25 ren baptisid/ and ioon was not ȝitt sent in to prisoun/ þerfor a questioun
26 was maad of iones disciplis with þe iewis of þe purificacioun/ and þei
camen to ioon: & seiden to him/ Maistir he þat was with þee biȝonde
iordan· to whom þou hast born witnessyng/ lo he baptisiþ· & alle men
27 comen to him/ Joon answeride: & seide/ a man may not take ony þing·
28 but it be ȝouen to him fro heuene/ ȝe ȝou silf beren witnessyng to me:
29 þat I seide I am not crist: but þat I am sent bifore him/ he þat haþ a wijf:
is þe hosebonde/ but þe freend of þe spouse þat stondiþ & heriþ him:
ioieþ with ioie: for þe vois of þe spouse/ þerfor in þis þing my ioie is
30, 31 fulfillid/ it bihouiþ him to wexe: but me to be maad lesse/ he þat came
fro aboue· is aboue alle/ he þat is of þe erþe: spekiþ of þe erþe/ he þat
32 comeþ fro heuene: is aboue alle/ and he witnessiþ þat þing þat he haþ
33 seie & herd· & no man takiþ his witnessing/ but he þat takiþ his wit-
34 nessyng: haþ confermed þat god is soþfast/ but he whom god haþ sent·
35 spekiþ þe wordis of god/ for not to mesure god ȝiuiþ [*the*] spirit/ þe fa-
36 dir loueþ þe sone: and he haþ ȝoue alle þingis in his hond/ he þat bi-
leueþ in þe sone: haþ euerlastynge lijf/ but he þat is vnbileueful to þe
sone: schal not se euerlastinge lijf· but þe wraþþe of god dwelliþ on
hym/

4   Therfor as ihū knewe þat þe farisees herden· þat ihū makiþ & bapti-
2, 3 siþ mo disciplis þan ioon· þouȝ ihc baptiside not but hise disciplis: he
4 lefte iudee & wente aȝen in to galilee/ and it bihouyde him to passe bi
5 samarie/ þerfor ihc cam in to a citee of samarie· þat is clepid[1] sichar bi-
6 sidis þe place þat iacob ȝaf to ioseph his sone/ & þe welle of iacob was
þere/ and ihc was wery of þe iorney: & sat þus upon þe welle/ and þe
7 our was as it were þe sixte/ and a womman cam fro samarie: to drawe
8 watir/ And ihc seiþ to hir/ ȝiue me drinke/ and hise disciplis weren gon
9 in to þe citee: to bie mete/ þerfor þilke womman of samarie seiþ to
him/ hou þou siþ[2] þou art a iew: axist of me drynke· þat am a womman
10 of samarie? for *þe* iewis vsiden not to dele with samaritans/ ihc answe-
ride: & seide to hir/ if þou wistist þe ȝifte of god & who he is þat seiþ
to þee· ȝiue me drinke: þou perauenture woldist haue axid of him & he
11 schulde haue ȝoue to þee quyk watir/ þe womman seiþ to him/ sire
þou hast not where-ynne to drawe: and þe pitt is deep/ wher-off þanne
12 hast þou quyk watir? wheþer þou art grettere þan oure fadir iacob: þat
13 ȝaf to us þe pit? & he dranke þeroff & hise sones & hise bestis/ Ihc ans-
weride: and seide to hir/ Ech man þat drinkiþ of þis watir: shal þirste
eft-soone/ but he þat drinkiþ of þe watir þat I schal ȝiue him: shal not
14 þirste withouten ende/ but þe watir þat I shal ȝiue him: shal be maad in
15 hym a welle [*of watir*] spryngynge up in to euer-lastynge lijf/ þe wom-
man seiþ to him/ Sire ȝiue me þis watir þat I þirste not: neþer come hi-
16 dere to drawe/ ihc seiþ to hir/ go clepe þin hosebonde: & come hidere/

---

4. [1] seid   [2] whanne

17 þe womman answeride: & seide/ I haue noon hosebonde/ Ihc̄ seiþ to
18 hir/ þou seidist wel· þat I haue noon hosebonde/ for þou hast had fyue
hosebondis: and he þat þou hast is not þin hosebonde/ þis þing þou sei-
19 dist soþely/ þe womman seiþ to him/ lord I se: þat þou art a prophete/
20 oure fadris worschipiden in þis hill: and ȝe seyn/ þat at ierusalem is a
21 place: where it bihoueþ to worschipe/ ihc̄ seiþ to hir/ womman bileue
þou to me· for þe hour schal come: whanne neþer in þis hil neþir in ie-
22 rusalem ȝe schul worschipe þe fadir/ ȝe worschipen þat ȝe knowen not:
23 we worschipen þat· þat we knowen/ for helþe is of þe iewis/ but þe ty-
me is come & now it is: whanne trewe worschipers schul worschipe þe
fadir in spirit & treuþe/ for also þe fadir sechiþ siche þat worschipen
24 him/ god is a spirit/ and it bihoueþ hem þat worschipen him: to wor-
25 schipe in spirit & treuþe/ þe womman seiþ to him/ y woot þat messias
is come þat is seid crist/ þerfor whanne he comeþ: he schal telle us al-
26, 27 le þingis/ Ihc̄ seiþ to hir/ I am he þat spekiþ with þee/ And anoon hise
disciplis camen: & wondriden þat he spake with þe womman/ neþeles
28 no man seide to him· what sekist þou or what spekist þou with hir/ þer-
for· þe womman lefte hir watir pott: and wente in to þe citee & seide to
29 þo men/ come ȝe & se ȝe a man þat *haþ* seid to me alle þingis þat I
30 haue doon/ wheþir he be crist? And þei wenten out of þe citee & ca-
31 men to him/ In þe mene while hise disciplis preieden him and seiden/
32 Maistir ete/ but he seide to hem/ I haue mete to ete þat ȝe knowen not/
33 þerfor disciplis seiden togidere/ wheþer ony man haþ brouȝt him mete
34 to ete? ihc̄ seiþ to hem/ Mi mete is þat I do þe will of him þat sente me:
35 þat I perfourme þe werk of him/ wheþer ȝe seyn not þat ȝitt foure mo-
neþis ben: & ripe corn comeþ? lo I sey to ȝou· lifte up ȝoure iȝen & se
36 ȝe þe feldis: for now þei ben whijt to repe/ and he þat repiþ: takiþ hij-
re & gaderiþ fruit in to euerlastinge lijf/ þat boþe he þat sowiþ & he þat
37 repiþ: haue ioie togidre/ in þis þing is þe word trewe/ for an ooþer is
38 þat sowiþ & an ooþer þat repiþ/ I sente ȝou to repe· þat þat ȝe han not
trauailid/ oþere men han trauelid: & ȝe han entrid in to here traueils/
39 And of þat citee many samaritans bileeuyden in him: for þe word of þe
womman þat bar witnessyng þat he seide to me alle þingis þat I haue
40 don/ þerfor whanne samaritans camen to hym· þei preieden him to
41 dwelle þere/ and he dwellide þere two daies/ and many mo bileueden
42 for his word: and seiden to þe womman/ þat now not for þi speche we
bileuen/ for we han herd· & we witen· þat þis is verrily þe sauyour of
43 þe world/ And aftir two daies he wente out fro þennes· & wente in to
44 galilee/ and he bar witnessyng· þat a prophet in his owne cuntree haþ
45 noon honour/ þerfor whanne he cam in to galilee: men of galilee res-
seyueden him· whanne þei hadden seen alle þingis þat he had don in ie-
46 rusalem in þe feste dai/ for also þei hadden come to þe feeste dai/ þer-
for he cam eft-soone in to þe cane of galilee: where he made þe watir
wyn/ And *þer* was " a litil kyng´: whos sone was sijk at capharnaum/
47 whanne þis hadde herd þat ihū schulde come fro iudee in to galilee he
wente to hym & preiede him þat he schulde come doun: & heele his so-

48 ne· for he biganne to dye/ þerfor ihc̄ seide to him/ But ȝe se tokens &
49 grete wondris: ȝe bileuen not/ þe litil king seiþ to him/ lord come doun:
50 bifore þat my sone dye/ ihc̄ seiþ to him/ go: þi sone lyuiþ/ þe man bi-
51 leuede to þe word þat ihc̄ seide to him: and he wente/ And now whan-
ne he cam doun· þe seruauntis camen aȝens him· and tolden to him and
52 seiden/ þat his sone lyuide/ and he axide of hem þe hour in whiche he
was amendid/ And þei seiden to him/ for ȝistirdai in þe seuenþe hour:
53 þe feuere lefte him/ þerfor þe fadir knewe þat þilke hour it was· in whi-
54 che ihc̄ seide to him· þi sone liuiþ/ and he bileuede: & al his hous/ Ihc̄
dide eft þis secounde tokene: whanne he cam fro iudee in to galilee/

5 Aftir þese þingis þer was a feeste dai of iewis: and ihc̄ wente up to
2 ierusalem/ and in ierusalem is a weschinge place: þat in ebreu is named
3 bethsaida· & haþ fyue porchis/ in þese lai a greet multitude of sike men/
4 blynde· crokid & drie abidynge þe mouyng of þe watir/ for þe aungel
of þe lord cam doun certeyn tymes in to þe watir: and þe watir was
moued/ and he þat first came doun in to þe cisterne aftir þe mouyng of
5 þe watir: was maad hool of what euer sikenesse he was holden/ And a
6 man was þere hauynge eiȝte & þritty ȝer in his sijknesse/ And whanne
ihc̄ had seen hym liggynge & hadde knowun· þat he hadde myche ty-
7 me: he seiþ to him/ wolt þou be maad hool? þe sike man answeride to
him/ lord I haue no man· þat whanne þe watir is moued· to putte me in
8 to þe cisterne/ for þe while I come: an ooþer goþ doun bifore me/ ihc̄
9 seiþ to him/ Rise up· take þi bed & go/ And anoon þe man was maad
10 hool: and took up his bed & wente forþ and it was sabat in þat dai/ þer-
for þe iewis seiden to him þat was maad hool/ It is sabat· it is not leue-
11 ful to þee: to take awei þi bed/ he answeride to hem/ he þat `made´ me
12 hool: seide to me/ take þi bed & go/ þerfor þei axiden him/ what man
13 is þat· þat seide to þee: take [vp] þi bed & go/ but he þat was [maad]
hool: wiste not who it was/ And ihc̄ bowide awey fro þe puple þat was
14 sett in þe place/ Aftirward ihc̄ fonde him in þe temple: & seide to him/
lo þou art maad hool· now nyle þou do synne· lest ony worse þing bi-
15 falle to þee/ þilke man wente & tolde to þe iewis: þat it was ihū þat ma-
16 de him hool/ þerfor þe iewis pursueden ihū: for he dide þis þing in þe
17 sabot/ and ihc̄ answeride to hem/ my fadir worchiþ til now: & I worche/
18 þerfor þe iewis souȝten more to sle him/ for not oonly he brak þe sa-
bot: but he seide þat god was his fadir· & made him euene to god/ þer-
19 for ihc̄ answeride: & seide to hem/ treuly treuly I sey to ȝou· þe sone
may not of him silf do ony þing· but þat þing þat he seeþ þe fadir
doynge/ for what euer þingis he doþ: þe sone doþ in lijk manere þo
20 þingis/ for þe fadir loueþ þe sone: & schewiþ (to) him alle þingis þat
he doþ/ and he shal schewe to him grettere werkis þan þese: þat ȝe
21 wondre/ for as þe fadir reisiþ dede men & quykeniþ: so þe sone quy-
22 keniþ whom he wole/ for neþer þe fadir iugiþ ony man: but haþ ȝoue

5. [1] deeth

23 doom to þe sone þat alle men honoure þe sone: as þei honouren þe fa-
   dir/ he þat honouriþ not þe sone: honouriþ not þe fadir þat sente him/
24 treuly treuli I sey to ʒou þat he þat heriþ my word: & bileueþ to him
   þat sente me: haþ euer lastynge lijf/ and he comiþ `not´ in to doom: but
25 passiþ fro deed[1] in to lijf/ treuly treuly I sey to ʒou· for þe hour comiþ
   & now it is: whanne dede men schul heere þe vois of goddis sone/ and
26 þei þat heeren: schul lyue/ for as þe fadir haþ lijf in him silf: so he ʒaf
27 to þe sone to haue lijf in him silf/ and he ʒaf to him power to make
28 doom: for he is mannus sone/ nyle ʒe wondre þis/ for þe hour comiþ in
   whiche alle men þat ben in biriels: schul heere þe vois of goddis sone/
29 and þei þat han do gode þingis: schul go in to aʒen rising of lijf/ but þei
30 þat han do yuel þingis: in to aʒenrisyng of doom/ y mai do " no þing´
   of my silf: but as I heere· I deme/ and my doom is iust: for I seke not
31 my wille· but þe wille of þe fadir þat sente me/ if I bere witnessyng of
32 my silf: my witnessing is not trewe/ an ooþer is þat beriþ witnessing of
33 me: and I woot þat his witnessing is trewe þat he beriþ of me/ ʒe sen-
34 ten to ioon: and he bar witnessing to treuþe/ but I take not witnessing
35 of man: but I sei þese þingis· þat ʒe be saaf/ he was a lanterne bren-
36 nynge & schynynge/ but ʒe wolden glade at an hour in his liʒt/ but I
   haue more witnessyng þan ioon/ for þe werkis þat my fadir ʒaf to me
   to perfourme hem· þilke werkis þat I do: beren witnessyng of me· þat
37 þe fadir sente me/ and þe fadir þat sente me: he bar witnessyng of me/
38 neþer ʒe herden euer his vois: neþer ʒe siʒen his lickenesse/ and ʒe han
   not his word dwellinge in ʒou: for ʒe bileuen not to him· whom he sen-
39 te/ Seke ʒe scripturis: in whiche ʒe gessen to haue euerlastinge lijf· &
40 þo it ben þat beren witnessyng of me/ and ʒe wolen not come to me:
41, 42 þat ʒe haue lijf/ I take not clernesse of men: but I haue knowun ʒou þat
43 ʒe han not þe loue of god in ʒou/ I cam in þe name of my fadir: & ʒe
   token not me/ if an ooþer come in his owne name: ʒe schul resseyue
44 him/ hou moun ʒe bileue· þat resseyuen glorie ech of ooþer: and ʒe se-
45 ken not þe glorie þat is of god aloone? Nile ʒe gesse þat I am to accu-
   se ʒou anentis þe fadir/ it is moyses þat accusiþ ʒou: in whom ʒe ho-
46 pen/ for if ʒe bileueden to moyses: perauenture ʒe schulden bileue also
47 to me/ for he wroot of me/ But if ʒe bileuen not to hise lettris: hou schul
   ʒe bileue to my wordis/
6, 2   Aftir þese þingis ihē wente ouer þe see of galilee: þat is tiberias/ and
   a greet multitude suede him: for þei siʒen þe toknes þat he dide on hem
3 þat weren sike/ þerfor ihē wente in to an hil and sat þere with hise dis-
4, 5 ciplis/ and þe pask was ful niʒ: a feeste dai of þe iewis/ þerfor whanne
   ihē had lift up hise iʒen· & hadde seen þat a greet multitude cam to him:
6 he seiþ to philiþ/ were off schul we bie looues: þat þese men ete? but
7 he seide þis þing: temptynge him/ for he wiste what he was to do/ phi-
   lip answeride to him/ þe looues of two hundrid pens· suffisen not to
8 hem: þat ech man take a litil what/ oon of hise disciplis andreu þe

---

6. [1] seen   [2] come

9 broþer of symount petir: seiþ to him/ A child is heere þat haþ fyue bar-
10 ly looues & two fischis/ but what ben þese among so many? þerfor ihc̄
seiþ/ Make ȝe hem sitte to þe mete/ and þer was myche hey in þe pla-
11 ce/ And so men saten to þe mete as fyue þousynd in noumbre/ And ihc̄
took fyue looues/ and whanne he hadde do þankyngis: he departide to
þe men þat saten to þe mete/ and also of þe fischis: as myche as þei
12 wolden/ and whanne þei weren fillid: he seide to hise disciplis/ gadre
13 ȝe þe relifs þat ben left: þat þei perische not/ and so þei gadriden & fil-
liden twelue cofines of relife of þe fyue barly looues & two fischis: þat
14 leften to hem þat hadden ete/ þerfor þo men whanne þei hadden seen
þe signe þat he hadde don: seiden/ for þis is verrily þe prophet þat is to
15 come in to þe world/ And whanne ihc̄ hadde knowun· þat þei weren to
come to `take´ him· and make him kyng· he fleiȝ aloone eft in to an hil/
16 and whanne euen tijd was come· hise disciplis wenten doun to þe see/
17 and þei wenten up in to a boot· and þei camen ouer þe see in to ca-
pharnaum/ and derknessis weren maad þanne: and ihc̄ was not come to
18, 19 hem/ and for a greet wynd blewe: þe see roos up/ þerfor whanne þei
hadden rowid as fyue & twenty forlongis or þritty· þei sauȝen[1] ihū wal-
20 kynge on þe see· & to be niȝ þe boot & þei dredden/ And he seide to
21 hem/ I am· nyle ȝe drede/ þerfor þei wolden take him in to þe boot· and
22 anoon þe boot was at þe londe to which þei wenten/ On þat ooþer dai
þe puple þat stood ouer þe see: sauȝ þat þer was noon ooþer boot þere
but oon & þat ihū entride not with hise disciplis in to þe boot: but hise
23 disciplis aloone wenten/ But oþere bootis camen fro tiberias· bisidis þe
24 place where þei hadden ete breed· & diden þankyngis to god/ þerfor
whanne þe puple hadde seen þat ihū was not þere neþer hise disciplis:
25 þei wenten up in to bootis & camen to capharnaum sekynge ihū/ And
whanne þei hadden founde him ouer þe see: þei seiden to him/ Rabi
26 hou camist[2] þou hidere? ihc̄ answeride to hem & seide/ treuly treuly I
sey to ȝou· ȝe seken me· not for ȝe siȝen þe myraclis: but for ȝe eeten
27 of þe looues & weren fillid/ worche ȝe not mete þat perischiþ: but þat
dwelliþ in to euerlastinge lijf· þe whiche mete mannus sone schal ȝiue
28 to ȝou/ for god þe fadir haþ markid him/ þerfor þei seiden to him/ what
29 schulen we do: þat we worche þe werkis of god? ihc̄ answeride: & sei-
de to hem/ þis is þe werk of god: þat ȝe bileue to him· whom he sente/
30 þerfor þei seiden to him/ what token þanne dost þou: þat we seen & bi-
31 leuen to þee? what worchist þou? oure fadris eeten manna in desert: as
32 it is writun/ he ȝaf to hem breed fro heuene to ete/ þerfor ihc̄ seiþ to
hem/ treuly treuly I sey to ȝou· moyses ȝaf ȝou not breed fro heuene·
33 but my fadir ȝiuiþ ȝou verry breed fro heuene/ for it is verry breed þat
34 comiþ doun fro heuene: & ȝiuiþ lijf to þe world/ þerfor þei seiden to
35 him/ lord euere ȝiue us þis breed/ And ihc̄ seide to hem/ I am breed of
lijf/ he þat comeþ to me: schal not hungre/ he þat bileueþ in me: schal
36 neuere þirste/ but I seide to ȝou· þat ȝe han seen me: & ȝe bileueden
37 not/ Al þing (þing) þat þe fadir ȝiueþ to me schal come to me/ and I
38 schal not caste him out: þat comeþ to me/ for I cam doun fro heuene·

39 not þat I do my wille: but þe wille of him þat sente me/ and þis is þe
wille of þe fadir þat sente me· þat al þing þat þe fadir ȝaf me: I lese not
40 of it· but aȝen reise it in þe laste dai/ and þis is þe wille of my fadir þat
sente me/ þat ech man þat seeþ þe sone & bileueþ in him: haue euer
41 lastinge lijf/ and I schal aȝen reise him in þe laste dai/ þerfor iewis
grucchiden of hym· for he hadde seid I am breed þat cam doun fro
42 heuene/ And þei seiden/ wheþer þis is not ihc̄ þe sone of ioseph whos
fadir & modir we haue knowen/ hou þanne seiþ *he* þis þat I cam doun
43 fro heuene? þerfor ihc̄ answeride & seide to hem/ nile ȝe grucche togi-
44 dre/ No man may come to me: but if þe fadir þat sente me drawe him/
45 and I schal aȝen reise him in þe laste day/ It is writen in prophetis/ &
alle men `of god: " schul be able forto be tauȝt´/ Ech man þat herde of
46 þe fadir· & haþ lerned: comiþ to me/ not for ony man haþ seen þe fa-
47 dir: but *he* þis þat is of god haþ sey þe fadir/ Soþly soþly I sey to ȝou·
48, 49 he þat bileueþ in me: haþ euerlastinge lijf/ I am breed of lijf/ ȝoure fa-
50 dris eeten manna in desert: & *þei* ben deed/ þis is breed comynge doun
51 fro heuene/ þat if ony man ete þerof: he dye not/ I am lyuynge breed:
52 þat came doun fro heuene/ if ony man ete of þis breed: he schal lyue
wiþouten ende/ and þe breed þat I schal ȝiue: is my flesch for þe lijf
53 of þe world/ þerfor þe iewis chidden togidre & seiden/ hou mai *he* þis
54 ȝiue to us his fleish to ete? þerfor ihc̄ seiþ to hem/ treuly treuli I sey to
ȝou· but ȝe eten þe fleish of mannus sone & drinken his blood: ȝe schul
55 not haue lijf in ȝou/ he þat etiþ my flesch & drynkiþ my blood: haþ
56 euer lastinge lijf· & I schal aȝen reise him in þe laste dai/ for my flesch
57 is verry mete: and my blood is verry drynke/ he þat etiþ my flesh &
58 drynkiþ my blood: dwelliþ in me & I in hym/ as my fadir lyuinge sen-
te me: & I lyue for þe fadir/ and he þat etiþ me: he schal lyue for me/
59 þis is breed þat cam doun fro heuene: not as ȝoure fadris eten manna:
60 & ben deed/ he þat etiþ þis breed: schal lyue wiþouten ende/ he seide
61 þese þingis in þe synagoge: techynge in capharnaum/ þerfor many of
62 his disciplis herynge seiden· þis word is hard: who mai heere it/ but ihc̄
witynge at him silf· þat hise disciplis grucchiden of þis þing seide(n) to
63 hem/ þis þing sclaundriþ ȝou/ þerfor if ȝe seen mannus sone stiynge·
64 where he was bifore: it is þe spirit þat quykeniþ· þe flesch profitiþ no
65 þing/ þe wordis þat I haue spoken to ȝou: ben spirit & lijf/ but þer ben
summe of ȝou: þat bileuen not/ for ihc̄ wiste fro þe bigynnyng: whiche
66 weren bileuynge & who was to bitraie him/ and he seide· þerfor I sei-
de to ȝou· þat no man may come to me: but it were ȝouen to hym of my
67 fadir/ fro þis tyme many of his disciplis wenten abak: & wenten not
68 now wiþ him/ þerfore ihc̄ seide to þe twelue/ wheþer ȝe wolen also go
69 awey? And symount petir answeride to hym/ lord to whom schul we
70 go? þou hast wordis of euer lastinge lijf/ and we bileuen & haue kno-
71 wen: þat þou art crist þe sone of god/ þerfor ihc̄ answeride to hem/
72 wheþer I chees not ȝou twelue: and oon of ȝou is a feend? and he sei-
de þis of iudas of symount scarioth/ for *he* þis was to bitraie him:
whanne he was oon of þe twelue/

7   Aftir þese þingis ihē walkide in to galilee/ for he wolde not walke in
2 to Judee· for þe iewis souʒten to sle him/ and þer was niʒ a feeste dai
3 of þe iewis senophegia· and hise breþeren seiden to him/ passe fro hen-
   nes & go *we* in to iudee: þat also þi disciplis se þi werkis þat þou doist/
4 for no man doþ ony þing in hidlis· and him silf sekiþ to be open/ if þou
5 dost þese þingis: schewe þi self to þe world/ for neþer his briþeren bi-
6 leueden in him/ þerfor ihē seiþ to hem/ my tyme cam not ʒitt: but ʒou-
7 re tyme is euer more redy/ þe world may not hate ʒou/ soþely it hatiþ
8 me: for I bere witnessyng þeroff þat þe werkis of it ben yuele/ go ʒe up
   to þis feest dai: but I shal not go up to þis feest dai for my tyme is not
9, 10 ʒit fulfillid/ whanne he had seid þes þingis: he dwelte in galile/ & after
   þat his breþeren weren gon up: þanne he ʒede up to þe feeste dai/ not
11 openly: but as in priuytee/ þerfor þe iewis souʒten him in þe feeste dai:
12 and seiden/ where is he? and myche grucchyng was of him among þe
   puple/ for summe seiden þat he is good· and oþere seiden nay: but he
13 disseyueþ þe puple/ neþeles no man spak openly of him: for drede of
14 þe iewis/ but whanne þe myddil feeste dai cam: ihē wente up in to þe
15 temple & tauʒte/ and þe iewis wondriden & seiden/ hou can þis man
16 lettris: siþ he haþ not lerned? ihē answeride to hem and seide/ my doc-
17 trine is not myn: but his þat sente me/ if ony man wole do his will: he
   schal knowe of þe teching· wheþer it be of god· or I speke of my self/
18 he þat spekiþ of him self: sekiþ his owne glorie/ but he þat sekiþ þe
   glorie of him þat sente him is soþfast· and vnriʒtfulnesse[1] is not in hym/
19 wheþer moyses ʒaf not to ʒou a lawe: and noon of ʒou doþ þe lawe?
20, 21 what seken ʒe to sle me? And þe puple answeride & seide/ þou hast a
   deuel/ who sekiþ to sle þee? ihē answeride & seide to hem/ I haue don
22 a[2] werk: and alle ʒe wondren/ þerfor moyses ʒaf to ʒou circumcisioun·
   not for it is of moyses but of þe fadris/ and in þe sabat ʒe circumciden
23 a man/ if a man take circumcisioun in þe sabat: þat þe lawe of moyses
   be not broken· haue ʒe indignacioun to me: for I made `al´ a man hool
24, 25 in þe sabat/ Nile ʒe deme aftir þe face: but deme ʒe a riʒtful doom/ þer-
   for summe of ierusalem seiden/ wheþer þis is not he· whom þe iewis
26 seken to slee? and lo he spekiþ openly: and þei seyn no þing to him/
27 wheþer þe princis knewen verrily· þat þis is crist? but we knowen þis
   man of whennes he is/ but whanne crist schal come: no man woot of
28 whennes he is/ þerfor ihē criede in þe temple techinge & seide/ ʒe kno-
   wen me· and ʒe knowen of whennes I am· and I cam not of my self: but
29 he is trewe þat sente me whom ʒe knowen not/ I knowe him: and if I
   sey þat I knowe him not: I schal be lijk to ʒou a liere/ but I knowe him:
30 for of him I am· & he sente me/ þerfor þei souʒten *for* to take hym: &
31 no man sette on him hondis: for his hour cam not ʒit/ and many of þe
   puple bileueden in him and seiden/ whanne crist schal come: wheþer he
32 schal do mo tokenes*se* þan þo þat þis doþ? Farisees herden þe puple

---

7. [1] vnriʒtwisnesse   [2] o   [3] for

musynge of him þese þingis/ and þe princis & farisees senten mynis-
33 tris: to take him/ þerfor ihͨ seide to hem/ ȝitt a litil tyme I am wiþ ȝou:
34 & I go to þe fadir þat sente me/ ȝe schul seke me· & ȝe schul not fyn-
35 de/ and where I am ȝe moun not come/ þerfor þe iewis seiden to hem
silf· whidir shal *he* þis go· for we schul not fynde him? wheþer he wil
36 go in to þe scateryng of heþen men: & wole teche þe heþene? what is
þis word whiche he seide? ȝe shul seke me & ȝe schul not fynde· &
37 where I am ȝe moun not come/ But in þe laste dai of þe greet feeste:
ihͨ stood & criede & seide/ If ony man þirstiþ: come he to me & dryn-
38 ke/ he þat bileueþ in me as þe scripture seiþ: flodis of quyk watir schul
39 flowe fro his wombe/ but he seide þis þing of þe spirit/ whom men þat
bileueden in him schulden take/ for þe spirit was not ȝit ȝouen: for ihͨ
40 was not ȝitt glorified/ þerfor of þat cumpeny whanne þei hadden herd
41 þese wordis of him: þei seiden/ þis is verrily a prophete/ oþere seiden
42 þis is crist/ but summe seiden/ wheþer crist comiþ fro galilee? wheþer
þe scripture seiþ not þat of þe seed of dauid & of þe castel of bethleem
43 where dauid was crist comiþ? þerfor discencioun was maad among þe
44 puple for him but[3] summe of hem wolden haue take him: but no man
45 sette hondis on him/ þerfor þe mynistris camen to *þe* bishopis & fari-
46 sees: and þei seiden to hem/ whi broȝten ȝe not him? þe mynistris ans-
47 weriden/ neuer man spak so: as þis man spekiþ/ þerfor þe farisees ans-
48 weriden to hem· wheþer ȝe ben disceyued also? wheþir ony of þe prin-
49 cis or of þe farisees· bileuyden in hym? but þis puple þat knowiþ not
50 þe lawe: ben cursid/ Nichodeme seiþ to hem· he þat cam to hym bi niȝt:
51 þat was oon of hem/ wheþer oure lawe demiþ a man: but it haue first
52 herd of hym· & knowe what he doþ? þei answeriden: & seiden to him/
wheþer þou art a man of galilee also: seke þou scripturis & se þou· þat
a prophet risiþ not of galilee/ and þei turnyden aȝen ech in to his hous/
8, 2 But ihͨ wente in to þe mount of olyuete: & erly efte he came in to þe
3 temple/ and al þe puple cam to him: and he saat & tauȝte hem/ and scri-
bis & farisees bryngen a womman takun in a-vowtrie/ and þei settiden
4 hir in þe myddil & seiden to him/ Maistir þis womman is now takun in
5 a-vowtrie/ and in þe lawe moyses comaundide us *for* to stone siche/
6 þerfor what seist þou? And þei seiden þis þing temptynge him: þat þei
myȝten accuse him/ And ihͨ bowide him silf doun· and wroot with his
7 fyngir in þe erþe: and whanne þei abiden axynge him: he reiside him
silf & seide to hem/ he of ȝou þat is wiþoute synne: first caste a stoon
8, 9 in to hir/ And eft he bowide him silf: & wrot in þe erþe/ and þei he-
rynge þese þingis: wenten a-wey oon aftir an ooþir· and þei bigunnen
fro þe eldre men/ And ihͨ dwelte aloone: & þe womman stondynge in
10 þe myddil/ and ihͨ reiside him silf· & seide to hir/ womman where ben
11 þei þat accusiden þee? no man haþ dampned þee/ sche seide/ no man
lord/ Ihesus seide [*to hir*]/ neþir I schal dampne þee/ go þou· and now

---

8. [1] this   [2] *rep. (& cr. out)* synne *below MS*   [3] plesynge   [4] of

12 aftirward nyle þou synne more/ þerfor eft ihͨ spak to hem & seide/ I am
þe liȝt of þe world/ he þat sueþ me· walkiþ not in derknessis: but schal
13 haue þe liȝt of lijf/ þerfor þe farisees seiden/ þou berist witnessyng of
14 þi silf: þi witnessyng is not trewe/ Ihͨ answeride & seide to hem/ and
if I bere witnessyng of my silf: my witnessing is trewe/ for I woot fro
whennes I cam: & whidere I go/ but ȝe witen not fro whennes I cam ne
15, 16 whidir I go/ for ȝe demen aftir þe flesh/ but I deme no man/ and if I de-
me: my doom is trewe/ for I am not aloone: but I & þe fadir þat sente
17 me/ and in ȝoure lawe it is write· þat þe witnessyng of two men is tre-
18 we/ I am þat bere witnessyng of my silf/ and þe fadir þat sente me: be-
19 riþ witnessyng of me/ þerfor þei seiden to him· where is þi fadir? Ihͨ
answeride/ neþer ȝe knowen me: neþir ȝe knowen my fadir/ if ȝe kne-
20 wen me: perauenture ȝe schulden knowe also my fadir/ ihͨ spake þese
wordis in þe tresorie· techynge in þe temple/ and no man took him: for
21 his hour cam not ȝit/ þerfor eft ihͨ seide to hem/ lo I go & ȝe schul se-
ke me: and ȝe schul dye in ȝoure synne/ whidir y go: ȝe moun not co-
22 me/ þerfor þe iewis seiden/ wheþir he schal sle him silf· for he seiþ·
23 whidere I go: ȝe moun not come/ And he seide to hem/ ȝe ben of bi-
24 neþe: I am of aboue/ ȝe ben of þe[1] world: I am not of þis world/ þerfor
I seide to ȝou· þat ȝe schul dye in ȝoure synnes/ for if ȝe bileuen not þat
25 I am: ȝe schul dye in ȝoure synne(s)[2]/ þerfor þei seiden to him/ who art
26 þou/ ihͨ seide to hem/ þe bigynning whiche also speke to ȝou/ I haue
many þingis to speke & *to* deme of ȝou: but he þat sente me is soþfast/
27 and I speke in þe world þese þingis þat I herde of him/ and þei knewen
28 not: þat he clepide his fadir god/ þerfor ihͨ seiþ to hem/ whanne ȝe han
areisid mannus sone: þanne ȝe schul knowe· þat I am/ and of my silf I
29 do no þing/ but as my fadir tauȝte me I speke þese þingis/ and he þat
sente me· is wiþ me/ and lefte me not aloone: for I do euermore þo
30 þingis þat ben plesaunt[3] to him/ whanne he spak þese þingis: many bi-
31 leueden in hym/ þerfor ihͨ seide to þe iewis: þat bileueden in him/ If ȝe
32 dwellen in my word: verrily ȝe schul be my disciplis/ and ȝe schul kno-
33 we þe treuþe: and [*the*] treuþe schal make ȝou free/ þerfor þe iewis ans-
weriden to him/ we ben þe seed of abraham: & we seruyden neuer to
34 man/ hou seist þou· þat ȝe schul be free? Ihͨ answeride to hem/ Treuly
35 treuly I sey to ȝou· ech man þat doþ synne· is seruaunt to[4] synne/ and
þe seruaunt dwelliþ not in þe hous wiþouten ende: but þe sone dwelliþ
36 wiþouten ende/ þerfor if þe sone make ȝou free: verrily ȝe schul be
37 free/ I woot þat ȝe ben abrahams sones/ but ȝe seken to sle me: for my
38 word takiþ not in ȝou/ I speke þo þingis: þat I sauȝ at my fadir/ and ȝe
39 don þo þingis þat ȝe sauȝen at ȝoure fadir/ þei answeriden & seiden to
him/ Abraham is oure fadir/ ihͨ seiþ to hem/ If ȝe ben þe sones of abra-
40 ham: do ȝe þe werkis of abraham/ but now ȝe seken to sle me a man þat
haue spoke to ȝou treuþe þat I herde of god/ Abraham dide not þis
41 þing/ ȝe don þe werkis of ȝoure fadir/ þerfor þei seiden to him/ we ben
42 not born of fornycacioun: we haue oo fadir god/ But ihͨ seiþ to hem/ if
god were ȝoure fadir: soþly ȝe schulden loue me· for I passide forþ of

43 god & cam/ for neþer I cam of my silf/ but he sente me/ whi knowen
44 ȝe not my speche? for ȝe moun not here my word/ ȝe ben of þe fadir þe
deuel: and ȝe wolen do þe desires of ȝoure fadir/ he was a mansleer fro
þe biginnyng/ & he stood not in treuþe: for treuþe is not in him/ whan-
ne he spekiþ lesyng: he spekiþ of his owne/ for he is a lier & fadir of
45, 46 it/ but for I sei treuþe: ȝe bile`e´uen not to me/ who of ȝou schal repre-
47 ue me of synne? if I sey treuþe: whi bileuen ȝe not to me? he þat is of
god: heeriþ þe wordis of god/ þerfor ȝe heeren not: for ȝe ben not of
48 god/ þerfor þe iewis answeriden & seiden/ wher we seyn not wel· þat
49 þou art a samaritan & hast a deuel? Ihc answeride & seide/ I haue not
50 a deuel/ but I honoure my fadir: & ȝe han vnhonourid me/ for y seke
51 not my glorie: þer is he þat sekiþ & demeþ/ treuly treuly I sey to ȝou·
52 if ony man kepe my word: he shal not taste deþ wiþouten ende/ þerfor
þe iewis seiden/ now we haue knowe: þat þou hast a deuel/ Abraham is
deed: & þe prophetis/ and þou seist· if ony man kepe my word: he schal
53 not taste deeþ wiþouten ende! where þou art grettere þan oure fadir
abraham þat is ded & þe prophetis ben dede/ whom makist þou þi silf?
54 ihc answeride/ if I glorifie my silf: my glorie is nouȝt/ my fadir is þat
55 glorifieþ me: whom ȝe seyn þat he is ȝoure god· and ȝe haue not kno-
wun hym/ but y haue knowe him/ and if I sey þat I knowe him not: I
56 shal be a lier liche to ȝou/ but I knowe him: & I kepe his word/ Abra-
57 ham ȝoure fadir gladide to se my dai· & he sauȝ & ioyede/ þanne þe ie-
wis seiden to him/ þou hast not ȝitt fifty ȝer: and hast þou seen abra-
58 ham? þerfor ihc seide to hem/ treuly treuly I sey to ȝou: bifore þat abra-
59 ham shulde be: I am/ þerfor þei token stones to caste to him/ but ihc
hidde him: & wente out of þe temple/

9, 2 And ihc passynge sauȝ a man blynd fro þe birþe/ and hise disciplis
axiden him/ Maistir who[1] synnide· þis man or his eldris: þat he shulde
3 be born blynd? Ihc answeride/ neþer þis man synnede· neþer his eldris:
4 but þat þe werkis of god be shewid in him/ it bihoueþ me *for*to worche
5 þe werkis of him þat sente me: as longe as þe dai is/ þe niȝt shal come:
whanne no man may worche/ as longe as I am in þe world: I am þe liȝt
6 of þe world/ whanne he had seid þese þingis: he spette in to þe erþe &
7 made cley of þe spotil: and anoyntide þe cley on his iȝen & seide to him
go & be þou waische in þe watir of siloe: þat is to sey sent/ þanne he
8 wente & waischide: & cam se(i)ynge/ and so neiȝboris & þei þat had-
den seen hym bifore þat[2] he was a beggere: seiden/ wher þis is not he
9 þat saat & beggide: oþere men seiden þat þis it is/ oþere men seiden·
10 nay: but he is lijk him/ but he seide þat I am/ þerfor þei seiden to him/
11 hou ben þin iȝen opened? he answeride/ þilke man þat is seid ihc: ma-
de cley & anoyntide myn iȝen & seide to me/ go þou to þe watir of si-
12 loe: & waische/ And I wente & waischide: & sauȝe/ And þei seiden to
13 him/ where is he? he seide/ I woot not/ þei ledden him þat was blynd

9. [1] what   [2] for   [3] neuer   [4] seide

14 to þe farisees/ & it was sabat whanne ihc̄ made cley: & openyde hise
15 iȝen/ Eft þe farisees axiden hym hou he had seen/ And he seide to hem/
16 he leyde to me cley on þe iȝen· and I waischide & I se/ þerfor summe
   of þe farisees seiden/ þis man is not of god þat kepiþ not þe sabat/
   oþere men seiden/ hou may a synful man do þese signes/ and strijf was
17 among hem/ þerfor þei seiden eftsoone to þe blynde man/ what seist
   þou of him þat openyde þin iȝen? and he seide þat he is a prophete/
18 þerfor þe iewis bileueden not of him þat he was *born* blynd & hadde
19 seen· til þei clepiden his fadir & modir: þat hadde seen/ And þei axiden
   `hem´ & seiden/ is þis ȝoure sone whiche ȝe seyn was born blynd? how
20 þanne seeþ he now? his fadir & modir answeriden to hem & seiden/ we
21 witen þat þis is oure sone: & þat he was born blynd/ but hou he seeþ
   now we witen not³: or who openyde hise iȝen we witen nere/ axe ȝe him
22 he haþ age: speke he of him silf/ his fadir & modir seiden þese þingis:
   for þei dredden þe iewis/ for þanne þe iewis hadden conspirid/ þat if
   ony man knowlechide him crist: he schulde be don out of þe synagoge/
23, 24 þerfore his fadir & modir seiden: þat he haþ age· axe ȝe him/ þerfor eft-
   soone þei clepiden þe man þat was blynd: & seiden to hym/ ȝiue þou
25 glorie to god/ we witen þat þis man is a synnere/ þanne he seide/ If he
   is a synner I wot not³/ o þing I woot· þat whanne I was blynd now I se/
26 þerfor þei seiden to him/ what dide he to þee? hou openyde he þin
27 iȝen? he answeride to hem/ I seide to ȝou now: and ȝe herden/ what wo-
28 len ȝe eftsoone heere: where ȝe woln be maad hise disciplis? þerfor þei
   cursiden him and seiden/ be þou his disciple: we ben disciplis of moy-
29 ses/ we witen þat god spak to moyses: but we knowen not þis· of when-
30 nes he is/ þilke man answeride & seide to hem/ for in þis is a wondir-
   ful þing þat ȝe witen not of whennes he is: & he haþ opened myn iȝen/
31 and we witen þat god heriþ not synful men/ but if ony man is wor-
32 schipere of god & doþ his wille· he heriþ him/ fro þe world it is not
33 herd: þat ony man openyde þe iȝen of a blynde born man/ but þis *man*
34 were of god: he myȝte not do ony þing/ þei answeriden & seiden to
   him/ þou art al born in synnes: & techist þou us? and þei putten him
35 out/ Ihc̄ herde þat þei hadden put him out/ and whanne he hadde foun-
36 de him: he seide to him/ bileuest þou in þe sone of god? he answeride
37 & seide/ lord who is he: þat I bileue in him/ [*And*] Ihc̄ seide to him/ and
38 þou hast seen him· and he it is þat spekiþ wiþ þee/ And he seiþ⁴· lord:
39 I bileue/ and he fel doun & worschipide him/ þerfor ihc̄ seide to him/ I
   cam in to þis world in to doom· þat þei þat seen not: se/ and þei þat
40 seen be maad blynde/ And summe of þe farisees herden þat weren with
41 him: and þei seiden to him/ where we ben blynde? ihc̄ seide to hem/ if
   ȝe weren blynde: ȝe schulden not haue synne/ but now ȝe seyn þat we
   seen: ȝoure synne dwelliþ stille/
10   Treuly treuly I sey to ȝou· he þat comiþ not yn bi þe dore in to þe

---

10. ¹ the   ² han   ³ it   ⁴ whiche   ⁵ for   ⁶ myracle

folde of scheep· but stieþ bi an ooþer wey: is a niȝt þeef & a dai þeef/
2, 3 but he þat entriþ bi þe dore· is þe scheperde of þe scheep/ to þis þe por-
ter openiþ: and þe scheep heren his voice/ and he clepiþ hise owne
4 scheep by name: & lediþ hem out/ and whanne he haþ do out his ow-
ne scheep: he goþ bifore hem/ and þe scheep suen him: for þei knowen
5 his voice/ but þei suen not an alien: but fleen fro him· for þei han not
6 knowen þe voice of aliens/ Ihc̄ seide to hem þis prouerbe but þei kne-
7 wen not· what he spak to hem/ þerfor ihc̄ seide to hem eftsoone/ treuly
8 treuly I sey to ȝou: [*that*] I am a¹ dore of þe scheep/ as many as weren²
9 come weren niȝt þeues & dai þeues/ but þe scheep herden not hem/ I
am þe dore/ if ony man schal entre bi me: he schal be saued & he schal
10 go yn & schal go out: & he schal fynde lesewis/ A niȝt þeef comiþ not
but þat he stele· sle & lese/ and I cam þat þei haue lijf & haue more
11 plenteuously/ I am a good schepherde/ a good scheperde ȝiuiþ his lijf
12 for his scheep/ but an hirid hyne & þat is not ˋþeˊ scheperde· whos ben
not þe scheep his owne: seeþ a wolf comynge· & he leueþ þe schep &
13 fleeþ/ and þe wolf rauischiþ & disparpliþ þe scheep and þe hirid hyne
14 fleeþ/ for he is an hirid hyne & it perteyniþ not to him of þe scheep/ I
am a good scheperde/ and I knowe my scheep· & my scheep knowen
15 me/ As þe fadir haþ knowen me: I knowe þe fadir/ & I putte my lijf for
16 my scheep/ I haue oþere scheep þat ben not of þis folde: and it bihouiþ
me to brynge hem togidre & þei schul heere my voice/ and þer³ schal
17 be maad oo foolde: & oo scheperde/ þerfor þe fadir louiþ me: for I put-
18 te my lijf· þat eftsoone I take it/ no man takiþ it fro me: but I putte it of
my silf/ I haue power to putte it: and I haue power to take it aȝen/ þis
19 maundement I haue take of my fadir/ Eft discencioun was maad among
20 þe iewis: for þese wordis/ & many of hem seiden/ he haþ a deuel &
21 maddiþ what heren ȝe hym/ oþere men seiden· þese wordis ben not of
a man þat haþ a feend/ wher þe deuel may opene þe iȝen of blynde
22 men? But þe feestis of halewyng of þe temple: weren maad in ierusa-
23 lem & it was wyntir/ and ihc̄ walkide in þe temple: in þe porche of sa-
24 lomon/ þerfor þe iewis camen aboute him: & seiden to him/ hou longe
25 takist þou awey oure soule? if þou art crist: sey þou to us openly/ Ihc̄
answeride to hem/ I speke to ȝou & ȝe bileuen not/ þe werkis þat I do
26 in þe name of my fadir: beren witnessyng of me/ but ȝe bileuen not: for
27 ȝe ben not of my scheep/ my scheep heren my voice: & I knowe hem
28 & þei suen me/ & I ȝiue to hem euerlastinge lijf: and þei schul not pe-
rische wiþouten ende/ and noon schal rauysche hem fro myn hoond/
29 þat þing þat my fadir ȝaf to me: is more þan alle þingis/ and no man
30, 31 may rauische fro my fadris hoond/ I & þe fadir ben oon/ þe iewis token
32 up stones: to stone him/ ihc̄ answeride to hem/ I haue schewid to ȝou
many gode werkis of my fadir: for whiche werk of hem stonen ȝe me?
33 þe iewis answeriden to hym/ we stonen þee not of good werk: but of
34 blasfemye/ and for þou siþ þou art a man: makist þi silf god/ ihc̄ ans-
weride to hem/ wheþer it is not writen in ȝoure lawe· þat I seide ȝe ben
35 goddis/ if he seide þat þei weren goddis· to whom⁴ þe word of god was

36 maad/ and scripture may not be vndo: þilke þat þe fadir haþ halowid &
haþ sent in to þe world 3e seyn þat þou blasfemist for I seide (þat) I am
37 goddis sone? if I do not þe werkis of my fadir: nyle 3e bileeue to me/
38 but if I do· þou3 3e wolen not bileeue to me: bileue 3e to þe werkis/ þat
39 3e knowe & bileeue þat þe fadir is in me· & I in þe fadir/ þerfor þei
40 sou3ten to take him: and he wente out of her hondis/ And he wente eft
soone ouer Jordan in to þat place where Jon was first baptisynge: & he
41 dwelte þere/ & many camen to him & seiden/ þat⁵ Joon dide no myra-
42 clis⁶: and alle þingis what euer Jon seide of þis weren soþe/ & many bi-
leuyden in him/

11 And þer was a sijk man lazarus of bethanye of þe castel of marie &
2 martha his sistris· & it was marie whiche anoyntide þe lord with oyne-
ment· & wipte his feet with hir heeris: whos broþer lazarus was sijk/
3 þerfor his sistris senten to him: & seiden/ lord lo he whom þou louest
4 is sijk/ And ihc̄ herde & seide to hem/ þis sijknesse is not to þe deeþ:
5 but for þe glorie of god· þat mannus sone be glorified bi him/ And ihc̄
6 louyde martha & hir sistir marie & lazarus/ þerfor whanne ihc̄ herde þat
7 he was sijk: þanne he dwellide in þe same place two daies/ And aftir
8 þese þingis he seide to his disciplis/ go we eft in to Judee/ þe disciplis
seyn to him/ Maistir now þe iewis sou3ten forto stone þee & eft gost
9 þou þidere? Ihc̄ answeride/ wher þer ben not twelue houris of þe dai?
if ony man wandre in þe dai he hirtiþ not: for he seeþ þe li3t of þis
10, 11 world/ but if he wandre in þe ni3t· he stumbliþ for li3t is not in him/ he
seiþ þese þingis· and aftir þese þingis he seiþ to hem/ lazarus oure
12 frend slepiþ/ but I go to reise him fro sleep/ þerfor hise disciplis seiden/
13 lord if he slepiþ: he schal be saaf/ but ihc̄ had seid of his deeþ· but þei
14 gessiden þat he seide of sleping of sleep/ þanne þerfor ihc̄ seide to hem
15 openly· lazarus is deed/ and I haue ioye for 3ou· þat 3e bileeue for I was
16 not þere/ but go we to him/ þerfor thomas þat is seid didymus: seide to
17 euene disciplis/ go we also: þat we dye wiþ him/ And so ihc̄ cam: &
18 fonde hym hauynge þanne foure daies in þe graue/ And bethanye was
19 bisidis ierusalem as it were fiftene furlongis/ And many of þe iewis ca-
20 men to marie & *to* martha to conforte hem of her broþer/ þerfor as mar-
21 tha herde þat ihū cam: sche ran to him/ but marie saat at hom/ þerfor
martha seide to ihū/ lord if þou haddist be heere: my broþer hadde not
22 be deed/ but now I wot þat what euere þingis þou schalt axe of god: god
23, 24 shal 3iue to þee/ ihc̄ seiþ to hir/ þi broþer schal rijse a3en/ Martha seiþ
to him/ I woot þat he schal rijse a3en in þe a3enrisyng in þe laste dai/
25 ihc̄ seiþ to hir/ I am a3en risyng & lijf/ he þat bileueþ in me: 3he þou3
26 he be deed· he schal lyue/ and ech þat lyuiþ & bileueþ in me: schal not
27 dye wiþouten ende/ bileeuest þou þis þing? sche seiþ to him/ 3he lord
I haue bileeued þat þou art crist þe sone of [*the*] god " lyuynge: þat hast
28 come in to þis world/ And whanne sche had seid þis þing: sche wente

---

11. ¹ cometh   ² swithe   ³ Lord   ⁴ made noise (= I¹)   ⁵ noise   ⁶ sou3ten
⁷ knowe

& clepide marie hir sistir in silence & seide/ þe maistir `is come[1] & cle-

29, 30 piþ þee/ Sche as sche herde aroos anoon: & cam to him/ and ihc̄ cam
not ȝitt in to þe castel: but he was ȝitt in þat place· where martha had

31 comen aȝens him/ þerfor þe iewis þat weren with hir in þe hous &
counfortiden hir· whanne þei sauȝen marie þat sche roos anoon[2] &
wente out: þei sueden hir & seiden/ for sche goþ to þe graue: to wepe

32 þere/ But whanne marie was come where ihc̄ was: sche seynge him fel
doun to his feet & seide to him/ sire[3] if þou haddist be heere: my broþir

33 hadde not be deed/ [And] þerfor whanne ihū sauȝ hir wepinge· & þe ie-
wis wepinge þat weren with hir: he mournide[4] in spirit & troublide him

34 silf & seide/ where haue ȝe leid him/ þei seyn to him/ sire[3] come & se/

35–37 and ihc̄ wepte/ þerfor þe iewis seiden/ lo hou he louyde hym/ And sum-
me of hem seiden/ wher þis man þat openyde þe iȝen of þe born blynd

38 man: myȝte not make þat he þis schulde not dye? þerfor ihc̄ eft ma-
kinge doel[5] in hym silf: cam to þe graue/ and þere was a denne: & a

39 stoon was leid þeron/ And ihc̄ seiþ/ take ȝe awey þe stoon/ Martha þe
sister of him þat was deed: seiþ to him/ lord he stynkiþ now: for he haþ

40 leyn foure daies/ ihc̄ seiþ to hir· haue I not seid to þee: `þat´ if þou bi-

41 leeuist þou schalt se þe glorie of god? þerfore þei token awey þe stoon/
And ihc̄ lifte up his iȝen: & seide/ fadir I do þankyngis to þee· for þou

42 hast herd me/ and I wiste þat þou euermore heerist me/ but for þe pu-
ple þat stondiþ aboute I seide: þat þei bileeue þat þou hast sent me/

43 whanne he had seid þese þingis· he criede with a greet voice/ lazarus

44 come [thou] forþ/ and anoon he þat was deed: cam out boundun þe
hondis & feet wiþ bondis· & his face boundun wiþ a sudarie/ And ihc̄

45 seiþ to hem/ vnbynde ȝe him: and suffre ȝe him to go forþ/ þerfore ma-
ny of þe iewis þat camen to marie & to martha· & siȝen what þingis ihū

46 dide: bileueden in him/ But summe of hem wenten to þe farisees: & sei-

47 den to hem what þingis ihū had don/ þerfor þe bishopis & þe farisees
gadriden a counseil aȝens ihū & seiden/ what do we: for þis man doþ

48 many myraclis? if we leuen him þus: alle men schul bileeue in him/ and

49 romayns schul come & þei schul take oure place & oure folk/ But oon
of hem cayphas bi name whanne he was bishop of þat ȝeer: seide to

50 hem/ ȝe witen no þing ne þenken: þat it spediþ to ȝou þat oo man dye

51 for þe puple· & þat al þe folk perische not/ but he seide not þis þing of
him silf/ but whanne he was bishop of þat ȝeer: he profeciede þat ihū

52 was to dye for þe folk· & not oonly for þe folk: but þat he shulde ga-

53 dre in to oon þe sones of god þat weren scaterid/ þerfor fro þat dai þei

54 þouȝten[6]: forto sle hym/ þerfor ihc̄ walkide not þanne openly among þe
iewis· but he wente in to a cuntree bisidis desert in to a cite þat is seid

55 effren: & þere he dwellide with hise disciplis/ And þe pask of [the] ie-
wis was niȝ: and many of þe cuntrey wenten up to ierusalem bifore þe

56 pask to halowe hem silf/ þerfor þei souȝten ihū: & spaken to-gidre ston-
dynge in þe temple/ what gessen ȝe: for he comeþ not to þe feeste day?
for þe bishopis & farisees hadden ȝoue a maundement þat if ony man
knew[7] where he is: þat he schewe þat þei take him/

12   Therfore ihc̄ bifore sixe daies of pask cam to bethanye where lazarus

2   had be deed: whom ihc̄ reiside/ and þei maden to him a soper þere: and
martha mynistride to him· and lazarus was oon of þe men þat saten at

3   þe mete with him/ [*Therfor*] Marie took a pound of oynement of trewe
narde precious & anoyntide þe feet of ihū: and wipte his feet wiþ her

4   heris/ and þe hous was fulfillid of þe sauour of þe oynement/ þerfor Ju-

5   das scarioth oon of hise disciplis þat was to bitraie him: seide/ whi is
not þis oynement seeld for þre hundrid pens: & `is´ ʒouen to pore[1]

6   men? but he seide þis þing· not for it perteynide to him of nedy men:
but for he was a þeef & he hadde þe pursis & baar þo þingis þat weren

7   sent/ þerfor ihc̄ seide/ suffre ʒe hir· þat in to þe dai of my biriyng sche

8   kepe þat/ for ʒe schul euermore haue pore men wiþ ʒou: but ʒe schul

9   not euermore haue me/ þerfor myche puple of þe iewis knewen: þat ihc̄
was þere/ and þei camen· not oonly for ihū: but to se lazarus whom he

10, 11   had reisid fro deþ/ but þe princis of prestis þouʒten to sle lazarus: for

12   many of þe iewis wenten awey for him· and bileueden in ihū/ But on þe
morowe a myche puple þat cam togidre to þe feeste dai· whanne þei

13   hadden herd þat ihc̄ cam to ierusalem: tooken braunchis of palmes &
camen forþ aʒens him and crieden/ Osanna· blessid is þe kyng of isra-

14   el: þat comiþ in þe name of þe lord/ and ihc̄ foonde a ʒoung asse & saat

15   on him as it is writen/ þe douʒtir of syon: nyle þou drede/ lo þi kyng

16   comeþ: sittynge on an asse fole/ Hise disciplis knewen not first þese
þingis: but whanne ihc̄ was glorified/ þanne þei hadden mynde þat[2]

17   þese þingis weren writun of him: & þese þingis þei diden to him/ þer-
for þe puple bare witnessyng þat was with him whanne he clepide la-

18   zarus fro þe graue· & reiside hym fro deeþ/ And þerfor þe puple cam

19   & mette with him: for þei herden þat he hadde do þis signe/ þerfor þe
farisees seiden to hem silf/ ʒe seen þat we profiten no þing/ lo al þe

20   world `haþ gon[3] aftir him/ And þer weren summe heþene men: of hem

21   þat hadden come up to worschipe in þe feeste dai/ and þese camen to
philip þat was of bethsaida of galilee: & preieden him/ & seiden/ Sire

22   we wole se ihū/ philip comiþ & seiþ to andreu/ eft andreu & philip sei-

23   den to ihū/ And ihc̄ answeride to hem & seide/ þe hour comiþ þat man-

24   nus sone be clarified/ Treuli treuli I sey to ʒou/ but a corn of whete fal-

25   le in to þe erþe & be deed: it dwelliþ aloone/ but if it be deed: it bryngiþ
myche fruyt/ He þat loueþ his lijf: schal lese it/ and he þat hatiþ his lijf

26   in þis world· kepiþ it in to euer lastynge lijf/ if ony man serue me: sue
he me/ & where I am: þere my mynistre schal be/ if ony man serue me:

27   my fadir schal worschipe him/ now my soule is troublid & what schal

28   I sey? fadir saue me fro þis hour/ but þerfor I cam in to þis hour/ fadir
clarifie þi name/ And a voice cam fro heuene & seide/ and I haue cla-

29   rified: and eft I schal clarifie/ þerfore þe puple þat stood & herde: sei-
de þat þer `was maad " *a* þundir/ oþere men seiden· an aungel spak to

---

12. [1] nedi   [2] for   [3] wente   [4] thanne   [5] seith   [6] nere

30, 31 him/ ihc̄ answeride & seide/ þis voice cam not for me: but for ȝou/ Now
is þe doom of þe world/ now þe prince of þis world: shal be cast out/
32 and if I schal be enhaunsid fro þe erþe: I schal drawe alle þingis to my
33, 34 silf/ and he seide þis þing: signyfiynge bi what deeþ he was to dye/ And
þe puple answeride to him/ we haue herd of þe lawe· þat crist dwelliþ
wiþouten ende/ and hou seist þou: it bihoueþ mannus sone to be are-
35 rid? who is þis mannus sone? And þerfor⁴ ihc̄ seide⁵ to hem/ ȝit a litil
liȝt is in ȝou/ walke ȝe þe while ȝe han liȝt: þat derknessis cacche ȝou
36 not/ he þat wandriþ in derknessis: wot not⁶ whidere he goþ/ while ȝe
han liȝt· bileeue ȝe in þe liȝt: þat ȝe be þe children of liȝt/ Ihc̄ spak þese
37 þingis: and wente & hidde him fro hem/ and whanne he hadde do so
38 many myraclis bifore hem: þei bileuyden not in [to] him/ þat þe word
of ysaie þe prophet schulde be fulfillid: whiche he seide/ lord who bi-
leeuyde to oure heryng: and to whom is þe arm of þe lord schewid?
39, 40 þerfor þei myȝten not bileeue: for eft ysaie seide/ he haþ blyndid her
iȝen: & he haþ maad hard þe hert of hem/ þat þei se not with iȝen: &
41 vndirstonde with herte/ & þat þei be conuertid· & I heele hem/ ysaie
seide þese þingis: whanne he siȝ þe glorie of hym [and spak of hym]/
42 neþeles of þe princis many bileeuyden in him/ but for þe farisees þei
43 knowlechiden not þat þei schulden not be putt out of þe synagoge/ for
44 þei loueden þe glorie of men: more þan þe glorie of god/ And ihc̄ crie-
de & seide/ He þat bileuiþ in me· bileuiþ not in me: but in him þat sen-
45, 46 te me/ he þat seeþ me· seeþ him þat sente me/ I liȝt cam in to þe world/
47 þat ech þat bileuiþ in me: dwelle not in derknessis/ And if ony man he-
riþ my wordis & kepiþ hem: I deme him not/ for I cam not þat I deme
48 þe world: but þat I make þe world saaf/ he þat dispisiþ me & takiþ not
my wordis: haþ him þat schal iuge hym/ þilke word þat I haue spoke:
49 schal deme him in þe laste dai· for I haue not spoke of my silf/ but þil-
ke fadir þat sente me· ȝaaf to me a maundement/ what I [schal] sey: &
50 what I schal speke/ and I woot þat his maundement is euerelastinge lijf/
þerfor þo þingis þat I speke: as þe fadir seide to me: so I speke/
13 Bifore þe feeste dai of pask· ihc̄ witynge þat his hour is comen: þat
he passe fro þis world to þe fadir· whanne he had loued hise þat weren
2 in þe world: in to þe ende he louyde hem/ And whanne þe soper was
maad· whanne þe deuel hadde putt þanne in to þe herte: þat iudas of
3 symount scarioth schulde bitraie him/ he witynge þat þe fadir ȝaf alle
þingis to him in to his hondis· & þat he wente out fro god· & goiþ to
4 god: he rijsiþ fro þe soper & doiþ off his cloþis/ and whanne he had ta-
5 ken a lynnen clooþ: he girde him/ and aftirward he putte watir in to a
basen: & biganne to waische þe disciplis feet· & to wipe wiþ þe lyn-
6 nen clooþ with whiche he was gird/ And so he cam to symount petir/
7 and petir seiþ to him/ lord waishist þou my feet? Ihc̄ answeride: & sei-
de to him/ what I do þou wost not now: but þou schalt wite aftirward/
8 Petir seiþ to him/ þou schalt neuere waische my feet/ Ihc̄ answeride to

---

13. ¹ Lord   ² swithe   ³ and   ⁴ was

9 him/ if I schal not waische þee: þou schalt not haue part with me/ Sy-
mount petir seiþ to him/ lord not oonly my feet: but boþe þe hoondis &

10 þe heed/ ihc̄ seide to him/ he þat is waischen haþ no nede: but þat he

11 waische þe feet· but he is al clene/ and ȝe ben clene: but not alle/ for he
wiste who was he þat schulde bitraie him: þerfore he seide· ȝe ben not

12 alle clene/ and so aftir þat he had waischen þe feet of hem: he took hi-
se cloþis/ and whanne he was sett to mete aȝen: eft he seide to hem/ ȝe

13 witen what I haue do to ȝou/ ȝe clepen me maistir & lord: and ȝe seyn

14 wel for I am/ þerfor if I lord & maistir haue waische ȝoure feet: and ȝe

15 schul waische· oon anoþeris feet for I haue ȝouen ensaumple to ȝou/

16 þat as I haue don to ȝou: so do ȝe/ treuly treuli I sei to ȝou· þe seruaunt
is not grettere þan his lord· neþer [an] apostil [is] grettere þan he þat

17 sente him/ if ȝe witen þese þingis: ȝe schul be blessid if ȝe doon hem/

18 I sey not of alle ȝou· I woot whiche I haue chosen/ but þat þe scripture

19 be fulfillid· he þat etiþ my breed: schal reise his heele aȝens me/ treu-
ly I sey to ȝou bifore it be doon/ þat whanne it is don: ȝe bileue þat I

20 am/ Treuly treuly I sey to ȝou· he þat takiþ whom euer I schal sende:
resceyuiþ me/ and he þat resceyuiþ me: resceyuiþ him þat sente me/

21 whanne ihc̄ had seid þese þingis: he was troublid in spirit & witnessi-
de & seide/ Treuly treuli I sey to ȝou: þat oon of ȝou schal bitraie me/

22, 23 þerfore þe disciplis lokiden togidre: doutinge of whom he seide/ And
so oon of hise disciplis was restynge in þe bosum of ihū: whom ihū

24 louyde/ þerfore symount petir beekeniþ to him: & seiþ to him/ who is

25 it of whom he seiþ? and so whanne he hadde restid aȝen on þe brest of

26 ihū: he seiþ to him/ sire[1] who is it? ihc̄ answeride/ he it is to whom I
schal areche a sopp of breed/ and whanne he hadde wett breed: he ȝaf

27 to iudas of symount scarioth/ and aftir þe mossel: þanne sathanas en-
tride in to him/ And ihc̄ seiþ to him/ þat þing þat þou doist: do þou ano-

28 on[2]/ and noon of hem þat saten at þe mete wiste wher-to he seide to

29 him/ for summe gessiden· for Judas hadde pursis: þat ihc̄ hadde seid to
him/ bie þou þo þingis þat ben nedeful to us to þe feeste dai: or þat

30 he schulde ȝiue sum þing to nedy men/ þerfor whanne he hadde take

31 þe mossel: he wente out anoon/ forsoþe[3] it was niȝt/ þerfor[3] whanne he
hadde[4] gon out: ihū seide/ Now mannus sone is clarified: and god is cla-

32 rified in hym/ if god is clarified in him: and god schal clarifie him in

33 him silf· and a-noon he schal clarifie him/ Litil sones ȝit a litil I am with
ȝou/ ȝe schul seke me/ and as I seide to þe iewis: whidere I go ȝe moun

34 not come/ And to ȝou I sey now/ I ȝiue to ȝou a newe maundement· þat

35 ȝe loue togidre: as I haue loued ȝou· & þat ȝe loue togidre/ In þis þing
alle men shul knowe: þat ȝe ben my disciplis· if ȝe haue loue togidre/

36 Symount petir seiþ to him/ lord whidere goist þou? Ihc̄ answeride/ whi-

37 dere I go: þou maist not sue me now· but þou schalt sue aftirward/ Pe-
tir seiþ to him/ whi may I not sue þee now? I schal putte my lijf for þee/

38 ihc̄ answeride/ þou schalt putte þi lijf for me/ treuly `treuli´ I sey to þee/
þe cok schal not crowe til þou schalt denie me þries/ And he seiþ to his
disciplis·

14   Be not ȝoure herte afraied: ne drede it/ ȝe bileuen in god: & bileeue

2   ȝe in me/ in þe hous of my fadir: ben many dwellyngis/ if ony þing les-

3   se I hadde seid to ȝou· for I go to make redy to ȝou a place/ and if I go
     to[1] make redy to ȝou a place: eftsoone I come & I schal take ȝou to my

4   silf/ þat where I am: ȝe be/ and whidere I go ȝe witen: & ȝe witen þe

5   wey/ Thomas seiþ to him/ lord we witen not whidere þou goist/ and

6   hou moun we wite þe wey? Ihc̄ seiþ to him/ I am wey treuþe & lijf/ no

7   man comiþ to þe fadir: but bi me/ if ȝe hadden knowe me: soþly ȝe had-
     den knowe also my fadir/ and aftirward ȝe schul knowe him/ and ȝe han

8   seen him/ Philip seiþ to him/ lord schewe to us þe fadir: and it suffisiþ

9   to us/ Ihū seiþ to him/ So myche[2] tyme I am with ȝou: & han ȝe not
     knowe me? Philip he þat seeþ me: seeþ also þe fadir/ hou seist þou·

10   schewe to us þe fadir? bileeuist þou not· þat I am in þe fadir· & þe fa-
     dir is in me? þe wordis þat I speke to ȝou· I speke not of my silf: but þe

11   fadir him silf ˋþat dwelliþ[3] in me doiþ þe werkis/ bileue ȝe not þat I am

12   in þe fadir· and þe fadir ˋisˊ in me? ellis bileeue ȝe for þilke werkis/
     Treuli treuly I sey to ȝou· if a man bileeuiþ in me: also he shal do þe
     werkis þat I do & he schal do grettere werkis þan þese: for I go to þe

13   fadir/ and whateuer þing*is* ȝe axen þe fadir in my name: I schal do þis

14   þing· þat þe fadir be glorified in þe sone/ if ȝe axen ony þing in my na-

15, 16 me: I schal do it/ If ȝe louen me: kepe ȝe my comaundementis/ and I
     schal preie þe fadir: and he schal ȝiue to ȝou an ooþer confortour þe

17   spirit of treuþe to dwelle with ȝou wiþouten ende/ *þe* whiche spirit þe
     world may not take: for it seeþ him not· neþer knowiþ him/ but ȝe schul

18   knowe him: for he schal dwelle with ȝou & he schal be in ȝou/ I schal

19   not leue ȝou fadirles: I schal come to ȝou/ ȝitt a litil & þe world seeþ

20   not now me/ but ȝe schul se me: for I lyue & ȝe schul lyue/ In þat dai

21   ȝe schul knowe þat I am in my fadir & ȝe in me & I in ȝou/ he þat haþ
     my comaundementis & kepiþ hem: he it is þat loueþ me/ and he þat
     loueþ me: shal be loued of my fadir/ and I schal loue him: and I shal

22   schewe to him my silf/ Judas seiþ to him: not he of scarioth/ lord what

23   is doon: þat þou schalt schewe þi silf to us: & not to þe world? Ihc̄ ans-
     weride & seide to him/ If ony man louiþ me: he schal kepe my word/
     and my fadir schal loue him: and we schul come to him· and we schul

24   dwelle wiþ him/ he þat louiþ me not: kepiþ not my wordis/ and þe

25   word whiche ȝe han herd is not myn: but þe fadris þat sente me/ þese

26   þingis I haue spoke to ȝou dwellynge among ȝou/ but þilke hooly goost
     þe counfortour whom þe fadir schal sende in my name: he schal teche
     ȝou alle þingis & schal schewe ˋtoˊ ȝou alle þingis what euere þingis I

27   schal sey to ȝou/ pes I leue to ȝou: my pees I ȝiue to ȝou/ not as þe

28   world ȝiuiþ I ȝiue to ȝou/ be not ȝoure herte afraied ne drede it/ ȝe han
     herd þat I seide to ȝou/ I go & come to ȝou/ if ȝe loueden me: forsoþe
     ȝe schulden haue ioie/ for I go to þe fadir: for þe fadir is grettere þan I/

---

14. [1] and   [2] long   [3] dwellynge

29 and now I haue seid to ʒou bifore þat it be don: þat whanne it is don·
30 ʒe bileue/ now I schal not speke many þingis wiþ ʒou/ for þe prince of
31 þis world comiþ: and haþ not in me ony þing/ but þat þe world knowe:
þat I loue þe fadir/ and as þe fadir ʒaf a comaundement to me: so I do/
Riseþ go we hennes/

15, 2 I Am a verry vyne· & my fadir is an erþe tilier/ ech braunche in me
þat beriþ not fruit he shal take awey it/ and ech þat beriþ fruyt· he shal
3 purge it· þat it bere þe more fruyt/ now ʒe ben clene for þe word: þat I
4 haue spoken to ʒou/ dwelle ʒe in me: & I in ʒou/ As a braunche mai not
make fruyt of it silf· but it dwelle in þe vyne: so neþer ʒe but ʒe dwel-
5 le in me/ I am a vyne· ʒe þe braunchis/ who þat dwelliþ in me & I in
him: *he* þis beriþ myche fruyt/ for wiþouten me· ʒe moun no þing do/
6 If ony man dwelliþ not in me· he schal be cast out as a braunche &
schal wexe drie/ and þei schul gadre him: and þei schul caste him in to
7 þe fier & he brenniþ/ If ʒe dwellen in me· & my wordis dwellen in ʒou:
8 what euere þing ʒe wolen· ʒe schul axe & it schal be do to ʒou/ In þis
þing my fadir is clarified: þat ʒe brynge forþ ful myche fruyt· & þat ʒe
9 be maad my disciplis/ As my fadir louyde me: I haue loued ʒou/ dwel-
10 le ʒe in my loue/ If ʒe *schul* kepe my comaundementis: ʒe schul dwel-
le in my loue/ As I haue kept þe comaundementis of my fadir: and I
11 dwelle in his loue/ þese þingis I spak to ʒou: þat my ioie be in ʒou· &
12 ʒoure ioie be [*ful*]fillid/ þis is my comaundement: þat ʒe loue togidre
13 as I *haue* loued ʒou/ no man haþ more loue þan þis: þat a man putte his
14 lijf for his frendis/ ʒe ben my frendis: if ʒe *schul* do þo þingis þat I co-
15 maunde to ʒou/ now I schal not sey[1] ʒou seruauntis: for þe seruaunt
woot not what his lord schal do/ forsoþe[2] I haue seid[3] ʒou frendis: for
alle þingis what euere I herde of my fadir & I haue maad knowen to ʒou/
16 ʒe haue not chosun me: but I chees ʒou/ and I haue putt ʒou: þat ʒe go
& brynge forþ fruit & ʒoure fruyt dwelle/ þat what euer þing ʒe axen
17 þe fadir in my name: he ʒiue to ʒou/ þese þingis I comaunde to ʒou: þat
18 ʒe loue togidre/ if þe world hatiþ ʒou: wite ʒe þat it hadde me in hate
19 raþer þan ʒou/ if ʒe hadden be of þe world: þe world shulde loue þat
þing þat was his/ but for ʒe ben not of þe world· but I chees ʒou fro þe
20 world· þerfor þe world hatiþ ʒou/ Haue ʒe mynde of my word whiche
I seide to ʒou: þe seruaunt is not grettere þan his lord/ if þei han pur-
sued me: þei schul pursue ʒou also/ if þei han kept my word: þei schul
21 kepe ʒoure also/ but þei schul `do´ to ʒou alle þese þingis for my na-
22 me: for þei knowen not him þat sente me/ if I hadde not come & had-
de not spoke to hem: þei schulden not haue synne/ but now þei han
23, 24 noon excusacioun of her synne/ he þat hatiþ me: hatiþ also my fadir/ If
I hadde not do werkis in hem· whiche noon ooþer man dide: þei schul-
den not haue synne/ but now boþe þei han seen & *han* hatid: me & my
25 fadir/ but þat þe word be fulfillid· þat is write in her lawe· for þei had-

---

15. [1] clepe   [2] but   [3] clepid

26 den me in hate wiþouten cause/ But whanne þe counfortour schal co-
　　me· whiche I shal sende to ȝou fro þe fadir a spirit of treuþe whiche co-
27 miþ of þe fadir: he schal bere witnessyng of me/ & ȝe schul bere wit-
　　nessyng: for ȝe ben with me fro þe bigynnyng/

16, 2 　　These þingis I haue spoke to ȝou: þat ȝe be not sclaundrid/ þei schul
　　make ȝou wiþoute [*the*] synagogis/ but þe hour comiþ þat ech man þat
3 sleeþ ȝou: deme þat he doiþ seruyse to god/ And þei schul do to ȝou
4 þese þingis: for þei han not knowe þe fadir neþer me/ but þese þingis
　　I `haue spoke[1] to ȝou· þat whanne þe hour `schal come " of hem´: ȝe
5 haue mynde þat I seide to ȝou/ I seide not to ȝou þese þingis fro þe bi-
　　gynnyng· for I was wiþ ȝou/ and now I go to him þat sente me: and no
6 man of ȝou axiþ me whidere þou goist/ but for I `haue´ spoke to ȝou
7 þese þingis: heuynesse haþ fulfillid ȝoure herte/ but I sey to ȝou treuþe:
　　it spediþ to ȝou þat I go/ for if I go not forþ· þe confortour schal not co-
8 me to ȝou/ but if I go forþ: I schal sende him to ȝou/ and whanne he
　　comiþ: he schal reproue þe world of synne & of riȝtwisnesse· & of
9, 10 doom/ of synne: for þei han not bileeued in me/ and of riȝtwisnesse: for
11 I go to þe fadir· and now ȝe schul not se me/ but of doom· for þe prin-
12 ce of þis world is now demed/ ȝitt I haue many þingis for to sey to ȝou:
13 but ȝe moun not bere hem now/ but whanne þilke spirit of treuþe co-
　　miþ: he schal teche ȝou al treuþe/ for he schal not speke of him silf: but
　　what euere þingis he schal heere· he schal speke/ and he schal telle to
14 ȝou þo þingis þat ben to come/ he schal clarifie me: for of myn he schal
15 take/ & shal telle to ȝou alle þingis what[2] euere *þingis* þe fadir haþ: ben
　　myne/ þerfor I seide to ȝou þat[3] of myn he schal take· & schal telle to
16 ȝou/ A litil & þanne ȝe schul not se me/ and eftsoone a litil & ȝe schul
17 se me: for I go to þe fadir/ þerfor summe of his disciplis seiden togi-
　　dre/ what is þis þing þat he seiþ to us/ a litil & ȝe schul not se me: &
18 eftsoone a litil & ȝe schul se me· for I go to þe fadir/ þerfor þei seiden/
19 what is þis· þat he seiþ to us a litil? we witen not what he spekiþ/ And
　　ihc̄ knewe þat þei wolden axe him: and he seide to hem/ Of þis þing ȝe
　　seken among ȝou· for I seide a litil & ȝe schul not se me: and eftsoone
20 a litil· & ȝe schul se me/ Treuly treuly I sey to ȝou· þat ȝe schul mour-
　　ne & wepe: but þe world schal haue ioie/ and ȝe schul be serouful: but
21 ȝoure serowe shal turne in to ioie/ A womman whanne sche beriþ child:
　　haþ heuynesse· for hir tyme is come/ but whanne sche haþ born a so-
　　ne: now sche þenkiþ not on þe peyne for ioie· for a man is born in to
22 þe world/ and þerfor ȝe han now serowe/ but eftsoone I schal se ȝou·
　　and ȝoure herte schal haue ioie/ and no man schal take fro ȝou ȝoure
23 ioie/ And in þat dai ȝe schul not axe me ony þing/ Treuli treuly I sey to
24 ȝou· if ȝe axen þe fadir ony þing in my name: he schal ȝiue to ȝou/ til
　　now ȝe axiden no þing in my name/ Axeþ & ȝe schul take þat ȝoure ioie
25 be full/ I haue spoke to ȝou þese þingis in prouerbis/ þe hour comeþ

---

16. [1] spak　　[2] whiche　　[3] for

whanne now I schal not speke to ȝou in prouerbis: but openly of my fa-
26 dir I schal telle to ȝou/ In þat dai ȝe shul axe in my name/ and I sey not
27 to ȝou: þat I shal preie þe fadir of ȝou/ for þe fadir him silf louiþ ȝou:
28 for ȝe han loued me· & han bileued þat I wente out fro god/ I wente out
fro þe fadir: and I cam in to þe world/ eftsoone I leue þe world & I go
29 to þe fadir/ Hise disciplis seiden to him/ lo now þou spekist openly: and
30 þou seist no prouerbe/ now we witen þat þou wost alle þingis/ and it is
not need to þee: þat ony man axe þee/ in þis þing we bileuen: þat þou
31, 32 wentist out fro god/ Ihc̄ answeride to hem/ Now ȝe bileeuen/ lo þe hour
comiþ & now it comiþ· þat ȝe be disparplid ech in to his owne þingis
& þat ȝe leue me aloone/ and I am not aloone: for þe fadir is with me/
33 þese þingis I haue spoke to ȝou: þat ȝe haue pees in me/ in þe world ȝe
schul haue disese: but triste ȝe I haue ouercome þe world/

17 These þingis ihc̄ spak· and whanne he hadde cast up hise iȝen in to
heuene· he seide/ fadir þe hour comiþ· clarifie þi sone: þat þi sone cla-
2 rifie þee/ as þou hast ȝoue to him power of[1] ech flesh· þat al þing þat
þou hast ȝouen to him: he ȝiue to hem euerlastynge lijf: `and þis [is]
3 euerlastinge lijf:´ þat þei knowe þee verry god aloone· & whom þou
4 hast sent ihū crist/ I haue clarified þee on þe erþe: I haue endid þe werk·
5 þat þou hast ȝouen `to´ me to do/ and now fadir clarifie þou me at þi
silf: wiþ [the] cleernesse þat I hadde at þee bifore þe world was maad/
6 I haue schewid þi name to þo men whiche þou hast ȝouen to me of þe
world· (&) þei weren þine: and þou hast ȝouen hem to me· & þei han
7 kept þi word/ and now þei han knowen þat alle þingis þat þou hast
8 ȝouen to me· ben of þee/ for þe wordis þat þou hast ȝouen to me· I ȝaaf
to hem/ & þei han taken & han knowun verily· þat I wente out fro þee/
9 and þei bileeueden þat þou sentist me/ I preie for hem/ I preie not for
10 þe world: but for hem þat þou hast ȝoue to me· for þei ben þine/ and
alle my þingis ben þine: and þi þingis ben myne & I am clarified in
11 hem/ and now I am not in þe world· & þese ben in þe world: & I come
to þee/ Hooly fadir kepe hem in þi name whiche þou `hast ȝouen[2] to
12 me: þat þei be oon as we ben/ while I was wiþ hem· I kepte hem in þi
name/ þilke þat þou ȝauest to me I kepte/ and noon of hem perishide:
13 but þe sone of perdicioun þat þe scripture be fulfillid/ but now I come
to þee/ and I speke þese þingis in þe world: þat þei haue my ioie ful-
14 fillid in hem silf/ I ȝaf to hem þi word: and þe world hadde hem in ha-
15 te/ for þei ben not of þe world: as I am not of þe world/ I preie not þat
16 þou take hem awey fro þe world: but þat þou kepe hem fro yuel/ þei
17 ben not of þe world: as I am not of þe world/ Halowe þou hem in
18 treuþe/ þi word is treuþe/ As þou sentist me in to þe world: also I sen-
19 te hem in to þe world/ and I halowe my silf for hem: þat þei " also be
20 halowid in treuþe/ And I preie not oonly for hem: but also for hem þat
21 schul[den] bileeue in to me bi þe word of hem/ þat alle ben oon· as þou

---

17. [1] on   [2] ȝauest

fadir in me/ & I in þee: þat also þei in us be oon/ þat þe world bileue:
22 þat þou hast sent me/ and I haue ȝouun to hem þe cleernesse þat þou
23 hast ȝouun to me: þat þei be oon as we ben oon/ I in hem & þou in me:
þat þei be endid in to oon/ & þat þe world knowe þat þou sentist me/
24 & hast loued hem: as þou hast loued also me/ fadir þei whiche þou
`hast ȝouen² to me/ I wole þat where I am· þat þei be with me· þat þei
se my cleernesse þat þou hast ȝouun to me: for þou louedist me bifore
25 þe makyng of þe world/ Fadir riȝtfully þe world knewe þee not/ but I
26 knewe þee· and þese knewen þat þou sentist me/ & I haue maad þi na-
me knowen to hem· & *I* schal make knowun: þat þe loue bi whiche þou
hast loued me be in hem & I in hem/

18   Whanne ihc had seid þese þingis: he wente out with hise disciplis
ouer þe stronde of cedron where was a ȝerd in to whiche he entride &
2 his disciplis/ And Judas þat bitraiede him: knewe þe place/ for ofte ihc
3 cam þidere wiþ hise disciplis/ þerfor whanne Judas hadde take a cum-
penye of kniȝtis & mynistris of þe bishopis & of þe pharisees: he cam
4 þidere with lanternes & brondis & armeris/ And so ihc witynge alle
þingis þat weren to come on him: wente forþ & seide to hem/ whom
5 seken ȝe? þei answeriden to him/ ihu of nazareth/ Ihc seiþ to hem/ I am/
6 And iudas þat bitraiede him stood with hem/ And whanne he seide to
7 hem I am: þei wenten abak: and fellen doun on þe erþe/ And eft he ax-
8 ide hem/ whom seken ȝe? And þei seiden/ ihu of nazareth/ He answe-
ride to hem/ I seide to ȝou: þat I am/ þerfor if ȝe seken me: suffre ȝe
9 þese to go awey/ þat þe word whiche he seide schulde be fulfillid· for
10 I loste not ony of hem· whiche þou hast ȝouen to me/ þerfor symount
petir hadde a swerd: & drouȝ it out & smot þe seruaunt of þe bishop·
11 & kitte off his riȝt eere/ and þe name of þe seruaunt was malcus/ þer-
for ihc seide to petir/ putte þou þi swerd in to þi scheþe/ wolt þou not·
12 þat I drynke þe cuppe: þat my fadir ȝaf to me? þerfor þe cumpeny of
kniȝtis & þe tribune & þe mynistris of þe iewis: tooken ihu & bounden
13 him & ledden hym first to annas/ for he was fadir of cayphas wijf: þat
14 was bishop of þat ȝeer/ and it was chaifas þat ȝaf counseil to þe iewis·
15 þat it spediþ þat oo man dye for þe puple/ But symount petir suede ihu:
& an ooþer disciple/ and þilke disciple was knowen to þe bischop: &
16 he entride with ihu in to þe halle of þe bischop/ but petir stood at þe do-
re wiþoutforþ/ þerfor þe ooþer disciple þat was knowen to þe bischop
wente out & seide to þe womman þat kepte þe dore & brouȝte yn pe-
17 tir/ And þe damesel kepere of þe dore seide to petir/ wher þou art also
18 of þis mannes disciplis? he seide/ I am not/ And þe seruauntis & my-
nistris stooden at þe coolis· for it was cold: & þei warmyden hem/ and
19 petir was with hem stondinge & warmynge hym/ And þe bischop axide
20 ihu of his disciplis: & of his teching/ ihc answeride to him/ I haue spo-
ke openly to þe world/ I tauȝte eueremore in þe synagoge & in þe tem-

---

18. ¹ seith   ² han seid   ³ schulden   ⁴ the

ple· whidere alle þe iewis camen togidre· & in hidlis I spak no þing/
21 what axist þou me? axe hem þat herden what I haue spoke to hem/ lo
22 þei witen what þingis I haue seid/ whanne he had seid þese þingis: oon
of þe mynistris stondynge nyӡ· ӡaff a buffat to ihū & seide/ answerist
23 þou so to þe bischop? Ihē answeride to him/ If I haue spoken yuele: be-
24 re þou witnessyng of yuel/ but if I seide wel: whi smytist þou me? And
25 annas sente him boundun to caiphas þe bischop/ And symound petir
stood & warmyde him/ and þei seiden to him/ wher also þou art his dis-
26 ciple? he denyede & seide I am not/ oon of þe bischopis seruauntis· co-
syn of hym whos eere petir kitte off: seide/ sauӡ I þee not in þe ӡerd
27, 28 wiþ him? And petir eftsoone denyede· and anoon þe cok crew/ þanne
þei ladden ihū to caiphas in to þe moot halle/ and it was eerly/ and þei
entriden not in to þe moot halle: þat þei schulden not be defoulid· but
29 þat þei schulden ete pask/ þerfor pilat wente out wiþoutforþ to hem &
30 seide/ what accusyng bryngen ӡe aӡens þis man? þei answeriden & sei-
den to him/ if þis were not a mysdoer: we hadden not bitake him to þee/
31 þanne pilat seide[1] to hem/ Take ӡe him: & deme ӡe him aftir ӡoure la-
we/ And þe iewis seiden to him/ It is not leeful to us to sle ony man/
32 þat þe word of ihū schulde be fulfillid whiche he seide: signyfiynge bi
33 what deeþ he schulde dye/ þerfor eftsoone pilat entride in to þe moot
34 halle: & clepide ihū & seide to him/ Art þou kyng of iewis? ihē answe-
ride & seide to him/ seist þou þis þing of þi silf: eþer oþere seyn[2] to
35 þee of me? Pilat answeride/ wheþer I am a iew? þi folk & bishopis bi-
36 tooken þee to me/ what hast þou don? Ihē answeride/ Mi kyngdom is
not of þis world/ if my kyngdom were of þis world: my mynistris wol-
den[3] stryue þat I schulde not be take to þe iewis/ but now my kingdom
37 is not heere/ And so pilat seide to him/ þanne þou art a kyng/ ihē ans-
weride/ þou seist· þat I am a kyng/ to þis þing I am born/ and to þis I
am comen in to þis[4] world: to bere witnessing to treuþe/ ech þat is of
38 treuþe: heeriþ my voice/ Pilat seiþ to him/ what is treuþe? and whanne
he hadde seid þis þing eft he wente out to þe iewis· & seide to hem/ I
39 fynde no cause in him/ but it is a custum to ӡou: þat I delyuere oon to
ӡou in pask/ þerfor wole ӡe þat I delyuere (oon) to ӡou þe kyng of ie-
40 wis/ alle þei crieden eftsoone & seiden/ not þis: but baraban/ and bara-
bas was a þeef/
19, 2 Therfore pilat took þanne ihū: & scourgide *him*/ and kniӡtis wriþen
a crowne of þornes: & setten on his heed· & diden aboute him a clooþ
3 of purpur & camen to him & seiden/ Heil· kyng of iewis/ and þei ӡauen
4 to him buffetis/ eftsoone pilat wente out: & seide to hem/ lo I brynge
5 him out to ӡou: þat ӡe knowe þat I fynde no cause in him/ and so ihē
wente out berynge a crowne of þornes: & a cloþ of purpur/ And he seiþ

---

19. [1] Jhesu [2] vynegre [3] leiden in isope aboute the spounge ful of vynegre [4] put-
ten [5] Therfor [6] takun [7] the [8] his heed was bowid doun [9] he ӡaf vp the goost
[10] thies [11] schulde be [12] ӡerd

6 to hem/ lo þe man/ But whanne þe bishopis & mynistris hadden seen
him: þei crieden & seiden/ crucifie crucifie him/ Pilat seiþ to hem/ ta-
7 ke ȝe him: and crucifie ȝe/ for I fynde no cause in him/ þe iewis ans-
weriden to him/ we han a lawe: & bi þe lawe he owiþ to die· for he ma-
8 de him goddis sone/ þerfor whanne pilat had herd þis word: he dredde
9 þe more/ and he wente in to þe moot halle eftsoone: & seide to him[1]/
10 of whennes art þou? but ihc̄ ȝaf noon answere to him/ Pilat seiþ to hym/
spekist þou not to me? woost þou not þat I haue power to crucifie þee:
11 and I haue power to delyuere þee? ihc̄ answeride/ þou schuldist not
haue ony power aȝens me: but it were ȝouen to þee fro aboue/ þerfor
12 he þat bitook me to þee: haþ þe more synne/ fro þat tyme pilat souȝte
to delyuere him/ but þe iewis crieden and seiden/ if þou delyuerest þis
man: þou art not þe emperouris frend/ for ech man þat makiþ him silf
13 kyng: aȝenseiþ þe emperour/ And pilat whanne he had herd þese wor-
dis: ledde ihū forþ & saat for domis man in a place þat is `seid´ lico-
14 stratos· but in ebreu golgatha/ and it was pask euen as it were þe sixte
15 hour/ And he seiþ to þe iewis· lo ȝoure kyng/ But þei crieden & seiden/
take awey take awey: crucifie him/ pilat seiþ to hem/ schal I crucifie
ȝoure kyng? þe bishopis answeriden/ we haue no kyng: but þe empe-
16 rour/ and þanne pilat bitook him to hem: þat he schulde be crucified/
17 and þei token ihū & ledden him out/ and he bar to him silf a cross: &
18 wente out in to þat place þat is seid [of] caluarie in ebreu golgatha whe-
re þei crucifieden him· & oþere two with him/ oon on þis side· & oon
19 on þat side· & ihc̄ in þe mydill/ And pilat wroot a tijtle· & sette on þe
20 cross and it was write/ ihc̄ of nazareth king of iewis/ þerfor many of þe
iewis redden þis tijtle/ for þe place where ihū was crucified· was niȝ þe
21 citee/ and it was write in ebreu· greek & latyn/ þerfor þe bishopis of
[the] iewis seiden to pilat/ nyle þou wrijte kyng of iewis: but for he sei-
22 de· I am king of iewis/ pilat answeride/ þat [that] I haue write: I haue
23 write/ þerfor þe kniȝtis whanne þei hadden crucified him: tooken his
cloþis· & maden foure parties· to ech kniȝt a part & a coote/ and þe
24 coote was wiþoute seem· & wouun al aboute/ þerfor þei seiden togidre/
kitte we not it: but keste we lott whos it is/ þat þe scripture be fulfillid
seiynge/ þei partiden my cloþis to hem: and on my cloiþ þei kesten lott/
25 and þe kniȝtis diden þese þingis/ but bisidis þe cross of ihū· stoden his
26 modir & þe sistir of his modir marie cleophe & marie mawdeleyn/ þer-
for whanne ihū hadde seen his modir· & þe disciple stondinge whom he
27 louyde: he seiþ to his modir/ womman: lo þi sone/ aftirward he seiþ to
þe disciple/ lo þi modir/ and fro þat hour: þe disciple took hir in to his
28 modir/ Aftirward ihc̄ witynge þat now alle þingis ben endid: þat þe
29 scripture were fulfillid he seiþ/ I þirste/ And a vessel was sett full of ei-
sel[2]/ and þei `token a spounge full of eisel· puttinge it aboute wiþ yso-
30 pe[3] & profriden[4] it to his mouþ/ and[5] whanne ihc̄ had tastid[6] þis[7] eisel[2]:
he seide/ It is endid/ and `he bowide doun þe heed[8]: & `sente out þe spi-
31 rit[9]/ þerfor for it was þe pask euen· þat þe bodies schulden not abijde
on þe cross in þe sabat· for þat was a greet sabat dai: þe iewis preieden

32 pilat· þat þe hipis of hem schulden be broke· & þei takun awey/ þerfor
kn kniʒtis camen· and þei braken þe hippis[10] of þe firste· & of þe ooþer þat
33 was crucified with hym/ But whanne þei weren come to ihū· as þei
34 sauʒen him deed þanne: þei braken not hise þies/ but oon of þe kniʒtis:
35 openyde his side wiþ a spere/ and anoon blood & watir wente out: and
he þat sauʒ baar witnessyng· and his witnessing is trewe/ and he woot
36 þat he seiþ trewe þingis þat ʒe bileue/ and þese þingis weren don: þat
37 þe scripture were[11] fulfillid· ʒe schul not breke a boon of him/ And eft-
soone an ooþer scripture seiþ/ þei schul se in *to* whom þei piʒten
38 þorouʒ/ But aftir þese þingis ioseph of armathie: preiede pilat· þat he
schulde take awei þe bodi of ihū/ for `þat´ he was a disciple of ihū: but
priuey for drede of þe iewis/ and pilat suffride/ And so he cam & took
39 awey þe bodi of ihū/ and nychodeme cam also þat hadde come to him
first bi niʒt: and brouʒte a medlyng of myrre· & aloes as it were an hun-
40 drid pound/ And þei token þe bodi of ihū: & bounden it in lynnen cloþis
with swete smellynge oynementis· as it is custum to iewis [*for*] to birie/
41 and in þe place where he was crucified: was a gardyn[12] and in þe gar-
42 dyn[12] a newe graue: in whiche ʒitt no man was leid/ þerfore þere þei
putten ihū for þe vigil[*i*]e of iewis feeste: for þe sepulcre was nyʒ/

20   And in o dai of þe woke marie mawdeleyn cam eerly to þe graue
whanne it was ʒit derk· and sche sauʒ þe stoon moued awey fro þe
2 graue/ þerfor sche ran & cam to symount petir· & to an ooþer disciple
whom ihc louyde: and seiþ to hem/ þei han take þe lord fro þe graue:
3 and we witen not where þei han leid him/ þerfor petir wente out & þil-
4 ke ooþir disciple: and þei camen to þe graue/ and þei two runnen togi-
5 dre/ & þilke ooþer disciple ran bifore petir & cam first to þe graue/ and
whanne he stoupide he sauʒ þe schetis liynge neþeles he entride not/
6 þerfor symount petir cam suynge him and he entride in to þe graue/ &
7 he sauʒ þe schetis leid & þe sudarie þat was on his heed: not leid with
8 þe schetis· but bi it silf wlappid in to oo[1] place/ þerfor þanne þilke dis-
9 ciple þat cam first to þe graue entride: & sauʒ & bileuyde/ for þei kne-
wen not ʒitt þe scripture: þat it bihouyde him to rijse aʒen fro deeþ/
10, 11 þerfor þe disciplis wenten eftsoone to hem silf/ but marie stood at þe
graue wiþoutforþ wepynge/ and þe while sche wepte: sche bowide hir
12 & bihelde forþ in to þe graue/ and sche sauʒ tweyn aungels sittynge in
whijt: oon at þe heed & oon at þe feet where þe bodi of ihū was leid/
13 And þei seyn to hir/ womman what wepist þou/ sche seide to hem/ for
þei han take awey my lord: and I wot not where þei han leid him/
14 whanne sche had seid þese þingis: sche turnyde bacward· & siʒ ihū
15 stondynge· & wiste not þat it was ihū/ ihc seiþ to hir/ womman what
wepist þou? whom sekist þou? sche gessynge þat he was a gardenere
seiþ to him/ sire if þou hast take him up: sey to me where þou hast leid
16 him· & I schal take him awei/ ihc seiþ to hir/ Marye/ sche turnyde· &

---

20. [1] a   [2] seith   [3] bileuedist

17 seiþ to him/ Rabony· þat is to sey· maistir/ iħc seiþ to hir/ nyle þou tou-
che me/ for I haue not ȝit stied to my fadir/ but go to my briþeren: &
sey to hem/ I stie to my fadir & to ȝoure fadir· to my god & to ȝoure
18 god/ Marye mawdeleyn cam tellynge to þe disciplis· þat I sauȝ þe lord:
19 and þese þingis he seide to me/ þerfore whanne it was euyn in þat dai
oon of þe sabatis· & þe ȝatis weren schitt where þe disciplis weren ge-
drid for drede of þe iewis: iħc cam & stood in þe myddil of þe disci-
20 plis/ and he seiþ to hem/ pees to ȝou/ and whanne he had seid þis: he
schewide to hem hondis & side/ þerfor þe disciplis ioyeden: for þe lord
21, 22 was seen/ & he seiþ to hem eft/ pees to ȝou/ as þe fadir sente me: I sen-
23 de ȝou/ whanne he hadde seid þis: he blewe on hem & seide/ take ȝe þe
hooly goost/ whos synnes ȝe forȝiuen: þo ben forȝiuen to hem/ and
24 whos ȝe wiþholden: þo ben wiþholden/ But Thomas oon of þe twelue
25 þat is seid didimus: was not wiþ hem whanne iħc cam/ þerfor þe oþere
disciplis seiden/ we haue seen þe lord/ and he seide to hem/ but I se in
hise hondis þe ficchyng of þe nailis· & putte my fyngir in to þe placis
26 of þe nailis & putte myn hond in to his side: I schal not bileeue/ And
aftir eiȝte daies eftsoone hise disciplis weren wiþynne: & thomas with
hem/ iħc cam while þe ȝatis weren schitt: & stood in þe myddil & sei-
27 de/ pees to ȝou/ aftirward he seide[2] to thomas/ Putte yn heere þi fyngir
& se myn hondis: and putte hidere þin hoond· & putte in to my side/
28 and nyle þou be vnbileueful: but feiþful/ Thomas answeride & seide to
29 him/ my lord & my god/ iħc seiþ to him/ Thomas for þou hast seen me:
30 þou `hast bileeued[3]/ blessid be þei þat siȝen not· & han bileeued/ And
iħc dide many oþere signes in þe siȝt of hise disciplis: whiche ben not
31 writen `in þis book´: [*but these ben writun*] þat ȝe bileeue þat iħc is crist
þe sone of god/ & þat ȝe bileeuinge haue lijf in his name/

21   Aftirward iħc eftsoone schewide him to hise disciplis at þe see of ty-
2 berias/ And he schewide him þus/ þer weren togidre symount petir &
thomas þat is seid didymus & nathanael þat was of þe cane of galilee
3 & þe sones of zebedee & tweyne oþere of his disciplis/ Symound petir
seiþ to hem/ I go to fische/ þei seyn to hym/ and we comen wiþ þee/
And þei wenten out [*and wenten*] in to a boot: and in þat niȝt þei token
4 no þing/ But whanne þe morowe was come: iħc stood in þe brynke/
5 neþeles þe disciplis knewen not: þat it was iħc/ þerfor iħc seiþ to hem/
children wher ȝe han ony soupinge þing? þei answeriden to him/ nay/
6 he seide to hem/ putte ȝe þe nett in to þe riȝthalf of þe rowyng: & ȝe
shul fynde/ And þei puttiden þe nett· and þanne þey myȝten not drawe
7 it for multitude of fishis/ þerfor þilke disciple whom iħū louyde: seide
to petir/ it is þe lord/ Symound petir whanne he hadde herd þat it is þe
lord: girde him with a coote· for he was nakid· & wente in to þe see/
8 but þe oþere disciplis camen bi boot/ for þei weren not ferr fro þe
9 loond· but as a two hundrid cubitis: drawynge þe nett of fischis/ And as

---

21. [1] whiche   [2] hym   [3] tho

þei camen doun in to þe lond: þei sauȝen coolis liggynge & [a] fisch
10 leid on· & breed/ Ihc seiþ to hem/ Brynge ȝe of þe fischis þat¹ ȝe han
11 take now/ Symound petir wente up: & drouȝ þe nett in to þe lond full
of grete fischis an hundrid fifti & þre/ and whanne þei weren so many:
12 þe nett was nat broke/ ihc seiþ to hem/ come ȝe· ete ȝe/ And no man of
hem þat saten at þe mete· durste axe him who art þou? witynge þat it
13, 14 is þe lord/ And ihc cam & took breed & ȝaaf to hem: & fisch also/ Now
þis þridde tyme ihc was schewid to hise disciplis: whanne he hadde ri-
15 se aȝen fro deþ/ And whanne þei hadden ete: ihc seiþ to symound petir
Symound of iohn louest þou me more þan þese? he seiþ to him/ ȝhe
lord· þou wost þat I loue þee/ ihc seiþ to him/ fede þou my lambren/
16 Eft he seiþ to hym/ Symound of iohn louest þou me? he seiþ to him/
ȝhe lord þou wost þat I loue þee/ he seiþ to him/ feede þou my lam-
17 bren/ he seiþ to him þe þridde tyme/ Symound of iohn louest þou me?
Petir was heuy· for he seiþ `to him´ þe þridde tyme· louest þou me? and
he seiþ to hym/ lord þou knowist alle þingis: þou woost þat I loue þee/
18 ihc seiþ to him/ feede my scheep/ treuly treuly I sey to þee/ whanne þou
were ȝoungere þou girdidist þee: & wandredist where þou woldist/ but
whanne þou schalt wexe eldre: þou schalt holde forþ þin hondis and an
19 ooþer schal girde þee· & schal lede þee whidere þou wolt not/ he sei-
de þis þing: signyfiynge bi what deeþ he schulde glorifie god/ And
20 whanne he had seid þese þingis: he seiþ to him/ sue þou me/ petir tur-
nyde & sauȝ þilke disciple suynge· whom ihc louyde/ þe whiche also
restide in þe souper on his breste: & [he] seide to him· lord who is it
21 þat schal bitraie þee/ þerfor whanne petir hadde seen þis *disciple*: he
22 seiþ to ihu̅/ `lord but what *he* þis? ihc seiþ to hym/´ so I wole þat he
23 dwelle· til þat I come/ what to þee/ sue þou me/ þerfore þis word wen-
te out among þe briþeren· þat þilke disciple dieþ not/ and ihc seide not
to him· þat he dieþ not: but so I wole þat he dwelle til I come· what to
24 þee/ þis is þilke disciple þat beriþ witnessyng of þese þingis & wroot
25 hem/ and we witen þat his witnessyng is trewe/ And þer ben also ma-
ny oþere þingis þat ihc dide· whiche if þei ben writen [bi] ech bi hem
silf: I deme þat þe world it² silf schal not take þe³ bookis þat ben to be
write/

Heere endiþ þe gospel of Joon/ *And biginniþ þe firste prologe on þe*
pistle to Romayns

Romans

P[1] (collated with the *earlier* version)

[*Here bygynneth the prologe of Jerome in to the episteles of Poule to Romaynes*]

FIrst `us bihoueþ " vndirstonde to whom eþer whi þe apostle Poul writiþ hise epistlis/ Forsoþe it is not to trowe him aftir þe gospels þat ben þe fulfilling of þe lawe· withouten cause to haue writen þese epistlis to alle chirchis/ moost siþ to us in þese epistlis· preceptis & en-
5 saumplis[1] of lyuyng [*fulliest or*] moost playnli[2] ben desirid[3]/ But in þe bigynnynge of þe kennyng chirche newe causes beynge: also questiouns to comynge[4] aftir· he excludide/ not oonli þis· þe apostle: but also þe prophetis diden/ Forwhi aftir þe lawe ȝouun " of moyses´· in þe whiche alle [*the*] maundementis weren conteyned: þei `prophetis´ [*al-*
10 *so*] ceessiden not with her preching to þruste doun þe synnes of þe puple/ and in *þe* bookis of[5] oure memorie senden: in to whom þe endis of þe worldis ben come/ He writeþ [*t*]herfore to þe Romayns· þe whiche· beynge summe of iewis· & summe of paynyms bileeuynge: wolden wiþ proud contencioun vndirputte eiþer ooþir/ þe iewis forsoþe seiden/ we
15 ben an hooli folk: þe whiche god fro þe bigynnyng haþ loued & norishid/ we of þe kynrede of abraham of an hooli lynage han descendid/ we *weren* delyuered fro egipt: & han passid þe drie see on foote/ for us pharao *was* drenchid with his oost & diede: to us god reynyde " man*na* [*or aungelis mete*]´ in desert/ And oþere þingis þei seiden þat `weren
20 riȝt longe " to reherse´/ Oonli heere we seyn· þat þilke lord in whiche also ȝe ben seen to bileeue: `was bihote " to us of þe lawe´/ ȝe forsoþe ben [*Jentilis or*] paynyms fro þe bigynnyng forsakun: [*the*] whiche neuere hadden knowleche of god· but euere `han serued " to deuelis´/ `wheþir þerfore " is it´ equytee þat ȝe *þat ben* turned to dai fro maw-
25 metis· `*to* be comparisound " to us´/ & not raþir ȝe ben as men turned to þe oold lawe as euere ȝe han be in þe lawe of moyses/ and þat same ȝe han for myche merciful is god: þe whiche wolde brynge ȝou to oure folowyng/ þe paynyms [*or Jentilis*] aȝenward answeriden/ In hou myche þe grettere beneficis ȝe tellen aboute ȝou: in so myche ȝe schul
30 schewe ȝou silf gilti *of* þe more blame/ for euere to alle þese þingis ȝe

---

Rom. P. [1] exsaumplis   [2] plenteuously   [3] defied   [4] comen   [5] to   [6] profetes voises   [7] open   [8] bitwen   [9] bi while   [10] depute   [11] Gentilis   [12] 2+4+3+1   [13] purchasid   [14] so   [15] distaunce   [16] whom   [17] eek   [18] had   [19] holli   [20] of   [21] first   [22] openeth   [23] weren   [24] vndernemen   [25] such   [26] 2+4+1+3   [27] fele   [28] forsothe   [29] neither thei wolden heren   [30] sueth   [31] shulden han   [32] and bygynneth

han be vnkynde: þat aftir ȝe *hadden* herd " þe vois of god´: ȝe forgiden
to ȝou mawmetis· þe whiche þouȝ ȝe hadden not don: þorouȝ þat oon-
li synne· ȝe myȝten not take forȝiuenesse þat þe lord bihiȝte " to ȝou´ bi
`þe voicis of prophetis⁶´/ not oonli ȝe wolden not resseyue· but also ȝe
35 slowen whom we vndirfonge· whanne `no man hadde *bi*fore seid " of
hym to us´/ In hou myche þerfore oure feiþ be betere: clerli it is sche-
wid⁷/ þat " forsoþe we seruyden to mawmetis: was not of rebeltee: but
of ignoraunce/ forsoþe where we knewen þe treuþe: anoon we folewi-
den þe sones of abraham/ not of fleishly birþe: but of þe grace of crist
40 it was/ To þese þus stryuynge: þe apostle putte hym a mene bitwixe⁸/
shewynge to boþe *þe* puplis· neþer circumcisioun to be ouȝt: neþer þe
kept fleish: *þat is prepucie·* but þe feiþ þat worchiþ bi charite/ euere
[*forsothe*] among⁹ mekinge hem bi al þe epistle wiþ resouns & witnes-
sis· *and* counseiliþ to oonhed· and schewiþ neþer þorouȝ his riȝtful-
45 nesse haue disserued " þis· but al what euere to be put¹⁰ to þe grace of
god· schewynge þe iewis forsoþe & þe paynyms greuously to haue tres-
passid & wityngly/ þe iewis *trespassiden*: for þei bi brekyng of þe la-
we: han vnworschipid god/ þe paynyms¹¹ *trespassiden*: for þei chaung-
iden þe treuþe of god in to lesyng/ It is axid whi he wroot no mo þan
50 ten epistlis [*to chirches? Ten forsothe ben epistolis*] wiþ þilke þat is
seid to Ebrewis/ for þe oþere foure `weren sent [*or put forth*] " to " ho-
meli " disciplis¹²/ for he wolde schewe þe newe *testament·* not " to dis-
corde fro þe oolde [*testament*]/ and [*hymself*] not to do aȝens þe lawe
of moyses: ordeynede hise epistlis to þe noumbre of þe firste maunde-
55 mentis of þe decaloge/ And wiþ hou many preceptis [*he*] moyses or-
deynede *to þe* iewis *þat weren* delyuered fro pharao: wiþ riȝt so many
epistlis [*this*] poul techiþ men *þat ben* delyuered¹³ fro þe deuel & fro
þe seruage of mawmetrie/ Forwhi also þe twei tablis of stoon to haue
had figure of þe twei testamentis riȝt wel lerned men han take/ þe epist-
60 le hoolli þat `is writun [*or entitlid*] " to *þe* Ebrewis´: `sum men affer-
men " to be noon of poulis´: for as¹⁴ myche þat it is not entitelid wiþ
his name/ & for [*the*] variaunce¹⁵ of speche & manere of writyng/ but
eþer barnabeis aftir tertullian· eþer lukis aftir summe/ eþer *in* certeyn
clementis þe disciple of þe apostlis· & aftir hem ordeyned bishop of ro-
65 me chirche/ To `þe whiche¹⁶ it is [*thus*] to answere/ If þerfore it is not
poulis epistle for it haþ not his name: þanne¹⁷ it schal be no mannes·
for wiþ no mannus name it is entiȝtlid/ þe whiche þing to graunte if it
be foul: his it is moost to be [*be*]leeued to be· þat so myche schineþ wiþ
þe eloquence of his doctryne/ eþir certeyn· for þat at [*the*] ebrewis
70 chirchis· he was clepid¹⁸ a[*s*] distrier of þe lawe with fals suspicioun he
wolde his name beynge stille of þe figuris of þe lawe· and þe treuþe of
crist ȝelde rikenyng/ lest happily hate of þe prelatis name schulde ex-
clude þe profit of þe lessoun/ it is no wondir namely¹⁹ if he be wiser in
his owne langage þat is ebrew: þan in a straunge *langage* þat is in grew·
75 in whiche speche oþere epistlis ben writun/ It meuiþ also sum men· whi
þat þe epistle to²⁰ romayns is put in `þe biginnyng²¹: siþ resoun sche-

wiþ[22] it to haue [be] writun aftir for he witnessiþ him silf to haue wri-
tun þis epistle· þanne goynge to ierusalem· aftir [thanne] þat he hadde
`a´monestid with lettris· þat ben[23] epistlis þe corynthies & oþere· þat
80   þei schulden gadre þe mynisterie [or collect] þat schulde be borun with
hym/ wherfore it is to vndirstonde so· alle þe pistlis to be ordeyned· þat
þilke `schulde be put " first in ordre· þe whiche `was sent " to lowere
men in lyuinge´ and bi alle [or eche] epistles fro gre to gre: þei schul-
den come to parfitere þingis/ Romayns soþeli riȝt many weren so vnsti-
85   defast þat þei vndirstoden not hem silf to be saued þorouȝ goddis gra-
ce: but þorouȝ her meritis/ and for þat twey puplis schulden [not] stry-
ue among hem silf/ þerfore he affermiþ hem nedi to be confermyd/ þe
vi[c]es of her paynymrie raþer myndynge/ To corynthies soþli he seiþ·
þe grace of science to be grauntid/ and not as wel he blamiþ hem· as he
90   reprouiþ/ whi þei vndirnamen[24] not ech ooþer· whanne he seiþ: þer is
herd among ȝou fornycacioun/ And eftsoones/ my spirit with ȝou ga-
derid togidre bitakiþ ech[25] oon to sathanas/ In þe secounde epistle for-
soþe þei ben preisid· and `þei ben counseilid· " þat þei profite more &
more´/ þe men of galas `ben " þanne " repreued " of no blame[26]· but for
95   þei bileeuyden to many[27] false apostlis/ Ephesi[en]es namely[19] `ben
worþi " noon vndirnymyng but [myche] preisyng´· for þei kepten þe
feiþ of þe apostlis/ þe philipensis soþeli myche more ben preisid/ for
sikirli[28] `þei wolden heere no[29] false apostlis/ þe thessalonycensis
neþeles in tweyne epistlis with al preisyng he schewiþ[30] forþ/ for as
100   myche as not oonly þei kepten þe feiþ of treuþe vn[to]smytun: but al-
so in persecucioun of her citeseyns þei weren foundun stable/ Colo-
censis soþeli weren " suche: þat no neede `schulde falle[31] þat þei shul-
den be seen fleishli of þe apostle/ forsoþe to hem he bihiȝte neuere his
comyng/ to þe whiche also [he] seiþ/ and þouȝ I be absent in bodi· but
105   in spirit I am wiþ ȝou· ioiynge & seynge ȝoure ordre/ Of þe ebrewis
soþeli what I sey/ of whom þe thessalonycensis þat gretly ben preisid·
ben seid to be maad foloweris as he seiþ/ And ȝe briþeren ben maad fo-
loweris of þe chirchis of god þat ben in iewrie/ þe same soþeli `ȝe han
suffrid " also of ȝoure kynrede: þat also þei of iewis/ At þilke ebrewis
110   also þe same he remembriþ seiynge þus/ Forwhi also to men boundun
ȝe han had compassioun· and raueyne of ȝoure goodis wiþ gladnesse ȝe
han suffrid/ knowynge ȝou to haue betere & dwellynge substaunce/
     Heere endiþ þe firste prolog on[32] þe pistil [of Poule] to Romayns/
P[2]   Heere biginniþ þe ij prologe on þe pistle to Romayns
     Romayns ben in þe cuntrey of ytalie/ þei weren disceyued first of fal-
se prophetis· þat is false techers: and vndir þe name of oure lord ihū
crist· þei weren bro`u´ȝt in to þe lawe & prophetis· þat is in to cery-
monyes eiþer fleshly kepyng of moyses lawe & of prophetis acordynge
5   wiþ þo cerymonyes: whiche vsynge is contrarie now to þe treuþe &
fredom of cristis gospel/ Poul aȝenclepiþ þese romayns to verrey feiþ
& treuþe of þe gospel: & writiþ to hem þis pistil fro corinthe/ Here en-
diþ þe prologe· and here biginniþ þe pistle/

1   [*Here bigynneth the pistle of Poul to Romayns*]

POul þe seruaunt of ihū crist: clepid [*an*] apostle departid in to þe

2 gospel of god: whiche he hadde bihote to-fore bi hise prophetis in hoo-

3 ly scripturis of his sone/ whiche is maad to him of þe seed of dauid: bi

4 þe flesh/ and he was bifore ordeyned þe sone of god in vertu: bi þe spi-

5 rit of halowyng· of þe aȝenrising of deede men of ihū crist oure lord/ bi

whom we haue resceyued grace & þe office of apostle: to obeie to þe

6 feiþ in alle folkis for his name/ among whiche ȝe ben also clepid of ihū

7 crist/ To alle þat ben at rome· derlyngis of god & clepid hooly: grace to

8 ȝou & pees of `god´ oure fadir & of þe lord ihū crist/ First I do þank-

yngis to my god· bi ihū crist for alle ȝou: for ȝoure feiþ is schewid in

9 al þe world/ for god is [*a*] witnesse to me to whom I serue in my spirit

in þe gospel of his sone· þat wiþouten ceessyng I make mynde of ȝou

10 euere in my preieris: & biseche if in ony manere sum tyme I haue a spe-

11 dy wey in þe wille of god to come to ȝou/ for I desire to se ȝou: to par-

12 te sumwhat of spiritual grace· þat ȝe be confermed/ þat is: to be coun-

13 fortid togidre in ȝou· bi feiþ þat is boþe ȝoure & myn togidre/ And

briþeren y nyle þat ȝe vnknowe: þat ofte I purposide to come to ȝou/

and I was[1] lett til[2] þis tyme/ þat I haue sum fruyt in ȝou· as in oþere fol-

14 kis/ to grekis & to barbaryns· to wise men & to vnwise men I am det-

15 tour: so þat· þat is in me is redy to preche þe gospel also to ȝou (þat

16 ȝou) þat ben at Rome/ for I schame not þe gospel/ for it is þe vertu of

god in to helþe to ech man þat bileuiþ: to þe iew first & to þe greek/

17 for þe riȝtwisnesse of god is schewid in it· of feiþ in to feiþ: as it is wri-

18 te/ for a iust man liuiþ of feiþ/ for þe wraþþe of god is schewid fro

heuene· on al vnpitee & wickidnesse of þo men: þat wiþholden þe

19 treuþe of god in vnriȝtwisnesse/ for þat þing of god þat is knowun: is

20 schewid to hem/ for god haþ schewid to hem/ for þe vnuisible þingis of

him: þat ben vndirstondun ben biholden of þe creature of þe world bi

þo þingis þat ben maad/ ȝhe & þe euerlastynge vertu of him & þe god-

21 hed: so þat þei moun not be excusid/ for whanne þei hadden knowen

god: þei glorifieden him not as god/ neiþer diden þankyngis/ but þei va-

22 nischiden in her þouȝtis: and þe vnwise herte of hem was derkid/ for

23 þei seiynge þat hem silf weren wise: þei weren maad foolis/ and þei

chaungiden þe glorie of god vncorruptible: in to þe licnesse of an yma-

ge of a deedly man· & of briddus & of foure footid beestis & of ser-

24 pentis/ for whiche þing god bitook hem in to þe desiris of her herte· in

to vnclennesse: þat þei punysche with wrongis her bodies in hem silf/

25 þe whiche chaungiden þe treuþe of god in to lesyng: & herieden & ser-

uyden *to* a creature: raþer þan to þe creatour· þat is blessid in to worl-

26 dis of worldis amen/ þerfor god bitook hem in to passiouns of schen-

ship/ for þe wymmen of hem chaungiden þe kyndely vus `in to þat vss´

27 þat is aȝens kynde/ Also þe men forsoken þe kindeli vss of womman:

---

1. [1] am   [2] to

& brennyden in her desiris togidre/ and men in to men wrouȝten filþhe-
de: & resseyueden in to hem silf þe meede þat bihofte of her errour/
28 and as þei preueden þat þei hadden not god in knowyng: god bitook
hem in to a reprouable witt· þat þei do þo þingis þat ben not couena-
29 ble/ þat þei be fulfillid with al wickidnesse· malice· fornicacioun· coue-
itise· weiwardnesse· full of enuye· mansleyngis strijf· gyle· yuel will·
30 priuy bacbiters· detractours· hateful to god· debatours· proude & hiȝe
ouer mesure· fynders of yuel þingis/ not obeishynge to fadir & modir·
31 vnwise· vn-manerly· wiþouten loue· wiþouten bonde of pees· wiþouten
32 mercy/ þe whiche whanne þei hadden knowe þe riȝtwisnesse of god:
vndirstoden not· þat þei· þat don siche þingis: ben worþi þe deeþ/ not
oonli þei þat don þo þingis: but also þei þat consenten to þe doers/

2   Wherfore þou art vnexcusable· ech man þat demist/ for in what þing
þou demist an ooþer man: þou condempnist þi silf/ for þou doist þe
2   same þingis: whiche þou demist/ and we witen þat þe doom of god is
3   aftir treuþe aȝens hem: þat don siche þingis/ But gessist þou man· þat
demist hem þat don siche þingis· & þou doist þoo þingis: þat þou
4   schalt ascape þe doom of god? wher þou " dispisist þe richessis of his
goodnesse: & þe pacience & þe longe abidyng? knowist þou not þat þe
5   benignite of god: leediþ þee to forþinkyng? but aftir þin hardnesse &
vnrepentaunt herte: þou tresourist to þee· wraþþe in þe dai of wraþþe
6   & of schewyng of þe riȝtful doom of god· þat shal ȝelde to ech man af-
7   tir his werkis/ soþely to hem þat ben bi pacience of gode werk: glorie
8   & honour & vncorrupcioun· to hem þat seken euerlastinge lijf/ but to
hem· þat ben of strijf & þat assenten not to treuþe· but bileuen to wick-
9   idnesse: wraþþe & indignacioun· tribulacioun & anguische· in to ech
10 soule of man þat worchiþ yuel to þe iew first & to þe grek/ But glorie
& honour & pees to ech man þat worchiþ good þing: to þe iew first &
11, 12 to þe greek/ for accepcioun of persones: is not anentis god/ for who
euere han synned withouten þe lawe: schul perische wiþouten þe lawe/
And who euer han synned in þe lawe: þei schul be demed bi þe lawe/
13 for þe hereris of lawe ben not iust anentis god: but þe doers of þe lawe
14 schul be maad iust/ for whanne heþene men þat han not lawe· don kyn-
dely þo þingis þat ben of þe lawe: þei not hauynge such maner lawe
15 ben lawe to him silf· þat schew þe werk of þe lawe writun in her her-
tis/ for þe conscience of hem ȝeldiþ to hem a witnessyng bitwixe hem silf
16 of þouȝtis þat ben accusynge or defendinge in þe dai whanne god shal
17 deme þe priuy þingis of men aftir my gospel bi ihū crist/ But if þou art
18 named a iew & restist in þe lawe· and hast glorie in god: & hast knowe
his wille/ and þou lered bi þe lawe: preuest þe more profitable þingis
19 & tristist þi silf to be a ledere of blynde men· þe liȝt of hem þat ben in
20 derknessis· a techer of vnwise men· a maistir of ȝounge children: þat
21 hast þe fourme of kunnyng & of treuþe in þe lawe/ what þanne techist

2. ¹ do no   ² riȝtwisnessis

þou an ooþir: & techist not þi silf/ þou þat prechist þat me schal not
22 stele: stelist/ þou þat techist þat me schal `not do[1] lecherie: doist le-
23 cherie/ þou þat wlatist mawmetis: doist sacrilegie/ þou þat hast glorie
24 in þe lawe: vnworschipist god bi brekyng of þe lawe/ for þe name of
25 god: is blasfemed bi ȝou among heþen men· as *it* is writun/ for cir-
cumcisioun profitiþ if þou kepe þe lawe/ but if þou be a trespassour
26 aȝen þe lawe: þi circumcisioun is maad prepucie/ þerfore if prepucie
kepe þe riȝtwisnesse[2] of þe lawe: wher his prepucie schal not be aret-
27 tid in to circumcisioun? and þe prepucie of kynde þat fulfilliþ þe lawe:
schal deme þee· þat bi lettre & circumcisioun art trespassour aȝen þe
28 lawe/ for he þat is in opene is not a iew· neiþer it is circumcisioun þat
29 is openly in þe flesh: but he þat is a iew in hid/ & þe circumcisioun of
herte in spirit· not bi þe lettre: whos preising is not of men but of god/
3, 2 What þanne is more to a iew: or what profit of circumcisioun/ my-
3 che bi al wise/ first for þe spekyngys of god· weren bitakun to hem/ and
what if summe of hem bileueden not? wher þe vnbileue of hem haþ
4 avoydid þe feiþ of god? god forbede/ for god is soþfast: but ech man *is*
a lier· as it is wrytun/ þat þou be iustified in þi wordis: and *þat þou* ou-
5 ercome whanne þou art demed/ but if oure wickidnesse comende þe
riȝtwisnesse of god: what schul we sey? wher god is wickid: þat
6 bryngiþ in wraþþe? Aftir man I sey/ god forbede/ ellis hou schal god
7 deme þis world? for if þe treuþe of god haþ aboundid in my lesyng· in
8 to þe glorie of him: what ȝit am I demed as a synnere? and not as we
ben blasfemid· & as summe men seyn· þat we seyn· do we yuele þing-
9 is· þat gode þingis come· whos dampnacioun is iust/ what þanne? pas-
sen we hem? nay/ for we haue schewid bi skile þat alle boþe iewis &
10, 11 grekis ben vndir synne: as it is writun/ for þer is no man iust: þer is no
12 man vndirstondynge neiþer sekynge god/ alle bowiden awey· togidre
þei ben maad vnprofitable: þer is noon þat doiþ good þing· þer is noon
13 til to oon/ þe þrote of hem is an open sepulcre/ wiþ her tungis þei diden
14 gilefully/ þe venym of snakis is vndir her lippis/ þe mouþ of whom[1] is
15 full of cursyng & bittirnesse: þe feet of hem ben swifte to schede blood/
16, 17 serowe & cursidnesse ben in þe weies of hem: & þei knewen not þe
18, 19 wey of pees· þe drede of god is not bifore her iȝen/ And we witen· þat
what euere þingis þe lawe spekiþ· it spekiþ to hem þat ben in þe lawe/
20 þat ech mouþ be stoppid· & ech world be maad sugett to god: for of þe
werkis of þe lawe ech fleish schal not be iustified bifore him/ for bi þe
21 lawe þer is knowyng of synne/ but now wiþouten þe lawe· þe riȝtwis-
nesse of god is schewid· þat is witnessid of þe lawe & *of* þe profetis/
22 and þe riȝtwisnesse of god is bi þe feiþ of ihū crist: in to alle men & on
23 alle men þat bileuen in hym/ for þer is no departyng· for alle men syn-
24 neden: & han nede to þe glorie of god & ben iustified frely bi his gra-
25 ce: bi þe aȝenbiyng þat is in crist ihū/ whom god ordeynede forȝiuere

---

3. [1] whiche

bi feiþ in his blod: to þe schewyng of his riȝtwisnesse· for remyssioun
26 of bifore goynge synnes· in þe beryng up of god· to þe schewyng of his
riȝtwisnesse in þis tyme: þat he be iust & iustifiynge him þat is of þe
27 feiþ of ihū crist/ where þanne is þi gloriyng? it is excludid/ bi what la-
28 we? of dedis doyng? nay/ but bi þe lawe `of feiþ´ for we demen a man
29 to be iustified bi þe feiþ: withouten werkis of þe lawe/ wheþer of iewis
is god oonly: wher he is not also of heþen men? ȝhis & of heþen men/
30 for *þer* is " oo god´ þat iustifieþ circumcisioun bi feiþ: & prepucie bi
31 feiþ/ destruyen we þerfore þe lawe bi þe feiþ? god forbede/ but we sta-
blishen þe lawe/

4   What þanne schul we sey: þat abraham oure fadir aftir þe fleish
2 foonde? for if abraham be[1] iustified of werkis of þe lawe: he haþ glo-
3 rie· but not anentis god/ for what seiþ þe scripture? Abraham bileeuide
4 to god: and it was arettid to him to riȝtwisnesse/ and to him þat wor-
5 chiþ: meede is not arettid bi grace: but bi dette/ soþly to him þat wor-
chiþ not· but bileeuiþ in to him þat iustifieþ a wickid man· his feiþ is
6 arettid to riȝtwisnesse aftir þe purpos of goddis grace/ as dauid seiþ· þe
blessidnesse of a man whom god acceptiþ: he ȝiuiþ to him riȝtwisnes-
7 se wiþouten werkis of þe lawe/ Blessid ben þei whos wick[*id*]nessis
8 ben forȝouun: and whos synnes ben hid/ blessid is þat man: to whom
9 god arettide not synne/ þanne wheþer dwelliþ þis blisfulnesse oonly in
circumcisioun: or also in prepucie? for we seyn þat þe feiþ was arettid
10 to abraham to riȝtwisnesse/ hou þanne was it arettid? in circumcisioun
11 or in prepucie? not in circumcisioun: but in prepucie/ and he took a sig-
ne of circumcisioun· a token[*yng*] of riȝtwisnesse of þe feiþ whiche is
in prepucie: þat he be fadir of alle men bileeuinge bi prepucie/ þat it be
12 arettid also to hem to riȝtwisnesse: & þat he be fadir of circumcisioun/
not oonly to hem þat ben of circumcisioun: but also to hem þat suen þe
steppis of þe feiþ/ *þe* whiche feiþ is in prepucie of oure fadir abraham/
13 for not bi þe lawe· is biheeste to abraham or to his seed· þat he schul-
14 de be eir of þe world: but bi þe riȝtwisnesse of feiþ/ for if þei þat ben
15 of þe lawe ben eyris: feiþ is distried· biheeste is don awey/ for þe lawe
worchiþ wraþþe/ for where is no lawe þere is no trespasse: neiþer (þer)
16 is trespassyng/ þerfore riȝtfulnesse is of þe feiþ: þat bi grace biheeste
be stable to ech seed/ not to þat seed oonly þat is of þe lawe: but to þat·
þat is of þe feiþ of abraham/ whiche is fadir of us alle: as it is writun/
17 for I haue sett þee fadir of many folkis bifore god: to whom þou hast
bileeued/ *þe* whiche god quyk`e´niþ deede men: & clepiþ þo þingis
18 þat ben not· as þo þat ben/ *þe* whiche abraham aȝens hope· bileeuyde
in to hope: þat he schulde be maad fadir of many folkis as it was seid
to him/ þus schal þi seed be· as þe sterris of heuene: & as þe grauel þat
19 is in þe brynke of þe see/ and he was not maad vnstidefast in þe bileeue·
neiþer he byheelde his bodi þanne nyȝ deed· whanne he was almoost of

_____

4. [1] is   [2] riȝtwisnesse   [3] which

20 an hundrid ȝeer· ne þe wombe of sare nyȝ deed/ Also in þe biheste of
god he doutide not wiþ vntrist: but he was counfortid in bileeue·
21 ȝiuynge glorie to god/ witynge moost fully· þat what euere þingis god
22 haþ bihiȝt: he is myȝti also to do/ þerfor it was arettid to him to riȝtwis-
23 nesse/ and it is not writun oonly for him· þat it was arettid to him to
24 riȝtfulnesse[2]: but also for us to whom[3] it schal be arettid· þat bileeuen
25 in him þat reiside oure lord ihū crist fro deþ/ whiche was bitaken for
   oure synnes: & roos aȝen for oure iustifiyng

5 Therfore we iustified of feiþ: haue we pees at god bi oure lord ihū
2 crist bi whom we han niȝ goyng to· bi feiþ in to þis grace in whiche we
3 stonden & han glorie in þe hope of þe glorie of goddis children/ and not
   þis oonly: but also we glorien in tribulaciouns/ witynge þat tribulacioun
4, 5 worchiþ pacience/ & pacience: preuyng/ and preuyng· hope/ and hope
   confoundiþ not/ for þe charite of god is spred abrod in oure hertis bi þe
6 hooly goost þat is ȝouun to us/ and while þat we weren sike aftir þe ty-
7 me: what diede crist for wickide men/ for vnneþis dieþ ony man for þe
8 iust man/ and ȝitt for a god man: perauenture sum man dar die? but god
   comendiþ his charite in us/ for if whanne we weren ȝitt synners: aftir
9 þe tyme crist was deed for us/ þanne myche more now we iustified in
10 his blood schul be saaf fro wraþþe bi him/ for if whanne we weren ene-
   myes: we ben recounselid to god bi þe deeþ of his sone/ myche more
11 we recounselid: schulen be saaf in þe lijf of hym/ and not oonly þis: but
   also we glorien in god/ bi oure lord ihū crist: bi whom we han resseyu-
12 ed now recouncelyng/ þerfor as bi oo man· synne entride in to þis
   world· & bi synne deeþ/ & so deþ passide forþ in to alle men: in whi-
13 che man alle men synneden/ for vnto[1] þe lawe: synne was in þe world/
14 but synne was not rettid: whanne lawe was not/ but deeþ regnyde from
   adam vnto[1] moyses· also in to hem þat synneden not· in liknesse of þe
15 trespassyng of adam: þe whiche is lickenesse of crist to comynge/ but
   not as gilt so þe ȝifte/ for if þorouȝ þe gilt of oon· manye ben deed: my-
   che more þe grace of god· & þe ȝifte in þe grace of oo man ihū crist
16 haþ aboundid in to many men & not as bi oo synne: so bi þe ȝifte/ for
   þe doom of oon in to condempnacioun: but grace of many giltis in to
17 iustificacioun/ for if in þe gilt of oon· deeþ regnyde þorouȝ oon: myche
   more we[2] takynge[3] plentee of grace & of ȝiuyng & of riȝtwisnesse schul
18 regne in lijf bi oon ihū crist/ þerfore as bi þe gilt of oon in to alle men
   in to condempnacioun: so bi þe riȝtwisnesse of oon in to alle men in to
19 iustifiyng of lijf· for as bi inobedience of oo man· many ben maad syn-
20 ners: so bi þe obedience of oon· manye schul be iust/ and þe lawe en-
21 tride: þat gilt schulde be plenteuous/ but where gilt was plenteuous:
   grace was more plenteuous/ þat as synne regnyde in to deþ: so grace
   regne bi riȝtwisnesse in to euere lastinge lijf bi ihū " crist oure lord/

---

5. [1] til to [2] men [3] that takyn

6   Therfore what schul we sey? schul we dwelle in synne þat grace be
2 plenteuous? god forbede/ for hou schul we þat ben deede to synne: ly-
3 ue ȝit þer ynne? wheþer briþeren ȝe knowen not· þat whiche euere we
4 ben baptisid in crist ihū: we ben baptisid in his deeþ for we ben togidre
   biried with him bi baptym in to deeþ/ þat as crist [a]roos fro deeþ bi þe
5 glorie of þe fadir: so walke we in a newnesse of lijf/ for if we plauntid
   togidre· ben maad to þe licnesse of his deeþ: also we schul be of þe lic-
6 nesse of his risyng aȝen/ witynge þis þing þat oure old man is crucifi-
   ed togidre/ þat þe bodi of synne be destried: þat we serue no more to
7, 8 synne/ for he þat is deed: is iustified fro synne/ and if we ben deede wiþ
9 crist: we bileeuen þat also we schul lyue to-gidre with him/ witynge for
   crist risynge aȝen fro deeþ: now dieþ not/ deeþ schal no more haue
10 lordschipe on him/ for· þat he was deed to synne: he was deed onys/ but
11 þat he lyue[th]: he lyueþ to god/ so ȝe deme ȝou silf to be deed to syn-
12 ne: but lyuinge to god in ihū crist oure lord/ þerfore regne not synne in
13 ȝoure deedly bodi: þat ȝe obeische to hise coueityngis/ neiþer ȝiue ȝe
    ȝoure membris armuris of wickidnesse to synne: but ȝiue ȝe ȝou silf to
    god· as þei þat lyuen of deede men· and ȝoure membris armuris of
14 riȝtwisnesse to god/ for synne schal not haue lordschip on ȝou/ for ȝe
15 ben not vndir þe lawe: but vndir grace/ what þerfore? schul we do syn-
16 ne· for we ben not vndir þe lawe: but vndir grace? god forbede/ witen
    ȝe not þat to whom ȝe ȝiuen ȝou seruauntis to obeie to: ȝe ben seru-
    auntis of þat þing to whiche ȝe han obeischid? eiþer of synne to deþ:
17 eiþer of obedience to riȝtwisnesse/ but I þanke god þat ȝe weren seru-
    auntis of synne: but ȝe han obeischid of herte· in to þat fourme of te-
18 ching in whiche ȝe ben bitakun/ and ȝe delyuered fro synne: ben maad
19 seruauntis of riȝtwisnesse/ I sey þat þing þat is of man· for þe vnsta-
    blenesse[1] of ȝoure fleish but as ȝe han ȝouun ȝoure membris to serue to
    vnclennesse & to wickidnesse `for to mayntene[2] wickidnesse: so now
20 ȝiue ȝe ȝoure membris to serue to riȝtwisnesse in to hoolynesse/ for
    whanne ȝe weren seruauntis of synne: ȝe weren free of riȝtfulnesse/
21 þerfor what fruyt hadden ȝe þanne in þo þingis in whiche ȝe shamen
22 now? for þe ende of hem is deeþ/ but now ȝe delyuered fro synne· &
    maad seruauntis to god: han ȝoure fruyt in to hoolynesse· & þe ende
23 euer lastynge lijf/ for þe wagis of synne is deeþ/ þe grace of god is
    euerlastinge lijf· in crist ihū oure lord/

7   Briþeren wher ȝe knowen not? for I speke to men þat knowen þe la-
2 we/ for þe lawe haþ lordschip in a man: as longe tyme as he[1] liuiþ/ for
   þat womman þat is vndir an housbonde: is bounde to þe lawe while þe
   housbonde liuiþ but if hir housbonde is deed: sche is delyuered fro þe
3 lawe of þe housbonde/ þerfore sche schal be clepid a-vowtresse: if sche
   be with an ooþer man [*while the hosebonde lyueth but if hir hosebon-*

---

6. [1] vnstidefastnesse   [2] in to
7. [1] it

de is deed sche is delyuered fro the lawe of the hosebonde that sche be
4 *not auoutresse if sche be with another man*] And so my breþeren· ȝe
ben maad deed to þe lawe bi þe bodi of crist: þat ȝe ben of an ooþir·
5 þat roos aȝen fro deeþ· þat ȝe bere fruyt to god/ for whanne we weren
in fleish· passiouns of synnes þat weren bi þe lawe wrouȝten in oure
6 membris to bere fruyt to deeþ/ but now we ben vnbounde fro þe lawe
of deeþ: in whiche we weren holden/ so þat we serue in newnesse of
7 spirit· & not in oldenesse of lettre/ what þerfore schul we sey? þe lawe
is synne? God forbede/ but I knew not synne: but bi lawe/ for I wiste
not þat coueityng was synne: but for þe lawe seide· þou schalt not
8 coueite/ and þorouȝ occasioun takun: synne bi þe maundement haþ
9 wrouȝt in me al coueitise/ for wiþouten þe lawe: synne was deed/ and
I lyuide wiþouten þe lawe sum tyme/ But whanne þe comaundement
10 was come: synne lyuide aȝen/ but I was deed· and þis comaundement
11 þat was to lijf: was foundun to me to be `to´ deeþ/ for synne þorouȝ oc-
casioun takun bi þe comaundement· disseyuede me: and bi þat it slouȝ
12 me/ þerfore þe lawe is hooly· & þe comaundement is hooly· & iust &
13 good/ is þanne þat þing þat is good: maad deeþ to me? god forbede/ but
synne þat it seme synne: þorouȝ good þing wrouȝte deeþ to me· þat me
14 synne ouer manere þorouȝ þe comaundement/ and we witen þat þe la-
15 we is spiritual/ but I am fleshly· sold vndir synne/ for I vndirstonde not
þat· þat I worche/ for I do not þe good þing þat I wille: but I do þe il-
16 ke yuel þing þat I hate/ and if I do þat þing þat I wille not· I consente
17 to þe lawe· þat it is good/ But now I worche not it now: but þe synne
18 þat dwelliþ in me/ but & I woot: þat in me· þat is in my flesh dwelliþ
19 no good/ for will lijþ to me: but I fynde not to perfourme good þing/ for
I do not þe ilke good þing þat I wille: but I do þe ilke yuel þing þat I
20 wille not/ and if I do þat yuel þing þat I wille not: I worche not it· but
21 þe synne þat dwelliþ in me/ þerfore I fynde þe lawe to me willynge to
22 do good þing: for yuel þing lijþ to me/ for I delite togidre to þe lawe of
23 god aftir þe ynner man/ but I se an ooþer lawe in my membris· aȝen-
fiȝtynge þe lawe of my soule· & makynge me caitiff in þe lawe of syn-
24 ne þat is in my membris/ I am an vncely man: who schal delyuere me
25 fro þe bodi of þis synne/ þe grace of god: bi ihū crist oure lord/ þerfor
I my silf bi þe soule serue to þe lawe of god: but bi fleish to þe lawe of
synne/

8 Therfore now no þing of dampnacioun is to hem· þat ben in crist ihū:
2 whiche wandren not aftir þe fleish/ for þe lawe of þe spirit of lijf in crist
3 ihū: haþ delyuered me fro þe lawe of synne & of deeþ/ for þat þat was
inpossible[1] to þe lawe· in what þing it was sijk bi fleish: god sente his
sone in to þe liknesse of flesh of synne· and of synne dampnyde synne
4 in flesh/ þat þe iustifiyng of þe lawe were fulfild in us þat gon not af-
5 tir þe flesh but aftir þe spirit/ for þei þat ben aftir þe fleish saueren þo

---

8. [1] vnpossible   [2] and eiris   [3] deme   [4] whiche

þingis þat ben of þe fleish/ but þei þat ben aftir þe spirit: feelen þo
6 þingis þat ben of þe spirit/ for þe prudence of fleish: is deeþ/ but þe
7 prudence of spirit: is lijf & pees/ for þe wisdom of þe flesh: is enemy
8 to god/ for it is not suget to þe lawe of god: for neiþer it may/ and þei
9 þat ben in fleish: moun not plese to god/ but ȝe ben not in fleish· but in
   spirit: if neþeles þe spirit of god dwelliþ in ȝou/ but if ony haþ not þe
10 spirit of crist: þis is not his/ for if crist is in ȝou: þe bodi is deed for syn-
11 ne· but þe spirit liuiþ for iustifiyng/ And if þe spirit of him þat reiside
   ihū crist fro deeþ dwelliþ in ȝou: he þat reiside ihū crist fro deeþ schal
   quykene also ȝoure deedly bodies: for þe spirit of him þat dwelliþ in
12 ȝou/ þerfore breþeren we ben dettouris: not to þe fleish· þat we lyue af-
13 tir þe fleish/ for if ȝe lyuen aftir þe fleish: ȝe schul die/ but if ȝe bi þe
14 spirit sleen þe dedis of þe fleish: ȝe schul lyue/ for who euer ben led bi
15 þe spirit of god: þese ben þe sones of god/ for ȝe han not take eftsoo-
   ne þe spirit of seruage in drede: but ȝe han take þe spirit of adopcioun
16 of sones· in whiche we crien· abba fadir/ and þilke spirit ȝeldiþ witnes-
17 syng to oure spirit: þat we ben þe sones of god/ if sones: & eiris/ `eiris
   forsoþe² of god: & eiris togidre wiþ crist/ if neþeles we suffren togidre:
18 þat also we be glorified togidre/ And I gesse³ þat þe passiouns of þis
   tyme ben not worþi: to þe glorie to comynge þat schal be schewid in
19 us/ for þe abidyng of creature: abidiþ þe schewyng of þe sones of god/
20 but þe creature is suget to vanitee· not willinge: but for him þat made it
21 suget in hope/ for þilke creature schal be delyuered fro seruage of cor-
22 rupcioun: in to libertee of þe glorie of þe sones of god/ And we witen
23 þat ech creature sorewiþ & traueiliþ with peyne· til ȝitt/ and not oonly
   it: but also we us silf þat han þe firste fruytis of þe spirit/ and we us silf
   sorewen wiþynne us for þe adopcioun of goddis sones· abidynge þe
24 aȝenbiyng of oure bodi/ but bi hope we ben maad saaf/ for hope þat is
25 seen: is not hope/ for who hopiþ þat þing· þat he seeþ? and if we ho-
26 pen þat þing· þat we seen not: we abijden bi pacience/ and also þe spi-
   rit helpiþ oure infirmytee/ for what we schul preie as it bihoueþ· we wi-
   ten not: but þilke spirit axiþ for us wiþ sorewyngis· þat moun not be
27 told out/ for he þat sekiþ þe hertis· woot what þe spirit desiriþ· for bi
28 god he axiþ for hooly men/ & we witen þat to men þat louen god: alle
   þingis worchen togidre in to good· to hem þat aftir purpos ben clepid
29 seyntis/ for þilke þat he knew bifore: he bifore ordeynide bi grace to be
   maad lijk to þe ymage of his sone· þat he be þe firste bigetun among
30 many breþeren/ and þilke þat he bifore ordeynede to blisse: hem he cle-
   pide/ and whom⁴ he clepide: hem he iustifiede/ and whom⁴ he iustifie-
31 de: [and] hem he glorifiede/ what þanne schul we sey to þese þingis?
32 if god is for us: who is aȝens us? þe whiche also sparide not his owne
   sone: but for us alle bitook him/ hou also ȝaf he not to us· alle þingis
33 wiþ him? who shal accuse aȝens þe chosun men of god? It is god þat
34 iustifieþ: who is it þat condempniþ? it is ihē crist þat was deed: ȝhe þe
   whiche roos aȝen· `þe´ whiche is on þe riȝt half of god· & þe whiche
35 preieþ for us/ who þanne schal departe us fro þe charite of crist? tribu-

lacioun· or anguysch· or hungur· or nakidnesse· or persecucioun· or pe-
36 rel· or swerd? as it is writun/ for we ben slayn al dai for þee: we ben
37 gessid as scheep of slauȝtir/ but in alle þese þingis we ouercomen: for
38 him þat louyde us/ But I am certeyn· þat neiþer deeþ· neiþer lijf· neiþir
aungels· neiþer principatus· neiþer vertues· neiþer present þingis neiþer
39 þingis to comynge· neiþer strengþe· neiþer heiþe· neiþer depnesse·
neiþer noon ooþer creature may departe us fro þe charite of god· þat is
in ihū " crist oure lord·

9 I Sey treuþe in crist ihū· I lye not: for my conscience beriþ witnes-
2 syng to me in þe hooly goost/ for greet heuynesse is to me: & conty-
3 nuel serowe to myn herte/ for I my silf desiride to be departid fro crist
4 for my briþeren: þat ben my cosyns aftir þe flesh· þat ben men of isra-
el/ whos is adopcioun of sones & glorie & testament & ȝiuyng of þe la-
5 we & seruyse & biheestis whos ben þe fadris & of whom[1] is crist aftir
6 þe flesh: þat is god aboue alle þingis· blessid in to worldis amen/ But
not þat þe word of god haþ falle doun/ for not alle þat ben of israel:
7 þese ben israelitis/ neiþer þei þat ben seed of abraham· alle ben sones:
8 but in ysaac þe seed schal be clepid to þee/ þat is to sey· not þei þat ben
sones of þe fleish: ben sones of god/ but þei þat ben sones of biheste:
9 ben demed in þe seed/ for whi þis is þe word of biheste/ Aftir þis tyme
10 I schal come: & a sone schal be to sare/ and not oonly sche: but also re-
11 becca hadde two sones· of oo liggyng by of ysaac oure fadir/ and whan-
ne þei weren not ȝitt born· neiþer hadden do ony þing of good eiþer of
12 yuel: þat þe purpos of god schulde dwelle bi eleccioun· not of werkis·
but of god clepynge· it was seid to him· þat þe more schulde serue þe
13, 14 lesse: as it is writun/ I louyde iacob: but I hatide esau/ what þerfore
15 schul we sey? wher wick[id]nesse be anentis god? god forbede/ for he
seiþ to moyses/ I schal haue mercy on whom I haue mercy: & I schal
16 ȝiue merci· on whom I shal haue mercy/ þerfore it is not· neiþer of man
17 willynge· neiþer rennynge: but of god hauynge mercy/ & þe scripture
seiþ to pharao[2]/ for to þis þing I haue stirid þee þat I schewe in þee my
18 vertu· & þat my name be teld in al erþe/ þerfore of whom god wole he
19 haþ mercy: and whom he wole he enduriþ/ þanne seist þou to me/ what
20 is souȝt ȝitt? for who wiþstondiþ his wille? O man what[3] art þou· þat
answerist to god? wher a maad þing seiþ to him þat made it: what hast
21 þou maad me so? wher a pottere of cley haþ not power to make of þe
22 same gobet o vessel in to honour· an ooþer in to dispijt? þat if god wil-
linge to schewe his wraþþe & to make his power knowun: haþ suffrid
23 in greet pacience vessels of wraþþe able in to deeþ/ to schewe hise[4] ri-
chessis of his glorie· in to vessels of mercy: whiche he made redy in to
24 glorie/ whiche also he clepide not oonly of iewis: but also of heþen
25 men· as he seiþ in osee/ I schal clepe not my puple: my puple/ & not
26 my loued: my loued/ & not getinge mercy: getynge mercy/ and it schal

---

9. [1] whiche   [2] *MS* pharoo   [3] who   [4] the

be in þe place where: it is seid to hem/ not ʒe my puple: þere þei schul
27 be clepid þe sonus of god lyuynge/ but ysaie crieþ for israel/ if þe
noumbre of israel schal be as grauel of þe see: þe relifs schul be maad
28 saaf/ Forsoþe a word makynge an ende & abreggyng in equitee: for þe
29 lord schal make a word breggid on al þe erþe/ And as ysaie bifore sei-
de/ but god of oostis hadde left to us seed· we hadden be maad as so-
30 dom· & we hadden be lijk as gomor/ þerfor what schul we sey? þat
heþen men þat sueden not riʒtwisness: han gete riʒtwisnesse/ ʒhe þe
31 riʒtwisnesse þat is of feiþ/ but israel suynge þe lawe of riʒtwisnesse:
32 cam not perfitly in to þe lawe of riʒtwisnesse/ whi? for not of feiþ: but
33 as of werkis/ and þei spurneden aʒens þe stoon of offencioun: as it is
writun/ lo I putte a stoon of offencioun in syon: & a stoon of sclaundre/
and ech þat schal bileeue in it: schal not be confoundid/

10   Breþeren þe wille of myn herte· & my bisechyng is maad to god for
2 hem in to helþe/ but I bere witnessyng to hem· þat þei han loue of god:
3 but not aftir kunnyng/ for þei vnknowynge goddis riʒtwisnesse· & se-
kynge to make stidefast her owne riʒtfulnesse: ben not suget to þe riʒt-
4 fulnesse[1] of god/ for þe ende of þe lawe is crist: to riʒtwisnesse to ech
5 man þat bileeuiþ/ for moyses wroot/ for þe man þat schal do riʒtwis-
6 nesse þat is of þe lawe: schal lyue in it/ but þe riʒtwisnesse þat is of bi-
leeue seiþ þus/ Sey þou not in þin herte· who shal steie in to heuene?
7 þat is to sey· to lede doun crist/ or who schal go doun in to helle: þat is
8 to aʒenclepe crist fro deeþ? But what seiþ þe scripture? þe word is niʒ
in þi mouþ: & in þin herte/ þis is þe word of bileeue: whiche we pre-
9 chen/ þat if þou knowlechist in þi mouþ· þe lord ihū crist· & bileeuist
10 in þin hert· þat god reiside hym fro deeþ: þou schalt be saaf/ for bi her-
te me bileeuiþ to riʒtwisnesse· but bi mouþ knoulechyng is maad to
11 helþe/ forwhi `þe´ scripture seiþ/ ech þat bileeuiþ in hym: schal not be
12 confoundid/ and þer is no distinccioun of iew & of greek/ for þe same
13 lord of alle: is riche in alle þat ynwardly clepen `him/ For ech man who
14 euere schal inwardli clepe´ þe name of þe lord: schal be saaf/ hou þan-
ne schul þei ynwardly clepe him: in to whom þei han not bileeued/ or
hou schul þei bileeue to him: whom þei han not herd? hou schul þei
15 heere wiþoute a prechour? and hou schul þei preche: but þei be sent?
as it is writun/ hou faire ben þe feet of hem· þat prechen pees: of hem
16 þat prechen gode þingis! but not alle men obeien to þe gospel/ for ysaie
17 seiþ/ lord who bileuyde to oure heeryng? þerfore feiþ is of heering· but
18 heering bi þe word of crist/ But I sei/ wher þei herden not? ʒhis soþely·
þe word of hem wente out in to al [the] erþe: & her wordis in to þe en-
19 dis of þe world/ But I sey wher irael knewe not? first moyses seiþ/ I
schal lede ʒou to enuye· þat ʒe be no folk· þat ʒe be an vnwijs folk· I
20 schal sende ʒou in to wraþþe/ And ysaie is bold & seiþ/ I am foundun
of men þat seken me not/ openly I apperide to hem: þat axiden not me/

---

10. [1] riʒtwisnesse

21 but to yrael he seiþ/ alday I streiȝte out myn hondis to a peple þat bi-
1 leeuyde not: but aȝenseide me/ þerfore I sey/ wheþer god haþ put awey
his puple? god forbede/ for I am an israelite of þe seed of Abraham· of
2 þe lynage of beniamyn/ god haþ not put awey his puple: whiche he bi-
fore knew/ wher ȝe witen not what þe scripture seiþ in helie? hou he
3 preieþ god aȝens israel? lord þei han slayn þi prophetis· þei han vndir-
4 doluen þine auters: and I am left aloone· and þei seken my lijf/ but what
seiþ goddis answere to hym/ I haue left to me seuene þousynd of men:
5 þat han not bowid her knees bifore baal/ so þerfore also in þis tyme: þe
6 relifs ben maad saaf· bi þe chesing of þe grace of god/ & if it be bi þe
7 grace of god: it is not now of werkis/ ellis grace is not now grace/ `what
þanne? isra´el haþ not getun þis þat he souȝte/ but eleccioun haþ ge-
8 tun/ and þe oþere ben blyndid· as it is writun/ god ȝaf to hem a spirit of
compunccioun/ yȝen þat þei se not· & eeris þat þei heere not: in to þis
9 dai/ And dauid seiþ/ Be þe boord of hem maad in to a gryne bifore hem·
10 & in to cacchyng & in to sclaundir & in to ȝeldyng to hem/ be þe yȝen
of hem maad derk þat þei se not: and bowe þou doun algatis þe bak of
hem/

11, 11   Therfore I sey/ wher þei offendiden so: þat þei schulden falle doun?
god forbede/ but bi þe gilt of hem· helþe is maad to heþen men: þat þei
12 sue hem/ þat if þe gilt of hem ben richessis of þe world· & þe makyng
lesse of hem· ben richessis of heþen men: hou myche more þe plentee
13 of hem/ But I sey to ȝou heþen men/ for as longe as I am apostle of
14 heþene men: I schal honoure my mynisterie/ if in ony manere I stire my
15 fleshe for to folowe: & þat I make summe of hem saaf/ for if þe loss of
hem is þe recounceilyng of þe world: what is þe takyng up? but lijf of
16 deede men/ for if a litil part of þat· þat is taastid be hooly: þe hool go-
17 bet is hooly/ and if þe roote is hooly: also þe braunchis/ what if ony of
þe braunchis ben brokun· whanne þou were a wijlde olyue tre· art graf-
fid among hem/ and art maad felowe of þe roote & of þe fatnesse of þe
18 olyue tree: nyle þou haue glorie aȝens þe braunchis/ for if þou gloriest:
19 þou berist not þe roote: but þe roote þee/ þerfore þou seist/ þe braun-
20 chis ben brokun: þat I be graffid yn/ wel· for vnbileeue þe braunchis
ben brokun: but þou stondist bi feiþ/ nyle þou sauere hiȝe þing: but dre-
21 de þou/ for if god sparide not þe kyndly braunchis: lest perauenture he
22 spare not þee/ þerfore se þe goodnesse & þe feersenesse of god/ ȝhe þe
feersnesse: in to hem þat fellen doun/ But þe goodnesse of god in to
23 þee: if þou dwellist in goodnesse/ ellis also þou schalt be kitt doun/ ȝhe
& þei schul be sett yn: if þei dwellen not in vnbileeue/ for god is myȝti:
24 to sette hem yn eftsoone/ For if þou art kitt doun of þe kyndeli wijlde
olyue tre: and aȝens kynde art sett in to a good olyue tre/ hou myche
25 more· þei þat ben bi kynde: schul be sett in her olyue tree? But briþeren
I wole not þat ȝe vnknowe þis mysterie: þat ȝe be not wise to ȝou silf/

---

11. [1] feld

for blyndnesse haþ fillid[1] a party in israel: til þat þe plentee of heþen
26 men entride· & so al irael schulde be maad saaf· as it is writun/ he schal
come of syon þat schal delyuere· & turne awey þe wickidnesse of ia-
27 cob/ and þis testament to hem of me: whanne I schal do awey her syn-
28 nes/ aftir þe gospel þei ben enemyes for ȝou: but þei ben moost dere-
29 worþe bi þe eleccioun for þe fadris/ And þe ȝiftis & þe clepyng of god:
30 ben wiþoute forþinking/ And as sum tyme also ȝe bileeueden not to
31 god: bot now ȝe han gete mercy for þe vnbileeue of hem/ so· & þese
32 now bileeueden not: in to ȝoure mercy· þat also þei gete mercy/ for god
33 closide togidre " alle þingis´ in vnbileeue: þat he haue mercy on alle/ O
þe hiȝnesse of þe richessis of þe wisdom & of [the] kunnyng of god·
hou incomprehensible ben his domes: and hise weies ben vnserchable/
34, 35 forwhi who knewe þe witt of þe lord: or who was his counseilour? or
36 who formere ȝaaf to him: & it schal be quytt to him? for of him & bi
him & in him ben alle þingis: to him be glorie in to worldis/ Amen/
12   Therfore briþeren I biseche ȝou bi þe mercy of god: þat ȝe ȝiue ȝou-
re bodies a lyuynge sacrifice· hooly· plesynge to god· & ȝoure seruyse
2 resonable/ and nyle ȝe be confourmed to þis world· but be ȝe refourmed
in newnesse of ȝoure witt: þat ȝe preue whiche is þe will of god· good
3 & wel plesynge & perfijt/ For I sey bi þe grace þat is ȝouun to me to
alle þat ben among ȝou· þat ȝe sauere not more þan it bihoueþ to saue-
re· but for to sauere to sobrenesse· & to ech man as god haþ departid
4 þe mesure of feiþ/ for as in oo bodi we han many membris· but alle þe
5 membris han not þe same dede: so we many ben o bodi in crist/ and
6 eche ben membris: oon of an ooþer/ þerfore we þat han ȝiftis dyuer-
synge aftir þe grace: þat is ȝouun to us/ eiþer profecie aftir þe resoun
7, 8 of feiþ· eiþer seruise in mynistryng/ eiþer he þat techiþ in techyng· he
þat stiriþ softly in monestyng· he þat ȝiuiþ in symplenesse· he þat is
9 souereyn in bisynesse· he þat haþ mercy in gladnesse/ loue wiþouten
10 feynyng/ hatynge yuel/ drawynge to good/ louynge togidre (bi) þe cha-
11 rite of briþerheed/ ech come bifore to worschipe ooþir/ not slow in bi-
12 synesse/ feruent in spirit/ seruynge to þe lord/ ioiynge in hope/ pacient
13 in tribulacyoun/ bisy in preier· ȝiuynge good to þe nedis of seyntis· ke-
14 pynge hospitalitee/ blesse ȝe men þat pursuen ȝou: blesse ȝe & nyle ȝe
15 curse/ for to ioie with men þat ioien· for to wepe with men þat wepen/
16 feele ȝe þe same þing togidre/ not saueringe hiȝe þingis: but consen-
17 tinge to meke þingis/ Nile ȝe be prudent anentis ȝou silf: to no man
ȝeldynge yuel for yuel/ but purueie ȝe gode þingis· not oonly bifore
18 god: but also bifore alle men/ if it may be don· þat þat is of ȝou: haue
19 ȝe pees wiþ alle men/ ȝe moost dere briþeren not defendynge ȝou silf:
but ȝiue ȝe place to wraþþe/ for it is writun/ þe lord seiþ· to me veng-
20 eaunce: & I schal ȝelde/ but if þin enemy hungriþ: fede þou him/ if he
þristiþ: ȝiue þou drynke to him/ for þou doynge þis þing: schalt gadre
21 togidre colis on his heed/ nyle þou be ouercome of yuel: but ouercome
þou yuel bi good/

13   Euery soule be suget to hiȝere poweris/ for þer is no power: but of

2   god/ and þo þingis þat ben of god: ben ordeyned/ þerfor he þat aȝen-
stondiþ power: aȝenstondiþ þe ordinaunce of god/ and þei þat aȝen-

3   stonden: getun to hem silf dampnacioun/ for princis ben not to þe drede
of good werk: but of yuel/ But wolt þou þat þou drede not power? do

4   þou good þing· and þou schalt haue preisyng of it/ for he is þe mynis-
tre of god: to þee in to good/ but if þou doist yuel: drede þou/ for not
wiþoute cause he beriþ þe swerd/ for he is þe mynistre of god: venge-

5   re in to wraþþe· to him þat doiþ yuel/ and þerfore bi nede be ȝe suget·

6   not oonly for wraþþe: but also for conscience/ for*whi* þerfore ȝe ȝiuen

7   tributis/ þei ben þe mynystris of god: & seruen for þis same þing/ þer-
for ȝelde ȝe to alle men dettis/ to whom tribute: tribute/ to whom toll:

8   toll/ to whom drede: drede/ to whom honour: honour/ To no man owe
ȝe ony þing: but þat ȝe loue togidre/ for he þat louiþ his neiȝbore: haþ

9   fulfillid þe lawe/ for þou schalt do no lecherie· þou schalt not sle· þou
schalt not stele· þou schalt not sey fals witnessyng· þou schalt not coue-
ite þe þing of þi neiȝbore/ and if þer be ony ooþer maundement: it is

10   instorid in þis word/ þou schalt loue þi neiȝbore as þi silf/ þe loue of

11   neiȝbore: worchiþ not yuel/ þerfore loue is þe fulfillyng of þe lawe/ and
we knowen þis tyme þat þe our is now· þat we rijse fro sleep/ for now

12   oure helþe is neer: þan whanne we bileeueden/ þe nyȝt wente bifore:
but þe dai haþ neiȝed/ þerfore caste we awey þe werkis of derknessis

13   & be we cloþid with[1] þe armures of liȝt: as in day· wandre we honest-
ly/ not in superflu festis & drunkenessis/ not in beddis & vnchastitees·

14   not in strijf & in enuye: but be ȝe cloþid in þe lord ihū crist/ and do ȝe
not þe bisynesse of fleish in desiris/

14, 2   But take ȝe a sijk man in bileeue· not in demyngis of þouȝtis/ for an
ooþer `man´ leeuiþ þat he may ete alle þingis/ but he þat is sijk: ete

3   wortis/ he þat etiþ: dispise not him þat etiþ not/ and he þat etiþ not: de-

4   me not him þat etiþ/ for god haþ take him to him/ who art þou þat de-
mest an oþeris seruaunt? to his lord he stondiþ or falliþ fro him/ but he

5   schal stonde/ for þe lord is miȝty: to make him parfijt/ forwhi oon de-
miþ a day bitwixe a dai: an ooþer demiþ ech dai/ ech man encresse in

6   his witt/ he þat vndirstondiþ þe day: vndirstondiþ to þe lord/ and he þat
etiþ: etiþ to þe lord/ &[1] [he] doiþ þankynkis to god/ and he þat etiþ not:

7   etiþ not to þe lord/ & doiþ þankyngis to god/ for no man of us lyuiþ to

8   him silf: & no man dieþ to him silf/ for wheþer we lyuen: we lyuen to

9   þe lord/ þerfor wheþer we lyuen or diȝen: we ben of þe lord/ forwhi for
þis þing crist was deed/ & roos aȝen: þat he be lord boþe of quyke &

10   of deede men/ but what demist þou þi broþir? or whi dispisist þou þi

11   broþir/ for alle we schul stonde bifore þe trone of crist/ for it is writun/
I lyue seiþ þe lord· for to me ech knee schal be bowid: and ech tunge

---

13. [1] in
14. [1] for   [2] vnclene

12 shal knowleche to god/ þerfor ech of us: schal ȝelde resoun to god for
13 him silf/ þerfore no more deme we ech ooþer/ but more deme ȝe þis
14 þing: þat ȝe putte not hirtyng or sclaundre to a broþir/ I woot & triste
   in þe lord ihū: þat no þing is comoun[2] bi hym no but to him þat demiþ
15 ony þing to be vnclene: to him it is vnclene/ and if þi broþir be maad
   sory in conscience for mete: now þou walkist not aftir charite/ nyle þou
16 þorouȝ þi mete leese hym: for whom crist diede/ þerfore be not oure
17 good þing blasfemyd/ forwhi þe rewme of god is not mete & drynke:
18 but riȝtwisnesse & pees & ioie in þe hooly goost/ and he þat in þis þing
19 seruiþ crist: plesiþ god· & is proued to men/ þerfore sue we þo þingis
   þat ben of pees & kepe we togidre þo þingis þat ben of edificacioun/
20 nyle þou for mete· distrie þe werk of god/ for alle þingis ben clene: but
21 it is yuel to þe man þat etiþ bi offendyng/ it is good to not ete fleish· &
   to not drynke wyn· neiþer in what þing· þi broþir offendiþ· or is sclaun-
22 drid· or is maad sijk/ þou hast feiþ anentis þi silf: haue þou bifore god/
23 blessid is he þat demiþ not him silf: in þat þing þat he prouiþ/ for he
   þat demiþ is dampned· if he etiþ: for it is not of feiþ/ and al þing þat is
   not of feiþ: is synne/

15   But we saddir men owen to susteyne þe feblenessis of sike men: &
2 not plese to us silf/ ech of us plese to his neiȝbore in good: to edifica-
3 cioun/ for crist pleside not to him silf: as it is writun/ þe reproues of
4 men dispisynge þee: fellen on me/ for what euer þingis ben writun: þo
   ben writun to oure teching· þat bi *þe* pacience & counfort of scripturis
5 we haue hope/ But god of pacience & of solace ȝiue to ȝou to vndir-
6 stonde þe same þing· ech in to ooþer aftir ihū crist: þat ȝe of oo will
7 with oo mouþ worschipe god & þe fadir of oure lord ihū crist/ for whi-
   che þing take ȝe togidere as also crist took ȝou in to þe honour of god/
8 for I sey þat ihū crist was a mynistre of circumcisioun for þe treuþe of
9 god: to conferme þe bihestis of fadris/ and heþen men owen to honou-
   re god for mercy: as it is writun/ þerfore lord I schal knowleche to þee
10 among heþene men: & I schal synge to þi name/ and eft he seiþ/ ȝe
11 heþene men be ȝe glad with his puple/ And eft/ Alle heþene men· herie
12 ȝe þe lord: and alle puplis magnyfie ȝe him/ And eft ysaie seiþ/ þer
   schal be a roote of iesse: þat schal rijse up to gouerne heþene men· and
13 heþene men schul hope in him/ And god of hope fulfille ȝou in al ioye
   & pes in bileuyng: þat ȝe encresse in hope & uertu of þe hooly goost/
14 And breþeren I my silf am certeyn of ȝou: þat also ȝe ben full of loue/
   and ȝe ben fillid wiþ al kunnyng: so þat ȝe moun moneste ech ooþir/
15 And briþeren more boldly I wroot to ȝou a party as bryngynge ȝou in
16 to mynde/ for þe grace þat is ȝouun to me of god: þat I be þe mynistre
   of crist ihū among heþene men/ And I halewe þe gospel of god: þat þe
17 offryng of heþene men be acceptid & halowid in þe hooly goost/ þer-
18 fore I haue glorie in crist ihū to god/ for I dar not speke ony þing of þo

---

15. [1] to

þingis· whiche crist doiþ not bi me in to obedience of heþene men: in
19 word & dedis in vertu of tokens & grete wondris· in vertu of þe hooly
goost/ so þat fro ierusalem bi cumpas to þe illirik see: I haue fillid þe
20 gospel of crist/ and and so I haue prechid þis gospel· not where crist
21 was named: lest I bilde upon an oþeris ground/ But as it is writun/ for
to whom it is not told of him: þei schul se/ and þei þat herden not: schul
22 vndirstonde/ for whiche þing I was lettid ful myche· to come to ȝou:
23 and I am lettid til¹ þis tyme/ and now I haue not ferþer place in þese
cuntreis/ but I haue desijr to come to ȝou· of many ȝeris þat ben passid/
24 whanne I bigynne to passe in to spayne: I hope þat in my goynge· I
schal se ȝou/ and of ȝou I schal be lad þidere: if I vse ȝou first in par-
25 ty/ þerfor now I schal passe forþ to ierusalem: to mynistre to seyntis/
26 for macedonye & acaye han asaied to make sum ȝifte to pore men of
27 seyntis þat ben in ierusalem/ for it pleside to hem: and þei ben dettou-
ris of hem/ for heþene men ben maad partyners of her gostly þingis: þei
28 owen also in fleishly þingis to mynistre to hem/ þerfore whanne I haue
endid þis þing· & haue assigned to hem þis fruyt: I schal passe bi ȝou
29 `in´ to spayne/ and I wot þat I comynge to ȝou: schal come in to þe ha-
30 bundaunce of þe blessyng of crist/ þerfore briþeren I biseche ȝou bi ou-
re lord ihū crist· & bi charite of þe hooly goost: þat ȝe helpe me in ȝou-
31 re preieris to þe lord· þat I be delyuered fro þe vnfeiþful men þat ben
in Judee/ & þat þe offryng of my seruyse: be acceptid in ierusalem to
32 seyntis/ þat I come to ȝou in ioie bi þe wille of god: & þat I be refrei-
33 shid wiþ ȝou/ and god of pees be with ȝou alle amen/

16 And I comende to ȝou pheben oure sister whiche is in þe seruice of
2 þe chirche þat is at tencris: þat ȝe resseyue hir in þe lord worþily to
seyntis· & þat ȝe helpe hir: in what euere cause sche schal nede of ȝou/
3 for sche `haþ holpen¹ many men· & my silf/ Greete ȝe prisca & aquy-
4 la myn helpers in crist ihū: whiche vndirputtiden her neckis for my lijf/
to whom² not I aloone do þankyngis: but also alle þe chirchis of heþene
5 men/ and greete ȝe wel her meyneal chirche/ Greete wel ephenete loued
6 to me: þat is þe firste of asye in crist ihū/ greete wel marie: þe whiche
7 haþ traueilid myche in us/ greete wel andronyk & Julyan my cosyns &
myn euene prisoners: whiche ben noble among þe apostlis· & whiche
8 weren bifore me in crist/ Greete wel ampliate moost dereworþe to me
9 in þe lord/ grete wel vrban oure helpere in crist ihū: & stacchen my der-
10, 11 lyng/ Greete wel appellen þe noble in crist/ greete wel hem þat ben of
aristoblis hous/ Grete wel Erodion my cosyn/ Greete wel hem þat ben
12 of narciscies hous: þat ben in þe lord/ Greete wel trifenam & trifosam
whiche wymmen traueilen in þe lord/ Grete wel persida moost dere-
13 worþe womman: þat haþ traueilid myche in þe lord/ Grete wel rufus
14 chosun in þe lord: & his modir & myn/ Grete wel ansicrete· flegoncia·
15 hermen· patroban· herman· & briþeren þat ben wiþ hem/ Greete wel fi-

16. ¹ helpide   ² whiche   ³ *MS* dissiciouns

lologus & Julian & nereum & his sistir· & Olympiades: & alle þe seyn-
16 tis þat ben wiþ hem/ Greete ȝe wel to-gidre in hooli coss/ Alle þe chir-
17 chis of crist greeten ȝou wel/ But breþeren I preie ȝou· þat ȝe aspie hem
    þat maken dissenciouns[3] & hirtyngis bisidis þe doctrine þat ȝe han
18 lernd: & bowe ȝe awey fro hem/ for suche men seruen not to þe lord
    crist: but to her wombe· and bi swete wordis & blessyngis disseyuen þe
19 hertis of ynnocent men/ but ȝoure obedience is pupplisshid in to euery
    place/ þerfore I haue ioie in ȝou: but I wole þat ȝe be wise in good þing·
20 & symple in yuel/ and god of pees trede sathanas vndir ȝoure feet swift-
21 ly/ þe grace of oure lord ihū crist: be wiþ ȝou/ Thymothe myn helpere:
22 greetiþ ȝou wel· & also lucius & Jason & sosipater my cosyns/ I terci-
23 us greete ȝou wel: þat wroot þis epistle in þe lord/ Gayus myn oost
    greetiþ ȝou wel: & al þe chirche/ Erastus tresorer of þe citee greetiþ
24 ȝou wel: & quartus broþir/ þe grace of oure lord ihū crist [be] with ȝou
25 alle· Amen/ & honour & glorie be to him þat is myȝti· to conferme ȝou
    bi my gospel/ & prechyng of ihū crist: bi þe reuelacioun of mysterie
26 holden stille in tymes euerlastinge/ whiche mysterie is now maad open·
    bi scripturis of prophetis· bi þe comaundement of god wiþoute bigyn-
27 nyng & endyng: to þe obedience of feiþ in alle heþene men/ þe myste-
    rie knowun bi ihū crist to god aloone wijs: to whom be honour & glo-
    rie in to worldis of world[is] Amen/

   Heere endiþ þe pistle to Romayns: And bigynniþ þe prolog on þe fir-
   ste pistle to Corinthies

I Corinthians

P [*Here biginnith the prologe of Jerom on Corinthis*]

Corynthis ben of acaye· and þei in lijk manere herden of þe postle þe
word of treuþe: & weren peruertid in many maneres of false apostlis/
Summe weren peruertid of eloquence of philosofie full of wordis:
oþere men weren led in to þe sect of [*the*] lawe of iewis/ þat is· to hol-
5 de it nedeful with þe gospel/ þe apostle clepiþ aȝen þese corynthies to
very feiþ & wisdom of þe gospel: and writiþ to hem fro ephesie bi thy-
mothe his disciple/ þis seiþ Jerom in his prolog on þe firste pistle to co-
rynthies/

1 [*Here bigynneth the firste pistle to the Corynthies*]

Poul clepid apostle of ihū crist· bi þe will of `god´ & sostones broþir:
2 to þe chirche of god þat is at corynthe/ to hem þat ben halewid in crist
ihū & clepid seyntis wiþ alle þat ynwardly clepen þe name of oure lord
3 ihū crist· in ech place of hem & of oure: grace to ȝou & pees of god ou-
4 re fadir & of þe lord ihū crist/ I do þankyngis to my god euermore for
5 ȝou in þe grace of god: þat is ȝouun to ȝou in crist ihū/ for in alle þing-
6 is ȝe ben maad riche in hym· in ech word· & in ech kunnyng as þe wit-
7 nessyng of crist is confermyd in ȝou/ so þat no þing faile to ȝou in ony
8 grace: þat abijden þe schewyng of oure lord ihū crist/ whiche also schal
conferme ȝou in to þe ende· wiþouten cryme: in þe dai of þe comyng
9 of oure lord ihū crist/ A trewe god: bi whom ȝe ben clepid in to þe fel-
10 awschip of his sone ihū crist oure lord/ But briþeren I biseche ȝou bi þe
name of oure lord ihū crist: þat ȝe alle sey þe same þing· and þat dis-
senciouns be not among ȝou/ but be ȝe parfijt in þe same witt: & in þe
11 same kunnyng/ for my briþeren: it is teld to me· of `ȝou of´ hem¹ þat
12 ben at cloes: þat stryues ben among ȝou/ and I sey þat· þat ech of ȝou
seiþ/ For I am of poul· & I am of apollo/ and I am of cephas: but I am
13 of crist/ wheþer crist is departid? wheþer poul was crucified for ȝou:
14 eiþer ȝe ben baptisid in þe name of poul? I do þankyngis to my god·
15 þat I baptiside noon of ȝou but crispus & gayus: lest ony man sey þat
16 ȝe ben baptisid in my name/ and I baptiside also þe hous of steuen²/ but
17 I woot not þat I baptiside ony ooþer/ for crist sente me not to baptise:
but to preche þe gospel/ not in wisdom of word: þat þe cross of crist be
18 not vo[i]did awey/ for þe word of þe cross: is foly to hem þat perishen/
but to hem þat ben maad saaf· þat is to sey to us: it is þe vertu of god/
19 for it is writun/ I shal fordo³ þe wisdom of wise men: and I schal re-

---

I Cor. 1 ¹ *cr. out MS*   ² Stephan   ³ distruye   ⁴ tho

20 proue þe prudence of prudent men/ where is þe wise man· where is þe
   wijs lawiere· where is þe purchassour of þis world? wheþer god haþ
21 not maad þe wisdom of þis world fonned? for þe world in wisdom of
   god· knew not god bi wisdom/ It pleside to god bi folye of prechyng· to
22 make hem saaf þat bileeuiden/ for iewis seken signes: and greekis se-
23 ken wisdom/ but we prechen crist crucified/ to iewis sclaundre: and to
24 heþene men folye/ but to þe⁴ iewis & greekis þat ben clepid· we pre-
25 chen crist þe vertu of god & þe wisdom of god/ for þat þat is folie þing
   of god: is wisere þan men/ and þat þat is [*the*] feble þing of god: is
26 strengere þan men/ But briþeren se ȝe ȝoure clepyng· for not many wi-
27 se men aftir þe fleish· not many myȝti· not many noble/ but god chees
   þo þingis þat ben fonned of þe world: to confounde wise men/ and god
28 chees þe feble þingis of þe world: to confounde þe stronge þingis/ and
   god chees þe vnnoble þingis & despisable þingis of þe world & þo
29 `þingis þat ben´ not: to distrie þo þingis þat ben· þat ech man haue not
30 glorie in his siȝt/ but of him ȝe ben in crist ihū: whiche is maad of god
31 to us wisdom & riȝtwisnesse· & hoolynesse & aȝenbiyng/ þat as it is
   writun/ he þat glorieþ: haue glorie in þe lord/
2   And I briþeren whanne I cam to ȝou: cam not in þe hiȝnesse of word
2 eþer of wisdom· tellynge to ȝou þe witnessyng of crist/ for I demyde
   not me to kunne ony þing among ȝou: but crist ihū & hym crucified/
3 and I in sijknesse & drede & *in* myche tremblynge was among ȝou/
4 And my word & my prechyng was not in sutilly stirynge wordis of
5 mannus wisdom: but in shewynge of spirit & of vertu/ þat ȝoure feiþ be
6 not in þe wisdom of men: but in þe vertu of god/ for we speken wis-
   dom among perfijt men/ but not wisdom of þis world: neþir of princis
7 of þis world þat ben distried/ but we speken þe wisdom of god in mys-
   terie: whiche wisdom is hid/ whiche wisdom god bifore ordeynede bi-
8 fore worldis in to oure glorie: whiche noon of þe princis of þis world
   knew: for if þei hadden knowun· þei wolden¹ neuere haue crucified þe
9 lord of glorie/ but as it is writun· þat iȝe siȝe not· ne eere herde· neþer
   it stiede in to herte of man· what þingis god `haþ greiþid²: to hem þat
10 louen hym/ but god schewide to us: bi his spirit/ forwhi þe spirit ser-
11 chiþ alle þingis: ȝhe þe depe þingis of god/ and who of men woot· what
   þingis ben of man? but þe spirit of man þat is in him? so what þingis
12 ben of god· no man knowiþ: but þe spirit of god/ and we haue not res-
   seyued þe spirit of þis world· but þe spirit þat is of god: þat we wite
13 what þingis ben ȝouun to us of god/ whiche þingis we speken also not
   in wise wordis of mannus wisdom: but in þe doctrine of þe spirit & ma-
14 ken a licnesse of spiritual þingis to goostly men/ for a beestly man per-
   seyuiþ not þo þingis þat ben of þe spirit of god· for it is foly to hym/
15 and he may not vndirstonde for he³ is examyned goostly/ but a spiritu-
16 al man demiþ alle þingis & he is demed of no man· as it is writun/ &

---

2. ¹ schulden   ² arayede   ³ it

who knew þe witt of þe lord: or who tauȝte him/ and we han þe witt of
crist/

3 And I briþeren myȝte not speke to ȝou: as to spiritual men/ but as to
2 fleshly men· as to litle children in crist: I ȝaaf to ȝou mylk drynke not
mete/ for ȝe myȝten not ȝitt neþer ȝe moun now/ for ȝit ȝe ben fleshly/
3 for while strijf is among ȝou: wher ȝe ben not fleshly· and ȝe gon aftir
4 man? for whanne summe seyþ· I am of poul· an ooþer but I am of apol-
5 lo: wher ȝe ben not men? what þerfore is apollo: & what poul? þei ben
mynistris of hym: to whom ȝe han bileeued/ & to ech man as god haþ
6, 7 ȝouen/ I plauntide· apollo moistide: but god ȝaf encressyng/ þerfor
neþer he þat plauntiþ is ony þing· neþer he þat moistiþ: but god þat
8 ȝiuiþ encressyng/ and he þat plauntiþ & he þat moistiþ: ben oon/ and
9 ech schal take his owne meede: aftir his trauel/ for we ben þe helpers
10 of god: ȝe ben þe erþe tiliyng of god· ȝe ben þe bildyng of god/ Aftir
þe grace of god þat is ȝouun to me: as a wijs maistir carpenter I settide
þe fundament· and an ooþer bildiþ aboue/ but ech man se hou he bildiþ
11 aboue/ for no man may sette an ooþer fundament· out-takun þat· þat is
12 sett: whiche is crist ihū/ for if ony bildiþ ouer þis fundament· gold· sil-
13 uer· preciouse stones: stickis hey or stobbil: euery mannus werk schal
be open/ for þe dai of þe lord schal declare: for it schal be schewid in
14 fijr/ þe fijr schal preue þe werk of ech man: what manere werk it is/ if
þe werk of ony man dwelle stille· whiche he bildide aboue: he schal
15 resseyue meede/ if ony mannus werk brenne: he schal suffre harm/ but
16 he schal be saaf: so neþeles as bi fijr/ witen ȝe not þat ȝe ben þe tem-
17 ple of god: and þe spirit of god dwelliþ in ȝou/ and if ony defouliþ þe
temple of god: god schal leese him/ for þe temple of god is hooly whi-
18 che ȝe ben/ no man disseyue him silf/ If ony man among ȝou is seen to
19 be wijs in þis world: be he maad a fool· þat he be wijs/ for þe wisdom
of þis world: is folye anentis god/ for it is writun/ I schal catche wise
20 men in her fell wisdom/ And eft/ þe lord knowiþ þe þouȝtis of wise
21, 22 men: for þo ben veyn/ þerfor no man haue glorie in men/ for alle þing-
is ben ȝoure· eþer poul· eþer apollo· eþer cephas· eþer þe world· eþer
lijf· eþer deeþ· eþer þingis present· eþer þingis to comynge/ for alle
23 þingis ben ȝoure/ & ȝe ben of crist: & crist is of god/

4 So a man gesse us· as mynistris of crist & dispenders of þe my-
2 [ny]steries of god/ now it is souȝt `heere´ among þe dispenders· þat a
3 man be founde trewe/ and to me it is for þe leeste þing þat I be demed
4 of ȝou or of mannes dai: but neþir y deme my silf/ for I am no þing ouer
trowynge to my silf: but not in þis þing I am iustified/ for he þat demiþ
5 me: is þe lord/ þerfore nyle ȝe deeme bifore þe tyme: til þat þe lord co-
me· whiche schal liȝtne þe hid þingis of derknessis· & schal schewe þe
6 councels of hertis/ and þanne preisyng schal be to ech man of god/ And
briþeren I haue transfigurid þese þingis in to me & in to apollo for ȝou:
þat in us ȝe lerne lest ouer þat it is writun· oon aȝens an ooþer be blo-
7 wun with pride for an ooþer/ who demiþ þee? and what hast þou: þat
þou hast not resseyued? and if þou hast resseyued: what gloriest þou as

8 þou haddist not resseyued/ now ȝe ben fillid: now ȝe ben maad riche/
ȝe regnen wiþouten us· and I wolde þat ȝe regnyden þat also we regne
9 wiþ ȝou/ and I gesse· þat god schewide us þe laste apostlis· as þilke þat
ben sent to þe deeþ: for we ben maad a spectacle to þe world & to
10 aungels & to men/ we foolis for crist: but ȝe prudent in crist/ we sijke:
11 but ȝe stronge/ ȝe noble: but we vnnoble· til in to þis hour· we hungren
& þirsten & ben nakid & ben smytun wiþ buffatis: & we ben vnstable·
12 and we traueilen worchynge with oure hondis/ we ben cursid: and we
13 blessen/ we suffren persecucioun: & we abijden longe/ we ben blasfe-
myd: & we bisechen/ as clansyngis of þis world· we ben maad þe out
14 casting of al þingis til ȝitt/ I wryte not þese þingis· þat I confounde ȝou:
15 but I warne as my moost dereworþe sones/ forwhi if ȝe han ten þou-
synde of vndir maistris in crist: but not many fadris/ for in crist ihū I
16 haue gendrid ȝou bi þe gospel/ þerfor briþeren I preie ȝou· be ȝe folo-
17 weris of me: `as I of crist´/ þerfor I sente to ȝou tymothe· whiche is my
moost derworþe sone & feiþful in þe lord/ whiche schal teche ȝou my
18 weies: þat ben in crist ihū· as I teche euerywhere in ech chirche/ as þouȝ
19 I schulde not come to ȝou: so summe ben blowun wiþ pride/ but I schal
come to ȝou soone if god wole: and I schal knowe· not þe word of hem
20 þat ben blowun wiþ pride· but þe vertu/ for þe rewme of god is not in
21 word: but in vertu/ what wolen ȝe/ schal I come to ȝou in a ȝerde: or in
charite· & in spirit of myldenesse?

5   IN al manere· fornycacioun is herd among ȝou/ & such fornyca-
cioun· whiche is not among heþene men: so þat summe man haue þe
2 wijf of his fadir/ `and´ ȝe ben bolnun wiþ pride· & not more hadden
weiling þat he þat dide þis werk be takun awey fro þe myddil of ȝou/
3 & I absent in bodi· but present in spirit: now haue demyd as present
4 hym þat haþ þus wrouȝt/ whanne ȝe ben gaderid togidre in þe name of
5 oure lord ihū crist· & my spirit wiþ þe vertu of oure[1] lord ihū: to take
such a man to sathanas· in to þe perischyng of fleish· þat þe spirit be
6 saaf in þe dai of oure lord ihū crist/ ȝoure gloriyng is not good/ witen
7 ȝe not þat a litil sourdouȝ apeiriþ al þe gobet? Clense ȝe out þe oolde
sourdouȝ: þat ȝe be newe spryngyng togidre as ȝe ben þerf/ for crist
8 offrid: is oure pask/ þerfore eete we· not in oold sourdouȝ: neþer in
sourdouȝ of malice & *of* weiwardnesse/ but in þerf þingis of cleernes-
9 se & of treuþe/ I wroot to ȝou in a pistil: þat ȝe be not medlid wiþ lec-
10 chouris/ not with lecchouris of þis world· ne *with* coueitouse men ne
raueynouris ne with men seruynge to mawmetis: ellis ȝe schulden haue
11 gon out of þis world/ but now I `haue write[2] to ȝou· þat ȝe be not med-
lid[3]/ But if he þat is named a broþer among ȝou· & is a lecchour or
coueitous· or seruynge to ydolis· or *a* cursere or full of drunkenesse· or
12 *a* raueynour· to take no*t* mete with suche/ for what is it to me to deme
13 of hem þat ben wiþoute forþ? wheþer ȝe demen not of þingis þat ben

---

5. [1] the   [2] wroot   [3] meynd

wiþynneforþ? for god schal deme hem þat ben wiþoutforþ/ do 3e awey
yuel fro 3ou silf/

6 Dar ony of 3ou þat haþ a cause a3ens an ooþir: be demyd at wicki-
2 de men & not at hooly men? wher 3e witen not: þat seyntis schul deme
of þis world? and if þe world schal be demid bi 3ou· be 3e vnworþi to
3 deeme of þe leste þingis? witen 3e not þat we schul deme aungels: hou
4 myche more worldly þingis? þerfore if 3e han worldly domes: ordeyne
5 3e þilke[1] contemptible men þat ben in þe chirche to deme/ I sey to ma-
ke 3ou aschamed· so þer is not ony wijs man: þat may deme bitwixe a
6 broþir & his broþir/ but a broþir with broþir stryuiþ in doom: & þat
7 among vnfeiþful men/ and now trespasse is algatis in 3ou: for 3e han
domes among 3ou/ whi raþir taken 3e no wrong? whi raþir suffren 3e
8 not disseit? but also[2] 3e don wrong & don fraude· & þat to briþeren/
9 wher 3e witen not þat wickide men schul not weelde þe kyngdom of
god? nyle 3e erre· neþer lechouris neþer men þat seruen mawmetis:
10 neþer avowtrers· neþer lecchouris a3en kynde· neþer þei þat don lec-
cherie wiþ men· neþer þeues· neþer auarouse men· neþer full of drun-
kenesse· neþer cursers· neþer raueinouris: schul weelde þe kyngdom of
11 god/ and 3e weren sum tyme þese þingis/ but 3e ben weishen but 3e ben
halewid: but 3e ben iustified in þe name of oure lord ihū crist· & in þe
12 spirit of oure god/ Alle þingis ben leeful to me: but not alle þingis ben
speedful/ alle þingis ben leeful to me: but I schal not be brou3t doun
13 vndir ony mannus power/ Mete to þe wombe· & þe wombe to metis:
`&´ god schal distruie boþe þis & þat/ and þe bodi· not to fornycacioun:
14 but to þe lord· & þe lord to þe body/ for god reiside þe lord: and schal
15 reise us bi his vertu/ witen 3e not þat 3oure bodies ben membris of
crist? schal I þanne take þe membris of crist: and schal I make *hem* þe
16 membris of an hoore? god forbede/ wheþer 3e witen not· þat he þat
cleuiþ to an hoore: is maad o body? for he seiþ/ þer schul be tweyne in
17, 18 oo fleish/ and he þat cleuiþ to þe lord: is oo spirit/ Fle 3e fornycacioun/
al synne what euer synne a man doþ: is wiþoute þe bodi/ but he þat
19 doiþ fornycacioun: synniþ a3ens his body/ wheþer 3e witen not: þat
3oure membris ben þe temple of þe hooly goost· þat is in 3ou? whom
20 3e han of god: & 3e ben not 3oure owne/ for 3e ben bou3t wiþ greet
pris/ glorifie 3e & bere 3e god in 3oure bodi/

7 But of þilke þingis þat 3e han writun to me: it is good to a man to
2 touche not a womman/ but for fornycacioun ech man haue his owne
3 wijf: and ech womman haue hir owne hosebonde/ þe hosebonde 3elde
4 dette to þe wijf· and also þe wijf to þe hosebonde/ þe womman haþ not
power of hir body: but þe hosebonde/ and þe hosebonde haþ not power
5 of his bodi: but þe womman/ nyle 3e defraude ech to ooþir· but per-
auenture of consent to a tyme: þat 3e 3iue tent to preier/ & eft turne `3e´

---

6. [1] tho   [2] and
7. [1] That   [2] is   [3] the rather vse thou

aȝen to þe same þing: lest sathanas tempte ȝou for ȝoure vncontynen-
6, 7 ce/ but I sey þis þing as ȝyuinge leue: not bi comaundement/ for I wo-
le: þat alle men be as my silf/ but ech man haþ his propre ȝift of god/
8 oon þus: & an ooþer þus/ but I sey to hem þat ben not weddid & to wi-
9 dewis/ it is good to hem: if þei dwellen so as I/ And[1] if þei conteynen
not hem silf: be þei weddid/ for it were[2] betere to be weddid: þan to be
10 brent/ But to hem þat ben ioyned in matrymonye I comaunde/ not I· but
11 þe lord: þat þe wijf departe not fro þe hosebonde/ and þat if sche de-
partiþ: þat sche dwelle vnweddid· or be recounceilid to hir hosebonde/
12 and þe hosebonde forsake not þe wijf/ But to oþere I sey· not þe lord/
If ony broþir haþ an vnfeiþful wijf· and sche consentiþ to dwelle with
13 hym: leue he hir not/ and if ony womman haþ an vnfeiþful hosebonde·
14 and *he* þis consentiþ to dwelle wiþ hir: leue sche not þe hosebonde/ for
þe vnfeiþful hosebonde is halewid bi þe feiþful womman/ and þe
vnfeiþful womman is halewid bi þe feiþful hosebonde/ ellis ȝoure chil-
15 dren weren vnclene: but now þei ben hooly/ þat if þe vnfeiþful depar-
tiþ: departe he/ forwhi þe broþir or sistir is not suget to seruage in su-
16 che/ for god haþ clepid us in pees/ and wher off woost þou womman·
if þou schalt make saaf " þe man´/ or wherof woost þou man· if þou
17 schalt make saaf " þe womman´? but as þe lord haþ departid to ech· &
18 as god haþ clepid ech man: so go he· as I teche in alle chirchis/ A man
circumcidid is clepid: brynge he not to þe prepucie/ A man is clepid in
19 prepucie: be he not circumcidid/ circumsisioun is nouȝt· and prepucie
20 is nouȝt: but þe kepyng of þe *co*maundementis of god/ Ech man in what
21 clepyng he is clepid: in þat dwelle he/ þou seruaunt art clepid: be it no
22 charge to þee but if þou maist be *maad* free: ˋvse it raþir[3]/ he þat is a
seruaunt· and is clepid in þe lord: is a free man of þe lord/ Also he þat
23 is a free man· & is clepid: is þe seruaunt of crist/ wiþ pris ȝe ben bouȝt/
24 nyle ȝe be maad seruauntis of men/ þerfor ech man in what þing he is
25 clepid a broþir: dwelle he in þis anentis god/ But of virgyns I haue no
comaundement of god/ but I ȝiue counsel· as he þat haþ *gete* mercy of
26 þe lord: þat I be trewe/ þerfore I gesse þat þis þing is good· for þe pre-
27 sent nede for it is good to a man to be so/ þou art boundun to a wijf:
nyle þou seke vnbyndyng/ þou art vnboundun fro a wijf: nyle þou se-
28 ke a wyf/ but if þou hast takun a wijf: þou hast not synned/ and if a mai-
de is weddid: sche synnede not/ neþeles suche schul haue tribulacioun
29 of fleish/ but I spare ȝou/ þerfor briþeren I sey þis þing/ þe tyme is
schort/ An ooþer is þis· þat þei þat han wyues: ben as þouȝ þei hadden
30 noone/ and þei þat wepen: as þei wepten not/ and þei þat ioyen: as þei
31 ioieden not/ and þei þat bien as þei hadden not/ and þei þat vsen þis
32 world: as þei þat vsen not/ forwhi þe figure of þis world passiþ/ but I
wole þat ȝe be withoute bisynesse/ for he þat is wiþoute wijf: is bisy
33 what þingis ben of þe lord· hou he schal plese god/ but he þat is wiþ a
wijf: is bisy what þingis ben of þe world· hou he schal plese þe wijf·
34 and he is departid/ And a womman vnweddid & maiden þenkiþ what
þingis ben of þe lord: þat sche be hooly in bodi & spirit/ but sche þat

is weddid þenkiþ what þingis ben of þe world: hou sche schal plese þe
35 hosebonde/ And I sei þese þingis to ȝoure profijt· not þat I caste to ȝou
a snare but to þat· þat is honest & þat ȝiuiþ esynesse wiþoute lettyng to
36 make preieris to þe lord/ and if ony man gessiþ him silf to be seen foul
on his virgyn· þat sche is full woxun· and so it bihouiþ to be don: do
37 sche þat· þat sche wole/ sche synniþ not: if sche be weddid/ for he þat
ordeynede stably in his herte· not hauynge neede· but hauynge power
of his wille· & haþ demyd in his herte þis þing to kepe his virgyn: doiþ
38 wel/ þerfor he þat ioyniþ his virgyn in matrimonye: doiþ wel/ and he
39 þat ioyniþ not: doþ betere/ þe womman is boundun to þe lawe: as long
tyme as hir hosebonde liuiþ and if hir hosebonde is deed: sche is dely-
uered fro þe lawe of þe hosebonde· be sche weddid to whom sche wo-
40 le· oonly in þe lord/ but sche schal be more blessid: if sche dwelliþ þus
aftir my counseil/ and I weene· þat I haue þe spirit of god/
8 But of þese þingis þat ben sacrified to ydolis: we witen· for alle we
2 haue kunnyng/ but kunnyng blowiþ: charitee edifieþ/ but if ony `man´
gessiþ· þat he can ony þing: he haþ not ȝitt knowe hou it bihouiþ him
3, 4 to kunne and if ony man louiþ god: þis is knowun of him/ But of me-
tis þat ben offrid to ydolis: we witen þat an ydole is no þing in þe
5 world/ & þat þer is no god: but oon/ for þouȝ þer ben summe þat ben
seid goddis· eþir in heuene eþir in erþe· as þer ben many goddis & ma-
6 ny lordis: neþeles to us is oo god `þe´ fadir of whom ben alle þingis: &
we in him/ and oo lord ihū crist· bi whom ben alle þingis: & we bi him/
7 but not in alle men is kunnyng/ for summe men wiþ conscience of ydol·
til now eten· as þing offrid to ydolis/ and her conscience is defoulid: for
8 it is sijk/ Mete comendiþ us not to god/ for neþir we schul faile: if we
9 eten not/ neþer if we eten: we schul haue plentee/ But se ȝe lest per-
10 auenture· þis ȝoure leue: be maad hirtyng to sijke men/ for if ony man
schal se him þat haþ kunnyng· etynge in a place where ydolis ben wor-
schipid: wheþer his conscience siþ it is sijk schal not be edified to ete
11 þingis offrid to ydolis? and þe sijk broþir for whom crist dyede: schal
12 perishe in þi kunnyng/ for þus ȝe synnynge aȝens breþeren· & smy-
13 tynge her sijk conscience: synnen aȝens crist/ wherfore if mete sclaun-
driþ my broþir: I schal neuer ete fleisch· lest I sclaundre my broþir/
9 Wheþir I am not fre· am I not apostle? `wheþer I sauȝ not crist ihū
2 [oure Lord]?´ wheþer ȝe ben not my werk in þe lord? and þouȝ to ooþir
I am not apostle: but neþeles to ȝou I am/ for ȝe ben þe litil signe of
3 myn apostilhood in þe lord/ my defence to hem þat axen me: þat is/
4, 5 wheþer we haue not power to ete & drynke? wheþer we haue not po-
wer to lede aboute a womman a sistir: as also oþere apostlis & briþeren
6 of þe lord & cephas? Or I aloone & barnabas: haue not power to wor-
7 che þese þingis? who trauailiþ ony tyme with his owne wagis? who
plauntiþ a vynȝerd: & etiþ not of his fruyt? who kepiþ a flok: & etiþ

---

9. ¹ threischynge ² sotheli

8   not of þe mylk of þe flok? wheþir aftir man I sey þese þingis? wheþer
9   also þe lawe seiþ not þese þingis? for it is writun in þe lawe of moy-
    ses/ þou schalt not bynde þe mouþ of þe oxe `þat þreishiþ¹/ wheþer of
10 oxen is charge to god? wheþer for us he seiþ þese þingis? for whi þo
    ben writun for us/ for he þat eriþ: owiþ to ere in hope/ and he þat þre-
11 ishiþ: in hope to take fruitis/ If we sowen spiritual þingis to ȝou: is it
12 greet if we repen ȝoure fleishly þingis? If oþere ben parteners of ȝoure
    power: whi not raþir we? but we vsen not þis power/ but we suffren al-
13 le þingis: þat we ȝiuen no lettyng to þe euangelie of crist/ witen ȝe not
    þat þei þat worchen in þe temple: eten þo þingis þat ben of þe temple?
14 and þei þat seruen to þe auter ben parteners of þe auter/ so þe lord or-
15 deynede to hem þat tellen þe gospel: to lyue of þe gospel/ but I vside
    none of þese þingis/ and² I wroot not þese þingis: þat þo be don so in
    me/ for it is good to me raþere to die: þan þat ony man avoide my glo-
16 rie/ For if I preche þe gospel: glorie is not to me/ for nedelich I moot
17 do it/ for wo to me: if I preche not þe gospel/ but if I do þis þing wil-
    fully: I haue meede/ but if aȝens my wille: dispending is bitakun to me/
18 what þanne is my meede? þat I prechynge þe gospel: putte þe gospel
19 wiþoute oþeris cost· þat I vse not my power in þe gospel/ Forwhy
    whanne I was free of alle men: I made me seruaunt of alle men· to wyn-
20, 21 ne þe mo men/ and to iewis I am maad as a iew: to wynne þe iewis/ To
    hem þat ben vndir þe lawe· as I were vndir þe lawe· whanne I was not
    vndir þe lawe: to wynne hem þat weren vndir þe lawe/ To hem þat we-
    ren wiþout lawe· as I were wiþout þe lawe· whanne I was not wiþout
    þe lawe of god· but I was in þe lawe of crist: to wynne hem þat weren
22 wiþoute þe lawe/ I am maad sijk to sike men: to wynne sike men/ to al-
23 le men I am maad alle þingis: to make alle men saaf/ but I do alle þing-
24 is for þe gospel: þat I be maad partyner of it/ witen ȝe not þat þei þat
    rennen in a furlong· alle rennen but oon takiþ þe pris/ so renne ȝe: þat
25 ȝe catche/ Ech man þat stryuiþ in fiȝt: absteyniþ him fro alle þingis/
26 and þei þat þei take a coruptible crowne: but we an vncorupt/ þerfore I
    renne so· not as in to an vncerteyn þing/ þus I fiȝte not as betynge þe
27 eir: but I chastise my body & brynge it in to seruage/ lest perauenture
    whanne I preche to oþere: I my silf be maad reprouable/

10   Briþeren I `wile not¹ þat ȝe vnknowe: þat alle oure fadris weren
2   vndir cloude/ and alle passiden þe see: and alle weren baptisid in moy-
3, 4 ses in þe cloude & in þe see/ and alle eeten þe same spiritual mete: and
    alle drunken þe same spiritual drynke/ and þei drunken of þe same spi-
5   ritual stoon: folowynge hem/ and þe stoon was crist/ But not in ful ma-
    ni of hem: it was wel plesaunt to god/ forwhi þei weren cast doun in de-
6   sert/ but þese þingis ben don in figure of us: þat we be not coueiters of
7   yuel þingis· as þei coueitiden/ neþir be ȝe maad ydolatrers as summe
    of hem: as it is writun/ þe puple saat to ete & drynke: and þei risen up

---

10. ¹ nyle   ² which/e   ³ that he stondith

8 to pleie/ Neþer do we fornycacioun· as summe of hem diden fornyca-
9 cioun: and þre & twenty þousendis weren deed in o dai/ Neþer tempte
10 we crist· as summe of hem temptiden: & perisheden of serpentis/ Neþer
grucche ȝe as summe of hem grucchiden: and þei perisheden of a dis-
11 troier/ And alle þese þingis fellen to hem in figure/ but þei ben writun
12 to oure amendyng: in to whom[2] þe endis of þe worldis ben come/ þer-
13 for he þat gessiþ him *silf* `to stonde[3]: se he þat he falle not/ temptacioun
take ȝou " not· but mannus temptacioun/ for god is trewe whiche schal
not suffre ȝou to be temptid: aboue þat· þat ȝe moun/ but he schal ma-
14 ke wiþ temptacioun also puruyaunce: þat ȝe moun suffre/ wherfore ȝe
15 moost dereworþe to me: fle ȝe fro worschipyng of mawmetis/ as to pru-
16 dent men I speke: deme ȝe ȝou silf þat þing þat I sey/ wheþir þe cup-
pe of blessyng whiche we blessen: is not þe comynyng of cristis blood?
and wheper þe breed þat[2] we breken: is not þe takyng of þe bodi of þe
17 lord? for we manye ben oo breed & oo bodi: alle we þat taken part of
18 oo breed & of oo cuppe/ Se ȝe irael aftir þe fleish/ wheþer þei þat eten
19 sacrificis ben not parteners of þe auter? what þerfore sey I þat a þing
20 þat is offrid to ydolis is ony þing· or þat þe ydole is ony þing? but þo
þingis þat heþen men offren: þei offren to deuelis & not to god/ But I
21 `wole not[1] þat ȝe be maad felawis of fendis/ for ȝe moun not drynke þe
22 cuppe of þe lord: & þe cuppe of fendis/ ȝe moun not be parteners of þe
boord of þe lord: & of þe boord of fendis/ wheþer we han enuye to þe
23 lord? wheþir we ben strenger þan he? Alle þingis ben leeful to me: but
not alle þingis ben spedeful/ Alle þingis ben leeful to me: but not alle
24 þingis edifien/ no man seke þat þing þat is his owne: but þat þing þat
25 is of an ooþir/ Al þing þat is sold in þe bocherie ete ȝe: axynge no þing
26, 27 for conscience/ þe erþe & þe plentee of it: is þe lordis/ if ony of heþen
men clepiþ ȝou to soper and ȝe wolen go: al þing þat is sett to ȝou ete
28 ȝe· axynge no þing for conscience/ but if ony man seiþ· þis þing is off-
29 rid to ydolis: nyle ȝe ete for hym þat schewide & for conscience/ and I
sey not *for* þi conscience: but of an ooþir/ but wher to is my fredom de-
30 med of an ooþir mannes conscience? þerfore if I take part wiþ grace·
31 what am I blasfemyd: for þat þat I do þankyngis? þerfore wheþer ȝe
eten or drynken or don ony ooþer þing: do ȝe alle þingis in to þe glo-
32 rie of god/ be ȝe wiþout sclaundir to iewis & to heþen men & to þe
33 chirche of god: as I bi alle þingis plese to alle men· not sekynge þat þat
is profitable to me· but þat þat is profitable to many men þat þei be
maad saaf/

11, 2 Be ȝe my foloweris· as I am of crist/ & briþeren I preise ȝou þat bi
alle þingis ȝe ben myndeful of me: and as I bitook to ȝou my comaun-
3 dementis· ȝe holden/ But I wole þat ȝe wite: þat crist is heed of ech
man/ but þe heed of þe womman is þe man/ and þe heed of crist: is god/
4 Ech man preiynge or propheciynge· whanne his heed is hilid: defouliþ

---

11. [1] noon   [2] bileue   [3] which   [4] the

5 his heed/ but ech womman preiynge or propheciynge whanne hir heed
6 is not hilid: defouliþ hir heed/ for it is oon: as if she were pollid/ & if a
   womman be not kyuered: be she pollid/ & if `it´ is foul þing to a wom-
7 man to be pollid· or to be maad ballid: hile she hir hed/ but a man schal
   not hile his hed: for he is þe ymage & þe glorie of god/ but a womman
8 is þe glorie of man/ for a man is not of þe womman: but þe womman
9 of þe man/ And þe man is not maad for þe womman: but þe womman
10 for þe man/ þerfor þe womman schal haue an hilyng on hir heed also
11 for aungels/ neþeles neþer þe man is wiþoute (þe) womman: neþer þe
12 womman is wiþoute man in þe lord/ forwhi as þe womman is of man:
13 so þe man is bi þe womman/ but alle þingis ben of god/ Deme ȝe ȝou
14 silf/ bisemiþ it a womman not hilid on þe heed to preie *to* god? neþir
   þe kynde it silf techiþ vs/ for if a man norishe longe heer: it is schen-
15 schip to him/ but if a womman norishe longe heer: it is glorie to hir/ for
16 heeris ben ȝouun to hir for keuering/ But if ony man is seen to be full of
17 strijf: we haue not[1] such custum neþir þe chirche of god/ but þis þing I
   comaunde· not preisyng· þat ȝe comen togidere not in to [*the*] bettere:
18 but in to [*the*] worse/ first for whanne ȝe comen togidre in to þe chir-
19 che: I heere þat dissenciouns ben & in party I leeue[2]/ for it bihouiþ he-
20 resies to be: þat þei þat ben preued be openly knowun in ȝou/ þerfor
   whanne ȝe comen togidre in to oon: now it is not to ete þe lordis soper/
21 forwhi ech man bifore takiþ his soper to ete/ and oon is hungry: and an
22 ooþer is drunke/ wheþer ȝe han not housis to ete & drynke: or ȝe dis-
   pisen þe chirche of god· & confounden hem þat han none/ what schal
23 I sey to ȝou? I preise ȝou: but her ynne I preise ȝou not/ For I haue ta-
   ke of þe lord þat þing þat[3] I haue bitakun to ȝou/ for þe lord ihū· in what
24 niȝt he was bitraied: took breed & dide þankyngis & brak & seide/ Ta-
   ke ȝe & ete ȝe: þis is my bodi which schal be bitraied for ȝou/ do ȝe þis
25 þing in to my mynde/ Also þe cuppe· aftir þat he had soupid: & seide/
   þis cuppe is þe newe testament in my blood/ do ȝe þis þing as ofte as
26 ȝe schul drynke in to my mynde/ for as ofte as ȝe schul ete þis breed·
   & [*schulen*] drynke þis[4] cuppe· ȝe schul telle þe deeþ of þe lord· til þat
27 he come/ þerfor who euere etiþ þe breed or drynkiþ þe cuppe of þe lord
28 vnworþily: he schal be gilty of þe bodi & of þe blood of þe lord/ but
   preue a man him silf: and so ete he of þilke breed & drynke of þe cup-
29 pe/ for he þat etiþ & drynkiþ vnworþily: etiþ & drynkiþ doom to him·
30 not wisely demynge þe body of þe lord/ þerfore among ȝou many ben
31 sike & feble: & many slepen/ and if we demyden wisely us silf: we
32 schul[*den*] not be demyd/ but while we ben demyd of þe lord· we ben
33 chastisid: þat we be not dampned wiþ þis world/ þerfore my briþeren
34 whanne ȝe comen togidre to ete: abijde ȝe togidre/ if ony man hungriþ:
   ete he at hom· þat ȝe come not togidre in to doom/ and I schal dispose
   oþere þingis: whanne I come/

12, 2 But of spiritual þingis breþeren I nyle þat ȝe vnknowe/ for ȝe witen
   þat whanne ȝe weren heþen men: how ȝe weren led goynge to doumbe
3 mawmetis/ þerfore I make knowen to ȝou þat no man spekynge in þe

spirit of god: seiþ departyng fro ihū/ and no man may sei þe lord ihū:

4 but in þe hooly goost/ and dyuerse gracis þer ben: but it is al oo spirit/

5, 6 and dyuerse seruycis þer ben: but it is al oo lord/ and dyuerse wor-
chingis þer ben: but al is oo god þat worchiþ alle þingis in alle þingis/

7, 8 and to ech man þe schewing of spirit is ʒouun to profijt/ þe word of
wisdom is ʒouun to oon bi spirit/ to an ooþir þe word of kunnyng: bi

9 þe same spirit/ feiþ to an ooþer: in þe same spirit/ to an ooþir· grace of

10 heelþis in oo spirit/ to an ooþir: þe worchyng of vertues/ to an ooþir:
prophecie/ to an ooþir: verrey knowyng of spiritis/ to an ooþer: kyndis

11 of langagis/ to an ooþir: expownyng of wordis/ and oon & þe same spi-
rit worchiþ alle þese þingis: departynge to ech bi hem silf as he wole/

12 for as þer is oo bodi· & haþ many membris· & alle þe membris of þe

13 bodi· whanne þo ben many· ben o bodi: so also crist/ for in oo spirit· al-
le we ben baptisid in to oo bodi/ eþer iewis eþer heþene· eþer seruaun-

14 tis· eþer free: and alle we ben fillid wiþ drynke in oo spirit/ for þe bo-

15 di is not oo membre: but manye/ if þe foot seiþ· for I am not þe hoond·

16 I am not of þe bodi: not þerfore it is not of þe bodi/ And if þe eere seiþ·
for I am not þe iʒe· I am not of þe bodi: not þerfore it is not of þe bo-

17 di/ if al þe bodi is þe iʒe: where is heering? & if al þe bodi is heering:

18 where is smelling? but now god haþ sett membris: & ech of hem in þe

19 bodi as he wolde/ þat if alle weren oo membre: where were þe bodi?

20, 21 but now þer ben many membris: but oo bodi/ And þe iʒe may not sey
to þe hoond: I haue no neede to þi werkis/ or eft· þe heed to þe feet: ʒe

22 ben not necessarie to me/ But myche more þo þat ben seen to be þe lo-

23 were membris of þe bodi: ben more nedeful/ and þilke þat we gessen
to be þe vnworþiere membris of þe bodi: we ʒiuen more honour to

24 hem/ and þo membris þat ben vnhonest: han more honestee/ for oure
honest membris: han need of noon/ but god tempride þe bodi· ʒiuynge

25 more worschipe to it to whom it failide: þat debate be not in þe bodi/

26 but þat þe membris be besy in to þe same þing ech for ooþir/ And if oo
membre suffriþ ony þing: alle membris suffren þerwiþ/ eþir if oo mem-

27 bre ioyeþ: alle membris ioien togidre/ and ʒe ben þe bodi of crist: &

28 membris of membre/ but god sette sum men in þe chirche/ First apost-
lis· þe secunde tyme prophetis: þe þridde techers· aftirward vertues/ af-
tirward gracis of helyngis· helpingis· gouernailis· kyndis of langagis·

29 interpretaciouns of wordis/ wheþer alle apostlis? wheþer alle prophe-

30 tis? `wheþer alle vertues? " wheþer alle techers?´ wheþer alle men han
grace of heelyngis? wheþir alle speken wiþ langagis? wheþer alle ex-

31 pownen? but sue `ʒe´ þe bettere goostly ʒiftis/ and ʒitt I schewe to ʒou
a more excellent wey/

13 If I speke wiþ tungis of men & of aungels· & I haue not charite: I am

2 maad as brass sownynge· or a cymbal tynclynge/ and if I haue prophe-
cie· & knowe alle mysteries & al kunnyng· and if I haue al feiþ· so þat

3 I moue hillis fro her place· and I haue not charite: I am nouʒt/ and if I
departe alle my goodis in to þe metis of pore men· & if I bitake my bo-
di so þat I brenne· and if I haue not charite: it profitiþ to me no þing/

4 Charite is pacient· it is benyngne/ charite enuyeþ not· it doþ not wick-
5 idly· it is not blowun· it is not coueitous· it sekiþ not þo þingis þat ben
6 his owne/ it is not stirid to wraþþe/ it þenkiþ not yuel· it ioieþ not on
7 wickidnesse· but it ioyeþ togidre to treuþe/ it suffriþ alle þingis· it be-
8 leeuiþ alle þingis· it hopiþ alle þingis· it susteyniþ alle þingis/ charite
falliþ neuer *a*doun/ wheþer prophecies schul be voydid· eþer langagis
9 schul ceesse: eþer science schal be distried/ for a party we knowun: &
10 a party we prophecien/ but whanne þat schal come þat is parfyt: þat
11 þing þat is of party schal be avoidid/ whanne I was a litil child: I spak
as a litil child· I vndirstood as a litil child· I þou3t as a litil child/ but
whanne I was maad [*a*] man: I [*a*]voidide þo þingis þat weren of a litil
12 child/ And we seen now bi a myrour· in derknesse: but þanne face to fa-
ce/ now I knowe of party: but þanne I schal knowe as I am knowun/
13 And now dwellen feiþ· hope & charite þese þree: but þe moost of þese
is charite/

14   Sue 3e charite· loue 3e spiritual þingis: but more þat 3e prophecien/
2 and he þat spekiþ in tunge: spekiþ not to men but to god· for no man
3 heeriþ/ but þe spirit spekiþ mysteries/ for he þat prophecieþ: spekiþ to
4 men to edificacioun· & monestyng & counforting/ He þat spekiþ in
tunge: edifieþ him silf/ but he þat prophecieþ: edifieþ þe chirche of
5 god/ And I wole þat alle 3e speke in tungis: but more þat 3e prophecie/
for he þat prophecieþ: is more þan he þat spekiþ in langagis/ but per-
6 auenture he expowne: þat þe chirche take edificacioun/ But now
briþeren if I come to 3ou & speke in langagis: what schal I profite to
3ou? but if I speke to 3ou: eþer in reuelacioun· eþer in science· eþer in
7 prophecie· eþer in techyng for þo þingis þat ben wiþouten *þe* soule· &
3iuiþ voicis eþer pype· eþer harpe/ but þo 3iuen distinccioun of sow-
nyngis: hou schal it be knowun þat is sungun· eþer þat þat is trumpid/
8 for if a trumþe 3iue an vncerteyn soun· who schal make him silf redy
9 to bateil? so but 3e 3iue an opyn word bi tunge: hou schal þat· þat is
10 seid be knowun? for 3e schul be spekynge in veyn/ þer ben many kyn-
11 dis of langagis in þis world: and no þing is wiþoute vois/ but if I kno-
we not þe vertu of a vois: I schal be to him whom I schal speke a bar-
12 barik/ and he þat spekiþ to me: schal be a barbaryk/ So 3e for 3e ben
louers of spiritis· seke 3e þat 3e be plenteuous: to edificacioun of þe
13, 14 chirche/ And þerfor he þat spekiþ in langage: preie þat he expowne/ for
if I preie in tunge: my spirit preieþ/ myn vndirstonding is wiþoute
15 fruyt/ what þanne? I schal preie in spirit: I schal preie in mynde/ I schal
16 sey salm in spirit: I schal sey psalm also in mynde/ For if þou blessist
in spirit: who filliþ þe place of an ydioth? Hou schal he sey amen on þi
17 blessyng: for he woot not what þou seist? for þou doist wel þankyng-
18 is: but an ooþer man is not edified/ I þanke my god: for I speke in þe
19 langage of alle 3ou/ But in þe chirche I wille `*to*´ speke fyue wordis in
my witt· þat also I teche oþere men: þan þousyndis of wordis in tunge/
20 Briþeren nyle 3e be maad children in wittis: but in malice be 3e chil-
21 dren/ but in wittis be 3e parfijt/ for in þe lawe it is writun (for) þat in

oþere tungis & oþere lippis I schal speke to þis puple: and neþer so þei
22 schul heere me· seiþ þe lord/ þerfor langagis ben in to tokne· not to
feiþful men: but to men out of þe feiþ/ But prophecies ben not to men
23 out of þe feiþ: but ˋtoˊ feiþful men/ þerfore if al þe chirche come togi-
dre in to oon· and alle men speken in tungis if ydiotis· eþir men out of
24 þe feiþ entren: wheþer þei schul not sey· what ben ʒe woode? But if al-
le men profecien· if eny vnfeiþful man or ydeoth entre: he is conuict of
25 alle/ he is wisely demyd of alle/ for þe hid þingis of his herte ben kno-
wun/ and so he schal falle doun on þe face: & schal worschipe god and
26 schewe verrily: þat god is in ʒou/ what þanne briþeren? whanne ʒe co-
men togidre? ech of ʒou haþ a psalm· he haþ techyng· he haþ apoca-
lips· he haþ tunge· he haþ expownyng: alle þingis be þei don to edifi-
27 cacioun/ wheþer a man spekiþ in tunge: bi two men eþir þree at þe
28 mooste· & bi parties· þat oon interprete/ But if þer be not an interpre-
29 tour: be he stille in þe chirche/ and speke he to him silf & to god/ pro-
30 phetis two or þree sey: and oþere wisely deme/ But if ony þing be sche-
31 wid to a sittere: þe formere be stille/ for ʒe moun prophecie alle ech bi
32 him silf: ʒat alle men lerne· & alle moneste/ And þe spiritis of prophe-
33 tis: ben suget to prophetis/ forwhi god is not of dissencioun: but of
34 pees/ as in alle chirchis of hooli men I teche/ wymmen in chirchis be
stille/ for it is not suffred to hem to speke: but to be suget as þe lawe
35 seiþ/ But if þei wollen ony þing lerne: at hom axe þei her hosebondis·
36 for it is foul þing to a womman: to speke in chirche/ wheþer ˋþe word
37 of god cam forþ " of ʒouˊ: or to ʒou aloone it cam? If ony man is seen
to be a prophet or spiritual: knowe he þo þingis þat I write to ʒou· for
38 þo ben þe comaundementiˋsˊ of þe lord/ and if ony man vnknowiþ: he
39 schal be vnknowen/ [*Therfor britheren*] loue ʒe to prophecie: & nyle ʒe
40 forbede to speke in tungis/ but be alle þingis don honestly & bi dewe
ordre in ʒou/

15   Breþeren " ˋsoþliˊ I make þe gospel knowun to ʒou· whiche I haue
2 prechid to ʒou· [*the*] whiche also ʒe han take· in whiche ʒe stonden· al-
so bi whiche ʒe schul be saued/ bi ˋresoun of whiche saluacioun[1] *þouʒ*
3 I haue prechid to ʒou· but[2] ʒe holden *it*: ˋʒe han bileeued in veyn[3]/ For
I bitook to ʒou at þe bigynnyng· þat þing whiche also I haue resseyu-
4 ed/ þat crist was deed for oure synnes· bi [*the*] scripturis/ & þat he was
5 biried: & þat he roos aʒen in þe þridde dai aftir scripturis/ and þat he
6 was seen to cephas: & aftir þese þingis to elleuene/ aftirward he was
seen to mo þan fyue hundrid breþeren togidre: of whiche many lyuen
7 ʒit· but summe ben deede/ Aftirward he was seen to James· & aftirward
8 to alle þe apostlis/ & last of alle· he was seen also to me: as to a deed
9 born child/ for I am þe leeste of apostlis· þat am not worþi to be clepid
10 apostil: for I pursuede þe chirchˋeˊ of god/ but bi þe grace of god I am
þat þing þat I am/ and his grace is[4] not voide in me/ for I traueilide mo-

---

15. [1] which resoun   [2] if   [3] if ʒe han not bileuyd ideli   [4] was   [5] roos   [6] wise

11 re plenteuously þan alle þei/ but not I: but þe grace of god wiþ me/ but
12 wheþer I or þei· so we han prechid: & so ȝe han bileeued/ And if crist
    is prechid· þat he roos aȝen fro deeþ: hou seyn summen among ȝou· þat
13 þe aȝenrisyng of deede men is not? and if þe aȝenrisyng of deede men
14 is not: neþer crist roos aȝen fro deeþ/ and if crist roos not: oure pre-
15 chyng is veyn· oure feiþ is veyn/ & we ben founde false witnessis of
    god/ for we han seid witnessyng aȝens god· þat he reiside crist· whom
16 he reiside not: if deede men rijsen not aȝen/ Forwhi if deede men rijsen
17 not aȝen: neþer crist roos aȝen/ and if crist roos not aȝen: oure feiþ is
18 veyn/ And ȝitt ȝe ben in ȝoure synnes/ and þanne þei þat han died in
19 crist: han perisshid/ If in þis lijf oonly we ben hopinge in crist: we ben
20 more wrecchis þan alle men/ But now crist `haþ risen⁵ aȝen fro deeþ:
21 þe firste fruyt of deede men/ For deeþ was bi a man: and bi a man is
22 aȝenrijsyng fro deeþ/ And as in adam alle men diȝen: so in crist alle
23 men schul be quykenid/ but ech man in his oordre· þe firste fruyt crist·
24 aftirward þei þat ben of crist· þat bileeueden in þe comynge of crist/ af-
    tirward an ende: whanne he schal bitake þe kyngdom to god & to þe fa-
25 dir: whanne `he´ schal avoide al princehod & power & uertu/ But it bi-
26 houiþ hym to regne: til he putte alle hise enemyes vndir hise feet/ and
    at þe laste· deþ þe enemye schal be distried/ for he haþ maad suget al-
27 le þingis vndir his feet/ and whanne he seiþ· alle þingis ben suget to
    hym· wiþouten doute out takun hym þat sugettide alle þingis to him/
28 And whanne alle þingis ben suget to hym: þanne þe sone him silf shal
    be suget to hym· þat made suget " alle þingis´ to him· þat god be alle
29 þingis in alle þingis/ Ellis what schul þei do þat ben baptisid for deede
    men: if in no wey⁶ deede men rijsen aȝen/ wherto ben þei baptisid for
30, 31 hem· & wher-to ben we in perel euery hour/ Ech dai I dye for ȝoure glo-
32 rie breþeren: *þe* whiche glorie I haue in crist ihū oure lord/ If aftir man
    I haue fouȝtun to beestis at effesy: what profitiþ it to me if deede men
33 rijsen not aȝen? ete we & drynke we: for we schul dye to morowe/ Ni-
34 le ȝe be disseyued/ for yuele spechis distrien gode þewis/ Awake ȝe iust
    men: & nyle ȝe do synne/ for summen han ignoraunce of god: but to re-
35 uerence I speke to ȝou/ But sum man seiþ· hou schul deede men rijse
36 aȝen: or in what manere bodi schul þei come/ vnwijs man· þat þing þat
37 þou sowist· is not quykened: but it dye first/ and þat þing þat þou so-
    wist: þou sowist not þe bodi þat is to come· but a nakid corn as of whe-
38 te or of summe oþere sedis/ and god ȝiuiþ to it a bodi as he wole: & to
39 ech of sedis a propre bodi/ not ech fleish is þe same fleish: but oon is
    of men· an ooþer is of beestis· an ooþir is of briddis· an ooþer *is* of
40 fiȝsshis/ And *þer* ben " heuenly bodies´: & *þer* ben " eerþely bodies´/
41 but oo glorie is of heuenely bodies: and an ooþer is of erþely/ An ooþer
    clernesse is of þe sunne· an ooþer clernesse is of þe moone: and an
    ooþer clernesse is of sterris/ and a sterre diuersiþ fro a sterre in cler-
42 nesse: & so þe aȝenrisyng of deede men/ It is sowun in corrupcioun: it
43 schal rijse in vncorrupcioun/ It is sowun in vnnobley: it shal rijse in glo-
44 rie/ It is sowun in infirmytee: it schal rijse in vertu/ it is sowun a bestli

bodi: it shal rise a spiritual bodi/ If þer is a beestly bodi: þer is also a
45 spiritual bodi· as it is writun/ þe firste man adam was maad in to a sou-
46 le lyuynge: þe laste adam in to a spirit quykenynge/ but þe firste is not
þat· þat is spiritual: but þat· þat is beestly· aftirward þat· þat is spiritu-
47 al/ þe firste man of erþe: is erþely/ þe secunde man of heuene: is heuen-
48 ly/ Such as þe erþely man is: siche ben þe erþely men/ and sich as þe
49 heuenly man is: siche ben also þe heuenli men/ þerfor as we han born
þe ymage of þe erþeli man: bere we also þe ymage of þe heuenly *man/*
50 Briþeren I sey þis þing/ þat fleish & blood moun not welde þe kyng-
51 dom of god/ neþer corrupcioun schal welde vncorrupcioun/ Lo I sey to
ʒou priuytee of hooly þingis/ and alle we schul rijse aʒen: but not alle
52 we schul be chaungid/ In a moment· in þe twynkling of an iʒe in þe las-
te trumpe/ for þe trumpe schal sowne: and deede men schul rijse aʒen
53 wiþout corupcioun & we schul be chaungid/ For it bihouiþ þis corup-
tible þing to cloþe vncorupcioun: and þis dedli þing to putte awei
54 vndedlinesse/ But whanne þis deedli þing schal cloþe vndeedlynesse:
þanne schal þe word be don þat is writun/ Deeþ is sopun up in victo-
55, 56 rie/ Deeþ where is þi victorie? deeþ where is þi pricke? but þe pricke
57 of deeþ is synne/ and þe vertu of synne is þe lawe/ But do we þan-
58 kyngis to god þat ʒaf to us victorie: bi oure lord ihū crist/ þerfore my
dereworþe briþeren be ʒe stidefast & vnmouable beynge plenteuous in
werk of þe lord euermore/ witynge þat ʒoure trauel is not ydel in þe
lord/

16   But of þe gaderyngis of money þat ben maad in to seyntis· as I or-
2 deynide in þe chirchis of galathie: so also do ʒe oo dai of þe woke/ ech
of ʒou kepe anentis[1] him silf kepinge þat þat plesiþ to him: þat whan-
3 ne I come· þe gaderingis be not maad/ And whanne I schal be present·
whiche men ʒe preuen: I schal sende hem bi epistlis to bere ʒoure gra-
4 ce in to ierusalem/ þat if it be worþi· þat also I go: þei schul go wiþ me/
5 but I schal come to ʒou: whanne I schal passe bi macedonye/ forwhi I
6 schal passe bi macedonye/ But perauenture I shal dwelle at ʒou· or al-
7 so dwelle þe wyntir: þat [*and*] ʒe lede me whidere euer I schal go/ And
I wole not now se ʒou in my passyng for I hope to dwelle with ʒou a
8 while: if þe lord schal suffre/ `but I shal dwelle´ at Ephesy vnto[2] witt-
9 suntijd/ for a greet dore & an open is openid to me: & many aduersari-
10 es/ And if thymothe come: se ʒe þat he be wiþout drede wiþ ʒou/ for
11 he worchiþ þe werk of þe lord: as I/ þerfor no man dispise him· but le-
de ʒe him forþ in pees: þat he come to me/ for I abijde hym wiþ
12 briþeren/ But briþeren I make knowun to ʒou of apollo: þat I preiede
him myche· þat he schulde come to ʒou wiþ briþeren/ but it was not his
wille to come now/ but he schal come: whanne he schal haue leyser/
13 wa(l)ke ʒe & stonde ʒe in þe feiþ/ do ʒe manly & be ʒe counfortid in
14, 15 þe lord· & be alle ʒoure þingis don in charite/ And briþeren I biseche

16. [1] at   [2] til to

ȝou· ȝe knowen þe hous of stephan & of fortunati· & achaici· for þei
ben þe firste fruytis of achaie & in to mynisterie of seyntis/ þei han or-
16 deyned hem silf: þat also ȝe be sugettis to suche· & to ech worchynge
17 togidre & trauelynge/ for I haue ioye in þe presence of stephan & of
18 fortunate & achaici: for þei fylleden þat þing þat failide to ȝou/ for þei
han refreishid boþe my spirit & ȝoure/ þerfore knowe ȝe hem þat ben
19 suche manere men/ Alle þe chirchis of asye: greten ȝou wel/ Aquyla &
prisca wiþ her homely chirche greeten ȝou myche in þe lord: at þe whi-
20 che also I am herborid/ Alle briþeren greeten ȝou wel/ Greete ȝe wel to-
21, 22 gidre in hooly coss/ Mi greeting bi poulis hond/ If ony man louiþ not
oure lord ihū crist: be he cursid maranatha `maranatha þat is in þe co-
23, 24 ming of þe lord´/ þe grace of oure lord ihū crist: be wiþ ȝou/ my chari-
te be wiþ ȝou alle in crist ihū oure lord/ Amen

Heere endiþ þe firste pistle to Corinthies: and `biginniþ´ þe prologe
on þe ij pistle to Corinthies/

II Corinthians

P [*Jeroms prologe on the secounde epistle to Corinthes*]
    Aftir penaunce don: Poul writiþ to corynthies a pistle of counfort· fro
troade bi tytus & he preisiþ hem: & excitiþ to betere þingis/ and sche-
wiþ þat þei weren maad sory: but amendid/ [*Jerom in his prolog on this
pistle seith this*]

1   Heere *endiþ þe prologe* & biginniþ þe [*secounde*] pistle [*to Coryn-
thies*]
    POul apostle of ihū crist· bi þe wille of god & thymothe broþer to þe
chirche of god þat is at corynthi· wiþ alle seyntis þat ben in al achaye·

2, 3 grace to ȝou & pees of god oure fadir· & of þe lord ihū crist/ Blessid be
god & þe fadir of oure lord ihū crist· fadir of mercies & god of al coun-

4 fort/ whiche counfortiþ us in al oure tribulacioun· þat also we moun
counforte hem þat ben in al disese· bi þe monesting bi whiche also we

5 ben monestid of god/ for as þe passiouns of crist ben plenteuouse in us:

6 so also bi crist oure counfort is plenteuous/ And wheþer we ben in tri-
bulacioun: for ȝoure tribulacioun & helþe/ eþer we ben counfortid: for
ȝoure counfort/ eþer we ben monestid: for ȝoure monestyng & helþe/
whiche worchiþ in ȝou þe suffryng of þe same passiouns whiche also "

7 we suffren: þat oure hope be sad for ȝou/ witynge for as ȝe ben felawis

8 of passiouns: so ȝe schul be `also´ of counfort/ For briþeren we wolen
þat ȝe wite of oure tribulacioun þat was don in asye/ for ouer manere

9 we weren greued ouer myȝt: so þat it anoiede us ȝhe to lyue/ but we in
us silf hadden answere of deeþ: þat we triste not in us but in god þat re-

10 isiþ deede men/ whiche delyuerde us· & delyueriþ fro so greete perel-

11 lis: in to whom we hopen/ Also ȝit he schal delyuere: while also ȝe hel-
pen in preier for us· þat of þe persoones of many facis: of þat ȝiuyng

12 þat is in us· þankyngis be don for us bi many men to god/ for oure glo-
rie is þis: þe witnessyng of oure conscience/ þat in symplenesse &
clennesse of god· & not in fleishly wisdom: but in þe grace of god· we

13 lyueden in þis world· but more plenteuously to ȝou/ And we writen not
ooþir þingis to ȝou: þan þo þat ȝe han rad & knowen/ And I hope þat

14 in to þe ende· ȝe schul knowe: as also ȝe han knowen us a party/ for we
ben ȝoure glorie: as also ȝe ben oure in þe day of oure lord ihū crist/

15 And in þis· tristynge· I wolde first come to ȝou: þat ȝe schulden haue

16 þe secounde grace/ and passe bi ȝou in to macedonye: and eft fro ma-

17 cedonye come to ȝou· & of ȝou be led in to Judee/ But whanne I wol-

---

II Cor. 1 [1] *from* clepide (?) *MS*

de þis þing: where I vside vnstidefastnesse? eþer þo þingis þat I þen-
18 ke· I þenke aftir þe fleishe: þat at me be· it is & it is not? But god is tre-
we/ for oure word þat was at ȝou: is & is not· is not þerynne/ but is: is
19 in it/ forwhi ihū crist þe sone of god whiche is prechid among ȝou bi
us· bi me & siluan & thymothe/ þer was not in him· is & is not/ but is·
20 was in hym/ For whi hou many euer ben bihestis of god: in þilke is [*that
21 is*] ben `*ful*´fillid/ And þerfore [*and*] bi him we seyn· amen to god: to
oure glorie/ Soþeli it is god þat confermiþ us wiþ ȝou in crist: and þe
22 whiche [*God*] anoyntide us· & whiche markide us· & ȝaf ernes of þe
23 spirit in oure hertis/ For I clepe[1] god to witnesse aȝens my soule: þat I
sparinge ȝou cam not ouer to corinthe/ not þat we ben lordis of ȝoure
feiþ: but we ben helpers of ȝoure ioie/ for þorouȝ bileeue ȝe stonden/
2 And I ordeynide þis [*ilke*] þing at me: þat I schulde not come eft-
2 soone in heuynesse to ȝou/ For if I make ȝou sory: who is he þat gla-
3 diþ me? but he þat is serouful of me/ And þis same þing I wroot to ȝou·
þat whanne I come: I haue not serowe on serowe· of þe whiche it bi-
hofte me to haue ioye/ And I triste in ȝou alle: þat my ioye is of alle
4 ȝou/ For of miche tribulacioun & angwishe of herte· I wroot to ȝou bi
many teris/ not þat ȝe be sory/ but þat ȝe wite what charitee I haue `mo-
5 re´ plenteuously in ȝou/ For if ony man haþ maad me serowful: he haþ
not maad me serouful· but a party þat I charge not ȝou alle/ þis blamyng
6, 7 þat is maad of many: suffisiþ to him þat is sich oon/ so þat aȝenward:
ȝe raþir forȝiue & counforte/ lest perauenture he þat is sich a manere
8 man: be sopun up bi more greet heuynesse/ For whiche þing I beseche
9 ȝou: þat ȝe conferme charite in to hym/ forwhi þerfore I wroot þis: þat
10 I knowe ȝoure preef[1]· wheþer in alle þingis ȝe ben obedient/ for to
whom ȝe han forȝouen ony þing: also I haue forȝiue/ For I þat· þat I
forȝaf· if I forȝaf ony þing: haue ȝouen for ȝou in þe persoone of crist/
11, 12 þat we be not disseyued of sathanas· for we knowen hise þouȝtis/ But
whanne I was come to troade for þe gospel of crist· & a dore was ope-
13 nid to me in þe lord: I hadde not reste to my spirit/ for I fonde not my
broþer tijte/ but I seide to hem· fare wel: & I passide in to macedonye/
14 And I do þankyngis to god þat euer more makiþ us to haue victorie in
15 crist ihū: and schewiþ bi us þe odour of his knowyng in eche place/ For
we ben þe good odour of crist to god· among þese þat ben maad saaf:
16 & among þese þat perishen/ To oþere soþely odour of deeþ in to deeþ:
but to ooþer we ben odour of lijf in to lijf/ and to þese þingis: who is
17 so able? for we ben not as many þat don avowtrie bi þe word of god:
but we speken of clennesse· as of god bifore god in crist/
3 Bigynnen we þerfore eftsoone to preise us silf? or wheþer we neden
2 as sum men· pistlis of preisyng: to ȝou or of ȝou? ȝe ben oure pistil·
3 writun in oure hertis: whiche is knowun & red of alle men· & maad

---

2. [1] preuyng
3. [1] stony   [2] lettris   [3] is

open/ for ȝe ben þe pistil of crist: mynistrid of us/ & writun not wiþ en-
ke: but þe spirit of [*the*] lyuynge god/ not in stonen[1] tablis: but in fleish-
4, 5 ly tablis of herte/ for we han sich trist bi crist to god: not þat we ben
sufficient to þenke ony þing of us as of us: but oure sufficience is of
6 god/ whiche also made us able mynistris of þe newe testament/ not bi
7 lettre· but bi spirit/ for þe lettre sleeþ: but þe spirit quykeniþ/ And if þe
mynistracioun of deeþ writun bi lettre[2] in stones: was in glorie/ so þat
þe children of israel myȝten not biholde in to þe face of moyses: for þe
8 glorie of his cheer whiche is avoidid/ hou schal not þe mynistracioun
9 of þe spirit be more in glorie? for if þe mynistracioun of dampnacioun
was in glorie: myche more þe mynisterie of riȝtwisnesse is plenteuous
10 in glorie/ for neþer þat þat was cleer: was glorified in þis part for þe ex-
11 cellent glorie/ And if þat· þat was[3] a-voidid was bi glorie: myche more
12 þat· þat dwelliþ stille· is in glorie/ þerfor we þat han such hope: vsen
13 myche trist/ and not as moyses leide a veil on his face: þat þe children
of israel schulden not biholde in to his face/ þe whiche veil is avoidid:
14 but þe wittis of hem ben astonyed/ for in to þis dai: þe same veil in re-
dynge of þe olde testament dwelliþ· not schewid: for it is avoidid in
15 crist/ but in to þis dai whanne moyses is red: þe veil is putt on her her-
16 tis/ But whanne israel schal be conuertid to god: þe veil schal be don
17 awey· and þe spirit is þe lord/ and where þe spirit of þe lord is: þere is
18 fredom/ And alle we þat wiþ open face seen þe glorie of þe lord: ben
transfourmid in to þe same ymage from cleernesse in to cleernesse as
of þe spirit of þe lord/

4 [*T*]Herfore we þat han þis admynistracioun· aftir þis þat we han ge-
2 tun mercy: faile we not· but do we awei þe priuy þingis of schame· not
walkynge in sutil gile· neþer doynge avowtrie bi þe word of god: but in
schewyng of þe treuþe/ comendynge us silf to ech conscience of men:
3 bifore god/ for if also oure gospel is kyuered *or hid*: in þese þat peris-
4 shen it is kyuered/ in whiche god haþ blend þe soulis of vnfeiþful men
of þis world/ þat þe liȝtnyng of þe gospel of þe glorie of crist whiche
5 is þe ymage of god schyne not/ But we prechen not us silf: but oure lord
6 ihū crist· & vs ȝoure seruauntis bi ihū/ for god þat seide liȝt to schyne
of derknessis: he haþ ȝiue liȝt in oure hertis to þe liȝtnyng of þe scien-
7 ce of þe cleernesse of god in þe face of ihū crist/ And we han þis tre-
sour in bretil vessels: þat þe worþinesse be of goddis vertu· & not of
8 us/ In alle þingis we suffren tribulacioun: but we ben not anguysshid or
9 anoyed/ we ben maad pore: but ˋus wantiþ[1] no þing/ we suffren perse-
cucioun: but we ben not forsakun/ we ben maad lowe: but we ben not
10 confoundid/ we ben cast doun: but we perishen not/ And euermore we
beren aboute þe sleyng of ihū in oure bodi: þat also þe lijf of ihū be
11 schewid in oure bodies/ for euermore we þat lyuen: ben takun in to
12 deeþ for ihū/ þat þe lijf of ihū: be schewid in oure deedly fleish/ þerfor

---

4. [1] we lacken   [2] for

13 deeþ worchiþ in us: but lijf [*worchith*] in ȝou/ And we han þe same spi-
rit of feiþ: as it is writun/ I haue bileeuid: `wherfore´ I haue spoke/ and
14 we bileeuen: wherfore also we speken/ witynge þat he þat reiside ihū:
15 schal reise also us with ihū· & schal ordeyne wiþ ȝou/ & alle þingis for
ȝou/ þat a plenteuous grace bi many þankingis: be plenteuous in to þe
16 glorie of god/ for whiche þing we failen not/ but² þoȝ oure vttir man be
17 coruptid: neþeles þe ynner man is `re´newid fro dai to day/ but þat liȝt
þing of oure tribulacioun þat lastiþ now· but as it were bi a moment·
worchiþ in us ouer mesure an euerlastinge birþun in to þe hiȝenesse of
18 glorie/ while þat we biholden· not þo þingis þat ben seen: but þo þat
ben not seen/ for þo þingis þat ben seen: ben but durynge for a schert
tyme/ but þo þingis þat ben not seen: ben euerlastynge/

5   And we witen· þat if oure erþely hous of þis dwellyng be dissolued:
þat we han a bildyng of god an hous not maad bi hondis euerlastinge in
2 heuenes/ forwhi in þis þing we mournen: coueitinge to be cloþid aboue
3 wiþ oure dwelling whiche is of heuene/ if neþeles we ben foundun
4 cloþid: & not nakid/ forwhi [*and*] we þat ben in þis tabernacle: sero-
wen wiþynne· & ben heuyed for þat we wolen not be spuylid: but be
5 cloþid aboue/ þat þilke þing þat is deedly: be sopun up of lijf/ But who
is it þat makiþ us in to þis same þing: god· þat ȝaf to us þe eernes of
6 þe spirit/ þerfor we ben hardi algatis & witen· þat þe while we ben in
7 þis bodi: we gon in pilgrymage fro þe lord/ for we walken bi feiþ: &
8 not bi cleer siȝt/ But we ben hardy & `han´ good wil· more to be in pil-
9 grymage fro þe bodi: & to be present to god/ And þerfor we stryuen
10 wheþer absent wheþer present: to plese him/ For it bihoueþ us alle: to
be schewid bifore þe trone of crist/ þat eueri man telle þe propre þing-
11 is of þe bodi· as he haþ don: eþer good eþer yuel/ þerfore we witynge
þe drede of þe lord· councelen men: for to god we ben open/ And I ho-
12 pe þat we ben open also in ȝoure consciencis/ we comenden not us silf
eftsoone to ȝou: but we ȝiuen to ȝou occasioun to haue glorie for us/ þat
13 ȝe haue to hem þat glorien in þe face: & not in þe herte/ for oþer we bi
14 mynde passen: to god/ eþer we ben sobre: to ȝou/ for þe charite of crist
dryueþ vs/ gessynge þis þing· þat if oon diede for alle: þanne alle we-
15 ren deede· and crist diede for alle/ þat þei þat lyuen· lyue not now to
16 hem silf: but to him þat diede for hem & roos aȝen/ þerfore we fro þis
tyme knowen no man aftir þe fleishe/ þouȝ we knowe crist aftir þe
17 fleish: but now we knowen not/ þerfor if ony newe creature is in crist:
18 þe olde þingis ben passid· & lo alle þingis ben of god/ whiche recoun-
19 ceilide us to him bi crist: and ȝaf to us þe seruyse of recounceyling/ and
god was in crist· recouncelynge to him þe world: not rettynge to hem
20 her giltis/ and puttide in us: þe word of recounceling/ þerfor we vsen
message for crist: as if god monestiþ by us/ we bisechen for crist: be ȝe
21 recouncelid to god/ God þe fadir made him synne `þat is· sacrifice for
synne´· for us· whiche knew not synne: þat we schulden be maad
riȝtwisnesse of god in hym/

6   But we helpynge monesten: þat ȝe resseyue not þe grace of god in

2 veyn/ for he seiþ/ In tyme wel plesynge I haue herd þee: and in þe day
of helþe I haue helpid þee/ lo now a tyme acceptable: lo now a dai of
3 helþe/ ʒiue we to no man `ony´ offencioun: þat oure seruyse be not re-
4 proued/ But in alle þingis ʒiue we us silf as þe mynistris of god· in my-
5 che pacience· in tribulaciouns· in needis· in anguyshis· in betyngis· in
prisouns· in dissenciouns wiþynne· in trauelis· in wakyngis· in fastyng-
6 is· in chastitee· in kunnyng· in longe abidyng· in swetnesse· in þe hoo-
7 ly goost· in charitee not feyned· in þe word of treuþe· in þe vertu of
8 god/ Bi armures of riʒtwisnesse on þe riʒt half· & on þe lift half/ bi glo-
rie & vnnobley/ bi yuel fame & good fame/ as disseyuers: & trewe men/
9 as þei þat ben vnknowun: & knowun/ as men diynge: and lo we lyuen/
10 as chastisid: & not maad deed/ as serowful: & euermore ioiynge/ as
hauynge neede: but makynge many men riche/ as no þing hauynge: &
11 weldynge alle þingis/ A ʒe corynthis: oure mouþ is open to ʒou· oure
12 herte is alargid/ ʒe ben not anguysshid in us: but ʒe ben anguisshid in
13 ʒoure inwardnesse`s´/ And I sey as to sones· ʒe þat han þe same reward
14 be ʒe alargid/ nyle ʒe bere þe ʒok with vnfeiþful men/ for what parting
of riʒtwisnes with wickidnes: or what felouschip of liʒt to derknessis/
15 and what acordyng of crist to belial· or what part of a feiþful: wiþ þe
16 vnfeiþful/ and what consent to þe temple of god: wiþ mawmetis/ And
ʒe ben þe temple of þe liuynge god: as þe lord seiþ/ for I schal dwelle
in hem: and I schal walke among hem/ and I schal be god of hem: and
17 þei schul be a peple to me/ for whiche þing go ʒe out of þe myddil of
hem: and be ʒe departid seiþ þe lord/ and touche ʒe not vnclene þing:
18 and I schal resseyue ʒou/ & schal be to ʒou in to a fadir: and ʒe schul
be to me in to sones & douʒtris seiþ þe lord almyʒty/

7   þerfore moost derew’orþe breþeren we þat han þese bihestis: clense
we us fro al filþe of þe fleishe & of þe spirit: doynge holynesse in þe
2 drede of god/ take ʒe us· we han hirt no man· we han [a]peyrid no man·
3 we han bigilid no man/ I sey not to ʒoure condempnyng/ for I seide bi-
4 fore· þat ʒe ben in ʒoure hertis: to die togidre & [to] lyue togidre/ Mi-
che trist is to me anentis ʒou: myche gloriyng is to me for ʒou/ I am fil-
5 lid wiþ counfort· I am plenteuous in ioye in al oure tribulacioun/ For
whanne we weren come to macedonye: oure fleish hadde no reste· but
we suffreden al tribulacioun/ wiþoutforþ fiʒtyngis: & dredis wiþynne/
6 But god þat counfortiþ meke men: counfortide us in þe comyng of ty-
7 te/ and not oonly in þe comyng of him: but also in þe counfort by whi-
che he was counfortid in ʒou/ tellynge to us ʒoure desijr· ʒoure wepyng·
8 ʒoure loue for me: so þat I ioyede more/ For þouʒ´ I made `ʒou´ sory
in a pistle: it rewiþ me not· þouʒ it rewide/ Seynge þat þouʒ þilke pist-
9 le made ʒou sory at an hour: now I haue ioie/ not for ʒe weren maad se-
rowful: but for ʒe weren maad serowful to penaunce/ Forwhi ʒe ben
10 maad sory aftir god: þat in no þing ʒe suffre peirement of vs/ for þe se-
rowe þat is aftir god: worchiþ penaunce in to stidefast helþe/ But sero-
11 we of þe world: worchiþ deeþ/ for lo þis same þing· þat ʒe ben serow-
ful aftir god: hou myche bisynesse it worchiþ in ʒou· but defendyng·

but indignacioun· but drede· but desijr· but loue· but veniaunce/ In alle
12 þingis ȝe han ȝouen ȝou silf to be vndefoulid in þe cause/ þerfore þouȝ
I wroot to ȝou: I wroot not for him þat dide þe iniurie/ neþer for him
13 þat suffride: but to schewe oure bisynesse whiche we han for ȝou bifo-
re god/ þerfor we ben counfortid/ but in ȝoure counfort more plen-
teuously/ we ioieden more on þe ioye of tyte: for his spirit is fulfillid of
14 alle ȝou/ And if I gloriede ony þing anentis him of ȝou: I am not con-
foundid/ But as we han spoke to ȝou alle þingis: so also oure glorie þat
15 was at tyte· is maad treuþe/ and þe ynwardnesse of him· be more plen-
teuously in ȝou/ whiche haþ in mynde þe obedience of ȝou alle: hou
16 with drede & tremblyng ȝe resseiueden him/ I haue ioye: þat in alle
þingis I triste in ȝou/

8   But briþeren we maken knowen to ȝou þe grace of god: þat is ȝouun
2 in þe chirchis of macedonye/ þat in myche assaiyng of tribulacioun: þe
plentee of þe ioye of hem was/ & þe hiȝest pouert of hem: was plen-
3 teuous in to þe richessis of þe symplenesse of hem/ for I bere witnes-
4 syng to hem: aftir myȝt & aboue myȝt þei weren wilful/ wiþ myche
monesting bisechynge us þe grace & þe comunyng of mynistring: þat
5 is maad to hooly men/ and not as we hopiden: but þei ȝauen hem silf
6 first to þe lord/ aftirward to us: bi þe wille of god/ so þat we preieden
7 tyte· þat as he bigan: so also he parfourme in ȝou þis grace/ But as ȝe
abounden in alle þingis· in feiþ & word & kunnyng & al bisynesse· mo-
8 re ouer & in ȝoure charite in to us: þat also[1] in þis grace ȝe abounde/ I
sey not as comaundynge: but bi þe bisynesse of oþere man· appreuynge
9 also þe good witt of ȝoure charite/ And ȝe witen þe grace of oure lord
ihū crist· for he was maad nedy for ȝou whanne he was riche: þat ȝe
10 schulden be maad riche bi his nedynesse/ & `I´ ȝiue counseil in þis
þing/ For þis is profitable to ȝou· þat not oonly han bigunne to do: but
11 also ȝe bigunnen to haue wille fro þe formere ȝeer/ but now parfourme
ȝe in dede/ þat as þe discrescioun of wille is redy: so be it also of par-
12 fourmyng of þat· þat ȝe han/ For if þe wille be redy: it is acceptid aftir
13 þat· þat it haþ· not aftir þat· þat it haþ not/ and not þat it be remissioun
14 to oþere men: & to ȝou tribulacioun/ but of euennesse in þe present ti-
me: ȝoure habundaunce fulfille þe mysese of hem· þat also þe habun-
daunce of hem: be a fulfilling of ȝoure myseise/ þat euennesse be
15 maad: as it is writun/ he þat gadride miche: was not encressid· & he þat
16 gadride litil: had not lesse/ & I do þankingis to god þat ȝaff þe same bi-
17 synesse for ȝou in þe herte of tyte/ for he resseyuyde exortacioun *or sti-*
18 *ring*/ But whanne he was bisier: bi his wille· he wente forþ to ȝou/ And
we senten wiþ him a broþir· whos preisyng is in þe gospel bi alle chir-
19 chis/ and not oonly: but also he is ordeyned of chirchis· þe felawe of
oure pilgrymage in to þis grace þat is mynistrid of us to þe glorie of þe
20 lord· & to oure ordeyned will/ eschewynge þis þing· þat no man blame

---

8. [1] and   [2] *from* þe (?) [= *LV*]

21 us in þis² plentee þat is mynistrid of vs to þe glorie of þe lord/ for we
22 purueyen gode þingis/ not oonli bifore god: but also bifore alle men/ for
we senten wiþ hem also oure broþir· whom we han preued in many
þingis ofte· þat he was bisy· but now myche bisier: for myche trist in
23 ȝou/ eþer for tyte þat is my felawe & helpere in ȝou: eþer `for´ oure
24 briþeren apostlis of þe chirchis of þe glorie of crist/ þerfore schewe ȝe
in to hem in þe face of chirchis: þat schewyng þat is of ȝoure charite·
& of oure glorie for ȝou/

9   For of þe mynisterie þat is maad to hooly men: it is to me of plentee
2 to wryte to ȝou/ for I knowe ȝoure wille: for þe whiche I haue glorie of
ȝou anentis macedonyes/ for also achaie is redy fro a ȝeer passid: and
3 ȝoure loue haþ stirid ful many/ And we han sent briþeren· þat þis þing·
þat we glorien of ȝou: be not avoidid in þis parti/ þat as I seide· ȝe be
4 redy/ lest whanne macedonyes comen wiþ me· & (I)fynden ȝou vn-re-
5 dy: we be schamed· þat we sauȝen¹ ȝou not in þis substaunce/ þerfor I
gesside necessarie to preie briþeren: þat þei come bifore to ȝou & ma-
ke [redi] þis bihiȝt blessyng to be redy: so as blessyng & not as auari-
6 ce/ for I sey þis þing/ He þat sowiþ scarsly: schal also repe scarsly/ and
7 he þat sowiþ in blessyngis: schal repe also of blessyngis/ Eche man as
he castide in his herte: not of heuynesse or of neede: for god louiþ a
8 glad ȝiuere/ and god is myȝti: to make al grace abounde in ȝou/ þat ȝe
in alle þingis euermore haue al sufficience: & abounde in to al good
9 werk as it is writun/ he delide abrood· he ȝaf to pore men: his riȝtwis-
10 nesse dwelliþ wiþouten ende/ And he þat mynistriþ seed to þe sower·
schal ȝiue also breed to ete/ & he schal multiplie ȝoure seed: & make
11 myche þe encressyngis of fruytis of ȝoure riȝtwisnesse þat in alle þing-
is ȝe maad riche: wexe plenteuous in to al symplenesse/ whiche wor-
12 chiþ bi us: doynge of þankyngis to god/ for þe mynisterie of þis office·
not oonly filliþ þo þingis þat failen to hooly men: but also multiplieþ
13 many þankyngis to god· bi þe preuyng of þis mynisterie/ whiche glori-
fien god in þe obedience of ȝoure knowlechyng in þe gospel of crist: &
14 in symplenesse of communycacioun in to hem & in to alle/ & in þe bi-
seching of hem for ȝou: þat desiren ȝou for þe excellent grace of god
15 in ȝou/ I do þankyngis to god of þe ȝift of him: þat mai not be teld/

10   And I my silf poul· biseche ȝou bi þe myldenesse & softnesse of
crist/ whiche in þe face am meke among ȝou: and I absent triste in ȝou/
2 for I preie ȝou: þat lest I present be not boold [bi the trist in which Y am
3 gessid to be bold] in to summe þat demen us: as if we wandren aftir þe
4 fleish/ For we walkynge in fleish: fiȝten not aftir þe fleish/ for þe ar-
muris of oure kniȝthod ben not fleishly: but myȝti bi god to þe de-
5 struccioun of strengþis/ and we destrien councels & al hiȝnesse þat
hiȝeþ it silf aȝens þe science of god & dryuen in to caitiftee al vndir-
6 stonding in to þe seruyse of crist/ And we han redy to venge al vnobe-

_____
9. ¹ seien

7 dience: whanne ȝoure obedience schal be fillid/ se ȝe þe þingis þat ben
aftir þe face/ If ony man tristiþ to him silf þat he is of crist: þenke he
8 þis þing eft anentis him silf/ for as he is cristis: so also we/ for if I schal
glorie ony þing more of oure power whiche þe lord ȝaf to us in to edi-
9 fyyng & not in to ȝoure destruccioun: I schal not be schamed/ But þat
10 I be not gessid as to fere ȝou bi epistlis· for þei seyn þat *þe* epistlis ben
greuouse & stronge· but þe presence of þe bodi is feble· & þe word
11 worþi to be dispisid: he þat is such oon þenke þis/ For suche as we ab-
12 sent ben in word bi epistlis: suche we ben present in deede/ for we do-
ren not putte us among· or comparisounne us to summen þat comenden
13 hem silf/ but we mesuren us in vs silf: & comparisonen us silf to us/ for
we schul not haue glorie ouer mesure: but bi þe mesure of þe reule whi-
14 che god mesuride to us þe mesure þat strecchiþ to ȝou/ For we ouer-
strecchen not forþ us: as not strecchynge to ȝou/ for to ȝou we camen
15 in þe gospel of crist: not gloriynge ouer mesure in oþere mennes traue-
lis/ for we han hope of ȝoure feiþ þat wexiþ in ȝou to be magnyfied bi
16 oure reule in abundaunce/ Also to preche in to þo þingis þat ben
biȝoundis ȝou: not to haue glorie in ooþir mennis reule· in þese þingis
17, 18 þat ben maad redy/ He þat glorieþ: haue glorie in þe lord/ for not he þat
comendiþ him silf is preued: but whom god commendiþ/

11   I wolde þat ȝe wolden suffre a litil þing of myn vnwisdom: but also
2 supporte ȝe me/ for I loue ȝou bi þe loue of god/ for I haue spousid ȝou
3 to oon hosebonde: to ȝeelde a chast virgyn to crist/ But I drede lest as
þe serpent disseyuide eue wiþ his sotil fraude: so ȝoure wittis ben cor-
4 rupt & fallen doun fro þe symplenesse þat is in crist/ for if he þat co-
miþ prechiþ an ooþer crist: whom we prechiden[1] not/ or if ȝe taken
anooþer spirit· whom ȝe token not· or an ooþer gospel whiche ȝe res-
5 seyueden not: riȝtly ȝe schulden suffre/ for I wene þat I haue don no
6 þing lesse þan þe grete apostlis/ for þouȝ I be vnlernd in word: but not
7 in kunnyng/ for in alle þingis I am opyn to ȝou/ Or wheþer I haue do
synne mekynge my silf: þat ȝe be enhaunsid· for frely I prechide to ȝou
8 þe gospel of god? I made nakid oþere chirchis: and I took soude to ȝou-
9 re seruyse/ And whanne I was among ȝou & hadde neede: I was char-
geous to no man/ for briþeren þat camen fro macedonye fulfilliden þat·
þat failide to me/ And in alle þingis I haue kept & schal kepe `me´
10 wiþouten charge to ȝou/ þe treuþe of crist is in me: for þis glorie schal
11 not be brokun in me in þe cuntreys of achaye/ whi? for I loue not ȝou?
12 god woot: for þat· þat I do: & þat I schal do· is þat I kitte awey þe oc-
casioun of hem: þat willen occasioun/ þat in þe þing in whiche þei glo-
13 rien: þei be founde as we/ For suche false apostlis ben trecherouse
14 werkmen· and transfiguren hem in to apostlis of crist/ And no wondir/
15 for sathanas him silf transfiguriþ him in to an aungel of liȝt/ þerfore it
is not greet: if hise mynistris ben transfigurid· as þe mynistris of

---

11. [1] *MS* preieden   [2] suffren   [3] susteynen   [4] aboue   [5] maner   [6] the

16 riȝtwisnesse· whos ende schal be aftir her werkis/ Eft I sey: lest ony
man gesse me to be vnwijs/ ellis take ȝe me as vnwijs: þat also I haue
17 glorie a litil what/ þat· þat I speke: I speke not aftir god/ but as in vnwis-
18 dom: in þis substaunce of glorie/ for many men glorien aftir þe fleish:
19 & I shal glorie/ For ȝe beren[2] gladly vnwise men: whanne ȝe [*silf*] ben
20 wise *men*/ for ȝe suffren[3] if ony man dryuiþ ȝou in to seruage· if ony
man deuouriþ· if ony man takiþ· if ony man is enhaunsid· if ony man
21 smytiþ ȝou on þe face/ Bi vnnobley I sey: as if we weren sijke in þis
22 party/ In what þing ony man dar· in vnwisdom I sey: & I dar (not)/ þei
23 ben ebrewis & I/ þei ben israelitis: & I/ þei ben þe seed of abraham: &
I/ þei ben þe mynistris of crist: & I/ As lesse wijs I sey: I more/ In ful
many trauelis· in prisouns more plenteuously· in woundis ouer[4] mesu-
24 re[5]· in deþis ofte tymes/ I resseyuide of þe iewis fyue siþis fourty stro-
25 kis: oon lesse/ þries I was betun with ȝerdis: onys I was stoned/ þries I
was at schipbreche: [*a*] niȝt & [*a*] dai I was in þe depnesse of þe see/
26 In weies ofte· in perels of flodis· in perels of þeues· in perels of kyn· in
perels of heþen men· in perels in citee· in perels in desert· in perels in
27 þe see· in perels among false briþeren/ In trauel & nedynesse: in many
wakyngis/ in hungir in þirst: in many fastyngis/ in coold: & nakydnes-
28 se/ wiþoute þo þingis þat ben wiþoute forþ· myn eche daies traueling
29 is þe bisynesse of alle chirchis/ who is sijk: and I am not sijk? who is
30 sclaundrid: and I am not brent? if it bihouiþ to glorie: I schal glorie in
31 þo þingis þat ben of myne infirmytee/ God & þe fadir of oure lord ihū
32 crist· þat is blessid in to worldis: woot þat I lye not/ þe prouost of da-
mask of þe kyng of þe folk *of* arethe: kepte þe citee of damascenes to
33 take me/ And bi a wyndowe in a leep I was latun doun bi a[6] wal: & so
I ascapide hise hondis/

12 If it bihouiþ to haue glorie: it spediþ not/ but I schal come to þe vi-
2 siouns & to þe reuelaciouns of þe lord/ I woot a man in crist þat bifo-
re fourtene ȝeer· wheþer in body wheþer out of þe bodi I woot not· god
3 wot: þat such a man was rauisshid vnto[1] þe þridde heuene/ And I woot
4 such a man· wheþer in bodi or out of bodi· I `ne woot[2] god woot: þat
he was r`a´uisshid in to paradijs/ & herde priuy wordis: whiche it is not
5 leeful to a man to speke/ For suche manere þingis I schal glorie: but for
6 me no þing· no but in myn infirmytees/ for if I schal wille to glorie: I
shal not be vnwijs/ for I schal sey treuþe/ but I spare· lest ony man ges-
7 se me ouer þat þing þat he seeþ in me or heeriþ ony þing of me/ And
lest þe gretnesse of reuelaciouns enhaunce me in pride: þe pricke of my
8 fleish an aungel of sathanas is ȝouun to me· þat he buffate me/ For whi-
che þing þries I preiede þe lord: þat it schulde go awey fro me/ And he
9 seide to me/ Mi grace sufffisiþ to þee/ for vertu is parfitly maad in in-
firmytee/ þerfor gladly I schal glorie in myne infirmytees: þat þe vertu
10 of crist dwelle in me/ for whiche þing I am plesid in myne infirmytees·

---

12. [1] til to   [2] noot   [3] aboue   [4] maner   [5] *MS* þan

in dispisyngis in needis· in persecuciouns· in anguisshis for crist/ for
11 whanne I am sijk: þanne I am myȝti/ I am maad vnwitti: ȝe constrey-
neden me/ for I ouȝte `to´ be comendid of ȝou/ for I dide no þing lesse
12 þan þei: þat ben apostlis ouer³ mesure⁴/ þouȝ I am nouȝt: neþeles þe
signis of myn apostilhod ben maad on ȝou in al pacience & signis &
13 grete wondris & vertues/ And what is it þat ȝe hadden lesse þan oþere
chirchis: but þat I my silf greuyde ȝou not? forȝiue ȝe to me þis wrong/
14 Lo þis þridde tyme I am redi to come to ȝou: and I schal not be greuous
to ȝou/ for I seke not þo þingis þat⁵ ben ȝoure: but ȝou/ for neþer sones
owen to tresoure to fadir & modir: but þe fadir & modir to þe sones/
15 For I schal ȝiue moost wilfully: & I my silf scha[l] be ȝiuen ouer³ for
16 ȝoure soulis/ þouȝ I more loue ȝou· & be lesse loued/ But be it/ I greuy-
17 de not ȝou: but whanne I was sutil· I took ȝou with gijle/ wheþer I dis-
18 seyuide ȝou bi ony of hem whiche I sente to ȝou/ I preiede tyte: and I
sente with hym a broþir/ wheþer tyte bigilide ȝou? wheþer we ȝeden
19 not in þe same spirit? wheþer not in þe same steppis? Sum tyme ȝe we-
nen þat we schul excuse us anentis ȝou/ Bifore god in crist we speken/
20 And moost dere briþeren: alle þingis for ȝoure edifyyng/ But I drede
lest whanne I come: I schal fynde ȝou not suche as I wole· and I schal
be foundun of ȝou· suche as ȝe wolen not/ Lest perauenture stryuyng-
is· enuyes· sturdynessis· dissenciouns & detracciouns· priuy spechis of
21 discord· bolnyngis bi pride· debatis ben among ȝou/ And lest eftsoone
whanne I come· god make me lowe anentis ȝou: & I biweile manye of
hem þat bifore synneden· and diden not penaunce on þe vnclennesse &
fornycacioun· & vnchastite þat þei han don/
13   Lo þis þridde tyme: I come to ȝou/ & in þe mouþe of two or of þree
2 witnessis: euery word schal stonde/ I seide bifore & sey bifore as pre-
sent twyes & now absent: to hem þat bifore han synned & to alle oþere/
3 For if I come eftsoone: I schal not spare/ wheþer ȝe seken þe preef of
4 þat crist þat spekiþ in me? whiche is not feble in ȝou/ for þouȝ he we-
re¹ crucified of infirmytee: but he liuiþ of þe vertu of god/ for also we
ben sijk in hym: but we schul lyue wiþ him of þe vertu of god in us/
5 Assaye ȝou silf/ if ȝe ben in þe feiþ: ȝe ȝou silf preue/ wheþer ȝe kno-
wen not ȝou silf? for crist ihū is in ȝou: but in hap ȝe ben reprouable/
6, 7 But I hope þat ȝe knowen þat we ben not reprouable/ And we preien þe
lord: þat ȝe do no þing of yuel/ not þat we seme preued: but þat ȝe do
8 þat þat is good/ and þat we ben as reprouable/ for we moun no þing
9 aȝens treuþe: but for þe treuþe/ For we ioyen whanne we ben sijke/ but
10 ȝe ben myȝti/ And we preien þis þing· ȝoure perfeccioun/ þerfore I ab-
sent wrijte þese þingis: þat I present do not hardere/ bi þe power whi-
che þe lord ȝaf to me in to edificacioun: & not in to ȝoure destruccioun/
11 Briþeren hennis forward ioye ȝe· be ȝe parfijt· excite ȝe: vndirstonde ȝe
þe same þing/ haue ȝe pees: and god of pees & of loue schal be wiþ

---

13. ¹ was

12 ȝou/ Grete ȝe wel togidere in hooli coss/ Alle hooly men greeten ȝou
13 wel/ þe grace of oure lord ihū crist & þe charite of god & þe comynyng
   of þe hooli goost: be with [ȝou] alle Amen/

 Heere endiþ þe secounde pistle to Corynthies: and biginniþ þe pro-
loge on þe pistle to Galathies

Galatians

P [*Here bigynneth a prologe to Galathies*]

GAlathies ben grekis/ þei token first of þe *a*postle: þe word of treuþe/ but aftir his goyng awey· þei weren temptid of false apostlis: þat þei weren turned in to *þe* lawe of[1] circumcision/ þe postle aȝenclepiþ hem to þe feiþ of treuþe: & writiþ to hem fro effesies[2] [*Jerom in his prolog to Galathies writith this*]

Here *endiþ þe prologe:* & biginniþ þe pistle [*to Galathies*]/

1 POul þe apostle· not of men ne bi man: bi ihū crist & god þe fadir
2 þat reiside him fro deeþ/ & alle þe briþeren þat ben with me: to þe chir-
3 chis of galathie/ grace to ȝou & pees of god þe fadir: & of þe lord ihū
4 crist/ þat ȝaf him silf for oure synnes: to delyuere us fro þe present
5 wickid world/ bi þe wille of god & [*of*] oure fadir: to whom is worschip
6 & glorie in to worldis of worldis Amen/ I wondre þat so soone ȝe ben
þus mouyd fro him þat clepide ȝou in to þe grace of crist: in to an ooþer
7 euangelie/ whiche is not an ooþir: but þat þer ben summe þat troublen
8 ȝou· & wolen mysturne þe euangelie of crist/ But þouȝ we or an aung-
el of heuene prechide to ȝou bisydis þat· þat we han prechid to ȝou: be
9 he acursid/ as I haue seid bifore: & now eftsoone I sey/ if ony preche
10 to ȝou bisidis þat· þat ȝe vndirfongun: be he *a*cursid/ For now wheþer
counceile I men or god? or wheþer I seche to plese men? If I pleside ȝit
11 men: I were not cristis seruaunt/ For briþeren I make knowun to ȝou þe
12 euangelie þat was prechid of me: for it is not bi man/ ne I took it of man
13 ne lernyde: but bi reuelacioun of ihū crist/ for ȝe han herd my conuer-
sacioun sumtyme in þe iewrie: [*and*] þat I pursuyde passyngly þe chir-
14 che of god· & fauȝte aȝen it/ and I profitide in þe iewrie aboue manye
of myn euene eldris in my kynrede: & was more abundauntly a folower
15 of my fadris tradiciouns/ But whanne it pleside him þat departide me
16 fro my modris wombe· and clepide bi his grace· to schewe his sone in
me· þat I schulde preche him among þe heþine: anoon I drouȝ me not
17 to fleish & blood/ ne I cam to ierusalem to þe apostlis: þat weren tofo-
re me· but I wente in to arabie· & eftsoones I turnyde aȝen in to damask/
18 and siþ þre ȝeer aftir I cam to ierusalem to se petir: and I dwellide with
19 hym fiftene daies/ But I sauȝ noon ooþir of þe apostlis: but James ou-
20 re lordis broþir/ And þese þingis whiche I wryte to ȝou: lo tofore god I
21, 22 lie not/ Aftirward I cam in to þe coostis of sirye & silice/ but I was
23 vnknowun bi face to þe chirchis of Judee: þat weren in crist/ and þei

---

Gal. P. [1] and   [2] Efesus

hadden oonly an heeryng· þat he þat pursuede us sumtyme: prechide
24 now þe feiþ· aȝens whiche he fauȝte sumtyme/ and in me þei glorifie-
den god/

2 And siþ fourtene ȝeer aftir· eftsoones I wente up to ierusalem wiþ
2 barnabas· & took wiþ me tyte/ I wente vp bi reuelacioun & spak with
hem þe euangelie: whiche I preche¹ among þe heþene: and bi hem silf
to þese þat semyden to be sumwhat: lest I runne or hadde runne in
3 veyn/ And neþer tyte þat hadde be with me while he was heþene: was
4 compellid to be circumcidid/ But for false briþeren þat weren brouȝt
yn· whiche hadden entrid to aspye oure fredom· whiche we han in ihū
5 crist: to brynge us in to seruage/ But we ȝiuen no place to subieccioun:
6 þat þe treuþe of þe gospel schulde dwelle with ȝou/ But of þese þat se-
meden to be sumwhat: whiche þei weren sumtyme· it perteyneþ not to
me/ for god takiþ not þe persoone of man/ For þei þat semeden to be
7 sumwhat: ȝauen me no þing/ but aȝenward whanne þei hadden seen·
þat þe euangelie of prepucie was ȝouun to me: as þe euangelie of cir-
8 cumcisioun was ȝouun to petir/ For he þat wrouȝte `to´ petre in apo-
9 stilhod of circumcisioun: wrouȝte also to me among þe heþene/ and
whanne þei hadden knowe þe grace of god þat was ȝouun to me: James
& petir & Joon whiche weren seen to be þe pilers· þei ȝauen riȝt hond
of felawship to me & to barnabas/ þat we among þe heþene: & þei in
10 to circumcisioun/ oonly þat we hadden mynde of pore men [*of Crist*]/
11 þe whiche þing: I was ful bisy to do/ But whanne petre was come to an-
tyoche: I aȝenstoode hym in þe face· for he was worþi to be vndirno-
12 men/ For bifore þat þer camen sum men fro James: he eet wiþ [*the*]
heþene men/ but whanne þei weren comun· he wiþdrouȝ & departide
13 him: dredynge hem þat weren of circumcisioun/ And þe oþere iewis as-
sentiden to his feynyng: so þat barnabas was drawun of hem in to þat
14 feynyng/ But whanne I sauȝ þat þei walkiden not riȝtly to þe treuþe of
þe gospel: I seide to petre bifore alle men/ If þou þat art a iew lyuest
heþenliche & not iewliche: hou constreynest þou heþen men to bicome
15, 16 iewis? we iewis of kynde & not synful men of þe heþene· knowen þat
a man is not iustified of þe werkis of lawe: but bi þe feiþ of ihū crist/
And we bileeuen in ihū crist· þat we ben iustified of þe feiþ of crist: &
not of þe werkis of lawe/ wherfore of þe werkis of lawe: ech fleish
17 schal not be iustified/ And if we sechen to be iustified in crist: we us
silf ben foundun synful men/ wheþer crist be mynistre of synne? god
18 forbede/ And if I bilde aȝen þingis þat I haue distried: I make my silf a
19 trespassour/ For bi þe lawe I am deed to þe lawe/ and I am fichchid to
20 þe cross `wiþ crist: " þat I lyue to god´/ and now lyue not I: but crist li-
uiþ in me/ But þat I lyue now in fleish: I lyue in þe feiþ of goddis so-
21 ne/ þat louide me: and ȝaf him silf for me/ (And) I caste not awey þe
grace of god/ for if riȝtfulnesse² be þorouȝ lawe: þanne crist diede
wiþoute cause/

---

2. ¹ *from* prechide (?) *MS*   ² riȝtwisnesse

3   *A* vnwitti galathies· tofore whos iȝen ihū crist is exilid & is crucified
2 in ȝou/ who haþ disseyued ȝou: þat ȝe obeien not to treuþe? þis oonly
  I wilne to lerne of ȝou/ wheþer ȝe han vndirfonge þe spirit of (þe) wer-
3 kis of þe lawe: or of heeryng of bileeue? So ȝe ben foolis· þat whanne
4 ȝe han bigunne in spirit: ȝe ben endid in fleish/ so grete þingis ȝe han
5 suffrid wiþoute cause: if it be wiþoute cause/ He þat ȝiuiþ to ȝou spirit
  & worchiþ vertues in ȝou: wheþer of werkis of þe lawe· or of heering
6 of bileeue? As it is writun/ Abraham bileeuide to god: and it was rettid
7 to him to riȝtfulnesse/ And þerfore knowe ȝe þat þese þat ben of bi-
8 leeue: ben þe sones of abraham/ And þe scripture seynge afer þat [*God*]
  iustifieþ þe heþene: of bileeue tolde bifore[1] to abraham· þat in þee alle
9 þe heþene schul be blessid/ And þerfore þese þat ben of bileeue: schul
10 be blessid with feiþful abraham/ for alle þat ben of þe werkis of [*the*]
  lawe: ben vndir curss/ for it is writun/ Ech man is cursid þat abijdiþ not
  in alle þingis þat ben writun in þe book of þe lawe: to do `þo´ þingis/
11 & þat no man is iustified in þe lawe bifore god: it is opyn/ for a riȝtful
12 man lyuiþ of bileeue/ but þe lawe is not of bileeue/ but he þat doþ þo
13 þingis of þe lawe: schal lyue in hem/ but crist aȝen-bouȝte us fro þe
  curss of þe lawe: & was maad [*a*]cursid for us/ for it is writun/ Ech man
14 is cursid þat hangiþ in þe tree/ þat among þe heþene þe blessyng of
  abraham: were maad in crist ihū/ þat we vndirfonge þe biheest of spi-
15 rit: þorouȝ bileeue/ Briþeren I sey aftir man/ no man dispisiþ þe testa-
16 ment of a man þat is confermyd: or ordeyned[2] aboue/ þe biheestis we-
  ren seid to abraham: & to his seed/ he seiþ not in seedis as in manye:
17 but as in oon· & to þi seed þat is crist/ But I sey þis testament is con-
  fermyd of god/ þe lawe þat was maad aftir foure hundrid & þritti ȝeer:
18 makiþ not þe testament veyn to avoyde awey þe biheest/ for if eritage
  were of þe lawe: it were not `now´ of biheest/ But god grauntide to
19 abraham: biheest/ what þanne þe lawe? it was sett for trespassyng: til[3]
  þe seed came[4]· to whom he hadde maad [*his*] biheste/ *þe* whiche lawe
20 was ordeyned bi aungels: in þe hoond of a mediatour/ But a mediatour
21 is not of oon/ but god is oon/ Is þanne þe lawe aȝen þe bihestis of god?
  God forbede/ for if þe lawe were ȝouun þat myȝte quykene: verrily we-
22 re riȝtfulnesse of lawe/ but *þe* scripture haþ concludid alle þingis vndir
  synne: þat þe biheste of þe feiþ of ihū crist· were ȝouun to hem þat bi-
23 leeuen/ and tofore þat bileeue cam: þei weren kept vndir þe lawe· en-
24 closid in to þat bileeue þat was to be schewid/ And so þe lawe was oure
25 vndirmaistir in crist: þat we be iustified of bileeue/ But aftir þat bileeue
26 cam: we ben not now vndir þe vndir-maistir/ for alle ȝe ben þe children
27 of god þorouȝ þe bileeue of ihū crist/ for alle ȝe þat ben baptisid: ben
28 cloþid wiþ crist/ þer is no iew ne greek: ne bonde man· ne fre man· ne
29 male ne female· for alle ȝe ben oon in ihū crist/ And if ȝe ben oon in ihū
  crist: þanne ȝe ben þe seed of abraham· & eyris bi byheeste/

---

3. [1] tofor   [2] ordeyneth   [3] to   [4] come

4   But I sey as longe tyme as þe eir is a litil child: he diuersiþ no þing
2 fro a seruaunt· whanne he is lord of alle þingis/ But he is vndir kepers
3 & tutours: in to þe tyme determyned of þe fadir/ So we whanne we we-
4 ren litle children: we seruyden vndir þe elementis of þe world/ But af-
tir þat þe fulfillyng of tyme cam: god sente his sone maad of a wom-
5 man· maad vndir þe lawe/ þat he schulde aȝenbye hem þat weren vndir
6 þe lawe: þat we schulden vndirfonge þe adopcioun of sones/ And for
ȝe ben goddis `sones´: god sente his spirit in to ȝoure hertis· criynge ab-
7 ba fadir/ And so þer is not now a seruaunt but a sone/ and if he is a so-
8 ne: he `is´ an eyr bi god/ But þanne ȝe vnknowynge god: serueden to
9 hem `þe whiche[1] in kynde weren not goddis/ But now whanne ȝe han
knowen god· & ben knowun of god: hou ben ȝe turned eftsoones to þe
10 feble & nedy (&) elementis to þe wheche ȝe wolen eft serue? ȝe taken
11 kepe to daies & moneþis & tymes & ȝeris/ But I drede ȝou: lest wiþou-
12 te cause I haue trauailid among ȝou/ Be ȝe as I: for I am as ȝe/ Briþeren
13 I biseche ȝou/ ȝe han hirt me no þing/ but ȝe knowen þat bi infirmytee
of fleish I haue prechid to ȝou now bifore: and ȝe dispiseden not neþer
14 forsoken ȝoure temptacioun in my fleish/ but ȝe resseyueden me as an
15 aungel of god: as crist ihū/ where þanne is ȝoure blessing? For I bere
ȝou witnesse· þat if it myȝte haue be don· ȝe wolden haue put out ȝou-
16 re iȝen· & haue ȝouen hem to me/ Am I þanne maad an enemy to ȝou:
17 seiynge to ȝou þe soþe? þei louen not ȝou wel: but þei wolen exclude
18 ȝou þat ȝe suen hem/ But sue ȝe þe good euermore in good: and not
19 oonly whanne I am present with ȝou/ Mi smale children: whiche I be-
20 re eftsoones til þat crist be fourmed in ȝou/ And I wolde now be at ȝou·
21 & chaunge my vois: for I am confoundid among ȝou/ Sey to me ȝe þat
22 wolen be vndir þe lawe: han ȝe not red þe lawe? For it is writun/ þat
abraham hadde two sones/ oon of a seruaunt: & oon of a free womman/
23 but he þat was of þe seruaunt: was born aftir þe fleish/ but he þat was
24 of þe free womman: bi a biheeste/ þe whiche þingis ben seid bi an
ooþer vndirstondyng/ for þese ben two testamentis/ oon in þe hil of sy-
25 nai· gendrynge in to seruage: whiche is agar/ For syna is an hil þat is in
arabie: whiche hil is ioyned to it þat is now ierusalem & seruiþ wiþ hir
26 children/ but þat ierusalem þat is aboue is free: whiche is oure modir/
27 for it is writun/ Be glad þou bareyn: þat berist not/ brek out & crie: þat
bryngist forþ no children/ for many sones of hir: þat is left of hir hose-
28 bonde/ more þan of hir þat haþ an hosebonde/ But[2] briþeren we ben so-
29 nes of biheeste aftir ysaac/ but now as *he* þis þat was born aftir þe
30 fleish: pursuede him þat was aftir þe spirit· so now/ But what seiþ þe
scripture/ Caste out þe seruaunt: & hir sone/ for þe sone of þe seruaunt
31 schal not be eir: wiþ þe sone of þe free wijf/ And so briþeren we ben
not sones of þe seruaunt: but of þe free wijf/ bi whiche fredom: crist
haþ maad us free/

---

4. [1] that   [2] For

5   Stonde ȝe þerfore: & nyle ȝe eftsoones be holde in þe ȝok of serua-
2   ge/ lo I poul sey to ȝou· þat if ȝe ben circumsidid: crist schal no þing
3   profite to ȝou/ And I witnesse eftsoonis· to ech man þat circumsidiþ
4   him silf: þat he is dettour of al þe lawe to be don/ and ȝe ben voidid
     awey fro crist/ and ȝe þat ben iustified in þe lawe: ȝe han falle awey fro
5   grace/ for we þorouȝ þe spirit of bileeue: abijden þe hope of riȝtful-
6   nesse/ For in ihū crist neþer circumcisioun is ony þing worþ neþer pre-
7   pucie: but þe bileeue þat worchiþ bi charite/ ȝe runnen wel: who letti-
8   de ȝou þat ȝe obeieden not to treuþe/ Consente ȝe to no man· for þis
9   counsel is not of him þat haþ clepid ȝou/ A litil sourdouȝ: apeiriþ al þe
10   gobet/ I triste on ȝou in oure lord: þat ȝe schulden vndirstonde noon
     ooþir þing/ and who þat disturbliþ ȝou: schal bere doom· who euer he
11   be/ And briþeren if I preche ȝit circumcisioun: what suffre I ȝit perse-
12   cucioun? þanne þe sclaundre of þe cross is [a]voidid/ I wolde þat þei
13   weren kitt awey þat disturblen ȝou/ for briþeren ȝe ben clepid in to fre-
     dom: oonly ȝiue ȝe not fredom in to occasioun of fleish· but bi charite
14   of spirit serue ȝe togidre/ for euery lawe is fulfillid in oo word/ þou
15   shalt loue þi neiȝbore as þi silf/ And if ȝe bijte & ete ech ooþer se ȝe
16   lest ȝe be wastid ech from ooþer· & I sey ȝou in crist/ wandre[1] ȝe in spi-
17   rit: and ȝe schul not perfourme þe desiris of þe fleish/ for þe fleish
     coueitiþ aȝen þe spirit: & þe spirit aȝen þe fleish/ for þese ben aduer-
18   saries togidre: þat ȝe do not alle þingis whiche[2] ȝe willen/ þat if ȝe be
19   led bi spirit: ȝe ben not vndir þe lawe/ And *þe* werkis of þe fleish: ben
     opene/ *þe* whiche ben fornycacioun· vnclennesse· vnchastitee· lecche-
20   rie· seruyse of false goddis· wicche-craftis· enmytees· stryuyngis· in-
21   dignaciouns· wraþþis· chidyngis· dissenciouns· sectis· enuyes· man-
     slauȝtris· drunkenessis· vnmesurable etyngis· & þingis lijk to þese/
     whiche I sey to ȝou: as I haue told [to] ȝou bifore[3]/ for þei þat don su-
22   che þingis: schul not haue þe kyngdom of god/ But þe fruyt of þe spi-
     rit: is charite· ioie· pees· pacience· long abidyng· benygnitee· goodnes-
23, 24   se· myldenesse· feiþ· temperaunce· contynence· chastitee/ Aȝen suche
     þingis is no lawe/ and þei þat ben of crist: han crucified her fleish with
25, 26   vicis & coueityngis/ If we lyuen bi spirit: walke we bi spirit/ Be we not
     maad coueitous of veyn glorie· stirynge ech ooþir to wraþþe· or
     hauynge enuye ech to ooþer/

6   Breþeren if a man be ocupied in ony gilt: ȝe þat ben spiritual· enfor-
     me ȝe such oon in spirit of softnesse/ biholdynge þi silf: lest þat þou be
2   temptid/ Ech bere ooþeris[1] chargis: and so ȝe schul fulfille þe lawe of
3   crist/ for who þat trowiþ þat he be ouȝt· whanne he is nouȝt: he bigiliþ
4   him silf/ But ech man proue his owne werk: and so he schal haue glo-
5   rie in him silf· & not in an ooþer/ for ech man schal bere his owne char-
6   ge/ he þat is tauȝt bi word: comune he wiþ him þat techiþ him· in alle

---

5. [1] walke   [2] that   [3] to fore
6. [1] othere   [2] Effecies

7, 8 goodis/ Nile ʒe erre: god is not scorned/ for þo þingis þat a man sowiþ:
þo þingis he schal repe/ for he þat sowiþ in his fleish: of þe fleish he
schal repe corupcioun/ but he þat sowiþ in þe spirit: of þe spirit he
9 schal repe euerlastynge lijf/ And we " doynge good: faile´ not/ for in his
10 tyme we schul repe: not failynge/ þerfore while we han tyme: worche
11 we good to alle men· but moost to hem þat ben homelich of þe feiþ/ Se
12 ʒe what manere lettris I haue write to ʒou: with myn owne hond/ for
who euer wole plese in þe fleish: *he* þis constreyniþ ʒou to be circum-
13 sidid/ oonly: þat þei suffre not þe persecucioun of cristis cross/ for
neþer þei þat ben circumcidid: kepen þe lawe/ But þei wolen þat ʒe be
14 circumcidid: þat þei haue glorie in ʒoure fleish/ But fer be it fro me to
haue glorie: [*no*] but in þe cross of oure lord ihū crist/ bi whom þe
15 world is crucified to me: and I to þe world/ For in ihū crist· neþer cir-
16 cumcisioun is ony þing worþ· ne prepucie: but a newe creature/ and
17 who euere suen þis reule: pees on hem & mercy & on yrael of god/ And
heraftir no man be heuy to me/ for I bere in my bodi þe tokenes of ou-
18 re lord ihū crist/ þe grace of oure lord ihū crist: be wiþ ʒoure spirit
breþeren· Amen/

Heere endiþ þe pistle to Galathies: & biginniþ þe prologe on þe
*e*pistle to Ephesians²/

Ephesians

[*Here bigynneth a prologe to Effesies*]

P   Ephecians ben of asye/ þese whanne þei hadden resseyued þe word
of treuþe: abiden stidefastly in þe feiþ/ þe postil¹ preisiþ hem: writynge
to hem fro rome· out of prisoun· bi titicus þe dekene/

[*Jerom in his prologe on this pistle seith this*]
[*Here bigynneth the pistle to Effesies*]

1   POul þe apostil of ihū crist· bi þe wille of god· to alle seyntis þat ben
2 at ephecy· & to þe feiþful men in ihū crist: grace be to ʒou· & pees of
3 god oure fadir & oure lord ihū crist/ Blessid be god & þe fadir of oure
   lord ihū crist· þat haþ blessid us in al spiritual blessyng in heuenly þing-
4 is in crist/ as he haþ chosun us in him silf· bifore þe makyng of þe
5 world: þat we weren hooly & wiþouten wem in his siʒt in charite/ whi-
   che haþ bifore ordeyned us in to adopcioun of sones: bi ihū crist in to
6 him/ bi þe purpos of his wille: in to þe heriyng of þe glorie of his gra-
7 ce/ in whiche he haþ glorified us in his dereworþe sone/ in whom we
   han redempcioun bi his blood: forʒiuenesse of synnes· aftir þe riches-
8 sis of his grace/ þat aboundide gretly in us in al wisdom & prudence:
9 to make knowen to us þe sacrament of his wille/ bi þe good plesaunce
10 of hym· þe whiche sacrament he purposide in hym: in þe dispensacioun
    of plentee of tymes/ to enstore alle þingis in crist: whiche ben in heue-
11 nes & whiche ben in erþe in hym/ In whom we ben clepid bi sort bifo-
    re ordeyned bi þe purpos of him þat worchiþ alle þingis: bi þe counsel
12 of his wille/ þat we be in to þe heriyng of his glorie: we þat han hopid
13 bifore in crist/ In whom also ʒe weren clepid: whanne ʒe herden þe
    word of treuþe þe gospel of ʒoure helþe/ In whom ʒe bileeuinge ben
14 markid wiþ þe hooly goost of biheest· whiche is þe ernes of oure erita-
    ge: in to [*the*] redempcioun of purchasyng in to heriyng of his glorie/
15 þerfore [*and*] I heerynge ʒoure feiþ þat is in crist ihū· & þe loue in to
16 alle seyntis: sece not to do þankyngis for ʒou· makynge mynde of ʒou
17 in my preieris/ þat god of oure lord ihū crist þe fadir of glorie: ʒiue to
18 ʒou þe spirit of wisdom & of reuelacioun in to þe knowyng of him/ and
    þe iʒen of ʒoure herte liʒtned: þat ʒe wite whiche is þe hope of his cle-
    pyng· & whiche ben þe richessis of þe glorie of his heritage in seyntis/
19 and whiche is þe excellent gretnesse of his vertu in to us þat han bi-
20 leeued bi þe worching of þe myʒt of his uertu/ whiche he wrouʒte in
    crist: reisynge him fro deeþ/ & settynge him on his riʒt halff in heuen-

---

Ephes. P. ¹ apostle

21 ly þingis: aboue eche principat & potestat & vertu & domynacioun/ and
aboue ech name þat is named· not oonly in þis world: but also in þe
22 world to comynge/ And made alle þingis suget vndir his feet· & ȝaf him
23 to be heed ouer al þe chirche· þat is þe bodi of hym/ & þe plentee of
him whiche is (bi) alle þingis: in alle þingis fulfillid

2, 2 And whanne ȝe weren deed in ȝoure giltis & synnes: in whiche ȝe
wandriden sum tyme· aftir þe cours of þis world· aftir þe prynce of þe
power of þis eir of þe spirit þat worchiþ now in to þe sones of vnbi-
3 leeue/ In whiche also we lyueden " alle sum tyme in þe desiris of oure
fleish: doynge þe willis of þe fleish & of þouȝtis/ and we weren bi kyn-
4 de þe sones of wraþþe: as oþere men/ But god þat is riche in mercy: for
5 his ful myche charite in whiche he louyde us/ ȝhe whanne we weren de-
ed in synnes· quykenyde us togidre in crist· bi whos grace ȝe ben saued/
6 and aȝenreisid`e´ togidre: & made togidre to sitte in heuenly þingis· in
7 crist ihū/ þat he schulde schewe in þe worldis aboue comynge: þe plen-
8 teuouse richessis of his grace in goodnesse on us in crist ihū/ For bi gra-
9 ce ȝe ben saued bi feiþ: & þis not of ȝou/ for it is þe ȝifte of god· not
10 of werkis: þat no man haue glorie/ for we ben þe makyng of him: maad
of nouȝt in crist ihū in gode werkis/ whiche god haþ ordeyned: þat we
11 go in þo werkis/ For whiche þing· be ȝe myndeful: þat sumtyme ȝe we-
ren heþene in fleish/ whiche weren seid prepucie: fro þat· þat is seid
12 circumcisioun maad bi hoond in fleish/ And ȝe weren in þat tyme with-
oute crist aliened fro þe lyuing of israel & gestis of *þe* testamentis/ not
13 hauynge hope of biheste: & wiþouten god in þis world/ But now in crist
14 ihū· ȝe þat weren sumtyme ferr: ben maad nyȝ in þe blood of crist/ For
he is oure pees: þat made boþe oon· & vnbyndynge þe myddil wal· of
15 a wal wiþouten morter enemytees in his fleish/ and *he* avoidide þe la-
we of maundementis bi domes: þat he make tweyne in him silf in to oo[1]
16 newe man/ makynge pees: to recounseile boþe in o body to god bi þe
17 cross· sleynge þe enemytees in hym silf/ And he comynge prechide
18 pees to ȝou· þat weren ferr: & pees to hem þat weren nyȝ/ For bi him
19 we boþe haue nyȝ comyng: in o spirit to þe fadir/ þerfore now ȝe ben
not gestis & straungers: but ȝe ben citesenes of seyntis· & houshold
20 meynee of god/ aboue bildid on þe foundement of apostlis & of profe-
21 tis: vpon þat hiȝeste cornere stoon (of) crist ihū/ in whom ech bildyng
22 maad: wexiþ in to an hooly temple in þe lord/ In whom also be ȝe bild-
id to-gidre in to þe abitacle of god in þe hooli goost/

3 For þe grace of þis þing I poul þe boundun of crist ihū for ȝou heþen
2 men: if neþeles ȝe han herd þe dispensacioun of goddis grace þat is
3 ȝouun to me in ȝou/ For bi reuelacioun þe sacrament is maad knowun
4 to me· as I aboue wroot in schort þing: as ȝe moun rede & vndirstonde
5 my prudence in þe mynisterie of crist/ whiche was not knowun to oþere

---

2. [1] a
3. [1] in

generaciouns to þe sones of men: as it is now schewid to hise hooly

6 apostlis· & profetis in þe spirit/ þat heþene men ben euene eiris & of
oo bodi: & parteners togidre of his biheest in crist ihū: bi þe euangelie/

7 whos mynistre I am maad bi þe ȝifte of goddis grace: whiche is ȝouun

8 to me bi þe worchyng of his vertu/ to me leest of alle seyntis· þis gra-
ce is ȝouun to preche among heþen men· þe vnserchable richessis of

9 crist/ and to liȝtne alle men whiche is þe dispensacioun of sacrament

10 hid fro worldis in god: þat made alle þingis of nouȝt/ þat þe mychefold
wisdom of god be knowun to princis & potestatis in heuenly þingis· bi

11 þe chirche: bi þe bifore ordynaunce of worldis· whiche he made in crist

12 ihū oure lord/ In whom we han trist & niȝ comyng: in tristenyng bi þe

13 feiþ of hym/ for whiche þing I axe: þat ȝe faile not in my tribulaciouns

14 for ȝou whiche is ȝoure glorie/ For grace of þis þing I bowe my knees

15 to þe fadir of oure lord ihū crist: of whom ech fadirheed in heuenes &

16 in eerþe is named/ þat he ȝiue to ȝou aftir þe richessis of his glorie: ver-

17 tu to be strengþid bi his spirit bi[1] þe ynner man/ þat crist dwelle bi feiþ:

18 in ȝoure hertis/ þat ȝe rootid & groundid in charite: moun comprehen-
de with alle seyntis· whiche is þe brede & þe lengþe & þe hiȝnesse &

19 þe depnesse/ Also to wite þe charite of crist more excellent þan scien-

20 ce: þat ȝe be fillid in al þe plentee of god/ And to him þat is myȝti to
do alle þingis more plenteuously þan we axen or vndirstonden bi þe

21 vertu þat worchiþ in us: to him be glorie in þe chirche & in crist ihū in
to alle þe generaciouns of þe world of worldis/ Amen/

4 þerfore I boundun for þe lord biseche ȝou: þat ȝe walke worþili in

2 þe clepyng in whiche ȝe ben clepid/ with al mekenesse & myldenesse:

3 wiþ pacience supportynge ech ooþir in charite/ Besy to kepe vnytee of

4 spirit: in þe boond of pees/ o body & o spirit: as ȝe ben clepid in oon

5, 6 hope of ȝoure clepyng/ O lord o feiþ· o baptym o god & fadir of alle:

7 whiche is aboue alle men & bi alle þingis & in us alle/ But to ech of us

8 grace is ȝouun: bi þe mesure of þe ȝiuyng of crist/ For whiche þing he

9 seiþ/ he stiynge an hiȝ: ledde caitiftee caitif· he ȝaf ȝiftis to men/ But
what is it þat he stiede up: no but þat also he cam doun first in to þe lo-

10 were partis of þe eerþe/ he it is þat cam doun· & þat stiede on alle

11 heuenes: þat he schulde fille alle þingis/ And he ȝaf summe apostlis:

12 summe profetis/ oþere euangelistis· oþere scheperdis & techers: to þe
full endyng of seyntis/ in to þe werk of mynisterie: in to edificacioun

13 of cristis bodi/ til we rennen alle in to vnitee of feiþ & of knowyng of
goddis sone: in to a parfit man aftir þe mesure of age of þe plentee of

14 crist/ þat we be not now litle children mouynge as wawis: & be not bo-
run aboute wiþ ech wynd of teching in þe weywardnesse of men· in su-

15 til witt to þe disseyuing of errour/ But do we treuþe in charite· & wexe

16 in him bi alle þingis þat is crist oure heed· of whom al þe bodi sett to-
gidre & boundun togidre bi ech ioynture of vndirseruyng· bi worchyng
in to þe mesure of ech membre: makiþ encressyng of þe bodi in to edi-

17 ficacioun of it silf in charite/ þerfore I sey & witnesse þis þing in þe
lord: þat ȝe walke not now· as heþen men walken in þe vanytee of her

18 witt/ þat han vndirstonding derkned with derknessis/ and ben aliened
fro þe lijf of god· bi ignoraunce þat is in hem: for þe blyndnesse of her
19 herte/ þe whiche· dispeiringe bitooken hem silf to vnchastitee: in to þe
20 worchyng of al vnclennesse in coueitise/ But ȝe han not so lernd crist:
21, 22 if neþeles· ȝe herden hym and ben tauȝt in him: as is treuþe in ihū/ Do
ȝe awey bi þe olde lyuyng þe olde man þat is corupt bi þe desiris of er-
23, 24 rour/ And be ȝe renewlid in þe spirit of ȝoure soule: & cloþe ȝe þe ne-
we man· whiche is maad aftir god in riȝtwisnesse & hoolynesse of
25 treuþe/ For whiche þing· putte " ȝe awey lesyng: & speke ȝe treuþe· ech
26 man wiþ his neiȝbore· for we ben membris ech to ooþer/ Be ȝe wroþ:
27 & nyle `ȝe´ do synne/ þe sunne falle not doun on ȝoure wraþþe/ nyle
28 ȝe ȝiue stede to þe deuel/ He þat staal: now stele he not/ but more *raþer*
traueile he in worchinge with hise hondis þat· þat is good: þat he haue
29 wherof he schal ȝiue to *þe* nedy/ Ech yuel word go not *forþ* of ȝoure
mouþ/ but if ony is good to þe edificacioun of feiþ: þat it ȝiue grace to
30 men þat heeren/ And nyle ȝe make þe hooly goost of god sory: in whi-
31 che ȝe ben markid in þe dai of redempcioun/ Al bittirnesse & wraþþe
& indignacioun & cry & blasfemye· be takun awey fro ȝou: wiþ al ma-
32 lice/ And be ȝe togidre benyngne· merciful· forȝiuynge togidre: as also
god forȝaaf to ȝou in crist/

5, 2 Therfore be ȝe folowers of god: as moost dereworþe sones/ And wal-
ke ȝe in loue: as crist louyde us/ and ȝaf him silf for us· an offryng & a
3 sacrifice to god: in to þe odour of swetnesse/ [*And*] fornycacioun & al
vnclennesse or auarice be not named among ȝou: as it bicomiþ hooly
4 men/ eþir filþe· or foly speche· or harlatrie þat perteyniþ not to profit:
5 but more *raþir* doyng of þankyngis/ For wite ȝe þis *þing* & vndirston-
de þat ech lecchour or vnclene man or coueitous þat seruiþ to mawme-
6 tis haþ not eritage in þe kyngdom of crist & of god/ No man disseyue
ȝou bi veyn wordis/ forwhi· for þese þingis: þe wraþþe of god cam
7 *up*on þe sones of vnbileeue/ þerfor nyle ȝe be maad parteners of hem/
8 for ȝe weren sumtyme derknessis: but now [ȝe ben] liȝt in þe lord/ wal-
9 ke ȝe as þe sones of liȝt/ For þe fruyt of liȝt is in al goodnesse & riȝt-
10, 11 wisnesse & treuþe/ and preue ȝe what þing is wel plesynge to god/ And
nyle ȝe comyne to vnfruytouse werkis of derknessis: more *raþir* repro-
12 ue ȝe/ For what þingis ben don of hem in priuy: it is foul· ȝhe to speke/
13 And alle þingis þat ben reproued of þe liȝt: ben openly schewid/ for al
14 þing þat is schewid: is liȝt/ for *þe* whiche þing he seiþ/ Rijse þou þat
15 slepist & rijse up fro deeþ: and crist schal liȝtne þee/ þerfore breþeren
16 se ȝe: hou warly ȝe schul go/ not as vnwise men: but as wise men aȝen-
17 biynge tyme· for þe daies ben yuele/ þerfor nyle ȝe be maad vnwise:
18 but vndirstondynge whiche is þe wille of god/ And nyle ȝe be drunkun
19 of wyn· in whiche is leccherie: but be ȝe fillid wiþ þe hooli goost/ And
speke ȝe to ȝou silf in psalmis & ympnis & spiritual songis: syngynge
20 & seiynge salm in ȝoure hertis to þe lord/ Euermore doynge þankyng-
is for alle þingis in þe name of oure lord ihū crist: to god & to þe fadir/
21, 22 Be ȝe suget togidre in þe drede of crist/ Wymmen be þei suget to her

23 hosebondis: as to þe lord/ for [the] man is heed of þe womman: as crist
24 is heed of þe chirche· he is saueour of his bodi/ But as þe chirche is su-
25 get to crist: so wymmen to her housbondis in alle þingis/ Men loue ȝe
26 ȝoure wyues: as crist louyde þe chirche/ and ȝaf him silf for it: to ma-
ke it hooly/ and clenside it with þe waisshyng of watir· in þe word of
27 lijf: to ȝiue þe chirche glorious to him silf· þat it hadde no wem ne ry-
28 uelyng· or ony such þing· but þat it be hooly & vndefoulid/ So & men
schul loue here wiues: as her owne bodies/ he þat louiþ his wijf: louiþ
29 him silf/ for no man hatide euere his owne fleish: but norishiþ & fos-
30 triþ it· as crist doþ þe chirche/ And we ben membris of his bodi· of his
31 flesh & of `his´ bonis/ For þis þing a man schal forsake his fadir & mo-
dir: & he schal drawe to his wijf/ and þei schul be tweyne in oo fleish/
32, 33 þis sacrament is greet/ ȝhe I sey in crist & in þe chirche/ Neþeles ȝe al-
le· ech man loue his wijf as him silf/ and þe wijf: drede hir hosebonde/
6 Sones obeishe ȝe to ȝoure fadir & modir: in þe lord/ for þis þing is
2 riȝtful/ honoure þou þi fadir & `þi´ modir· þat is þe first maundement
3 in biheeste: þat it be wel to þee· & þat þou be longe lyuinge on þe
4 eerþe/ And fadris nyle ȝe terre ȝoure sones to wraþþe: but norisshe ȝe
5 hem in [the] techyng & chastisyng of þe lord/ Seruauntis obeishe ȝe to
fleishly lordis wiþ drede & tremblyng: in symplenesse of ȝoure herte
6 as to crist/ not seruynge at þe iȝe as plesynge to men: but as seruauntis
7 of crist/ doynge þe wille of god bi discrecioun wiþ good wille seruynge
8 as to þe lord· & not as to men/ witynge þat ech man· what euer good
þing he schal do: he schal resseyue þis of þe lord· wheþer seruaunt
9 wheþer fre man/ & ȝe lordis doiþ þe same þingis to hem: forȝiuynge
manassis/ witynge þat boþe her lord & ȝoure· is in heuenes: and þe ta-
10 kyng of persoonis is not anentis god/ Her aftirward breþeren be ȝe
11 counfortid in þe lord: & in þe myȝt of his vertu/ Cloþe ȝou with þe aar-
12 mure of god: þat ȝe moun stonde aȝens þe aspiyngis of þe deuel/ for
whi· stryuyng is not to us aȝens fleish & blood: but aȝens þe princis &
potestatis aȝens gouernouris of þe world of þese derknessis/ aȝens spi-
13 ritual þingis of wickidnesse: in heuenly þingis/ þerfor take [ȝe] `þe´ ar-
mure of god: þat ȝe moun aȝenstonde in þe yuel dai· & in alle þingis
14 stonde parfijt/ þerfore stonde ȝe & beþ gird aboute ȝoure leendis in
15 soþfastnesse· & cloþid with þe haburioun of riȝtwisnesse· and ȝoure
16 feet schood in makyng redy of þe gospel of pees/ In alle þingis take ȝe
þe scheeld of feiþ: in whiche ȝe moun quenche alle þe firy dartis of *him*
17 *þat is* `moost wickid[1]/ And take ȝe þe helm of helþe: & þe swerd of þe
18 goost· þat is þe word of god/ Bi al preier & bisechyng· preie ȝe al tyme
in spirit: & in him wakynge in al bisynesse & biseching(e) for alle hoo-
19 li men & for me/ þat word be ȝouun to me in openyng of my mouþ:
20 with trist to make knowun þe mysterie of þe gospel for whiche I am sett
in message in a chayne/ so þat in it I be hardy to speke: as it bihouiþ

---

6. [1] the worste   [2] he   [3] Effecies

21 me/ And ȝe witen what þingis ben aboute me/ what I do: tyticus my
   moost dere broþer & trewe mynistre in þe lord schal make alle þingis
22 knowun to ȝou/ whom I sente to ȝou for þis same þing: þat ȝe knowe
23 what þingis ben aboute vs/ and ȝe² counforte ȝoure hertis/ Pees to
   briþeren & charite wiþ feiþ of god oure fadir· & of þe lord ihū crist/
24 Grace with alle men: þat louen oure lord ihū crist in vncorrupcioun
   Amen [*that is So be it*]

   Heere endiþ þe pistle to Effesians³: and bigynniþ þe prologe on þe
   pistle to Philippencis/

Philippians

[*Here bigynneth the prologe on the pistil to Filippensis*]

P   Philipencis ben of macedonye/ þese whanne þei hadden resseyued þe word of treuþe· stoden stidefastly in þe feiþ: and þei resseyueden not false apostlis/ þe apostle preisiþ þese: writynge to hem fro rome out of prisoun bi epafrodite/ *here endiþ þe prologe*/
[*Jerom in his prologe on this pistle seith thus*]
[*Here bigynneth the pistle to Filipensis*]

1   POul & tymothe seruauntis of ihū crist: to alle þe hooly men in crist
2 ihū þat ben at philippis wiþ bisshopis & dekens: grace & pes to ȝou of
3 god oure fadir· & of þe lord ihū crist/ I do þankyngis to my god in al
4 mynde of ȝou euermore in alle my preieris for alle ȝou wiþ ioye: & ma-
5 ke a bisechyng on ȝoure comynyng in þe gospel of crist fro þe firste dai
6 til now/ Tristenynge þis ilke þing· þat he þat `haþ bigunne¹ in ȝou a
7 good werk: schal parfourme it til in to þe dai of ihū crist/ as it is iust to
    me: to feele þis þing for alle ȝou/ For þat I haue ȝou in herte & in my
    boondis· & in defendyng & confermyng of þe gospel: þat alle ȝe be fel-
8 awis of my ioye/ for god is a witnesse to me: hou I coueite alle ȝou· in
9 þe bowelis of ihū crist/ And þis þing I preie: þat ȝoure charite be plen-
10 teuous more & more in kunnyng & in al witt/ þat ȝe preue þe bettere
11 þingis: þat ȝe be clene & wiþoute offence in þe dai of crist fillid wiþ
    þe fruyt of riȝtwisnesse bi ihū crist: in to þe glorie & þe heriyng of god/
12 For briþeren I wole þat ȝe wite þat þe þingis þat ben aboute me: han
13 comun more to þe profijt of þe gospel/ so þat my bondus weren maad
14 knowun in crist in ech moot halle & in alle oþere placis/ þat mo of
    briþeren tristynge in þe lord more plenteuously for my boondis: dur-
15 sten wiþouten drede speke þe word of god/ But summe for enuye &
16 strijf/ summe for good wille prechen crist· and summe of charite· wi-
17 tynge þat I am putt in þe defence of þe gospel/ But summe of strijf
    schewen crist· not clenly· gessynge hem to reise tribulacioun to my
18 bondis/ But what þe while on al manere· eþer bi occasioun eþir bi
    treuþe crist is schewid: & in þis þing I haue ioye· but also I schal haue
19 ioie/ And I woot þat þis þing schal come to me in to helþe: bi ȝoure
20 preiere & þe vndirmynistryng of þe spirit of ihū crist bi myn abidyng
    & hope/ For in no þing I schal be aschamed: but in al trist as euermo-
    re & now· crist schal be magnyfied in my bodi· eþer bi lijf eþer bi deeþ/
21, 22 For me to lyue is crist: & to dye is wynnyng/ þat if to lyue in fleish· is

---

Philipp. 1. ¹ bigan

23 fruyt of werk to me: lo what I schal chese· I knowe not/ But I am con-
   streyned of two þingis· I haue desijr to be dissolued: & to be wiþ crist/
24, 25 it is myche more bettere/ but to dwelle in fleish: is nedeful for ȝou/ And
   I tristynge þis þing: woot þat I shal dwelle & perfitly `dwelle´ to alle
26 ȝou/ to ȝoure profijt & ioie of feiþ: þat ȝoure þankyng abounde in crist
27 ihū in me bi my comyng eftsoone to ȝou/ Oonly lyue ȝe worþily to þe
   gospel of crist/ þat wheþer whanne I come & se ȝou· eþer absent: I hee-
   re of ȝou/ þat ȝe stonde in o spirit· of o wille· trauelynge togidre to þe
28 feiþ of þe gospel/ And in no þing be ȝe aferd of aduersaries/ whiche is
   to hem cause of perdicioun: but to ȝou· cause of helþe/ And þis þing is
29 of god/ for it is ȝouun to ȝou for crist· þat not oonly ȝe bileeue in hym:
30 but also þat ȝe suffre for him/ hauynge þe same strijf: whiche ȝe siȝen
   in me· & now ȝe han herd of me/

2 þerfore if ony counfort is in crist· if ony solace of charite· if ony fel-
2 auschip of spirit· if ony ynwardnesse of mercy doyng: fille ȝe my ioye/
   þat ȝe vndirstonde þe same þing: & haue þe same charitee· of o wille:
3 & feelen þe same þing/ No þing bi strijf· neþer bi veyn glorie: but in
4 mekenesse· demynge ech ooþir to be hiȝer· þan him silf/ not bihol-
   dynge ech bi him silf· what þingis ben his owne: but þo þingis þat ben
5 of oþere men/ And feele ȝe þis þing in ȝou: whiche *was* also in crist
6 ihū/ whiche[1] whanne he was in þe fourme of god: demyde not raueyn·
7 þat him silf were euene to god/ but he lowide him silf: takynge þe four-
   me of a seruaunt/ and was maad in to þe licnesse of men: and in abite
8 was foundun as a man/ He mekide him silf: and was maad obedient to
9 þe deeþ· ȝhe to þe deeþ of þe cross/ For whiche þing god enhaunside
10 him: and ȝaf to hym a name· þat is aboue ech[2] name/ þat in þe name of
   ihū: ech kne be bowed of heuenly þingis· of erþely þingis· & of hellis/
11 and ech tunge knowleche: þat þe lord ihū crist· is in þe glorie of god þe
12 fadir/ þerfore my moost dereworþe briþeren· as euermore ȝe han obe-
   ishid· not in my presence oonly: but myche more now in myn absence·
13 worche ȝe with drede & tremblyng ȝoure helþe/ For it is god þat wor-
14 chiþ in ȝou boþe to wilne & to parfourme for good wille/ And do ȝe al-
15 le þingis wiþoute grucchyngis & doutyngis· þat ȝe be wiþoute playnt/
   & symple as þe sones of god wiþoute repreef· in þe myddil of a schre-
   wid nacioun & a weiward/ Among whiche ȝe schynen as ȝiuers of liȝt
16 in þe world: and holde ȝe togidre þe word of lijf to my glorie in þe dai
17 of crist/ For I haue not runne in veyn: neþer I haue traueilid in veyn/ but
   þouȝ I be offrid or slayn on þe sacrifice & seruyse of ȝoure feiþ: I haue
18 ioye· & I þanke ȝou alle/ and *for* þe same þing haue ȝe ioie: and þan-
19 ke ȝe *wiþ* me/ And I hope in þe lord ihū: þat I schal sende tymothe soo-
   ne to ȝou: þat I be of good counfort: whanne þo þingis ben knowun· þat
20 ben aboute ȝou/ For I haue no man so of o wille: þat is bisy for ȝou wiþ
21 clene affeccioun/ For alle men seken þo þingis þat ben her owne: not

---

2. [1] that   [2] al

22 þo þat ben of crist ihū/ But knowe ȝe þe assay of hym: for as a sone to
23 þe fadir· he haþ serued with me in þe gospel/ þerfore I hope· þat I schal
24 sende hym to ȝou: anoon as I see what þingis ben aboute me/ And I tris-
25 te in þe lord: þat also my silf shal come to ȝou soone/ And I gesside it
  nedeful: to sende to ȝou epafrodite my broþir & euene worchere & myn
26 euene knyȝt but ȝoure apostil: & þe mynystre of my neede/ for he de-
  siride ȝou alle: & he was sorouful· þerfore þat ȝe herden þat he was sijk/
27 for he was sijk to þe deeþ: but god hadde merci on him/ and not oonly
28 on him: but also on me· lest I hadde heuynesse on heuynesse/ þerfore
  more hastily I sente him: þat whanne ȝe han seen him· ȝe haue ioye eft·
29 & I be wiþoute heuynesse/ þerfore resseyue ȝe him wiþ al ioye in þe
30 lord: and haue ȝe siche wiþ al honour/ for þe werk of crist he wente to
  deeþ/ ȝiuynge his lijf: þat he schulde fulfille þat· þat failide of ȝou
  anentis my seruyse/

3 Hennes forward my briþeren haue ȝe ioye in þe lord/ To wryte to ȝou
2 þe same þingis: to me it is not slow· and to ȝou it is necessarie/ Se ȝe
3 houndis· se ȝe yuele werk men: se ȝe dyuisioun/ For we ben circumci-
  sioun: whiche bi spirit seruen to god & glorien in crist ihū· & han not
4 trist in þe fleish: þouȝ I haue trist ȝhe in þe fleish/ If ony ooþer man is
5 seen to triste in [the] fleish: I more/ þat was circumcidid in þe eiȝtþe
  dai· of þe kyn of Irael· of þe lynage of beniamyn: an ebreu of ebreu`s´/
6 bi þe lawe: a farisee/ bi loue pursuynge þe chirche of god/ bi riȝtwis-
7 nesse þat is in þe lawe: lyuinge wiþoute playnt/ But whiche þingis we-
8 ren to me wynnyngis: I haue demed þese apeiryngis for crist/ Neþeles
  I gesse alle þingis to be peirement: for þe cleer science of ihū crist my
  lord/ for whom I made alle þingis peirement and I deme as dritt: þat I
9 wynne crist & þat I be founde in him: not hauynge my riȝtwisnesse þat
  is of þe lawe/ But þat· þat is of þe feiþ of crist ihū· þat is of god þe
10 riȝtwisnesse in feiþ· to knowe hym· and þe vertu of his risyng aȝen· &
11 þe felawschip of his passioun/ and to be maad lijk to his deeþ: if on ony
12 manere I come to þe resurreccioun þat is fro deeþ/ not þat now I haue
  takun: or now am parfyt/ But I sue if ony manere I comprehende· in
13 whiche þing also I am comprehendid of crist ihū/ Breþeren I deme me
  not þat I haue comprehendid/ but o þing· I forȝete þo þingis þat ben bi-
14 hynde· & strecchinge[1] forþ my silf to þo þingis þat ben bifore & pur-
15 sue to þe ordeyned meede of `þe´ hiȝ clepyng of god in crist ihū/ þer-
  fore who euer we ben parfyt: feele we þis þing· and if ȝe vndirstonden
16 in oþere manere ony þing: þis þing god schal schewe to ȝou/ Neþeles
17 to what þing we haue come: þat we vndirstonde þe same þing· & þat
  we parfitly dwelle in þe same reule/ Breþeren be ȝe my foloweris: and
18 waite ȝe hem þat walken so· as ȝe han oure fourme/ For many walken:
  whiche I haue seid ofte to ȝou/ but now I wepynge sey: þe enemyes of
19 cristis cross whos ende is deeþ: whos god is þe wombe/ and [the] glo-

---

3. [1] stretche

20 rie in confusioun of hem: þat saueren erþely þingis/ But oure lyuyng is
in heuenes/ fro whennes also we abyden þe sauyour oure lord ihū crist·

21 whiche schal refourme þe bodi of oure mekenesse· þat is maad lijk to
þe bodi of his cleernesse· bi þe worchyng bi whiche he may also make
alle þingis suget to him/

4 Therfore my briþeren moost dereworþe & moost desyred· my ioye

2 & my crowne: so stonde ȝe in þe lord moost dere briþeren/ I preie eu-
codiam· and biseche Syntecen: to vndirstonde þe same þing in þe lord/

3 Also I preie & þee german felowe: helpe þou þilke wymmen þat traue-
iliden with me in þe gospel/ wiþ clement & oþere myn helperis: whos

4 names ben in þe book of lijf/ Ioye ȝe in þe lord euermore: eft I sey ioye

5, 6 ȝe/ Be ȝoure pacience knowun to alle men: þe lord is nyȝ/ Be ȝe no
þing bisy: but in al preier & bisechyng with doyng of þankyngis· be

7 ȝoure axyngis knowun at god/ And þe pees of god þat passiþ al witt:

8 kepe ȝoure hertis & vndirstondingis in crist ihū/ Fro hennes forþ bri-
þeren· what euer þingis ben soþe· what euer þingis chast· what euer
þingis iust· what euer þingis hooly· what euer þingis able to be loued·
what euer þingis of good fame· if ony vertu· if ony preisyng of disci-

9 plyne: þenke ȝe þese þingis· þat also ȝe han lernd & takun & herd¹ &

10 seen in me/ Do ȝe þese þingis: and god of pees schal be wiþ ȝou/ But
I ioyede gretly in þe lord: þat sumtyme aftirward ȝe flouriden aȝen to

11 feele for me· as also ȝe feeliden/ but ȝe weren ocupied: I sey not as for

12 nede/ For I haue lernd to be sufficient: in whiche þingis I am/ And I can
also be lowid: I can also haue plentee/ Euerywhere & in alle þingis I
am tauȝt/ to be fillid & to hungre: & to abounde & to suffre myseys[t]e·

13, 14 I may alle þingis: in him þat counfortiþ me/ Neþeles ȝe han don wel:

15 comynynge to my tribulacioun/ For also² ȝe philipensis witen· þat in þe
bigynnyng of þe gospel· whanne I wente forþ fro macedonye: no chir-
che comynede wiþ me in resoun of þing ȝouun & takun· but ȝe aloone/

16, 17 þe whiche senten to thessalonyk oones & twies also in to vse to me/ not

18 for I seke ȝifte: but I require fruyt aboundynge in ȝoure resoun/ For I
haue alle þingis: & abounde/ I am fillid wiþ þo þingis takun of epafro-
dite· whiche ȝe senten in to þe odour of swetnesse a couenable sacrifi-

19 ce plesynge to god/ And my god fille al ȝoure desijr bi hise richessis in

20 glorie in crist ihū/ But to god & oure fadir: be glorie in to worldis of

21, 22 worldis amen/ Greete ȝe wel euery hooli man in crist ihū/ þo briþeren
þat ben wiþ me· greeten ȝou wel/ Alle hooly men greeten ȝou wel:

23 moost soþely þei þat ben of þe emperouris hous/ þe grace of oure lord
ihū crist be wiþ `ȝ´oure spirit Amen/

Heere endiþ þe pistle to Philippencis: and biginniþ þe prologe on þe
pistle to Colocencis

---

4. ¹ heed (*FM*)   ² and

Colossians

P [*Here bigynneth the prologe on Colosencis*]

    Colocencis ben also laodicencis: þese ben of asye/ and þei hadden be
disseyued bi false apostlis/ þe [*a*]postle him silf cam not to hem: but he
bryngiþ hem aȝen to correccioun bi epistle/ for þei hadden herd þe
word of archippus: þat hadde vndirfonge þe mynisterie in to hem/ þer-
5 fore þe apostle now boundun wroot to hem fro effecie: bi tyticus þe de-
kene & onesymus[1] þe acolyt/ [*Jerome in his prolog on this epistle seith
this*]

    Here biginniþ þe pistle [*to Colocensis*]

1, 2   POul þe apostle of crist ihū· bi þe wille of god· & tymothe broþir to
3 hem þat ben at colloce· hooly & feiþful breþeren in crist ihū: grace &
pees to ȝou of god oure fadir & of þe lord ihū crist/ we don þankyngis
to god & to þe fadir of oure lord ihū crist· euermore preiynge for ȝou/
4 heeringe ȝoure feiþ in crist ihū· & þe loue þat ȝe han to alle hooly men:
5 for þe hope þat is kept to ȝou in heuenes/ whiche ȝe herden in þe word
6 of treuþe of þe gospel þat cam to ȝou: as also it is in al þe world· & ma-
kiþ fruyt & wexiþ as in ȝou fro þat dai· in whiche ȝe herden & knewen
7 þe grace of god in treuþe/ As ȝe lerneden of epafras oure felowe moost
8 dereworþe: whiche is a trewe mynistre of ihū crist for ȝou/ whiche al-
9 so schewide to us: ȝoure louyng in spirit/ þerfore we fro þe dai in whi-
che we herden: ceesse not to preie for ȝou· & to axe/ þat ȝe be fillid wiþ
10 þe knowyng of his wille: in al wisdom & gostly vndirstondyng/ þat ȝe
walke worþily to god plesynge bi alle þingis & make fruyt in al good
11 werk· & wexe in þe science of god/ and ben counfortid in al vertu bi þe
12 myȝt of his clerenesse: in al pacience & long abiding wiþ ioye/ þat ȝe
do þankyngis to god & to þe fadir whiche made ȝou worþi in to þe part
13 of eritage of hooly men in liȝt/ whiche delyuerde us fro þe power of
derknessis: and translatide in to þe kyngdom of þe sone of his louyng·
14, 15 in whom we han aȝenbiyng & remyssioun of synnes/ whiche is þe
16 ymage of god vnuysible: þe firste bigotun of ech creature/ For in hym
alle þingis ben maad· in heuenes & in erþe: visible & vnuysible· eþer
trones· eþer domynaciouns· eþer princehodis eþer poweris/ Alle þingis
17 ben maad of nouȝt bi hym & in hym· and he is bifore alle· and alle
18 þingis ben in hym/ And he is heed of þe bodi of þe chirche/ whiche is
þe bigynnyng & þe firste bigotun of deede men: þat he holde þe firste

---

Coloss. P. [1] *MS* onosymus
1. [1] whiche   [2] *from* ȝe *MS*

19, 20 dignitee in alle þingis/ for in him it pleside· al plentee to inhabite: and
bi him alle þingis to be recouncelid in to him/ and made pees bi þe
blood of his cross: þo þingis þat ben in erþis: eþer þat ben in heuenes/
21 And whanne ȝe weren sumtyme aliened & enemyes bi witt in yuele
22 werkis: now he haþ recouncelid ȝou in þe bodi of his fleish bi deþ/ to
23 haue ȝou hooly & vnwemmed & wiþoute reproof bifore him/ If neþeles
ȝe dwelle in þe feiþ: foundid & stable & vnmoeuable fro þe hope of þe
gospel þat ȝe han herd/ whiche is prechid in al creature· þat is vndir
24 heuene/ of whiche I poul am maad *a* mynistre: and now I haue ioie in
passioun for ȝou/ And I fille þo þingis þat failen of þe passiouns of crist
25 in my fleish: for his bodi þat is þe chirche/ Of whiche I poul am maad
mynistre bi þe dispensacioun of god þat is ȝouun to me in ȝou: þat I fil-
26 le þe word of god· þe priuitee þat was hid fro worldis & generaciouns/
27 But now it is schewid to hise seyntis· to whom[1] god wolde make kno-
wun þe richessis of þe glorie of þis sacrament in heþene men/ whiche
28 is crist in ȝou: þe hope of glorie/ whom we[2] schewen· repreuynge ech
man· & techynge ech man in al wisdom: þat we offre ech man parfit in
29 crist ihū/ In whiche þing also I trauele in stryuyng: bi þe worchyng of
him· þat he worchiþ in me in vertu/
2 But I wole þat ȝe wite· what bisynesse I haue for ȝou· & for hem þat
2 ben at laodice & whiche euer sauȝen not my face in fleish: þat her her-
tis be counfortid/ & þei be tauȝt in charitee in to alle þe richessis of þe
plentee of [*the*] vndirstondyng· in to þe knowyng of mysterie of god þe
3 fadir of ihū crist: in whom alle þe tresouris of wisdom & of science ben
4, 5 hid/ For þis þing I sey: þat no man disseyue ȝou in hiȝþe of wordis/ for
þouȝ I be absent in body: bi spirit I am with ȝou/ Joiynge & seynge
6 ȝoure ordre: & þe sadnesse of ȝoure bileeue þat is in crist/ þerfore as
7 ȝe han take ihū crist oure lord: walke ȝe in him· and be ȝe rootid & bild-
id aboue in him & confermyd in þe bileeue as ȝe han lernd: aboun-
8 dynge in hym in doyng of þankyngis/ Se ȝe þat no man disseyue ȝou·
bi philosofie & veyn fallace: aftir þe tradicioun of men· aftir þe ele-
9 mentis of þe world & not aftir crist/ For in him dwelliþ bodily al þe ful-
10 nesse of `þe´ godhed/ And ȝe ben fillid in him: þat is heed of al pryn-
11 cipate & power/ In whom also ȝe ben circumcidid in circumcisioun not
maad with hoond· in dispoilyng of þe bodi of fleish: but in circumci-
12 sioun of crist/ And ȝe ben biried togydre wiþ him in baptym: in whom
also ȝe han risen aȝen bi feiþ of þe worching of god· þat reiside him fro
13 deeþ/ And whanne ȝe weren deede in giltis & in þe prepucie of ȝoure
fleish: he quykenyde togidre ȝou wiþ him/ Forȝiuynge to ȝou alle gil-
14 tis: doynge awey þat writing of decree þat was aȝens us· þat was con-
trarie to us/ And he took awey þat fro þe myddil· picchynge it on þe
15 cross/ And he spoylyde pryncipatis & poweris: & ledde out tristily·
16 openly ouercomynge hem in him silf/ þerfore no man iuge ȝou in me-
te or in drynke· or in part of feest dai· or of neomenye or of sabotis:
17, 18 whiche ben schadowe of þingis to comynge/ For þe bodi: is of crist/ No
man disceyue ȝou willynge to teche in mekenesse & religioun of aung-

els þo þingis whiche he haþ not seen walkynge veynly bolned wiþ witt
19 of his fleish/ And not holdynge þe heed of whiche al þe bodi· bi boon-
dis & ioynyngis togidre vndirmynistrid & maad: wexiþ in to encrees-
20 syng of god/ For if ȝe ben deede with crist fro þe elementis of þis
21 world: what ȝitt· as men lyuynge to þe world demen ȝe? þat ȝe touche
22 not neþir taaste· neþer trete wiþ hondis þo þingis: whiche alle ben in to
23 deeþ bi þilke vse aftir þe comaundementis & þe techyngis of men/ whi-
che han a resoun of wisdom in veyn religioun & mekenesse: and not to
spare þe bodi· not in ony honour to þe fulfillyng of þe fleish/
3   þerfore if ȝe han risen togidre with crist: seke ȝe þo þingis þat ben
2 aboue· where crist is sittynge in þe riȝthalf of god/ Sauere ȝe þo þing-
3 is þat ben aboue: not þo þat ben on `þe´ erþe/ For ȝe ben deede: and
4 ȝoure lijf is hid wiþ crist in god/ For whanne crist schal apeere· ȝoure
5 lijf: þanne also ȝe schul appeere wiþ him in glorie/ þerfor sle ȝe ȝoure
membris whiche ben on þe erþe: fornicacioun· vnclennesse· leccherie·
6 yuel couetise· & auarice whiche is seruyce of mawmetis/ For whiche
7 þingis: þe wraþþe of god cam on þe sones of vnbileeue/ In whiche al-
8 so ȝe walkiden sumtyme: whanne ȝe lyueden in hem/ But now putte ȝe
awei alle þingis: wraþþe· indignacioun· malice· blasfemye & foul word
9 of ȝoure mouþ/ Nile ȝe lye togidre/ spoyle ȝe ȝou fro þe olde man with
10 his dedis/ and cloþe ȝe þe newe man· þat is maad newe aȝen in to þe
11 knowyng of god: aftir þe ymage of him þat made hym/ where is not
male & female· heþen man & iew· circumcisioun & prepucie· barbarus
& scita· bonde man & free [man]: but alle þingis & in alle þingis crist/
12 þerfore ȝe as þe chosun of god· hooly & loued: cloþe ȝou wiþ þe en-
trailis of mercy· benyngnitee & mekenesse· temperaunce· pacience/
13 And supporte ȝe echoon ooþir· & forȝiue to ȝou silf: if ony man aȝens
14 ony haþ a querel as þe lord forȝaaf to ȝou· so also ȝe/ And upon alle
15 þese þingis haue ȝe charite: þat is þe boond of perfeccioun/ And þe
pees of crist: enioye in ȝoure hertis/ in whiche ȝe ben clepid in o body:
16 and be ȝe kynde/ þe word of crist dwelle in ȝou plenteuously in al wis-
dom & teche & moneste ȝou silf in psalmes· in[1] ympnes & spirituel
17 songis in grace· syngynge in ȝoure hertis to þe lord/ Al þing what euer
þing ȝe doon in word or in deede: alle þingis in þe name of oure lord
18 ihū crist· doynge þankyngis to god & to þe fadir bi him/ wymmen be
19 ȝe suget[is] to ȝoure hosebondis: as it bihouiþ in þe lord/ Men loue ȝe
20 ȝoure wyues: and nyle ȝe be bittir to hem/ Sones obeie ȝe to ȝoure fa-
21 dir & modir bi alle þingis/ for þis is wel plesynge in þe lord/ Fadris ny-
le ȝe terre ȝoure sones to indignacioun: þat þei be not maad feble her-
22 tid/ Seruauntis obeye ȝe bi alle þingis to fleishli lordis/ not seruynge at
iȝe: as plesynge to men/ but in symplenesse of herte dredynge þe lord/
23, 24 what euer ȝe don: worche ȝe of wille as to þe lord: & not to men/ wi-
tynge: þat of þe lord ȝe schul take ȝeldyng of eritage/ Serue ȝe to þe

_____

3. [1] and

25 lord crist/ for he þat doþ iniurie: schal resseyue þat· þat he dide yuele/
And accep[ta]cioun of persoones: is not anentis god/

4 LOrdis ȝiue ȝe to seruauntis: þat· þat is iust & euene/ witynge þat al-

2 so ȝe han a lord in heuene/ Be ȝe besy in preiere: and wake in it· in

3 doyng of þankyngis/ and preie ech for ooþer & for us: þat god opene
to us þe dore of word· to speke þe mysterie of crist for whiche also I

4, 5 am bounden/ þat I schewe it: so as it bihouiþ me to speke/ walke ȝe in

6 wisdom to hem þat ben wiþoutforþ: aȝenbiynge tyme/ ȝoure word be
sauerid in salt euermore in grace/ þat ȝe wite: hou it bihouiþ ȝou to ans-

7 were to ech man/ Titycus moost dere broþer & feiþful mynistre & my
felowe in þe lord: schal make alle þingis knowun to ȝou· þat ben abou-

8 te me/ whom I sente to ȝou to þis same þing: þat he knowe what þing-

9 is ben aboute ȝou· & counforte ȝoure hertis/ wiþ onesyme moost dere
& feiþful broþer: whiche is of ȝou/ whiche schul make alle þingis þat

10 ben don heere: knowun to ȝou/ Aristark prisoner wiþ me: greetiþ ȝou
wel/ And Mark þe cosyn of barnabas: of whom ȝe han take maunde-

11 mentis/ If he come to ȝou: resseyue ȝe him/ And ihc̄ þat is seid iust:
whiche ben of circumcisioun þei aloone ben myn helpers in þe kyng-

12 dom of god: þat weren to me in solace/ Epafras þat is of ȝou þe seru-
aunt of ihū crist: greetiþ ȝou wel/ euere bisy for ȝou in preieris: þat ȝe

13 stonde perfit & ful in al þe wille of god/ And I bere witnessyng to him:
þat he haþ myche trauel for ȝou/ & for hem þat ben at loadice: and þat

14 ben at Jeropolym/ Luik þe leche moost dere & demas: greeten ȝou wel/

15 Greete ȝe wel þe briþeren þat ben at loadice/ & þe womman nymfam:

16 & þe chirche þat is in hir hous/ And whanne þis pistle is rad among
ȝou: do ȝe þat it be rad in þe chirche of loadicensis· and rede ȝe þat

17 pistle þat is of loadicensis/ and sey ȝe to archippus/ Se þe mynisterie

18 þat þou hast takun in þe lord: þat þou fille it/ Mi salutacioun: bi þe
hoond of poul/ Be ȝe myndeful of my boondis/ þe grace of oure[1] lord
ihū crist be with ȝou Amen

heere endiþ þe pistle to Colocensis: & biginniþ `þe´ prologe on þe
`i´ pistle to Thessalonycensis/

---

4. [1] the

I Thessalonians

P [*The prolog of the firste pistil to Thessalonycensis*]

Thessalonycensis ben macedonies: in ihū crist/ whanne þei hadden
resseyued þe word of treuþe: þei stoden stidefastly in þe feiþ/ and also
in persecucioun of her owne citeseyns/ Ferþermore þei resseyueden not
false apostlis: ne þo þingis þat weren seid of false apostlis/ þese þe
apostle preisiþ: writinge to hem fro athenis bi titicus & onesimus [*Je-
rome in his prolog on this pistle seith this*]

Heere biginniþ þe [*firste*] pistle [*to Tessalonicensis*]

1 POul & siluan & tymothe to þe chirche of thessalonicensis in god þe
2 fadir & in þe lord ihū crist: grace & pees to ʒou/ we don þankyngis to
god euermore for alle ʒou· & we maken mynde of ʒou in oure preieris·
3 wiþouten ceessyng/ hauynge mynde of þe werk of ʒoure feiþ & trauel
& charite & abidyng of þe hope of oure lord ihū crist bifore god & ou-
4, 5 re fadir/ ʒe loued breþeren of god: we witynge ʒoure chesyng for oure
gospel was not at ʒou in word oonly: but also in vertu & in þe hooly
goost & in myche plentee/ As ʒe witen: whiche we weren among ʒou
6 for ʒou/ And ʒe ben maad foloweris of vs & of þe lord: resseyuynge þe
7 word in myche tribulacion wiþ ioye of þe hooly goost/ So þat ʒe ben
maad ensaumple to alle men þat bileeuen: in macedonye & in acaye/
8 for of ʒou þe word of þe lord is pupplisshid: not oonly in macedonye
& acaye/ But ʒoure feiþ· þat is to god: in ech place is gon forþ/ so þat
9 it is not nede to us *for* to speke ony þing/ for þei schewen of ʒou: what
maner entree we hadden to ʒou/ and hou ʒe ben conuertid to god fro
10 mawmetis: to serue to þe lyuynge god & verrey/ & to abyde his sone
fro heuenes whom he reiside fro deeþ: þe lord ihū þat delyuerde us fro
wraþþe to comynge/
2, 2 For briperen ʒe witen oure entre to ʒou: for it was not veyn/ But first
we suffreden & weren punyshid wiþ wrongis as ʒe witen in philippis·
& hadden trist in oure lord· to speke to ʒou þe gospel of god in myche
3 bisynesse/ and oure exortacioun: is not for errour neþer of vnclennes-
4 se· neþer in gyle/ But as we ben preued of god· þat þe gospel of god
schulde be takun to us: so we speken/ not as plesynge to men: but to
5 god þat preuiþ oure hertis/ For neþer we weren ony tyme in word of
glosing: as ʒe witen/ neþer in occasioun of auarice: god is witnesse/
6, 7 neþer sekynge glorie of men: neþer of ʒou neþer of oþere/ whanne we
as cristis apostlis· myʒten haue be in charge to ʒou/ But we weren maad

---

I Thess. 5. ¹ clepide   ² coniure

8 litil in þe myddil of ȝou: as if a nurse fostre hir sones/ So we desirynge
ȝou wiþ greet loue: wolden haue bitake to ȝou· not oonly þe gospel of
9 god/ but also oure lyues: for ȝe ben maad moost dereworþe to us/ For
briþeren ȝe ben myndeful of oure trauel & werynesse/ we worchiden
niȝt & dai· þat we schulden not greeue ony of ȝou & prechiden to ȝou
10 þe euangelie of god/ God & ȝe ben witnessis: hou holily & iustly· &
11 wiþouten playnt we weren to ȝou þat bileueden/ as ȝe witen hou we
12 preieden ȝou & counfortiden ech of ȝou as þe fadir hise sones: and we
han witnessid/ þat ȝe schulden go worþily to god: þat clepide ȝou in to
13 his kyngdom & glorie/ þerfore we don þankyngis to god: withouten
cessyng/ for whanne ȝe hadden take of us þe word of þe heering of god:
ȝe token it not as þe word `of´ men but as it is verily þe word of god:
14 þat worchip in ȝou þat han bileeued/ For briþeren ȝe ben maad folo-
weris of þe chirchis of god þat ben in Judee in crist ihū/ For ȝe han suff-
15 rid þe same þingis of ȝoure euene lynagis: as þei of þe iewis whiche
slowen boþe þe lord ihū & þe profetis: & pursueden us/ And þei plesen
16 not to god: and þei ben aduersaries to alle men/ forbedynge us to spe-
ke to heþene men: þat þei be maad saaf/ þat þei fille her synnes euer-
17 more for þe wraþþe of god cam on hem: in to þe ende/ And breþeren
we desolat fro ȝou for a tyme bi mouþ· & in biholdyng but not in her-
18 te: han hiȝed more plenteuously to se ȝoure face with greet desijr/ For
we wolden come to ȝou/ ȝhe I poul oones & eftsoone: but sathanas let-
19 tide us/ forwhi· what is oure hope: or ioie or crowne of glorie? wheþer
20 ȝe ben not bifore oure lord ihū crist: in his comyng? for ȝe ben oure glo-
rie & ioye/
3   For whiche þing we suffriden no lengre: and it pleside to us to dwel-
2 le aloone at athenis/ And we senten tymothe oure broþir & mynistre of
god in þe euangelie of crist: to ȝou to be confermyd/ & to be tauȝt for
3 ȝoure feiþ: þat no man be moued in þese tribulaciouns/ for ȝe silf wi-
4 ten: þat in þis þing we ben sett/ For whanne we weren at ȝou: we bifo-
re seiden to ȝou· þat we schulden suffre tribulaciouns/ as it is don: &
5 ȝe witen/ þerfore I poul no lengre abidynge: sente to knowe ȝoure feiþ/
lest perauenture he þat temptiþ· tempte ȝou: and ȝoure traueile be maad
6 veyn/ But now whanne tymothe schal come to us fro ȝou: & telle to us
ȝoure feiþ & charite/ & þat ȝe han good mynde of us: euere desirynge
7 to se us: as we also ȝou/ þerfore briþeren we ben counfortid in ȝou· in
8 al oure nede & tribulacion: bi ȝoure feiþ/ For now we lyuen: if ȝe ston-
9 den in þe lord/ For what doyng of þankyngis moun we ȝelde to god for
10 ȝou: in al ioie in whiche we ioien for ȝou· bifore oure lord? niȝt & dai
more plenteuously preiynge: þat we se ȝoure face & fulfille þo þingis
11 þat failen to ȝoure feiþ/ But god him silf & oure fadir· & þe lord ihū
12 crist: dresse oure wey to ȝou/ and þe lord multiplie ȝou: and make ȝou-
re charite to be plenteuous of ech to ooþer & in to alle men· as also we
13 in ȝou/ þat ȝoure hertis be confermyd wiþouten playnt in holynesse bi-
fore god & oure fadir: in þe comyng of oure lord ihū crist with alle hi-
se seyntis amen/

4   Therfore briþeren fro hennes forward we preien ȝou: & bisechen in
þe lord ihū þat as ȝe han receiued of us· hou it bihouiþ ȝou to go & to
2 plese god: so walke ȝe· þat ȝe abounde þe more/ for ȝe witen what co-
3 maundementis I haue ȝouun to ȝou: bi þe lord ihū/ for þis is þe wille of
4 god· ȝoure holynesse: þat ȝe absteyne ȝou fro fornycacioun/ þat ech of
5 ȝou kunne weelde his vessel: in holynesse & honour/ not in passioun of
6 lust: as heþene men þat knowun not god/ and þat no man ouergo: neþer
disseyue his broþir in chaffaryng/ for þe lord is vengere of alle þese
7 þingis as we bifore seiden to ȝou· & han witnessid/ For god clepide not
8 us in to vnclennesse: but in to hoolynesse/ þerfor he þat dispisiþ þese
9 þingis: dispisiþ not man· but god þat also ȝaf his hooly spirit in us/ But
of þe charite of briþerhed: we hadden no nede to wryte to ȝou/ ȝe ȝou
10 silf han lered of god: þat ȝe loue togidre/ for ȝe don þat: in to alle bre-
11 þeren in al macedonye/ And breþeren we preien ȝou· þat ȝe abounde
more/ & take kepe: þat ȝe be quyet/ and þat ȝe do ȝoure nede· & wor-
12 che " ȝe wiþ ȝoure hondis: as we han comaundid to ȝou/ And þat ȝe
wandre honestly to hem þat ben wiþoutforþ: and þat of no mannus ȝe
13 desyre ony þing/ For briþeren we wolen not þat ȝe vnknowe· of men
14 þat dien: þat ȝe be not sorouful as oþere þat han not hope/ For if we bi-
leeuen þat ihc̄ was deed & roos aȝen: so god schal lede wiþ hym· hem
15 þat ben deede bi ihū/ And we seyn þis þing to ȝou: in þe word of þe
lord/ þat we þat lyuen þat ben left· in þe comyng of þe lord schul not
16 come bifore hem þat ben deed/ for þe lord him silf schal come doun fro
heuene: in þe comaundement & in þe voice of an archaungel· & in þe
trumpe of god/ And þe deede men þat ben in crist: schul rise aȝen first/
17 aftirward we þat lyuen þat ben left: schul be rauyshid togidre wiþ hem
in cloudis metynge crist in [to] þe eir/ And so euermore we schul be
18 wiþ þe lord/ þerfore be ȝe counfortid togidre: in þese wordis/
5   But briþeren· of tymes & momentis: ȝe neden not· þat I write to ȝou/
2 for ȝe ȝou silf witen diligently: þat þe day of þe lord schal come as a
3 þeef in þe niȝt/ For whanne þei schul sey· pees is & sikirnesse: þanne
sodeyn deþ schal come on hem· as serowe to a womman þat is wiþ
4 childe· and þei schul not scape/ But briþeren ȝe ben not in derknessis:
5 þat þilke dai as a þeef cacche ȝou/ For alle ȝe ben þe sones of liȝt: &
6 sones of dai we ben· not of niȝt· neþir of derknessis/ þerfore slepe we
7 not as oþere: but wake we & be we sobre/ For þei þat slepen: slepen in
8 þe niȝt/ and þei þat ben drunken: ben drunken in þe niȝt/ But we þat
ben of þe dai: ben sobre cloþid in þe haburioun of feiþ & of charite: &
9 in þe helm of hope of helþe/ For god puttide not us in to wraþþe: but
10 in to þe purchasyng of helþe bi oure lord ihū crist· þat was deed for us/
11 þat wheþer we waken· wheþer we slepen: we lyue togidre wiþ him/ For
whiche þing counforte ȝe togidre: and edifie ȝe ech ooþer· as ȝe don/
12 And briþeren we preien ȝou: þat ȝe knowe hem þat trauelen among
13 ȝou· and ben souereyns to ȝou in þe lord· & techen ȝou: þat ȝe haue
hem `more´ aboundauntly in charite/ And for þe werk of hem: haue ȝe
14 pees wiþ hem/ And briþeren we preien ȝou: repreue ȝe vnpesible men·

counforte ȝe men of litil herte· resseyue ȝe sike men/ be ȝe pacient to
15 alle men/ Se ȝe þat no man ȝelde yuel for yuel to ony man: but euer-
16 more sue ȝe þat· þat is good ech to ooþer & to alle men/ Euermore ioye
17, 18 ȝe· wiþoute cessing preie ȝe: in alle þingis do ȝe þankyngis/ for þis is
19, 20 þe wille of god in crist ihū: in alle ȝou/ Nile ȝe quenche þe spirit: nyle
21 ȝe dispise prophecies/ But preue ȝe alle þingis/ and holde ȝe þat þing
22, 23 þat is good: absteyne ȝou fro al yuel spice/ And god him silf of pees
make ȝou hooly bi alle þingis: þat ȝoure spirit be kept hool· & soule &
24 bodi wiþoute playnt in þe comyng of oure lord ihū crist/ God is trewe
25, 26 þat clepiþ¹ ȝou: whiche also schal do/ Briþeren· preie ȝe for us/ grete
27 ȝe wel alle briþeren in hooly coss/ I charge² ȝou bi þe lord: þat þis pist-
28 le be rad to alle hooly briþeren/ þe grace of oure lord ihū crist: be wiþ
ȝou Amen/ Heere `endiþ´ þe firste pistle to Thessalonicencis: and bi-
ginniþ þe prologe on þe ij pistle to Thessalonycencis/

II Thessalonians

P [*Jeroms prolog on the secunde epistle to Thessalonicencis*]

The [*a*]postle writiþ þe secounde [*e*]pistle to [*the*] thessalonycencis·
& makiþ knowun to hem of þe laste tymes/ & of þe comyng of þe ad-
uersarie: & of þe þrowyng doun of hym/ He writiþ þis epistle from
athenis bi titicus þe dekene & onesimus þe acolyt/ [*Here endith the
prologe and bigyneth the secunde pistil*]

1 [*Here bigynneth the secounde pistle to Thessalonicencis*]

POul & siluan & tymothe: to þe chirche of thessalonycencis in god
2 oure fadir· & in þe lord ihū crist/ grace to ȝou & pees of god oure fadir:
3 & of þe lord ihū crist/ we owen to do þankyngis euer more to god for
ȝou briþeren: so as it is worþi/ for ȝoure feiþ ouerwexiþ: & þe charite
4 of ech of ȝou to ooþir aboundiþ/ so þat we *us* silf glorien in ȝou in þe
chirchis of god: for ȝoure pacience & feiþ· in alle ȝoure persecuciouns
5 & tribulaciouns/ whiche ȝe susteynen in to þe ensaumple of þe iust
doom of god: þat ȝe be had worþi in þe kyngdom of god· for whiche
6 ȝe suffren/ if naþeles it is iust tofore god: to quyte tribulacioun to hem
7 þat troublen ȝou & to ȝou þat ben troublid: reste wiþ us in þe schewyng
8 of þe lord ihū fro heuene wiþ aungels of his uertu: in þe flawme of fi-
er· þat schal ȝiue veniaunce to hem þat knowen not god: `&´ þat obeien
9 not to þe euangelie of oure lord ihū crist/ whiche shul suffre euer las-
tynge peynes: in perishyng fro þe face of þe lord/ & fro þe glorie of his
10 uertu: whanne he schal come to be glorified in hise seyntis· & to be
maad wondirful in alle men þat bileeueden/ for oure witnessyng is bi-
11 leuid on ȝou: in þat dai/ In whiche þing also we preien euer more for
ȝou: þat oure god make ȝou worþi to his cleping & fille al þe wille of
12 his goodnesse: & þe werk of feiþ in vertu/ þat þe name of oure lord ihū
crist be clarified in ȝou· & ȝe in him: bi þe grace of oure lord ihū crist

2 But briþeren we preien ȝou bi þe comyng of oure lord ihū crist· & of
2 oure congregacioun in to þe same comyng: þat ȝe be not moued soone
fro ȝoure witt/ neþer be ȝe aferd· neþer bi spirit neþer bi word· neþer
3 bi epistle as sent bi us: as if þe dai of þe lord be niȝ/ No man disceiue
ȝou yn ony manere/ for but dissencioun come first & þe man of synne
4 be schewid· þe sone of perdicioun: þat is aduersarie & is enhaunsid
ouer al þing þat is seid god· or þat is worschipid· so þat he sitte in þe
5 temple of god: and schewe him silf· as if he were god/ wheþer ȝe hol-
6 den not· þat ȝitt whanne I was at ȝou: I seide þese þingis to ȝou? and

---

II Thess. 3. ¹ worchiden   ² a

7 now what wiþholdiþ ȝe witen: þat he be schewid in his tyme/ for þe
priuytee of wickidnesse worchiþ now/ oonly þat he þat holdiþ now·
8 holde til he be don awey/ And þanne þe ilke wickid man shal be sche-
wid: whom þe lord ihū schal sle wiþ þe spirit of his mouþ· and schal
9 distrie with liȝtnyng of his comyng/ hym: whos comyng is bi þe wor-
10 ching of sathanas· in al vertu & signes· & grete wondris false & in al
disseit of wickidnesse: to hem þat perisshen/ for þat þei resseyuiden
not þe charite of treuþe: þat þei schulden be maad saaf/ And þerfor god
11 schal sende to hem a worchyng of errour: þat þei bileeue to lesyng/ þat
alle be demed: whiche bileeuyden not to treuþe· but consentiden to
12 wickidnesse/ But briþeren loued of god· we owen to do þankyngis
euermore to god for ȝou: þat god ches us þe firste fruytis in to helþe·
13 in halowyng of spirit & in feiþ of treuþe/ In whiche also he clepide ȝou
14 bi oure gospel: in to getyng of þe glorie of oure lord ihū crist/ þerfore
breþeren stonde ȝe & holde ȝe þe tradiciouns þat ȝe han lerned: eiþer
15 bi word· eiþer bi oure epistil/ And oure lord ihū crist him silf· & god
oure fadir· whiche louyde us & ȝaf euerlastinge counfort & good hope
16 in grace: stire ȝoure hertis & conferme in al good work and word
3 Breþeren fro hennis forþward preie ȝe for us: þat þe word of god
2 renne & be clarified· as it is anentis ȝou/ and þat we be delyuered: fro
3 noyous & yuele men/ For feiþ is not of alle men/ but þe lord is trewe
4 þat schal conferme ȝou: & schal kepe fro yuel/ And breþeren we tris-
ten of ȝou in þe lord: for what euer þingis we comaunden to ȝou· boþe
5 ȝe don & schul do/ And þe lord dresse ȝoure hertis in þe charite of god:
6 & `in´ þe pacience of crist/ But breþeren we denouncen to ȝou in þe na-
me of lord ihū crist: þat ȝe wiþdrawe ȝou from ech broþir þat wandriþ
7 out of ordre & not aftir þe techyng: þat þei resseyueden of us/ For ȝe
ȝou silf witen: hou it bihouiþ to sue us/ For we weren not vnpesible
8 among ȝou: neþer `wiþ´outen oure owne trauel we eeten breed of ony
man/ but in trauel & werynesse worchynge[1] niȝt & dai: þat we greue-
9 den noon of ȝou/ Not as we hadden not power: but þat we schulden ȝiue
10 us silf ensaumple to ȝou to sue us/ For also whanne we weren among
ȝou: we denounceden þis þing to ȝou þat if ony man wole not worche:
11 neþer ete he/ For we haue herd þat summe among ȝou gon in reste &
12 no þing worchen· but don curiously/ But we denouncen to hem þat ben
suche men: & bisechen in þe lord ihū crist· þat þei worche wiþ silence·
13, 14 & ete her owne breed/ But nyle ȝe breþeren faile: wel doynge/ þat if
ony man obeieþ not to oure word bi epistle: marke ȝe him/ and comy-
15 ne ȝe not with him: þat he be aschamed/ And nyle ȝe gesse him as an
16 enemye: but reproue ȝe him as a broþir/ And god him silf of pees: ȝiue
17 to ȝou euerlastynge pees in al place/ þe lord be with alle " ȝou/ Mi sal-
utacioun: bi þe hond of poul/ whiche signe in eche epistle: I wryte þus/
18 þe grace of oure lord ihū crist: be wiþ ȝou " alle Amen
Heere endiþ þe ij epistle to thessalonicensis: and beginniþ þe[2] pro-
loge on þe i epistle to Thymothe/

I Timothy

P [*Jeroms prologe on the firste epistle to Timothe*]

He enformiþ & techiþ tymothe of þe ordynaunce of bishopis office·
& of dekens office· & of eueryche discipline of hooly chirche: writynge
to him fro macedonye bi titicus þe dekene/ [*Jerome in his prolog on this
pistil seith this*] Heere biginniþ þe [*firste*] pistle [*to Tymothe*]

1   POul apostle of crist " ihū· bi þe comaundement of god oure sauyour·
2   & of ihū crist oure hope· to tymothe biloued sone in þe feiþ: grace &
3   mercy & pees of god þe fadir & of ihū crist oure lord/ As I preiede þee
    þat þou schuldist dwelle at effecy: whanne I wente in to macedonye·
    þat þou schuldist denounce to summe men/ þat þei schulden not teche
4   ooþer wise¹· neþer ȝiue tent to fablis· & genologies þat ben vncerteyn:
    whiche ȝiuen questiouns· more þan edificacioun of god þat is in þe
5   feiþ/ For þe ende of comaundement is charite of clene herte & good
6   conscience & of feiþ not feyned/ Fro whiche þingis sum men han er-
7   rid· & ben turned in to veyn speche· and willen to be techers of þe la-
    we: & vndirstonden not what þingis þei speken· neþer of what þingis
8   þei affermen/ And we witen þat þe lawe is good: if ony man vse it la-
9   wefully/ And witynge þis þing· þat þe lawe is not sett to a iust man but
    to vniust men & not sugett· to wickide men & (not) to synners· to cur-
10 sid men & defoulid· to sleers of fadir & sleers of modir· to mensleers &
    lechouris· to hem þat don leccherie with men· lesyngmongers & for-
11 sworne· and if ony ooþer þing is contrarie to þe holsum techyng· þat is
    aftir þe euangelie of þe glorie of blessid god whiche is bita`ke´ to me/
12 I do þankyngis to him þat counfortide me in crist ihū oure lord: for he
13 gesside me feiþful· & putte me in mynisterie þat first was a blasfeme
    & a pursuere & full of wrongis/ But I haue gete þe merci of god: for I
14 vnknowynge dide in vnbileeue/ But þe grace of oure lord oueraboun-
15 dide wiþ feiþ & loue þat is in crist ihū/ A trewe word & worþi al res-
    seyuyng· for crist ihū cam in to þis world to make synful men saaf: of
16 whiche I am þe firste/ But þerfore I haue gete mercy: þat crist ihū
    schulde schewe in me first· al pacience to þe enformyng of hem þat
17 schul bileeue to him in to euerlastinge lijf/ And to þe king of worldis
    vndeedly & vnvisible god aloone: be honour & glorie in to worldis of
18 worldis Amen/ I bitake þis comaundement to þee þou sone thymothe
    aftir þe prophecies þat² han be heretofore in þee: þat þou trauaile in
19 hem a good trauele· hauynge feiþ & good conscience/ whiche summen

---

I Tim. 1. ¹ weie   ² *MS* þan   ³ which/e

20 casten awey: & perisshiden aboute þe feiþ/ Of whom³ is Imeneus &
alisaundre: whom³ I ´bi´took to sathanas: þat þei lerne to not blasfeme/
2 Therfore I biseche first of alle þingis· þat bisechingis· preieris· ax-
2 yngis· doyngis of þankyngis be maad for alle men/ for kyngis & alle þat
ben sett in hiӡenesse: þat we lede a quiet & a pesible lijf in al pitee &
3, 4 chastitee/ for þis þing is good & acceptid bifore god oure sauyour: þat
5 alle men be maad saaf· & þat þei come to þe knowyng of treuþe/ for o
6 god & a mediatour is of god & of men· a man crist iħc: þat ӡaf him silf
redempcioun for alle men/ whos witnessyng is confermid in hise ty-
7 mes· in whiche I am sett a prechour & [an] apostle/ For I sey treuþe and
8 I lie not· þat am a techere of heþen men in feiþ & in treuþe/ þerfor I
wole þat men preie in eche¹ place: liftynge up clene hondis wiþouten
9 wraþþe & strijf/ Also wymmen in couenable abite· with schamefast-
nesse & sobrenesse araiynge hem silf· not in wriþun heris eþir in gold·
10 eþer perlys· eþer precious cloþ: but þat þat bicomiþ wymmen bihee-
11 tinge pitee bi gode werkis/ A womman lerne in silence with al subiec-
12 cioun/ But I suffre not a womman to teche: neþer to haue lordschip on
13 þe housbonde· but to be in silence/ For adam was first fourmed: aftir-
14 ward eue/ and adam was not disseyued: but þe womman was disceyu-
15 ed in brekyng of þe lawe/ But sche schal be saued bi generacioun of
children: if sche dwelliþ perfitly in feiþ & loue & holynesse with so-
brenesse/
3 A feiþful word/ If ony man desiriþ a bisshopriche: he desiriþ a good
2 werk/ þerfor it bihouiþ a bisshop to be withoute repreef· þe hosebonde
of o wijf· sobre· prudent· chaast· vertuous· holdynge hospitalitee· a te-
3 chere· not ӡouun myche to wijn· not a smytere· but temperat· not full of
4 chydyng· not coueitous· wel reulynge his hous & haue sones sugett
5 with al chastite/ for if ony man can not gouerne his hous: hou schal he
6 haue diligence of þe chirche of god/ Not newe conuertid to þe feiþ· lest
7 he be born up in to pride· & falle in to doom of þe deuel/ for it bihouiþ
him to haue also good witnessyng of hem þat ben wiþoutforþ: þat he
8 falle not in to repreef & in to þe snare of þe deuel/ Also it bihouiþ de-
kens to be chaast· not double tungid· not ӡouun myche to wyn· not
9, 10 suynge foul wynnyng þat han þe mysterie of feiþ in clene conscience/
11 but be ´þei´ preued first & mynistre so: hauynge no cryme/ Also it bi-
houiþ wymmen to be chast· not bacbitynge· sobre· feiþful in alle þing-
12 is/ Dekens be hosebondis of o wijf: whiche gouernen wel her sones &
13 her housis/ For þei þat mynistren wel: schul gete a good degree to hem
14 silf· & myche trist in þe feiþ þat is in crist iħu/ Sone tymothee I wryte
15 to þee þese þingis hopinge þat I schal come soone to þee/ But if I ta-
rie· þat þou wite· hou it bihouiþ þee to lyue in þe hous of god/ þat is þe
16 chirche of lyuynge god: a piler & sadnesse of treuþe/ and openly it is a
greet sacrament of pitee/ þat þing þat was schewid in fleish: it is iusti-

2. ¹ al

fied in spirit/ It appeeride to aungels· it is prechid to heþene men· it is
bileeued in þe world· it is takun up in glorie/

4   But þe spirit seiþ openly· þat in þe laste tymes· summen schul de-
parte fro þe feiþ ʒiuynge tent to spiritis of errour· & to techingis of de-
2, 3   uelis þat speken lesyng in ypocrisie· & han her conscience corupt· for-
beedinge to be weddid· to absteyne fro metis whiche god made to take
with doyng of þankingis to feiþful men· & *to* hem þat han knowe þe
4   treuþe/ for ech creature of god is good: and no þing is to be cast awey·
5   whiche is take with doyng of þankyngis/ for it is halowid bi þe word of
6   god & bi preier/ þou puttynge forþ þese þingis to breþeren: schalt be a
good mynistre of crist ihū· norishid with wordis of feiþ & of good doc-
7   trine: whiche þou hast gete/ But eþchewe þou vncouenable fablis & ol-
8   de wymmens fablis: haunte þi silf to pitee/ For bodily exercitacioun: is
profitable to litil þing/ but pitee is profitable to alle þingis: þat haþ a bi-
9   heste of lijf þat now is & þat is to come/ A trewe word & worþi al ac-
10   cep[ta]cioun/ and in þis þing we traueilen· & ben cursid: for we hopen
11   in lyuinge god þat is sauyour of alle men· moost of feiþful men/ Co-
12   maunde þou þis þing & teche/ No man dispise þi ʒoungþe: but be þou
ensaumple of feiþful men in word· in lyuinge in charite· in feiþ in chas-
13, 14 titee/ Til I come: take tent to redyng· to exortacioun & techyng/ Nile
þou charge " litil· þe grace whiche is in þee: þat is ʒouun to þee bi
15   prophecie with puttyng on of þe hondis of preesthod/ þenke þou þese
16   þingis: in þese be þou/ þat þi profityng be schewid to alle men/ Take
tent to þi silf & to doctrine: be bisy in hem/ for þou doynge þese þing-
1   is: schalt make boþe þi silf saaf· & hem þat heeren þee/ Blame þou not
2   an eldre man: but biseche as a fadir· ʒounge men: as briþeren/ olde
`wym´men: as modirs/ ʒounge wymmen: as sistris in al chastitee/
5, 3, 4   Honoure þou widewis: þat ben verrey widewis/ But if ony widewe
haue[1] children of sones: lerne sche first to gouerne hir hous & quyte to
5   fadir & modir/ For þis þing is acceptid bifore god/ And sche þat is a wi-
dewe verily & desolat: hope in `to´ god· & be besy in bisechingis &
6, 7   preieris niʒt & dai/ for sche þat is lyuynge in delicis: is deed/ And co-
8   maunde þou þis þing: þat þei be wiþoute repreef/ For if ony man haue[1]
not cure of his owne· & moost of his houshold men: he haþ denyed þe
9   feiþ· & is worse þan an vnfeiþful man/ A widewe be chosun not lesse
10   þan sixti ʒer þat was wijf of oon hosebonde· & haþ witnessyng in go-
de werkis/ if sche norishide children· if sche resseyuede pore men to
herbore· if sche haþ waishen þe feet of hooly men· if she mynistride to
11   men þat suffreden tribulacioun· if sche folowide al good werk/ But
eþchewe þou ʒoungere wydewis/ for whanne þei han do leccherie: þei
12   wolen be weddid in crist/ hauynge dampnacioun: for þei han maad voi-
13   de þe firste feiþ/ Also þei ydel lernen to go aboute housis· not oonly
ydel· but full of wordis & curiouse: spekynge þingis þat bihouiþ not/

---

5. [1] hath

14 þerfore I wole þat ȝoungere widewis be weddid· & brynge forþ chil-
dren· & be hosewyues/ to ȝiue noon occasioun to þe aduersarie: bi cau-
15, 16 se of cursid þing/ For now summe ben turned abak aftir sathanas/ If ony
feiþful man haþ wydewis: mynistre he to hem: þat þe chirche be not
17 greeued: þat it suffice to hem þat ben verrey widewis/ þe preestis þat
ben wel gouernouris: be þei had worþi to double honour/ moost þei þat
18 trauailen in word & techyng/ For þe scripture seiþ/ þou schalt not bri-
dele þe mouþ of þe oxe þreisshynge: and a werk man is worþi his hi-
19 re/ Nile þou resseyue accusing aȝens a preest· but vndir two or þre wit-
20 nessis/ But repreue þou men þat synnen· bifore alle men: þat also oþere
21 haue drede/ I preie bifore god & ihū crist & hise chosun aungels: þat
þou kepe þese þingis wiþoute preiudice· & do no þing in bowyng in to
22 þe ooþer side/ Putte þou hondis to no man· neþer anoon comyne þou
23 with oþere mennis synnes/ Kepe þi silf chaast/ Nile þou ȝitt drinke wa-
tir but vse wyn " a litil´ for þi stomak & for þin ofte fallynge infirmy-
24 tees/ Sum mennis synnes ben open bifore goynge to doom: but of sum-
25 me men þei comen aftir/ And also gode dedis ben open: and þo þat han
hem in ooþer maner moun not be hid
6 What euer seruauntis ben vndir ȝok: deme þei her lordis worþi al ho-
2 nour· lest þe name of þe lord & þe doctryne be blasfemyd/ And þei þat
han feiþful lordis dispise hem not: for þei ben briþeren/ but more serue
þei: for þei ben feiþful & loued whiche ben parceners of benefice/ Te-
3 che þou þese þingis: and moneste þou þese þingis/ If ony man techiþ
ooþer wise & acordiþ not to þe holsum wordis of oure lord ihū crist· &
4 to þat teching þat is bi pitee: he is proud & can no þing/ but languisship
aboute questiouns & stryuyng of wordis: of þe whiche ben brouȝt forþ·
5 enuyes stryues· blasfemyes[1]· yuele suspiciouns· fiȝtyngis of men þat
ben corrupt in soule· & þat ben pryued fro treuþe· þat demen wynnyng
6, 7 to be pitee/ But a greet wynnyng is pitee: wiþ sufficience/ For we
brouȝten yn no þing in to þis world· and no doute· þat we moun not be-
8 re awey ony þing/ but we hauynge foodis· & wiþ what þingis we schul
9 be hilid: be we paied with þese þingis/ For þei þat wolen be maad ri-
che: fallen in to temptacioun· & in to snare of þe deuel/ & in to many
vnprofitable desiris & noyous: whiche drenchen men in to deeþ & per-
10 dicioun/ For þe roote of alle yuelis: is coueitise/ whiche summen coue-
11 itynge: erriden fro þe feiþ· & bisettiden hem with many serowis/ But
þou man of god fle þese þingis/ but sue þou riȝtwisnesse pitee· feiþ
12 charitee· pacience· myldenesse/ Stryue þou a good strijf of feiþ· cacche
euerlastinge lijf· in to `þe´ whiche þou art clepid: & hast knowlechid a
13 good knowleching bifore many witnessis/ I comaunde to þee bifore god
þat quykeniþ alle þingis· & bifore crist ihū· þat ȝeldide a witnessing
14 vndir pilat of pouns a good confessioun: þat þou kepe þe comaunde-
ment wiþoute wemme· withoute repreef· in to þe comyng of oure lord

6. [1] *MS* blesfemyes

15 ihū crist/ whom þe blessid & aloone myȝti kyng of kyngis & lord of lor-
16 dis schal schewe in hise tymes/ whiche aloone haþ vndedlynesse: and
dwellip in liȝt to whiche *liȝt* no man may come/ whom no man sauȝ:
neþer may se/ To whom glorie & honour & empyre be wiþouten ende
17 Amen/ Comaunde þou to þe riche men of þis world· þat þei vndirston-
de not hiȝly neþer þat þei hope in vncerteyntee of richessis: but in þe
18 lyuynge god þat ȝiuiþ to us alle þingis plenteuously to vse· to do wel·
19 to be maad riche in gode werkis: liȝtly to ȝiue· to comyne to tresoure to
hem silf a good foundement in to tyme to comynge: þat þei cacche
20 euerlastinge lijf/ þou tymothe kepe þe þing bitakun to þee· eschewynge
21 cursid noueltees of voicis & opynyouns of fals name of kunnyng/ whi-
che summen bihotinge aboute þe feiþ fellen doun/ þe grace of god be
with þee Amen/

    Heere endiþ þe i pistle to Thymothe: & biginniþ þe prologe on þe ij
[*pistle to Tymothe*]/

II Timothy

[*Jeroms prolog on Poulis epistle to Thimothe*]

P   He writiþ also to tymothe of exortacioun of martirdom· & of euery
reule of treuþe: and what schal come in þe laste tymes & of his `owne´
passioun/ wrytynge to him fro þe citee of Rome/ [*Jerom in his prologe
on this pistle seith this*]

[*The secunde pistle to Tymothe*]

1   POul apostle of ihū crist bi þe wille of god bi þe biheest of lijf· þat
2   is in crist ihū: to tymothe his moost derworþe sone/ grace· mercy &
3   pees: of god þe fadir· & of ihū crist oure lord/ I do þankyngis to my god·
    to whom I serue fro my progenytouris in clene conscience: þat wiþou-
4   ten ceessyng I haue mynde of þee in my preieris· niȝt & dai desiringe
5   to se þee/ hauynge mynde of þi teris: þat I be fillid with ioie/ & I biþen-
    ke of þat feiþ þat is in þee not feyned/ whiche also dwellide firste in
    þin aunte loyde: & in þi modir ennyce[1]/ And I am certeyn: þat also in
6   þee/ For *þe* whiche cause I moneste þee· þat þou reise aȝen þe grace of
7   god: þat is in þee· bi þe setting on of myne hondis/ Forwhi god ȝaf not
8   to us þe spirit of drede: but of vertu & of loue & of sobrenesse/ þerfo-
    re nyle þou schame þe witnessing of oure lord ihū crist: neþer me his
9   prisoner/ But traueile þou togidre in þe gospel bi þe vertu of god: þat
    delyuerde us· and clepide with his hooly clepyng/ not aftir oure werkis·
    but bi his purpos & grace þat is ȝouun in crist ihū bifore wordly tymes/
10 But now it is open bi þe liȝtnyng of oure sauyour ihū crist/ whiche dis-
11 triede deeþ: and liȝtnyde lijf & vncorrupcioun bi þe gospel/ In whiche
12 I am sett a prechour & apostle: & maistir of heþen men/ For whiche
    cause also I suffre þese þingis: but I am not confoundid/ For Y woot to
    whom I haue bileeuid· and I am certeyn þat he is myȝti [*for*] to kepe þat
13 is taken to my keping in to þat dai/ haue þou þe fourme of holsum wor-
14 dis: whiche þou herdist of me in feiþ & loue in crist ihū/ kepe þou þe
15 good takun to þi keping: bi þe hooly goost þat dwelliþ in us/ þou wost
    þis þat alle þat ben in asye· ben turned awey fro me: of whiche is fige-
16 lus & ermogenes/ þe lord ȝiue mercy to þe hous of onesiforus: for ofte
17 he refreisshide me· & schamyde not my chayne/ but whanne he cam to
18 rome: he souȝte me bisily & fonde/ þe lord ȝiue to him to fynde mercy
    of god in þat dai/ And hou grete þingis he mynystride to me at ephecy:
    þou knowist betere/

II **Tim.** 1. [1] Eunyce

2, 2   þerfore þou my sone be counfortid in grace þat is in crist ihū/ and
what þingis þou hast herd of me bi many witnessis: bitake þou þese to
3   feiþful men· whiche schul also " be able to teche oþere men/ Traueile
4   þou as a good kniȝt of crist ihū/ No man holdynge kniȝthod to god:
wlappiþ him silf wiþ worldly needis/ þat he plese to him: to whom he
5   `haþ´ preued him silf/ For he þat fiȝtiþ in a batel: schal not be crowned·
6   but he fiȝte lawefully/ It bihouiþ an erþe tilier to resseyue first of þe
7   fruytis/ Vndirstonde þou what þingis I sey/ For þe lord schal ȝiue to þee
8   vndirstonding in alle þingis/ Be þou myndeful· þat þe lord ihū crist· of
9   þe seed of dauid haþ risun aȝen fro deeþ aftir my gospel/ In whiche I
traueile vnto[1] bondis· as worchinge yuele: but þe word of god is not
10 boundun/ þerfore I suffre alle þingis for þe chosun: þat also þei gete þe
11 helþe þat is in crist ihū with heuenly glorie/ A trewe word/ þat if we ben
12 deed togidre: also we schul lyue togidre/ If we suffren: we schul regne
13 togidre/ if we denyen: he schal denye us/ If we bileeuen not: he dwel-
14 liþ feiþful· he may not denye hym silf/ Teche þou þese þingis: witnes-
synge bifore god/ Nile þou stryue in wordis/ for to no þing it is profi-
15 table: but to þe subuertyng of men þat heeren/ Bisily kepe to ȝiue þi silf
a preued preisable werkman to god· wiþoute schame· riȝtly tretynge þe
16 word of treuþe/ But eschewe þou vnhooly & veyn spechis/ forwhi þo
profiten myche to vnfeiþfulnesse: and þe word of hem crepiþ as a kan-
17, 18 kir/ Of whom[2] philete is & ymeneus: whiche felden doun fro þe treuþe
seiynge· þat þe risyng aȝen is now don· and þei subuerti`den´ þe feiþ
19 of summen/ But þe sad fundement of god stondiþ: hauinge þis marke/
þe lord knowiþ whiche ben hise/ And ech man þat namiþ þe name of
20 þe lord: departiþ fro wickidnesse/ But in a greet hous ben not oonly
vessels of gold & of siluer: but also of tree & of erþe/ And so summe
21 men ben in to honour· and summe in to dispiȝt/ þerfor if ony man clen-
siþ him silf fro þese: he schal be a vessel halewid in to honour & pro-
22 fitable to þe lord· redi to al good werk/ And fle þou desiris of ȝoungþe/
but sue þou riȝtwisnesse· feiþ charite· pees wiþ hem þat inwardly cle-
23 pen þe lord of a clene herte/ And eschewe þou foltisshe questiouns &
24 wiþoute kunnyng: witynge þat þo gendren chidyngis/ But it bihouiþ þe
seruaunt of þe lord to chide not: but to be mylde to alle men· able to te-
25 che· pacient· with temperaunce repreuynge hem þat aȝenstonden þe
treuþe/ þat sumtyme god ȝiue to hem forþinking: þat þei knowe þe
26 treuþe/ & þat þei ryse aȝen fro [*the*] snaris of þe deuel: of whom þei
ben holden prisoners at his wille/

3   But wite þou þis þing: þat in þe laste daies· perilouse tymes schul
2   neiȝe/ and men schul be louynge hem silf· coueitouse· hiȝe of beryng·
proude· blasfemeris· not obedient to fadir & modir· vnkynde· cursid·
3   wiþouten affeccioun· wiþouten pees· false blameris· vncontynent· vn-

---

2. [1] til to   [2] whiche
3. [1] *MS* Jāmes   [2] feithfuli

4 mylde· wiþoute benignytee· traytouris· ouerþwert· bollun with prou-
5 de þouȝtis· blinde· louers of lustis more þan of god· hauinge þe licke-
nesse of pitee· but denyinge þe vertu of it/ And eschewe þou þese men/
6 Of þese þei ben þat peersen housis & leden wymmen caitifs chargid
7 wiþ synnes· whiche ben led with dyuerse desiris euermore lernynge:
8 and neuer perfitly comynge to þe science of treuþe/ And as Jannes[1] &
mambres aȝenstoden moyses: so þese aȝenstonden treuþe/ Men corrupt
9 in vndirstonding· repreued aboute þe feiþ: but ferþere þei schul not
profite/ for þe vnwisdom of hem schal be knowun to alle men: as hern
10 was/ But þou hast getun mi teching ordinaunce purposing feiþ long abi-
11 ding loue pacience perse`cu´cïouns passiouns· whiche weren maad to
me at antioche· at ycony· at listris· what manere persecuciouns I suffri-
12 de: and þe lord haþ delyuered me of alle/ And alle men· þat wolen ly-
13 ue mekely[2] in crist ihū: shul suffre persecucioun/ But yuele men & dis-
seyueris: schul encresse in to worse· errynge & sendinge in to errour/
14 But dwelle þou in þese þingis þat þou hast lerned: & þat ben bitake to
15 þee· witinge of whom þou hast lernd/ For þou hast knowun hooly lett-
ris fro þi ȝouþe: whiche moun lerne þee to helþe bi feiþ þat is in crist
16 ihū/ For al scripture inspirid of god: is profitable to teche· to repreue· to
17 chastise· to lerne in riȝtwisnesse/ þat þe man of god be parfyt: lernd to
al good werk/

4 I witnesse bifore god & crist ihū· þat schal deme þe quyke & þe de-
2 ede· & bi þe comyng of him· & þe kyngdom of hym: preche þe word·
be þou bisy couenably wiþouten reste/ Repreue þou· biseche þou· bla-
3 me þou in al pacience & doctrine/ For tyme schal be whanne men schul
not suffre holsum teching: but at her desires þei schul gadre togidre to
4 hem silf maistris ȝicchynge to þe eris/ And treuly þei schul turne awey
5 þe heering fro treuþe: but to fablis þei schul turne/ But wake þou· in al-
le þingis traueile þou/ do þe werk of an euangelist/ fulfille þi seruyse·
6 be þou sobre/ for I am sacrifisid now· and þe tyme of my departyng is
7 niȝ/ I haue stryuen a good strijf/ I haue endid þe cours· I haue kept þe
8 feiþ/ In þe ooþer tyme a crowne of riȝtwisnesse is kept to me: whiche
þe lord a iust domes man schal ȝelde to me in þat dai/ `&´ not oonly to
me: but also to þese þat louen his comyng/ Hiȝe þou to come to me
9 soone/ For demas louynge þis world haþ forsakun me: & wente to tes-
10, 11 salonyk/ cressens in to galathie· tite in to dalmacie: luk aloone is with
me/ Take þou mark: and brynge with þee/ for he is profitable to me in
12, 13 to seruise/ Forsoþe I sente titicus to effecy/ þe cloþ whiche I lefte at tro-
ade at carpe: whanne þou comist brynge wiþ þee· & þe bookis but
14 moost parchemyn/ Alisaundre þe tresorer: schewide to me myche yuel/
15 þe lord schal ȝelde to him aftir hise werkis· whom also þou eschewe/
16 for he aȝenstood ful gretly oure wordis/ In my first defence no man hel-
17 pide me: but alle forsoken me/ be it not arettid to hem/ But þe lord hel-
pide me· & counfortide me: þat þe prechyng be fillid bi me/ and þat al-
18 le folkis heere þat I am delyuered fro þe mouþ of þe lioun/ & þe lord
delyuerde me fro al yuel werk: & shal make me saaf in to his heuenly

19 kingdom/ To whom be glorie in to worldis of worldis Amen/ Greete wel
20 prisca & aquila & þe hous of onoseforus/ Erastus lefte at corinthi/ And
21 I lefte trophimus sijk at mylete/ Hiȝe þou to come bifore wyntir/
   Eubolus & prudent & lynus & claudia & alle briþeren greten þee wel/
22 Oure lord ihū crist be wiþ þi spirit/ þe grace of god be wiþ ȝou Amen/
      Heere endiþ þe ij pistle to Thymothe: & biginniþ þe prologe on þe
   pistle to Tite

Titus

P [*Jeroms prolog on Tite*]

He warniþ tyte· and enformiþ him of þe ordenaunce of presthod: & of spiritual conuersacioun/ & of eretikis to be eschewid: þat bileeuen[1] in þe iewis writingis/ writynge to him fro mycopolis[2]/

[*Jerom in his prologe on this pistle seith this*]

1 [*Here bigynneth the pistle to Tyte*]

POul þe seruaunt of god & apostle of ihū crist: bi þe feiþ of þe cho-
2 sun of god/ & bi þe knowyng of þe treuþe: whiche is aftir pitee· in to þe hope of euer lastinge lijf/ *þe* whiche lijf· god þat lieþ not· bihiʒte:
3 bifore tymes of þe world/ But he haþ schewid in his tymes his word in preching: þat is bitakun to me bi þe comaundement of `oure sauyor "
4 god/ To tyte moost dereworþe sone bi þe comoun feiþ: grace & pees of
5 god þe fadir & of crist ihū oure sauyour/ For cause of þis þing I lefte þee at crete: þat þou amende þo þingis þat failen/ And ordeyne prestis
6 bi citees: as also I dispos[*id*]e to þee/ If ony man is wiþoute cryme: an hosebonde of o wijf· & haþ feiþful sones: not in accusacioun of lec-
7 cherie· or not suget/ For it bihouiþ a bisshop to be wiþoute cryme: a dispendour of god/ Not proud· not wraþful· not drunkelewe· not *a* smy-
8 tere· not coueitous of foul wynnyng: but holdynge hospitalitee· be-
9 nyngne· prudent· sobre iust· hooly· contynent· takynge þat trewe word þat is aftir doctrine/ þat he be myʒti to amoneste in holsum teching: &
10 to repreue hem þat aʒensey/ For þer ben manye vnobedient & veyn spe-
11 kers· & disseyuers· moost þei þat ben of circumcisioun: whom[1] it bi-houiþ to be reproued/ *þe* whiche subuerten alle housis: techinge whi-
12 che þingis it bihouiþ not for þe loue of foul wynnyng/ And oon of hem her propre prophete: seide/ Men of crete ben euermore liers yuele be-
13 estis of slowe wombe/ þis witnessyng is trewe/ For whiche[2] cause· bla-
14 me hem sore: þat þei be hoole in feiþ/ not ʒiuynge tent to fablis of ie-
15 wis· & to maundementis of men: þat turnen awey hem fro treuþe/ And alle þingis ben clene to clene men/ but to vnclene men & to vnfeiþful: no þing is clene/ for þe soule & conscience of hem ben maad vnclene/
16 þei knowlechen þat þei knowen god: but bi dedis þei denyen/ whanne þei ben abhominable & vnbileeful: & reprouable to al good werk/

2, 2 But speke þou þo þingis: þat bisemen holsum techyng/ þat olde men
3 be sobre· chaast· prudent· hool in feiþ· in loue & pacience/ Also olde wymmen in hooly abite· not sclaundreris/ not seruynge myche to wyn/

Titus P. [1] leeueth   [2] Nycopolis
1. [1] whiche   [2] what

4 wel techynge: þat þei teche prudence/ Moneste þou ȝounge wymmen:
5 þat þei loue her hosebondis: þat þei loue her children· & þat þei be pru-
dent· chast sobre· hauynge cure of þe hous· benyngne sugett to her ho-
6 sebondis: þat þe word of god be not blasfemid/ Also moneste þou
7 ȝounge men: þat þei be sobre/ in alle þingis ȝiue þi silf ensaumple of
8 gode werkis: in teching· in hoolnesse in sadnesse/ An holsum word &
vnreprouable/ þat he þat is of þe contrarie side be a-schamed: hauynge
9 noon yuel þing to sey of ȝou/ Moneste þou seruauntis: to be sugett to
10 her lordis in alle þingis: plesynge· not aȝen-seiynge· not defraudinge/
but in alle þingis schewynge good feiþ: þat þei honoure in alle þingis
11 þe doctrine of god oure sauyour/ For þe grace of god oure sauyour haþ
12 appeerid to alle men: & tauȝt us/ þat we forsake wickidnesse & world-
13 ly desiris: & lyue sobrely & iustly & pitously in þis world/ abidynge þe
blessid hope & þe comyng of þe glorie of þe greet god: & of oure sauy-
14 our ihū crist/ þat ȝaf him silf for us: to aȝenbie us fro al wickidnesse· &
15 make clene to him silf a peple acceptable & suere of gode werkis/ Spe-
ke þou þese þingis & moneste þou: and repreue þou with al comaun-
dement/ no man dispise þee/

3　　Amoneste hem to be sugetis to princis & to poweris/ to obeishe to
2 þat· þat is seid & to be redy to al good werk· to blasfeme no man/ to be
not full of chidyng: but temporat· schewynge al myldenesse to alle
3 men/ for we weren sumtyme vnwise· vnbileueful· errynge & seruynge
to desiris & to dyuerse lustis· doynge in malice & enuye· worþi to be
4 hatid· hatynge eche ooþir/ But whanne þe benignytee & þe manheed of
5 oure sauyour god appeeride: not of werkis of riȝtwisnesse þat we diden·
but bi his mercy he made us saaf/ bi waisching of aȝenbigetyng & aȝen-
6 newyng of þe hooly goost: whom he schedde in to us plenteuously bi
7 ihū crist oure sauyour/ þat we iustified bi his grace: be eyris bi hope of
8 euerlastinge lijf/ A trewe word is/ & of þese þingis I wole þat þou con-
ferme ooþere/ þat þei þat bileeuen to god: be besy to be aboue oþere in
9 gode werkis/ þese þingis ben gode: & profitable to men/ And eschewe
þou foltishe questiouns & genologies & stryues· & fiȝtyngis of þe la-
10 we: for þo ben vnprofitable & veyn/ Eschewe þou a man eretijk aftir
11 oon & þe secunde correccioun/ witynge þat he þat is such a manere
man: is subuertid/ & trespassiþ: & is dampned bi his owne doom/
12 whanne I sende to þee artheman or titicus: hiȝe þou ʻtoˊ come to me to
13 nycopolis/ for I haue purposid: to dwelle in wyntir þere/ Bisily bifore
sende zenam[1] a wijs man of (þe) lawe & apollo: þat no þing faile to
14 hem/ þei þat ben of ouris: lerne to be gouernouris in gode werkis· to ne-
15 cessarie vsis: þat þei be not wiþoute fruit/ Alle men þat ben wiþ me:
greten þee wel/ grete þou wel hem: þat louen us in feiþ/ þe grace of god
be wiþ ȝou alle Amen/

　　Heere endiþ þe pistle to tyte: & biginniþ þe prologe on þe pistle to
Philemon/

---

3. [1] *MS* zenan

Philemon

P [*The prolog of Filemon*]
   He makiþ famyliar or homely lettris to philemon for honesymus his
   seruaunt: writynge to him fro þe citee of rome out of prisoun be þe for-
   seid honesymus
   [*Jerom in his prologe on this pistle seith thus*]
1 [*Here bigynneth the pistle to Filemon*]
   Poul þe boundun of ihū " crist· & thymothe broþir: to philemon bi-
2 loued & oure helpere· & to appia moost dere sistir & to archip oure eue-
3 ne kniȝt· & to þe chirche þat is in þin hous/ grace be to ȝou & pees of
4 god oure fadir: & of þe lord ihū crist/ I do þankyngis to my god euer-
5 more: makynge mynde of þee in my preieris/ heeringe þi charitee &
6 feiþ þat þou hast in þe lord ihū: & to alle hooly men/ þat þe comou-
   nyng of þi feiþ be maad open: in knowyng of al good þing in crist ihū/
7 And I hadde greet ioye & counfort in þi charitee: for þe entrailis of
8 hooly men restiden bi þee broþir/ For whiche þing I hauynge myche
9 trist in crist ihū to comaunde to þee þat þat perteyniþ to profijt: but I bi-
   seche more for charitee/ siþ þou art such as þe old poul: & now þe
10 boundun of ihū crist/ I biseche þee for my sone onesyme· whom I bi-
11 gaat " in bondis´ whiche sum tyme was vnprofitable to þee `but now
12 profitable boþe to þee´ & to me: whom I sente aȝen to þee/ And res-
13 seyue þou him: as myn entrailis/ whom I wolde wiþholde with me: þat
14 he schulde serue for þee to me in boondis of þe gospel/ But wiþoute þi
   counseil I wolde not do ony þing: þat þi good schulde not be as of nee-
15 de· but wilful/ For perauenture þerfor he departide fro me[1] for a tyme:
16 þat þou schuldist resseyue hym wiþoute ende/ Now not as a seruaunt:
   but for a seruaunt a moost dere broþir· moost to me/ And hou myche
17 more to þee: boþe in fleish & in þe lord? þerfore if þou hast me a fel-
18 owe: resseyue him as me/ for if he haþ ony þing anoyed þee· eþer owiþ·
19 arette þou þis þing to me/ I poul wroot wiþ myn hoond/ I schal ȝelde·
20 þat I sey not to þee: þat also þou owist to me þi silf/ So broþir I schal
21 vse þee in þe lord: fille þou myn entrailis in crist/ I trist[n]ynge of þin
   obedience: wroot to þee/ witynge þat þou schalt do: ouer þat· þat I sey/
22 Also make þou redi to me an hous to dwelle ynne/ for I hope þat bi ȝou-
23 re preieris· I schal be ȝouun to ȝou/ Epafras prisoner wiþ me in crist ihū·
24, 25 gretiþ þee wel/ And mark· aristark· demas· lucas· myn helpers/ þe gra-
   ce of oure lord ihū crist: be with ȝoure spirit· Amen/
   Heere endiþ þe pistle to Philemon: and biginniþ þe prologe on þe
   pistle to Ebrewis

Philem. 1. [1] thee

Hebrews

P [*The prolog on the pistle to Ebrews*]

First it is to sey· whi poul þe apostle in þis epistil in writynge kepiþ
not his vsage: discryuinge his name or þe dignitee of his ordre/ þis is
þe cause· þat he writynge to hem þat (weren) of circumcisioun bileeu-
iden: wroot as þe apostle of heþen men & not of iewis/ And he kno-
5 wynge her pride· & schewynge his owne mekenesse[1]· wolde[2] not putte
bifore þe dissert of his office/ And in lijk manere also John þe apostle
for mekenesse[1] in his epistle for þe same skile sette not his name tofo-
re/ As it is seid þe apostle sente þis epistle to þe ebrewis writun in ebreu
tunge/ And aftir þe deeþ of poul þe apostle: luik þe euangelist made it
10 in greek speche· holdynge þe vndirstonding & þe ordre of it/ [*Jerom in
this prologe on this pistle seith this*]

[*To Ebrews*]

1 God þat spak sumtyme bi prophetis· in many maneres to oure fadris:
2 at þe laste in þese daies· he haþ spoke to us bi þe sone/ whom he haþ
3 ordeyned eyr of alle þingis: & bi whom he made þe worldis/ whiche
whanne also he is [*the*] briʒtnesse of glorie· & figure of his substaunce·
& beriþ alle þingis bi word of his vertu· he makiþ purgacioun of syn-
4 nes & sittiþ on þe riʒt half of þe magestee in heuenes/ And so myche
is maad bettir þan aungels: bi hou myche he haþ enheritid a more dy-
5 uers name bifore hem/ For to whiche of þe aungels seide god ony tyme:
þou art my sone· I haue gendrid þee to dai? And eftsoone/ I schal be to
6 him in to a fadir: and he shal be to me in to a sone/ And whanne eft-
soone he bryngiþ yn· þe first bigotun sone· in to þe world: he seiþ/ And
7 alle þe aungels of god worschipe him/ But he seiþ to aungels/ he þat
8 makiþ hise aungels spiritis: & hise mynistris flawme of fier/ But to þe
sone he seiþ/ God þi trone is in to þe world of world: a ʒerde of equi-
9 tee is þe ʒerde of þi rewme/ þou hast loued riʒtwisnesse & `hast hatid[1]
wickidnesse: þerfor þe god þi god *haþ* anoyntid þee with oile of ioye·
10 more þan þi felawis/ And þou lord in þe bigynnyng foundidist þe
11 eerþe: and heuenes ben werkis of þin hondis/ þei schul perische: but
12 þou schalt perfitly dwelle· and alle schul wexe olde as a clooþ/ And þou
schalt chaunge hem as a clooþ: & þei schul be chaungid/ But þou art
13 þe same þi silf: and þi ʒeris schul not faile/ But to whiche of `þe´ aung-
els seide god at ony tyme: sitte þou on my riʒt half· til I putte þin ene-

---

Hebr. P. [1] humblenesse   [2] nolde
1. [1] hatidist

14 myes a stool of þi feet? wheþer þei alle ben not seruynge spiritis· sent
to serue: for hem þat taken þe heritage of helþe?

2 þerfore more plenteuously it bihouiþ us to kepe þo þingis þat we
2 haue herd lest perauenture we fleten awei/ For if þilke word þat was
seid bi aungels was maad sad· and ech brekyng of þe lawe & vnobedi-
3 ence· took iust retribucioun of meede: hou schul we ascape· if we dis-
pisen so greet an helþe/ whiche whanne it hadde taken bigynnyng to be
4 told out bi þe lord· of hem þat herden: is confermid in to us/ For god
witnesside togidre bi myraclis & wondris & grete merueilis & diuerse
5 vertues: & departyngis of þe hooly goost bi his wille/ But not to aung-
6 els god sugettide þe world þat is to comynge: of whiche we speken/ But
sum man witnesside in a place: & seide/ what þing is man· þat þou art
7 myndeful of him· or mannis sone· for þou visitist him? þou hast maad
him a litil lesse þan aungels: þou hast crowned hym wiþ glorie & ho-
nour· and þou hast ordeyned him on þe werkis of þin hondis/ þou hast
8 maad alle þingis sugett vndir hise feet/ And in þat· þat he sugetide alle
þingis to hym: he lefte no þing vnsuget to him/ But now we seen not
9 ʒitt alle þingis sugett to him/ but we seen him þat was maad a litil les-
se þan aungels· ihū for þe passioun of deeþ· crowned with glorie & ho-
10 nour: þat he þorouʒ grace of god schulde taste deeþ for alle men/ for it
biseemyde him for whom alle þingis· & bi whom ʼalle þingisʼ weren
maad· whiche hadde brouʒt many sones in to glorie: and was auctour
11 of þe helþe of hem þat he hadde an ende bi passioun/ For he þat hale-
wiþ· & þei þat ben halewid: ben alle of oon/ For whiche cause he is not
12 schamed to clepe hem breþeren seiynge/ I schal telle þi name to my
13 briþeren: in þe myddil of þe chirche I schal herie þee/ And eftsoone/ I
schal be trist[n]ynge in to him/ And eftsoone/ lo I & my children: whi-
14 che god ʒaf to me/ þerfore for children comyneden to fleish & blood:
and he also took part of þe same/ þat bi deeþ he schulde distrie him· þat
15 hadde lordschip of deeþ: þat is to sey þe deuel: & þat he schulde dely-
16 uere hem þat bi drede of deeþ bi al lijf: weren boundun to seruage/ And
17 he took neuer aungels: but he took þe seed of abraham/ wherfore he
ouʒte to be likned to breþeren bi alle þingis: þat he schulde be maad
merciful & a feiþful bisshop to god þat he schulde be merciful to þe
18 trespassis of þe puple/ For in þat þing in whiche he suffride & was
temptid: he is myʒti to helpe also hem þat ben temptid/

3 Therfore hooly breþeren & partyners of heuenly clepyng: biholde ʒe
2 þe apostle & þe bisshop of oure confessioun ihū/ whiche is trewe to
3 him þat made hym: as also moyses in al þe hous of him/ But þis bis-
shop is had worþi of more glorie þan moyses: bi as myche as he haþ
4 more honour of þe hous þat made þe hous/ For ech hous is maad of sum
5 man/ He þat made alle þingis of nouʒt: is god/ And moyses was trewe
in al his hous· as a seruaunt in to witnessing of þo þingis þat weren to

---

3. [1] whiche

6 be seid/ But crist as a sone in his hous/ whiche hous we ben: if we hol-
7 den sad trist· & glorie of hope in to þe ende/ wherfore as þe hooli gost
8 seiþ· todai if ȝe han herd his vois: nyle ȝe hardne ȝoure hertis· as in
9 wraþþing· lijk þe dai of temptacioun in desert/ where ȝoure fadris
10 temptiden me· and proueden & sauȝen my werkis fourti ȝeris/ wherfo-
re I was wrooþ to þis generacioun: and I seide· euermore þei erren in
11 herte/ For þei knewen not my weies· to whom[1] I swor in my wraþþe·
12 þei schul not entre in to my reste/ Briþeren se ȝe· lest perauenture in
ony of ȝou be an yuel herte of vnbileeue: to departe fro þe lyuinge god/
13 But moneste ȝou silf bi alle daies· þe while to-dai is named: þat noon
14 of ȝou be hardned bi fallace of synne/ For we ben maad parceners of
crist: if neþeles we holden þe bigynnyng of his substaunce and in to þe
15 ende/ while it is seid to dai· if ȝe han herd þe vois of him: nyle ȝe hard-
16 ne ȝoure hertis as in þat wraþþing/ For summen heeringe wraþþiden:
17 but not alle þei þat wenten out of egipt bi moyses/ But to whom[1] was
he wraþþid fourti ȝeris? wheþer not to hem þat synneden: whos carei-
18 nes weren cast doun in desert? And to whom[1] swor he: þat þei schul-
den not entre in to þe reste of him: no[t] but to hem þat weren vnbilee-
19 ful? & we seen þat þei myȝten not entre in to þe reste of hym for vnbi-
leeue/

4 þerfore drede we lest perauenture while þe biheste of entryng in to
2 his reste is left: þat ony of us be gessid to be aweie/ For it is told also
to us: as to hem/ And þe word þat was herd profitide not to hem: not
3 meynd to feiþ of þo þingis þat þei herden/ For we þat han bilueeued·
schul entre in to rest: as he seide/ As I swoor in my wraþþe: þei schul
not entre in to my reste/ And whanne þe werkis weren maad parfit at
4 þe ordinaunce of þe world: he seide þus in a place of þe seuenþe dai/
5 And god restide in þe seuenþe dai from alle hise werkis/ And in þis pla-
6 ce eftsoone/ þei schul not entre in to my reste/ þerfor for it sueþ· þat
summen schul entre in to it· and þei to whom[1] it was told to bifore: en-
7 triden not for her vnbileeue/ Eftsoone he (de)termyniþ sum day & seiþ·
in dauid· today aftir so myche tyme of tyme: as it is bifore seid/ Todai
8 if ȝe han herd his voice: nyle ȝe hardne ȝoure hertis/ For if ihc̄ hadde
9 ȝoue reste to hem: he schulde neuer speke of oþere aftir þis dai/ þerfor
10 þe sabot is left to þe puple of god/ for he þat is entrid in to his reste:
11 restide of his werkis as also god of hise/ þerfore haaste we to entre in
12 to þat reste: þat no man falle in to þe same ensaumple of vnbileeue/ for
þe word of god is quyk & spedy in worching· & more able to perse þan
ony twey eggid swerd· & strecchiþ forþ to þe departyng of þe soule &
of þe spirit/ & of þe ioynturis & merewis & demere of þouȝtis & of en-
13 tentis & hertis/ And no creature is vnvisible in þe siȝt of god/ For alle
14 þingis ben nakid & open to hise iȝen· to whom a word to us/ þerfore
we þat han a greet bisshop þat perside heuenes· ihū þe sone of god: hol-
15 de we þe knowlechyng of oure hope/ for we han not a bisshop þat may

---

4. [1] whiche

not haue compassioun on oure infirmytees: but was temptid bi alle
16 þingis· bi licnesse wiþoute synne/ þerfore go we wiþ trist to þe trone
of his grace: þat we gete mercy & fynde grace in couenable help/
5 For ech bisshop takun of men: is ordeyned for men in þese þingis þat
2 ben to god· þat he offre ʒiftis & sacrificis for synnes/ whiche may to-
gidre serowe with hem þat ben vnkunnynge & erren/ For also he is
3 enuyrowned wiþ infirmytee/ And þerfor he owiþ as for þe puple: so al-
4 so for him silf to offre for synnes/ Neþer ony man take[*th*] to him ho-
5 nour: but he þat is clepid of god as aaron was/ `so´ crist clarifiede not
him silf· þat he were bisshop: but he þat spak to him· þou art my sone·
6 to dai I gendride þee/ As in an ooþir place he seiþ/ þou art a preest
7 wiþouten ende aftir þe ordre of melchisedech/ whiche in þe daies of his
fle`i´ssh offride with greet cry & teeris· preieris & bisechyngis to him
8 þat myʒte make him saaf fro deeþ· & was herd for his reuerence/ And
whanne he was goddis sone: he lernyde obedience of þese þingis þat
9 he[1] suffride/ And he brouʒt to þe ende: is maad cause of euerlastinge
10 helþe to alle þat obeisshen to him/ and is clepid of god a bisshop: bi þe
11 ordre of melchisedech/ Of whom þer is to us a greet word forto sey: &
12 able to be expowned· for ʒe ben maad feble to heere/ For whanne ʒe
ouʒten to be maistris for *a* tyme: eftsoone ʒe neden þat ʒe be tauʒt· whi-
che ben þe lettris of þe biginnyng of goddis wordis/ And ʒe ben maad
13 þilke to whom[2] is nede of mylke· & not sad mete/ For ech þat is parce-
ner of mylk: is wiþoute part of þe word of riʒtwisnesse/ for he is a litil
14 child/ But of parfite men is sad mete: of hem þat for custom han wittis
exercisid to discressioun of good & of yuel/
6 Wherfore[1] we bryngynge yn a word of þe bigynnyng of crist: be we
born to þe perfeccioun of him/ not eftsoone leggynge þe foundament of
2 penaunce fro deede werkis & of þe feiþ to god· & of techyng of bap-
tyms: & of leiyng on of hondis· & of risyng aʒen of deede men· & of
3 þe euerlastinge doom/ And þis þing we schul do: if god schal suffre/
4 But it is impossible· þat þei þat ben oonys liʒtned & han tastid also an
5 heuenly ʒifte· & ben maad partyners of þe hooly goost· and neþeles han
6 taastid þe good word of god· & þe vertues of þe world to comynge· &
ben sliden fer awey: þat þei be renewid eftsoones `to penaunce· whiche
7 eftsoones´ crucifien to him silf þe sone of god: & han to scorn/ For þe
erþe þat drinkiþ reyn ofte[2] comyng on it· & bryngiþ forþ couenable er-
8 be to hem of whom[3] it is tilid: takiþ blessing of god/ But þat· þat is
bryngynge forþ þornes & breris: is reprouable· & next to curs· whos en-
9 dyng schal be in to brennyng/ But ʒe moost dereworþe· we tristen of
10 ʒou bettir þingis· & neer to helþe: þou[ʒ] we speken so/ For god is not
vniust: þat he forʒete ʒoure werk & loue whiche ʒe han schewid in his
11 name/ for ʒe han mynistrid to seyntis & mynistren/ And we coueiten
þat ech of ʒou schewe þe same bisynesse to þe fillyng of hope in to þe

---

5. [1] *FM* be   [2] whiche
6. [1] Therfor   [2] *MS* of þe   [3] whiche

12 ende/ þat ȝe be not maad slowe: but also suers of hem whiche bi feiþ
13 & pacience· schul enherite þe bihestis/ For god bihotinge to abraham·
for he hadde noo grettere bi whom he schulde swere: swor bi him silf
14 & seide/ I blessynge schal blesse þee: and I multipliynge schal multi-
15, 16 plie þee/ And so he longe abidynge: hadde þe biheeste/ For men sweren
bi a grettere þan hem silf: & þe ende of al her plee is an ooþ to confir-
17 macioun/ In whiche þing god willynge to schewe plenteuouslier to þe
eiris of his biheeste· þe sadnesse of his counceil: puttide bitwixe an
18 ooþ/ þat bi two þingis vnmoeuable· bi whiche it is impossible þat god
lie: we `[we] þat fleen togidre· " haue [a] strengist solace´· to holde þe
19 hope þat is putt forþ to us· whiche hope as an ankir we haue sikir to þe
20 soule/ and sad & goynge yn· to þe ynnere þingis of hidyng/ where þe
bifore goere ihc̄ þat is maad bisshop wiþouten ende bi þe ordre of mel-
chisedech: entride for us

7   And þis melchisedech kyng of salem: & preest of þe hiȝest god
whiche mette with abraham· as he turnyde aȝen fro þe sleyng of kyng-
2 is: and blesside hym/ To whom also abraham departide tiþis of alle
þingis/ First he is seid kyng of riȝtwisnesse: & aftirward kyng of salem·
3 þat is to sey kyng of pes/ wiþoute fadir wiþouten modir· wiþoute ge-
nologie: neþer hauynge bigynnyng of daies· neþer ende of lijf/ And he
4 is licned to þe sone of god· and dwelliþ prest wiþouten ende/ But bihol-
de ȝe hou greet is þis: to whom abraham þe patriark ȝaf tiþis of þe beste
5 þingis/ For men of þe sones of leeuy takynge presthode: han maunde-
ment to take tiþis of þe puple bi þe lawe/ þat is to sey of her breþeren:
6 þouȝ also þei wenten out of þe leendis of abraham/ But he whos gene-
racioun is not noumbrid in hem: took tiþis of abraham/ And he blessi-
7 de þis abraham whiche hadde repromyssiouns/ wiþouten ony aȝen-
8 seiyng: þat þat is lesse· is blessid of þe betere/ And h`e´ere dedly men
9 taken tiþis: but þere he beriþ witnessyng þat he liuiþ/ & þat it be seid
10 so: bi abraham· also leuy þat took tiþis· was tiþid/ And ȝitt he was in
11 his fadris leendis: whanne melchisedech mette with him/ þerfor if per-
feccioun was bi þe presthood of leeuy· for vndir him þe puple took þe
lawe: what ȝit was it nedeful· an oþer prest to rijse bi þe ordre of mel-
12 chisedech· & not to be seid bi þe ordre of aaron? Forwhi whanne þe
presthod is translatid: it is nede þat also translacioun of [the] lawe be
13 maad/ But he in whom þese þingis ben seid: is of an ooþer lynage of
14 whiche no man was prest to þe auter/ For it is open· þat oure lord is
15 born of Juda: in whiche lynage moyses spak no þing of prestis/ And
more ȝitt it is knowun/ If bi þe ordre of melchisedech· an ooþer prest is
16 risun up: whiche is not maad bi þe lawe of fleisshly comaundement· but
17 bi vertu of lijf þat mai not be vndon/ for he witnessiþ þat þou art a pre-
18 est wiþouten ende bi þe ordre of melchisedech/ þat repreuyng of þe
maundement bifore goynge is maad: for þe vnsadnesse & vnprofit of it/
19 forwhi þe lawe brouȝte no þing to perfeccioun/ But þer is a bryngyng
20 yn of a bettir hope· bi whiche we neȝen to god/ and hou greet it is: not
21 wiþoute sweryng· but þe oþere ben maad prestis wiþouten an ooþ: but

þis preest wiþ an ooþ bi him þat seide to him/ þe lord swor· and it schal
not rewe him: þou art a preest wiþouten ende· bi þe ordre of melchise-

22, 23 dech/ in so myche ihc̄ is maad biheetere of þe bettir testament/ And þe
oþere weren maad many preestis þerfore for þei weren forbedun bi

24 deeþ to dwelle stille/ But *he* þis· for he dwelliþ wiþouten ende: haþ an
25 euerlastinge presthode/ wherfore also he may saue wiþouten ende· co-
26 mynge niȝ bi him silf to god· & euermore lyuiþ to preie for us/ For it
bisemyde þat such a man were a bisshop to us hooly ynnocent· vnde-

27 foulid· clene departid fro synful men: & maad hiȝere þan heuenes/ whi-
che haþ not nede ech dai as prestis first for his owne giltis to offre sa-
crifices: & aftirward for þe puple/ For he dide þis þing in offrynge him

28 silf oonys/ And þe lawe ordeynide men· prestis· hauynge sijknesse/ But
þe word of sweryng whiche is aftir þe lawe: ordeynede þe sone perfijt
wiþouten ende/

8 But a capitle on þo þingis þat ben seid/ we haue such a bishop· þat
2 saat in þe riȝthalf of þe sete of gretnesse in heuenes: þe mynistre of
3 seyntis & of þe verrey tabernacle þat god made & not man/ For ech
bisshop is ordeyned to offre ȝiftis & sacrifices/ wherfore it is nede· þat
4 also þis bisshop haue sum þing þat he schal offre/ þerfore if he were on
erþe: he were no preest/ whanne þer weren þat schulden offre ȝiftis bi
5 þe lawe: whiche seruen to þe saumpler & schadewe of heuenly þingis/
As it was answerid to moyses· whanne he schulde ende þe tabernacle/
See he seide/ make þou alle þingis: bi þe saumpler þat is schewid to
6 þee in þe mount/ But now he haþ getun a bettir mynisterie: bi so my-
che as he is a mediatour of a bettir testament· whiche is confermyd wiþ
7 bettir biheestis/ For if þilke firste had lackid blame: þe place of þe se-
8 cunde schulde not haue be souȝt/ For he repreuynge hem seiþ/ Lo daies
comen seiþ þe lord: and I schal `make´ parfyt a newe testament on þe
9 hous of israel & on þe hous of iuda/ not lijk þe testament þat I made to
her fadris· `in þe dai´ in whiche I cauȝte her hond: þat I schulde lede
hem out of þe lond of egipt/ For þei dwelliden not perfitly in my tes-
10 tament: and I haue dispisid hem seiþ þe lord/ But þis is þe testament·
whiche I schal dispose to þe hous of israel· aftir þo daies seiþ þe lord:
in ȝiuynge my lawis in to þe soules of hem· & in to þe hertis of hem: I
schal aboue write hem/ And I schal be to hem in to a god: and þei schul
11 be to me in to a puple/ And ech man schal not teche his neiȝbore: & ech
man his broþir seiynge/ knowe þou þe lord: for alle men schul knowe
12 me· fro þe lesse to þe more of hem/ for I schal be merciful to þe wick-
13 idnesse of hem: and now I schal not biþenke on þe synnes of hem/ but
in seiynge a newe· þe formere wexide eeld/ and þat· þat is of many
daies & wexiþ eeld: is niȝ þe deeþ/

9 And þe formere testament hadde iustifiyngis of worschip & hooly
2 þing durynge for a tyme/ For þe tabernacle was maad first· in whiche

---

9. [1] *FM* cenrer   [2] halewith   [3] tho   [4] bitwixe

weren candilstickis· & boord & settyng forþ of looues whiche is seid
3 hooly/ And aftir þe veil: þe secunde tabernacle· þat is seid sancta sanc-
4 torum· þat is hooly of hooly þingis/ hauinge a goldun sencer[1]: & þe ar-
ke of þe testament· keuered aboute on ech sijde wiþ gold/ In whiche
was a pott of gold/ hauynge manna: & þe ȝerd of aaron þat florisshide·
5 & þe tablis of þe testament/ On whiche þingis weren cherubyns of glo-
rie ouerschadowynge þe propiciatorie: of whiche þingis it is not now to
6 sey bi alle/ But whanne þese weren maad þus togidre: prestis entriden
7 euermore in þe formere tabernacle· doynge þe officis of sacrificis/ But
in þe secounde tabernacle þe bisshop entride oones in þe ȝeer not
8 wiþoute blood: whiche he offride for his ignoraunce & þe puplis/ For
þe hooli goost signyfiede þis þing· þat not ȝit þe wey of seyntis was
9 opened· while þe formere tabernacle hadde staat/ whiche parable is of
þis present tyme: bi whiche also ȝiftis & sacrificis ben offrid/ whiche
10 moun not make a man seruynge· parfyt bi conscience: oonly in metis &
drynkis· & dyuerse waisshyngis· & riȝtwisnessis of fleish þat weren
11 sett to þe tyme of correccioun/ But crist beynge a bisshop of goodis to
comynge: entride bi a largere & perfitere tabernacle not maad bi hond·
12 þat is to sey· not of þis makyng/ neþer bi blood of goot buckis or of ca-
lues· but bi his owne blood entride oones in to [the] hooli þingis þat we-
13 ren foundun bi an euerlastinge redempcioun/ For if þe blood of goot
buckis & of bolis· & þe aishe of a cowȝ calff spreynd· halewe[2] vnclene
14 men to þe clensyng of fleish: hou myche more þe blood of crist· whi-
che bi þe hooly goost offride him silf vnwemmed to god· schal clense
15 oure conscience fro deede werkis to serue god þat liuiþ/ And þerfor he
is a mediatour of þe newe testament· þat bi deeþ fallynge bitwixe in to
redempcioun of þe[3] trespassyngis þat weren vndir þe formere testa-
16 ment/ þei þat ben clepid· take þe biheeste of euerlastinge eritage/ For
where a testament is: it is nede· þat þe deeþ of þe testament maker co-
17 me bitwene[4]/ For a testament is confermyd in deede men/ ellis it is not
18 worþ: while he liuiþ· þat made þe testament/ wherfore neþer þe firste
19 testament was halowid wiþoute blood/ For whanne ech maundement of
þe lawe was rad of moyses to al þe þuple: he took þe blood of calues·
& of buckis of geet· with watir & reed wolle & ysope & bispreynde
20 boþe þilke book & al þe puple & seyde/ þis is þe blood of þe testa-
21 ment: þat god comaundide to ȝou/ Also he spreynde with blood þe ta-
22 bernacle & alle þe vessels of þe seruyse in lijk manere/ And almest al-
le þingis ben clensid in blood bi þe lawe: and wiþoute schedyng of
23 blood· remyssioun of synne`s´ is not maad/ þerfore it is nede þat þe
saumpleris of heuenly þingis be clensid with þese þingis: but þilke
24 heuenli þingis· wiþ bettir sacrifices þan þese/ For ihc̄ entride not in to
hooly þingis maad bi hondis· þat ben ensaumplers of verrey þingis: but
25 in to heuene it silf þat he appeere now to þe chere of god for us/ neþer
þat he offre him silf ofte: as þe bisshop entride in to hooly þingis· bi al-
26 le ȝeris in alien blood/ Ellis it bihofte him to suffre ofte: fro þe bigyn-
ning of þe world/ But now oonis in þe endyng of worldis· to destruc-

27 cioun of synne bi his sacrifice he appeeride/ And as it is ordeyned to
28 men oones to dye/ but aftir þis· is þe doom: so crist was offrid oonys to
avoide þe synnes of many men/ þe secounde tyme he schal appeere
wiþoute synne: to men þat abyden hym in to helþe/

10   For þe lawe hauynge a schadowe of gode þingis þat ben to come· not
þe ilke ymage of þingis: may neuere make men neiȝynge parfyt bi þil-
2 ke same sacrificis whiche þei offren wiþoute ceessing bi alle ȝeeris/ El-
lis þei schulden haue ceessid to be offrid: for as myche· as þe worschi-
3 peris clensid oones· hadden not ferþermore conscience of synne/ But in
4 hem mynde of synnes is maad bi alle ȝeeris/ For it is impossible: þat
5 synnes be don awey bi blood of bolis & of buckis of geet/ þerfore he
entrynge in to þe world: seiþ/ þou woldist `not´ sacrifice & offryng: but
6 þou hast schapun a bodi to me/ Brent sacrificis also for synne: plesi-
7 de[n] not to þee/ þanne I seide/ lo I come/ In þe bigynnyng of þe book
8 it is writun of me: þat I do þi wille god/ He seiynge bifore þat þou wol-
dist not sacrificis & offryngis & brent sacrificis for synne· ne þo þing-
9 is ben plesaunt to þee whiche ben offrid bi þe lawe: þanne I seide/ lo I
come: þat I do þi wille god/ He doþ awey þe firste· þat he make stide-
10 fast þe secounde/ In whiche wille we ben halewid: bi þe offryng of þe
11 bodi of crist ihū oonys/ and ech preest is redy mynistrynge eche dai· &
ofte tymes offrynge þe same sacrifices: whiche moun neuere do awey
12 synnes/ But þis man offrynge oo sacrifice for synnes· for euermore: sit-
13 tiþ in þe riȝt half of god þe fadir/ fro þennis forþ abidinge: til his ene-
14 myes be put a stool of hise feet/ For by oon offryng he made parfyt for
15 euere halewid men/ And þe hooly goost witnessiþ to us/ For aftir þat he
16 seide/ þis is þe testament· whiche I shal witnesse to hem aftir þo daies·
17 þe lord seiþ/ In ȝiuynge my lawis in þe hertis of hem· and in þe soulis
of hem I schal aboue wryte hem· and now I schal no more þenke on þe
18 synnes & þe wickidnessis of hem/ And where remyssioun of þese is:
19 now is þer noon offryng for synne/ þerfore breþeren· hauynge trist in
20 to þe entryng of hooly þingis in þe blood of crist· whiche halewide to
21 us a newe wey & lyuynge: bi þe hilyng þat is to sey his fleish/ And we
22 hauynge þe greet preest on þe hous of god: neiȝe we with verrey herte
in þe plentee of feiþ/ And be oure hertis spreynt fro an yuel conscien-
23 ce· & oure bodies waisshun wiþ clene watir: and holde we þe confes-
sioun of oure hope bowynge to no side/ for he is trewe: þat haþ maad
24 þe biheeste/ And biholde we togidre in þe stiryng of charitee & of go-
25 de werkis: not forsakynge oure gaderyng togidre· as it is of custum to
sum men/ But counfortynge· & bi so myche þe more: bi hou myche ȝe
26 seen þe dai neiȝynge/ Forwhi now a sacrifice for synnes is not left to us
27 þat synnen wilfulli: aftir þat we haue take þe knowyng of treuþe/ for-
whi sum abydyng of [the] doom is dredful· & þe suyng of fiȝr: whiche
28 schal waste aduersaries/ who þat brekiþ moyses lawe: dieþ wiþouten
29 ony mercy· bi two or þree witnessis/ hou myche `more´ gessen ȝe þat
he disseruiþ worse turmentis: whiche defouliþ þe sone of god? and
holdiþ þe blood of þe testament pollut· in whiche he is halewid: & doþ

30 dispit to þe spirit of grace? For we knowen him þat seide/ To me veni-
31 aunce: and I schal ȝelde/ And eft/ for þe lord schal deme his puple/ It
32 is ferdful to falle in to þe hondis of god lyuinge/ And haue ȝe mynde
on þe formere daies· in whiche ȝe weren liȝtned & suffriden greet strijf
33 of passiouns/ And in þe ooþir ȝe weren maad a spectacle bi schenschi-
pis & tribulaciouns: in an ooþer ȝe weren maad felawis of men lyuinge
34 so/ For also to boundun men ȝe hadden compassioun· and ȝe resseyue-
den wiþ ioye þe robbyng of ȝoure goodis: knowynge þat ȝe han a bet-
35 tir & a dwellinge substaunce/ þerfor nyle ȝe leese ȝoure trist· which haþ
36 greet rewardyng· for pacience is needful to ȝou: þat ȝe do þe wille of
37 god & brynge aȝen þe biheste/ For ȝit a litil· & he þat is to com(ynge)
38 shal come: and he schal not tarie/ for my iust man liuiþ of feiþ/ þat if
39 he wiþdrawiþ him silf: he shal not plese to my soule/ But we ben not
þe sones of wiþdrawyng awey in to perdicioun: but of feiþ· in to getyng
of soule/

11   But feiþ is þe substaunce of þingis þat ben to bi hopid: & an argu-
2 ment of þingis not appeeringe/ And in þis feiþ: olde men han geten wit-
3 nessyng/ Bi feiþ we vndirstonden þat þe worldis weren maad by god-
4 dis word: þat visible þingis weren maad of vnvisible þingis/ Bi feiþ abel
offride a myche more sacrifice þan caym to god/ bi whiche he gat wit-
nessyng to be iust: for god bar witnessyng to hise ȝiftis/ and bi þat feiþ:
5 he deed spekiþ ȝitt/ Bi feiþ ennok was translatid: þat he schulde not se
deeþ/ and he was not foundun: for þe lord translatide him/ For bifore
6 translacioun he hadde witnessyng: þat he pleside god/ And it is impos-
sible: to plese god wiþoute feiþ/ For it bihouiþ þat a man comynge to
god· bileeue þat he is: & þat he is a rewardere of[1] men þat seken him/
7 Bi feiþ noe dredde þorouȝ answere takun· of þese þingis þat ȝit weren
not seen/ & schapide a schip: in to þe helþe of his hous/ bi whiche he
dampnyde þe world: & is ordeyned eir of riȝtwisnesse whiche is bi
8 feiþ/ Bi feiþ he þat is clepid abraham: obeiede to go out in to a place
whiche he schulde take in to eritage/ And he wente out: not witynge
9 whidere he schulde go/ Bi feiþ he dwelte in þe londe of biheeste· as in
an alien lond: dwe`llynge in litil housis with ysaac & iacob euene ey-
10 ris of þe same biheste/ for he abood a citee hauynge foundamentis:
11 whos crafty man & makere is god/ Bi feiþ also þilke sara bareyn: took
vertu in conceyuynge of seed· ȝhe aȝen þe tyme of age/ for sche bi-
12 leeuyde him trewe þat hadde bihiȝt/ For whiche þing of oon & ȝit niȝ
deed þer ben born as sterris of heuene in multitude· and as grauel þat is
13 at þe see syde out of noumbre/ Bi feiþ alle þese ben deede: whanne þe
biheestis weren not takun/ But þei biheelden hem aferr· and greetynge
hem wel: and knowlechiden þat þei weren pilgrymes & herborid men
14 on þe erþe/ And þei þat sauȝen þese þingis: signyfien þat þei sechen a
15 cuntrey/ If þei hadden had mynde of þilke of whiche þei wenten out:

---

11. [1] to   [2] whiche

16 þei hadden tyme of turnyng aȝen/ But now þei desiren a bettere: þat is
to sey heuenly/ þerfor god is not confoundid: to be clepid þe god of
17 hem/ for he made redy to hem a citee/ Bi feiþ abraham offride ysaac:
whanne he was temptid/ and he offride þe oon bigetun: whiche hadde
18 takun þe biheestis/ To whom it was seid· for in ysaac þe seed schal be
19 clepid to þee/ For he demyde þat god is myȝti to reise him: ȝhe fro
20 deeþ/ wherfor he took him also in to a parable/ Bi feiþ also of þingis to
21 comynge: ysaac blesside iacob & esau/ Bi feiþ iacob diynge· blesside
22 alle þe sones of ioseph: & honouride þe hiȝenesse of his ȝerde/ Bi feiþ
ioseph diynge: hadde mynde of þe passyng forþ of þe children of irael
23 & comaundide of hise bones/ Bi feiþ moyses born· was hid þree mo-
neþis of his fadir & modir· for þat þei siȝen þe ȝounge child fair: and
24 þei dredden not þe maundement of þe kyng/ Bi feiþ moyses was maad
25 greet: and denyede þat he was þe sone of pharaois douȝtir/ and chees
more to be turmentid with þe puple of god: þan to haue myrþe of tem-
26 poral synne/ demynge þe reproof of crist more richessis: þan þe tre-
27 souris of egipcians/ for he biheeld in to þe rewarding/ Bi feiþ he for-
sook egipt: & dredde not þe hardinesse of þe kyng/ for he abood· as
28 seynge him: þat was vnvisible/ Bi feiþ he halewide pask & þe schedyng
out of blood/ þat he þat distriede þe firste þingis of egipcians: schulde
29 not touche hem/ Bi feiþ þei passiden þe reed see· as bi drie lond: whi-
30 che þing egipcians asaiynge weren deuourid/ Bi feiþ [the] wallis of ie-
31 richo felden doun: bi cumpassyng of seuene daies/ Bi feiþ raab hoore
resseyuyde þe aspiers wiþ pees· and perisshide not with vnbileeful
32 men/ And what ȝit schal I sey? For tyme schal faile to me tellynge of
gedeon· barach· sampson· Jepte· dauid & samuel· & of oþere prophe-
33 tis: whiche bi feiþ ouercamen rewmes· wrouȝten riȝtwisnesse: gaten re-
promyssiouns/ þei stoppiden þe mouþis of liouns· þei quenchiden þe
34 feersnesse of fier· þei dreuen awey þe egge of swerd· þei keuereden of
sijknesse· þei weren maad strong in batel/ þei turnyden þe oostis of ali-
35 ens· wymmen resseiueden her deede children fro deþ to lijf/ But oþere
weren holdun forþ not takynge redempcioun: þat þei schulden fynde a
36 bettire aȝenrisyng/ And oþere assaieden scornyngis & betyngis: more
37 ouer & boondis & prisouns/ þei weren stoned· þei weren sawid· þei we-
38 ren temptid: þei weren deed in sleyng of swerd/ þei wenten aboute in
brok skynnis: & in skynnis of geet· nedy· angwisshid· turmentid: to
whom² þe world was not worþi/ þei erriden in wildirnessis· in moun-
39 teynes & dennes & caues of þe eerþe/ And alle þese preued bi witnes-
40 sing of feiþ: token not repromyssioun/ For god purueide sum bettir
þing for us: þat þei schulden not be maad parfyt wiþouten us/

12 þerfor we þat han so greet a cloude of witnessis put to: do we awey
al charge & synne stondynge aboute us/ And bi pacience renne we to
2 þe bateil purposid to us: biholdinge in to þe m`a´ker of feiþ & þe parfyt

---

12. ¹ til to   ² beren   ³ vs

endere ihū̄/ whyche whanne ioye was purposid to him· he suffride þe
cross· and dispiside confusioun/ And sittiþ on þe riȝt halff of þe sete of
3 god/ And biþenke ȝe on him þat suffride such aȝenseiyng of synful men
4 aȝens him silf: þat ȝe be not maad wery failynge in ȝoure soules/ For
5 ȝe aȝenstoden not ȝit vnto¹ blood: fiȝtinge aȝens synne/ And ȝe han
   forȝete þe counfort þat spekiþ to ȝou as to sones & seiþ/ Mi sone nyle
6 þou dispise þe teching of þe lord: neþer be þou maad wery· þe while
7 þou art chastisid of him/ For þe lord chastisiþ hym þat he louiþ/ he be-
   tiþ euery sone: þat he resceyuiþ/ Abide ȝe stille in chastisyng: god pro-
   feriþ him to ȝou as to sones/ for what sone is it: whom þe fadir chasti-
8 siþ not? þat if ȝe ben out of chastisyng· whos partyners ben ȝe alle
9 maad? þanne ȝe ben avowtreris & not sones/ And aftirward we hadden
   fadris of oure fleish· techers: and we wiþ reuerence dredden hem/
   wheþer not myche more we schul obeische to þe fadir of spiritis: and
10 we schul lyue? And þei in tyme of fewe daies: tauȝten us bi her wille/
   But þis fadir techiþ to þat þing þat is profitable: in resseyuynge þe ha-
11 lewyng of him/ And ech chastisyng in present tyme: semiþ to be not of
   ioye· but of serowe/ but aftirward it schal ȝelde fruyt of riȝtwisnesse
12 moost pesible: to men exercisid bi it/ For whiche þing reise ȝe slowe
13 hondis· & knees vnboundun: and make ȝe riȝtful steppis to ȝoure feet:
14 þat no man haltinge erre· but more be helid/ Sue ȝe pees wiþ alle men
15 & hoolynesse: wiþoute whiche no man shal se god/ Biholde ȝe þat no
   man faile to þe grace of god: þat no roote of bittirnesse· buriownynge
16 upward lette: & many be defoulid bi it/ þat no man be lecchour eþer
17 vnhooly as esau: whiche for oo mete solde his firste þingis/ For wite
   `ȝe´· þat aftirward he coueitinge to enherite blessyng: was repreued/
18 For he fonde not place of penaunce: þouȝ he souȝte with teris/ But ȝe
   han not come to þe fier able to be touchid· & able to come to· & to þe
19 whirlewynd & myst & tempest· & sown of trumpe & vois of wordis/
   whiche· þei þat herden excuseden hem: þat þe word schulde not be
20 maad to hem/ For þei baren² not: þat þat was seid/ And if a beest tou-
21 chide þe hill: it was stoned· & so dredful it was· þat was seen: þat moy-
22 ses seide/ I am afeerd & full of tremblyng/ but ȝe han come nyȝ to þe
   hill syon· & to þe citee of god lyuinge· þe heuenly ierusalem· & to þe
23 multitude of many þousand aungels· & to þe chirche of þe firste men:
   whiche ben writun in heuenes/ & to god domesman of alle· & to þe spi-
24 rit of iust parfyt men: & to ihū̄ mediatour of þe newe testament· & to
25 þe sprengyng of blod bettir spekynge þan abel/ Se ȝe þat ȝe forsake not
   þe spekere/ For if þei þat forsaken hym þat spak on þe erþe ascapide
   not: myche more we þat turnen awei fro him· þat spekiþ to him³ fro
26 heuenes/ whos voice þanne moeuyde þe erþe· but now he aȝenbiheetiþ
27 & seiþ/ ȝit oones and I schal moue· not oonli erþe: but also heuene/ And
   þat he seiþ ȝit oones: he declariþ þe translacioun of mouable þingis as
28 of maad þingis/ þat þo þingis dwelle: þat ben vnmouable/ þerfore we
   resseyuinge þe kyngdom vnmouable haue we grace: bi whiche serue
29 we plesynge to god wiþ drede & reuerence/ for oure god is fier þat wastiþ

13 The charite of breþerhed dwelle in ȝou· and nyle ȝe forȝete hospita-
2 litee/ for bi þis: summen plesiden to aungels þat weren resseyued to
3 herborouȝ/ þenke ȝe on boundun men: as ȝe weren togidre boundun/ &
4 of trauelynge men: as ȝe ȝou silf dwellynge in þe bodi/ weddingis[1] in
alle þingis honourable: & bed vnwemmyd/ For god schal deme forny-
5 catouris & avowtreris/ Be ȝoure maners wiþoute coueitise: apaied with
6 present þingis/ for he seide· I schal not leue þee· neþer forsake: so þat
we sey tristily/ þe lord is an helpere to me: I schal not drede what a man
7 schal do to me/ Haue ȝe mynde of ȝoure souereyns þat han spoke to ȝou
þe word of god/ of whom[2] biholde ȝe þe goyng out of lyuyng: and sue
8 ȝe þe feiþ of hem/ ihū crist ȝistirdai & to dai: he is also in to worldis/
9 Nile ȝe be led awey with dyuerse techyngis & straunge/ for it is best to
stable þe herte wiþ grace· not with metis: whiche profiteden not to men
10 wandringe in hem/ we haue an auter of whiche þei þat seruen to þe ta-
11 bernacle *of þe bodi* han not power to ete/ for of whiche bestis þe blood
is born yn for synne in to hooly þingis bi þe bisshop: þe bodies of hem
12 ben brent wiþoute `þe´ castels/ For whiche þing· ihū þat he schulde ha-
13 lewe þe puple bi his blood: suffride wiþoute þe ȝate/ þerfor go we out
14 to him wiþoute þe castels: berynge his repreef/ for we haue not here a
15 citee dwellynge: but we seken a citee to comynge/ þerfore bi him offre
we a sacrifice of heriyng euermore to god: þat is to sey þe fruyt of lip-
16 pis knowlechinge to his name/ And nyle ȝe forȝete wel doyng & co-
17 myning/ for bi suche sacrificis god is disserued/ Obeie ȝe to ȝoure
souereynes· and be ȝe sugett to hem: for þei perfitli waken[3] as to ȝeld-
ynge resoun for ȝoure soulis· þat þei do þis þing with ioie: & not sero-
18 wynge· for þis þing spediþ not to ȝou/ Preie ȝe for us & we tristen þat
19 we haue good conscience in alle þingis willynge to lyue wel/ More
20 ouer I biseche ȝou to do: þat I be restorid þe sunnere to ȝou/ And god
of pees· þat ledde out fro deeþ þe greet scheperde of scheep in þe blood
21 of euerlastinge testament oure lord ihū crist: schape ȝou in al good
þing· þat ȝe do þe wille of him/ and he do in ȝou þat þing þat schal ple-
se bifore him: bi ihū crist· to whom be glorie in to worldis of worldis
22 Amen/ And breþeren I preie ȝou: þat ȝe suffre a word of solace/ for bi
23 ful fewe þingis I haue writun to ȝou/ knowe ȝe oure broþir tymothe þat
is sent forþ: wiþ whom if he schal come more hastily· I schal se ȝou/
24 Grete ȝe wel alle ȝoure souereyns: & alle hooli men/ þe breþeren of Ita-
25 lie: greeten ȝou wel/ þe grace of god be wiþ ȝou alle Amen
Heere endiþ þe pistle to Ebrewis: and biginniþ þe prologe on þe de-
dis of apostlis/

---

13. [1] wedding is [2] whiche [3] *MS* maken (?)

Deeds

Heere bigynneth prolog on the Dedis of Apostlis

Luyk of antioche of þe nacioun of sirie whos preisyng is told in þe
gospel: at antioche he was a worþi man of leche craft· & aftirward a
disciple of cristis apostlis & suede poul þe apostle/ he seruyde god in
maidenhod wiþoute blame: and whanne he was foure score ȝeer oold
5 & foure· he diede in bithynie full of þe hooli goost/ And he þorouȝ sti-
ryng of þe hooli goost in þe coostis of acaye· wroot þe gospel to feiþful
greekis: & schewide þe incarnacioun of þe lord bi a trewe telling and
schewide also þat he was come of þe kynrede of dauid/ to him not
wiþoute dissert: was ȝouun power to wryte þe doyngis of apostlis in her
10 mynisterie: þat god beynge full in god· whanne þe sone of perdicioun
was deed· & þe apostlis hadden maad her preier þorouȝ lott of þe lor-
dis eleccioun: þe noumbre of þe apostlis were fulfillid/ and also þat
poul schulde ende þe doyngis of þe apostlis· whom þe lord had chosun:
þat longe tyme wynside aȝen þe pricke/ And to hem þat reden & sechen
15 god he wolde schewe it bi schert tellyng raþir þan schewe forþ ony
þing more lengere to hem þat wlaten longe þingis/ knowynge þat it bi-
houiþ þe tilier þat worchiþ: to ete of his owne fruitis/ And he foond so
myche grace of god· þat not oonly his medicyne profitide to bodies: but
also to *þe* soulis/ heere endiþ þe prolog/

1 *Here biginneth Apostlis Dedis*

THeofile· first I made a sermoun of alle þingis þat ihū biganne to do
2 & to teche in to þe dai of his assencioun in whiche he comaundide: bi
3 þe hooly goost to hise apostlis whom[1] he hadde chosun· to whom[1] he
schewide him silf alyue aftir his passioun bi many argumentis: appee-
4 ringe to hem fourty daies: & spekynge of þe rewme of god/ And he eet
wiþ hem & comaundide þat þei schulden not departe fro ierusalem/ but
abyde þe biheste of þe fadir: whiche ȝe herden· he seide bi my mouþ/
5 For Jon baptiside in watir: but ȝe schul be baptisid in þe hooly goost:
6 aftir þese fewe daies/ þerfore þei þat weren come togidre: axiden him
& seiden/ lord wheþer in þis tyme þou schalt restore þe kyngdom of
7 irael? And he seide to hem/ It is not ȝoure to knowe þe tymes eþer mo-
8 mentis: whiche þe fadir haþ putt in his power/ But ȝe schul take þe ver-
tu of þe hooli goost comynge from aboue in to ȝou: and ȝe schul be my
witnessis in ierusalem· & in al Judee & samarie· & to þe vtmeste of þe
9 erþe/ And whanne he had seid þese þingis in her siȝt· he was lift up:

Deeds 1. 1 whiche

10 and a cloude resseyuide him fro her iȝen/ And whanne þei biheelden
him goynge in to heuene: lo tweyne [*men*] stoden bisidis hem in whyt
11 cloþing· & seiden/ Men of galilee: what stonden ȝe biholdynge in to
heuene? þis ihū which is takun up fro ȝou in to heuene: schal come as
12 ȝe sauȝen him goynge in to heuene/ þanne þei turnyden aȝen to ierusa-
lem fro þe hill þat is clepid `þe hil´ of olyuete: whiche is bisidis ieru-
13 salem an halydaies iorney/ And whanne þei weren entrid in to þe hous
where þei dwelliden· þei wenten up in to þe soler· Petir & Jon· James·
& andreu· philip & thomas· barthilmew & Matheu· James of alphei &
14 symound zelotes· & Judas of James/ Alle þese weren lastyngli conty-
nuynge wiþ o wille in preier: wiþ wymmen & marie þe modir of ihū·
15 & wiþ hise briþeren/ In þo daies Petir roos up in þe myddil of þe
breþeren: & seide/ and þer was a cumpanye of men togidre almest an
16 hundrid & twenty/ Breþeren it bihouiþ þat þe scripture be fillid whiche
þe hooli goost bifore seide bi þe mouþ of dauid· of Judas þat was le-
17 dere of hem þat tooken ihū/ and was noumbrid among us: and gaat a
18 part of þis seruyse/ And þis Judas hadde a feeld of þe hijre of wickid-
nesse/ and he was hangid· & tobarste þe myddil: and alle hise entrailis
19 weren sched abrood/ And it was maad knowun to alle men þat dwelten
at ierusalem: so þat þilke feeld was clepid achildemak in þe langage of
20 hem· þat is þe feeld of blood/ And it is writun in þe book of salmys/ þe
habitacioun of hem be maad deseert: and be þer noon þat dwelle in it/
21 and an ooþir take his bisshopryche/ þerfore it bihouiþ of þese men þat
ben gaderid togidre wiþ us in al þe tyme· in whiche þe lord ihū entride
22 & wente out among us· and biganne fro þe baptym of Jon til in to þe
dai in whiche he was takun up fro us· þat oon of þese be maad a wit-
23 nesse of his resureccioun wiþ us/ And þei ordeyneden tweyne: Joseph
24 þat was clepid barsabas· þat was named iust: & mathi/ And þei preie-
den: & seiden/ þou lord þat knowist þe hertis of alle men· schewe
25 whom þou hast chosun of þese tweyne· þat oon take þe place of þis se-
ruyse & apostilheed· of whyche Judas trespasside: þat he schulde go in
26 to his place/ And þei ȝauen lottis to hem: and þe lott fel on mathi/ and
he was noumbrid with enleue[ne] apostlis/

2 And whanne þe daies of penthecost weren fillid: alle þe disciplis we-
2 ren togidre in þe same place/ And sodeynli þer was maad a soun fro
heuene: as of a greet wynd comynge/ and it fillide al þe hous: where
3 þei saten/ And diuerse tungis as fier appeeriden to hem· and it saat on
4 ech of hem/ And alle weren fillid wiþ þe hooli goost: and þei bigunnen
5 to speke diuerse langagis as þe hooli goost ȝaf to hem forto speke/ And
þer weren in ierusalem dwellynge iewis religiouse men: of ech nacioun
6 þat is vndir heuene/ And whanne þis voice was maad: þe multitude cam
7 togidre/ and þey weren astonyed in þouȝt: for ech man herde hem spe-
kynge in his langage/ And alle weren astonyed: and wondriden and sei-

---

2. ¹ schede   ² a   ³ *foll. by rep. containing* comynyng of brekyng

8 den togidre/ wheþer not alle þese þat speken ben men of galilee: and
9 hou herden we ech man his langage· in whiche we ben born? *of* parthi
& medi & elamyte & þei þat dwellen at mesopotanye· Judee & capa-
10 dosie· & ponte· & asye· frigie & pamfilie· egipt· & þe parties of libie·
11 þat is aboue syrenen & comelyngis romayns/ & iewis & proselitis· men
of crete & of arabie/ we haue herd hem spekynge in oure langagis þe
12 grete þingis of god/ And alle weren astonyed: and wondriden & seiden
13 togidre/ what wole þis þing be? And oþere scornyden & seiden: for
14 þese men ben full of must/ But petir stood with þe enleuene: & reiside
up his voice & spak to hem/ ȝe iewis· & alle þat dwellen at ierusalem:
15 be þis knowun to ȝou· & wiþ eeris perceyue ȝe my wordis/ For not as
16 ȝe wenen· þese ben drunke: whanne it is þe þridde our of þe day/ But
17 þis it is: þat was seid bi þe prophet Joel/ And it schal be in þe laste daies
þe lord seiþ· I schal heelde out my spirit on ech fleish: and ȝoure sones
& ȝoure douȝtris shul prophecie/ and ȝoure ȝounge men schul se vi-
18 siouns: and ȝoure eldris schul dreme sweuenis/ And on my seruauntis
& myne hand maydens in þo daies I schal heelde[1] out of my spirit: and
19 þei schul prophecie/ And I schal ȝiue grete wondris in heuene aboue· &
20 signes in erþe byneþe: blood & fier & hete of smoke/ þe sunne schal
be turned in to derknessis/ and þe moone in to blood: bifore þat þe
21 greet & þe open day of þe lord come/ And it schal be/ ech man whiche
22 euere shal clepe to help þe name of þe lord: schal be saaf/ ȝe men of is-
rael here ȝe þese wordis/ Ihū of nazareth a man preued of god bifore
ȝou bi vertues & tokens· whiche god dide bi him in þe myddil of ȝou
23 as ȝe witen/ ȝe turmentiden & killiden him bi þe hondis of wickide
men: bi counceil determyned· & bitakun bi þe forknowyng of god/
24 whom god reiside· whanne sorowis of helle weren vnboundun/ bi þat
25 þat it was impossible þat he were holdun of it/ For dauid seiþ of him/ I
sauȝ afer þe lord bifore me euermore: for he is on my riȝt half· þat I be
26 not moued/ For þis þing myn herte ioyede & my tunge made ful out
27 ioye and more ouer my fleish schal reste in hope/ For þou schalt not
leue my soule in helle: neþer þou schalt ȝiue þin hooly to se corrup-
28 cioun/ þou hast maad knowun to me þe weies of lijf: þou schalt fille me
29 in myrþe wiþ þi face/ Breþeren· be it leeful boldly to sey to ȝou of þe
patriark dauiþ: for he is deed & biried and his sepulcre is among us in
30 to þis dai/ þerfore whanne he was a prophete & wiste þat wiþ a greet
ooþ god had sworen to him· þat of þe fruyt of his leende schulde oon
31 sitte on his sete: he seynge afer spak of þe resureccioun of crist/ For
32 neþer he was left in helle: neþer his fleish siȝ corrupcioun/ God reiside
33 þis ihū: to whom we alle ben witnessis/ þerfor he was enhaunsid bi þe
riȝt hoond of god/ and þorouȝ þe biheste of þe hooli goost þat he took
34 of þe fadir: he schedde out þis spirit þat ȝe seen & heeren/ For dauid
stiȝede not in to heuene: but he seiþ/ þe lord seide to my lord: sitte þou
35, 36 on my riȝt half/ til I putte þin enemyes: þe[2] stool of þi feet/ þerfor
moost certeynly wite al þe hous of irael: þat god made him boþe lord
37 & crist· þis ihū whom ȝe crucifieden/ whanne þei herden þese þingis:

þei weren compunct in herte/ And þei seiden to petir· & *to* oþere apost-
38 lis/ Breþeren what schul we do? And petir seide to hem/ Do ȝe pe-
naunce and ech of ȝou be baptisid in þe name of ihū crist· in to remys-
39 sioun of ȝoure synnes: and ȝe schul take þe ȝifte of þe hooli goost/ for
þe biheest is to ȝou & to ȝoure sones & to alle þat ben fer: whiche eue-
40 re oure lord god haþ clepid/ Also wiþ [*othere*] wordis ful many he wit-
nesside to hem: & monestide hem & seide/ Be ȝe saued fro þis schre-
41 wid generacioun/ þanne þei þat resseyueden his word: weren baptisid/
42 And in þat dai `soules´ weren encressid: aboute þre þousynd· & weren
lastynge stably in þe techyng of þe apostlis· & in comunyng of þe bre-
43 kyng of breed & in preieris/ And drede was maad to ech man/ And ma-
ny wondris & signis weren don bi þe apostlis[3] in ierusalem: and greet
44 drede was in alle/ And alle þat bileueden weren togidre: & hadden alle
45 þingis comyne/ þe[i] solden possessiouns & catel: & departiden þo
46 þingis to alle men· as it was nede `to´ eche/ And ech dai þei dwelliden
stably wiþ o wille in þe temple· and braken breed aboute housis: and
47 token mete with ful out ioie & symplenesse of herte· and herieden to-
gidre god: & hadden grace to alle þe folk/ And þe lord encresside hem:
þat weren maad saaf ech dai in to þe same þing/

3   And petir & John wenten up in to þe temple: at þe nynþe hour of
2 preiyng/ And a man þat was lame fro þe wombe of his modir: was born/
and was leid ech dai at þe ȝate of þe temple þat is seid fair: to axe al-
3 mes of men þat entriden in to þe temple/ *he* þis whanne he sauȝ petir
& John bigynnynge to entre in to þe temple: preiede þat he schulde ta-
4 ke almes/ And petir with Jon biheelde on him: and seide/ Biholde þou
5 in to us/ And he biheelde in to hem: & hopide þat he schulde take
6 sumwhat of hem/ But petir seide/ I haue neþer siluer ne gold· but þat
þat I haue I ȝiue to þee/ in þe name of ihū crist of nazareth: ryse þou
7 up & go/ And he took him bi þe riȝt hond & heuyde him up/ And an-
8 oon his leggis & his feet weren soudid togidre/ and he lepide & stood
& wandride/ And he entride wiþ hem in to þe temple· and wandride &
9 lepide & heriede god/ And al þe puple sauȝ him walkynge & heriynge
10 god/ And þei knewen him: þat he it was þat saat at almes at þe faire
ȝate of þe temple/ And þei weren fillid wiþ wondryng & stonying: in
11 þat þing þat bifel to him/ But whanne þei sauȝen petir & Jon: al þe pu-
ple ran to hem at þe porche þat was clepid of salomon· & wondriden
12 gretly/ And petir sauȝ: & answeride to þe peple/ Men of irael: what
wondren ȝe in þis þing· eþer what biholden ȝe us· as bi oure vertu eþer
13 power we maden þis man forto walke? god of abraham & god of ysaac
& god of iacob· god of oure fadris: haþ glorified his sone ihū whom ȝe
bitraieden· & denyeden bifore þe face of pilat: whanne he demyde him
14 to be delyuered/ But ȝe denyeden þe hooly & þe riȝtful: and axiden a
15 man-sleer to be ȝouun to ȝou/ And ȝe slowen þe makere of lijf: whom

---

3. [1] the

16 god reiside fro deeþ· of whom we ben witnessis/ and in þe feiþ of his
name he haþ confermed þis man whom ȝe seen & knowen/ þe name of
him & þat¹ feiþ þat is bi hym: ȝaf to þis man full helþe in þe siȝt of al-
17 le ȝou/ And now briþeren I woot· þat bi vnwityng ȝe diden as also ȝou-
18 re princis/ But god þat bifore tolde bi þe mouþ of alle prophetis· þat his
19 crist schulde suffre: haþ fillid so/ þerfore be ȝe repentaunt· & be ȝe
20 conuertid: þat ȝoure synnes be don awey· þat whanne þe tymes of re-
freissing schul come fro þe siȝt of þe lord· & he schal sende þilke ihū
21 crist þat is now prechid to ȝou/ whom it bihouiþ heuene to resseyue: in
to þe tymes of restitucioun of alle þingis whiche þe lord spak bi þe
22 mouþ of hise hooly prophetis fro þe world/ for moyses seide/ For þe
lord ȝoure god schal reyse to ȝou a prophet of ȝoure breþeren: as me ȝe
23 schul here him bi alle þingis· what euere he schal speke to ȝou/ And it
schal be þat euery man þat schal not here þilke prophet: schal be dis-
24 tried fro þe puple/ And alle prophetis fro samuel & aftirward þat spa-
25 ken: tolden þese daies/ But ȝe ben þe sones of prophetis & of þe testa-
ment þat god ordeynide to oure fadris: & seide to abraham/ In þi seed
26 alle þe meynees of erþe schul be blessid/ God reiside his sone first to
ȝou· and sente him blessynge ȝou: þat ech man conuerte him fro his
wickidnesse/

4 And while þei spaken to þe puple· þe prestis & magestratis of þe
2 temple & þe saducees camen upon hem and seroweden þat þei tauȝten
3 þe puple: and tolden in ihū þe aȝenrising fro deeþ/ And þei leyden hon-
dis on hem· and puttiden hem in to warde in to þe morowe/ for it was
4 þanne euentijd/ But many of hem þat hadde herd þe word: bileeuiden/
5 And þe noumbre of men was maad fyue þousyndis/ And amorowe it
was don· þat þe princis of hem and *þe* eldre men & scribis weren ge-
6 derid in ierusalem· & annas prince of prestis & cayfas & Jon & ali-
7 saundre: & hou many euere weren of þe kynde of prestis/ And þei set-
ten hem in þe myddil: & axiden/ In what vertu oþer in what name: han
8 ȝe do þis þing? þanne petir was fillid wiþ þe hooli goost: & seide to
9 hem/ ȝe princis of þe puple & ȝe eldre men: heere ȝe/ If we todai ben
demid in þe good dede of a sijk man· in whom þis man is maad saaf:
10 be it knowun to ȝou alle· & to al þe puple of irael· þat in þe name of
ihū crist of nazareth· whom ȝe crucifieden· whom god reiside fro deeþ:
11 in þis· þis man stondiþ hool· bifore ȝou/ þis is þe stoon: whiche was re-
proued of ȝou bildynge/ whiche is maad in to þe heed of þe cornere:
12 and helþe is not in ony ooþer/ for neþer ooþer name vndir heuene is
13 ȝouun to men: in whiche it bihouiþ us to be maad saaf/ And þei siȝen
þe stidefastnesse of petir & of Jon· `and whanne¹ it was foundun þat þei
weren men vnlettrid· & lewid men: [*and*] þei wondriden/ And *þei* kne-
14 wen hem þat þei weren wiþ ihū/ And þei siȝen þe man þat was helid
15 stondinge wiþ hem: and þei myȝten no þing aȝensey/ but þei comaun-

---

4. ¹ for   ² men   ³ which   ⁴ possessouris   ⁵ pricis

16 diden hem to go forþ wiþoute þe counceil: and þei spaken togidre &
seiden/ what schul we do to þese men/ for þe signe is maad knowun bi
hem: to alle men þat dwell*id*en at ierusalem/ it is open and we moun
17 not denye/ But þat it be no more puplishid in to þe puple: manasse we
18 to hem· þat þei speke no more in þis name to ony man[2]/ And þei clepi-
den hem: & denounceden to hem· þat on no manere þei schulden spe-
19 ke neþer teche in þe name of ihū/ But petir & Jon answeriden: & sei-
den to hem/ If it be riȝtful in þe siȝt of god `to heere ȝou raþer þan god´:
20 deme ȝe/ for we moten nedis speke þo þingis: þat we haue seen & herd/
21 And þei manassiden & leften hem: and founden not hou þei schulden
ponysche hem for þe puple/ for alle men clarifieden þat þing þat was
22 don in þat· þat was bifalle/ For þe man was more þan of fourti ȝer: in
23 whom[3] þis signe of helþe was maad/ And whanne þei weren delyuered
þei camen to her felawis & tolden to hem· hou grete þingis þe princis
24 of prestis & þe eldre men hadden seid to hem/ And whanne þei herden:
wiþ oon herte þei reisiden voice to þe lord· & seiden/ Lord þou þat ma-
25 dist heuene & eerþe· see & alle þingis þat ben in hem: whiche seidist
bi þe hooly goost bi þe mouþ of oure fadir dauid þi child/ whi `gnasti-
den with teeþ [*togidre*] " heþene men´: and þe puples þouȝten veyne
26 þingis/ kyngis of [*the*] eerþe stoden nyȝ: and princis camen togidre in
27 [*to*] oon aȝens þe lord· & aȝens his crist/ For verily heroude & pounce
pilat wiþ heþene men & peplis of irael camen togidre in þis citee aȝens
28 þin hooli child ihū whom þou anoyntedist: to do þe þingis þat þin
29 hoond & þi counceil demyden to be don/ and now lord biholde in to þe
þretenyngis of hem· and graunte to þi seruauntis to speke þi word wiþ
30 al trist in þat þing· þat þou holde forþ þin hond· þat helþis & signis &
31 wondris be maad· bi þe name of þin hooly sone ihū/ And whanne þei
hadden preied: þe place was moued· in whiche þei weren gaderid/ and
alle weren fillid wiþ þe hooli goost: & spaken þe word of god with trist/
32 And of [*al*] þe multitude of men bileeuinge: was oon herte & oo wille/
Neþer ony man seide ony þingis of þo þingis þat he weeldide to be his
33 owne: but alle þingis weren comyne to hem/ And wiþ greet vertu þe
apostlis ȝildiden witnessing of þe aȝenrisyng of ihū crist oure lord: &
34 greet grace was in alle hem/ For neþer ony nedi man was among hem/
For hou many euere weren possessioners[4] of feeldis eþer of housis: þei
35 solden and brouȝten þe prijs[5] of þo þingis þat þei solden· and leiden bi-
fore þe feet of [*the*] apostlis & it was departid to ech: as it was nede to
36 ech/ Forsoþe ioseph þat was named barsabas of apostlis þat is to sey þe
37 sone of counfort of þe lynage of leuy a man of cipre: whanne he had-
de a feeld: solde it· & brouȝte þe priis & leide it bifore þe feet of apost-
lis/

5, 2   But a man ananye bi name with saphira his wijf: solde a feeld· & de-
fraudide of þe priis of þe feeld· and his wijf was wytynge/ And he

---

5. [1] vndo   [2] *MS apostlis*

3 brouȝte a part & leide bifore þe feet of þe apostlis/ And petir seide to
him/ Ananye whi haþ sathanas temptid þin herte þat þou lie to þe hoo-
4 ly goost: & to defraude of þe prijs of þe feeld? wheþer it vnsold was
not þin· and whanne it was soold it was in þi power? whi hast þou put-
5 te þis þing in þin herte? þou hast not lied to men· but to god/ Ananye
herde þese wordis: and fel doun & was deed/ And greet drede was
6 maad on alle þat herden/ And ȝounge men risen & moueden him awey:
7 and baren him out & birieden/ And þer was maad as a space of þre ou-
8 ris: and his wijf knew not þat þing þat was don· & entride/ And petir
answeride to hir/ womman sey to me: wheþer ȝe solden þe feeld for so
9 myche? And sche seide· ȝhe for so myche/ And petir seide [to hyr]/
what bifel to ȝou: to tempte þe spirit of þe lord? lo þe feet of hem þat
han biried[en] þin hosebonde ben at þe dore: and þei schul bere þee
10 out/ Anoon sche fel doun at his feet: & diede/ And þe ȝounge men en-
triden & founden hir deed· and þei baren hir out & birieden to hir ho-
11 sebonde/ And greet drede was maad in al þe chirche: & in to alle þat
12 herden þese þingis/ And bi þe hondis of þe apostlis: signes & many
wondris weren maad in þe puple/ and alle weren of oon acoord in þe
13 porche of salomon/ But no man of oþere durste ioyne him silf wiþ hem:
14 but þe puple magnyfiede hem/ And þe multitude of men & of wymmen
15 bileeuynge in þe lord: was more encressid· so þat þei brouȝten out si-
ke men in to stretis: and leiden in litil beddis & couchis/ þat whanne pe-
tir cam· namely þe schadowe of him schulde schadowe ech of hem: and
16 þei schulden be delyuered fro her sijknessis/ And þe multitude of citees
nyȝ to ierusalem ran: bryngynge sike men & þat weren trauelid of
17 vnclene spiritis· whiche alle weren helid/ But þe prince of prestis roos
up· & alle þat weren with him· þat is þe heresie of saducees: & weren
18 fillid with enuye/ and *þei* leiden hondis on þe apostlis: and putten hem
19 in þe comyn warde/ But þe aungel of þe lord openyde bi nyȝt þe ȝatis
20 of þe prisoun and ledde hem out & seide go ȝe & stonde ȝe & speke in
21 þe temple to þe puple: alle þe wordis of þis lijf/ whom whanne þei had-
den herd· þei entriden eerly in to þe temple & tauȝten/ And þe prince
of prestis cam & þei þat weren with him: and clepiden togidre þe coun-
ceil· & alle þe eldre men of þe children of israel/ and *þei* senten to þe
22 prisoun: þat þei schulden be brouȝt forþ/ And whanne þe mynistris ca-
men & foundun hem not· and for þe prisoun was opened: þei turnyden
23 aȝen & tolden & seiden/ we founden þe prisoun schitt with al diligen-
ce & þe kepers stondynge at þe ȝatis/ but we openyden & foundun no
24 man þerynne/ And as þe magestratis of þe temple & þe princis of pre-
25 stis herden þese wordis: þei doutiden of hem what was don/ But a man
cam: & tolde to hem/ For lo þo men whiche ȝe han put in to prisoun:
26 ben in þe temple & stonden & techen þe puple/ þanne þe magestrat
wente wiþ þe mynistris: & brouȝte hem wiþoute violence/ for þei dred-
27 den þe puple: lest þei schulden be stoned/ And whanne þei hadden
28 brouȝt hem: þei setten hem in þe counceil/ And þe princis of prestis ax-
iden hem & seiden/ In comaundement we comaundiden ȝou þat ȝe

schulde not teche in þis name/ and lo ȝe han fillid ierusalem wiþ ȝoure
29 techyng· and ȝe wolen brynge on us þe blood of þis man/ And petir ans-
weride & þe apostlis & seiden/ It bihouiþ to obeye to god: more þan to
30 men/ God of oure fadris reiside ihū whom ȝe slowen: hangynge in a
31 tree/ god enhauncide with his riȝt hond þis prince & sauyour: þat pe-
32 naunce were ȝouen to irael & remyssioun of synnes/ And we ben wit-
nessis of þese wordis· & þe hooli goost whom god ȝaf to alle obeis-
33 shynge to him/ whanne þei herden þese þingis: þei weren turmentid &
34 þouȝten to sle hem/ But a man roos in þe counceil a farisee gamaliel bi
name· a doctour of þe lawe· a worschipful man to al þe puple: and co-
35 maundide þe men to be put wiþoute forþ· for a while/ And he seide to
hem/ ȝe men of irael take tent to ȝou silf on þese men: what ȝe schul
36 do/ For bifore þese daies Theodas þat seide him `silf´ to be sum man:
to whom a noumbre of men consentiden aboute foure hundrid whiche
was slayn: & alle þat bileeuyden to him weren disparplid & brouȝt to
37 nouȝt/ Aftir þis iudas of galilee was in þe daies of professioun: & tur-
nyde awey þe puple aftir him/ and alle hou many euer consentiden to
38 hym: weren scaterid & he perisshide/ And now þerfore I sey to ȝou: de-
parte ȝe fro þese men· and suffre ȝe hem/ for if þis counseil eþer werk
39 is of men: it schal be vndon/ but if `it´ is of god· ȝe moun not fordo[1]
40 hem· lest perauenture ȝe be founde to repugne god/ And þei consenti-
den to him: and þei clepiden togidre þe apostlis[2]/ and denounceden to
hem þat weren betun: þat þei schulden no more speke in þe name of
41 ihū· and þei leeten hem go/ and þei wenten ioyynge fro þe siȝt of þe
counseil: þat þei weren had worþi to suffre dispisyng for þe name of
42 ihū/ But ech dai þei ceessiden not in þe temple & aboute housis: to te-
che & to preche ihū crist/

6 But in þo daies· whanne þe noumbre of disciplis encresside: þe
greekis grucchiden aȝen þe ebrewis· for þat her widewis weren dispi-
2 sid in euery daies mynistryng/ And þe twelue clepiden togidre þe mul-
titude of disciplis & seiden/ It is not riȝtful· þat we leue þe word of god:
3 & mynistre to boordis/ þerfore briþeren biholde ȝe men of ȝou of good
fame· fulle of þe hooli goost & of wisdom: whom[1] we schul ordeyne
4 on þis werk· for we schul be bisy to preier & preche þe word of god/
5 And þe word pleside bifore al þe multitude/ and þei chesiden steuene
a man full of feiþ & of þe hooli goost· & philip & procore & Nichanor·
6 & tymon & parmanam & Nichol a comelyng a man of antioche/ þei or-
deyneden þese bifore þe siȝt of apostlis: and þei preieden· & leiden
7 hondis on hem/ And þe word of þe lord wexide: and þe noumbre of þe
disciplis in ierusalem was myche multiplied/ Also myche cumpenye of
8 prestis: obeisshide to þe feiþ/ And steuene full of grace & of strengþe:
9 made wondris & grete signis in þe puple/ but summe risen of þe syna-
goge þat was clepid of libertyns· & cirenencis· & of men of alisaundre·

---

6. [1] whiche

& of hem þat weren of cilice & of asye· and disputiden wiþ steuene/
10, 11 And þei my3ten not wiþstonde þe wisdom & þe spirit þat spak/ þanne
þei priuely senten men þat schulden sey þat þei herden him seiynge
12 wordis of blasfemye a3ens moyses & god/ And so þei mouyden togidre
þe puple: & þe eldre men & þe scribis/ And þei runnen togidere & to-
13 ken him: and brou3ten in to þe counceil/ and þei ordeyneden false wit-
nessis þat seiden/ þis man ceessiþ not to speke wordis a3ens þe hooli
14 place & þe lawe/ for we herden him seiynge/ þat þis ihc of nazareth
schal destrie þis place: and schal chaunge þe tradiciouns whiche moy-
15 ses bitook to us/ And alle men þat saten in þe counceil biheelden him·
& sau3en his face as þe face of an aungel/

7   And þe prince of prestis seide to steuene/ wheþir þese þingis han
2 hem so? þe whyche seide/ Breþeren & fadris heere 3e/ god of glorie ap-
peeride to oure fadir abraham whanne he was in mesopotanye· bifore
3 þat he dwelte in carram/ and seide to him/ go out of þi lond· & of þi
4 kynrede: and come in to þe lond which I shal schewe to þee/ þanne he
wente out of þe lond of caldeis: and dwelte in carram/ and fro þennes
aftir þat his fadir was deed: he translatide him in to þis lond· in whiche
5 3e dwellen now/ and he 3af not to him eritage in it· neþer a paas of a
foot: but he bihi3te to 3iue him it in to possessioun & to his seed aftir
6 him· whanne he hadde not a sone/ And god spak to him· þat his seed
schal be comeling in an alien lond· and þei schul make hem sugett to
7 seruage· and schul yuele trete hem foure hundrid 3eris & þritti/ and I
schal iuge þe folk: to whom[1] þei schul serue seiþ þe lord/ And aftir
þese þingis þei schul go out: and þei schul serue to me in þis place/
8 And he 3af to him þe testament of circumcisioun/ and so he gendride
ysaac: and circumcidide him in þe ei3tþe dai/ And ysaac gendride Ja-
9 cob: and Jacob gendride þe twelue patriarkis/ And þe patriarkis hadden
enuye to Joseph: and solden him in to egipt/ And god was `with´ him
10 and delyuerde hym of alle his tribulaciouns: and 3af to him grace &
wisdom in þe si3t of farao kyng of egipt/ and he ordeynide him so-
11 uereyn on egipt: & on al his hous/ And hungir cam in to al egipt &
12 chanaan· & greet tribulacioun: and oure fadris foundun not mete/ But
whanne iacob had herd þat whete was in egipt: he sente oure fadris
13 first/ and in þe secunde tyme Joseph was knowun of hise briþeren: and
14 his kyn was maad knowun to pharao/ And Joseph sente & clepide ia-
15 cob his fadir & al his kynrede seuenty & fyue men/ And iacob cam
16 doun in to egipt `&´ was deed: he & oure fadris/ and þei weren trans-
latid in to sichen & weren leid in þe sepulcre þat Abraham bou3te bi
17 prijs of siluer of þe sones of emor þe sone of sichen/ And whanne þe
tyme of biheeste cam ny3· whiche god hadde knowlechid to abraham:
18 þe puple wexide & multipliede in egipt til an ooþir kyng roos in egipt:
19 whiche knewe not ioseph/ þis bigilide oure kyn and turmentide oure fa-

---

7. [1] which   [2] sente

dris: þat þei schulden putte awey her ȝounge children· for þei schulden

20 not lyue/ In þe same tyme moyses was born: and he was loued of god/

21 and he was norisshid þre moneþis: in þe hous of his fadir/ and whanne
he was put out in þe flood: þe douȝtir of pharao took hym up and no-

22 risshide hym in to hir sone/ And moyses was lernd in al þe wisdom of

23 egipcians: & he was myȝti in his wordis & werkis/ But whanne þe ty-
me of fourti ȝeer was fillid to hym: it roos up in to his herte þat he

24 schulde visite hise breþeren þe sones of irael/ and whanne he sauȝe a
man suffringe wrong: he vengide him· & dide veniaunce for him þat

25 suffride [the] wrong & [he] killide þe egipcian/ for he gesside þat hise
briþeren schulden vndirstonde· þat god schulde ȝiue to hem helþe bi þe

26 hoond of hym/ but þei vndirstoden not/ For in þe day suynge: he apee-
ride to hem chidynge: and he acordide hem in pees & seide/ Men ȝe

27 ben breþeren/ whi noien ȝe ech ooþer? But he þat dide þe wrong to his
neiȝebore: puttide him awey & seide/ who ordeynide þee prince & do-

28 mesman on us? wher þou wolt sle me: as ȝistirday þou killedist [the]

29 egipcian? And in þis word moyses fleiȝ: and was maad a comelyng in

30 þe lond of madian· where he bigaat twey sones/ And whanne he had fil-
lid fourti ȝeer: an aungel apeeride to him in fyer of flawme of a bushe

31 in deseert of þe mount of syna/ And moyses sauȝe: and wondride on þe
siȝt/ and whanne he neiȝede to biholde: þe vois of þe lord was maad to

32 hym & seide/ I am god of ȝoure fadris· god of abraham· god of ysaac·
god of iacob/ Moyses was maad tremblynge and durste not biholde/

33 But god seide to him/ Do off þe schoon of þi feet/ for þe place in whi-

34 che þou stondist is hooly eerþe/ I seynge siȝ þe turmentyng of my pu-
ple þat is in egipt: and I herde þe moornyng of hem· and I cam doun to
delyuere hem/ And now come þou: and I schal sende þee in to egipt/

35 þis moyses whom þei denyeden· seiynge who ordeynede þee prince &
domesman on us: god sende² þis prince & aȝenbiere wiþ þe hond of þe

36 aungel· þat apeeride to hym in þe bushe/ þis moyses ladde hem out: and
dide wondris & signis in þe lond of egipt & in þe reed see & in desert

37 fourty ȝeeris/ þis is moyses þat seide to þe sones of irael/ god schal rey-

38 se to ȝou a prophete of ȝoure breþeren: as me ȝe schul heere him/ þis
it is þat was in þe chirche in wildirnesse with þe aungel þat spak to him
in þe mount [of] syna & wiþ oure fadris: whiche took wordis of lijf to

39 ȝiue to us/ To whom oure fadris wolden not obeye: but puttiden him

40 awey· and weren turned awey in hertis in to egipt· seiynge to aaron/ Ma-
ke þou to us goddis: þat schul go bifore us/ For to þis moises þat led-

41 de us out of þe lond of egipt: we witen not what is don to hym/ And þei
maden a calff in þo daies· and offriden a sacrifice to þe mawmett· and

42 þei weren glad in þe werkis of her hondis/ And god turnyde & bitook
hem to serue to þe knyȝthod of heuene: as it is writun in þe book of
prophetis/ wheþer ȝe hous of irael offreden to me slayn sacrificis `eþer

43 sacrificis´ fourti ȝeer in deseert? and ȝe han take þe tabernacle of mo-
lok & þe sterre of ȝoure god renfam· figuris· þat ȝe han maad to wor-

44 schipe hem/ and I schal translate ȝou in to babiloyne/ þe tabernacle of

witnessyng was wiþ oure fadris in desert: as god disposide to hem &
spak to moyses/ þat he schulde make it aftir þe fourme þat he sauȝe/
45 whiche also oure fadris token wiþ ihū and brouȝten in to þe possessioun
of heþene men: whiche god puttide awey fro þe face of oure fadris· til
46 in to þe daies of dauid þat fonde grace anentis god: and axide þat he
47 schulde fynde a tabernacle to god of iacob/ But salomon bildide þe
48 hous to him/ but þe hiȝe god dwelliþ not in þingis maad bi hoond: as
49 he seiþ bi þe prophete/ heuene is a sete to me· and þe erþe is þe stool
of my feet/ what hous schul ȝe bilde to me seiþ þe lord: eþer what pla-
50, 51 ce is of my restyng? wheþer myn hond made not alle þese þingis? wiþ
hard nolle & vncircumcidid hertis & eeris ȝe wiþstoden euermore þe
52 hooly goost/ & as ȝoure fadris so ȝe/ whom of [the] prophetis han not
ȝoure fadris pursued: & han slayn hem þat bifore tolden of þe comyng
53 of þe riȝtful man? whos traitouris & mansleers ȝe weren now/ whiche
54 tooken þe lawe· in ordynaunce of aungels: and han not kept it/ And þei
herden þese þingis & weren dyuersly turmentid in her hertis· & þei
55 grennyden wiþ teeþ on hym/ But whanne steuene was full of þe hooly
goost: he biheeld in to heuene & sauȝe þe glorie of god· & ihū ston-
56 dinge on þe riȝthalf of þe vertu of god/ and he seide/ lo I se heuenes
opened: & mannus sone stondinge on þe riȝthalff of þe vertu of god/
57 And þei crieden wiþ a greet voice: and stoppiden her eris· & maden
58 wiþ oo will a[n] [a]sauȝt in to him/ And þei brouȝten him out of þe ci-
tee: & stoneden/ and þe witnessis diden off her cloþis· bisidis þe feet
59 of a ȝoung man: þat was clepid saul/ and þei stoneden steuene: þat cle-
60 pide god to help seiynge lord ihū resseyue my spirit/ And he knelide &
criede wiþ a greet voice & seide/ lord sette not to hem þis synne/ And
whanne he had seid þis þing he dyede/

8   But saul was consentynge to his deþ and greet persecucioun was
maad þat day in þe chirche þat was in ierusalem/ And alle men weren
2 scaterid bi þe cuntrees of Judee & samarie: out takun þe apostlis/ But
3 gode men birieden steuene: & maden greet moornyng on him/ But saul
gretli distriede þe chirche & entride bi housis: & drouȝ men & wym-
4 men· & bitook hem in to prisoun/ and þei þat weren scaterid: passiden
5 forþ· prechynge þe word of god/ And philip cam doun in to a citee of
6 samarie: and prechide to hem crist/ And þe puple ȝaf tent to þese þing-
is þat weren seid of philip: wiþ oo wille heeringe & seynge þe signes
7 þat he dide/ For many of hem þat hadden vnclene spiritis: crieden with
a greet voice and wenten out/ And many sike in þe palsie & crokid we-
8, 9 ren helid/ þerfore greet ioie was maad in þat citee/ But þer was a man
in þat citee whos name was symound a wicche þat hadde disseyued þe
10 folc of samarie seiynge þat him silf was sum greet man/ whom alle her-
keneden fro þe leest to þe mooste: & seiden/ þis is þe vertu of god:
11 whiche is clepid greet/ and þei leeueden him for longe tyme he had

---

8. ¹ ȝelding   ² on

12 maddid hem with his wicchecraftis/ But whanne þei hadden bileeuyd
to philip þat prechide of þe kyngdom of god: men & wymmen weren
13 baptisid in þe name of ihū crist/ And þanne also symound him silf bi-
leeuide/ And whanne he was baptisid: he drouȝ to philip and he sauȝe
also þat signis & grete vertues weren don: he was astonyed & wondri-
14 de/ But whanne þe apostlis þat weren at ierusalem hadden herd þat
samarie hadde resseyued þe word of god: þei senten to hem petir &
15 Joon/ and whanne þei camen þei preieden for hem· þat þei schulden
16 resseyue þe hooli goost/ for he cam not ȝit in to ony of hem: but þei we-
17 ren baptisid oonli in þe name of þe lord ihū/ þanne þei leiden hondis
18 on hem: & þei resseyueden þe hooli goost/ And whanne simound had-
de seen· þat þe hooli goost was ȝouun bi leiyng on of [the] hondis of
19 þe apostlis: and `he´ profride to hem money & seide/ ȝiue ȝe also to me
þis power þat whom euer I schal ley on myn hondis: þat he resseyue þe
20 hooli goost/ But petir seide to him/ þi money be wiþ þee in to perdi-
cioun: for þou gessidist `þat´ þe ȝifte of god schulde be had for money/
21 þer is no part ne soort to þee: in þis word/ for þin herte is not riȝtful bi-
22 fore god/ þerfore do þou penaunce for þis wickidnesse of þee· and pre-
23 ie god if perauenture þis þouȝt of þin herte be forȝiuen to þee/ for I se
þat þou art in þe galle of bittirnesse: & in þe boond of wickidnesse/
24 And symound answeride & seide/ preie ȝe for me to þe lord: þat no
25 þing of þese þingis þat ȝe han seid come on me/ And þei witnessiden
& spaken þe word of þe lord: and ȝeden aȝen to ierusalem & prechiden
26 to many cuntreies of samaritans/ And an aungel of þe lord: spac to phi-
lip & seide/ Rise þou & go aȝens þe souþ· to þe wey þat goþ doun fro
27 ierusalem in to gasa· þis is desert/ and he roos & wente forþ/ And lo a
man of ethiopie· a myȝti man seruaunt a geldyng¹ of candace þe queen
of ethiopiens· whiche was on alle hir richessis: cam to worschipe in ie-
28 rusalem/ And he turnyde aȝen sittynge in² his chare & redynge ysaie þe
29 prophete/ And þe spirit seide to philip/ neiȝe þou: and ioyne þee to þis
30 chare/ And philip ran to & herde him redynge ysaie þe prophete/ And
he seide/ gessist þou wher þou vndirstond`ist´ what þingis þou redist?
31 And he seide/ hou may I if no man schewe to me? And he preiede phi-
32 lip þat he schulde come up· & sitte wiþ him/ And þe place of þe
scr[i]pture þat he radde: was þis/ As a scheep he was led to sleyng/ and
as a lombe bifore a man þat scheriþ him is dombe wiþoute voice: so he
33 openyde not his mouþ/ in mekenesse his doom was takun up/ who shal
telle out þe generacioun of hym? For his lijf schal be takun awey fro þe
34 erþe/ And þe geldyng answeride to philip: and seide/ I biseche þee· of
35 what prophete seiþ he þis þing of him silf: eþer of ony ooþer? And phi-
lip openyde his mouþ· and bigan at þis scripture: and prechide to him
36 ihū/ And [the] while þei wenten bi þe wey: þei camen to a watir/ And
37 þe geldyng seide/ Lo watir/ who for(be)bediþ me to be baptisid? And
philip seide/ If þou bileeuist of al þe herte: it is leeful/ And he answe-
38 ride & seide/ I bileeue þat ihū crist is þe sone of god/ And he comaun-
dide þe chare to stonde stille/ And þei wenten doun boþe in to þe wa-

39 tir· philip & þe geldyng: and philip baptiside hym/ And whanne þei we-
ren come up of þe watir: þe spirit of þe lord rauisshide philip· & þe gel-
40 dyng siȝ him no more/ and philip was foundun in azotus/ And he pas-
side forþ & prechide to alle citees: til he cam to cesarie

9   But saul ȝitt a blowere of manassis & of betyngis aȝens þe disciplis
2 of þe lord: cam to þe prince of prestis and axide of him lettris in to da-
mask to þe synagogis/ þat if he foonde ony men & wymmen of þis lijf:
3 he schulde lede hem boundun to ierusalem/ And whanne he made his
iorney: it bifelle þat he cam nyȝ to damask/ and sodeynly a liȝt fro
4 heuene schoon aboute hym: and he fel to þe erþe and herde a voice
seiynge to hym/ Saul saul what pursuest þou me? And he seide/ who
5 art þou lord/ And he seide/ I am ihū of nazareth: whom þou pursuest/ it
6 is hard to þee to kyke aȝens þe pricke/ And he tremblide and wondri-
de: & seide/ lord what wolt þou þat I do/ And þe lord seide to him/ Ry-
se up & entre in to þe citee: and it schal be seid to þee· what it bihouiþ
7 þee to do/ And þo men þat wenten wiþ him: stoden astonyed/ for þei
8 herden a voice: but þei siȝen no man/ And saul roos fro þe erþe/ and
whanne hise iȝen weren openid: he sauȝ no þing/ And þei drouȝen him
9 bi þe hondis: and ledden him in to damask/ And he was þre daies not
10 seynge: and he eet not neþer dranke/ and a disciple ananye bi name·
11 was at damask/ And þe lord seide to hym· in a visioun/ Ananye/ And he
seide/ Lo I lord/ And þe lord seide to hym/ rise þou & go in to a street
þat is clepid rectus: and seke in þe hous of Judas· saul bi name· of thar-
12 se/ for lo he preieþ/ and he sauȝ a man· ananye bi name entrynge &
13 leiynge on hym hondis: þat he resseyue siȝt/ And ananye answeride/
lord I haue herd of manye: of þis man· hou grete yuelis he dide to þi
14 seyntis in ierusalem/ and þis haþ power of þe princis of prestis to byn-
15 de alle men þat clepen þi name to help/ And þe lord seide to him/ Go
þou for þis is to me a vessel of chesyng: þat he bere my name bifore
16 heþen men & kyngis & tofore þe sones of irael/ for I schal schewe to
17 hym: hou grete þingis it bihoueþ him to suffre for my name/ And ana-
nye wente & entride in to þe hous: & leide on him his hondis & seyde/
Saul broþir þe lord ihū sente me þat apperide to þee in þe wey in whi-
18 che þou camest: þat þou se· & be fulfillid with þe hooli goost/ And an-
oon as þe scalis fellen fro his iȝhen: he reseyuide siȝt/ and he roos: &
19 was baptisid/ and whanne he hadde take mete: he was counfortid/ and
20 he was bi summe daies with þe disciplis þat weren at damask/ And an-
oon he entride in to þe synagogis: and prechide þe lord ihū· for þis is
21 þe sone of god/ And alle men þat herden hym· wondriden: & seiden/
wher þis is not he þat inpugnyde in ierusalem· hem þat clepiden to
help· þis name? and hidere he cam for þis þing: þat he schulde lede
22 hem boundun to þe princis of prestis/ But saul myche þe more wexide
strong: & confoundide þe iewis þat dwelliden at damask· and affermy-
23 de þat þis is crist/ And whanne many daies weren fillid: iewis maden a
24 counceil· þat þei schulden sle him/ and þe aspies of hem: weren maad
knowen to saul/ And þei kepten þe ȝatis dai & niȝt: þat þei shulden sle

25 him/ But his disciplis token him bi niȝt: and delyuerden hym· & leeten
26 him doun in a leep bi þe wall/ And whanne he cam in to ierusalem· he
    assaiede to ioyne him to þe disciplis: and alle dredden hym· & *þei* leeu-
27 eden not þat he was a disciple/ But barnabas took & ladde him to þe
    apostlis: & tolde to hem· hou in þe wey he had seen þe lord: & þat he
28 spak to him/ and hou in damask he dide tristily in þe name of ihū/ and
    he was wiþ hem & entride & ȝede out in ierusalem: & dide tristily in
29 þe name of ihū/ And he spak wiþ heþen men: and disputide with gree-
30 kis/ and þei souȝten to sle him/ whiche þing whanne þe breþeren had-
    den knowe: þei ledden him bi niȝt to cesarie· & leeten him go to thar-
31 sis/ And þe chirche bi al Judee & galilee & samarie hadde pees/ & was
    edified & walkide in þe drede of þe lord: & was fillid wiþ counfort of
32 þe hooly goost/ And it bifell þat petir þe while he passide aboute alle:
33 cam to þe hooly men þat dwelliden at lidde/ and he foonde a man ene-
    as by name þat fro eiȝt ȝer he hadde leye in bed: & he was sijk in pal-
34 sye· and petir seide to him/ Eneas þe lord ihū crist hele þee/ ryse þou
35 and araye þee/ And anoon he roos/ And alle men þat dwelliden at lid-
36 de & at sarone siȝen him: whiche weren conuertid to þe lord/ And in
    ioppe was a disciplesse whos name was tabita þat is to sei dorcas/ þis
37 was full of gode werkis & almesdedis þat sche dide/ And it bifell in þo
    daies: þat sche was sijk & diede/ and whanne þei hadden waisshe hir·
38 þei leiden hir in a soler/ And for lidda was niȝ ioppe· þe disciplis her-
    den þat petir was þerynne/ and *þei* senten twey men to him and preie-
39 den þat þou tarie not to come to us/ And petir roos up: & cam wiþ hem/
    and whanne he was come: þei ledden hym in to þe soler/ And alle `þe´
    widewis stoden aboute him wepynge & s[ch]ewynge cootis & cloþis·
40 whiche dorcas made to hem/ And whanne alle men weren put wiþout-
    forþ: petir knelide & preiede/ And he turnyde to þe bodi: and seide/ Ta-
    bita ryse þou/ And sche openyde hir iȝen: and whanne sche siȝ petir·
41 she sat up aȝen/ and he took hir bi þe hond: and reiside hir/ and whan-
42 ne he had clepid þe hooli men & wydewis: he assignyde hir alyue/ and
43 it was maad knowun bi al ioppe· and many bileeueden in þe lord/ And
    it was maad þat many daies he dwellide in ioppe at oon symound a co-
    riour
10   A man was in cesarie cornelie bi name: a centurien of þe cumpanye
2   of knyȝtis· þat is seid of ytalie/ a religious man: & dredynge þe lord
    wiþ al his meynee/ doynge many almessis to þe peple: & preiynge þe
3   lord euermore/ þis sauȝ in a visioun openly as in þe nynþe hour of þe
    dai· an aungel of god entrynge yn· to him: & seiynge to hym/ Corneli/
4   And he bihelde him & was adred & seide/ who art þou lord/ And he sei-
    de to him/ þi preieris & þin almesdedis: han stied up in to mynde in þe
5   siȝt of þe lord/ and now sende þou men in to ioppe: & clepe oon sy-
6   mount· þat is named petir/ *he* þis is herborid at a man symount coriour:
    whos hous is bisidis þe see/ þis schal sey to þee: what it bihouiþ þee to
7   do/ And `whanne´ þe aungel þat spak to him· was gon awey· he clepi-
    de twey men of his hous· & a kniȝt þat dredde þe lord whiche weren at

8   his biddyng: and whanne he hadde told hem alle þese þingis· he sente
9   hem in to ioppe/ And on þe day suynge while þei maden iorney· &
    neiȝeden to þe citee: petir wente up in `to´ þe hiȝeste place of þe hous
10   to preie aboute þe sixte hour/ And `whanne´ he was hungrid: he wolde
    haue ete/ but while þei maden redi: a rauyshyng of spirit fell on him/
11   and he sauȝe heuene opened: & a vessel comynge doun· as a greet sche-
12   te wiþ foure corneris to be lete doun fro heuene in to erþe/ in whiche
    weren alle foure footid beestis· & crepynge of þe erþe: & volatilis of
13, 14   heuene/ And a voice was maad to hym/ Ryse þou petir & sle & ete/ And
    petir seide/ Lord forbede: for I neuer eet ony comyn þing & vnclene/
15   And eft þe secounde tyme þe voice was maad to him/ þat þing þat god
16   haþ clensid: sei þou not vnclene/ And þis þing was don bi þries/ and
17   anoon þe vessel was resseyued aȝen/ And while þat petir doutide
    wiþynne him silf what þe visioun was þat he siȝe: lo þe men þat weren
18   sent fro cornely· souȝten þe hous of symound & stoden at þe ȝate/ And
    whanne þei hadden clepid: þei axiden if symound þat is namid petir
19   hadde þere herbore/ And while petre þouȝte on þe visioun: þe spirit
20   seide to him/ lo þre men seken þee/ þerfore ryse þou & go doun· & go
21   wiþ hem· and doute þou no þing for I sente hem/ And petir cam doun
    to þe men· & seide/ lo I am whom ȝe seken/ what is þe cause: for whi-
22   che ȝe ben come? And þei seiden/ Cornelie þe centurien a iust man &
    dredynge god· & haþ good witnessyng of alle þe folk of iewis: took
    answer of an hooly aungel to clepe þee in to his hous & to heere wor-
23   dis of þee/ þerfore he ledde hem yn: and resseyuede in herbore/ And
    þat niȝt þei dwelliden wiþ him/ And in þe dai suynge he roos & wente
    forþ wiþ hem/ & summe of þe breþeren folowiden him fro ioppe· þat
24   þei be witnessis to petir/ And þe ooþer dai he entride in to cesarie/ And
    cornelie abood hem with his cosyns & necessarie frendis þat weren cle-
25   pid togidre/ And it was don whanne petir was comen yn· cornelie cam
26   metynge him/ and fell doun at his feet: & worschipide him/ but petir
27   reiside him: and seide/ Aryse þou: also I my silf am a man as þou/ And
    he spak wiþ him· and wente yn· & fonde many þat weren come togi-
28   dere and he seide to hem/ ȝe witen hou abhomynable it is to a iew: to
    be ioyned· eþer to come to an alien/ But god schewide to me þat no
29   man sey a man comyn eþer vnclene: for whiche þing I cam whanne I
    was clepid wiþoute douting/ þerfore I axe ȝou: for what cause haue ȝe
30   clepid me? And cornelie seide/ to dai foure daies in to þis hour I was
    preiynge & fastynge in þe nynþe hour in myn hous/ and lo a man stood
31   bifore me in a whit cloþ: & seide/ Cornelye þi preier is herd: & þin al-
32   mesdedis ben in mynde in þe siȝt of god/ þerfore sende þou in to iop-
    pe: and clepe symound þat is named petir/ þis is herborid in þe hous of
    symound coriour bisidis þe see/ *he* þis whanne he schal come: shal spe-
33   ke to þee/ þerfore anoon I sente to þee: & þou didist wel in comynge
    to us/ þerfore " now we alle ben present in þi siȝt to here þe wordis
34   what euere ben comaundid to þee of þe lord/ And petir openyde his
    mouþ: & seide/ In treuþe I haue foundun: þat god is no*t* acceptour of

35 persones/ but in ech folk he þat drediþ god & worchiþ riȝtwisnesse: is
36 accept to him/ God sente a word to þe children of israel: schewynge
37 pees bi ihū crist/ þis is lord of alle þingis/ ȝe witen þe word· þat is maad
þorouȝ al iudee· & biganne at galilee· aftir þe baptym þat Jon prechi-
38 de· ihū of nazareth hou god anoyntide him wiþ þe hooly goost & ver-
tu/ whiche passide forþ in doynge wel· & helynge alle men oppressid
39 of þe deuel: for god was wiþ him/ And we ben witnessis of alle þing-
is: whiche he dide in þe cuntree of iewis & of ierusalem· whom þei slo-
40 wen hangynge in a tree/ and god reiside þis in þe þridde day: and ȝaf
41 *to* him to be maad knowun/ not to al puple: but to witnessis bifore or-
deyned of god/ to us þat eeten & drunkun wiþ him: aftir þat he roos
42 aȝen fro deþ/ And he comaundide to us to preche to þe puple & to wit-
nesse þat he it is þat is ordeyned of god domesman of þe quyke & of
43 deede/ To þis alle prophetis beren witnessyng þat alle men þat bileeu-
44 en in hym· schulen resseyue remyssioun of synnes bi his name/ And ȝit
while þat petir spak þese wordis: þe hooly goost fell on alle þat herden
45 þe word/ And þe feiþful men of circumcisioun þat camen wiþ petir
wondriden þat also in to naciouns þe grace of þe hooly goost is sched
46 out/ for þei herden hem spekynge in langagis: & magnyfiynge god/
47 þanne petir answeride/ wheþir ony man may forbede watir: þat þese be
48 not baptisid: þat han also resseyued þe hooli goost as we? And he co-
maundide hem to be baptysid: in þe name of þe lord ihū crist/ þanne þei
preieden him: þat he schulde dwelle with hem summe daies/
11 And þe apostlis & þe breþeren þat weren in Judee herden þat also
2 heþen men resseyueden þe word of god: and þei glorifieden god/ But
whanne petir cam to ierusalem: þei þat weren of circumcisioun dispu-
3 tiden aȝens him· and seiden/ whi entredist þou to men þat han prepu-
4 cie: and hast ete wiþ hem? And petir biganne & expownyde to hem bi
5 ordre: & seide/ I was in þe citee of ioppe & preiede· and I sauȝe in
rauyssyng of my mynde a visioun· þat a vessel cam doun as a greet
schete wiþ foure cordis· & was sent doun fro heuene: and it cam to me/
6 in to whiche I lokynge biheelde & sauȝe foure footid beestis of þe erþe
7 & beestis & crepynge beestis & volatyles of heuene/ And I herde also
8 a voice þat seide to me/ Petir ryse þou & sle & ete/ But I seide· nay
9 lord: for comyn þing eþir vnclene· entride neuer in to my mouþ/ And
þe voice answeride þe secounde tyme fro heuene/ þat þing þat god haþ
10 clensid: sey þou not vnclene/ And þis was don bi þries: and alle þing-
11 is weren resseyued aȝen in to heuene/ And lo þre men anoon stoden in
12 þe hous in whiche I was: and þei weren sent fro cesarie to me/ And þe
spirit seide to me: þat I schulde go wiþ hem & doute no þing/ ȝhe &
þese sixe briþeren camen wiþ me: and we entriden in to þe hous of þe
13 man/ and he tolde to us hou he saiȝ an aungel in his hous· stondynge &
seiynge to him/ Sende þou in to ioppe & clepe symound: þat is named
14 petir/ whiche shal speke to þee wordis· in whiche þou schalt be saaf &
15 al þin hous/ And whanne I hadde bigunne to speke: þe hooly goost fel
16 on hem as in to us in þe bygynnyng/ And I biþouȝte on þe word of þe

lord: as he seide/ for Jon baptiside in watir: but ȝe shul be baptisid in
17 þe hooly goost/ þerfore if god ȝaf to hem þe same grace as to us þat bi-
leeueden in þe lord ihū crist: who was I þat myȝte forbede þe lord þat
he ȝiue not þe hooly goost to hem þat bileeueden in þe name of ihū
18 crist/ whanne þese þingis weren herd: þei heelden pees· and glorifieden
god & seiden/ þerfore also to heþen men· god haþ ȝouen penaunce to
19 lijf/ And þei þat weren scaterid of þe tribulacioun þat was maad vndir
steuene: walkiden forþ to fenyce & to cipre & to antioche· and spaken
20 þe word to no man· but to iewis aloone/ but summe of hem weren men
of cipre & of cirenen/ whiche whanne þei hadden entrid in to antioche:
21 þei spaken to þe grekis & prechiden þe lord ihū/ & þe hond of þe lord
was wiþ hem/ and myche noumbre of men bileeuynge was conuertid to
22 þe lord/ And þe word cam to þe eeris of þe chirche þat was at ierusa-
23 lem on þese þingis: and þei senten barnabas to antioche/ And whanne
he was come & sauȝe þe grace of þe lord· he ioyede & monestide alle
24 men to dwelle in þe lord in purpos of herte/ for he was a good man: &
full of þe hooly goost & of feiþ/ and myche puple was encressid to þe
25 lord/ And he wente forþ to tharsis: to seke saul/ and whanne he hadde
26 founde him: he ledde to antioche/ And al a ȝer þei lyueden þere in þe
chirche: and tauȝten myche puple/ so þat þe disciplis weren named first
27 at antioche cristen men/ And in þese daies prophetis camen ouer· fro ie-
28 rusalem to antioche/ And oon of hem roos up· agabus bi name: and sig-
nyfiede bi þe spirit· a greet hungre to comynge in al þe world/ whiche
29 hungre was maad vndir claudius/ and alle þe disciplis purposiden aftir
þat ech hadde: forto sende in to mynysterie to breþeren þat dwelliden
30 in Judee/ whiche þing also þei diden· and senten it to þe eldre men: bi
þe hondis of barnabas & saul/

12   And in þe same tyme heroude þe kyng sente power to turmente sum
2 men of þe chirche· and he slouȝe bi swerd: James þe broþir of John/
3 And he sauȝe þat it pleside to iewis: and keste to take also petir/ and þe
4 daies of þerff looues weren/ And whanne he hadde cauȝt petre: he sen-
te him in to prisoun· and bitook to foure quaternyouns of knyȝtis to ke-
pe him: and wolde aftir pask brynge him forþ to þe puple/ and petir was
5 kept in prisoun/ But preier was maad of þe chirche wiþoute cessyng: to
6 god for him/ But whanne heroude schulde brynge him forþ: in þat niȝt
petir was slepynge bitwixe two knyȝtis/ and was boundun wiþ two
7 cheynes: and þe kepers bifore þe dore kepten þe prisoun/ And lo an
aungel of þe lord stood nyȝ: and liȝt schoon in þe prisoun hous/ and
whanne he hadde smyte þe syde of petre: he reyside him & seyde/ Ry-
8 se þou swyftly/ And anoon þe cheynes felden doun fro his hondis/ And
þe aungel seide to him/ gyrde þee: and do on þin hosis/ and he dide so/
9 And he seide to him/ Do aboute þee þi cloþis: and sue me/ And he ȝede
out & suede him: and he wiste not þat it was sooþ þat was don bi þe

---

12. ¹ o

10 aungel for he gesside him silf to haue seen a visioun/ And þei passiden
   þe firste & þe secounde warde· and camen to þe yren ȝate þat lediþ to
   þe citee· whiche anoon was opened to hem/ And þei ȝeden out & ca-
11 men in to a¹ street: and anoon þe aungel passide awey fro him/ And pe-
   tir turnyde aȝen to him silf & seide/ Now I woot verily þat þe lord sen-
   te his aungel· & delyuerde me fro þe hond of heroude· & fro al þe aby-
12 dyng of þe puple of iewis/ And he biheelde & cam to þe hous of marie
   modir of John· þat is named markus: where many weren gederid togi-
13 dre & preiynge/ And whanne he knockide at þe dore of þe ȝate: a da-
14 mysel roode bi name· cam forþ to se/ And whanne sche knew þe voice
   of petir: for ioye sche openyde not þe ȝate· but ranne yn· & tolde þat
15 petir stood at þe ȝate/ And þei seiden `to hir´ þou maddist/ but sche af-
16 fermyde þat it was so/ And þei seiden· it is his aungel/ But petir abood
   stille & knockide/ And whanne þei hadden openyd þe dore þei sauȝen
17 him and wondriden/ And he bekenyde to hem wiþ his hond to be stil-
   le: & tolde hou þe lord hadde led hym out of þe prisoun/ And he seide/
   Telle ȝe to iames & to þe briþeren þese þingis/ And he ȝede out: and
18 wente in to ooþer place/ And whanne þe dai was come: þer was not
19 litil troublyng among þe knyȝtis· what was don of petir/ And whanne
   heroude hadde souȝt him and foonde not: aftir þat he hadde maad en-
   queryng of þe kepers· he comaundide hem to be brouȝt to him/ And he
20 cam doun fro Judee in to cesarie· & dwellide þere/ and he was wrooþ
   to men of tyre & of sidon/ And þei of oon acoord camen to him whan-
   ne þei hadden counceilid wiþ bastus þat was þe kyngis chaumbreleyn·
   þei axiden pees: for as myche þat her cuntreis weren vitailid of him/
21 And in a day þat was ordeyned· heroude was cloþid wiþ kyngis
22 cloþing: and saat for domesman· & spak to hem/ And þe puple criede
23 þe voicis of god: & not of man/ And anoon an aungel of þe lord smoot
   hym: for he hadde not ȝiue honour to god/ And he was wastid of wor-
24, 25 mes· & diede/ And þe word of þe lord wexide: & was multiplied/ And
   barnabas & saul turnyden aȝen fro ierusalem `&´ whanne þe mynyste-
   rie was fillid: and tooken John þat was named markus/

13   And prophetis & doctouris weren in þe chirche þat was at antioche:
   in whiche: barnabas & symound þat was clepid blac· & lucius sironen-
   ce & manaen þat was þe soukynge feere of heroude thetrarke & saul
2 [weren]/ And whanne þei mynystriden to þe lord & fastiden: þe hooly
   goost seide to hem/ Departe ȝe to me saul & barnabas in to þe werk to
3 whiche I haue takun hem/ þanne þei fastiden & preieden & leiden hon-
4 dis on hem & leeten hem go/ But þei weren sent of þe hooly goost: &
   wenten forþ to seleucia/ And fro þennes þei wenten bi boot to cipre/
5 And whanne þei camen to salamyne: þei prechiden þe word of god in
6 þe synagogis of iewis/ And þei hadden also John in mynysterie/ And
   whanne þei hadden walkid bi al þe yle of¹ paphum: þei founden a man

---

13. ¹ to

7 a wicche a fals prophete a iew to whom þe name was bariesu: þat was
wiþ þe proconsul sergius paul a prudent man/ *he* þis· clepide barnabas
8 & poul: and desiride to heere þe word of god/ but elymas *þe* wicche
wiþstood hem for his name is expowned so: and he souȝte to turne
9 awey þe proconsul fro bileeue/ But saul whyche is seid also poul was
10 fillid wiþ þe hooli goost: and biheeld in to him & seide/ A þou full of
[*al*] gyle & *of* al falsnesse þou sone of þe deuel· þou enemy of al
riȝtwisnesse: þou leuest not to turne upsodoun þe riȝtful weies of þe
11 lord/ And now lo þe hond of þe lord is on þee: and þou schalt be blynd
& not seynge þe sunne in to a tyme/ And anoon myst & derknesse fel-
len doun on him/ And he ȝede aboute & souȝte him þat schulde ȝiue
12 hond to him/ þanne þe proconsul· whanne he hadde seen þe dede: bi-
13 leuyde wondrynge on þe teching of þe lord/ And whanne fro paphum
poul hadde go bi a boot· and þei þat weren with him: þei camen to per-
gen of pamfilie/ But John departide fro hem: and turnyde aȝen to ieru-
14 salem/ And þei ȝeden fro[1] pergen: and camen to antioche of persidie/
15 And þei entriden in to þe synagoge in þe day of sabotis: & saten/ And
aftir þe redyng of þe lawe & of þe prophetis· þe princis of þe synago-
ge senten to hem & seiden/ Breþeren if ony word of exortacioun to þe
16 peple is in ȝou· sey ȝe/ And poul roos· and with hond bad silence & sei-
17 de/ Men of israel· and ȝe þat dreden god: heere ȝe/ God of þe peple of
irael chees oure fadris· and enhaunside þe peple whanne þei weren co-
melyngis in þe lond of egipt· and in an hiȝ arme he ledde hem out of it/
18, 19 And bi þe tyme of fourti ȝeris· he suffride her maners in desert/ And he
destriede seuene folkis in þe lond of chanaan: and bi sort departide to
20 hem her lond as aftir foure hundrid & fifty ȝeris/ And aftir þese þingis
21 he ȝaaf domesmen to samuel þe prophete/ And fro þat tyme þei axiden
a kyng/ and god ȝaaf to hem saul þe sone of Cis: a man of þe lynage of
22 beniamyn· bi fourty ȝeeris/ And whanne he was don awey: he reiside to
hem dauid kyng· to whom he bar witnessyng & seide/ I haue founde
dauid þe sone of iesse· a man aftir myn herte: whiche schal do alle my
23 willis/ of whos seed bi þe biheest· god haþ led out to israel a sauyour
24 ihū: whanne John prechide bifore þe face of his comyng· þe baptym of
25 penaunce to al þe puple of israel/ But whanne John fillide his cours: he
seide/ I am not he· whom ȝe demen me to be/ but lo he comiþ aftir me·
26 and I am not worþi to do off þe schoon of his feet/ Breþeren & sonus
of þe kynde of abraham· & whiche þat in ȝou dreden god: to ȝou þe
27 word of helþe is sent/ For þei þat dwelliden at ierusalem & princis of
it· þat knewen not þis ihū & þe voicis of prophetis· þat bi euery saboth
28 ben red: demyden & filliden/ And þei founden in him no cause of deeþ:
29 and axiden of pilat· þat þei schulden sle him/ And whanne þei hadden
endid alle þingis þat weren writun of hym· þei token him doun of þe
30 tree· & leiden him in a graue/ And god reiside him fro deeþ in þe þrid-
31 de day: whiche was seen bi many daies· to hem þat wenten up togidre
with him fro galilee in to ierusalem whiche ben til now his witnessis to
32 þe puple/ And we schewen to ȝou þe biheest þat was maad to oure fa-

33 dris/ for god haþ fulfillid þis to her sones & aȝenreiside ihū· as in þe
34 secounde salm it is writun/ þou art my sone· to day I bigaat þee/ And
he *þat* aȝenreiside hym fro deeþ· þat he schulde not turne aȝen in to
corrupcioun· seide þus/ For I schal ȝiue to ȝou þe hooly trewe þingis of
35 dauid/ And þerfore & on an ooþer stide he seiþ/ þou schalt not ȝiue þin
36 hooli to se corrupcioun/ But dauid in his generacioun· whanne he had-
de mynistrid to þe wille of god: diede/ & was leid wiþ his fadris: &
37 sauȝe corrupcioun/ But he whom god reiside fro deeþ: sauȝe not cor-
38 rupcioun/ þerfore breþeren be it knowun to ȝou· þat bi him· remyssioun
of synnes is told to ȝou· fro alle synnes· of whiche ȝe myȝten not be ius-
39, 40 tified in þe lawe of moises/ In þis ech man þat bileuiþ: is iustified/ þer-
41 for se ȝe þat it come not to ȝou· þat is bifore seid in þe prophetis/ ȝe
dispisers se ȝe· & wondre ȝe· & be ȝe scaterid abrood: for I worche a
werk in ȝoure daies/ a werk þat ȝe schul not bileeue: if ony man schal
42 telle it to ȝou/ And whanne þei ȝeden out: þei preieden þat in þe sabot
43 suynge þei schulden speke to hem þese wordis/ And whanne þe syna-
goge was left: many of *þe* iewis & `of´ comelyngis wirschipynge god
sueden poul & barnabas þat spakun & counceiliden hem: þat þei schul-
44 den dwelle in þe grace of god/ And in þe sabot suynge· almest al þe ci-
45 tee cam togidre: to heere þe word of god/ And iewis siȝen þe puple· and
weren fillid wiþ enuye: & aȝenseiden þese þingis þat weren seid of
46 poul & blasfemyden/ þanne poul & barnabas stidefastly seiden/ To ȝou
it bihouyde first to speke þe word of god/ but for ȝe putten it awey· and
han demed ȝou vnworþi to euerlastynge lijf: lo we turnen to heþene
47 men/ for so þe lord comaundide us/ I haue sett þee in to liȝt to heþen
48 men: þat þou be in to helpe to þe vtmoste of erþe/ And heþen men her-
den: & ioyeden & glorifieden þe word of þe lord/ and bileeueden as
49 many as weren bifore ordeyned to euerlastinge lijf/ And þe word of þe
50 lord was sowun bi al þe cuntree/ But þe iewis stireden religious wym-
men & honeste· & þe worþieste men of þe citee: and stireden persecu-
51 cioun aȝens poul & barnabas· and dryuen hem out of her cuntrees/ and
þei schokun awey in to hem þe dust of her feet: & camen to yconye/
52 And þe disciplis weren fillid wiþ ioye & þe hooly goost/

14   But it bifel at Iconye· þat þei entriden to-gidre· in to þe synagoge of
iewis & spakun: so þat ful greet multitude of iewis & greekis bileeue-
2 den/ But þe iewis þat weren vnbileeueful reiseden persecucioun & sti-
3 reden to wraþþe þe soules of heþen men aȝens þe briþeren/ But þe lord
ȝaf soone pees/ þerfore þei dwelliden myche tyme & diden tristily in
þe lord· berynge witnessyng to þe word of his grace ȝiuynge signes &
4 wondris to be maad bi þe hondis of hem/ But þe multitude of þe citee
was departid: and summe weren wiþ þe iewis· & summe wiþ þe apost-
5 lis/ but whanne þer was maad a[n] [a]sauȝt of þe heþen men· & þe ie-
6 wis wiþ her princis to turmente & to stonen hem: þei vndirstoden &

---

14. ¹ *MS* licoan

fledden togidre to þe citees of licaonye & listris & derben & in to al þe
cuntree aboute/ And þei prechiden þere þe gospel: and al þe multitude
was moued togidre in þe techyng of hem/ Poul & barnabas dwelten at
7 listris/ and a man at listris was sijk in þe feet: and hadde sete crokid fro
8 his modris wombe whiche neuer hadde gon/ *he* þis herde poul spe-
kynge/ And poul bihelde hym and sauȝe þat he hadde feiþ þat he schul-
9 de be maad saaf: and seide wiþ a greet voice/ Ryse þou up riȝt on þi
10 feet/ And he lippide & walkide/ And þe puple whanne þei hadden seen
þat· þat poul dide: reriden her voice in licaon[1] tunge & seiden/ Goddis
11 maad lijk to men ben come doun to us/ And þei clepiden barnabas Ju-
12 biter· and poul mercury: for he was ledere of þe word/ and þe preest of
Jubiter þat was bifore þe citee· brouȝte bolis & crownes bifore þe ȝatis
13 wiþ peplis· and wolde haue maad sacrifice/ And whanne þe apostlis
barnabas & poul herden þis: þei torenten her cotis/ and þei skipten out
14 among þe puple: and crieden & seiden/ Men what don ȝe þis þing? and
we ben dedly men lijk ȝou: & schewen to ȝou/ þat ȝe be conuertid fro
þese veyn þingis· to þe lyuynge god: þat made heuene & erþe & þe see
15 & alle þingis þat ben in hem/ whiche in generaciouns passid: suffride
16 alle folkis to go in to her owne weies/ and ȝit he lefte not him silf
wiþoute witnessyng in wel doyng/ for he ȝaf reynes fro heuene & ty-
mes berynge fruyt: and fulfillide ȝoure hertis wiþ mete & gladnesse/
17 And þei se[i]ynge þese þingis: vneþis swagiden þe puple· þat þei off-
18 riden not to hem/ But summe iewis camen ouer fro antioche & Iconye
and counceileden þe puple & stoneden poul· & drowen out of þe citee:
19 and gessiden þat he was deed/ But whanne disciplis weren come abou-
te hym: he roos & wente in to þe citee/ and in þe dai suynge: he wen-
20 te forþ wiþ barnabas in to derben/ and whanne þei hadden prechid to
þilke citee & tauȝte manye: þei turnyden aȝen to listris & Iconye & to
21 antioche/ confermynge þe soules of disciplis & monestynge: þat þei
schulden dwelle in þe feiþ/ & seiden þat bi many tribulaciouns: it bi-
22 houiþ us to entre in to þe kyngdom of heuenes/ And whanne þei had-
den ordeyned prestis to hem bi alle citees· & hadden preied wiþ fast-
23 yngis: þei bitoken hem to þe lord in whom þei bileeueden/ And þei pas-
24 siden persidie· & camen to pamfilie/ and þei spaken þe word of þe lord
25 in pergen: and camen doun in to Italie/ And fro þennes þei wenten bi
boot to antioche: fro whennis þei weren takun to þe grace of god in to
26 þe werk þat þei filliden/ And whanne þei weren come & hadden gade-
rid þe chirche: þei tolden hou grete þingis god dide wiþ hem· & þat he
27 hadde opened to heþene men þe dore of feiþ/ and þei dwelliden not a
lytil tyme wiþ þe disciplis/
15   And summe camen doun fro Judee: and tauȝten briþeren/ þat but ȝe
2 be circumcidid aftir þe lawe of moyses: ȝe moun not be maad saaf/ þer-
fore whanne þer was maad not a litil dissencioun to poul & barnabas

---

15. [1] which

aȝens hem: þei ordeyneden þat poul & barnabas & summe oþere of
hem schulden go up to þe apostlis & prestis in ierusalem on þis ques-
3 tioun/ And so þei weren led forþ of þe chirche: and passiden bi fenyce
& samarie/ & þei teelden þe conuersacioun of heþen men: & þei ma-
4 den greet ioye to alle þe breþeren/ and whanne þei camen to ierusalem:
þei weren resseiued of þe chirche & of þe apostlis & of þe eldre men·
5 and tolden hou grete þingis god dide wiþ hem/ But summe of þe here-
sie of pharisees þat bileeueden: risen up & seiden/ þat it bihouiþ hem
6 to be circumcidid: & to comaunde to kepe also þe lawe of moyses/ And
7 þe apostlis & eldre men camen togidre: to se of þis word/ And whanne
þer was maad a greet sekyng herof· petir roos & seide to hem/ Breþeren
ȝe witen· þat of olde daies in ȝou: god chees bi my mouþ heþene to he-
8 re þe word of þe gospel & to bileeue/ And god þat knew hertis bar wit-
9 nessyng: & ȝaf to hem þe hooly goost· as also to us/ And no þing dy-
10 uerside bitwixe us & hem: and clenside þe hertis of hem bi feiþ/ Now
þanne what tempten ȝe god· to putte a ȝok on þe necke of þe disciplis:
11 whiche neþer we neþer oure fadris myȝten bere/ But bi þe grace of ou-
12 re lord ihū crist we bileeuen to be saued: as also þei/ And al þe multi-
tude held pees: and herden barnabam & poul· tellynge hou grete signes
13 & wondris god dide bi hem in heþene men/ And aftir þat þei heelden
14 pees: James answeride & seide/ Breþeren heere ȝe me/ Symound tolde
15 hou god visitide first to take of heþene men a puple to his name: and þe
16 wordis of prophetis acorden to him/ As it is writun/ Aftir þis I schal tur-
ne aȝen· and bilde þe tabernacle of dauid þat fel doun: and I schal bil-
17 de aȝen þe cast doun þingis of it/ and I schal reise it· þat oþere men se-
ke þe lord: & alle folkis on whom[1] my name is clepid to help/ þe lord
18 doynge þis þing seiþ/ Fro þe world þe werk of þe lord is knowun to þe
19 lord/ For whiche þing I deme hem· þat of heþen men ben conuertid to
20 god: to be not disesid/ but to wryte to hem: þat þei absteyne hem fro
defoulyngis of mawmetis & fro fornycacioun· & stranglid þingis· &
21 blood/ For moyses of olde tymes haþ in alle citees hem þat prechen
22 hym in synagogis· where· bi eche sabot he is red/ þanne it pleside to þe
apostlis & to þe eldre men with al þe chirche: to chese men of hem· &
sende to antioche wiþ poul & barnabas/ Judas þat was named barsa-
bas· & silas þe firste men among briþeren & wreten bi þe hondis of
23 hem/ Apostlis & eldre breþeren to hem þat ben at antioche & cirie &
24 cilice· breþeren of heþene men: greetyng/ For we herden þat summe
wenten out fro us· and troubleden ȝou wiþ wordis· & turneden upso-
25 doun ȝoure soules· to þe whiche men we comaundiden not: it pleside to
us gederid in to oon· to chese men & sende to ȝou wiþ oure moost de-
26 reworþe barnabas & poul/ men þat ȝauen her lyues: for þe name of ou-
27 re lord ihū crist/ þerfore we senten Judas & silas· and þei shul telle þe
28 same þingis to ȝou bi wordis/ For it is seen to þe hooly goost & to us·
29 to putte to ȝou no þing more of charge þan þese nedeful þingis: þat ȝe
absteyne ȝou fro þe offrid þingis of mawmetis· & blood stranglid &
fornycacioun/ Fro whiche ȝe kepynge ȝou: schullen do wel/ Fare ȝe

30 wel/ þerfore þei weren lete go and camen doun to antioche/ And whan-
31 ne þe multitude was gederid: þei tooken þe epistil/ whiche whanne þei
32 hadden red: þei ioyeden on þe counfort/ And Judas & silas & þei for
     þei weren prophetis: counfortiden briþeren & confermyden wiþ ful
33 many wordis/ But aftir þat þei hadden be þere a litil while: þei weren
34 lete go of breþeren wiþ pees to hem þat hadden sent hem/ But it was
35 seen to silas: to dwelle þere/ And Judas wente aloone to ierusalem/ And
     poul & barnabas dwelten at antioche· techynge & prechynge þe word
36 of þe lord· wiþ oþere manye/ But after summe daies: poul seide to bar-
     nabas/ Turne we aȝen· & visite briþeren bi alle citees in whiche we han
37 prechid þe word of þe lord: hou þei han hem/ And barnabas wolde ta-
38 ke wiþ him John: þat was named marchus/ But `poul´ preiede him· þat
     he þat departide fro hem fro pamfilie· & wente not wiþ hem in to þe
39 werk: schulde not be resseyued/ And dissencioun was maad: so þat þei
     departiden atwynne/ & barnabas took mark: and cam bi boot to cipre/
40 & poul chees silas & wente forþ fro þe breþeren & was bitakun to þe
41 grace of god· and he wente bi cirie & silice· and confermyde þe chir-
     che: comaundynge to kepe þe heestis of apostlis & *of* eldre men/

16   And he cam in to derben & listram/ And lo a disciple was þere bi na-
2 me tymothe þe sone of a iewesse cristen & of þe fadir heþen/ and
     briþeren þat weren in listris & *in* Iconye: ȝeldiden good witnessyng to
3 him/ And poul wolde þat þis man schulde go forþ with hym: and he
     took & circumcidide him· for iewis þat weren in þe placis/ for alle wis-
4 ten: þat his fadir was heþen/ whanne þei passiden bi citees: þei bitoken
     to hem to kepe þe techyngis þat weren demyd of apostlis & eldre men
5 þat weren at ierusalem/ And þe chirchis weren confermed in feiþ &
6 encressiden in noumbre ech day/ And þei passiden frigie & þe cuntree
     of galathie: & weren forbodun of þe hooly goost to speke þe word of
7 god in asie/ And whanne þei camen in to mysie: þei assayeden to go in
8 to bithynye· and þe spirit of ihū suffride not hem/ But whanne þei had-
9 den passid bi mysie: þei camen doun to troade· and a visioun bi nyȝt
     was schewid to poul/ But a man of macedonye þat stood: preiede him
10 & seyde/ go þou in to macedonye & helpe us/ And as he hadde seen þe
     visioun: anoon we souȝten to go forþ in to macedonye/ and weren maad
11 certeyn þat god hadde clepid us to preche to hem/ And we ȝeden bi
     schipp fro troade & camen to samatrachia wiþ streiȝt cours: and þe dai
12 suynge to neapolis· & fro þennes to philippis· þat is þe firste part of ma-
     cedonye· þe citee colonye/ and we weren in þis citee summe daies: and
13 spaken togidre/ And in þe day of sabotis· we wenten forþ wiþoute þe
     ȝate bisidis þe flood where preier semyde to be: and we saten & spa-
14 ken to wymmen þat camen togidre/ And a womman lidda bi name a
     purpuresse of þe citee of tiatyrens: worschipynge god herde/ whos her-
     te þe lord openyde: to ȝiue tent to þese þingis· þat weren seid of poul/
15 And whanne she was baptisid & hir hous: sche preiede & seide/ if ȝe

---

16. ¹ ȝeden   ² and entriden

han demed þat I am feiþful to þe lord: entre ȝe in to myn hous & dwel-
16 leþ/ and sche constreynyde us/ And it was don whanne we ȝeden to
preier: þat a damysel þat hadde a spirit of dyuynacioun mette us: whi-
17 che ȝaf greet wynnyng to hir lordis in dyuynyng/ *sche* þis suede poul &
us· & criede & seide/ þese men ben seruauntis of þe hiȝe god: þat tel-
18 len to ȝou þe wey of helþe/ & þis sche dide in many daies/ And poul
serowide & turnyde & seide to þe spirit/ I comaunde þee in þe name of
19 ihū crist· þat þou go out of hir/ and he wente out in þe same hour/ And
þe lordis of hir siȝen þat þe hope of her wynnyng wente awey: & þei
20 tooken poul & silas & ledden in to þe doom place to þe princis/ and þei
brouȝten hem to þe magestratis: & seiden/ þese men disturblen oure ci-
21 tee· for þei ben iewis· & schewen a custom whiche [*it*] is not leeful to
22 us to resceyue· neþer do: siþ we ben romayns/ And þe puple & mages-
tratis runnen aȝens hem: and whanne þei hadden to-rent þe cotis of
23 hem· þei comaundiden hem to be betun with ȝerdis/ And whanne þei
hadden ȝouun `to´ hem manye woundis: þei senten hem in to prisoun/
and comaundiden to þe kepere: þat he schulde kepe hem diligently/
24 And whanne he had take such a precept· he putte hem in to þe ynner
25 prisoun· and streynide þe feet of hem in a tree/ And at mydnyȝt poul &
silas· worschipiden & herieden god: and þei þat weren in kepyng· her-
26 den hem/ And sodeynly a greet erþe mouyng was maad: so þat þe
fou[n]damentis of þe prisoun weren moued/ And anoon alle þe doris
27 weren openyd: and þe boondis of alle weren loosid/ and þe kepere of
þe prisoun was awakid· & sauȝe þe ȝatis of þe prisoun openyd: and
with a swerd drawun out he wolde haue sleyn him silf· and gesside þat
28 þe men þat weren boundun hadden fled/ But poul criede wiþ a greet
29 voice & seide/ Do þou noon harm to þi silf: for alle we ben heere/ and
he axide liȝt & entride: and tremblide & fel doun to poul & to silas at
30 her feet/ and he brouȝte hem wiþout forþ: & seide/ lordis what bihouiþ
31 me to do: þat I be maad saaf? And þei seiden/ Bileue þou in þe lord ihū:
32 and þou schalt be saaf & þin hous/ And þey spaken to him þe word of
33 þe lord: wiþ alle þat weren in his hous/ And he took hem in þilke hour
of þe niȝt: and weishide her woundis/ and he was baptisid: & al his
34 hous anoon/ And whanne he had led hem in to his hous: he settide to
35 hem a boord/ and he was glad wiþ al his hous: & bileeuyde to god/ And
whanne day was come: þe magestratis senten cacche-pollis & seiden/
36 Delyuere þou þo men/ And þe kepere of þe prisoun teelde þese wordis
to poul: þat þe magestratis han sent þat ȝe be delyuered/ now þerfore
37 go ȝe out: and go ȝe in pees/ And poul seide to hem/ þei senten us men
of rome in to prisoun þat weren beten openly & vndampned/ and now
priuely þei bryngen us out! not so but come þei hem silf & delyuere us
38 out/ And þe cacchepollis tolden þese wordis to þe magestratis/ and þei
39 dredden: for þei herden þat þei weren romaynes/ And þei camen & bi-
souȝten hem and þei brouȝten hem out· & preieden þat þei schulden go
40 out of þe citee/ and þei goynge[1] out of [*the*] prisoun: entriden[2] to lidie/
and whanne þei sauȝen briþeren: þei counfortiden hem & ȝeden forþ/

17   And wha[n]ne þei hadden passid `bi´ amphipolis & appolonye: þei
2   camen to thesolonyk· where was a synagoge of iewis/ and bi custum
poul entride to hem: and bi þree sabotis he declaride to hem of scriptu-
3   ris/ and openyde & schewide· þat it bihouyde crist to suffre: & ryse
4   aȝen fro deþ/ and þat þis is ihū crist: whom I telle to ȝou/ And summe
of hem bileeueden: & weren ioyned to poul & to silas/ And a greet mul-
titude of heþen men worschipide god: & noble wymmen not a fewe/
5   But þe iewis hadden enuye· & token of þe comoun puple summe yue-
6   le men/ And whanne þei hadden maad a cumpanye· þei moueden þe ci-
tee· and þei camen to Jasons hous· and souȝten hem to brynge *hem* forþ
among þe puple/ And whanne þei foundun hem not: þei drouȝen iason
& summe briþeren to þe princis of þe citee & crieden· þat þese it ben
7   þat mouen þe world· and hidere þei camen: whom[1] Jason resseyuede/
And þese alle don aȝens þe maundementis of þe emperour: and *þei*
8   seyn þat ihū is an ooþer kyng/ and þei moueden þe puple & þe princis
9   of þe citee heerynge þese þingis/ And whanne satisfaccioun was taken
10 of Jason & of oþere: þei leeten poul & silas go/ And anoon bi nyȝte·
briþeren leeten silas go in to beroan/ And whanne þei camen þidere þei
11 entriden in to þe synagoge of þe iewis/ But þese weren þe worþiere of
hem þat ben at thessolonyk/ whiche resseyueden þe word wiþ al desijr:
12 eche day sekynge scripturis· if þese þingis hadden hem so/ And many
of hem bileeueden· and of heþene wymmen honeste & men not a fewe/
13 But whanne þe iewis in thessalonyk hadde knowe þat also at bero· þe
word of god was prechid of poul: þei camen þidere mouynge & distur-
14 blynge þe multitude/ And þo anoon briþeren delyuerden poul: þat he
15 schulde go to þe see/ But silas & tymothe dwelten þere/ And þei þat
ledden forþ poul: ledden hym to Athenys/ and whanne þei hadden take
a maundement of him to silas & to tymothe· þat ful hiyngly þei schul-
16 den come to hym: þei wenten forþ/ And while poul abood hem at at-
henys: his spirit was moued in him· for he sauȝe þe citee ȝouun to ydo-
17 latrie/ þerfore he disputide in þe synagoge wiþ þe iewis & with men þat
worschipiden god· & in þe doom place by alle daies to hem þat herden/
18 And summe epicureis & stoisens & philosofris disputiden wiþ him/
And summe seiden/ what wole þis sowere of wordis sey/ And oþere
seiden/ he semyþ to be a tellere of newe fendis: for he telde to hem Ihū
19 & þe aȝenrisyng/ and þei token & ledden him *in* to ariopage & seiden/
20 Moun we wite what is þis newe doctryne þat is seid of þee? for þou
bryngist yn summe newe þingis to oure eeris/ þerfore we wol*d*en wite:
21 what þese þingis wolen be/ For alle men of athenys & comelyngis her-
borid ȝauen tent to noon ooþir þing: but eþer to sey eþer to heere sum
22 newe þing/ And poul stood in þe myddil of areopage & seide/ Men of
23 athenys bi alle þingis I se ȝou as veyn worschipers/ For I passide &
sauȝe ȝoure mawmetis: and fonde an auter in whiche was writun to þe

---

17. ¹ whiche   ² in

vnknowun god/ þerfore whiche þing ȝe vnknowynge worschipen: þis
24 þing I schewe to ȝou/ God þat made þe world & alle þingis þat ben in
it: þis for he is lord of heuene & [of] erþe· dwelliþ not in templis maad
25 wiþ hoond/ neþer *he* is worschipid bi mannes hondis· neþer haþ nede
26 of ony þing: for he ȝiuiþ lijf to alle men· & breþing & alle þingis/ and
made of oon al þe kynde of men· to enhabite on al þe face of þe eerþe·
27 determynynge tymes ordeyned & termes of þe dwellyng of hem to se-
ke god/ if perauenture þei feelen hym eþer fynden: þouȝ he be not fer
28 fro eche of ȝou/ For in him we lyuen & moeuen & ben/ As also summe
29 of ȝoure poetis seyden/ And we ben also þe kinde of him/ þerfore siþ
we ben þe kynde of god: we shul not deme þat godly þing is lijk gold
30 & siluer eþer stoon eþer to grauyng of craft & þouȝt of man/ for god
dispisiþ þe tymes of þis vnkunnyng: and now *he* schewiþ to men· þat
31 alle euerywhere do penaunce/ for þat he haþ ordeyned a day· in whiche
he schal deme þe world in equytee· &[2] a man in whiche he ordeynede
32 & ȝaf feiþ to alle men: and reiside him fro deeþ/ And whanne þei had-
den herd þe aȝenrisyng of deede men· summe scorneden & summe sei-
33 den/ we schul heere þee eft of þis þing/ So poul wente out of þe myd-
34 dil of hem/ But summen drowen to him: and bileeueden· among whom[1]
denys areopagite was/ & a womman bi name damaris & oþere men wiþ
hem/

18   Aftir þese þingis poul ȝede out of athenys: and cam to corynthye/
2 and he foond a man a iew aquyla bi name of ponte bi kynde· þat late
cam fro ytalie· & prissille his wijf: for þat claudius comaundide alle ie-
3 wis to departe fro rome/ And he cam to hem/ And for he was of þe sa-
me craft: he dwellide wiþ hem & wrouȝte/ and þei weren of rope ma-
4 kers craft/ And he disputide in þe synagoge bi ech sabot puttynge
among þe name of þe lord ihū/ And he counceilide Jewis & greekis/
5 And whanne silas & tymothe camen fro macedonye: poul ȝaf bisynes-
6 se to þe word/ and witnesside to þe iewis: þat ihū is crist/ But whanne
þei aȝenseiden & blasfemyden: he schook awey his cloþis & seide to
hem/ ȝoure blood be on ȝoure heed: I schal be clene fro hennys forþ
7 and *I* schal go to heþen men/ And he passide fro þennys: and entride in
to þe hous of a iust man tyte bi name þat worschipide god· whos hous
8 was ioyned to þe synagoge/ And crispe *þe* prince of þe synagoge: bi-
leeuyde to þe lord wiþ al his hous/ And many of þe corynthies herden
9 & bileeueden: and weren cristned/ And þe lord seide bi nyȝt to poul bi
10 a visioun/ Nile þou drede: but speke & be not stille/ for I am with þee·
and no man schal be putt to þee to noye þee: for myche puple is to me
11 in þis citee/ and he dwellide þere a ȝer & sixe moneþis· techynge
12 among hem þe word of god/ But whanne gallion was proconsul of
achaye· iewis risen up with oo will aȝens poul: and ledden him to þe
13 doom & seiden/ aȝens þe lawe: *he* þis counceiliþ men to worschipe
14 god/ And whanne poul biganne to opene his mouþ: gallion seide to þe
iewis/ If þer were ony wickid þing eþer yuel trespas ȝe iewis riȝtly I
15 schulde suffre ȝou/ but if questiouns ben of þe word & of names of ȝou-

16 re lawe: bise ȝou silf/ I wole not be domesman of þese þingis: and he
17 drof hem fro þe doom place/ And alle token sostenes prince of þe sy-
nagoge: and smeten him bifore þe doom place· and no þing of þese was
18 to charge to gallion/ And whanne poul hadde abiden many daies: he sei-
de fare wel to breþeren· and bi boot *he* cam to syrie/ And prissille &
aquila camen wiþ him· whiche hadden clippid his heed in tencris/ for
19 he hadde a vow/ and he cam to effecie· and þere he lefte hem/ And he
20 ȝede in to þe synagoge: and disputide with iewis/ And whanne þei pre-
21 ieden þat he schulde dwelle more tyme: he consentide not/ but he ma-
de fare wel & seide/ Eft I schal turne aȝen to ȝou· if god wole/ & he
22 wente forþ fro effecy/ And he cam doun to cesarie: and he ȝede up &
23 grette þe chirche and cam doun to antioche/ And whanne he hadde
dwellid þere sumwhat of tyme: he wente forþ walkynge bi rewe þoruȝ
24 þe cuntrey of galathie & frigie· and confermyde alle þe disciplis/ But a
iew apollo bi name a man of alisaundre of kynde a man eloquent cam
25 to effecie: and he was myȝti in scripturis/ þis man was tauȝt þe wey of
þe lord: and was feruent in spirit and spak/ and tauȝte diligently þo
26 þingis þat weren of ihū: and knew oonly þe baptym of John/ And þis
man biganne to do tristily in þe synagoge/ whom· whanne prissille &
aquyla herden: þei token him & more diligently expowneden to him þe
27 wey of þe lord/ And whanne he wolde go to achaie: briþeren excitiden
& writen to þe disciplis: þat þei schulden resseyue him/ whiche whan-
28 ne he cam: ȝaf myche to hem þat bileeueden/ for he gretli ouercam ie-
wis: & schewide openli bi scripturis þat ihū is crist/

19   And it bifelle whanne apollo was at corynthie: þat poul whanne he
hadde go þe hiȝere coostis he cam to effesie· and fonde summe of dis-
2 ciplis· and he seide to hem/ wheþer ȝe þat bileeuen haue reseyued þe
hooli goost? And þei seiden to hym/ but neþer we " haue herd: if þe
3 hooly goost is/ And he seide/ þerfore in what þing ben ȝe baptisid/ And
4 þei seiden/ in þe baptym of Joon/ And poul seide/ Joon baptiside þe pu-
ple in baptym of penaunce: and tauȝte þat þei schulden bileeue in hym
5 þat was to comynge aftir him: þat is in ihū/ whanne þei herden þese
6 þingis: þei weren baptisid in þe name of þe lord ihū/ And whanne poul
hadde leid on hem hise hondis: þe hooli goost cam in hem· and þei spa-
7 ken wiþ langagis & profecieden/ and alle weren almest twelue men/
8 And he ȝede in to þe synagoge· & spak wiþ trist þre moneþis dispu-
9 tynge & tretynge of þe kyngdom of god/ But whanne summe weren
hardid & bileeueden not & cursiden þe wey of þe lord bifore þe multi-
tude: he ȝede awey fro hem & departide þe disciplis/ and disputide in
10 þe scole of a myȝti man eche dai/ þis was don bi two ȝeer/ so þat alle
þat dwelliden in asie herden þe word of þe lord· iewis & heþen men/
11, 12 And god dide vertues not smale bi þe hond of poul: so þat on sijk men
þe sudaries weren borun fro his bodi· and sijknessis departiden fro

---

19. [1] exorsisists

13 hem: & wickide spiritis wenten out/ But also summe of þe iewis exor-
sistis¹ `or coniurers´ ȝeden aboute and assaieden to clepe þe name of
þe lord ihū crist· on hem þat hadden yuel spiritis & seiden/ I coniure
14 ȝou bi ihū whom poul prechiþ/ And þer weren seuene sones of a iew
15 steuene a prince of preestis: þat diden þis þing/ But þe yuel spirit ans-
weride: & seide to hem/ I knowe ihū & I knowe poul: but who ben ȝe?
16 And þe man in whiche was þe worste deuel· lippide on hem· & hadde
victorie of boþe· & was strong aȝens hem: þat þei nakid & woundid
17 fledden awei fro þat hous/ And þis þing was maad knowun· to alle [the]
iewis & to heþene men: þat dwelliden at ephesy/ and drede felle doun
18 on hem alle: and þei magnyfieden þe name of þe lord ihū/ and many
19 men bileeueden & camen knowlechynge & tellynge her dedis/ and ma-
ny of hem þat sueden curiouse þingis: brouȝten togidere bookis and
brennyden hem bifore alle men/ And whanne þe prises of þo weren
20 acountid: þei founden money of fifty þousynde pens/ So strongly þe
21 word of god wexide & was confermyd/ And whanne þese þingis weren
fillid: poul purposide in spirit· aftir þat macedonye was passid & achaie
to go to ierusalem & seide/ for aftir þat I schal be þere: it bihoueþ me
22 to se also rome/ And he sente in to macedonye twey men þat mynistri-
23 den to hym thymothe & eraste: and he dwellide for a tyme in asie/ and
24 a greet troublyng was maad in þat dai: of þe wey of þe lord/ For a man
demetrie bi name· a worchere in siluer· makide siluerne housis to dya-
25 ne· and ȝaf to crafty men myche wynnyng/ whiche he clepide togidre
hem þat weren siche manere werkmen: & seide(n)/ Men ȝe witen: þat
26 of þis craft wynnyng is to us/ and ȝe seen & heeren· þat þis poul coun-
seliþ & turniþ awey myche puple· not oonly of ephesie: but almest of
27 al asie & seiþ/ þat þei ben not goddis þat ben maad wiþ hondis/ And
not oonly þis part schal be in perel to us to come in to repreef: but al-
so þe temple of þe greet dian schal be acountid in to nouȝt/ ȝhe & þe
maiesteee of hir schal biginne to be distried: whom al asie & þe world
28 worschipiþ/ whanne þese þingis weren herd: þei weren fillid wiþ
29 yre(e) & crieden & seiden/ greet is þe dian of effesians: and þe citee
was fillid wiþ confusioun/ and þei maden [an] asaut wiþ oo wille in to
þe theatre· and token gayus & aristark men of macedonye felawis of
30 poul/ And whanne poul wolde haue entrid in to þe puple: þe disciplis
31 suffriden not/ And also summe of þe princis of asie þat weren hise fren-
dis: senten to hym & preieden þat he schulde not ȝiue hym silf in to þe
32 theatre/ and oþere men crieden ooþer þing/ For þe chirche was confu-
33 sid: and many wisten not for what cause þei weren come togidre/ but
of þe puple þei drowen awey oon alisaundre while iewis puttiden him
forþ/ and alisaundre axide wiþ his hond silence: and wolde ȝelde a re-
34 soun to þe puple/ And as þei knewen þat he was a iew: oo vois of alle
men was maad criynge as bi tweyne houris/ greet dyan of effesians/
35 And whanne þe scribe hadde ceessid þe puple: he seide/ Men of effe-
sie what man is he þat knowiþ not þat þe citee of effesians is þe wor-
36 schipere of greet dian & of þe child of iubiter/ þerfor whanne it mai not

be aȝenseid to þese þingis: it bihoueþ ȝou to be ceessid· & to do no
37 þing folily/ For ȝe han brouȝt þese men neþer sacrilegers· neþer blas-
38 femynge ȝoure goddesse/ þat if demetrie & þe werk men þat ben wiþ
him· han cause aȝens ony man· þer ben courtis & domes & iugis: ac-
39 cuse þei ech ooþer/ if ȝe seken ouȝt of ony ooþer þing: it mai be as-
40 soilid in þe lawful chirche/ forwhi we ben in perel to be repreued of þis
daies dissencioun: siþ no man is gilty of whom we moun ȝelde resoun
of þis rennyng togidre/ And whanne he had seid þis þing: he leet þe pu-
ple go/

20   And aftir þe noise ceesside: poul clepide þe disciplis & monestide
2 hem· and seide fare wel/ And he wente forþ to go in to macedonye/ And
whanne he hadde walkid bi þo coostis· & hadde monestid hem bi ma-
3 ny wordis· he cam to greece/ where whanne he hadde be þree moneþis·
þe iewis leiden aspies for hym þat was to saile in to sirrie/ and he had-
4 de counsel to turne aȝen bi macedonye/ & sosipater of pirry beroense
folowide him/ of thesolonycenses astirak & secundus & gayus derbeus
5 & thymothe & asyans· thiticus & trofymus/ þese for þei wenten bifore:
6 aboden us at troade/ for we schippiden aftir þe daies of þerff looues fro
philippis & camen to hem at troade in fyue daies: where we dwelten
7 seuene daies/ and in þe firste dai of þe wouke whanne we camen to bre-
ke breed: poul dispụtide wiþ hem & schulde go forþ in þe morew/ and
8 he drouȝ alonge þe sermoun til in to mydniȝt/ and many laumpis weren
9 in þe soler: where [we] weren gederid togidere/ and a ȝounge man eu-
ticus bi name: saat on þe wyndouȝ whanne he was fallen in to an heuy
sleep· while poul dispụtide longe· al slepynge he felle doun fro þe þrid-
10 de stage/ and he was takun up: & was brouȝt deed/ to whom whanne
poul cam doun: he lay on him· and biclippide & seide/ nyle ȝe be trou-
11 blid· for his soule is in hym/ and he wente up & brak breed & eet &
12 spak ynouȝ vnto þe dai· & so he wente forþ/ And þei brouȝten þe child
13 alyue: & þei weren counfortid gretly/ and we wenten up in to a schip:
and schippiden in to asson· to take poul fro þennes/ for so he hadde dis-
14 posid to make iourney bi lond/ And whanne he fond us in asson: we to-
15 ken him & camen to mutilene/ and fro þennes we schippiden in þe dai
suynge: and we camen aȝens chyum/ And an ooþer dai we hauenyden
16 at samum: and in þe dai suynge we camen to mylete/ And poul purpo-
side to schippe ouer to ephesy: lest ony tariyng were maad to him in
asie/ for he hiȝede· if it were possible to him: þat he schulde be in þe
17 dai of penthecost at ierusalem/ Fro mylete he sente to ephesy: & clepi-
18 de þe gretiste men of birþe of þe chirche/ and whanne þei camen to him
& weren togidere: he seide to hem/ ȝe witen fro þe firste dai in whiche
19 y cam in to asie: hou wiþ ȝou bi ech tyme I was seruynge to þe lord
with al mekenesse & myldenesse & teeris & temptaciouns þat felden to
20 me· of a-spiyngis of iewis/ hou I wiþdrouȝ not of profitable þingis to
21 ȝou: þat I telde not to ȝou & tauȝte ȝou openly & bi housis/ and I wit-
nesside to iewis & to heþen men penaunce in to god: & feiþ in to oure
22 lord ihū crist/ And now lo I am boundun in spirit & go in to ierusalem/

23 And I knowe not what þingis schul come to me in it: but þat þe hooly
goost bi alle citees witnessiþ to me· & seiþ/ þat bondis & tribulaciouns

24 at ierusalem abijden me/ but y drede no þing of þese· neþer I make my
lijf preciousere þan my silf/ so þat I eende my cours & þe mynisterie
of þe word· whiche I resseyuede of þe lord ihū: to witnesse þe gospel

25 of þe grace of god/ And now lo I wot þat ȝe schul nomore se my face·

26 alle ȝe bi whiche I passide prechynge þe kyngdom of god/ wherfore I

27 witnesse to ȝou þis dai: þat I am clene of þe blood of alle men/ for I

28 fley not awey þat y telde not to ȝou al þe counsel of god/ take ȝe tente
to ȝou & to al þe flok in whiche þe hooly goost haþ sett ȝou bischopis

29 to reule þe chirche of god: whiche he purchaside wiþ his blood/ y woot
þat aftir my departyng· rauyschynge wolues schul entre in to ȝou· &

30 spare not þe flok/ and men spekynge schrewid þingis· schul rijse of ȝou

31 silf: þat þei lede awey disciplis aftir hem/ For whiche þing wake ȝe hol-
dinge in mynde: þat bi þree ȝeer nyȝt & dai I ceesside not wiþ teeris

32 monestynge ech of ȝou/ and now I bitake ȝou to god· & to þe word of
his grace: þat is myȝti to edifie & ȝiue heritage in alle þat ben maad

33, 34 hooli/ and of no man I coueitide siluer & gold eþer clooþ as ȝou silf wi-
ten/ For to þo þingis þat weren needful to me· & to þese þat ben wiþ

35 me: þese hondis mynistriden/ Alle þese þingis y schewide to ȝou: for
so it bihoueþ men trauelynge to resseyue sijk men· & to haue mynde of
þe word of þe lord ihū: for he seide/ it is more blisful to ȝiue þan to res-

36 seyue/ And whanne he hadde seid þese þingis: he knelide & [he] prei-

37 ede wiþ alle hem/ and greet weping of alle men was maad/ And þei fel-

38 len on þe necke of poul: & kissiden him/ and serewiden moost in þe
word þat he seide: for þei schul nomore se his face/ and þei ledden him
to þe schippe/

21 And [whanne] it was don· þat we schulden seile & weren passid
awey fro hem: wiþ streiȝt cours we camen to choum· & þe dai suynge

2 to rodis· & fro þennus to patiram· and fro þennus to myram/ And whan-
ne we founden a schip passynge ouer to fenyce· we wenten up in to it:

3 and sailden forþ/ and whanne we apeeriden to cypre: we leften it at þe
lefte half & saileden in to sirie· & camen to tyre/ for þere þe schip

4 schulde be vnchargid/ And whanne we founden disciplis: we dwelliden
þere seuene daies/ whiche seiden bi spirit to poul: þat he schulde not

5 go up to ierusalem/ And whanne þe daies weren fillid: we ȝeden forþ/
And alle men with wyues & children ledden forþ us wiþouten þe citee/

6 and we kneliden in þe see brynke & we preieden/ And whanne we had-
den maad fare wel togidre: [we] wenten up in to þe schip/ And þei tur-

7 nyden aȝen in to her owne places/ And whanne þe schip sailynge was
fillid fro tire: we camen doun to tholomaida/ And whanne we hadden

8 grett wel þe briþeren: we dwelliden oo dai at hem/ And an ooþer dai
we ȝeden forþ: & camen to cesarie/ and we entriden in to þe hous of

---

21. ¹ *MS* &

9 philip euangelist þat was oon of þe seuene: and dwellide at hym/ and
10 to him weren foure douȝtris uirgyns þat prophecieden/ and whanne we
dwelliden þere bi summe daies: a prophet agabus bi name cam ouer fro
11 iudee/ *he* þis whanne he cam to us: took þe girdil of poul· & boonde to-
gidere his feet & hondis & seide/ þe hooly goost seiþ þese þingis/ þus
iewis schul binde in ierusalem þe man whos is þis girdil: and þei schul
12 bitake in to heþen mennus hondis/ whiche þing whanne we herden: we
preieden & þei þat weren of þat place þat he schulde not go up to ie-
13 rusalem/ þanne poul answeride: & seide/ what doon ȝe wepynge & tur-
mentynge myn herte? for I am redi not oonli to be boundun: but also to
14 die in ierusalem for þe name of þe lord ihū/ And whanne we myȝten
not counseile him: we weren stille & seiden/ þe wille of þe lord be
15 doon/ And aftir þese daies we weren maad redy & wenten up to ieru-
16 salem/ and summe of [*the*] disciplis camen wiþ us fro cesarie: and led-
den wiþ hem a man iason of cipre an[1] elde disciple at whom we schul-
17 den be herborid/ And whanne we camen to ierusalem: briþeren ressey-
18 ueden us wilfully/ And in þe dai suynge poul entride wiþ us to iames:
19 and alle þe eldre men weren gaderid/ whiche whanne he hadde grett:
he telde bi alle þingis· what god hadde don in heþene men bi þe my-
20 nisterie of hym/ And whanne þei herden: þei magnyfieden god & sei-
den to him/ broþir þou seest hou many þousyndis ben in iewis þat han
21 bileeued to god: and alle ben louers of þe lawe! and þei herden of þee·
þat þou techist departyng fro moyses· of þilke iewis þat ben bi heþene
men· þat seyn/ þat þei owen not *to* circumcide her sones: neþer owen
22 to entre bi custom/ þerfor what is? It bihoueþ þat þe multitude come to-
23 gidere/ for þei schul heere: þat þou art come/ þerfore do þou þis þing:
24 þat we seyn to þee/ þer ben to us foure men· þat han a vow on hem/ ta-
ke þou þese men: and halowe þee with hem/ hange on hem þat þei
schaue her hedis/ & þat alle men wite: þat þe þingis þat þei herden of
25 þee ben false/ but þat þou walkist & þi silf kepist þe lawe/ But of þese
þat bileeuyden of heþen men· we wrijten demynge: þat þei absteyne
hem fro þing offrid to idols & fro blood· & also fro stranglid þing· &
26 fro fornycacioun/ þanne poul took þe men· and in þe dai suynge he was
purified wiþ hem: & entride in to þe temple/ and schewide þe fillyng
27 of daies of purifiyng: til þe offryng was offrid for ech of hem/ And
whanne seuene daies weren endid: þe iewis þat weren of asie· whanne
þei sauȝen him in þe temple· stiriden al þe puple· & leiden hondis on
28 him· & crieden/ Men of israel helpe ȝe us/ þis is þe man þat aȝens þe
puple & þe lawe & þis place techiþ euerywhere alle men/ more ouer &
haþ led heþene men in to þe temple: and haþ defoulid þis hooly place/
29 for þei sien trofymus of ephesy in þe citee wiþ hym: whom þei gessi-
30 den þat poul hadde brouȝt in to þe temple/ and al þe citee was moued:
and a rennynge togidre of þe puple was maad/ And þei token poul &
31 drowen hym out of þe temple: and anoon þe ȝatis weren closid/ and
whanne þei souȝten to sle hym: it was teld to þe tribune of þe cumpeny
32 of knyȝtis· þat al ierusalem is confoundid/ whiche anoon took kniȝtis

& centuriens: & ran to hem/ And whanne þei hadden seen þe tribune &
33 þe kniȝtis· þei ceessiden to smyte poul/ þanne þe trybune cam & cauȝte
hym: and comaundide þat he were boundun wiþ twey cheynes/ and ax-
34 ide who he was: & what he hadde doon/ But oþere crieden ooþir þing
among þe peple/ & whanne he myȝte knowe no certeyn þing for þe noi-
35 se: he comaundide him to be led in to þe castels/ and whanne poul cam
to þe grees· it bifel þat he was born of kniȝtis for strengþe of þe puple/
36 for þe multitude of [*the*] puple suede hym: & criede· take hym awey/
37 And whanne poul bigan to be led in to þe castels: he seide to þe tribu-
ne/ wher it is leeful to me: to speke ony þing to þee? And he seide/
38 kanst þou greek? wheþir þou art not þe egipcian· whiche bifore þese
daies mouedist a noise: and leddist out in to desert foure þousynde of
39 men mensleeris? And poul seide to hym/ for I am a iew of tharse of ci-
licie a citeseyn whiche citee is not vnknowun/ and I preie þee: suffre
40 me to speke to þe puple/ & whanne he suffride: poul stood in þe grees·
& bekenyde wiþ þe hond to þe puple/ and whanne a greet silence was
maad: he spak in ebreu tunge & seide/
22, 2 Breþeren & fadris heere ȝe what resoun y ȝelde now to ȝou/ And
whanne summe herden· þat in ebrew tunge he spak to hem: þei ȝauen
3 þe more silence/ and he seide/ I am a man a iew born at tharse of cili-
cie nurschid & in þis citee bisidis þe feet of gamaliel tauȝt bi þe treuþe
4 of fadris lawe a louere of þe lawe: as also ȝe alle ben todai/ and I pur-
suede þis wey til to þe deeþ: byndynge & bitakynge in to holdis men
5 & wymmen/ as þe prince of prestis ȝeldiþ witnessyng to me· & alle þe
grettiste of[1] birþe/ of whom also y took pistlis to briþeren: & wente to
6 damask to brynge fro þennes men boundun in to ierusalem: þat þei
schulden be peyned/ And it was doon while y ȝede & neiȝede to da-
7 mask: at myddai sudeynly fro heuene a greet plentee of liȝt schoon
aboute me/ And I fel doun to þe erþe: & herde a vois fro heuene seiynge
8 to me· saul saul what pursuest þou me? it is hard to þee [*to*] kyke aȝens
þe pricke/ And y answeride/ who art þou lord/ And he seide to me/ I am
9 ihū of nazareth: whom þou pursuest/ and þei þat weren wiþ me: sauȝen
10 but þe liȝt/ but þei herden not þe vois of hym: þat spak wiþ me/ and I
seide/ lord what schal I do/ And þe lord seide to me/ rise þou & go to
damask: and þere it schal be seid to þee of alle þingis whiche it bihouiþ
11 þee to do/ And whanne I sauȝ not for þe cleertee of þat liȝt: y was led
12 bi þe hoond of felowis & I cam to damask/ and a man ananye þat bi þe
13 lawe hadde witnessyng of alle iewis dwellynge in damask: cam to me
& stood niȝ & seide to me/ saul broþer biholde/ and I in þe same hour
14 biheelde in to hym/ And he seide/ god of oure fadris haþ bifore ordey-
ned þee: þat þou schuldist knowe þe wille of hym/ & schuldist se þe
15 riȝtful man: & heere þe vois of his mouþ/ for þou shalt be his witnes-
16 se to alle men of þo þingis: þat þou hast seen & herd/ and now what

---

22. [1] in

dwellist þou? rijse up & be baptizid & waische awey þi synnes bi þe
17 name of hym clepid to help/ And it was doon to me as I turnyde aȝen
in to ierusalem & preiede in þe temple: þat y was maad in rauyschinge
18 of soule/ and y sauȝ him seiynge to me/ hiȝe þou & go out fast of ieru-
19 salem: for þei schul not resseyue þi witnessyng of me/ And I seide/ lord
þei witen þat I was closynge togidre in to prisoun· & betynge bi syna-
20 gogis: hem þat bileeuyden in to þee/ And whanne þe blood of steuene
þi witnesse was sched out: y stood niȝ & consentide· & kepte þe cloþis
21 of men þat slowen hym/ And he seide to me/ go þou· for I schal sende
22 þee ferr to naciouns/ And þei herden him til þis word: and þei reisiden
her vois & seiden/ Take awey fro þe erþe sich a maner man/ for it is not
23 leeful: þat he lyue/ And whanne þei crieden & kesten awey her cloþis·
& þrewen dust in to þe eir: þe tribune comaundide hym to be led in to
24 castels· & to be betun with scourgis· & to be turmentid: þat he wiste for
25 what cause þei crieden so to him/ and whanne þei hadden boundun
hym wiþ cordis: poul seide to a centurien stondynge niȝ to him/ wheþer
26 it is leeful to ȝou to scourge a romayn & vndampned? And whanne þis
þing was herd: þe centurien wente to þe tribune· & telde to him and sei-
27 de/ what art þou to doyng? for þis man is a citeseyn of rome/ And þe
tribune cam niȝ: & seide to him/ sey þou to me wher þou art a romayn?
28 and he seide/ ȝhe/ And þe tribune answeride/ y wiþ myche summe gaat
29 þis fredom/ And poul seide/ and I was born a citeseyn of rome/ þerfor
anoon þei þat schulden haue turmentid hym: departiden awei fro hym/
And þe tribune dredde· aftir þat he wiste þat he was a citeseyn of ro-
30 me: and for he hadde boundun him/ but in þe day suynge· he wolde
wite more diligently for what cause he were accusid of þe iewis· &
vnboonde hym/ & comaundide prestis & al þe counsel: to come togi-
dre/ and he brouȝte forþ poul & sette him among hem/

23   And poul biheeld in to þe counsel: & seide/ Briþeren I wiþ al good
2 conscience haue lyued bifore god: til in to þis dai/ and ananye prince of
prestis: comaundide to men þat stoden niȝ hym þat þei schulden smy-
3 te his mouþ/ þanne poul seide to him/ þou whitid wal god smyte þee/
þou sittist & demyst me bi þe lawe: & aȝens þe lawe þou comaundist
4 me to be smytun/ And þei þat stoden niȝ: seiden/ cursist þou þe hiȝest
5 preest of god? And poul seide/ Briþeren I wiste not: þat he is prince of
6 prestis/ for it is writun/ þou schalt not curse þe prince of þi puple/ But
poul wiste þat oo partie was of saduceis· & þe ooþer of fariseis: and he
criede in þe counsel/ briþeren y am a farisee· þe sone of farisees: y am
7 demed of þe hope & of [the] aȝenrisyng of dede men/ And whanne he
hadde seid þis þing: dissencioun was maad bitwixe þe farisees & þe sa-
8 duceis· and þe multitude was departid/ for saduceis seyn þat no risyng
aȝen of dede men is· neþer aungel neþer spirit/ but farisees knowlechi-
9 den euer eiþer/ and a greet cry was maad: and summe of pharisees ri-

---

23. ¹ castels

sen up· & fouȝten seiynge/ we fynden no þing of yuel in þis man/ what

10 if a spirit eþer an aungel spak to him? And whanne greet dissencioun
was maad: þe tribune dredde lest poul schulde be to-drawe of hem/ And
he comaundide kniȝtis to go doun: & to take hym fro þe myddil of hem·

11 & to lede hym in to `a castel[1]/ and in þe niȝt suynge: þe lord stood niȝ
to hym & seide/ be þou stidefast/ for as þou hast witnessid of me in ie-

12 rusalem: so it bihoueþ þee to witnesse also at rome/ And whanne þe dai
was come: summe of þe iewis gadriden hem: & maden a vow & seiden/

13 þat þei schulden neþer ete ne drynke: til þei slowen poul/ and þer we-

14 ren mo þan fourty men þat maden þis sweryng togidre/ and þei wenten
to þe princis of prestis & eldre men & seiden/ wiþ deuocioun we haue

15 avowid þat we shul not taste ony þing: til we sleen poul/ now þerfor
make ȝe knowun to þe tribune with þe counsel: þat he brynge hym forþ
to ȝou as if ȝe schulden knowe sum þing more certeynly of hym/ and

16 we ben redy to sle hym: bifore þat he come/ & whanne þe sone `of´
poulis sistir hadde herd þe aspies: he cam & entride in to þe castellis·

17 & telde to poul/ And poul clepide to hym oon of þe centuriens & sei-
de/ lede þis ȝounge man to þe tribune: for he haþ sum þing to schewe

18 to him/ And he took him: & ledde to þe tribune: & seide/ poul þat is
boundun preiede me: to lede to þee þis ȝounge man· þat haþ sum þing

19 to speke to þee/ And þe tribune took his hoond: & wente wiþ him asi-
dis half and axide him/ what þing is it þat þou hast to schewe to me?

20 and he seide/ þe iewis ben acordid to preie þee· þat tomo`re´ we þou
brynge forþ poul in to þe counsel: as if þei schulden enquere sum þing

21 more certeynly of hym/ but bileeue þou not to hem/ for mo þan fourti
men of hem aspien hym: whiche han avowid þat þei schul not ete ne
drynke· til þei sleen him/ and now þei ben redy abidynge þi biheest/

22 þerfore þe tribune lefte þe ȝounge man: and comaundide þat he schul-
de speke to no man· þat he hadde maad þese þingis knowun to hym/

23 and he clepide togidre twey centuriens: and he seide to hem/ Make ȝe
redy two hundrid kniȝtis: þat þei go to cesarie/ and horse men seuenty·

24 & spere men two hundrid: fro þe þridde hour of `þe´ niȝt/ and make ȝe
redi an hors for poul to ride on· to lede hym saaf to felix þe president/

25 for þe tribune dredde lest þe iewis wolden take hym bi þe wey & sle

26 hym: and aftir[ward] he myȝte be chalengid as he hadde take money· &
wroot him a pistil: conteynynge þese þingis/ Claudius lisias· to þe beste

27 felix president: helpe/ þis man þat was take of þe iewis & bigan to be
slayn: I cam upon hem wiþ myn oost & delyuerde hym fro hem whan-

28 ne I knew þat he was a romayn/ & I wolde wite þe cause· whiche þei

29 puttiden aȝens hym: and I ledde hym to þe counsel of hem/ And I foon-
de þat he was accusid of questiouns of her lawe/ but he hadde no cry-

30 me worþi þe deþ eþer bondis/ And whanne it was teld me of þe aspies
þat þei araieden for him: y sente him to þee/ And I warnide also þe ac-

31 cusers: þat þei sey at þee/ fare wel/ And so þe kniȝtis as þei weren co-

32 maundid token poul: and ledden him bi niȝt in to antipatriden/ and in
þe dai suynge whanne þe horse men weren left þat schulden go wiþ

33 him: þei turnyden aȝen to þe castels/ and whanne þei camen to cesarie·
þei token þe pistil to þe president· and þei setten also poul bifore hym/
34 and whanne he hadde rad & axide of what prouynce he was· & knew
35 þat he was of cilicie: y schal heere þee he seide· whanne þin accusers
comen/ and he comaundide hym to be kept in þe moot halle of heroude/
24   And aftir fyue daies· ananye prince of prestis cam doun wiþ summe
eldre men & terculle a fair spekere: whiche wenten to þe president
2 aȝens poul/ and whanne poul was somened: terculle bigan to accuse
him & seide/ whanne in myche pees we don bi þee· & many þingis ben
3 amendid bi þi wisdom: euere more & euery where þou best felix we
4 haue resseyued wiþ al doyng of þankyngis/ but lest I tarie [*thee*] leng-
5 ere: y preie þee schortly/ heere us for þi mekenesse/ we haue foundun
þis wickid man stirynge dissencioun to alle iewis in al þe world: & auc-
6 tour of dissencioun of þe secte of nazarenus/ And he also enforside to
defoule þe temple/ whom also we token & wolden deme aftir oure la-
7 we/ But lisias þe trybune cam with greet strengþe aboue: & delyuerde
8 hym fro oure hondis/ and comaundide hise accusers: to come to þee/ of
whom þou demynge maist knowe of alle þese þingis: of whiche we ac-
9 cusen hym/ and iewis putten to & seiden: þat þese þingis hadden hem
10 so/ And poul answeride: whanne þe president grauntide him to sey/ of
many ȝeris I knowe þee þat þou art domesman to þis folk: and I schal
11 do ynouȝ for me with good resoun/ for þou maist knowe· for to me ben
12 not more þan twelue daies: siþ I cam up to worschipe in ierusalem/ and
neþer in þe temple þei founden me disputynge wiþ ony man· neþer
13 makynge concours of puple· neþer in *þe* synagogis neþer in citee· neþer
14 þei moun preue to þee of þe whiche þingis þei now accusen me/ but I
knowleche to þee þis þing· þat aftir þe secte whiche þei seyn herisie:
so I serue to god þe fadir/ and I bileeue to alle þingis þat ben writun in
15 þe lawe & prophetis/ and I haue hope in god: whiche also þei hem silf
16 abijden þe aȝenrisyng to comynge of iust men & wickide/ In þis þing
y studie wiþoute hirtyng· to haue conscience to god & to men euermo-
17 re/ But aftir many ȝeris y cam to do almes dedis to my folk & offryng-
18 is & avowis· in whiche þei foundun me purified in þe temple: not wiþ
cumpeny neþir wiþ noise/ And þei cauȝten me & þei crieden & seiden/
19 take awey oure enmye/ and summe iewis of asie whiche it bihofte to be
20 now present at þee· & accuse if þei hadden ony þing aȝens me/ eþer
þese hem silf sey· if þei founden in me ony þing of wickidnesse: siþ y
21 stonde in þe counsel/ but oonly of þis vois: bi whiche I criede ston-
dynge among hem/ for of þe aȝenrisyng of dede men: I am deemed þis
22 dai of ȝou/ Soþely felix delaiede hem: & knew moost certeynly of þe
wey· & seide/ whanne lisias þe tribune schal come doun: I schal heere
23 ȝou/ And he comaundide to a centurien to kepe hym & þat he hadde
reste: neþir to forbede ony man to mynistre of hise owne þingis to hym/

---

24. [1] That

24 And aftir summe daies felix cam wiþ drussille his wijf þat was a ie-
25 wesse: & clepide poul & herde of him þe feiþ þat is in crist ihū/ and
while he disputide of riȝtwisnesse & chastitee & of doom to comynge:
felix was maad tremblynge & answeride/ `whidere it[1] perteyneþ now·
26 go: but in tyme couenable y schal clepe þee/ Also he hopide: þat mo-
ney schulde be ȝouun to him of poul· for whiche þing eft he clepide
27 him: & spak with hym/ and whanne two ȝeer weren fillid: felix took a
successour porcius festus/ and felix wolde ȝiue grace to iewis: & lefte
poul boundun/

25   þerfore whanne festus cam in to þe prouynce aftir þe þridde dai: he
2 wente up to ierusalem fro cesarie/ and þe pryncis of prestis & þe
3 worþieste of þe iewis wenten to hym aȝens poul: & preieden hym & ax-
iden grace aȝens him/ þat he schulde comaunde hym to be led to ieru-
4 salem· and þei settiden aspies to sle hym in þe wey/ but festus answe-
ride: þat poul schulde be kept in cesarie/ soþely þat he him silf schul-
5 de procede more avisily/ þerfor he seide/ þei þat in ȝou ben myȝti: co-
6 me doun togidre/ & if ony cryme is in þe man: accuse þei hym/ and he
dwellide among hem nomore þan eiȝte eþer ten daies: & cam doun to
cesarie/ and þe ooþer dai he saat for domesman: and comaundide poul
7 to be brouȝt/ and whanne he was brouȝt forþ: iewis stoden aboute
him whiche camen doun fro ierusalem/ puttynge aȝens hym many &
8 greuouse causis: whiche þei myȝten not preue/ for poul ȝeldide resoun
in alle þingis· þat neþer aȝens þe lawe of iewis neþer aȝens þe temple·
9 neþer aȝens þe emperour y synnede ony þing/ but festus wolde do gra-
ce to þe iewis: and answeride to poul· & seyde/ wolt þou go up to ie-
10 rusalem: & þere be demed of þese þingis bifore me/ & poul seide/ at
þe doom place of þe emperour I stonde where it bihouiþ me to be de-
11 med/ y haue not noied þe iewis: as þou knowist wel/ for if I haue noied·
eþer do[n] ony þing worþi deþ: y forsake not to die/ but if no þing of
þo is· þat þei accusen me: no man may ȝiue me to hem· I appele to þe
12 emperour/ þanne festus spak wiþ þe counsel: & answeride/ To þe em-
13 perour þou hast appelid: to þe emperour þou schalt go/ And whanne
summe daies weren passid: agrippa kyng & beronyce camen doun to
14 cesarie to welcome festus/ and whanne þei dwelliden þere many daies:
festus schewide to þe kyng of poul· & seide/ a man is left boundun of
15 felix· of whiche whanne I was at ierusalem· princis of prestis & þe el-
16 dre men of iewis camen to me· and axiden dampnacioun aȝens hym/ to
whom[1] I answeride/ þat it is not custom to romayns to dampne ony
man: bifore þat he þat is accusid haue hise accusers present· & take pla-
17 ce of defending to putte awey þe crymes þat ben put aȝens hym/þer-
for whanne þei camen togidre hidere: wiþouten ony delay in þe dai
18 suynge· I saat for domesman· & comaundide þe man to be brouȝt/ and
whanne hise accusers stoden: þei seiden no cause· of whiche þingis I

---

25. [1] whiche

19 hadde suspicioun of yuel/ but þei hadden aȝens him summe questiouns
   of her veyn worschipyng: & of oon ihū deed/ whom poul affermyde to
20 lyue/ And I doutide of siche maner questioun: & seide/ wheþer he wol-
21 de go to ierusalem· & þere *to* be deemyd of þese þingis/ But for poul
   appelide þat he schulde be kept to þe knowyng of þe emperour: I co-
22 maundide him to be kept· til I sende him to þe emperour/ And agrippa
   seide to festus/ y my silf wolde heere þe man/ & he seide· to morowe
23 þou schalt heere him/ and on þe ooþer dai whanne agrippa & berony-
   ce camen wiþ greet desijr & entriden in to þe auditorie wiþ tribunes &
24 þe principal men of þe citee: whann festus bad· poul was brouȝt/ And
   festus seide/ kyng agrippa & alle men þat ben wiþ us: ȝe seen þis man
   of whyche al þe multitude of iewis preiede me at ierusalem· & axide &
25 criede/ þat he schulde lyue no lengre/ but y foond þat he hadde don no
   þing worþi of deþ/ and I deme to sende him to þe emperour: for he ap-
26 pelide þis þing/ of whiche man: y haue not certeyn what þing I shal
   wryte to þe lord/ for whiche þing y brouȝte hym to ȝou· & moost to þee
   þou kyng agrippa: þat whanne axyng is maad y haue what y schal wri-
27 te/ for it is seen to me wiþoute resoun: to sende a boundun man & not
   to signyfie þe cause of him/

26   And agrippa seide to poul/ it is suffrid to þee: to speke for þi self/
 2 þanne poul helde forþ þe hond: & bigan to ȝeelde resoun· of alle þing-
   is in whiche I am accusid of þe iewis/ þou kyng agrippa y gesse me
 3 blessid at þee: whanne y schal defende me þis dai/ moost for þou kno-
   west alle þingis þat ben among iewis: customs & questiouns/ For whi-
 4 che þing I biseeche: heere me paciently/ for alle iewis þat bifore kne-
   wen me fro þe bigynnyng knewen my lijf fro ȝoungþe· þat fro þe bi-
 5 gynnyng was in my folk `in´ ierusalem/ if þei wole bere witnessing: þat
 6 bi þe moost certeyn sect of oure religioun· y lyuyde a farisee/ and now
   for þe hope of repromyssioun þat is maad to oure fadris of god: y ston-
 7 de sugett in doom· in whiche hope oure twelue lynagis seruynge niȝt &
   day hopen to come/ of whiche hope· sir kyng y am accusid of þe iewis/
8, 9 what vnbileeful þing is demed at ȝou: if god reisiþ dede men? and
   soþely I gesside þat I ouȝte do many contrarie þingis aȝens þe name of
10 ihū nazarene/ whiche þing also I dide in ierusalem/ and I encloside ma-
   ny of [*the*] seyntis in prisoun: whanne I hadde take power of þe princis
11 of prestis/ and whanne þei weren slayn: y brouȝte þe sentence/ and bi
   alle synagogis ofte y punyschide hem: & constreynede to blasfeme/ and
12 more y wax wood aȝens hem: & pursuede in to aliene citees/ in whiche
   þe while I wente to damask wiþ power & suffryng of pryncis of prestis:
13 at mydday in þe wey I sauȝ sir king þat fro heuene liȝt schynide abou-
   te me passynge þe schynyng of þe sunne· & aboute hem þat weren to-
14 gidre wiþ me/ And whanne we alle hadden falle doun in to þe eerþe: y
   herde a vois seiynge to me in ebreu tunge/ saul· saul what pursuest þou
15 me? it is hard to þee: to kike aȝens þe pricke/ and y seide· who art þou
16 lord/ And þe lord seide/ y am ihē whom þou pursuest/ but ryse up &
   stonde on þi feet/ forwhi to þis þing I appeeride to þee: þat I ordeyne

þee mynistre & witnesse of þo þingis þat þou hast seen· & of þo in
17 whiche I schal schewe to þee/ and I shal delyuere þee fro puplis & fol-
18 kis to whiche now y sende þee· to opene þe iȝen of hem: þat þei be con-
uertid fro derknesse to liȝt/ and fro power of sathanas· to god: þat þei
take remyssioun of synnes· & part among seyntis bi feiþ þat is in me/
19 wherfore sir kyng agrippa y was not vnbileeful to þe heuenly visioun/
20 but I tolde to hem þat ben at damask first & at ierusalem· & bi al þe
cuntree of iudee & to heþene men: þat þei schulden do penaunce· & be
21 conuertid to god: & do worþi werkis of penaunce/ For þis cause iewis
22 tooken me: whanne I was in þe temple· to sle me/ but I was holpen bi
þe help of god in to þis dai: & stonde witnessynge to lesse & to more/
and I sey no þing ellis: þan whiche þingis þe prophetis & moises spa-
23 ken þat schul comen/ If crist is to suffre· if he is þe firste of þe aȝenri-
syng of dede men· þat schal schewe liȝt to þe puple & to heþene men/
24 whanne he spak þese þingis· & ȝeldide resoun: festus seide wiþ greet
25 vois/ poul þou maddist/ many lettris turnen þee to woodnesse/ And
poul seide/ I madde not þou beste festus: but I speke out þe wordis of
26 treuþe & of sobrenesse/ for also þe kyng to whom I speke stidefastly:
woot of þese þingis/ for I deme· þat no þing of þese is hid fro him/ For
27 neþer in a corner· was ouȝt of þese þingis don/ bileeuest þou kyng
28 agrippa to prophetis? y woot þat þou bileeuest/ And agrippa seide to
29 poul/ in litil þing þou counselist me to be maad a cristen man/ And poul
seide/ I desijre anentis god boþe in litil & in greet· not oonly þee· but
alle þese þat heeren to dai to be maad such as I am: out takun þese bon-
30 dis/ And þe kyng roos up· and þe president & beronyce: & þei þat sa-
31 ten nyȝ to hem/ and whanne þei wenten awey· þei spaken togidere &
seiden/ þat þis man haþ not don ony þing worþi deeþ: neþer bondis/
32 And agrippa seide to festus/ þis man myȝte be delyuered: if he hadde
not appelid to þe emperour/

27   But as it was demyd hym to schippe in to ytalie: þei bitoken poul
with oþere keperis to a centurien bi name iulyus of þe cumpenye of
2 kniȝtis of þe emperour/ and we wenten up in to þe schip of adrymetis
& bigunnen to seile: & weren `borun´ aboute þe placis of asie while ari-
3 stark of macedonye thessalonycence dwellide stille wiþ us/ And in þe
dai suynge we camen to sidon/ and iulius tretide curteisli poul: and
4 suffride to go to frendis & do his needis/ And whanne we remouyde fro
5 þennus: we vndirsailiden to cipre· for þat wyndis weren contrarie/ and
we sailiden in þe see of silicie & pamfilie: & camen to listris þat is li-
6 cie/ and þere þe centurien foond a schip of alisaundre seilynge in to
7 ytalie: & puttynge[1] us ouer in to it/ And whanne in many daies we sei-
leden slouly & vneþe camen aȝens gnydum· for þe wynd lettide us: we
8 seileden to crete bisidis salomona/ and vneþe we seileden bisidis & ca-
men in to a place þat is clepid of good hauene· to whom þe citee thes-

---

27. [1] puttide   [2] *MS* fifty   [3] abiden and

9   sala was niȝ/ And whanne myche tyme was passid· & whanne seiling
þanne was not sikir· for þat fastyng was passid: poul counfortide hem

10 & seide to hem/ Men y se þat seilyng bigynniþ to be wiþ wrong & my-

11 che harm· not oonly of charge & of þe schip: but also of oure lyues/ But
þe centurien bileeuyde more to þe gouernour· & to þe lord of þe schip:

12 þan to þese þingis þat weren seid of poul/ & whanne þe hauene was not
able to dwelle in wyntir: ful many ordeyneden counsel· to seile fro
þennus/ if on ony manere þei myȝten come to fenyce: to dwelle in wyn-

13 ter at þe hauene of creete/ whiche biholdiþ to affrik· & to chorum· and
whanne þe souþ blew: þei gessiden hem to holde purpos/ and whanne

14 þei hadden remoued fro asson: þei seileden to crete/ and not aftir my-

15 che· þe wynd tifonyk þat is clepid norþ eest: was aȝens it/ and whanne
þe schip was rauyschid· & myȝte not enforse aȝens þe wynd· whanne

16 þe schip was ȝouun to þe blowyngis of þe wynd· we weren born wiþ
cours in to an yle þat is clepid cauda: and vneþe we myȝten gete a litil

17 boot/ and whanne þis was takun up· þei vsiden helpis: girdynge togi-
dere þe schip & dredden lest þei schulden falle in to sondy placis/ and

18 whanne þe vessel was vndir sett: so þei weren born/ and for we weren
þrowen with strong tempest: in þe dai suynge þei maden casting out/

19 And þe þridde dai: with her hondis þei castiden awei þe instrumentis

20 of þe schip/ and whanne þe sunne neþer þe sterris weren seen bi many
daies· & tempest not a litil neiȝede: now al þe hope of oure helþe was

21 don awey/ and whanne myche fastyng hadde be: þanne poul stood in
þe myddil of hem & seide/ A men· it bihofte whanne ȝe herden me not
to haue take awey þe schippe fro crete: & gete þis wrong & castyng

22 out/ and now y counsele ȝou to be of good counfort/ for loss of no per-

23 soone of ȝou schal be out takun of þe schip/ for an aungel of god· whos

24 y am & to whom I serue: stood niȝ to me in þis niȝt & seide/ poul dre-
de þou not: it bihouiþ þee to stonde bifore þe emperour/ and lo god haþ

25 ȝouun to þee· alle þat ben in þe schip wiþ þee/ for whiche þing ȝe men
be ȝe of good counfort/ for y bileeue to my god: þat so it schal be as it

26, 27 is seid to me/ and it bihouiþ us to come in to sum ile/ But aftirward þat
in þe fourtenþe dai þe niȝt cam on us seilynge in þe stony see: aboute

28 myd niȝt þe schipmen supposiden sum cuntree to appeere to hem/ and
þei kesten doun a plommet: & founden twenty pasis of depnesse/ and

29 aftir a litil· þei weren departid fro þennus· & founden fiftene[2] pasis/ and
þei dredden lest we schulden haue falle in to scharp placis: and fro þe
laste partie of þe schip þei senten foure ankeris & desiriden þat þe dai

30 hadde be come/ and whanne þe schip-men souȝten to fle fro þe schip·
whanne þei hadden sent a litlil boot in to þe see vndir colour as þei
schulden bigynne to strecche forþ þe ankeris fro þe formere part of þe

31 schip: poul seide to þe centurien & to þe kniȝtis/ but þese dwellen in

32 þe schip: ȝe moun not be maad saaf/ þanne kniȝtis kittiden awey þe

33 cordis of þe litil boot: and suffriden it to falle awey/ and whanne þe dai
was come· poul preiede alle men to take mete & seide/ þe fourtenþe dai

34 þis dai ȝe abidinge[3] dwellen fastynge· & taken no þing/ wherfore y pre-

ie ȝou to take mete for ȝoure helþe: for of noon of ȝou þe heer of þe
35 heed schal perische/ And whanne he hadde seid þese þingis: poul took
breed & dide þankyngis to god in þe siȝt of alle men/ and whanne he
36 hadde brokun: he bigan to ete/ and alle weren maad of bettir counfort:
37 and þei token mete/ and we weren alle men in þe schip: two hundrid
38 seuenti & sixe/ and þei weren fillid wiþ mete: & dischargiden þe schip
39 & castiden whete in to þe see/ and whanne þe dai was come: þei kne-
wen no loond/ and þei biheelden an hauene þat hadde a watir bank: in
40 to whiche þei þouȝten if þei myȝten to brynge up þe schip/ and whan-
ne þei hadden take up þe ankeris: þei bitooken hem to þe see: & slaki-
den togidre þe ioyntouris of gouernails/ and wiþ a litil seil lift up: bi
41 blowyng of þe wynd þei wenten to þe bank/ and whanne we felden in
to a place of grauel gon al-aboute wiþ þe see: þei hurtliden þe schip/
and whanne þe formere part `was ficchid it dwellide vnmouable: and
42 þe laste part´ was brokun of strengþe of þe see/ & counsel of þe kniȝtis
was: to sle men þat weren in warde/ lest ony schulde ascape: whanne
43 he hadde swymmed out/ but þe centurien wolde kepe poul: & forbede
it to be doon/ and he comaundide hem þat myȝten swymme: to go in to
44 þe see & scape· & go out (in) to þe lond/ and þei baren summe oþere
on boordis· summe on þo þingis þat weren of þe schip/ & so it was
doon: þat alle men ascapiden to þe lond/

28   And whanne we hadden ascapid: þanne we knewen þat þe yle was
2 clepid mylitene/ and þe heþene men diden to us not litil curtesie/ and
whanne a fier was kyndelid: þei refreischiden us alle for þe reyn þat
3 cam & þe cold/ But whanne poul hadde gederid a quantitee of kittyng-
is of vynes & leide on þe fier: an edder sche cam forþ fro þe heete &
4 took him bi þe hond/ And whanne þe heþene men of þe yle siȝen þe
beest hangynge in his hond: þei seiden togydere/ for þis man is a man-
quellere/ and whanne he scapide fro þe see: goddis veniaunce suffriþ
5 hym not to lyue in erþe/ but he schook awei þe beest in to þe fier: &
6 hadde noon harm/ and þei gessiden þat he schulde be turned in to swel-
lyng: & falle doun sudeynly & die/ but whanne þei abiden longe &
sauȝen þat no þing of yuel was don in hym: þei turnyden hem togidre
7 & seiden þat he was god/ and in þo placis weren maneres of þe prince
of þe yle· puplyus bi name: whiche resseyuede us bi þre daies benyng-
8 ly & foonde us/ And it bifel þat þe fadir of puplius lay trauelid with
feueris & blody flux/ to whom poul entride· and whanne he hadde prei-
9 ed & leid his hondis on hym: he helide hym/ And whanne þis þing was
10 don· alle þat in þe yle hadden sijknessis: camen & weren helid/ whiche
also honouriden us in many worschipis: & puttiden what þingis weren
11 necessarie to us whanne we schippiden/ and aftir þre moneþis we
schippiden in a schip of alisaundre· þat hadde wyntrid in þe yle· to whi-
12 che was an excellent signe of castorus/ and whanne we camen to sura-

---

28. [1] *FM* for

13 cusan: we dwelliden þere þre daies/ Fro þennus we seileden aboute: &
camen to regyum/ and aftir o dai while þe souþ blew: in þe secunde dai
14 we camen to puteolos/ where whanne we founden briþeren: we weren
preied to dwelle þere anentis hem· seuene daies/ and so we camen to
15 rome/ and fro þennus whanne briþeren hadden herd: þei camen to us to
þe chepyng of appius· & to þe þre tauernes/ And whanne poul hadde
16 seen hem: he dide þankyngis to god & took trist/ And whanne we ca-
men to rome: it was suffrid to poul to dwelle bi hym silf· wiþ a knyȝt
17 kepynge him/ And aftir þe þridde daie he clepide togidre þe worþieste
of þe iewis/ and whanne þei camen: he seide to hem/ Briþeren y dide
no þing aȝens þe puple eþer custom of fadris: and I was boundun at ie-
18 rusalem & was bitakun in to þe hondis of romayns/ and whanne þei
hadden axid `of´ me: wolden haue delyuered me· for þat no cause of
19 deeþ was in me/ but for iewis aȝenseiden: y was constreyned to appele
20 to þe emperour not as hauynge ony þing to accuse my puple/ þerfor for
þis cause I preiede to se ȝou & speke to ȝou/ For for þe hope of israel:
21 I am gird aboute wiþ þis chayne/ And þei seiden to him/ Neþir we haue
resseyued lettris of þee fro iudee: neþer ony of briþeren comynge sche-
22 wide eþer spak ony yuel þing of þee/ but we preien to heere of þee:
what þingis þou feelist/ for of þis sect it is knowun to us: þat euery-
23 where me aȝenseiþ it/ And whanne þei hadden ordeyned a dai to him:
many men camen to hym in to þe yn/ to whiche he expownyde witnes-
synge þe kyngdom of god: & counselide hem of ihū· of þe lawe of moi-
24 ses & prophetis fro[1] þe morowe til to euen tijd/ And summe bileeuyden
25 to þese þingis þat weren seid of poul· summe bileeuyden not/ and
whanne þei weren not consentynge togidere: þei departiden· and poul
seide o word/ for þe hooli goost spak wel bi Isaie þe prophet to oure fa-
26 dris: & seide/ go þou to þis puple: & sey to hem/ wiþ ere ȝe schul hee-
re: and ȝe schul not vndirstonde/ and ȝe seynge schul se: & ȝe schul not
27 biholde/ for þe herte of þis puple `is´ gretly fattid· and wiþ eris þei her-
den heuyli/ & þei closiden togidre her iȝen: lest perauenture þei se wiþ
iȝen· & wiþ eris heere· & bi herte vndirstonde· & be conuertid· & I he-
28 le hem/ þerfore be it knowun to ȝou· þat þis helþe of god is sent to
29 heþene men: and þei schul heere/ And whanne he hadde seid þese
þingis: iewis wenten out fro him· & hadden myche questioun eþer mu-
30 syng among hem silf/ and he dwellide full two ȝer in his hirid place:
31 and he resseuyede alle þat entriden to him· & prechide þe kyngdom of
god· & tauȝte þo þingis þat ben of þe lord ihū crist: wiþ al trist wiþou-
te forbeedyng Amen/

Heere enden þe dedis of apostlis: and *heere* biginniþ a prologe on þe
pistlis of cristen feiþ: þat ben seuene in ordre· *id est canonicus*

James

[*Here bigynneth a prolog on the pistlis of cristen feith that ben seuene in ordre*]

P   þe ordre of þe seuene epistlis whiche ben clepid canonised: is not so among þe greekis· þat fully saueren þe feiþ & sewen þe riȝt ordre of þe epistlis· as it is foundun in latyn bookis/ For· for as myche as petir is þe firste in þe ordre of þe apostlis: hise epistlis ben þe firste of hem in or-
5   dre/ But as we not longe siþþen correctiden þe euangelistis to þe lijf of treuþe: so we haue sette þese þorouȝ þe help of god in her owne ordre/ For þe firste of hem is a pistle of James: two of petres· þre of iones· & oon of iude(e)/ þe whiche epistlis: if þei hadden be treuly turned of þe translatours in to latyn speche· as þei weren maad of þe apostlis· þei
10   schulden haue maad no doute to þe reders: ne *þe* variaunce of wordis schulde not haue inpungned it self/ Namely in þat place in þe firste epistil of ioon: where we reden of þe oonhed of þe trinite· where we fynden þat þer haþ be greet errour of vntrewe translatours: fro þe treu-þe of þe feiþ/ while þei setten in her translaciouns· oonli þe names of
15   þre þingis: þat is of watir· of blood & of *þe* spirit/ and leueþ þe wit-nessyng of þe fadir: & of þe sone· & of þe spirit/ In whiche witnessyng: oure comoun bileeue is moost strengþid· & it is preued þat þer is oo substaunce of godhed of þe fadir: & of þe sone· & of þe hooli spirit/ But in oþere epistlis· hou myche oure translacioun dyuersiþ from
20   oþeris: y leue to þe prudence of þe reders/ But þou goddis maide eu-stachium[1] while þou enquerist bisily of me þe treuþe of scripture: þou puttist out myn eelde to be gnawe of enuyouse mennus teeþ/ whiche seyn þat I am a[n] [a]peirer of hooli scripturis/ But I in such a werk dre-de not þe enuye of myn enmyes/ ne I schal not denye to hem: þat axen
25   þe treuþe of hooli scripture/ [*Jerom on this pistle seith al this*]
      Heere *endiþ þe prologe: and* bigynniþ þe epistle [*of James*]
1   [*Here bigynneth the pistle of James*]
      James þe seruaunt of god· & of oure lord ihū crist: to þe twelue kyn-
2   redis þat ben in scateryng abrood: helþe/ Mi briþeren deme ȝe al ioie:
3   whanne ȝe fallen in to dyuerse temptaciouns/ witynge þat þe preuyng
4   of ȝoure feiþ: worchiþ pacience/ and pacience haþ a parfit werk: þat ȝe
5   be parfit & hool & faile in no þing/ And if ony of ȝou nediþ wisdom:
      axe he of god· whiche ȝiueþ to alle men largely and upbreidiþ not: and
6   it schal be ȝouun to hym/ but axe he in feiþ: & doute no þing/ for he

---

James P. [1] *MS* eustochium

þat doutiþ: is lijk to a wawe of þe see· whiche is moued & born abou-

7 te of wynd/ þerfore gesse not þilke man: þat he schal take ony þing of

8, 9 þe lord/ A man double in soule: is vnstable in alle hise weies/ and a me-

10 ke broþir: haue glorie· in his enhaunsyng· & a riche man in his low-

11 nesse/ for as þe flour of grass he schal passe/ þe sunne roos up wiþ hee-
te: & driede þe gras/ and þe flour of it fel doun: and þe fairnesse of his

12 cheer perischide/ and so a riche man welewiþ in hise weise/ Blessid is
þe man þat suffriþ temptacioun/ for whanne he schal be preued: he
schal resseyue þe coroun of lijf· whiche god bihiȝte to men þat louen

13 hym/ No man whanne he is temptid sey: þat he is temptid of god/ for-

14 whi god is not a temptere of yuele þingis/ For he temptiþ no man/ but

15 ech man is temptid drawun & stirid of his owne coueityng/ aftirward
coueityng whanne it haþ conceyued bryngiþ forþ synne/ but synne

16 whanne it is fillid: gendriþ deþ/ þerfore my moost dereworþe briþeren:

17 nyle ȝe erre/ ech good ȝifte & ech perfit ȝifte is from aboue & comiþ
doun fro þe fadir of liȝtis: anentis whom is noon ooþer chaungyng ne

18 ouerschadewyng of reward/ For wilfulli he begat us bi þe word of

19 treuþe: þat we be a bigynnyng of his creature/ wite ȝe my briþeren
moost loued/ be ech man swift to heere· but slow to speke· & slow to

20, 21 wraþþe/ for þe wraþþe of man: worchiþ not þe riȝtwisnesse of god/ For
whiche þing caste ȝe awey al vnclennesse & plentee of malice: and in
myldenesse resseyue ȝe þe word þat is plauntid· þat mai saue ȝoure

22 soules/ [*But*] be ȝe doers of þe word· & not heerers oonli: disseyuinge

23 ȝou silf/ For if ony man is an heerere of þe word· & not a doer: *he* þis
schal bi licned to a man þat biholdiþ þe cheer of his birþe in a myrour/

24 `for´ he biheelde him silf & wente awey: and anoon he forȝat whiche

25 he was/ but he þat biholdiþ in þe lawe of perfit fredom· & dwelliþ in it·
& is not maad a forȝeteful heerer· but a doere of werk: *he* þis schal be

26 blessid in his dede/ And if ony man gessiþ him silf to be religious· &
refreyniþ not his tunge· but disseyuiþ his herte: þe religioun of him is

27 veyn/ a clene religioun & an vnwemmed: anentis god & þe fadir is þis/
to visite fadirles & modirles children· & widewis in her tribulacioun &
to kepe hym silf vndefoulid fro þis world/

2 MI breþeren· nile ȝe haue þe feiþ of oure lord ihū crist of glorie in

2 accepcioun of persoones/ For if a man þat haþ a goldun ryng and in a
fair cloþing comeþ in ȝoure cumpeny· and a pore man entriþ in a foul

3 cloþing· and if ȝe biholden in to him þat is cloþid wiþ cleer cloþing/
and if ȝe seyn to hym· sitte þou heere wel/ but to þe pore man ȝe seyn:

4 stonde þou þere· eþer sitte vndir þe stool of my feet/ wheþer ȝe demen

5 not anentis ȝou silf: & ben maad domesmen of wickide þouȝtis/ Heere
ȝe my moost dereworþe briþeren/ wheþer god chees not pore men in
þis world? riche in feiþ· & eiris of þe kyngdom þat god bihiȝte to men

6 þat louen hym/ But ȝe han dispisid þe pore man/ wheþer riche men

7 oppressen not ȝou bi power: and þei drawen ȝou to domes? wheþer þei

8 blasfemen not þe good name þat is clepid to help on ȝou? neþeles if ȝe
perfourmen þe kyngis lawe· by scripturis· þou schalt loue þi neiȝbore

9　as þi self: ȝe doon wel/ but if ȝe taken persoones: ȝe worchen synne &
10　ben repreued of þe lawe· as trespassers/ and who euere kepiþ al þe la-
11　we· but offendiþ in oon: he is maad gilti of alle/ for he þat seide· þou
　　schalt do no leccherie: seide also þou schalt not sle/ þat if þou doist not
12　leccherie· but þou sleest: þou art maad trespassour of þe lawe/ þus spe-
　　ke ȝe· & þus do ȝe: as bigynninge to be demed bi þe lawe of fredom/
13　For whi doom wiþoute mercy: is to him þat doþ no mercy/ but merci
14　aboue reisiþ doom/ Mi briþeren what schal it profite· if ony man sey·
　　þat he haþ feiþ: but he haþ not þe werkis/ wheþer feiþ schal mowe saue
15　hym? and if a broþer eþer sister be nakid: & han neede of ech daies lijf-
16　lode/ and if ony of ȝou sey to hem· go ȝe in pees· be ȝe maad hoot &
　　be ȝe fillid/ but if ȝe ȝiuen not to hem þo þingis þat ben necessarie to
17　þe bodi: what schal it profite? so also feiþ if it haþ not werkis: is deed
18　in it silf/ But sum man schal sey/ þou hast feiþ: & I haue werkis· sche-
　　we þou to me þi feiþ wiþoute werkis: & I schal schewe to þee my feiþ
19　of werkis/ þou bileeuest þat o god is: þou doist wel/ and deuelis bi-
20　leeuen: & tremblen/ But wolt þou wite þou veyn man: þat feiþ wiþou-
21　te werkis is idel? wheþer abraham oure fadir was not iustified of wer-
22　kis: offrynge isaac his sone on þe auter? þerfore þou seest· þat feiþ
23　wrouȝte wiþ hise werkis: and his feiþ was fillid of werkis/ and þe scrip-
　　ture was fillid: seiynge/ abraham bileeuide to god: and it was arettid to
24　him to riȝtwisnesse· and he was clepid þe freend of god/ ȝe seen þat a
25　man is iustified of werkis: & not of feiþ oonli/ in lijk manere & wheþer
　　also raab þe hoore was not iustified of werkis· & resseyuede þe mes-
26　sangeris: & sente hem out bi an ooþer wei? for as þe bodi wiþoute spi-
　　rit is deed: so also feiþ wiþoute werkis is deed/

3　MI briþeren nyle ȝe be maad many maistris: witynge þat ȝe taken þe
2　more doom/ for alle we offenden in many þingis/ if ony man offendiþ
　　not in word: þis is a perfit man/ for also he may lede aboute al þe bodi
3　wiþ a bridel/ for if we putten bridels in to horsis mouþis· forto consen-
4　te to us: & we leden aboute al þe bodi of hem/ and lo schippis whanne
　　þei ben grete· & ben dryuun of grete[1] wyndis: ȝit þei ben born aboute
5　of a litil gouernaile: where þe moeuyng of þe gouernour wole/ so also
　　þe tunge is but a litil membre: & reisiþ grete þingis/ lo hou litil fier
6　brenniþ a ful greet wode/ and oure tunge is fier: þe vnyuersitee of wic-
　　kidnesse[2]/ þe tunge is ordeyned in oure membris· whiche defouliþ al þe
　　body & it is enflawmed of helle: & enflawmeþ þe wheel of oure birþe/
7　And al þe kynde of beestis & of foules & of serpentis & of oþere is
8　chastisid & þo ben maad tame of mannes kynde/ but no man mai chas-
9　tise þe tunge/ for it is an vnpesible yuel & full of deedli venym/ in it we
　　blessen god þe fadir: & in it we cursen men· þat ben maad to þe lic-
10　nesse of god/ of þe same mouþ passiþ forþ blessyng & cursyng/ Mi
11　briþeren it bihouiþ not þat þese þingis be don so/ wheþir a welle of þe

---

3. [1] stronge　　[2] *MS* wickicnesse

12 same hoole bringiþ forþ· swete & salt watir? my briþeren· wheþer a fi-
ge tre mai make grapis· eþer a vyne figus? so neþer salt watir mai ma-
13 ke swete watir/ who is wijs & tauȝt among ȝou? schewe he of good ly-
14 uyng his worchyng in myldenesse of his wisdom· þat if ȝe han bittir
enuye· & stryuingis ben in ȝoure hertis: nyle ȝe haue glorie & be lieris
15 aȝens þe treuþe/ for þis wisdom is not fro aboue comynge doun: but
16 erþeli & beestli & feendli/ For where is enuye & strijf: þere is vnstide-
17 fastnesse· & al schrewid werk/ But wisdom þat is fro aboue· first it is
chast· aftirward it is pesible· mylde· able to be counseilid· consentynge
to gode þingis· full of merci & of gode fruytis· demynge wiþoute `fey-
18 nyng/ & þe fruyt of riȝtwisnesse is sowen in pees to men þat maken
pees´

4   Wheroff ben batels & cheestis among ȝou? wheþer not of ȝoure
2 coueitisis: þat fiȝten in ȝoure membris? ȝe coueiten & ȝe han not/ ȝe
sleen and ȝe han enuye: & ȝe moun not gete/ ȝe chiden & maken batel:
3 and ȝe han not for þat ȝe axen not/ ȝe axen & ȝe resseyuen not· for þat
4 ȝe axen yuele: as ȝe schewen openli in ȝoure coueitisis/ Auowtreris wi-
ten not ȝe· þat þe frenschipe of þis world is enemy to god/ þerfor who
5 euere wole be freend of þis world: is maad þe enemy of god/ wheþer
ȝe gessen þat þe scripture seiþ veynly: þe spirit þat dwelliþ in ȝou
6 coueitiþ to envie? but he ȝiueþ þe more grace/ for whiche þing he seiþ/
7 god wiþstondiþ proude men: but to meke men he ȝiueþ grace/ þerfore
be ȝe suget to god/ but wiþstonde ȝe þe deuel: and he schal fle fro ȝou/
8 `neiȝe ȝe to god: & he shal neiȝe to ȝou´/ ȝe synneris clense ȝe hondis:
9 and ȝe double in soule purge ȝe þe hertis/ be ȝe wrecchis & weile ȝe/
10 ȝoure leiȝyng be turned in to wepyng· and ioie in to serowe of herte/ Be
11 ȝe meekid in þe siȝt of þe lord: and he schal enhaunse ȝou/ Mi briþeren
nyle ȝe bacbite ech ooþer/ he þat bacbitiþ his broþer eþer þat demiþ his
broþir: bacbitiþ þe lawe· & demeþ þe lawe/ and if þou demest þe lawe:
12 þou art not a doere of þe lawe· but a domesman/ but oon is maker of þe
13 lawe & iuge: þat mai leese & delyuere/ and who art þou þat demest þi
neiȝbore? lo now ȝe þat seyn· todai eþer to-morewe we schul go in to
þilke citee: and þere we schul dwelle a ȝeer· & we shul make mar-
14 chaundise/ and we schul make wynnyng: whiche witen not· what is to
15 ȝou in þe morewe/ For what is ȝoure lijf/ a smoke appeerynge at a litil:
and aftirward it schal be wastid/ þerfore þat ȝe sey/ if þe lord wole· &
16 if we lyuen: we schul do þis þing eþer þat þing/ and now ȝe maken full
17 out ioye in ȝoure pridis/ euery siche ioiyng[1] is wickid/ þerfor it is syn-
ne to hym þat can do good: & doiþ not/

5   DO now ȝe riche men· wepe ȝe ȝellyng in ȝoure wrecchidnessis þat
2 shul come to ȝou/ ȝoure richessis ben rotun: and ȝoure cloþis ben etun
3 of mouȝtis/ ȝoure gold & siluer haþ rustid: and þe rust of hem schal be

---

4. [1] ioye
5. [1] tymeful   [2] lateful   [3] FM speken   [4] herden

to ȝou in to witnessyng· & schal ete ȝoure fleischis as fier/ ȝe han tre-
4 sourid to ȝou wraþþe in þe laste daies/ lo þe hijre of ȝoure werkmen þat
repiden ȝoure feeldis· whiche is fraudid of ȝou: crieþ/ and þe cry of
5 hem haþ entrid: in to þe eeris of þe lord of oostis/ ȝe han ete on þe erþe:
and in ȝoure leccheries ȝe han nurchid ȝoure hertis/ In þe dai of sleyng
6, 7 ȝe brouȝten & slowen þe iust man: and he aȝenstood not ȝou/ þerfore
briþeren be ȝe pacient til to þe comyng of þe lord/ lo an erþe tilier abi-
diþ precious fruyt of þe erþe: paciently suffrynge til he resseyue tidy[1]
8 & rijpe[2] fruyt/ And be ȝe pacient & conferme ȝe ȝoure hertis: for þe co-
9 myng of þe lord schal neiȝe/ Briþeren nyle ȝe be sero;ful eche to
ooþer: þat ȝe be not demed/ lo þe iuge stondiþ niȝ bifore þe ȝate/
10 Briþeren take ȝe ensaumple of yuel goyng out· & of longe abidyng &
trauel & of pacience: þe prophetis þat spaken[3] to ȝou in þe name of þe
11 lord/ lo we blessen hem þat suffriden/ ȝe `han herd[4] þe suffryng eþer
pacience of iob· and ȝe siȝen þe ende of þe lord: for þe lord is merciful
12 & doynge mercy/ Bifore alle þingis my briþeren nyle ȝe swere· neþer
bi heuene neþer bi eerþe: neþer bi what euer ooþir ooþ/ but be ȝoure
13 word ȝhe ȝhe· nay nay: þat ȝe falle not vndir doom/ and if ony of ȝou
14 is sorewful: preie he with pacient soule: & sey he a salm/ If ony of ȝou
is sijk: lede he yn prestis of þe chirche & preie þei for hym· and ano-
15 ynte wiþ oile in þe name of þe lord: and þe preier of feiþ schal saue þe
sijk man/ and þe lord schal make him liȝt/ & if he be in synnes: þei
16 schul be forȝouun to him/ þerfore knowleche ȝe ech to ooþer ȝoure sin-
nes & preie ȝe ech for ooþer: þat ȝe be sauid/ for þe continuel preier of
17 a iust man: is myche worþ/ Elye was a deedly man lijk us· and in preier
he preiede· þat it schulde not reyne on þe erþe/ and it reynede not þree
18 ȝeer & sixe moneþis/ and eftsoone `he´ preiede: and heuene ȝaaf reyn·
19 & þe erþe ȝaf his fruyt/ And briþeren if ony of ȝou erriþ fro treuþe· &
20 ony conuertiþ him: he owiþ to wite/ þat he þat makiþ a synner to be
turned fro þe errour of his wey: schal saue þe soule of hym fro deþ· &
keueriþ þe multitude of synnes/

Heere endiþ þe epistle of James: and [here] biginniþ þe firste epist-
le of Petre/

I Peter

1 PEtre apostle of ihū crist· to þe chosun men to þe comelyngis of sca-
teryng abrood· of ponte· of galathie· of capadosie· of asie & of bitynye·
2 bi þe bifore knowyng of god þe fadir· in halewynge of spirit· bi obedi-
ence & spryngyng of þe blood of ihū crist: grace & pes be multiplied
3 to ȝou/ Blessid be god & þe fadir of oure lord ihū crist: whiche bi his
greet mercy bigaat us aȝen in to lyuinge hope bi þe aȝenrisyng of ihū
4 crist fro deeþ/ in to heritage vncorruptible: & vndefoulid & þat schal
5 not fade þat is kept in heuenes for ȝou þat in þe uertu of god ben kept
6 bi þe feiþ: in to helþe & is redy to be schewid in þe laste tyme/ in whi-
che ȝe schul make ioie: þouȝ it bihoueþ now a litil· to be sory in dy-
7 uerse temptaciouns/ þat þe preuyng of ȝoure feiþ be myche more pre-
cious þan gold: þat is preued bi fier/ & be foundun in to heriyng & glo-
8 rie & honour: in þe reuelacioun of ihū crist/ whom whanne ȝe han not
seen: ȝe louen/ in to whom also now ȝe not seynge: bileeuen/ but ȝe þat
bileeuen schul haue ioie & gladnesse þat may not be teld out/ and ȝe
9 schul be glorified & haue þe ende of ȝoure feiþ/ þe helþe of ȝoure sou-
10 lis of whiche helþe prophetis souȝten & enserchiden: þat prophecieden
11 of þe grace to comynge in ȝou/ and souȝten whiche eþer[1] what mane-
re tyme þe spirit of crist signyfiede in hem: & bifore telde þe passiouns
12 þat ben in crist· & þe latere glories/ to whiche it was schewid· for not
to hem silf· but to ȝou þei mynistriden þo þingis þat now ben teld to
ȝou bi hem þat prechiden to ȝou bi þe hooly goost sent fro heuene in to
13 whom aungels desiren to biholde/ for whiche þing be ȝe gird þe leen-
dis of ȝoure soule· sobre perfijt· and hope ȝe in to þilke grace þat is pro-
14 frid to ȝou bi þe schewyng of ihū crist/ as sones of obedience· not maad
15 lijk to þe formere desires of ȝoure vnkunnyngnesse/ but lijk hym þat
16 haþ clepid ȝou· hooli: þat also ȝe ȝou silf be hooli in al þing[2]/ For it is
17 writun/ ȝe schul be hooly: for I am hooli/ & if ȝe inwardli clepen him
fadir· whiche demeþ wiþouten accepcioun of persoones bi þe werk of
18 ech man: lyue ȝe in drede in þe tyme of ȝoure pilgrymage/ witynge þat
not bi corruptible gold eþer siluer· ȝe ben bouȝt aȝen of ȝoure veyn ly-
19 uyng of fadris tradicioun: but bi þe precious blood as of þe lomb vnde-
20 foulid & vnspottid crist ihū þat was (vn)knowun bifore þe makyng of
21 þe world: but he is schewid in þe laste tymes for ȝou þat bi him ben
feiþful in god þat reiside him fro deþ· & ȝaf to hym euerlastynge glo-

---

22 rie: þat ȝoure feiþ & hope were in god/ and make ȝe chast ȝoure soulis
in obedience of charitee: in loue of broþerhod· of symple herte loue ȝe
23 togidre more bisily/ and be `ȝe´ borun aȝen· not of corruptible seed· but
vncorruptible bi þe word of lyuynge god & dwellynge in to wiþouten
24 ende/ For ech fleish is hey: and al þe glorie of it is as flour of hey/ þe
25 hey driede up: and his flour fel doun/ but þe word of þe lord dwelliþ
wiþouten ende/ & þis is þe word þat is prechid to ȝou/
2 Therfore putte ȝe awey al malice & al gile & feynyngis & envies &
2 alle bacbitingis as now borun ȝounge children· resonable wiþoute gijle
3 coueite ȝe mylk: þat in it ȝe wexe in to helþe/ if neþeles ȝe han tastid
4 þat þe lord is swete/ and neiȝe ȝe to hym þat is a lyuynge stoon· & re-
5 proued of men: but chosun of god & honourid/ and ȝe ȝou silf as quyk
stones be ȝe aboue bildid in to spirituel housis & an hooli presthod: to
6 offre spiritual sacrificis acceptable to god bi ihū crist/ for whiche þing·
þe scripture seiþ/ lo I schal sette in sion þe hiȝeste corner stoon· cho-
sun & precious/ & he þat schal bileeue in him: schal not be confoun-
7 did/ þerfor honour to ȝou þat bileeuen/ but to men þat bileeuen not: þe
stoon whom þe bilders repreuyden· þis is maad in to þe heed of þe cor-
8 nere & þe stoon of hirtyng & stoon of sclaundre: to hem þat offenden
9 to þe word· neþer bileeuen it in whiche þei ben sett/ But ȝe ben a cho-
sun kyn· a kyngly presthod· hooli folk· a puple of purchasyng: þat ȝe
telle þe vertues of him þat clepide ȝou fro derknessis in to his wondir-
10 ful liȝt/ whiche sumtyme weren not a puple of god: but now ȝe ben þe
11 puple of god/ whiche hadden not mercy: but now ȝe han mercy/ Moost
dere I biseche ȝou as comelyngis & pilgrymes to absteyne ȝou fro
12 fleishly desires þat fiȝten aȝens þe soule/ and haue ȝe ȝoure conuersa-
cioun good· among heþene men/ þat in þat þing þat þei bacbite of ȝou
as of mysdoers· þei biholde ȝou of gode werkis & glorifie god in þe dai
13 of visitacioun/ Be ȝe sugett to eche creature for god/ eþer to þe kyng as
14 to hym þat is hiȝer in staat· eþer to duykis: as to þilke þat ben sent of
15 hym/ to þe veniaunce of mysdoers· & to þe preisyng of gode men/ For
so is þe wille of god: þat ȝe do wel & make þe vnkunnyngnesse of
16 vnprudent men to be doumbe/ as free men & not as hauynge fredom·
17 þe keueryng of malice: but as þe seruauntis of god/ honoure ȝe alle
18 men· loue ȝe broþerhod· drede ȝe god· honoure ȝe þe kyng/ Seruauntis
be ȝe sugettis in al drede to lordis· not oonli to gode & to mylde· but al-
19 so to tryuauntis[1]/ for þis is grace: if for conscience of god· ony man suf-
20 friþ heuynessis & suffriþ vniustly/ for what grace is it: if ȝe synnen &
ben buffatid & suffren/ but if ȝe don wel & suffren paciently: þis is gra-
21 ce anentis god/ for to þis þing ȝe ben clepid/ for also crist suffride for
22 us & lefte ensaumple to ȝou: þat ȝe folowe þe steppis of him/ whiche
23 dide not synne: neþer gile was foundun in his mouþ/ and whanne he
was cursid· he curside not/ whanne he suffride: he manasside not/ but

---

2. [1] tyrauntis

24 he bitook him silf to hym þat demyde hym vniustly/ and he hym silf bar
   oure synnes in his bodi on a tree: þat we be deed to synnes & lyue to
25 riȝtwisnesse· bi whos wan wounde ȝe ben helid/ for ȝe weren as scheep
   errynge: but ȝe ben now turned to þe schepherde & bischop of ȝoure
   soules/

3   Also wymmen be þei suget to her hosebondis/ þat if ony man bileeue
   not to þe word: bi þe conuersacioun of wymmen þei be wunne wiþou-
2, 3 te word· and biholde ȝe in drede ȝoure hooli conuersacioun/ of whom[1]
   be " þer not wiþoutforþ curious ournyng of heer eþer doyng aboute of
4 gold· eþir ournyng of cloþing: but þilke þat is þe hid man of herte in
5 vncorrupcioun & of mylde spirit· whiche is riche in þe siȝt of god/ For
   so sumtyme hooli wymmen hopynge in god ournyden hem silf: & we-
6 ren suget to her owne hosebondis/ As sare obeiede to abraham: and cle-
   pide him lord/ of whom ȝe ben douȝtris wel doynge: & not dredynge
7 ony perturbacioun/ Also men dwelle togidre· and bi kunnyng ȝiue ȝe
   honour to þe wommans freeltee as to þe more feble & as to euen eiris
8 of grace & of lijf: þat ȝoure preieris be not lettid· & in feiþ alle of o wil-
   le/ In preier be ȝe ech suffrynge wiþ ooþir· louers of breþerhed· merci-
9 ful· mylde· meke/ not ȝeldynge yuel for yuel· neþer cursyng for cur-
   syng: but aȝenward blessynge/ For in þis þing ȝe ben clepid þat ȝe
10 weelde blessyng bi heritage/ for he þat wole loue lijf & se gode daies:
11 constreyne his tunge fro yuel· & hise lippis· þat þei speke not gijle/ and
12 bowe he fro yuel & do good: seke he pees & perfitly sue it/ for þe iȝen
   of þe lord ben on iust men: & hise eeris on þe preieris of hem/ but þe
13 cheer of þe lord is on men þat don yuelis/ And who is it þat schal ano-
14 ie ȝou: if ȝe ben suers & louers of goodnesse/ but also if ȝe suffren ony
   þing for riȝtwisnesse: ȝe ben blessid/ but drede ȝe not þe drede of hem:
15 þat ȝe be not disturblid/ but halewe ȝe þe lord crist in ȝoure hertis· and
   euermore be ȝe redi to satisfaccioun to ech man axynge ȝou resoun of
16 þat feiþ & hope þat is in ȝou/ but wiþ myldenesse & drede: hauynge
   good conscience/ þat in þat þing þat þei bacbiten of ȝou: þei be con-
   foundid· whyche chalengen falsly ȝoure good conuersacioun in crist/
17 for it is betere þat ȝe do wel & suffre· if þe wille of god wole: þan
18 doynge yuele/ For also crist oones diede for oure synnes· he iust for
   vniust: þat he schulde offre to god us maad deed in fleish· but maad
19 quyk in spirit/ for whiche þing he cam in spirit & also to hem þat we-
20 ren closid togidre in prisoun: prechide/ whiche weren sumtyme vnbi-
   leeueful whanne þei abeden þe pacience of god in þe daies of noe/
   whanne þe schip was maad: in whiche a fewe þat is to sey eiȝte soulis
21 weren maad saaf bi watir/ and so baptym of lijk fourme makiþ us saaf/
   not þe puttyng awei of þe filþis of fleish: but þe axyng of a good con-
22 science in god/ bi þe aȝenrijsyng of oure lord ihū crist· þat is in þe riȝt
   half of god· & swolewiþ deþ: þat we schulden be maad heiris of euer-

-----

3. [1] whiche

lastynge lijf/ he ȝede in to heuene: and aungels & poweris & vertues
ben maad sugetis to hym/

4 þerfore for crist suffride in fleish· be ȝe also armed bi þe same þen-
2 kyng/ for he þat suffride in fleish: ceesside fro synnes (þat) þat þat is
left now in fleish: lyue not now to þe desijris of men· but to þe wille of
3 god/ for þe tyme þat is passid is ynowȝ to þe wille of heþene men to be
endid: whiche walkiden in leccheries & lustis· in myche drynkyng of
wyn· in vnmesurable etyngis & drynkyngis & vnleeful worschiping of
4 mawmetis/ in whiche now þei ben astonyed/ in whiche þing þei won-
dren for ȝe rennen not togidre in to þe same confusioun of leccherie &
5 blasfemen/ and þei schul ȝiue resoun to hym: þat is redy to deme þe
6 quyke & þe dede/ forwhi· for þis þing it is prechid also to dede men:
7 þat þei be demed bi men in fleish· & þat þei lyue bi god in spirit/ for
þe ende of alle þingis schal neiȝe/ þerfor be ȝe prudent: and wake ȝe in
8 preieris/ bifore alle þingis haue ȝe charitee ech to ooþir in ȝou silf al-
9 gatis lastynge: for charitee couereþ þe multitude of synnes/ holde ȝe
10 hospitalitee togidre wiþoute grucchyng/ ech man as he haþ resseyued
grace· mynistrynge it in to ech ooþer: as gode dispenderis of þe many-
11 fold grace of god/ If ony man spekiþ: speke he as þe wordis of god/ If
ony man mynistriþ: as of þe uertu whiche god mynistriþ· þat god be
honourid in alle þingis bi ihū crist oure lord/ to whom is glorie & lord-
12 schip in to worldis `of worldis´ amen/ Moost dere briþeren· nyle ȝe go
in pilgrymage in feruour þat is maad to ȝou to temptacioun: as if ony
13 newe þing bifalle to ȝou/ But comyne ȝe wiþ þe passiouns of crist/ and
haue ȝe ioie: þat also ȝe be glad & haue ioye in þe reuelacioun of his
14 glorie/ If ȝe ben dispisid for þe name of crist: ȝe schul be blessid/ for
þat þat is of þe honour & of þe glorie· & of þe vertu of god· & þe spi-
15 rit þat is his: schal reste on ȝou/ But no man of ȝou suffre as a man-
sleere eþer a þeef· eþer cursere· eþer a desirere of oþere mennus goo-
16 dis/ but if *he suffre* as a cristene man: schame he not/ but glorifie he god
17 in þis name/ for tyme is þat doom bigynne at goddis hous/ and if it bi-
gynne first at us: what ende schal be of hem þat bileeuen not to þe gos-
18 pel? and if a iust man· vnneþe schal be saued: where schul þe vnfeiþful
19 man & þe synnere appeere? þerfore & þei þat suffren bi þe wille of
god: bitaken her soulis in gode dedis· to þe feiþful makere of nouȝt/

5 þerfor I an euene eldre man· & a witnesse of cristis passiouns/ whi-
che also am a comynere of þat glorie· þat schal be schewid in tyme to
2 comynge/ Biseche ȝe þe eldre men þat ben among ȝou/ feede ȝe þe flok
of god: þat is among ȝou/ and puruey ȝe not as constreyned but wilful-
3 ly bi god/ not for loue of foul wynnyng: but wilfully/ neþer as hauynge
lordschip in þe clergie: but þat ȝe be maad ensaumple of þe floc of will/
4 And whanne þe prince of schepherdis schal appeere: ȝe schul resseyue
5 þe coroun of glorie· þat mai neuer fade/ Also ȝe ȝounge men be ȝe su-
get to eldre men/ and alle schewe ȝe togidere mekenesse/ for þe lord
6 wiþstondiþ proude men: but he ȝiuiþ grace to meke men/ þerfor be ȝe
meekid vndir þe myȝti hond of god· þat he reise ȝou in þe tyme of vi-

7 sitacioun/ and caste ȝe al ȝoure bisynesse in to him: for to him is cure
8 of ȝou/ Be ȝe sobre & wake ȝe· for ȝoure aduersarie þe deuel as a ro-
9 rynge lioun goiþ aboute· sechynge whom he schal deuoure/ whom
   aȝenstonde ȝe strong in þe feiþ: witynge þat þe same passioun is maad
10 to þilke briþerhod of ȝou þat is in þe world/ and god of al grace þat cle-
   pide ȝou in to his euerlastynge glorie ȝou suffrynge a litil he schal par-
11 fourme & schal conferme & schal make sad/ to him be glorie & lord-
12 schip in to worldis of worldis amen/ Bi siluan feiþful broþer to ȝou as
   I deme· y wrot schortly bisechinge & witnessynge þat þis is þe verrey
13 grace of god in whiche ȝe stonden/ þe chirche þat is gaderid in babi-
14 loyne & markus my sone: greetiþ ȝou wel/ Greete ȝe wel togidre in
   hooli coss/ grace be to ȝou alle þat ben in crist amen/

   [*Here endith the firste pistle of Petir and here bigynneth the sec-
   ounde*]

II Peter

Heere biginniþ þe ij [pistle] of peter

1 Symount petir seruaunt & apostle of ihū crist: to hem þat han take
wiþ us þe euene feiþ in þe riȝtwisnesse of oure god & sauyour ihū crist/
2, 3 grace & pees be fillid to ȝou: bi þe knowyng of oure lord ihū crist/ hou
alle þingis of his godlich uertu· þat ben to lijf & pitee ben ȝouun to us
4 bi þe knowyng of hym þat clepide us ʼfor hisʼ owne glorie & vertu: bi
whom he ȝaf to us moost preciouse biheestis/ þat bi þese þingis ȝe
schul be maad felowis of goddis kynde: & fle þe corrupcioun of þat
5 coueitise þat is in þe world/ & brynge ȝe yn al bisynesse: and mynistre
6 ȝe in ȝoure feiþ vertu/ & in uertu kunnyng· in kunnyng abstynence· in
7 abstynence pacience/ in pacience pitee/ in pitee loue of briþerhod/ & in
8 loue of briþerhod: charitee/ For if þese ben wiþ ȝou & ouercomen: þei
schul not make ʼȝouʼ voide· neþer wiþoute fruyt in þe knowyng of ou-
9 re lord ihū crist/ But to whom þese ben not redi: he is blynd· & gropiþ
10 wiþ his hond· & forȝetiþ þe purging of hise elde trespassis/ wherfore
briþeren be ȝe more besy: þat bi gode werkis ȝe make ȝoure clepyng &
chesyng certeyn/ For ȝe doynge þese þingis: schul not do synne ony ty-
11 me/ for þus þe entryng in to euerlastinge kyngdom of oure lord & sauy-
12 our ihū crist: schal be mynistrid to ȝou plenteuously/ For whiche þing
I schal bigynne to moneste ȝou (for) euermore of þese þingis/ And I
13 wole þat ȝe be kunnynge & confermyd in þis present treuþe/ Forsoþe
y deme iustly as longe as I am in þis tabernacle *eþer þis lijf* to reise ȝou
14 in monestynge/ and I am certeyn þat þe puttyng awei of my tabernacle
15 is swift: bi þis þat oure lord ihū crist haþ schewid to me/ But I schal
16 ȝiue bisynesse þat[1] ofte aftir my deþ ȝe haue mynde of þese þingis/ For
we not suynge vnwise talis han maad knowun to ȝou þe uertu & þe bi-
fore knowyng of oure lord ihū crist: but we weren maad biholders of his
17 gretnesse/ for he took of god þe fadir honour & glorie: bi siche mane-
re vois slidun doun to him fro þe greet glorie/ þis is my loued sone· in
18 whom I haue plesid to me: heere ȝe hym/ And we herden þis vois
19 brouȝt fro heuene: whanne we weren wiþ him in þe hooly hil/ and we
haue a saddere word of prophecie: to whiche ȝe ȝiuinge tent don wel·
as to [a] lanterne þat ȝiueþ liȝt in a derk place· til þe dai bigynne to ȝiue
20 liȝt & þe dai sterre sprynge in ȝoure hertis/ and first vndirstonde ȝe þis
þing· þat ech prophecie of scripture: is not maad bi propre interpreta-

---

II Pet. 1. [1] and

21 cioun/ for profecie was not brouȝt ony tyme bi mannus wil: but þe hoo-
   li men of god inspirid with þe hooli gost spaken/
2   But also false prophetis weren in þe puple· as in ȝou shul be· mais-
2 tris liers· þat schul brynge yn sectis of perdicioun/ and þei `schul de-
   nye¹ þilke lord þat bouȝte hem· & `brynge yn² on him silf hasty perdi-
   cioun/ and many schul sue her leccheries/ bi whom³ þe wey of treuþe
3 schal be blasfeemed/ And þei schul make marchaundie of ȝou in coue-
   itise bi feyned wordis/ to whom³ doom now a while ago ceessiþ not:
4 and þe perdicioun of hem nappiþ not/ For if god sparide not aungels
   synnynge· but bitook hem to be turmentid & to be drawun doun wiþ
5 bondis of helle in to helle: to be kept in to doom· and sparide not þe fir-
   ste world· but kepte noe þe eiȝtþe man þe [bi]foregoere of riȝtwisnes-
6 se: and brouȝte yn þe greet flood to þe world of vnfeiþful men/ and he
   droof in to poudre þe citees of men of sodom & of men of gomor· and
   dampnyde bi turnyng upsodoun· & putte hem þe ensaumple of hem þat
7 weren to doynge yuele· and delyuerde þe iust loth oppressid of þe
8 wrong & of þe leccherous conuersacioun of curside men/ For in siȝt &
   heering he was iust· & dwellide among hem þat fro dai in to dai tur-
9 mentiden with wickide werkis a iust soule/ for þe lord can delyuere pi-
   teuouse men fro temptacioun: & kepe wickide men in to þe dai of doom
10 to be turmentid/ but more hem þat walken aftir þe fleish in coueitynge
   of vnclennesse: & dispisen lordschipyng/ and ben bolde plesynge hem
11 silf: & dreden not to brynge yn sectis blasfemynge/ where aungels
   whanne þei ben *maad* more in strengþe & uertu: beren not þat was þe
12 execrable doom aȝens hem/ But þese ben as vnresonable beestis kyn-
   dely in to takyng & in to deeþ: blasfemynge in þese þingis þat þei kno-
13 wen not/ and schul perische in her corrupcioun: & resseyue þe hijre of
   vnriȝtwisnesse/ and þei gessen delices of defoulyng & of wemme: to
   be likyngis of dai/ flowynge in her feestis wiþ delicis doynge leccherie
14 wiþ ȝou: and han iȝen fulle of avowtrie & vnceessynge trespasse/ dis-
   seiuynge vnstidefast soules· and han þe herte hauntid⁴ to coueitise/ þe
15 sones of cursyng þat forsoken⁵ þe riȝt wey: & erriden suynge þe wey
16 of balaam of bosor· whiche louyde þe hijre of wickidnesse/ but he had-
   de repreuyng of his woodnesse a doumbe beest vndir ȝok þat spak wiþ
17 vois of man· þat forbad þe vnwisdom of þe prophete/ þese ben weellis
   wiþoute watir· & mystis dryuun wiþ whirle⁶ wyndis: to whom³ þe
18 þicke myst of derknessis is reserued/⁷ and þei speken in pride of vany-
   tee: & disseyuen in desijres of fleish of leccherie· hem þat scapen a lij-
19 til/ whiche lyuen in errour & biheeten fredom to hem: whanne þei ben
   seruauntis of corrupcioun/ for of whom ony man is ouercomun: of him
20 also he is seruaunt/ For if men forsaken þe vnclennessis of þe world· bi
   þe knowyng of oure lord & sauyour ihū crist· & eftsoone ben wlappid

---

2. ¹ denyen   ² bringen   ³ whiche   ⁴ excercisid   ⁵ forsaken   ⁶ whirlinge
⁷ *from* resseyued *MS*

in þese & ben ouercomun: þe lattere þingis ben maad to hem worse þan
21 þe formere/ for it was betere to hem to not knowe þe wey of riȝtwis-
nesse: þan to turne aȝen aftir þe knowyng· fro þat hooli maundement
22 þat was bitakun to hem/ for þilke very prouerbe bifelle to hem· þe
hound turnyde aȝen to his *vomyt or* castyng· and a sowe is waischen in
walowynge in fenne/

3   LO ȝe moost dereworþe briþeren y write to ȝou þis secounde epist-
2 le· in whiche I stire ȝoure cleer soule bi monestyng togidre: þat ȝe be
myndeful of þo wordis þat I biforeseide of þe hooly `prophetis: & of
3 þe maundementis of þe hooly´ apostlis of þe lord & sauyour/ First wi-
te ȝe þis þing· þat in þe laste daies disseyuers schul come in disseit:
4 goynge aftir her owne coueityngis· seiynge/ where is þe biheest or þe
comyng of hym/ for siþ þe fadris dieden: alle þingis lasten fro þe bi-
5 gynnyng of creature/ but it is hid fro hem willynge þis þing: þat heue-
nes were bifore· & þe erþe of watir was stondynge bi watir of goddis
6, 7 word· bi whiche þat ilke world clansid þanne bi watir perischide/ But
þe heuenes þat now ben· & þe erþe ben kept bi þe same word & ben
reserued to fier in to þe dai of doom & *of* perdicioun of wickide men/
8 But ȝe moost dere· þis o þing be not hid to ȝou/ þat o dai anentis god:
9 is as a þousynde ȝeris/ and a þousynde ȝeris ben as o dai/ þe lord tarieþ
not his biheest as summe gessen: but he doþ paciently for ȝou/ and wo-
10 le not þat ony man perisshe· but þat alle turne aȝen to penaunce/ for þe
dai of þe lord schal come as a þeef: in whiche heuenes wiþ greet bire
schul passe & elementis schul be dissolued bi heete/ and þe erþe & al-
11 le þe werkis þat ben in it: schul be brent/ þerfore whanne alle þese
þingis schul be dissolued what manere men bihouiþ it ȝou to be in hoo-
12 li lyuyngis & pitees abidynge & hiȝynge in to þe comynge of þe dai of
oure lord ihū crist/ bi whom heuenes brennynge schul be dissolued: and
13 elementis schul faile bi brennyng of fier/ Also we abijden bi hise bi-
14 hestis newe heuenes & newe erþe: in whiche riȝtwisnesse dwelliþ/ For
whiche þing ȝe moost dere· abidynge þese þingis be ȝe besie: to be
15 foundun to hym in pees vnspottid & vndefoulid/ and deme ȝe longe
abidyng of oure lord ihū crist: ȝoure helþe/ As also oure moost dere
16 broþir poul wroot to ȝou: bi wisdom ȝouun to hym/ as & in alle epist-
lis he spekiþ in hem of þese þingis/ in whiche ben summe harde þing-
is to vndirstonde/ whiche vnwise & vnstable men deprauen· as also þei
17 don oþere scripturis to her owne perdicioun/ þerfore ȝe briþeren bifore
witynge kepe ȝou silf: lest ȝe be disseyued bi errour of vnwise men/ &
18 falle awey fro ȝoure owne sadnesse/ but wexe ȝe in þe grace & þe kno-
wyng of oure lord ihū crist & oure sauyour/ To hym be glorie now & in
to þe dai of euerlastingnesse· Amen/

    Heere endiþ þe ij epistle of petre: & [*here*] biginniþ þe j epistle of
Jon/

I John

[*Here bigynneth the firste pistle of Joon*]

1 THat þing þat was fro þe bigynnyng: whiche we herden whiche we
sauȝen with oure iȝen· whiche we biheelden· & oure hondis touchiden
2 of þe word of lijf: & þe lijf is schewid/ and we sauȝen· & we witnes-
sen· & tellen to ȝou þe euerlastynge lijf: þat was anentis þe fadir & ap-
3 peeride to us/ þerfore we tellen to ȝou þat þing þat we sauȝen & her-
den: þat also ȝe haue felouschip wiþ us· & oure felouschipe be wiþ þe
4 fadir & wiþ his sone ihū crist/ And we writen þis þing to ȝou: þat ȝe
5 haue ioie· & þat ȝoure ioie be full/ And þis is þe telling þat we herden
of hym & tellen to ȝou: þat god is liȝt· & þer ben no derknessis in hym/
6 If we seyn þat we haue felouschip wiþ hym· & we wandren in derk-
7 nessis: we lien & don not treuþe/ but if we walken in liȝt· as also he is
in liȝt: we han felouschip togidre/ and þe blood of ihū crist his sone:
8 clensiþ us fro al synne/ If we seyn þat we haue no synne: we disseyu-
9 en us silf· and treuþe is not in us/ if we knowlechen oure synnes: he is
feiþful & iust· þat he forȝiue to us oure synnes· & clense us from al
10 wickidnesse/ and if we seyn· we haue not synned: we maken him a li-
ere· & his word is not in us/

2 My litil sones y write to ȝou þese þingis: þat ȝe synnen not/ but if
2 ony man synneþ: we haue an aduocat anentis þe fadir· ihū crist· and he
is þe forȝiuenesse of[1] oure synnes/ and not oonli for oure synnes: but
3 also for þe synnes of al þe world/ And in þis þing we witen þat we kno-
wen him: if we kepen hise comaundementis/ he þat seiþ· þat he knowiþ
4 god· & kepiþ not hise comaundementis: is a liere· & treuþe is not in
5 hym/ but þe charite of god is perfit verily in hym: þat kepiþ his word/
6 In þis þing we witen þat we ben in hym: if we ben perfit in him/ he þat
seiþ þat he dwelliþ in hym: he owiþ [*for*] to walke as he walkide/
7 Moost dere briþeren y write to ȝou· not a newe maundement: but þe el-
de maundement þat ȝe hadden fro þe bigynnyng/ þe elde maundement·
8 is þe word þat ȝe herden/ Eftsoone y wryte to ȝou a newe maundement·
þat is trewe boþe in hym & in ȝou: for derknessis ben passid· & uerry
9 liȝt schyniþ now/ he þat seiþ þat he is in liȝt· & hatiþ his broþer: is in
10 derknesse ȝit/ he þat loueþ his broþer: dwelliþ in liȝt· & sclaundre is
11 not in him/ but he þat hatiþ his broþer: is in derknessis/ & wandriþ in
derknessis & woot not whidere he goþ: for derknessis han blyndid hi-
12 se iȝen/ Litil sones y wryte to ȝou: þat ȝoure synnes be forȝiuen to ȝou

---

I Jn. 2. [1] for   [2] knowen

13 for his name/ Fadris y write to ȝou· for ȝe han knowun him þat is fro
þe bigynnyng/ ȝounge men y write to ȝou· for ȝe han ouercome þe
14 wickid/ I write to ȝou ȝounge children: for ȝe han knowen þe fadir/ y
write to ȝou briþeren: for ȝe han knowen him þat is fro þe bygynnyng/
y write to ȝou ȝounge men: for ȝe ben stronge/ & þe word of god dwel-
15 liþ in ȝou: and ȝe han ouercome þe wickid/ Nile ȝe loue þe world: ne
þo þingis þat ben in þe world/ if ony man louiþ þe world: þe charite of
16 þe fadir is not in him: for al þing þat is in þe world· is coueitise of
fleish· & coueitise of iȝen & pride of lijf/ whiche is not of þe fadir: but
17 it is of þe world/ & þe world shal passe: & þe coueitise of it/ but he þat
18 doiþ þe wille of god: dwelliþ wiþouten ende/ Mi litil sones· þe laste
hour is and as ȝe han herd þat anticrist comiþ: now many anticristis ben
19 maad/ wherfore we witen: þat it is þe laste hour/ þei wenten forþ fro
us: but þei weren not of us/ for if þei hadden be of us: þei hadden dwel-
20 te wiþ us/ But þat þei be knowun: þat þei be not of us/ but ȝe han an-
21 oyntyng of þe hooli goost: & knowen alle þingis/ I wroot not to ȝou· as
to men þat knewen[2] not treuþe: but as to men þat knowen it/ And for
22 ech lesyng is not of treuþe/ who is a liere: but þis þat denyeþ· þat ihū
23 is not crist/ þis `is´ anticrist: þat denieþ þe fadir & þe sone/ so ech þat
denieþ þe sone: haþ not þe fadir/ but he þat knowlechiþ þe sone: haþ
24 also þe fadir/ þat þing þat ȝe herden at þe biginning: dwelle it in ȝou/
for if þat þing dwelliþ in ȝou· whiche ȝe herden at þe bigynnyng: ȝe
25 schul dwelle in þe sone & in þe fadir/ and þis is þe biheeste: þat he bi-
26 hiȝte to us· euerlastinge lijf/ y wroot þese þingis to ȝou of hem þat dis-
27 seyuen ȝou/ & þat þe anoyntyng whiche ȝe resseyueden of hym: dwel-
le in ȝou/ & ȝe haue not neede· þat ony man teche ȝou: but as his an-
oyntyng techiþ ȝou of alle þingis/ and it is trewe: & it is not lesing/ and
28 as he tauȝte ȝou: dwelle ȝe in him/ and now ȝe litil sones dwelle ȝe in
him: þat whanne he schal appeere· we haue [a] trist & be not confoun-
did of hym in his comyng/ if ȝe witen þat he is iust: wite ȝe þat also ech
þat doþ riȝtwisnesse is born of him/

3 Se ȝe what manere charitee þe fadir ȝaf to us: þat we be named þe
sonus of god & be hise sones/ For þis þing þe world knew not us: for
2 it knew not hym/ Moost dere briþeren· now we ben þe sones of god:
and ȝit it appeeride not what we schul be/ we witen þat whanne he schal
3 appeere: we schul be lijk him· for we schul se him as he is/ and ech man
4 þat haþ þis hope in hym: makiþ him silf hooly as he is hooli/ Ech man
5 þat doiþ synne: doiþ also wickidnesse· & synne is wickidnesse/ and ȝe
6 witen þat he appeeride to do awei synnes: and synne is not in him/ Ech
man þat dwelliþ in him: synneþ not/ & ech þat synniþ: seeþ not him·
7 neþer knewe hym/ litil sones: no man disseyue ȝou/ he þat doiþ riȝtwis-
8 nesse: is iust· as also he is iust/ he þat doiþ synne: is of þe deuel· for þe
deuel synneþ fro þe bigynnyng/ In þis þing þe sone of god appeeride:
9 þat he vndo þe werkis of þe deuel/ Ech man þat is born of god: doiþ
not synne/ for þe seed of god dwelliþ in hym: & he may not do synne·
10 for he is born of god/ In þis þing þe sones of god ben knowun: & þe

sones of þe feend/ Ech man þat is not iust: is not of god· & he þat louiþ
11 not his broþer/ For þis is þe tellyng þat ȝe herden at þe bigynnyng: þat
12 ȝe loue ech ooþer/ not as caym þat was of þe yuel & slouȝ his broþir/
and for what þing slouȝ he hym? for hise werkis weren yuele: & his
13, 14 broþeris iust/ Briþeren nyle ȝe wondre: if þe world hatiþ ȝou/ we wi-
ten· þat we ben translatid fro deþ to lijf· for we louen briþeren/ he þat
15 louiþ not: dwelliþ in deeþ/ Ech man þat hatiþ his broþir: is a man sleer/
and ȝe witen þat ech mansleere haþ not euerlastinge lijf dwellynge in
16 hym/ In þis þing we haue knowe þe charite of god· for he puttide his
17 lijf for us: and we owen to putte oure lyues for oure briþeren/ he þat
haþ þe catel of þis world· & seeþ þat his broþer haþ neede· & closiþ
18 hise entrails fro hym: hou dwelliþ þe charitee of god in hym? Mi litle
19 sones· loue we not in word neþer in tunge: but in werk & treuþe/ In þis
þing we knowen· þat we ben of treuþe· and in his siȝt we monesten ou-
20 re hertis/ for if oure herte repreueþ us: god is more þan oure herte· &
21 knowiþ alle þingis/ moost dere briþeren· if oure herte repreuiþ not us:
22 we haue trist to god/ & what euer we schul axe: we schul resseyue of
him/ for we kepen hise comaundementis: and we don þo þingis þat ben
23 plesaunt bifore him/ And þis is þe comaundement of god: þat we bi-
leeue in þe name of his sone ihū crist/ & þat we loue ech ooþer: as he
24 ȝaf heste to us/ and he þat kepiþ hise comaundementis dwelliþ in him·
and he in hym/ And in þis þing we witen þat he dwelliþ in us: bi þe spi-
rit whom he ȝaf to us/

4   Moost dere briþeren nyle ȝe bileeue to ech spirit: but preue ȝe spiri-
tis if þei ben of god/ for many false prophetis: wenten out in to þe
2 world/ In þis þing þe spirit of god is knowun/ ech spirit þat knowlechiþ
3 þat ihū crist haþ come in fleish: is of god/ and ech spirit þat fordoþ ihū:
is not of god/ & þis is anticrist· of whom ȝe ʽhan herd[1] þat he comiþ·
4 and riȝt nouȝ he is in þe world/ ȝe litle sones ben of god· & ȝe han ou-
5 ercome him/ for he þat is in ȝou is more: þan he þat is in þe world/ þei
ben of þe world: þerfore þei speken of þe world· & þe world heeriþ
6 hem/ we ben of god/ he þat knowiþ god: heeriþ us/ he þat is not of god:
heeriþ not us/ In þis þing· we knowen þe spirit of treuþe: & þe spirit of
7 errour/ Moost dere breþeren loue we togidre: for charite is of god/ and
8 ech þat louiþ his broþer: is born of god· & knowiþ god/ he þat louiþ
9 not: knowiþ not god· for god is charite/ In þis þing þe charite of god
appeeride in us· for god sente his oon bigetun sone in to þe world: þat
10 we lyue bi him/ In þis þing is charitee· not as we hadden loued god: but
11 for he first louyde us· & sente his sone forȝiuenesse for oure synnes/ ȝe
12 moost dere briþeren if god louyde us: we owen to loue ech ooþer/ No
man sauȝ euer god/ if we louen togidre: god dwelliþ in us· & þe chari-
13 te of him is perfit in us/ In þis þing we knowen· þat we dwelle in hym
14 & he in us: for of his spirit he ȝaf to us/ and we sawen & witnessen: þat

---

4. [1] herden

15 þe fadir sente his sone sauyour of þe world/ who euer knowlechiþ þat
16 ihc̄ is þe sone of god: god dwelliþ in him & he in god/ and we haue kno-
wun: & bileeuen to þe charite þat god haþ in us/ god is charite/ & he
17 þat dwelliþ in charite: dwelliþ in god· & god in hym/ in þis þing is þe
perfit charite of god wiþ us: þat we haue trist in þe dai of doom/ for as
18 he is: also we ben in þis world/ drede is not in charite: but parfit chari-
te puttiþ out drede/ for drede haþ peyne/ but he þat drediþ: is not par-
19, 20 fit in charite/ þerfore loue we god: for he louyde us bifore/ if ony man
seiþ· þat I loue god· & hatiþ his broþer: he is a liere/ For he þat louiþ
not his broþer whiche he seeþ: hou may he loue god whom he seeþ
21 not? And we haue þis comaundement of god: þat he þat louiþ god· loue
also his broþir/
5 Eche man þat bileeuiþ þat ihc̄ is crist: is born of god/ and ech man
2 þat louiþ him þat gendride: louiþ him þat is born of hym/ In þis þing
we knowen· þat we louen þe children of god: whanne we louen god &
3 don hise maundementis· for þis is þe charite of god: þat we kepe hise
4 maundementis/ and hise maundementis ben not heuy/ for al þing þat is
born of god: ouercomiþ þe world/ and þis is þe victorie þat ouercomiþ
5 þe world: oure feiþ/ & who is he þat ouercomiþ þe world: but he þat
6 bileeuiþ· þat ihc̄ is þe sone of god/ þis is ihc̄ crist þat cam bi watir &
blood/ not in watir oonli: but in watir & blood/ and þe spirit is he þat
7 witnessiþ: þat crist is treuþe/ For þre ben þat ȝiuen witnessyng in heue-
8 ne/ þe fadir· þe sone & þe hooly goost: and þese þre ben oon/ and þre
ben þat ȝiuen witnessyng in erþe/ þe spirit· water & blood: and þese
9 þre ben oon/ if we resseyuen þe witnessing of men: þe witnessing of
god is more/ for þis is þe witnessing of god `þat´ is more: for he wit-
10 nesside of his `sone/ he þat bileeuiþ´ in þe sone of god: haþ þe witnes-
syng of god in hym/ he þat bileeuiþ not to þe sone: makiþ him a liere/
11 for he bileeuiþ not in þe witnessyng þat god witnesside of his sone/ and
þis is þe witnessyng· for god ȝaf to ȝou euerlastynge lijf· & þis lijf is
12 in his sone/ he þat haþ þe sone of god: haþ also lijf/ he þat haþ not þe
13 sone of god: haþ not lijf/ y write to ȝou þese þingis: þat ȝe wite þat ȝe
14 han euerlastinge lijf/ whiche bileeuen in þe name of goddis sone/ and
þis is þe trist whiche we han to god· þat what euer þing we axen aftir
15 his wille: he schal heere us/ and we witen þat he heeriþ us: what euer
þing we axen/ we witen þat we han þe axyngis whiche we axen of hym/
16 he þat woot þat his broþer synneþ· a synne not to deþ: axe he· & lijf
schal be ȝouun to him· þat synneþ not to deþ/ þer is a synne to deþ: not
17 for it I sey þat ony man preye/ Ech wickidnesse is synne: & þer is syn-
18 ne to deþ/ we witen þat ech man þat is born of god: synneþ no/ but þe
19 generacioun of god kepiþ hym: and þe wickide touchiþ hym not/ we
20 witen þat we ben of god: and al þe world is sett in yuel/ and we witen
þat þe sone of god cam in fleish· & ȝaf to us wit: þat we knowe very
god· & be in þe very sone of hym/ þis is very god: & euerlastinge lijf/
21 Mi litil sones kepe ȝe ȝou fro mawmetis/
Heere endiþ þe j epistle of Joon: and [here] biginniþ þe ij

II John

[*Here bigynneth the secounde pistle of Joon*]

1 þe eldre man to þe chosun lady & to here children: whiche I loue in
2 treuþe/ & not I aloone: but also alle men þat knowen treuþe/ For þe
3 treuþe þat dwelliþ in ȝou: & wiþ ȝou shal be wiþouten ende/ grace be
   wiþ ȝou mercy & pees of god þe fadir· & of ihū crist þe sone of þe fa-
4 dir· in treuþe & charite/ y ioyde ful myche· for y foond of þi sones
5 goynge in treuþe: as we resseyueden maundement of þe fadir/ And now
   I preie þee lady· not as writynge a newe maundement to þee: but þat·
6 þat we hadden fro þe bigynnyng þat we loue ech ooþer/ and þis is cha-
   rite: þat we walke aftir hise maundementis/ for þis is þe comaunde-
7 ment: þat as ȝe herden at þe bigynnyng· walke ȝe in him/ for many dis-
   seyueris wenten out in to þe world: whiche knowlechen not þat ihū crist
8 haþ come in fleish/ þis is a disseyuere & antecrist/ se ȝe ȝou silf: lest
9 ȝe leesen þe þingis þat ȝe han wrouȝt/ þat ȝe resseyue full meede/ wi-
   tynge þat ech man þat goiþ bifore· & dwelliþ not in þe techyng of crist:
   haþ not god/ he þat dwelliþ in þe techyng: haþ boþe þe sone & þe fa-
10 dir/ If ony man comiþ to ȝou· & bringiþ not þis teching: nyle ȝe res-
11 seyue him in to *þe* hous· neþer sey ȝe to hym· heil/ for he þat seiþ to
   him heil: comyniþ wiþ hise yuel werkis/ lo y bifore seide to ȝou: þat ȝe
12 be not confoundid in þe dai of oure lord ihū crist/ y haue mo þingis to
   write to ȝou· and I wolde not bi parchemyn & enke/ for y hope þat I
13 schal come to ȝou· & speke mouþ to mouþ: þat ȝoure ioie be full/ þe
   sones of þi chosun sistir greeten þee wel/ þe grace of god be wiþ þee
   Amen

Heere endiþ þe ij *e*pistle of Joon & [*heere*] biginniþ þe iij/

III John

þE eldre man to gayus moost dere broþir: whom I loue in treuþe/
2 Moost dere broþer of alle þingis I make preier· þat þou entre & fare we-
3 lefuli: as þi soule doiþ welefuli/ I ioiede gretli· for briþeren camen &
4 baren witnessyng to þi treuþe: as þou walkist in treuþe/ y haue not mo-
re grace of þese þingis: þan þat I heere þat my sones walke in treuþe/
5 Moost dere broþir· þou doist feiþfuli: what euer þou worchist in
6 briþeren/ & þat in to pilgrymes whiche ȝeldiden witnessyng to þi cha-
rite in þe siȝt of þe chirche/ whiche þou leddist forþ· & doist wel
7 worþili to god/ for þei wenten forþ for his name: & token no þing of
8 heþene men/ þerfore we owen to resseyue siche: þat we be euene wor-
9 cheris of treuþe/ y hadde write perauenture to þe chirche: but þis dio-
10 trepes þat loueþ to bere primacie in hem· resseyueþ not us/ for þis þing
if I schal come· I schal moneste hise werkis whiche he doiþ chidynge
aȝens us wiþ yuel wordis/ and as if þese þingis suffisen not to hym:
neþer he resseyuiþ briþeren & forbediþ hem þat resseyuen· and puttiþ
11 out of þe chirche/ Moost dere broþer nyle þou sue yuel þing: but þat·
þat is good þing/ he þat doþ wel: is of god/ he þat doþ iuele: seeþ not
12 god/ witnessyng is ȝoldun to demetrie of alle men: & of treuþe it silf
but also we beren witnessyng/ and þou knowist þat oure witnessyng is
13 trewe/ y hadde many þingis to write to þee: but I wolde not write to
14 þee: bi enke & penne: for I hope soone to se þee: and we schul speke
mouþ to mouþ/ Pes be to þee/ frendis greeten þee wel/ greete þou wel
frendis bi name/

Heere endiþ þe þridde *e*pistle of Joon: and biginniþ þe *e*pistle of Ju-
das/

Jude

[*Here biginneth the epistil of Judas*]

1   JVdas þe seruant of ihū crist & broþer of iames· to þese þat ben
loued þat ben in god þe fadir· & to hem þat ben clepid & kept of ihū

2, 3 crist: mercy & pees & charite be fillid to ȝou/ moost dere briþeren y
doynge al bisynesse to write to ȝou of ȝoure comoun helþe: hadde nee-
de to write to ȝou· & preye to stryue strongli for þe feiþ þat is ones ta-

4   kun to seyntis/ For summe vnfeiþful men priueli entriden· þat sumty-
me weren bifore writun in to þis doom/ and ouerturnen þe grace of ou-
re god in to leccherie· and denyen hym þat is oonly a lord· oure lord ihū

5   crist/ But I wole moneste ȝou onys þat witen alle þingis/ þat ihc̄ sauy-
de his puple fro þe lond of egipt: and þe secounde tyme loste hem þat

6   bileeuyden not/ and he reseruyde vndir derknesse aungels þat kepten
not her prince god· but forsoken her hous: in to þe doom of þe greet god

7   in to euerlastynge bondis/ as sodom & gommorre & þe niȝ coostid ci-
tees þat in lijk manere diden fornicacioun· & ȝeden awey aftir ooþir
fleish: and ben maad ensaumple· suffrynge peyne of euerlastinge fier/

8   In lijk manere also þese þat defoulen þe fleish· & dispisen lordschip &

9   blasfemen maiestee/ whanne myȝhel archaungel· disputide wiþ þe de-
uel & stroof of moises bodi: he was not hardi to brynge yn· doom &[1]

10   blasphemye/ but seide: þe lord comaunde to þee/ but þese men blasfe-
men: what euer þingis þei knowen not/ for what euere þingis þei kno-
wen kyndely as doumbe beestis: in þese þei ben corrupt/

(2), 11   Woo to hem þat wenten þe wey of caym/ & þat ben sched out bi er-
rour of balaam for meede/ and perischiden in þe aȝenseiyng of chore/

12   þese ben in her metis festynge togidre to filþe wiþoute drede fedynge
hem silf/ þese ben cloudis wiþoute watir: þat ben born aboute of þe

13   wyndis/ heruest trees wiþoute fruit: twies deed· drawun up bi þe roote/

14   wawis of þe woode see· fomynge out her confusiouns/ errynge sterris:
to whiche þe tempest of derknessis is kept wiþoute ende/ But enoch þe
seuenþe fro adam profeciede of þese: & seide/ lo þe lord comiþ wiþ hi-

15   se hooli þousyndis: to do doom aȝens alle men/ & to repreue alle
vnfeiþful men· of alle þe werkis of þe wickidnesse of hem: bi whiche
þei diden wickidli/ and of alle þe harde wordis: þat wickide synners

16   han spoke aȝens god/ þese ben gruccheris fulle of playntis wandring af-
tir her disijres: and þe mouþ of hem spekiþ pride/ worschipynge per-

---

Jude 1. [1] of
2. [1] the   [2] on

17 soones bi cause of wynnyng/ And ȝe moost dere briþeren be myndeful
   of þe wordis whiche ben bifore seid of apostlis of oure lord ihū crist/
18 whiche seiden to ȝou· þat in þe laste tymes þer schul come gilouris·
19 wandringe aftir her owne desires· not in pitee/ þese ben whiche depar-
20 ten hem silf: beestli men not hauynge spirit/ But ȝe moost dere briþer-
   en· aboue bilde ȝou silf· on ȝoure moost hooli feiþ· and preie ȝe in þe
21 hooli goost· and kepe ȝou silf in þe loue of god· and abijde ȝe þe mer-
22 cy of oure lord ihū crist in to lijf euerlastynge/ And repreue ȝe þese men
23 þat ben demed: but saue ȝe hem· and take ȝe hem fro þe fier/ And do
   ȝe merci to oþere men in þe drede of god· and hate ȝe also þilke de-
24 foulid coote whiche is fleishli/ But to hym þat is myȝti· to kepe ȝou
   wiþoute synne· & to ordeyne bifore þe siȝt of his glorie ȝou vnwem-
25 myd in ful out ioie· in þe comyng of oure lord ihū crist· to god aloone
   oure sauyour bi ihū crist oure lord· be glorie & magnyfiyng empire &
   power bifore alle worldis & now & in to alle worldis of worldis Amen/
      Heere endiþ þe *e*pistle of iudas/
      And heere bigynniþ a[1] prologe of[2] þe apocalips: *þat is þe reuela-*
   cioun of seint Joon/

Apocalypse

P [*Here bigynneth the prolog on the Apocalips*]

Alle men þat wolen lyue mekeli in crist: as þe apostle seiþ· *schul*
suffre persecucioun/ aftir þat· þou sone þat neiȝest to þe seruyce of
god: stonde þou in riȝtwisnesse· & in drede· and make redi þi soule to
temptacioun/ For temptacioun is a mannes lijf: on þe erþe/ But þat
5 feiþful men faile not in hem: þe lord counfortiþ hem & confermiþ
seiynge/ y am wiþ ȝou vnto þe ende of þe world: and litil flok nyle ȝe
drede/ þerfor god þe fadir seynge þe tribulaciouns· whiche hooli chir-
che was to suffre: þat was foundid of þe apostlis on crist þe stoon· dis-
poside with þe sone & þe hooli goost to schewe hem· þat me dredde
10 hem þe lesse/ and al þe trinyte schewide it ʻ*to*ʼ crist in his manhed: and
crist to Joon bi an aungel· and ioon to hooli chirche/ of whiche reuela-
cioun ioon made þis book/ wherfore þis book is seid apocalips: þat is
to sey reuelacioun/ For heere it is conteyned þat god schewide to ioon:
and ioon to hooli chirche/ hou grete þingis hooli chirche suffride in þe
15 firste tyme: & now suffriþ· & schal suffre in þe laste tymes of antecrist/
whanne tribulacioun schal be so greet: þat if it mai be· þei þat ben cho-
sun· be moued/ and whiche meedis sche schal resseyue for þese tribu-
laciouns· now & tyme to come: þat meedis þat ben bihote make hem
glad/ whom þe tribulaciouns þat ben teld maken aferd/ þerfore þis book
20 among oþere scripturis of þe newe testament: is clepid bi þe name of
prophecie/ and it is more excellent þan prophetis/ For as þe newe tes-
tament is worþiere þan þe olde: & þe gospel þan þe lawe· so þis pro-
phecie passiþ þe prophecies of þe olde testament· for it schewiþ sacra-
mentis þat ben now apertli[1] fulfillid of crist & of hooli chirche/ or ellis·
25 for to ooþer is oo manere profecie: but to þis is þre manere prophecie
ȝiuen togidre/ þat is of þat· þat is passid: & of þat þat is present· & of
þat· þat is to come/ And to conferme þe autoritee of it· þer comeþ þe
autoritee of hym þat sendiþ: & of him þat beriþ & of hym þat ressey-
uiþ/ he þat sendiþ is þe trinyte: he þat beriþ þe aungel· he þat resseiuiþ·
30 ioon/ But whanne þese þingis ben schewid to ioon in visioun· & þer
ben þre kyndis of visiouns: it is to seen· vndir whiche kynde þis be con-
teyned/ For sum visioun is bodili: as whanne we seen ony þing wiþ bo-
dili iȝen/ sum is spirituel or ymagynarie: as whanne we seen slepinge·
or ellis wakynge· we biholden þe ymages of þingis bi whiche sum

---

Apoc. P. [1] a parti [2] vndurstonde

35 ooþer þing is signyfied/ As pharao slepynge sauȝ eeris of corn: and
moyses wakynge sauȝ þe bush brenne/ An ooþer visioun is of vn-
dirstondyng· as whanne þorouȝ reuelacioun of þe hooli goost: þorouȝ
vndirstonding of þouȝt· we conceyuen þe trouþe of mysteries/ as ioon
sauȝ þo þingis: þat ben conteyned in þis book/ for not oonli he sauȝ in
40 spirit þe figuris: but also he vndirstood in þouȝt· þe þingis þat weren
signyfied bi hem/ Joon sauȝ & wroot in þe yle of pathmos: whanne he
was exilid of domycian þe moost wickid prince/ and a cause compelli-
de him to write/ for while he was holdun in outlawerie of domycian in
þe yle of pathmos: in þe chirchis þat he hadde gouerned þer weren
45 sprunge many vices & dyuerse heresies/ For þer weren summe hereti-
kis þere þat seiden: þat crist was not tofore marie· for as myche as he
was in tyme borun of hir: whiche heretikis ioon in þe bigynnyng of his
gospel vndirnymeþ & seiþ/ In þe bigynnyng was þe sone: and in þis
book whanne he seiþ· I am alpha & oo· þat is þe bigynnyng & þe en-
50 de/ Summe also seiden· þat hooli chirche schulde ende: tofore þe ende
of þe world· for charge of tribulaciouns/ and þat it schulde not vndir-
fonge for her trauel: euerlastinge meede/ þerfore ioon wilnynge to dis-
troie þe errours of þese: schewiþ þat crist was bigynnyng & ende/
wherfore isaie seiþ/ tofore me was no god fourmed: & aftir me þer
55 schal not be/ And þat hooli chirche þorouȝ exercise of tribulaciouns:
schal not be eendid/ but schal profite & for hem resseyue an euerlas-
tynge meede/ Joon writiþ to þe seuene chirchis of asie: & to her seue-
ne bischopis of þe forseid þingis/ enfourmynge & techynge bi hem al
þe general hooli chirche/ and so þe matere of ioon in þis werk: specia-
60 li of þe chirche of asie· & also of al hooli chirche what she schal suff-
re in þis present tyme· & what sche schal vndirfonge in tyme to come/
and his entent is to stire to pacience whiche is to be kept/ for þe trauel
is schort: & þe meede greet/ þe manere of his tretyng is such/ First he
sette bifore a prologe & a salutacioun· where he makiþ þe herers be-
65 ningne & takynge wel tent/ and whanne he haþ sette it tofore· he comiþ
to þe tellyng/ but tofore his tellyng he schewiþ þat crist is euere wiþou-
ten bigynnyng & wiþouten ende/ rehersinge him þat spekiþ: I am alpha
& oo· bigynnyng & ende/ Aftirward he comiþ to his tellyng: & depar-
tiþ it in to seuene visiouns/ and whanne þei ben endid: þis book is en-
70 did/ he settiþ tofore þe prologe· & seiþ: þe apocalips of ihū crist/
vndirstondinge[2] þat þis is as it is in oþere: þe visioun of Isaie· & also
þe parablis of salomon/ [*Jerom in his prologe on the Apocalips seith this*]

Heer *endiþ þe prologe*: & biginniþ þe apocalips

1 APocalips of ihū crist· whiche god ȝaf to hym to make open to hise
seruauntis: whiche þingis it bihouiþ to be maad soone/ and he signyfi-
2 ede sendynge bi his aungel to his seruaunt ioon/ whiche bar witnessyng
to þe word of god: & witnessyng of ihū crist in þese þingis what euere
3 þingis he sauȝ/ Blessid is he þat rediþ· & he þat heeriþ þe wordis of þis
prophecie: & kepiþ þo þingis þat ben writun in it/ for þe tyme is niȝ/

4 Joon to seuene chirchis þat ben in asie: grace & pees to ӡou· of him þat
   is· & þat was· & þat is to comynge/ and of þe seuene spiritis: þat ben
5 in þe siӡt of his trone/ and of ihū crist· þat is a feiþful witnesse: þe fir-
   ste bigotun of deed men & prince of kyngis of þe erþe/ whiche louyde
6 us· & waischide us fro oure synnes in his blood: and made us a king-
   dom & prestis to god & to his fadir/ To hym be glorie & empire: in to
7 worldis of worldis amen/ Lo he comiþ wiþ cloudis· and ech iӡe schal
   se hym· & þei þat prickiden hym/ and alle þe kynredis of [the] erþe
8 schul biweile hem silf on hym· ӡhe amen/ I am alpha & oo· þe bigyn-
   nyng & þe ende seiþ þe lord god: þat is & þat was· & þat is to-comynge
9 almyӡti/ I ioon ӡoure broþir & partyner in tribulacioun & kyngdom &
   pacience in crist ihū: was in an yle þat is clepid pathmos· for þe word
10 of god· & for þe witnessyng of ihū· I was in spirit in þe lordis dai/ and
11 I herde bihynde me a greet vois as of a trumpe seiynge to me/ write þou
   in a book þat þing þat þou seest· and sende to þe seuene chirchis þat
   ben in asie/ to ephesus· to smyrma· & to pergamus· & to thiatira & to
12 sardis· & to philadelfia· & to loadicia/ And I turnyde· þat I schulde se
   þe vois þat spak wiþ me/ and I turnyde & I sauӡ seuene candilstikis of
13 gold· & in þe myddil of þe seuene goldun candilstikis: oon lijk to þe
   sone of man cloþid with a longe garnement & gird at þe tetis wiþ a gol-
14 dun girdil/ and þe heed of hym & hise heris weren whijt as whijt wul-
15 le: & as snow/ and þe iӡen of hym as flawme of fier: & hise feet lijk to
   latoun as in a brennynge chymeney/ and þe vois of hym: as þe vois of
16 many watris/ And he hadde in his riӡt hond seuene sterris: and a swerd
   scharp on euer eiþer side wente out of his mouþ/ and his face: as þe
17 sunne schyniþ in his vertu/ And whanne I hadde seen him: I fel doun at
   his feet as deed/ and he puttide his riӡt hond on me: & seide/ nyle þou
18 drede/ y am þe firste & þe laste: and I am alyue/ & I was deed/ & lo I
   am lyuinge in to worldis of worldis/ and I haue þe keies of deþ & of
19 helle/ þerfore write þou whiche þingis þou hast seen: & whiche ben· &
20 whiche it bihouiþ to be don aftir þese þingis/ þe sacrament of þe seue-
   ne sterris· whiche þou sauӡest in my riӡt hond: & þe seuene goldun
   candilstikis/ þe seuene sterris: ben aungels of þe seuene chirchis/ and
   þe seuene candilstikis: ben seuene chirchis/

2   And to þe aungel of þe chirche of ephesus: write þou/ þese þingis
   seiþ he þat holdiþ þe seuene sterris in his riӡt hond whiche walkiþ in
2 þe myddil of þe seuene goldun candilstikis/ y woot þi werkis & trauel·
   & þi pacience: & þat þou maist not suffre yuel men/ and þou hast as-
   saied hem þat seyn· þat þei ben apostlis & ben not: and þou hast foun-
3 de hem liers/ and þou hast pacience: and þou hast suffrid for my na-
4 me· & failedist not/ But I haue aӡens þee a fewe þingis: þat þou hast
5 left þi firste charite/ þerfor be þou myndeful· fro whennus þou hast

---

2. [1] *from* do þou *MS*

falle: and do penaunce· & do þe firste werkis/ eþer ellis: I come soo-
ne to þee· and I schal moue þi candilstike fro his place: but `þou do¹

6 penaunce/ but þou hast þis good þing· þat þou hatedist þe dedis of ny-
7 cholaitis þe whiche also I hate/ he þat haþ eeris heere he· what þe spi-
rit seiþ to þe chirchis/ To hym þat ouercomiþ y schal ʒiue to ete of þe
8 tree of lijf: þat is in þe paradijs of my god/ And `to´ þe aungel of þe
chirche of smyrma write þou/ þese þingis seiþ þe firste & þe laste: þat
9 was deed & lyueþ/ I woot þi tribulacioun· & þi pouert: but þou art ri-
che/ and þou art blasphemyd of hem þat seyn· þat þei ben iewis & ben
10 not: but ben þe synagoge of sathanas/ Drede þou no þing of þese þing-
is whiche þou schalt suffre/ lo þe deuel schal sende summe of ʒou in
to prisoun: þat ʒe be temptid/ and ʒe schul haue tribulacioun: ten
daies/ Be þou feiþful to þe deþ· and I shal ʒiue to þee a coroun of lijf/
11 he þat haþ eeris heere he: what þe spirit seiþ to þe chirchis/ he þat ou-
12 ercomeþ: schal not be hirt of þe secounde deþ/ And to þe aungel of þe
chirche of pergamus write þou/ þese þingis seiþ he: þat haþ þe swerd
13 scharp on ech side/ y woot whare þou dwellist: where þe seete of sa-
thanas is/ and þou holdist my name & denyedist not my feiþ/ And in
þo daies was antipas my feiþful witnesse þat was slayn at ʒou: where
14 sathanas dwelliþ/ but I haue aʒens þee a fewe þingis: for þou hast þere
men holdynge þe techyng of balaam whiche tauʒte balaac: forto sen-
de sclaundre bifore þe sonus of israel/ to ete of sacrifices of ydols· &
15 to do fornycacioun/ so also þou hast men holdynge þe techyng of ny-
16 cholaitis/ Also do þou penaunce/ if ony þing lesse: I shal come soone
17 to þee/ and I schal fiʒte with hem: with þe swerd of my mouþ/ he þat
haþ eeris heere he: what þe spirit seiþ to þe chirchis/ To hym þat ou-
ercomeþ: y schal ʒiue aungel mete hid/ and I schal ʒiue to him a whijt
stoon & in `þe stoon a´ newe name writun· whiche no man knowiþ: but
18 he þat takiþ/ And to þe aungel of þe chirche of thiatira: write þou/ þese
þingis seiþ þe sone of god: þat haþ iʒen as flawme of fier· & hise feet
19 lijk latoun/ y knowe þi werkis & feiþ & charite· & þi seruyce & þi pa-
20 cience: & þi laste werkis mo þan þe formere/ But I haue aʒens þee a
fewe þingis· for þou suffrist þe womman iesabel whiche seiþ þat she
is a prophetesse: to teche & disseyue my seruauntis to do leccherie: &
21 to ete of þingis offrid to ydols/ And I ʒaf to hir tyme· þat sche shulde
do penaunce: and sche wolde not do penaunce of here fornycacioun/
22 and lo I sende hir in to a bed/ and þei þat don leccherie with hir schul
23 be in moost tribulacioun: but þei do penaunce of her werkis/ and y
schal sle her sones in to deþ/ and alle chirchis schul wite: þat I am ser-
chynge reynes & hertis/ and I shal ʒiue to eche man of ʒou aftir hise
24 werkis/ and I sey to ʒou & to oþere þat ben at thiatire/ who euere han
not þis techyng· & þat knewen not þe hiʒnesse of sathanas· hou þei
25 seyn· y schal not sende on ʒou an ooþer charge/ neþeles holde ʒe þat·
26 þat ʒe han: til I come/ and to him þat schal ouercome· & þat schal ke-
27 pe til in to þe ende my werkis: y schal ʒiue power on folkis· and he
schal gouerne hem in an yrun ʒerde/ and þei schul be brokun togidre:

28 as a vessel of a pottere/ as also I resseyuede of my fadir/ and I schal

29 ʒiue to him a morewe sterre/ he þat haþ eeris heere he: what þe spirit
seiþ to þe chirchis/

3   And to þe aungel of þe chirche of sardis: write þou/ þese þingis seiþ
he þat haþ þe seuene spiritis of god: & þe seuene sterris/ I woot þi wer-

2 kis· for þou hast a name þat þou lyuest: and þou art deed/ be þou wa-
kynge: and conferme þou oþere þingis þat weren to diynge/ for I fyn-

3 de not þi werkis fulle bifore my god/ þerfore haue þou in mynde hou
þou resseiuedist & herdist: and kepe & do penaunce/ þerfore if þou wa-
ke not: y schal come as a niʒt þeef to þee/ and þou schalt not wite in

4 what hour y schal come to þee/ but þou hast a fewe names in sardis:
whiche han not defoulid her cloþis/ and þei schul walke wiþ me in

5 w`h´ijt cloþis: for þei ben worþi/ he þat ouercomiþ: schal be cloþid þus
wiþ whijt cloþis/ and I schal not do awei his name fro þe book of lijf:
and I schal knowleche his name bifore my fadir· & bifore hise aungels/

6, 7 he þat haþ eeris heere he: what þe spirit seiþ to þe chirchis/ And to þe
aungel of þe chirche of philadelfie: write þou/ þese þingis seiþ þe hoo-
li & trewe· þat haþ þe keie of dauid/ whiche openiþ: and no man clo-

8 siþ/ he closiþ: & no man openiþ/ y woot þi werkis/ and lo I ʒaf bifore
þee a dore opened: whiche no man mai close/ For þou hast a litil ver-

9 tu: and hast kept my word· & denyest not my name/ lo I schal ʒiue to
þee of þe synagoge of sathanas: whiche seyn þat þei ben iewis & ben
not: but lien/ lo I schal make hem: þat þei come & worschipe bifore þi

10 feet/ and þei schul wite· þat I louyde þee: for þou keptist þe word of
my pacience/ and I schal kepe þee fro þe hour of temptacioun· þat is

11 to-comynge in to al þe world to tempte men þat dwellen in erþe/ lo y

12 come sone/ holde þou þat· þat þou hast: þat no man take þi coroun/ and
him þat schal ouercome: y schal make a piler in þe temple of my god·
and he schal no more go out/ and I schal write on hym þe name of my
god· & þe name of þe citee of my god· of þe newe ierusalem þat co-

13 meþ doun fro heuene of my god· & my newe name/ he þat haþ eeris

14 heere he· what þe spirit seiþ to þe chirchis/ And to þe aungel of þe chir-
che of laodice: write þou/ þese þingis seiþ amen· þe feiþful witnesse &

15 trewe: whiche is bigynnyng of goddis creature/ y woot þi werkis· for
neþer þou art cold neþer þou art hoot/ y wolde þat þou were cold eþer

16 hoot/ but for þou art lewk· & neþir cold neþer hoot: I schal bigynne to

17 caste þee out of my mouþ/ for þou seist þat I am riche & full of goo-
dis: and I haue nede of no þing/ and þou woost not· þat þou art a wrec-

18 che· & wrecchful & pore & blynd & nakid/ I counseile þee to bie of me
brent gold & preued: þat þou be maad riche/ & be cloþid wiþ whijt
cloþis: þat þe confusioun of þi nakidnesse be not seen/ and anoynte þin

19 iʒen wiþ a collerie: þat þou se/ I repreue & chastise: whom I loue/ þer-

20 fore sue þou gode men: & do penaunce/ lo y stonde at þe dore: &
knocke/ if ony man heeriþ my vois· & openiþ þe ʒate to me· I schal en-

21 tre to hym· & soupe wiþ hym· & he wiþ me/ [And] y schal ʒiue to hym
þat schal ouercome: to sitte wiþ me in my trone/ as also I ouercam: &

22 sat wiþ my fadir in his trone/ he þat haþ eeris heere he: what þe spirit seiþ to þe chirchis/

4   Aftir þese þingis y sauȝ: & lo a dore was opened in heuene/ and þe firste vois þat I herde: was as of a trumpe spekynge with me· & seide/ Stie þou up hidere: and I schal schewe to þee· whiche þingis it bihoueþ

2 to be don soone aftir þese þingis/ anoon I was in spirit/ and lo a seete

3 was sett in heuene: & upon þe seete oon sittynge/ and he þat saat· was lijk þe siȝt of a stoon iaspis & to sardyn/ and a reyn bowe was in cum-

4 pas of þe seete: lijk þe siȝt of smaragdyn/ And in þe cumpas of þe see-te: weren foure & twenti smale setis/ & aboue þe trones foure & twen-ti eldre men sittynge· hilid aboute with whijt cloþis: & in þe hedis of

5 hem goldun corownes & leitis & voices and þundryngis camen out of þe trone/ and seuene laumpis brennynge bifore þe trone: whiche ben þe

6 seuene spiritis of god/ & bifore þe seete as a see of glas lijk [a] cristal/ And in þe myddil of þe seete & in þe cumpas of þe seete: foure bestis

7 fulle of iȝen bifore & bihynde/ & þe firste beest lijk a lioun/ & þe se-counde beest: lijk a calff/ & þe þridde beest: hauynge a face as of a

8 man/ and þe fourþe beest: lijk an egle fleynge/ And þe foure beestis hadden euerych of hem sixe wyngis/ and alaboute & wiþynne þei we-ren fulle of iȝen· and þei hadden not reste· dai & niȝt seiynge/ hooly hooli· hooli· þe lord god almyȝti· þat was & þat is: & þat is to-co-

9 mynge/ And whanne þo foure beestis ȝauen glorie & honour & bles-

10 syng to hym þat saat on þe trone· þat lyueþ in to worldis of worldis: þe foure & twenti eldre men felden doun bifore hym þat saat in[1] þe trone· & worschipiden hym þat lyueþ in to worldis of worldis/ and þei casten

11 her corownes bifore þe trone: and seiden/ þou lord oure god art worþi to take glorie & honour & vertu: for þou madist of nouȝt alle þingis/ and for þi wille þo weren: & ben maad of nouȝt/

5   And I sauȝ in þe riȝt hond of þe sittere on þe trone: a book writun

2 wiþynne & withoute· & seelid wiþ seuene seelis/ and I sauȝ a strong aungel: prechynge wiþ a greet vois/ who is worþi to opene þe book: &

3 to vndo þe seelis of it/ and noon in heuene ne[ther] in erþe· neþer vndir

4 erþe myȝte opene þe book: neþir biholde it/ and I wepte myche: for

5 noon was foundun worþi to opene þe book neþer to se it/ And oon of þe eldre men seide to me/ wepe þou not/ lo a lioun of þe lynage of iu-da· þe roote of dauid: haþ ouercome to opene þe book· & to vndo þe

6 seuene seelis of it/ And I sauȝ & lo in þe myddil of þe trone & of þe foure bestis· & in þe myddil of þe eldre men a lombe stondynge as slayn· þat hadde seuene hornes & seuene iȝen: whiche ben seuene spi-

7 ritis of god· sent in to al þe erþe/ and he cam & took of þe riȝt hond of

8 þe sittere in þe trone: þe book/ And whanne he hadde openyd þe book: þe foure beestis· & þe foure & twenti eldre men· fellen [doun] bifore þe lombe· & hadden ech of hem harpis & goldene fiolis fulle of odours:

---

4. [1] on

9 whiche ben þe preiers of seyntis/ and þei sungen a newe song· & sei-
den/ lord oure god þou art worþi to take þe book: & to opene þe seelis
of it/ for þou were slayn· and aȝen bouȝtist us to god in þi blood: of ech
10 lynage & tunge & puple & nacioun: and madist us a kyngdom & pre-
11 stis to oure god· & we schul regne on erþe/ And y sauȝ & herde þe vois
of many aungels al aboute þe trone: & of þe beestis & of þe eldre men/
12 and þe noumbre of hem was þousyndis of þousyndis: seiynge wiþ a
greet vois/ þe lombe þat was slayn is worþi to take uertu & godhed &
13 wisdom & strengþe & honour & glorie & blessyng: & ech creature þat
is in heuene· & þat is on erþe & vndir erþe/ & þe see: & whiche þing-
is ben in it/ y herde alle seiynge to hym þat saat in þe trone: & to þe
lombe/ blessyng & honour & glorie & power in to worldis of worldis/
14 and þe foure beestis seiden· amen/ And þe foure & twenti eldre men
fellen doun on her faces: & worschipiden hym þat lyueþ in to worldis
of worldis/

6   And y sauȝ þat þe lombe had openid oon of þe vij selis: & I herde
2 oon of þe foure bestis seiynge as a vois of þundre/ come & se/ and I
sauȝ/ And lo a whijt hors: & he þat saat on hym· hadde a bowe/ and a
coroun was ȝouun to hym/ and he wente out ouercomynge þat he schul-
3 de ouercome/ And whanne he hadde opened þe secounde seel: y herde
4 þe secounde beest seiynge/ Come þou & se/ and an ooþir reed hors
wente out/ and it was ȝouun to hym þat saat on hym: þat he schulde ta-
ke pees fro þe erþe/ & þat þei sle togidre hem silf· and a greet swerd
5 was ȝouun to hym/ And whanne he hadde opened þe þridde seel: y her-
de þe þridde beest seiynge/ come þou & se/ And lo a blak hors: and he
6 þat saat on hym hadde a balaunce in his hond/ and I herde as a vois in
þe myddil of þe foure beestis: seiynge/ a bilibre of whete for a peny:
7 and þre bilibris of barly for a peny/ and hirte þou not wyn ne oyle/ And
whanne he hadde opened þe fourþe seel: y herde a vois of þe foure be-
8 estis· seiynge/ come þou & se/ and lo a pale hors: and þe name was deþ
to hym þat saat on hym· and helle suede him/ and power was ȝouun to
hym on foure partis of þe erþe: forto sle wiþ swerd & wiþ hungur· &
9 wiþ deþ & wiþ beestis of þe erþe/ And whanne he hadde opened þe
fifþe seel: I sauȝ vndir þe auter þe soules of men slayn for þe word of
10 god· & for þe witnessyng þat þei hadden/ and þei crieden wiþ a greet[1]
vois: & seiden/ hou longe þou lord þat art hooli & trewe demest not:
11 and vengist not oure blood of þese þat dwellen in þe erþe? and whijt
stoles for ech soule a stole weren ȝouun to hem/ And it was seid to hem·
þat þei schulden reste· ȝit a litil tyme: til þe noumbre of her felowis &
12 of her briþeren be fulfillid þat ben to be slayn· as also þei/ And I sauȝ
whanne he hadde opened þe sixte seel: & lo a greet erþe mouyng was
maad/ and þe sunne was maad blak as a sak of heire· and al þe moone

---

6. [1] *FM* geet

13 was maad as blood/ and þe sterris of heuene fellen doun on þe erþe: as
a fige tree sendiþ hise vnripe figus: whanne it is moued of a greet
14 wynd/ and heuene wente awei as a book wlappid yn: and alle moun-
15 teyns & yles weren moued fro her placis/ and kyngis of þe eerþe &
princis & tribunes & riche & stronge· & ech boonde man & fre man
16 hidden hem in dennes & stones of hillis: and þei seyn to hillis & to sto-
nes/ falle ȝe on us & hide ȝe us fro þe face of hym· þat sittiþ on þe tro-
17 ne: & fro þe wraþþe of þe lomb· for þe greet dai of her wraþþe comeþ:
& who schal mowe stonde?

7 Aftir þese þingis y sauȝ foure aungels stondynge on þe foure corners
of þe erþe· holdynge foure wyndis of þe erþe: þat þei blewen not on þe
2 erþe· neþer on þe see· neþer on ony tree/ And I sauȝ an ooþer aungel
stiynge *up* fro þe risyng of þe sunne: þat hadde a signe of þe lyuynge
god/ and he criede wiþ a greet vois to þe foure aungels· to whiche it
3 was ȝouun· to noie þe erþe & þe see· & seide/ nyle ȝe noie þe erþe &
see neþer trees: til we marke þe seruauntis of oure god in þe forhedis
4 of hem/ And I herde þe noumbre of men þat weren markid· an hundrid
þousynde & foure & fourty þousynde markid: of euery lynage of þe
5 sones of israel/ Of þe lynage of iuda: xij þousynde markid/ of þe lyna-
ge of ruben: xij þousynde markid/ of þe lynage of gad: xij þousynde
6 markid/ of þe lynage of aser: xij þousynd markid/ of þe lynage of nep-
talym: xij þousynde markid/ of þe lynage of manasse: xij þousynde
7 markid/ of þe lynage of symeon: xij þousynde markid/ of þe lynage of
leuy: xij þousynde markid/ of þe lynage of ysachar: xij þousynde mar-
8 kid/ of þe lynage of zabulon: xij þousynde markid/ of þe lynage of io-
seph: xij þousynde markid/ of þe lynage of beniamyn: twelue þousyn-
9 de markid/ Aftir þese þingis y sauȝ a greet puple: whom no man myȝte
noumbre· of alle folkis & lynagis & puplis & langagis stondynge bifo-
re þe trone· in þe siȝt of þe lombe/ and þei weren cloþid wiþ whijt sto-
10 lis: and palmes weren in þe hondis of hem/ and þei crieden wiþ greet
vois: & seiden/ helþe to oure god þat sittiþ on þe trone· & to þe lom-
11 be/ And alle aungels stoden `al´ aboute þe trone & þe eldre men & þe
foure beestis/ and þei fellen doun in þe siȝt of þe trone on her faces: &
12 worschipiden god· & seiden amen· blessyng & cleernesse & wisdom·
& doyng of þankyngis & honour & vertu & strengþe to oure god in to
13 worldis of worldis amen/ And oon of þe senyouris answeride: & seide
to me/ who ben þese þat ben cloþid wiþ whijt stoles: and fro whennes
14 camen þei? And I seide to him/ Mi lord þou wost/ And he seide to me/
þese ben þei þat camen fro greet tribulacioun: and weischiden her sto-
15 lis and maden hem whijte in þe blood of þe lombe/ þerfore þei ben bi-
fore þe trone of god: & seruen to hym dai & niȝt in his temple/ and he
16 þat sittiþ in þe trone: dwelliþ on hem/ þei schul nomore hungre neþer
17 þirste: neþer sunne schal falle on hem· ne ony heete/ for þe lomb þat is
in þe middil of þe trone: schal gouerne hem· & schal lede forþ hem *in*
to þe wellis of watris of lijf/ and god schal wipe awey ech teer: fro þe
iȝen of hem/

8   And whanne he hadde opened þe seuenþe seel· a silence was maad

2   in heuene as half an hour/ And I sauȝ seuene aungels stondynge in þe

3   siȝt of god: & seuene trumpis weren ȝouun to hem/ And an ooþer aung-
el cam· & stood bifore þe auter: & hadde a goldun censer/ and many
encencis weren ȝouun to hym: þat he schulde ȝiue of þe preieris of al-

4   le seyntis on þe goldun auter· þat is bifore þe trone of god/ And þe smo-
ke of encensis of þe preieris of þe hooli men stiede up: fro þe aungels

5   hond bifore god/ And þe aungel took þe censere: and fillide it of þe fi-
er of þe auter· & castide in to [*the*] erþe/ and þundris & voices· & lei-

6   tyngis weren maad: & a greet erþe mouyng/ And þe seuene aungels þat

7   hadden seuene trumpis: maden hem redi þat þei schulden trumpe/ and
þe firste aungel trumpide: and hail was maad/ & fier meynd togidre in
blood: and it was sent in to þe erþe/ And þe þridde part of þe erþe was

8   brent: & al þe grene gras was brent/ And þe secounde aungel trumpi-
de: & as a greet hil brennynge wiþ fier· was cast in to þe see/ and þe

9   þridde part of þe see was maad blood: and þe þridde part of creature
was deed· þat hadde lyues in þe see/ and þe þridde part of schippis pe-

10 rischide/ And þe þridde aungel trumpide: and a greet sterre brennynge
as a litil brond fel fro heuene/ and it fel in to þe þridde part of floodis:

11 & in to þe wellis of watris/ and þe name of þe sterre was¹ seid wormod/
& þe þridde part of watris was maad in to wormod· and mani men we-

12 ren dede of þe watris for þo weren maad bittire/ And þe fourþe aungel
trumpide: and þe þridde part of þe sunne was smytun/ & þe þridde part
of þe moone: & þe þridde part of sterris/ so þat þe þridde part of hem
was derkid: and þe þridde part of þe dai schinede not & also of þe niȝt/

13 And I sauȝ & herde þe vois of an egle fleynge bi þe myddil of heuene·
& seiynge wiþ a greet vois/ wo· wo· wo to men þat dwellen in erþe/ of
þe oþere uoices of þre aungels: þat schul trumpe aftir/

9   And þe fyfþe aungel trumpide and I sauȝ þat a sterre hadde falle
doun fro heuene in to erþe: and þe keie of þe pitt of depnesse was

2   ȝouun to it/ and it openyde þe pitt of depnesse: and a smoke of þe pitt
stiede up· as þe smoke of a greet furneis/ and þe sunne was derkid &

3   þe eir· of þe smoke of þe pitt/ And locustis wenten out of þe pitt in to
erþe: and power was ȝouun to hem· as scorpiouns of [*the*] erþe han po-

4   wer/ and it was comaundid to hem: þat þei schulden not hirte þe grass
of erþe· neþer ony grene þing· neþer ony tree/ but oonli men: þat han

5   not þe signe of god in her forhedis/ And it was ȝouun to hem þat þei
schulden not sle hem: but þat þei schulden be turmentid fyue moneþis/
and þe turmenting of hem as þe turmentyng of a scorpioun· whanne he

6   smytiþ a man/ And in þo daies men schul seke deþ: and þei schul not

7   fynde it/ and þei schul desire to die: & deþ schal fle fro hem/ And þe
liknesse of locustis: ben lijk horsis maad redy in to batel/ and on þe he-
dis of hem as corouns lijk gold: and þe facis of hem as þe facis of men/

---

8. ¹ is

8 and þei hadden heeris as heeris of wymmen: and þe teeþ of hem weren
9 as teeþ of liouns/ and þei hadden haburiouns: as yrun haburiouns/ and
þe vois of her wyngis: as þe vois of charis of many horsis rennynge in
10 to batel/ And þei hadden tailis lijk scorpiouns: and prickis weren in þe
11 tailis of hem/ and þe myȝt of hem was to noie men fyue moneþis/ and
þei hadden on hem a kyng þe aungel of depnesse· to whom þe name bi
ebrew is laabadon· but bi greek appollion· & bi latyn· he haþ a name
12 exterminans· þat is a distriere/ o woo is passid: and lo ȝit comen twei
13 woos/ Aftir þese þingis also þe sixte aungel trumpide/ and I herde a
vois fro foure corners of þe goldun auter þat is bifore þe iȝen of god·
14 & seide to þe sixte aungel þat hadde a trumpe/ vnbinde þou foure aung-
15 els· þat ben boundun in þe gret flood eufrates/ And þe foure aungels
weren vnboundun: whiche weren redy in to hour & dai & moneþe &
16 ȝeer· to sle þe þridde part of men/ and þe noumbre of þe oost of horse
men was twenti þousynde siþis ten þousynde/ I herde þe noumbre of
17 hem/ and so I sauȝ horsis in visioun/ and þei þat saten on hem: hadden
firy haburiouns & of iacynct· & of brymston/ and þe heedis of þe hor-
sis weren as heedis of liouns: and fier & smoke & brymston comeþ
18 forþ of þe mouþ of hem/ Of þese þre plagis: þe þridde part of men was
slayn· of þe fier & of þe smoke & of þe brymston þat camen out of þe
19 mouþ of hem/ For þe power of þe horsis is in þe mouþ of hem: & in þe
tailis of hem/ for þe tailis of hem ben lijk to serpentis: hauinge hedis·
20 and in hem þei noien/ And þe oþere men þat weren not slayn in þese
plagis· neþer diden penaunce of þe werkis of her hondis: þat þei wor-
schipiden not deuelis & symylacris of gold & of siluer & of bras & of
21 stoon & of tree/ whiche neþer moun se: neþer heere neþer wandre/ and
þei diden not penaunce of her mansleyngis: neþer of her wicchecraftis·
neþer of her fornycacioun· neþer of her þeftis: weren slayn/

10 And I sauȝ an ooþir strong aungel comynge doun fro heuene cloþid
wiþ a cloude: & þe reyn-bowe on his hed/ and þe face of him was as
2 þe sunne: & þe feet of him as a piler of fier/ and he hadde in his hond
a litil book opened/ and he sette his riȝt foot on þe see: & þe left foot
3 on þe erþe/ and he criede wiþ a greet vois: as a lioun whanne he roriþ/
4 and whanne he hadde cried· þe seuene þundris spaken her voices/ and
whanne þe seuene þundris hadden spoke her voices: y was to writynge/
and I herde a vois fro heuene: seiynge/ marke þou what þingis þe seue-
5 ne þundris spaken: and nyle þou write hem/ And þe aungel whom I
sauȝ stondynge aboue þe see· & aboue þe erþe: lifte up his hond to
6 heuene· & swor bi hym þat lyueþ in to worldis of worldis: þat made of
nouȝt heuene & þo þingis whiche ben in it ʾ& þe erþe & þo þingis þat
ben in itʾ & þe see: & þo þingis þat ben in it/ þat tyme schal nomore
7 be/ but in þe daies of þe vois of þe seuenþe aungel· whanne he schal
bigynne to trumpe: þe mysterie of god schal be endid/ as he prechide
8 bi hise seruauntis prophetis/ And I herde a vois fro heuene· eftsoone
spekynge wiþ me & seiynge/ go þou & take þe book þat is openyd· fro
9 þe hond of þe aungel þat stondiþ aboue þe see: & on þe lond/ And I

wente to þe aungel & seide to him: þat he schulde ȝiue me þe book/
And he seide to me/ Take þe book & deuoure it· and it schal make þi
10 wombe to be bittir: but in þi mouþ it schal be swete as hony/ And I took
þe book of þe aungels hond & deuouride it: & it was in my mouþ as
11 swete hony/ and whanne y hadde deuourid it: my wombe was bittir/ and
he seide to me/ it bihoueþ þee eftsoone to prophesie to heþene men: &
to puplis & langagis & to many kyngis/

11   And a rehed lijk a ȝerde was ȝouun to me: and it was seid to me/ Ry-
se þou & mete þe temple of god & þe auter: & men þat worschipen in
2   it/ but caste þou out þe forȝerd þat is wiþoute þe temple· & mete not it:
for it is ȝouun to heþene men/ and þei schul defoule þe hooly citee: bi
3   fourti moneþis & tweyne/ And I schal ȝiue to my twey witnessis: and
þei schul prophecie a þousynde daies two hundrid & sixty (& sixe)· and
4   *þei* schul be cloþid wiþ sackis/ þese ben tweyne olyues: & twey can-
dilstikis (schynynge) and þei stonden in þe siȝt of þe lord of þe erþe/
5   and if ony man wole anoie hem: fier schal go out of þe mouþ of hem
& schal deuoure her enemyes/ and if ony wole hyrte hem: þus it bi-
6   houeþ hym to be slayn/ þese han power to close heuene: þat it reyne
not in þe daies of her prophecie/ and þei han power on watris to turne
hem in to blood & to smyte þe erþe wiþ euery plage: & as ofte as þei
7   wolen/ And whanne þei schul ende her witnessyng: þe beest þat stieþ
up fro depnesse· schal make batel aȝens hem & schal ouercome hem:
8   & schal sle hem/ and þe bodies of hem schul ligge in þe stretis of þe
greet citee þat is clepid gostli sodom & egipt: where þe lord of hem was
9   crucified/ And summe of lynagis & of puplis & of langagis & of heþene
men: schul se þe bodies of hem bi þre dayes & an half/ and þei schul
10 not suffre þe bodies of hem: to be put in biriels/ and men enhabitynge
þe erþe schul haue ioie on hem· and þei schul make myrie· & schul sen-
de ȝiftis togidere: for þese twey prophetis turmentiden hem þat dwel-
11 len on þe erþe/ And aftir þre daies & an halff: þe spirit of lijf of god en-
tride in to hem/ and þei stoden on her feet: and greet drede fel on hem
12 þat sauȝen hem/ and þei herden a greet vois fro heuene: seyynge to
hem/ comeþ up hidere/ and þei stieden in to heuene in a cloude: and þe
13 enmyes of hem sauȝen hem/ and in þat hour a greet erþe moeuyng was
maad: and þe tenþe part of þe citee fel doun/ and þe names of men
seuene þousynde weren slayn in þe erþe mouyng: and þe oþere weren
14 sent in to drede· & ȝauen glorie to god of heuene/ þe secounde wo is
15 gon: and lo þe þridde wo schal come soone/ And þe seuenþe aungel
trumpide: and grete voicis weren maad in heuene & seiden/ þe rewme
of þis world is maad oure lordis & of crist his sone/ & he schal regne
16 in to worldis of worldis amen/ And þe foure & twenti eldre men þat sa-
ten in her seetis in þe siȝt of þe lord: fellen on her facis· & worschipi-
17 den god & seiden/ we don þankyngis to þee lord god almyȝti· whiche
art· & whiche were· & whiche art to comynge: whiche hast takun þi
18 greet uertu· & hast regned/ and folkis ben wrooþ· & þi wraþþe cam· &
tyme of dede men to be demed· & to ȝelde meede to þi seruauntis &

prophetis & halewis & dredynge þi name· to smale & to grete· & to dis-
trie hem þat corumpeden þe erþe/

12, 19   And þe temple of god in heuene was openyd: and þe arke of his tes-
tament was seen in his temple/ and leityngis weren maad: & voicis &

1   þundris & erþe mouyng & greet hail· & a greet signe appeeride in
heuene/ `&´ a womman cloþid wiþ þe sunne· and þe moone vndir hir

2   feet· and in þe hed of hir a coroun of twelue sterris & sche hadde in
wombe· and sche crieþ traueilynge of child: & is turmentid· þat sche

3   bere child/ And an ooþer signe was seen in heuene/ and lo a greet reed
dragoun þat hadde seuene heedis & ten hornes: & in þe heedis of hym

4   seuene diademes/ and þe tail of hym drouȝ þe þridde part of sterris of
heuene: & sente hem in to [*the*] erþe/ and þe dragoun stood bifore þe
womman þat was to berynge child: þat whanne sche hadde borun child·

5   he schulde deuoure hir sone/ and sche bare a knaue child· þat was to
reulynge alle folkis in an yrun ȝerde/ and hir sone was rauyschid to

6   god: & to his trone/ and þe womman fley in to wildirnesse· where sche
haþ a place maad redi of god: þat he feede hir þere a þousinde daies

7   two hundrid & sixty/ And a greet batel was maad in heuene: and
myȝhel & hise aungels fouȝten with þe dragoun/ and þe dragoun fouȝte

8   & hise aungels: and þei hadden not myȝt· neþir þe place of hem was

9   foundun more in heuene/ and þilke dragoun was cast doun· þe grete ol-
de serpent· þat is clepid þe deuel & sathanas þat disseyuiþ al þe world/
he was cast doun in to þe erþe: & hise aungels weren sent with hym/

10 And I herde a greet vois in heuene: seiynge/ Now is maad helþe & ver-
tu & kyngdom of oure god: & þe power of his crist/ for þe accusere of
oure briþeren is cast doun: whiche accuside hem bifore þe siȝt of oure

11 god· dai & niȝt· and þei ouercamen hym for þe blood of þe lombe· &
for þe word of his witnessyng: and þei louyden not her lyues til to deþ/

12 þerfore ȝe heuenes be ȝe glad: & ȝe þat dwellen in hem/ wo to þe erþe
& to þe see: for þe feend is come doun to ȝou/ & haþ greet wraþþe: wi-

13 tinge þat he haþ litil tyme/ And aftir þat þe dragoun sauȝ þat he was
cast doun to þe erþe: he pursuede þe womman þat bare þe knaue child/

14 and twey wyngis of a greet egle weren ȝouun to þe womman: þat sche
schulde fle in to desert in to hir place/ where she is fed· bi tyme & ty-

15 mes & half a tyme: fro þe face of þe serpent/ and þe serpent sente out
of his mouþ aftir þe womman· watir as a flood: þat he schulde make hir

16 to be drawun of þe flood/ and þe erþe helpide þe womman/ And þe
erþe openyde his mouþ: & soop up þe flood· þat þe dragoun sente of

17 his mouþ/ and þe dragoun was wrooþ aȝens `þe´ womman: and he
wente to make batel wiþ oþere of hir seed/ þat kepen þe maundemen-

18 tis of god· and han þe witnessyng of ihu crist: and he stood on þe grauel
of þe see/

13   And I sauȝ a beest stiynge up of þe see: hauynge seuene hedis· & ten

---

13. ¹ is

hornus and on hise hornes ten diademes: and on hise hedis þe names of
2 blasphemye/ and þe beest whom I sauȝ: was lijk a pard & hise feet as
þe feet of a beere: & his mouþ· as þe mouþ of a lioun/ and þe dragoun
3 ȝaf his uertu & greet power to hym/ And I sauȝ oon of hise hedis: as
slayn in to deþ/ and þe wounde of his deþ was curid: and al erþe won-
4 dride aftir þe beest/ and þei worschipiden þe dragoun: þat ȝaf power to
þe beest/ and þei worschipiden þe beest & seiden/ who is lijk þe beest:
5 and who schal mowe fiȝte wiþ it? And a mouþ spekynge grete þingis
& blasphemyes was ȝouun to it/ and power was ȝouun to it: to do two
6 & fourti moneþis/ and it openyde his mouþ in to blasphemyes to god:
to blasfeme his name· & his tabernacle· & hem þat dwellen in heuene/
7 And it was ȝouun to hym to make batel wiþ seyntis· & to ouercome
hem/ And power was ȝouun to him: in to ech lynage· & peple & lang-
8 age & folk/ and alle men worschipiden it· þat dwellen in erþe: whos na-
mes ben not writun in þe book of lijf of þe lomb þat was slayn fro þe
9, 10 bigynnyng of þe world/ if ony man haþ eeris: heere he/ he þat lediþ in
to caitiftee: schal go in to caitiftee/ he þat sleeþ wiþ swerd: it bihoueþ
11 him to be slayn wiþ swerd/ þis is þe pacience & þe feiþ of seyntis/ And
I sauȝ an ooþer beest stiynge up fro þe erþe/ and it hadde two hornes
12 lijk þe lombe: and it spak as þe dragoun/ & dide al þe power of þe for-
mere beest: in his siȝt/ and it made þe erþe· & men dwellynge in it: to
13 worschipe þe firste beest· whos wounde of deþ was curid/ and it dide
grete signes: þat also it made fier to come doun fro heuene in to [the]
14 erþe· in þe siȝt of alle men/ and it disseyueþ men þat dwellen in erþe:
for signes whiche ben ȝouun to it to do in þe siȝt of þe beest/ seiynge
to men dwellynge in erþe: þat þei make an ymage of þe beest· þat haþ
15 þe wounde of swerd· & lyuide/ and it was ȝouun to hym: þat he schul-
de ȝiue spirit to þe ymage of þe beest/ & þat þe ymage of þe beest spe-
ke/ and he schal make þat who euere honouren not þe ymage of þe be-
16 est: be slayn/ And he schal make alle smale & grete· & riche & pore· &
free men & bonde men: to haue a carect[er] in her riȝt hond· eþer in her
17 forhedis/ þat no man mai bie eþer sille: but þei haue þe carect[er]· eþer
18 þe name of þe beest· eþer þe noumbre of his name/ heere he[1] wisdom/
he þat haþ vndirstondyng: acounte þe noumbre of þe beest/ for it is þe
noumbre of man: and his noumbre is sixe hundrid sixti & sixe/

14   And I sauȝ & lo a lombe stood on þe mount of sion/ & with hym an
hundrid þousynde & foure & fourti þousynde hauynge his name: & þe
2 name of his fadir· writun in her forhedis/ and I herde a vois fro heuene·
as þe vois of many watris: & as þe vois of a greet þundur/ and þe vois
3 whiche is herd: was as of many harperis harpinge in her harpis/ and þei
sungen as a new song· bifore þe seete of god: & bifore þe foure bees-
tis & senyours/ And no man myȝte sey þe song: but þei an hundrid þou-
4 synde & foure & fourty þousynde þat ben bouȝt fro þe erþe/ þese it

---

14. [1] *from* worschipiþ (?) *MS*   [2] *from* worschipen *MS*   [3] the

ben: þat ben not defoulid with wymmen/ for þei ben uirgyns/ þese su-
en þe lombe: whidir euer he schal go/ þese ben bouȝt of alle men þe
5 firste fruytis to god & to þe lombe/ and in þe mouþ of hem lesyng is
6 not foundun/ for þei ben wiþouten wem: bifore þe trone of god/ And I
sauȝ an ooþer aungel fleynge bi þe myddil of heuene· hauynge an euer-
lastinge gospel: þat he schulde preche to men sittynge on erþe & on ech
7 folk & lynage & langage & peple: & seide wiþ a greet vois/ drede ȝe
þe lord: and ȝiue ȝe to hym honour· for þe hour of his doom comeþ/
and worschipe ȝe him þat made heuene & erþe: þe see & alle þingis þat
8 ben in hem· & þe wellis of watris/ And an ooþer aungel suede seiynge/
þilke grete babiloyne fel doun· fel doun: whiche ȝaf drynke to alle fol-
9 kis of þe wyn of wraþþe of her fornycacioun/ And þe þridde aungel su-
ede hem: and seide wiþ a greet vois/ if ony man worschipe[1] þe beest &
10 þe ymage of it & takiþ þe caract[er] in his forhed eþer in his hond: þis
schal drynke of þe wyn of goddis wraþþe/ þat is meynd wiþ cleer wyn:
in þe cuppe of his wraþþe/ & schal be turmentid with fier & brymston
11 in þe siȝt of hooli aungels: & bifore þe siȝt of þe lombe/ and þe smoke
of her turmentis: schal stie up in to [the] worldis of worldis/ neþer þei
han reste dai & niȝt: whiche worschipiden[2] þe beest & his ymage· & if
12 ony man take þe carect of his name/ h(e)ere is þe pacience of seintis·
13 whiche kepen þe maundementis of god & þe feiþ of ihū/ And I herde a
vois fro heuene: seiynge to me/ write þou· blessid ben deed men: þat
dien in þe lord/ fro hennes forþ now þe spirit seiþ: þat þei reste of her
14 traueilis/ for þe werkis of hem suen hem/ And y sauȝ & lo a whijt clou-
de: and aboue þe cloude a sittere lijk þe sone of man/ hauynge in his
15 heed a goldun coroun: & in his hond a sharp sikil/ And an ooþer aung-
el wente out of þe temple: and criede wiþ greet vois to him þat saat on
þe cloude/ sende þi sikel & repe: for þe hour comiþ þat it be ropun· for
16 þe corn of þe erþe is rype/ and he þat saat on þe cloude: sente his sikel
17 in to þe erþe· & raap þe erþe/ And an ooþir aungel wente out of þe tem-
ple þat is in heuene: and he also hadde a scharp sikil/ and an ooþer
aungel wente out fro þe auter: þat hadde power on fier & watir/ And he
18 criede with a greet vois· to hym þat hadde a[3] scharp sikil: & seide/ sen-
de þi scharp sikil: and kitte awey þe clustris of þe vynȝerd of þe erþe·
19 for þe grapis of it ben rype/ And þe aungel sente his sikel in to þe erþe·
and gaderide grapis of þe vynȝerd of þe erþe: & sente in to þe greet la-
20 ke of goddis wraþþe/ and þe lake was trodun wiþoute þe citee: and þe
blood wente out of þe lake til to þe bridels of horsis· bi furlongis a þou-
sind & sixe hundrid/

15 And y sauȝ an ooþer signe in heuene greet & wondirful seuene aung-
els hauynge seuene þe laste veniauncis/ for þe wraþþe of god is endid
2 in hem/ And I sauȝ as a glasun see meynd with fier: & hem þat ouer-
camen þe beest & his ymage & þe noumbre of his name· stondynge
3 aboue þe glasun see· hauynge þe harpis of god & syngynge þe song of
moyses þe seruaunt of god· & þe song of þe lombe & seiden/ grete &
wondirful ben þi werkis· lord god almyȝti: þi weies ben iust & trewe

4 lord kyng of worldis/ lord who schal not drede þee: & magnyfie þi na-
me? for þou aloone art merciful/ for alle folkis schul come & worschi-
5 pe in þi siȝt: for þi domes ben opene/ And aftir þese þingis y sauȝ: &
6 lo þe temple of þe tabernacle of witnessyng was openyd in heuene/ And
seuene aungelis hauynge seuene plagis: wenten out of þe temple· &
weren cloþid wiþ a stoon clene & whiȝt: & weren bifore gird wiþ gol-
7 dene girdlis aboute þe brestis/ And oon of þe foure beestis· ȝaf to þe
seuene aungels: seuene goldone viols fulle of þe wraþþe of god· þat ly-
8 ueþ in to worldis of worldis/ and þe temple was fillid wiþ smoke of þe
magestee of god: & of þe uertu of hym/ And no man myȝte entre in to
þe temple: til þe seuene plagis of seuene aungels weren endid/

16 And I herde a greet vois fro heuene: seiynge to þe seuene aungels/
2 go ȝe & schede out þe seuene violis of goddis wraþþe: in to erþe/ And
þe firste aungel wente & schedde out his viole in to þe erþe/ and a
wounde feers & worst was maad on alle þat hadden þe carect of þe
3 beest: & on hem þat worschipiden þe beest & his ymage/ And þe se-
counde aungel schedde out his viole in to þe see: and þe blood was
4 maad as of a deed þing/ and ech man lyuynge: was deed in þe see/ And
þe þridde aungel schedde out his viole on þe floodis & on þe wellis of
5 watris: & seide/ iust art þou lord: þat art & þat were hooli: þat demest
6 þese þingis/ for þei schedden out þe blood of halewis & prophetis: and
7 þou hast ȝouen to hem blood to drynke/ for þei ben worþi/ And I her-
de an ooþer seiynge/ ȝhe lord god almyȝti: trewe & iust ben þi domes/
8 And þe fourþe aungel schedde out his viole in to þe sunne: and it was
9 ȝouun to hym to turmente men wiþ heete & fier/ and men swaliden wiþ
greet heete: & blasfemyden þe name of god hauynge power on þese
plagis/ neþer þei diden penaunce: þat þei schulden ȝiue glorie to hym/
10 And þe fifte aungel schedde [out] his viole: on þe seete of þe beest/ and
his kyngdom was maad derk/ and þei eeten togidre her tungis for sore-
11 we: and þei blasfemyden god of heuene for serowis of her woundis·
12 and þei diden not penaunce of her werkis/ And þe sixte aungel sched-
de out his viole· in to þilke greet flood eufrates· and driede þe watir of
13 it: þat wey were maad redi to kyngis fro þe sunne risyng/ And I sauȝ
þree vnclene spiritis bi þe maner of froggis gon out of þe mouþ of þe
dragoun· & of þe mouþ of þe beest· & of þe mouþ of þe fals prophete/
14 for þei ben spiritis of deuelis: makynge signes/ and þei gon forþ to
kyngis of al erþe: to gadere hem in to batel to þe greet dai of almyȝti
15 god/ lo I come as a niȝt þeef/ blessid is he þat wakiþ & kepiþ hise
cloþis: þat he wandre not nakid· & þat þei se not þe filþehed of hym/
16 and he schal gadre hem in to a place: þat is clepid in ebreu hermage-
17 don/ And þe seuenþe aungel schedde out his viole in to þe eir: and a
18 greet vois went out of heuene fro þe trone· & seide/ it is don/ and lei-
tyngis weren maad· & voices & þundris/ and a greet erþe mouyng was
maad: whiche manere neuere was· siþ men weren on erþe· siche erþe
19 mouyng so greet/ and þe greet citee was maad in to þree parties: and þe
citees of heþene men fellen doun/ and greet babiloyn cam in to mynde

bifore god: to ȝiue to it þe cuppe of wyn of þe indignacioun of his
20, 21 wraþþe/ and ech yle fley awey: & hillis ben not foundun/ and greet hail
as a talent: cam doun fro heuene in to men/ and men blasfemyden god
for þe plage of hail· for it was maad ful greet/

17   And oon of þe seuene aungels cam· þat hadde seuene violis: & spak
with me & seide/ come þou· y schal schewe to þee þe dampnacioun of
2   þe greet hoore· þat sittiþ on many watris· wiþ whiche kyngis of erþe di-
den fornycacioun/ and þei þat dwellen in þe erþe ben maad drunkun of
3   þe wyn of hir leccherie/ and he took me in to desert in spirit/ and I sauȝ
a womman sittynge on a reed beest full of names of blasfemye: hau-
4   ynge seuene heedis & ten hornes/ and þe womman was enuyround wiþ
purpur & reed & ouer-gild with gold· & preciouse ston & peerlis·
hauynge a goldone cuppe in hir hond full of abomynaciouns· & vnclen-
5   nesse of her fornycacioun/ & a name writun in þe forhed of hir: mys-
terie/ babiloyn þe greet modir of fornycaciouns: & of abomynaciouns
6   of erþe/ And y sauȝ a womman drunkun of þe blood of seyntis: & of þe
blood of martris of ihū/ and whanne I sauȝ hir: y wondride wiþ greet
7   wondryng/ and þe aungel seide to me/ whi wondrist þou/ y schal sey to
þee þe sacrament of þe womman & of þe beest þat beriþ hir: þat haþ
8   seuene hedis & ten hornes/ `&´ þe beest whiche þou seest: was & is
not/ and sche schal stie *up* fro depnesse· and sche schal go in to peri-
schyng· and men dwellynge in erþe schul wondre: whos names ben not
writun in þe book of lijf· fro þe makyng of þe world/ seynge þe beest
9   þat was & is not/ and þis is þe witt: who þat haþ wisdom/ þe seuene
hedis ben seuene hillis: on whiche þe womman sittiþ/ and kyngis seue-
10 ne ben/ fyue han falle doun: oon is· and an ooþer comeþ not ȝit/ and
11 whanne he schal come· it bihoueþ him to dwelle a schort tyme/ and þe
beest þat was & is not· and sche is þe eiȝtþe: & is of þe seuene· & schal
12 go in to perischyng/ and þe ten hornes· whiche þou hast seen: ben ten
kyngis· þat ȝit han not take kyngdom/ but ȝei schul take power as kyng-
13 is: oon hour aftir þe beest/ þese han a counseil: & schul bitake her uer-
14 tu & power to þe beest/ þese schul fiȝte wiþ þe lombe: and þe lombe
schal ouercome hem· for he is lord of lordis· & kyng of kyngis/ and þei
15 þat ben wiþ hym: ben clepid chosun & feiþful/ And he seide to me/ þe
watris whiche þou hast seen· where þe hoore sittiþ: ben puplis & folkis
16 & langagis/ And þe ten hornes þat þou hast seen in þe beest: þese schul
make hir desolat & nakid/ and schul ete þe fleischis of hir: and schul
17 brenne togidre hir wiþ fier/ for god ȝaf in to þe hertis of hem: þat þei
do þat þat is plesaunt to hym/ þat þei ȝiue her kyngdom to þe beest: til
18 þe wordis of god be endid/ And þe womman whom þou hast seen: is
þe greet citee þat haþ kyngdom on kyngis of þe erþe/

18   And aftir þese þingis y sauȝ an ooþer aungel comynge doun fro
2   heuene hauynge greet power· and þe erþe was liȝtned of his glorie/ and
he criede wiþ strong vois: & seide/ greet babiloyne fel doun fel doun:
& is maad þe habitacioun of deuelis· & þe kepyng of ech vnclene spi-
3   rit· & þe kepyng of ech vnclene foul· & hateful: for alle folkis drunken

of þe wraþþe of fornycacioun of hir/ And kyngis of þe erþe & mar-
chauntis of þe erþe: diden fornycacioun wiþ hir/ and þei ben maad ri-
4 che of þe uertu of delices of hir/ And I herde an ooþer vois of heuene:
seiynge/ Mi puple go ȝe out of it· and be ȝe not parceners of þe tres-
5 passis of it: and ȝe schul not resseyue of þe woundis of it/ for þe syn-
nes of it camen til to heuene: and þe lord hadde mynde of þe wickid-
6 nesse of it/ ȝeelde ȝe to it· as sche ȝeeldide to ȝou: and double ȝe dou-
ble þingis· aftir hir werkis/ In þe drynke þat sche medlide to ȝou:
7 mynge ȝe double to hir/ As myche as sche glorifide hir silf & was in de-
lices: so myche turment ȝiueþ to hir & weilyng/ for in hir herte sche
seiþ/ y sitte a queen/ and I am not a widewe: and I schal not se weilyng/
8 and þerfore in o dai hir woundis shul come/ deþ & mournyng & hung-
re: and sche schal be brent in fier/ for god is strong: þat schal deme hir/
9 And þe kyngis of [the] erþe schul biwepe & biweile hem silf on hir· þe
whiche diden fornycacioun wiþ hir & lyueden in delices: whanne þei
10 schul se þe smoke of þe brennyng of it/ stondynge fer for drede of þe
turmentis of it: `&´ seiynge/ wo wo wo þilke greet citee babiloine &
11 þilke strong citee: for in oon hour þi doom comiþ/ & marchauntis of þe
erþe schul wepe on it & mourne: for no man schal bie more þe mar-
12 chaundise of hem/ þe marchaundise of gold & of siluer & of precious
ston· & of peerl· & of bies & of purpur & of silk· & coctyn/ and ech
tree tymus· & alle vessels of yuer· & alle vessels of precious stoon &
13 of bras & of irun & of marble & canel & amonie & of swete smellinge
þingis & oinementis & encense & of wyn & of oile & of flour & of
whete & of werk beestis· & of scheep & of horsis & of cartis & of se-
14 ruauntis & oþere lyues of men/ and þin applis of þe desijr of þi lijf
wenten awei fro þee: & alle fatte þingis & ful cleer perischiden fro þee/
15 and marchaundis of þese þingis schul no more fynde þo þingis/ þei þat
ben maad riche of it: schul stonde fer for drede of turmentis of it·
16 wepynge & mournynge & seiynge/ wo wo· þilke grete citee· þat was
cloþid wiþ bijs & purpur & reed scarlet· & was ouergild wiþ gold &
17 precious stoon & margaritis: for in oon hour so many richessis ben des-
titute/ & eche gouernour & alle þat sailen bi schip in to place & mary-
18 ners· & þat worchen in þe see: stoden fer & crieden/ seynge þe place
19 of þe brennyng of it: seiynge/ what is lijk þis greet citee/ And þei cas-
ten poudre on her hedis: & crieden wepynge & mournynge & seiynge/
wo wo þilke greet citee in whiche alle þat han schippis in þe see ben
20 maad riche of prices of it: for in oon hour it is desolat/ heuene & hooli
apostlis & prophetis· make ȝe full out ioie on it: for god haþ demyd
21 ȝoure doom of it/ And o strong aungel took up a stoon as a greet myl-
ne stoon: & keste in to þe see· & seide/ In þis bire þilke greet citee ba-
22 biloyne schal be sent: and now it schal no more be foundun/ and þe vois
of harpis· & of men of musik· & syngynge wiþ pipe & trumpe: schal
nomore be herd in it/ and ech crafty man· & ech craft: schal nomore be
foundun in it/ and þe vois of mylne stoon schal nomore be herd in þee:
23 and þe liȝt of lanterne schal nomore schyne to þee· `and þe vois of þe

hosebonde & of þe wijf shal nomore [ȝit] be herd in þee´ for þi mar-
chauntis weren princis of þe erþe/ for in þi wicchecraftis· alle folkis er-
24 riden: and þe blood of prophetis & seyntis is foundun in it· & of alle
men þat ben slayn in erþe/

19 Aftir þese þingis y herde· as a greet vois of many trumpis in heuene:
2 seiynge alleluya/ heriing & glorie & vertu is to oure god/ for trewe &
iust ben þe domes of hym· whiche demyde of þe greet hoore þat de-
foulide þe erþe in hir leccherie/ and vengide þe blood of hise seruaun-
3 tis: of þe hondis of hir/ and eft þei seiden· alleluya/ and þe smoke of
4 him[1] stieþ up: in to þe worldis of worldis/ And þe foure & fourti seny-
ours· & foure beestis fellen doun· & worschipiden god sittynge on þe
5 trone· & seiden· amen alleluya/ And a vois wente out of þe trone: & sei-
de/ Alle þe seruauntis of oure god sey ȝe heriyngis to oure god: & ȝe
6 þat dreden god smale & grete/ And I herde a vois of a greet trumpe· as
þe vois of many watris· & as þe vois of grete þundris seiynge alleluya:
7 for oure lord god almyȝti haþ regned/ ioie we & make we myrþe: &
ȝiue glorie to him/ for þe weddingis of þe lomb camen: & þe wyff of
8 him made redi hir silf/ and it is ȝouun to hir: þat sche kyuere hir with
whijt bissyn schynynge/ forwhi bissyn is iustifiyngis of seyntis/ And he
seide to me/ write þou· blessid ben þei þat ben clepid to þe soper of
9 weddyngis of þe lomb/ And he seide to me/ þese wordis of god ben tre-
10 we/ And I fel doun bifore his feet: to worschipe him/ and he seide to
me/ se þou þat þou do not/ y am a seruaunt wiþ þee· & of þi briþeren:
hauynge þe witnessyng of ihū· worschipe þou god/ for þe witnessyng
11 of ihū: is spirit of prophecie/ And I sauȝ heuene openyd: and lo a whijt
hors/ and he þat saat on him was clepid feiþful & soþfast· and wiþ
12 riȝtwisnesse he demyþ & fiȝtiþ/ And þe iȝen of him weren as flawme
of fier: & in his heed many diademes/ and he hadde a name writun·
13 whiche no man knew: but he/ and he was cloþid in a cloþ spreynt with
14 blood: and þe name of him was clepid þe sone of god/ and þe oostis þat
ben in heuene: sueden hym on white horsis· cloþid wiþ bissyn whijt &
15 clene/ & a swerd scharp on ech side cam forþ of his mouþ: þat wiþ it
he smyte folkis/ & he schal reule hem wiþ an irun ȝerde/ and he trediþ
þe pressour of wyn of strong veniaunce of þe wraþþe of almyȝti god/
16 and he haþ writun in his cloþ & in þe hemme: kyng of kyngis & lord
17 of lordis/ And I sauȝ an aungel stondinge in þe sunne: and he criede
wiþ greet vois· & seide to alle briddis þat flowen bi þe myddil of heue-
18 ne/ Come ȝe & be ȝe gaderid to þe greet soper of god: þat ȝe ete þe
fleish of kyngis· & fleish of tribunes· & fleish of stronge men· & fleish
of horsis & of þo þat sitten on hem/ & þe fleish of alle fre men & boon-
19 de men: & of smale & of grete/ And I sauȝ þe beest & þe kyngis of [the]
erþe· & þe oostis of hem gaderid: to make batel with him þat sat on þe
20 hors & wiþ his oost/ and þe beest was cauȝt: & with hir þe fals pro-

---

19. [1] it   [2] of

phete· þat made signes bifore hir/ in whiche he disseyuede hem þat to-
ken þe carect of þe beest: & þat worschipiden þe ymage of it/ þese
tweyne weren sent quyke: in to þe pool of fier brennynge wiþ brym-
21 stoon/ and þe oþere weren slayn wiþ[2] þe swerd of him þat saat on þe
hors· þat comeþ forþ of þe mouþ of him· and alle briddis weren fillid
with þe fleish of hem/

20   And y sauȝ an aungel comynge doun fro heuene· hauynge þe keie of
2 depnesse: & a greet chayne in his hond/ and he cauȝte þe dragoun· þe
olde serpent þat is þe deuel & sathanas: and he boond him bi a þou-
3 synde ȝeris/ and he sente him in to depnesse & closide on him: þat he
disseyue nomore þe folkis· til a þousynde ȝeeris be fillid/ aftir þese
4 þingis it bihouiþ him to be vnboundun a litil tyme/ And I sauȝ seetis·
and þei saten on hem: and doom was ȝouun to hem/ and þe soules of
men bihedid for þe witnessyng of ihū & for þe word of god· & hem þat
worschipiden not þe beest· neþir þe ymage of it: neþer token þe carect
of it in her forhedis neþer in her hondis· & þei lyueden: & regnyden
5 wiþ crist a þousynde ȝeris/ oþere of dede men lyueden not: til a þou-
6 synde ȝeris weren[1] endid/ þis is þe firste aȝenrisyng/ blessid & hooli is
he þat haþ part in þe firste aȝenrisyng/ in þese men: þe secounde deþ
haþ not power/ but þei schul be prestis of god & of crist: and þei shul
7 regne wiþ hym a þousynde ȝeeris/ And whanne a þousynde ȝeeris schul
be endid: sathanas schal be vnboundun of his prisoun/ and he schal go
out & schal disseyue folkis· þat ben on foure corners of þe erþe· gog &
magog/ and he schal gadre hem in to batel: whos noumbre is as þe
8 grauel of þe see/ and þei stieden up on þe broodnesse of erþe: and en-
9 virownyde þe castellis of seyntis & þe louyd citee/ and fier cam doun
of god fro heuene: & deuouride hem/ and þe deuel þat disseyuede hem:
10 was sent in to þe pool of fier & of brymstoon where boþe þe beest &
false prophetis schul be turmentid dai & niȝt: in to worldis of worldis
11 amen/ And I sauȝ a greet whijt trone· & oon sittynge on it: fro whos siȝt
12 erþe fledde & heuene & þe place is not foundun of hem/ and I sauȝ de-
de men grete & smale stondynge in þe siȝt of þe trone· and bookis we-
ren openyd: and dede men weren demyd of þese þingis þat weren wri-
13 tun in þe bookis aftir þe werkis of hem/ and þe see ȝaf hise dede men:
þat weren in it/ and deþ & helle ȝauen her dede men þat weren in hem/
14 & it is[2] demed to[3] ech: aftir þe werkis of hem/ and helle & deþ weren
15 sent in to a pool of fier/ þis is þe secounde deþ/ and he þat was not
foundun writun in þe book of lijf: was sent in to þe pool of fier/

21   And I sauȝ new heuene & new erþe/ for þe firste heuene & þe firste
2 erþe wenten awey: and þe see is not now/ And I Joon sauȝ þe hooli ci-
tee ierusalem newe comynge doun fro heuene maad redi of god· as a
3 wijf ourned to hir hosebonde/ And y herde a greet vois fro þe trone:

---

20. [1] ben   [2] was   [3] of

seiynge/ lo þe tabernacle of god is wiþ men: and he schal dwelle wiþ
hem/ and þei schul be his puple: and he god wiþ hem schal be her god/
4 and god schal wipe awey ech teer fro þe iȝen of hem/ & deþ schal no-
more be· neþer mournyng neþer criyng neþer serowe schal be ouer:
5 whiche firste þingis wenten awey/ And he seide þat saat in þe trone/ lo
y make alle þingis newe/ And he seide to me/ wryte þou for þese wor-
6 dis ben moost feiþful & trewe/ And he seide to me/ it is doon/ I am al-
pha & oo· þe bigynnyng & ende/ y schal ȝiue freli of þe welle of quyk
7 watir: to hym þat þirstiþ/ he þat schal ouercome: schal weelde þese
8 þingis/ and I schal be god to hym: and he schal be sone to me/ but to
ferdful men & vnbileueful & cursid & manquellers & fornycatours· &
to wicchis & worschipers of idols & `to´ alle liers· þe part of hem schal
be in þe pool brennynge wiþ fier & brymston· þat is þe secounde deþ/
9 And oon cam of þe seuene aungels hauynge fiolis fulle of seuene þe
laste veniauncis/ And he spak with me & seide/ come þou and I schal
10 schewe to þee þe spousesse þe wijf of þe lomb/ and he took me up in
spirit: in to a greet hil & hiȝ/ And he schewide to me þe hooli citee ie-
11 rusalem comynge doun fro heuene of god: hauynge þe cleertee of god/
12 and þe liȝt of it lijk a precious stoon: as þe stoon iaspis· as cristal/ and
it hadde a wall greet & hiȝ: hauynge twelue ȝatis/ & in þe ȝatis of it
twelue aungels: & names writun yn· þat ben þe names of twelue lyna-
13 gis of þe sones of israel/ fro þe eest· þre ȝatis· & fro þe norþ þre ȝatis·
14 fro þe souþ þre ȝatis· & fro þe west þre ȝatis/ And þe wall of þe citee
hadde twelue foundementis: & in hem þe twelue names of twelue
15 apostlis & of þe lomb/ And he þat spak wiþ me hadde a goldun mesu-
re of a rehed: þat he schulde mete þe citee· & þe ȝatis of it & þe wall/
16 and þe citee was sett in square/ and þe lengþe of it is so myche· as my-
che as is þe brede/ And he maat þe citee with þe rehed bi furlongis twe-
lue þousyndis/ and þe heiȝþe & þe lengþe & breede of it: ben euene/
17 and he maat þe wallis of it of an hundrid & foure & fourti cubitis: bi
18 mesure of man þat is of an aungel/ And þe bildyng of þe wall þeroff
was of þe ston iaspis/ and þe citee it silf was clene gold lijk clene glas/
19 and þe foundementis of þe wall of þe citee· weren ourned with al pre-
cious stoon/ þe firste foundement: iaspis/ þe secounde saphirus/ þe
20 þridde: calcedonyus/ þe fourþe: smaragdus/ þe fyfþe sardony/ þe six-
te: sardius/ þe seuenþe: crisolitus/ þe eiȝtþe: berillus/ þe nynþe: thopa-
sius/ þe tenþe: crisopassus/ þe elleuenþe: iacinctus/ þe twelfþe: ame-
21 tistus/ And (in) *þe* twelue ȝatis ben twelue margaritis bi ech· and ech
ȝate was of ech margarite/ and þe stretis of þe citee weren clene gold:
22 as of glas ful schynynge/ and I sauȝ no temple in it/ for þe lord god al-
23 myȝti & þe lombe: is temple of it/ and þe citee haþ no neede of sunne
neþer moone: þat þei schyne in it/ For þe cleertee of god schal liȝtne it:
24 and þe lombe is þe lanterne of it/ and folkis schul walke in liȝt of it: &
25 þe kyngis of [*the*] erþe· schul brynge her glorie & honour in to it/ and
26 þe ȝatis of it schul not be closid bi day· and niȝt schal not be þere/ and
27 þei schul brynge þe glorie & honour of folkis in to it/ neþer ony man

defoulid & doynge abhomynacioun & lesyng· shal entre in to it/ but þei
þat ben writun: in þe book of lyf & of þe lomb/

22   And he schewide to me a flood of quyk watir schyninge as cristal:
2 comynge forþ of þe seete of god & of þe lombe· in þe myddil of þe
street of it/ & on ech side of þe flood· þe tree of lijf bryngynge forþ
twelue fruytis: ȝeldinge his fruyt bi ech monþe/ and þe leues of þe tree:
3 ben to helþe of folkis/ and ech cursid þing schal nomore be/ but þe see-
tis of god & of þe lombe schul be in it/ and þe seruauntis of hym: schul
4, 5 serue to hym/ and þei schul se his face & his name in her forhedis/ and
niȝt schal no-more be/ and þei schul not haue neede to þe liȝt of lan-
terne: neþer to liȝt of sunne/ for þe lord god schal liȝtne hem· and þei
6 schul regne in to worldis of worldis/ And he seide to me/ þese wordis
ben moost feiþful & trewe/ and þe lord god of spiritis of prophetis· sen-
te his aungel: to schewe hise seruauntis· what þingis it bihouiþ to be
7 don soone/ and lo I come swiftly/ blessid is he: þat kepiþ þe wordis of
8 prophecie of þis book/ and I am ioon: þat herde & sauȝ þese þingis/ and
aftirward þat I hadde herd & seen· y fel doun to worschipe bifore þe
9 feet of þe aungel þat schewide to me þese þingis/ and he seide to me:
se þou þat þou do not/ for I am seruaunt wiþ þee: & of þi breþeren
prophetis· & of hem þat kepen þe wordis of prophecie of þis book/
10 worschipe þou god/ and he seide to me/ signe eþer seele þou not þe
11 wordis of prophecie of þis book/ for þe tyme is niȝ/ he þat noieþ: noie
he ȝit/ and he þat is in filþis: wexe *he* foul ȝit/ and a iust man: be iusti-
12 fied ȝit/ and þe hooli be halewid ȝit/ lo y come soone· & my meede wiþ
13 me: to ȝeelde to ech man aftir hise werkis/ y am alpha & oo: þe firste
14 & þe laste· biginnyng & ende/ blessid be þei þat waischen her stolis:
þat þe power of hem be in þe tree of lijf· & entre bi þe ȝatis in to þe ci-
15 tee/ for wiþoutenforþ· houndis & wicchis & vnchast men & manquel-
16 lers· & seruynge to ydols· & ech þat loueþ & makiþ lesyng/ I ihc̄ sen-
te myn aungel to witnesse to ȝou þese þingis in chirchis/ y am þe roo-
17 te & kyn of dauid: & þe schynynge morewe sterre/ and þe spirit & þe
spouse`s´ seyn/ come þou· & he þat heeriþ: sey· come þou/ and he þat
18 þristiþ come/ and he þat wole: take he freli þe watir of lijf/ And I wit-
19 nesse to ech man: heerynge þe wordis of prophecie of þis book/ if ony
man schal putte to þese þingis: god schal putte on hym: þe veniauncis
writun in þis book/ and if ony man do awey of þe wordis of þe book of
þis prophecie: god schal take awey þe part of him fro þe book of lijf·
20 & fro þe hooli citee: & fro þese þingis þat ben writun in þis book/ he
seiþ þat beriþ witnessyng of þese þingis: ȝhe amen/ I come soone
21 Amen/ come þou lord ihū/ þe grace of oure lord ihū crist: be wiþ ȝou
alle Amen/

Heere endiþ þe apocalips· [*the laste book of the Bible*]· *þat Joon*
wroot in þe ile of Pathmos/ þe whiche is þe ende of þe newe testament·
[*and here suwen the names of alle the bookis as thei stonden in ordre*
in this Bible with the noumbre of her chapitris]

Notes

Mt. P. 1 primus ponitur

1.25 et vocavit

2.2 adorare   10 videntes   gavisi sunt   22 Galilaeae

3.7 dixit   8 fructum

5.10 justitiam   13 nisi   15 ponunt   22 gehennae ignis   27 non moechaberis   28 ad concupiscendum   29 eum   30 neque per caput tuum juraveris   37 a malo est   40 ei   42 ne avertaris   44 oderunt

6.2 ante   9 sic ergo   10 adveniat   15 vobis   18 in abscondito   20 thesaurizate   24 mammonae   29 quoniam   32 enim   33 justitiam

7.1 ut non judicemini   4 quomodo   5 ejice   10 porriget   14 et arcta via   15 lupi rapaces   18 neque arbor mala bonos fructus facere   22 ejecimus   23 discedite   25 fundata

8.11 et occidente   12 regni   13 fiat tibi   28 Gerasenorum   31 ejicis nos

9.11 videntes   dicebant   13 discite   14 quare nos et pharisaei jejunamus   28 dicunt   31 diffamaverunt

10.2 dicitur   14 neque   21 Tradet autem frater fratrem in mortem   30 Vestri autem capilli capitis omnes   33 negabo et ego eum

11.1 inde   4 renuntiate   13 usque ad Joannem   23 in caelum   25 Pater Domine   28 venite   30 jugum enim meum   onus meum leve

12.2 quod   10 accusarent   11 erit   unam   18 quem   27 filii vestri in quod ejiciunt   29 prius alligaverit   34 enim   46 ei

13.4 ea   11 Quia vobis datum est   14 et adimpletur in eis prophetia Isaiae dicentis   27 nonne bonum semen seminasti   28 Vis imus   54 huic   55 nonne hic est   56 huic omnia ista

14.3 in carcerem   7 postulasset   21 exceptis mulieribus   26 ambulantem

15.9 sine causa autem colunt me   10 intelligite   14 caeci   16 adhuc et vos sine intellectu estis   19 enim   21 Sidonis   24 perierunt   30 debiles   projecerunt eos   31 videntes   36 fregit   37 sportas

16.6 cavete   Sadducaeorum   19 solutum   21 principibus   23 vade   27 unicuique

17.5 et ecce vox de nube   dicens   14 genibus   19 impossibile   20 illum sumens

18.7 enim   12 alicui   13 super eam   15 inter te et ipsum   17 Quod   18 quaecumque   28 debebat

19.3 tentantes eum   4 non legistis   8 quoniam   10 cum uxore   12 regnum   capiat   28 Jesus autem

20.5 similiter   16 primi novissimi   multi enim   vero   18 scribis   19 resurget   22 calicem quem ego bibiturus sum   23 quibus   31 magis

21.1 tunc Jesus misit   2 adducite   8 straverunt   20 videntes discipuli mirati sunt dicentes   28 vobis   29 nolo   30 similiter   31 Amen   in regnum   32 enim   in via   35 alium

22.7 homicidas illos   9 ad exitus   11 intravit autem rex   16 dicentes   verax   19 numisma census   25 erant autem apud nos septem fratres   29 nescientes   virtutem   44 donec

23.2 sederunt scribae et Pharisaei   5 fimbrias   14 amplius   16 nihil   26 id quod   28 iniquitate

24.12 abundabit   13 perseveraverit   20 sabbato   21 non fuit   usque modo 22 illi   26 ecce in penetralibus   32 et folia nata   38 usque ad eum diem   39 ita erit et adventus   40 in agro

25.1 Tunc   7 illae   10 quae   15 alii autem   18 in terram   19 illorum 20 superlucratus sum   41 a sinistris   discedite

26.7 effudit   8 ut quid perditio haec   9 enim   10 enim   13 Amen   15 argenteos   18 quemdam   19 paraverunt pascha   22 numquid ego sum   25 numquid ego sum   26 comedite   41 quidem   42 illum   48 osculatus fuero 64 amodo   caeli   67 in faciem ejus   alii autem   70 omnibus   73 Et post pusillum

27.14 non respondit ei ad ullum verbum   15 vinctum   29 plectentes posuerunt 31 ut crucifigerent   34 mistum   35 Postquam autem   diviserunt   42 fecit 45 usque ad   59 involvit   65 custodite

28.4 mortui   11 nuntiaverunt principibus   19 docete   20 consummationem

Mk. 1.5 confitentes   7 solvere   40 et genu flexu   44 principi

2.8 quo statim cognito Jesus   13 docebat eos   18 dicunt

3.6 perderent   7 et Judaea   8 venerunt   9 sibi deserviret   34 eos

4.4 dum   9 audiat   10 duodecim   13 quomodo omnes parabolas cognoscetis 16 super   19 arumnae   24 et adjicietur vobis   25 etiam   39 tace   40 necdum habetis fidem

5.10 se   22 nomine Jairus   24 sequebatur   29 corpore

6.2 unde huic haec omnia   5 nisi   11 quicumque non receperint vos nec audierint vos   23 licet dimidiam regni mei   28 puella dedit matri suae   30 renuntiaverunt ei omnia   37 manducare   40 quinquagenos   48 ambulans   venit 49 putaverunt phantasma esse

7.4 alia multa sunt   calicum   8 mandatum   baptismata   10 moriatur   37 eo amplius   et surdos fecit audire

8.8 quod superaverat   15 cavete   19 sustulistis   22 rogabant eum   ut illum tangeret   31 et scribis

9.3 apparuit   4 et faciamus   15 conquiritis   17 spumat   20 quantum temporis est   30 quoniam   41 mola asinaria

10.5 quibus   ait   12 dimiserit   17 in viam   21 sequere me   23 quam difficile   37 da nobis   et alius   40 quibus   41 et Joanne   43 voluerit fieri major

11.2 super quem   13 non enim erat tempus ficorum   14 Jam non amplius in aeternum ex te fructum quisquam manducet   18 enim   23 haesitaverit   28 dicunt 31 credidistis

12.6 reverebuntur   8 et ejecerunt   14 hominum   17 Caesaris   20 septem ergo fratres erant   25 enim   neque   29 mandatum   30 Hoc est   32 unus est Deus   39 et primos discubitus   42 una   44 haec

13.8 initium   9 enim   15 super tectum   20 omnis   27 a summo   36 venerit

14.1 summi   5 fremebant   7 enim   9 haec   10 summos   12 primo die 20 manum   31 oportuerit   40 enim   43 summis   47 summi   56 enim 58 audivimus   61 summus   63 summus   66 summi   69 hic   72 recordatus est

15.1 summi   3 summi   7 erat autem   dicebatur   fecerat   seditione   9 Vultis dimittam   10 summi   20 educunt illum   24 quis quid tolleret   crucifi-

gunt   31 summi   fecit   36 unus   38 scissum   39 ex adverso   40 quas
42 quod
   16.1 Salome   15 praedicate

Lk. P. 3 crimine   nam   5 septuaginta
   1.14 exsultatio   15 enim   et   18 in diebus suis   19 ego sum Gabriel   28
Dominum tecum   30 Ne timeas Maria   32 Hic   45 ea   52 de sede   65 eo-
rum   66 etenim   76 propheta   80 usque in diem
   2.1 a Caesare Augusto   7 non erat eis locus in diversorio   8 vigilantes   17
videntes   32 plebis tuae   34 hic   37 haec   usque ad   38 haec   50 quod
   3.17 ventilabrum   paleas   31 qui fuit Mathata
   4.21 haec scriptura   26 mulierem viduam   40 singulis   43 quibus   ideo
   5.1 irruerent   4 laxate   34 quibus   36 quia
   6.4 cum ipso   12 exiit   23 enim   39 nonne ambo in foveam cadunt   48 il-
lisum   49 illisus
   7.10 qui   13 Quam cum vidisset Dominus (et visam eam; /et/ cum vidisset (vi-
dens /autem/ illam)   16 et quia   17 in omnem circa regionem   20 an alium ex-
spectamus   27 praeparabit viam tuam   34 amicus   peccatorum   41 cuidam
foeneratori   44 haec   46 haec
   8.3 facultatibus   8 ortum   24 at ille surgens increpavit   33 ergo   35 dae-
monia   42 fere annorum duodecim   comprimebatur   45 quis est qui   46 nam
   9.1 et ut   3 neque   5 receperint   supra illos   7 eo quod   13 illis   nobis
hanc   19 alii   41 apud   45 erat velatum   49 nobiscum   53 facies ejus erat
euntis in Jerusalem
   10.15 usque ad caelum   usque ad infernum   19 et scorpiones   20 in hoc
25 quid   34 duxit   35 habe   reddam tibi   39 huic erat soror
   11.14 admiratae sunt turbae   19 ejiciunt   32 et ecce   42 autem   et illa non
omittere
   12.3 in tectis   15 cavete   16 ad illos   33 facite   39 vigilaret   45 inebria-
ri   46 et hora   58 da operam liberari
   13.1 miscuit   4 in Siloe   7 venio   9 sin autem   17 omnes adversarii ejus
23 qui salvantur   32 dicite   33 sequenti die
   14.3 licet   5 non continuo extrahet illum   21 caecos   23 compelle intrare
32 mittens   rogat   33 omnibus   35 neque
   15.2 hic   12 et dixit adolescentior ex illis   13 in regionem longinquam   17
in se   in domo patris mei   28 egressus   29 nunquam dedisti
   16.2 poteris   13 Deo servire   21 saturari   23 elevans   in tormentis   25
et Lazarus
   17.3 attendite vobis   11 per mediam Samariam   23 sectemini
   18.11 adulteri   14 hic   29 parentes
   19.11 adjiciens   19 et tu esto   21 enim   homo austerus; + 22   27 illos
30 cui   35 jactantes   imposuerunt   36 substernebant   41 videns   flevit
44 lapidem super lapidem   47 perdere
   20.14 coloni   36 resurrectionis   43 donec
   21.16 et fratribus et cognatis et amicis   23 populo huic   34 curis
   22.36 similiter et peram   40 pervenisset ad locum   41 quantum   56 hic
59 hic   60 nescio   67 non credetis   68 non respondebitis   dimittetis
   23.7 qui   11 illusit indutum   12 Herodes et Pilatus   15 nam   18 tolle hunc
22 iste   35 fecit   39 blasphemabat   41 factis   hic   42 memento mei   44
usque in horam nonam

24.13 nomine Emmaus   15 ipse   20 summi   23 visionem angelorum   qui   33 regressi sunt   47 in omnes gentes

Jn. P. 23 tam ... quam

1.5 comprehenderunt   15 ante   18 unigenitus Filius   27 corrigiam   32 mansit   45 quam scripsit Moyses   48 respondit   et dixit

2.5 dixerit   10 inebriati   11 Hoc fecit initium signorum Jesus   in eum   12 et ibi manserunt non multis diebus   25 testimonium perhiberet de homine

3.4 ventrem matris suae   21 quia in Deo sunt facta

4.5 dicitur   9 cum   14 fons aquae   29 dixit   46 erat quidam regulus

5.11 qui me sanum fecit   12 tolle   13 qui sanus fuerat effectus   20 demonstrat ei   24 a morte   30 non possum ego a meipso facere quidquam

6.19 vident   25 venisti   37 omne quod   42 hic   45 et erunt omnes docibiles Dei   46 is ... hic   53 hic   62 dixit   72 hic

7.3 vade   18 injustitia   21 unum opus   23 totum hominem   31 signa   35 hic   44 quidam autem

8.11 Dixit autem Jesus   23 de mundo hoc   24 peccatis   29 placita   34 peccati

9.2 quis   7 videns   8 quia   13 adducunt   17 dicunt   18 caecus   21 nescimus   25 nescio   33 hic   37 Et dicit ei Jesus   38 ait

10.7 quia ego sum   8 venerunt   17 et fiet unum ovile   35 quos   36 quia dixi Filius Dei sum   41 quia   signum

11.19 ad Martham et Mariam   27 Filius Dei vivi   28 adest   31 cito   32 Domine   33 Jesus ergo ut vidit   infremuit   34 Domine   37 hic   38 fremens   40 quoniam   43 veni   45 et Martham   53 cogitaverunt   56 cognoverit

12.3 Maria ergo   5 et datum est egenis   9 cognovit   16 quia   19 abiit   29 tonitruum esse factum   35 ergo   dixit   nescit   37 in eum   41 et locutus est de eo   49 quid dicam

13.16 neque apostolus major est   25 Domine   27 citius   30 autem   31 ergo   exisset   32 et Deus   34 sicut dilexi vos

14.3 et praeparavero   9 tanto tempore   10 manens   11 et Pater in me /est/   13 quodcumque   26 suggeret vobis

15.5 hic   10 servaveritis   11 impleatur   12 dilexi   14 feceritis   15 non dicam   autem   dixi   nota feci   24 et oderunt

16.4 locutus sum   cum venerit hora eorum   6 locutus sum   15 quaecumque quia

17.2 potestatem omnis carnis   3 haec est autem vita aeterna   4 mihi   6 tui erant   11 dedisti   19 ut sint et ipsi   20 credituri sunt   24 dedisti

18.31 dixit   34 dixerunt   36 decertarent   37 in mundum   39 vobis

19.2 et flagellavit   9 ad Jesum   13 qui dicitur Lithostrotos   17 in eum qui dicitur Calvariae locum   22 quod   29 aceto   spongiam plenam aceto hyssopo circumponentes   obtulerunt   30 ergo   accepisset   acetum   inclinato capite tradidit spiritum   32 crura   36 impleretur   37 in quem   38 eo quod esset 41 hortus

20.7 unum   27 dicit   29 credidisti   31 Haec autem scripta sunt

21.3 et ascenderunt   10 quos   21 hunc   hic   25 per singula   ipsum eos ... libros

Rom. P. 1 intellegere nos oportet   5 exempla   plenissime   6 digesta   7 futuras   9 moysi datam   10 illi quoque   11 ad nostram memoriam   13 ergo

17 Nos de aegypto liberati mare siccis transivimus pedibus   18 pharao cum exerci-
tu mersus interiit   19 manna pluit   20 quae enumerare perlongum est   22 no-
bis ex lege fuerit repromissus   23 gentes   24 daemoniis deseruistis   25 Ae-
quumne ergo est   conuertentes   nobis comparemini   29 Gentes   31 tanto
uos reos criminis   33 qui post dei vocem auditam   uobis idola fabricastis   35
qui dominum uobis prophetarum uocibus repromissum   37 nobis de eo nemo
praedixerit   39 perspicue patet   quod autem   43 medium   44 praeputium
45 uicissim autem   46 ad unitatem hortatur   47 hoc ... meruisse   48 deputan-
dum   49 deliquisse   51 gentes ... deliquisse   52 decem epistolas ad ecclesias
conscripserit: Decem sunt enim   54 ad discipulos familiariter sunt porrectae   55
nouum   non discrepare   56 a ueteri testamento   et se   58 instituit   59 libe-
ratos   60 edocet adquisitos   63 ad hebraeos inscribitur   64 quidam pauli non
esse adfirmant   eo quod   65 distantiam   67 uel certe clementis   68 quibus
69 respondendum est   70 nec   72 esse credenda est   74 quasi destructor legis
... habebatur   77 non est sane mirum   78 quam in peregrino   80 romanorum
epistola   in primo   81 manifestet   87 ut prima poneretur   quae ad inferiores
fuerat destinata   88 et per singulas epistolas.

1.13 prohibitus sum   usque adhuc   15 vobis qui Romae estis   25 servierunt
creaturae

2.4 An ... contemnis   22 non moechandum   26 justitias

3.4 omnis autem homo mendax   et vincas   14 quorum os   21 et prophetis
30 quoniam quidem unus est Deus

4.2 est   11 signaculum   15 nec praevaricatio   23 justitiam   24 quibus

5.13 usque ad legem   13 usque ad Moysen   17 abundantiam gratiae ... accipi-
entes   21 per Jesum Christum

6.4 surrexit   10 quod autem vivit   19 infirmitatem   ad iniquitatem

7.1 vivit   3 vivente viro ... cum alio viro (haplogr.)   10 ad mortem

8.3 impossibile   17 heredes quidem   18 existimo   30 quos (2×)   31 si
Deus pro nobis   39 in Christo Jesu

9.5 ex quibus   17 Pharaoni   20 quis   23 divitias

10.3 justitiam

11.25 contigit   32 conclusit enim Deus omnia

12.3 non plus   10 charitate

13.6 ideo enim   12 et induamur arma lucis

14.2 alius   6 gratias enim agit   14 commune

15.22 usque adhuc   28 in Hispaniam

16.2 astitit   4 quibus   17 dissensiones   24 cum omnibus vobis   27 saecu-
lorum

I Cor. 1.11 significatum est enim mihi de vobis fratres mei ab iis qui sunt Chloes
16 Stephanae   19 perdam   24 ipsis autem vocatis Judaeis atque Graecis

2.3 et tremore multo   8 nunquam Dominum gloriae crucifixissent   9 praepara-
vit   14 quia spiritualiter examinatur

4.1 mysteriorum   2 hic jam quaeritur   8 regnetis

5.2 et vos inflati estis   4 Domini nostri Jesu   8 et nequitiae   10 aut avaris
11 scripsi   non commisceri   nec cibum sumere

6.4 illos   8 sed vos injuriam facitis   13 Deus autem   15 faciam membra me-
retricis

7.5 revertimini   9 Quod si   melius est   13 hic   16 si virum salvum faci-
es   si mulierem salvam facies   19 mandatorum   21 fieri liber   magis utere
25 tamquam misericordiam consecutus

8.2 si quis autem

9.1 Christum Jesum Dominum nostrum   9 trituranti   15 autem

10.1 nolo   4 bibebant autem de spiritali consequente eos petra   11 in quos
12 qui se existimat stare   13 vos non apprehendat   16 quem   20 nolo   29
conscientiam autem dico non tuam

11.13 orare Deum   16 non   18 credo   23 quod   26 et calicem bibetis
31 non utique judicaremur

12.29–30 numquid omnes doctores? numquid omnes virtutes?   31 aemulamini

13.1 tinniens   8 numquid excidit   11 evacuavi

14.19 volo ... loqui   21 scriptum est quoniam   22 sed fidelibus   36 an a vo-
bis verbum Dei processit   39 Itaque fratres aemulamini prophetare

15.1 Notum autem vobis facio fratres evangelium   2 qua ratione   praedicave-
rim vobis   si tenetis   nisi frustra credidistis   10 fuit   20 resurrexit   28 qui
subjecit sibi omnia   29 si omnino mortui non resurgunt   39 alia autem piscium
40 Et corpora caelestia   et corpora terrestria   49 imaginem caelestis

16.2 apud   6 ut vos   8 usque ad   13 vigilate   22 Maranatha

II Cor. 1.6 quas et nos patimur   7 sic eritis et consolationis   20 in illo
Est   ideo et per ipsum Amen   21 et qui unxit nos Deus   23 invoco

2.1 hoc ipsum   4 abundantius   9 experimentum

3.3 lapideis   7 litteris   11 evacuatur

4.1 Ideo   3 opertum   8 non destituimur   12 vita autem in vobis   13 prop-
ter quod locutus sum   16 sed licet   renovatur

5.4 nam et qui sumus   21 peccatum

6.10 semper autem gaudentes   12 visceribus

7.2 corrupimus   3 et ad convivendum

8.7 ut et   17 exhortationem   20 in hac plenitudine   23 sive fratres nostri

9.4 et invenerint   ut non dicamus vos   5 et praeparent

10.2 per eam confidentiam qua existimor audere

11.4 praedicavimus   9 sine onere me vobis servavi et servabo   19 suffertis
cum sitis ipsi sapientes   20 sustinetis   21 audeo et ego   23 supra modum   25
nocte et die   32 gentis Aretae

12.2 usque ad   3 nescio   11 supra modum   14 quae   15 et superimpendar

13.4 etsi crucifixus est   13 sit cum omnibus vobis

Gal. 1.4 et Deo Patre   9 anathema sit   13 quoniam   14 coaetaneos meos

2.2 praedico   8 Petre   10 pauperum   19 ut Deo vivam Christo confixus sum
21 Non abjicio   justititia

3.1 O   8 quia ex fide justificat gentes Deus   praenuntiavit   13 maledictum
15 superordinat   19 donec veniret   promiserat

4.7 et heres   8 qui   9 et egena elementa   28 autem   29 is qui

5.11 evacuatum   16 ambulate   17 quaecumque   21 sicut praedixi

6.2 alterius   9 Bonum autem facientes non deficiamus   12 hi   14 nisi

Ephes. 1.15 Propterea et ego audiens   23 omnia

2.3 in quibus et nos omnes aliquando conversati sumus   6 conresuscitavit   15
unum   20 Christo Jesu

3.4 mysterio   16 in

4.25 deponentes mendacium   26 nolite peccare   28 magis   29 non procedat

5.3 Fornicatio autem   4 magis   5 Hoc   6 in   8 nunc autem lux   11 ma-
gis   30 et de ossibus ejus

6.2 et matrem /tuam/   9 facite   13 accipite   14 succincti lumbos vestros
16 nequissimi   18 obsecratione/m/   22 et consoletur   24 Amen

Philipp. 1.6 coepit   20 confundar (erubescam)   25 manebo /et permanebo/
2.5 quod et in Christo Jesu   6 qui   9 omne   18 Idipsum autem et vos gaudete   congratulamini mihi
3.5 Hebraeus ex Hebraeis   10 configuratus morti ejus   13 extendens
4.9 audistis   13 penuriam   15 Scitis autem et vos Philippenses   23 spiritu vestro

Coloss. 1.27 quibus   28 nos annuntiamus
3.11 servus et liber   16 hymnis   18 subditae   25 acceptio
4.18 Gratia vobiscum Amen

I Thess. 4.9 ipsi enim vos a Deo didicistis   11 et operemini   17 in aera
5.2 ipsi enim diligenter scitis   13 abundantius   24 vocavit   27 Adjuro

II Thess. 1.4 ita ut et nos ipsi in vobis gloriemur   8 /et/ qui non obediunt
2.2 neque terreamini
3.1 De cetero   5 et patientia   7 ipsi enim scitis   8 gratis   operantes   14 obedit   ut confundatur   16 cum omnibus vobis   18 cum omnibus vobis

I Tim. 1.1 Jesu Christi   3 aliter   9 et peccatoribus   18 praecedentes   20 ex quibus   quos
2.8 omni
4.3 et iis qui   9 acceptione   14 negligere
5.4 habet   5 speret in Deum (in deo)   8 habet   23 modico vino utere
6.4 blasphemiae   16 et lucem inhabitat inaccessibilem

II Tim. 1.5 Eunice
2.2 qui idonei erunt et alios docere   4 cui se probavit   9 usque ad   17 ex quibus
3.8 Jannes   12 pie
4.8 non solum autem mihi

Tit. 1.3 salvatoris nostri Dei   5 disposui   11 quos   13 Quam ob causam
2.12 sobrie et juste et pie vivamus
3.12 festina ad me venire   13 Zenam

Philem. 1.1 Christi Jesu   10 quem genui in vinculis   15 a te   21 confidens

Hebr. 1.9 odisti   unxit
2.10 propter quem omnia et per quem omnia   13 /con/fidens
3.11 sicut (quibus)   17 quibus   18 quibus   nisi
4.6 quibus   7 terminat
5.4 sumit   5 sic et Christus   8 quae passus est   12 quibus
6.1 Quapropter   7 saepe   a quibus   18 fortissimum solatium habeamus qui confugimus
7.8 hic   16 mandati carnalis   24 Hic
9.4 thuribulum   13 sanctificat   15 earum praevaricationum   16 intercedat
24 exemplaria

10.5 noluisti   6 placuerunt   29 quanto /magis/   37 qui venturus est

11.6 inquirentibus se remunerator   38 quibus

12.4 usque ad   17 scitote   20 portabant   25 nobis

13.3 tamquam et ipsi   4 connubium   7 quorum   10 tabernaculo   17 pervigilant

Deeds 1.2 quos   3 quibus   10 duo viri   12 a monte qui vocatur Olivete

2.9 Parthi   18 effundam   37 et ad reliquos apostolos   40 aliis etiam verbis 41 et appositae sunt in die illa animae   43 per apostolos

3.3 Is   16 fides

4.13 comperto quod   admirabantur   16 omnibus habitantibus   17 ulli hominum   22 in quo   25 quare fremuerunt gentes   26 in unum   32 multitudinis 34 possessores   pretia

5.9 Petrus autem ad eam   qui sepelierunt   22 venissent ministri et aperto carcere non invenissent illos   36 dicens se esse   39 dissolvere

6.3 quos

7.7 cui   35 misit   38 in monte Sina   57 impetum

8.20 quoniam donum Dei existimasti pecunia possideri   27 eunuchus   28 super currum suum

10.6 Hic   9 in superiora   32 hic   33 nunc ergo   34 non est personarum acceptor Deus   40 et dedit eum manifestum fieri

12.10 vicum unum   25 expleto ministerio

13.1 et Saulus   6 perambulassent universam insulam usque Paphum   7 hic 10 O plene omni dolo et omni fallacia   14 Illi vero pertranseuntes Pergen   34 quod autem suscitavit eum a mortuis   43 et colentium advenarum

14.5 impetus   8 Hic   10 lycaonice   17 dicentes

15.17 super quas   41 et seniorum

16.2 et Iconio   15 manete   17 Haec   21 quem non licet   23 eis   40 exeuntes   introierunt

17.1 perambulassent Amphipolim   5 quaerebant eos producere   7 quos   19 ad Areopagum   20 volumus   24 et terrae   31 in viro   34 in quibus

18.13 hic

19.2 neque … audivimus   13 exorcistis   24 aedes argenteas   25 dixit

21.1 Cum autem factum esset   11 Is   16 antiquum discipulum

22.5 majores natu

23.8 confitentur   10 in castra   25 postea

24.4 Ne diutius autem te protraham   25 Quod nunc attinet

25.11 aut … feci   16 ad quos

27.6 transposuit nos   28 quindecim   33 exspectantes jejuni permanetis   43 ad terram

28.18 qui cum interrogationem de me habuissent   23 a mane usque ad vesperam

James 1.22 Estote autem   23 hic   24 consideravit enim   25 hic

3.4 validis   6 iniquitatis   17 deinde pacifica

4.2 propter quod   16 exsultatio

5.7 temporaneum   serotinum   10 locuti sunt   11 audistis

I Pet. 1.11 in quod vel quale tempus   15 et ipsi in omni conversatione sancti sitis   20 praecogniti autem   23 renati

2.5 et ipsi   18 dyscolis

3.3 quarum non sit

4.2 ut … quod reliquum est   11 in saecula saeculorum   16 si autem ut christi-
anus

II Pet. 1.3 qui vocavit nos propria gloria   12 semper   13 in hoc tabernaculo
15 et
2.1 negant   superducentes sibi   2 per quos   3 quibus   5 praeconem   11
cum sint majores   14 exercitatum   15 derelinquentes   17 turbinibus   quibus
reservatur   22 vomitum
3.7 et perditionis

I Jn. 2.2 pro peccatis nostris   21 ignorantibus
4.3 audistis

Jude 1.9 judicium … blasphemiae

Apoc. 2.5 nisi poenitentiam egeris   8 Et Angelo
3.16 tepidus   21 Qui vicerit dabo ei
4.10 in throno
5.3 neque   8 ceciderunt
6.10 magna
7.2 ascendentem   11 in circuitu throni   17 ad vitae fontes aquarum
8.11 dicitur
11.3 diebus mille ducentis sexaginta   4 et duo candelabra   12 ascendite
12.1 mulier
13.16 characterem   17 characterem   18 hic sapientia est
14.9 adoraverit   characterem   11 adoraverunt   12 Hic
16.10 effudit   12 in flumen illud magnum
17.8 Bestia   et ascensura est
18.7 date   10 dicentes   23 non audietur adhuc
19.3 ejus   21 in gladio
20.5 consumentur   13 et judicatum est de singulis
21.8 et omnibus mendacibus   21 Et duodecim portae
22.17 sponsa

Abbreviations etc.

General abbreviations: see volume I. A few are repeated or added here.

EV = Early Version, ELV = Early and Later Versions, LV = Later Version, OV = Original Version, RV = Revised Version, VV = Vulgate Version;

f. = folio, r. = recto, v. = verso;

pr.v. = prima vice, pr.m. = prima manus, sec. v. = secunda vice, sec. m. = secunda manus;

rev. = reversal, reversed; var. = variant, varr. = variants.

Manuscripts: see volume I. From Forshall & Madden:

Greek alpha = Edition of New Testament by Baber;

Greek beta = Edition of New Testament in Bagster's Hexapla.

Books of the Bible: see volume I.

D.A. = Deeds of Apostles (also: Acts).

Titles: see volume I. A few are repeated or added here.

FM = Forshall and Madden, The Holy Bible etc., Oxford 1850.

NEB = The New English Bible, Oxford 1970.

WB = The Wyclif/fite/ Bible; used for editions (FM and Lindberg) and studies (Fristedt).

Postscript

On completing this edition of MS Bodley 277 I wish to thank those who helped me: above all the Bodleian Library, Oxford, for permission to edit the text and to reproduce folios 1 recto (first in volume I) and 375 recto (last in this volume); also Corpus Christi College, Cambridge, for the text of the missing folio supplied from MS CCCC 147; people who have taken an interest in my work, librarians, colleagues, reviewers, and friends; last, but not least, my wife for her constant support.

My two editions, of the Early Version from MSS Bodley 959 and Christ Church College 145 (after Baruch 3.20) and of the Later version (revised) from MS Bodley 277, will serve as the basis for comparative studies of the Wyclif Bible.

Linköping, May 2003
CONRAD LINDBERG

mai ycubitis of it an hūdrid & foure & foure
ti cubitis: bi mesure of man yat is of an āgel/
And ye bldyng of ye wall woff was of ye ston
iaspis/ and ye citee it silf was clene gold lijk
clene glas/ and ye foūdementis of ye wall of
ye citee weren ourned w' al maous stoon: ye
firste foūcement: iaspis: ye seaūde saphirus/
ye pridinal ceedonyus/ ye four ye smaragdus/
ye fyfte sardony/ ye sixte sardius/ ye seuenye
crisolitus/ ye eiȝte berillus/ ye nynye thopa-
sius/ ye tenye crisopassus/ ye elleuene iacie-
tus/ ye twelfye ametistus/ And twelue tbel-
ue ȝatis ben tbelue margaritis bi ech And ech
ȝate was of ech margarite/ and ye stretis of ye
citee were clene gold: as of glas ful schynynge/
And y saiȝ no temple in it/ for ye lord god almiȝ-
tis ye lombe: is temple of it/ and ye citee hay
no neede of sūne nes moone/ y yei schyne in
it/ for ye cleertee of god schal liȝtne it/ And
ye lombe is ye lanterne of it/ and folkis schul
walke in liȝt of it/ y ye kyngis of erye schul
bringe her glorie & honour in to it/ And ye
ȝatis of it schul not be closid bi day/ and niȝt
schal not be yere/ and yei schul bringe ye
glorie & honour of folkis I to ȝy nes onyma
defoulid & doynge abhominacion & lesyng: schal
entre in to it/ but yei yat ben writū in ye book

and he [shewide] of lijf & of ye lombe. XXII
schewide to me a flood of quyk wa-
ter schynynge as cristal: comynge fory
of ye seete of god & of ye lombe. I ye myddul of
ye street of it & on ech side of ye flood: ye tree
of lijf bryngynge forty tbelue fruytis: ȝeld-
ige his fruyt in ech monye/ and ye leues of
ye tree: ben to helye of folkis/ and ech cursd viȝ
schal nomore be: but ye seetis of god & of ye
lombe schul be I it/ and ye seruaūtis of hym:
schul serue to hym/ and yei schul se his face
& his name I her forheedis/ and niȝt schal no
more be/ and yei schul not haue neede to ye
liȝt of lanterne: neþ to liȝt of siune/ for: ye
god schal liȝtne hem/ and yei schul regne in
to worldis of worldis/ and he seide to me: ye
se wordis ben moost feiyful & trewe/ and ye
lord god of spirus of prophetis: sente his āgel/
to schewe hise seruaūtis: what yingis it biho-
uy to be don soone/ and lo I come swiftly/ blesd
is he: yat kepiy ye wordis of prophecie of
ins book/ And I ioon: yat herde & saiȝ yese
yingis/ and aftirward y[at] hadde herd & seen
y fel dou to worschipe bifore ye feet of ye aun
gel yat schewide to me yese yingis/ and he
seide to me: se you do it not/ for I am ser-
uaūt wiy yee/ & of yi breyren prophetis & of
he yat kepen ye wordis of prophecie of yis bo-
ok/ worschipe you god/ and he seide to me: sig-
ne you not ye wordis of prophecie of
yns book/ for ye tyme is niȝ/ he yat noiey: no-
ie he ȝit/ And he yat is I filyis: beye he foul
ȝit/ and a iust man: be iustified ȝit/ and ye hos
li be halewid ȝit/ lo I come soone/ & my mee-
d iuny me: to ȝeelde to ech man aftir hise wer
kis/ y am Alpha & oo: ye firste & ye laste: bigi-
nyng & ende/ blessid be yei yat waischen her
stolis: yt ye po[w]er of hem be in ye tree of

lijf: & entre bi ye ȝatis in to ye citee/ for wiyoute
fory-houndis & wiches & vnchast men & māquel-
lers & seruynge to ydols/ ech yat louey & ma-
kiy lesyng/ I ihū sente myn āgel to witnesse to
ȝou yese yingis in chirchis/ y am ye roote & kyn
of dauid/ & ye schynynge morewe sterre/ and ye spi-
rit & ye spouse: seyn: come you & he yat heeriy:
sey come you/ and he yat yristiy: come/ and he yt
wole: take he freeli ye watir of lijf/ And y witnes-
se to ech man: heerynge ye wordis of prophecie of
yns book/ if ony man schal putte to yese yingis:
god schal putte on hym: ye veniaūces writū in
yis book/ and if ony man do a[w]ey of ye wordis
of ye book of yis prophecie: god schal take awey
ye part of hi fro ye book of lijf & fro ye hooli ci-
tee: & fro yese yingis yat ben writū in yis book/
he seiy yat beriy witnessyng of yese yingis:
ȝhe Amē/ y come soone Amē/ come you lord ihū/
ye grace of oure lord ihū crist: be wiy ȝou alle Amē

Heere endiy ye apocalips: yat ioon wroot
in ye ile of Pathmos/ ye whiche is ye ende
of ye newe testament

STOCKHOLM STUDIES IN ENGLISH

Published by the University of Stockholm.
Founded by Arvid Gabrielson.
Editors: Harald Fawkner, Nils-Lennart Johannesson, Magnus Ljung, Gunnel Melchers, Eleanor Wikborg.

Subscriptions to the series and orders for single volumes should be addressed to any international bookseller or directly to the publishers:
Almqvist & Wiksell International, P.O. Box 7634, SE-103 94 Stockholm, Sweden.
Phone: +46 8 613 61 00
Fax: +46 8 24 25 43
E-mail: info@city.akademibokhandeln.se.

Universities, libraries, learned societies and publishers of learned periodicals may obtain the volumes of the series and other publications of the University of Stockholm in exchange for their own publications. Inquiries should be addressed to: Stockholms universitetsbibliotek, SE-106 91 Stockholm, Sweden.